Review of Foreign Criminal law

Volume 1

Cyber Crime

林维 / 主编

王华伟 / 副主编

外国刑事法译评

网络犯罪

第一卷

北京大学出版社
PEKING UNIVERSITY PRESS

图书在版编目(CIP)数据

外国刑事法译评. 第一卷, 网络犯罪 / 林维主编. —北京：北京大学出版社, 2024.3
ISBN 978-7-301-34844-4

Ⅰ. ①外… Ⅱ. ①林… Ⅲ. ①互联网络—计算机犯罪—刑事犯罪—研究—世界 Ⅳ. ①D914.04

中国国家版本馆 CIP 数据核字（2024）第 016645 号

书　　　名	外国刑事法译评（第一卷）：网络犯罪 WAIGUO XINGSHIFA YIPING（DI-YIJUAN）：WANGLUO FANZUI
著作责任者	林　维　主编
责任编辑	林婉婷　方尔琦
标准书号	ISBN 978-7-301-34844-4
出版发行	北京大学出版社
地　　　址	北京市海淀区成府路 205 号　100871
网　　　址	http://www.pup.cn　http://www.yandayuanzhao.com
电子邮箱	编辑部 yandayuanzhao@pup.cn　总编室 zpup@pup.cn
新浪微博	@北京大学出版社　@北大出版社燕大元照法律图书
电　　　话	邮购部 010-62752015　发行部 010-62750672 编辑部 010-62117788
印　刷　者	三河市北燕印装有限公司
经　销　者	新华书店 650 毫米×980 毫米　16 开本　27 印张　414 千字 2024 年 3 月第 1 版　2024 年 3 月第 1 次印刷
定　　　价	89.00 元

未经许可，不得以任何方式复制或抄袭本书之部分或全部内容。
版权所有，侵权必究
举报电话：010-62752024　电子邮箱：fd@pup.cn
图书如有印装质量问题，请与出版部联系，电话：010-62756370

本卷参与编辑人员

林　维　西南政法大学法学院教授、法学博士、博士生导师
王华伟　北京大学法学院助理教授、法学博士
刘　畅　德国维尔茨堡大学法学院博士研究生、机器人法律研究中心科研助理
唐志威　上海交通大学凯原法学院博士后研究人员、法学博士
吕翰岳　澳门大学法学院助理教授、法学博士
喻浩东　复旦大学法学院讲师、法学博士
王芳凯　南开大学法学院讲师、法学博士
郑　童　德国慕尼黑大学法学院博士研究生
申屠晓莉　江苏大学法学院资格副教授、法学博士
邓卓行　对外经济贸易大学法学院助理教授、法学博士
杨新绿　江西财经大学法学院讲师、法学博士
刘书铭　中国社会科学院大学法学院硕士
郭旨龙　中国政法大学刑事司法学院副教授、法学博士
朱军彪　江苏省高级人民法院法官助理
刘继烨　长安大学人文学院助理教授、法学博士
陈禹橦　北京市人民检察院第四检察部副主任，四级高级检察官，法学博士
杨　雪　南京师范大学法学院副教授、法学博士
马天成　北京大学法学院博士
姚培培　中南财经政法大学刑事司法学院讲师、法学博士
林勇涛　德国科隆大学法学院博士研究生

代序：刑事法学理论的输入与输出

林　维*

缘　起

2019年8月下旬，我和梁根林教授、于改之教授、付立庆教授、江溯教授、王莹教授、付玉明教授、王华伟博士等前往德国维尔茨堡大学参加由埃里克·希尔根多夫教授主持的"法律和人工智能"国际研讨会以及希教授和梁教授共同主持的中德刑法学者研讨会，会议的主题分别是网络犯罪和共同犯罪。这是我第一次去维尔茨堡，希教授很热情地将我们安排在当地一个很有名的酒店，紧挨着古老的维尔茨堡大学，并且步行五分钟就可以到达美茵河。在维尔茨堡的这些天，我每天早晚都会在那里散步，夏风清凉，偶尔闲情。维尔茨堡和德国的其他城市略有不同，我们一般所了解的大部分德国城市都是以啤酒而著称，不过维尔茨堡却是以干白葡萄酒而闻名，所以会议中间有一次晚饭后，我和几位留德的博士相约漫步在美茵河的老桥之上，一边聊天一边远眺山顶的马林贝格要塞城堡和连绵成排的葡萄园。时近八点，但天色仍然明亮，夕阳尚未全部隐没，光在云层中穿行变幻令人遐想。成群的居民和游客都端着干白，三三两两地站着聊天。此地著名的弗兰肯干白源自雷司令葡萄，自我们到达后希教授就一直自豪地推荐，所以那天晚上我们几个也就倚着老桥的石栏，边晃酒杯边聊刑法。

所有在德国访学或者攻读博士学位的同学既有中德刑法差异巨大的感受，也有一种找到了理论宝藏的欣喜，体会到德国刑法由繁复概念所构建

---

* 西南政法大学法学院教授，法学博士，博士生导师。

而成的知识体系的精细性,感慨浩瀚资料所带来的层层累积的知识的压迫,但同时也会产生一些焦虑。如何将德国刑法的丰富积累尤其是新问题、新理论尽快地传播至国内,以分享、同步学术思想?如何将德国刑法的学术体系和中国的问题意识、话语体系更加紧密而妥当地结合?如何将德国的刑法理论雪落湖中一般,了无痕迹地化入本土环境之中,并因此建立自己在中德刑法交流和中国刑法发展过程中的独特地位?

尽管我在北京语言大学学过一年的德语并获中级证书,原本也准备到弗莱堡大学继续高访项目,但后来因为工作变化而取消,未能坚持下去将其运用于学术研究,深以为憾。不过我始终认为,对于所有刑法学者而言,吸纳包括或者说尤其德国刑法在内的国外刑法理论和思想对于学术的进步毫无疑问是极为必要的。因此,趁着微微的酒意,我提议,我们可以编一本外国刑事法译评,以推动国外刑法的问题意识和理论解决较之目前能够更迅速地进入国内研究人员的视野。就这样,那天晚上一起微醺摇晃而返的博士,包括在维尔茨堡大学、慕尼黑大学等高校进行联合培养或攻读学位的刘畅、唐志威、郑童、邓卓行等同学以及现在已经担任北京大学法学院教职的王华伟博士,就自然成为外国刑事法译评第一卷译者团队的主要成员。

与学术专著的翻译或者较为宽泛的学术主题的翻译汇编不同,我建议尽可能地将每期的主题集中于一点,每期聚焦于一个特定领域,从而形成一个连续性的、专题性的译评,并在适当的时候更加集中于某一个特定的议题或者问题,也不仅仅是翻译,未来也希望有更多的研究评论,使得特定的读者能够针对性地找到自己所需要的学术文献。在那个干白一般凉爽清冽的晚上,我们也商定了包括本卷网络犯罪主题在内的若干议题,准备陆续译介。我也特别建议每一期有一位博士作为副主编,和我一起具体组织论文的选定等事宜。这就是现在第一卷所呈现出来的特点。几位年轻的博士也贡献了其他很多特别有意义的建议。那天晚上我们也讨论了很多中外法学交流以及博士论文写作的话题。另一天晚上,也是这几位博士会后带着我们几个老师夜游古堡,在高耸的城墙之下、黢黑的森林中俯瞰灯火如星、明灭相间的维尔茨堡城区,讨论也仍然主要围绕刑法而展开。

在不算太长的时间里,论文基本选定,几位博士翻译的速度也很快,遴选的眼光、选定的论文本身和他们的语言功底确保了本卷的学术质量。尽管我没有能力评价中国同学的德语水平,但是梁根林老师曾经的感慨似乎能够侧面印证他们的水准:在中德刑法交流的初期,寻找合适的翻译者是一件令人困扰的事情,不过随着一批又一批博士的积极参与,最近的中德刑事法交流的笔译和口译工作几乎都是由留德的中国同学们来担任,并且也都圆满地完成了任务。在维尔茨堡的这次会议中,刘畅博士就灵机一动地将梁老师致辞中引用的"桃花潭水深千尺,不及汪伦送我情"巧妙地翻译为"我们的友谊深若北海",而博得我们大笑鼓掌。最近,随着一批又一批留德尤其是从德国取得博士学位的学者例如王莹、王钢、陈璇等我个人较为熟悉的几位老师的归来,他们的视野、见地和观点令我耳目一新,他们所介绍的德国刑法的最新理论也部分地弥补了像我这样在语言上存在一定缺陷的学习者的遗憾,特别是他们将德国的刑法理论创造性地、简洁地运用于中国本土问题的解决,确实为中国刑法理论乃至实务的进步带来了新的动力。

思 考

中国曾经也是一个法律尤其是刑法输出的国家,以《唐律》为代表的中国古代法制对东亚各国产生了深远影响,例如,按照穗积沉重在《法律进化论》中所述,日本早在奈良朝时代即开始输入汉学,同时开始继受中国法,此后日本乃有成文法。大化革新之后日本学习了中国法律而制定了大宝律,从而逐步形成了日本中世纪的法制。[①] 不过,晚清之后,中华帝国的政治法律制度开始为西式制度所渗透、取代,来自西方的法律规范、原则、理论、概念在中土不断传播。此后,我们在很长时间内成为外来法律概念的广泛接受者。必须承认的是,法律思想、法律制度的开放和移植本身,也是我国改革开放事业所取得成就的组成部分。当下我们所使用的大量刑法理论、观点、概念,很多均来自于国外刑法理论,例如客观归责理论、期待可能性、归责,等等,很多已经成为我们耳熟能详、惯常使用的用语。可以说,大陆法系刑法理论为中国刑法研究提供了更多、更精致

[①] 参见陈兴良:《在中日刑事法学术研讨会开幕式上的致辞》,载冯军主编:《比较刑法研究》,中国人民大学出版社2007年版,第481页。

的分析工具库。我们很难想象,如果我们想要完全摆脱这些外来的范畴,我们又如何去深入地讨论一个刑法理论问题。实际上,伴随着教学体系、知识体系的更新,越来越多的学生即使在开始司法职业之后,也仍然习惯于用他所获得的这些话语体系去进行案件的分析和办理。20 世纪80 年代的刑法文献和40 年后今天的刑法论文,无论在刑法理念、研究范式、使用话语乃至援引文献,都迥然不同,仿佛真的具有世纪差异。刑法总论在保持中国特色的前提下,越来越多地吸收、汲取了国外刑法理论尤其是德日刑法的概念体系,总论的精细化、理论化在最近十年间达到了前所未有的地步,并且这种整体意义上的精细化仍有继续发展的倾向,甚至于有的学者认为我们应当反思中国刑法总论的德日化倾向,或者必须回应某些实务工作者对理论如此精细化是否具有实务必要和意义的质疑。但在某种意义上,这是一个伪问题。

在这样一种法律理论的发展过程中,近代以来的法律翻译起到了不可替代的重要作用。每一次国门开放的后面,都产生了一批又一批的法律翻译作品。国力孱弱的时候,西方法律的引进其实是一种被动的选择。但在此过程中,法律范畴的引进、理念的革新、制度的移植,客观上毫无疑问地推动了中华法治的蜕变和革新。而现在,我们则应该更为自主、更为自觉、更为自信地汲取各国法律制度的精华,而为我所用。所谓应当更为自主、更为自觉、更为自信,是说这样一种外来知识的移用,是建立在对自我的深刻认识基础之上,了解自身理论的不足或欠缺,知道自己的需求和期待;是建立在对国外知识体系的一定理解之上,清晰地知道这样一种知识其精妙之处在哪里,其弊端在哪里,而非囫囵吞枣、照搬照抄;是了解特定的理论对于自身实践的适应性,即为我所用,能够用来更好地解决实践中的问题;是完全建立在一种客观的、学术的立场上而非基于意识形态所做出的一种判断和选择。有时候,这些知识能够为我们直接加以采用;有的时候,有的知识可能并不为我们所接受,但是了解它仍然具有借鉴参考的价值,能够开阔我们的视野。因为观念越是多元,共识才越珍贵。

当然,完美的交流应当是双向的。从倾听到对话,从对话到输出,但这仍然需要过程。因为输出既是一种把对方作为客体的阐明,更应当是对方作为主体的赞同和接受。从倾听到对话的过程中需要摆脱盲信和依赖。井田良在谈到晚近日本刑法教义学出现的最为重要的变迁时,认为是日本刑法学在此期间已经摆脱了对德国刑法教义学的过度依赖,早前曾经普遍存在的情况是,学者们或多或少不加批判地将德国刑法教义学的讨论移用于日本,并且经常热衷于进行学说代理人之间的论战。如今的日本刑法学者反对这种做法,他们现在已经不再试图借助德国文献,而是试图从本国的审判实践或者本国的刑事政策情势中去发现问题,进而寻找能够更好地与日本的法律和日本的法文化相适应、并因此具备信服力的问题解决之道。① 尽管因为政治体制、法律体制的不同,我们并不存在这种对德日刑法的整体依赖,但在理念上,我们仍然需要对这样一种依赖给予足够的警惕。理论之树只有扎根于最为适应的土壤,才能根深叶茂。寻求从自身的实践中发现真问题,发挥中国智慧并进而找到最适应我们自身特点的理论去加以解决,通过这样的循环往复,提升、升华我们自身的理论,这才是最为长久的解决之道。

这也是西南政法大学成立比较刑事法研究院的初心。我们试图能够更为精深细致地掌握国外的刑事法学理论,从而更好地理解其中内在的逻辑,并且以一种更为开放的心态来探究其中蕴含的一般性理念、方法论和规则等。但与此同时,更为重要的是,我们试图在这样的对话过程中,立足中国当下的刑事法实践,建构更为独立自主的中国刑事法知识体系和话语体系,并在这样的基础之上,以一种更平等的姿态和更饱满的法治资信,促进不同法域的刑事法的对话、传播和融通。我们也希望,未来在各位前辈、同仁的支持下,我们能够将本书打造成为西南政法大学比较刑事法研究院的"院刊",成为一个开放的学术对话交流平台。

内　容

本卷的主题是网络刑法。之所以选定这一主题作为本书的起始,主要是因为当前网络犯罪的发展引发了层出不穷的问题,我们需要了解国外的法学理论是如何处理这些共同的难题的。尽管我们也发现,由于网络应用程度不同等原因,各国的网络犯罪实际上也存在着一定程度上的代际差异和规制区别,不过,其中所涉及的刑法理论,其共同性可能会大于其差异性。

---

① 〔日〕井田良:《走向自主与本土化:日本刑法与刑法学的现状》,陈璇译,载陈兴良主编:《刑事法评论》第40卷,北京大学出版社2017年版,第372—373页。

实际上,在最近几年中,随着网络应用的普及,线上线下生活场景的高度融合促进了传统犯罪的网络化,实际上使得所谓网络犯罪已经覆盖了几乎所有的犯罪。在未来的五年内,所谓网络犯罪可能也就没有什么特殊的含义了,刑法教科书中的任何一章,无论总论还是分论,我们都将不得不讨论,这一章的传统刑法理论问题如何适应网络化的场景。因此,刑法理论应当有一场全面而广泛的革新,以便实现刑法学的"网络化"。

在本卷中,维尔茨堡大学的埃里克·希尔根多夫教授研究了数字化和虚拟化给法律体系所带来的改变,德国图宾根大学的约尔格·艾泽勒教授研究德国刑法中有关计算机犯罪的核心问题,美国马里奥·特鲁希略教授详尽地介绍了美国有关计算机犯罪的联邦及各州的规定,尤其介绍了其中所涉及的宪法性争议。

网络犯罪中相当大的比例涉及财产犯罪,尤其是诈骗类犯罪,因此本卷将这一问题作为一个重要问题,德国帕绍大学的布莱恩·瓦利留斯教授研究了现代支付交易中的诈骗行为,尽管其所描述的所谓现代支付手段仍然是支票、信用卡等,但是随着支付手段的网络化、数字化,由于和传统财产犯罪中的财物转移、占有流程有所不同,对这一类行为的定性也产生了很大争议,其问题显然要更为复杂,不过其中的很多观点对于实质性地理解当下我国基于更为现代的支付手段如扫描二维码而产生的财产犯罪的性质,仍然具有启发的价值。与此同时,英国索尔福德大学的尼尔·麦克尤恩博士介绍了网络诈骗的现状以及法律规制的趋势,尽管这篇论文并非一篇教义学的论文,但是其关于网络诈骗的描述对于探讨此类行为的定性仍然具有基础性意义。希尔根多夫教授则提供了其有关德国计算机诈骗罪即德国《刑法典》第263a条的评注,对该罪进行了详细的说明。这一条的设置也是要弥补德国《刑法典》第263条存在的保护漏洞,即诈骗罪的构成要件要求存在对人的欺诈,因此,通过不当手段影响数据处理进程的结果、造成财产损失的,不能适用诈骗罪。对此,可以对比我们有关机器是否可以被骗的争议,讨论不同立法体例下解决方案的差异及其利弊分析。

在数字化时代,平台的崛起部分地改变了经济体系的生产关系,形成了原有社会关系中各方主体的权利变革,甚至在某种意义上产生了经济、政治、法律、社会关系中权力的重新分配和布局。其所产生的特有的平台现象,要求民法、行政法、刑法、反不正当竞争法、劳动法等从不同角度对它所引发的法律关系变化进行研究,平台治理问题成为数字时代学术和实务中的热点之一。本卷中,邓卓行博士翻译了德国北莱茵—威斯特法伦州(北威州)的立法提案,该提案的目的就是想在德国《刑法典》第126条之后增设第126a条,用以处罚在互联网交易平台上为犯罪实现提供服务的行为,这是典型的帮助行为正犯化立法。其原因也在于传统的刑法教义学逐渐无力解决传统犯罪网络化所带来的复杂问题,比如传统的正犯和参与犯体系就很难回应网络中的共同犯罪。倘若增设这一条款,那么这些在互联网上新出现的刑法问题便可以直接通过立法予以解决。这和我们刑事立法的动态有着异曲同工之妙,似乎也说明各国法律解决方案中的普适逻辑可能远远超过我们所想象的法律规范的差异性。尤其值得指出的是,在2021年,德国又公布了增设德国《刑法典》第127条的立法草案,着眼于强化特定网络平台的刑事责任,并且据此修订的新法已经于当年正式生效。刘畅博士对这一新的立法草案进行了译介,从而和邓卓行博士的译文一起,完整地反映了这样一种立法的动态演变,从而能够让我们更为清晰地了解这一立法演变的过程,并明了其中的逻辑变化。

维尔茨堡大学的托比亚斯·赖因巴赫教授研究了德国联邦最高法院第五刑事审判庭有关Kino.to网站运营者和用户的刑事可罚性的决议,该案认定,以广告收入营利为目的运营互联网门户网站,而在该网站上公开发布由第三人以违反著作权法的方式复制或上传的电影之链接,成立德国《著作权法》第106条第1款所规定行为的共同正犯。尽管我国《刑法》第287条之二规定了帮助信息网络犯罪活动罪,但诸如《关于审理毒品犯罪案件适用法律若干问题的解释》等同样规定,实施《刑法》第287条之二规定的行为,同时构成贩卖毒品罪、非法买卖制毒物品罪、传授犯罪方法罪等犯罪的,依照处罚较重的规定定罪处罚。实务中,诸如该罪和共犯的区分确实是一个微妙的问题,也涉及门户网站或者平台的责任界定,需要我们加以认真思考。

当下,随着数字化进程的加速推进,围绕数据而产生的法律问题层出不穷。民法典对数字经济和数字社会发展中的重要事项也做了与时俱进的阐述,将网络虚拟财产、数据纳入保护范围,规定了隐私权和个人信息保护制度,平衡权益保护与技术创新利益。数据安全法、个人信息保护法等也相继通过。与此伴随的是,一个高度信息化的网络社会逐渐形成,研究开发人工智能成为一个高潮,令人期待第四次工业革命的到来。这就要求我们必须高度重视围绕人工智能而产生的近期或远期刑法问题,尽管人工智能的发展尚未达到真正威胁人类利益的时刻,探讨人工智能场景下的人类利益显然是一个虚拟问题①,天马行空和耸人听闻的研究未必是一个规范意义的研究态度,但是毫无疑问的是,在数字化时代中,围绕数据、人工智能而产生的刑法问题必须是我们特别关注的领域。本卷刊登的论文中,日本大学副教授西贝吉晃探讨了针对网联车辆的网络攻击与犯罪的认定,京都大学副教授稻谷龙彦集中探讨了人工智能设备的刑事法规制,这些成果对于我们研究当下无人驾驶场景下以及针对人工智能设备而实施的犯罪行为的刑事责任问题,具有很好的参考。

当然,当下问题的重心其实更主要地还是数据、人工智能和传统犯罪本身相结合的领域。就此,托比亚斯·赖因巴赫教授还贡献了《德国〈刑法典〉第242条非法占有目的在数据和信息载体案件中的新挑战》,具体研究盗窃罪中非法占有目的在数据领域案件中的认定问题;同时在其《数据赃物罪或信息赃物罪?》一文中批判性地讨论了德国《刑法典》第202d条对数据赃物的形式性保护方案。此外,数字化时代犯罪行为也在不断"创新",刑法的规制也必须亦步亦趋、日新月异,英国德蒙福特大学丹尼斯·贝克教授、中南民族大学法学院王晓晓对数字化时代侵犯隐私行为的犯罪化问题进行了研究,比利时根特大学西格丽德·雷茨、耶伦·扬森针对数字通信技术在比利时人口贩卖活动中的作用,讨论了犯罪活动如何利用科学技术达到"互动创新",提醒我们科学技术的双刃性。

当下,随着更多的学者能够越来越流畅地使用某一外语进行交流和研究,翻译的作用和意义似乎有所减弱。不过,绝大部分读者仍然需要采用一种更为便捷快速的方式获取知识,尤其是考虑到一个人掌握几种语言的困难程度,翻译对于跨语言学术交流影响力的拓宽,仍然具有毋庸置疑的作用。

在这些论文作者中,既有德、日、比利时等欧陆的学者,也有英美的学者,当然德国学者占了相对较大的比例,这可能和本卷的译者队伍的关注领

---

① 邱泽奇:《机器的智慧和人类的智慧》,中文版序,载〔日〕福田雅树、林秀弥、成原慧编著:《AI联结的社会:人工智能网络化时代的伦理与法律》,宋爱译,社会科学文献出版社2020年版,第2页。

域有关。未来,我们会尽可能更为广泛地关注各个法域的有关理论动态,也热忱地欢迎更多的译者予以关注支持。相应论文中,原文是已经发表、出版的成果,未来我们同样希望能够邀请到更多的国外专家愿意中外文同步发表或者中文首发。其中有一些论文的发表已经有一段时间,考虑到这一领域的快速发展,在确保论文的观点、理论尚未滞后的前提下,我们仍然加以选用,不过未来我们将会格外重视成果发表的实时进度。在本卷中,我们编发的都是译文,没有一篇是对国外刑法理论或刑法制度的研究评论,这是最大的遗憾。未来我们希望能够得到更多作者尤其青年博士的支持,能够编发更多中国学者的外国刑事法学的研究、评论成果,也包括编发诸如英美法的学者对大陆法的理论和制度所进行的研究评论这样的跨语言、跨法域的研究成果。

致 谢

首先,要特别感谢希尔根多夫教授,除提交自己的论文以外,他还专门为我们的第一卷写了序言以示支持。因为他的大力推动,晚近中德刑法学术交流频密,以至于我们很多博士都很直接地称呼他为"希教授"。

其次,我们所有的译者都无私地参与其中,承担了从联系版权到翻译、互译等大量的工作。同时,也要感谢很多虽然没有参与本卷翻译,但承担了校对工作的年轻博士们。

再次,在本卷编辑过程中,在北京大学和弗赖堡大学先后拿到博士学位且目前在北京大学工作的王华伟博士功不可没。华伟博士曾经在中国青年政治学院学习,在我为他们班级讲授刑法课程时,就对他的好学和认真刻苦印象深刻。他精通德语和英语(现在他的英语似乎也有点德语口音了),在北大举行的几次学术会议都由他承担了主要的德语翻译工作,颇受好评。不仅如此,华伟博士最近专注于网络犯罪,充分运用德国刑法的案例和学术文献,撰写了几篇颇有见地的有关网络犯罪的论文,展示了其极为优秀的学术功底,因此第一卷由他来担任副主编就是一件自然而然的事情。我相信未来每期的副主编也将会如此尽责。作为主编,我的任务更多的则是为这些在国外学习的、对中外法学交流充满热情的青年博士提供一个平台,努力促成这一事情能够持续地进行下去,也促使我自己始终能够和他们一起关注、思考、学习、讨论这些有趣有意义的刑法问题。这本书也是我在中国社会科学院大学试图努力探索、推广的刑事法判解研究系列的内容之一。中国社会科学院大学研究生院已经成立四十余年,但作为一个大学,它仍然是年轻的,我们需要在学科建设、人才培养等诸多领域不断努力,未来我也期待我们中国社会科学院大学的教授以及博士、硕士乃至本科生更多地共同投身于此,为共同推动刑事法理论的进步做出贡献。

译事艰辛,每位译校者都付出了巨大努力,我也在最后尽可能勤勉地对全书所有译文进行了专业校对,就翻译问题和每位译者进行了沟通。但命中注定的是,书中仍然会出现这样那样的差错,恳请读者见谅,我们也会继续加以改进。

目前预定第二卷、第三卷的主题分别是"量刑"和"诈骗罪",也希望更多译者和作者能够参与其中,把这样一个平台建设得越来越好,共同促进中外刑事法的对话和交流。

林　维

2021 年 8 月四季青乡

2023 年 12 月修改于棕榈泉

前　言

〔德〕埃里克·希尔根多夫*

"数字化"对于全球范围内的刑法学研究而言都是重大的议题。数字化是指将任意信息编译为一组 0 和 1 的序列，而这又意味着被编码的信息可以在计算机上被存储、处理并近乎无延迟地传输到其他计算机上。信息的数字化也使得在计算机内描绘现实世界——"虚拟化"——成为可能。此外，传感器技术和存储技术也取得了巨大的进步，前者大大拓展了我们信息采集的能力，而后者使得在极小的空间内存储海量的信息成为可能。

由此勾勒出的数字革命也影响着我们的工作、生活方式和经济模式，如休闲活动、通讯、家居、出行、工业生产和医疗等领域都受到了影响。数字革命的特征之一是计算机的相互联网，而且越来越多的其他物体也在逐渐联网化。互联网，可以理解为一个由相互联结的计算机组成的网络，如今已经遍布整个世界。在未来，越来越多的物品，包括我们如今日常生活中常见的物品，都将通过互联网相互联结。

很明显，这样大规模的技术革命注定会带来技术被滥用的风险。计算机和互联网犯罪已经成为我们这个时代的重大挑战之一，几乎每天都可以看到媒体关于黑客攻击、数据窃取、破坏计算机系统或计算机诈骗的报道。值得注意的是，这些网络犯罪在一个关键点上与传统的犯罪模式存在显著差异：在犯罪行为具体的实施者之外，还必须将服务提供者纳入考量范畴。如果没有他们提供存储空间或数据的传输通道，犯罪行为可能根本就无法被实施。因此，在传统的刑事责任归属之外，服务提供者的刑事责任也成为一个非常重要的问题。

---

* 德国维尔茨堡大学法学院刑法学、刑事诉讼法学、法理学、信息法学与法律信息学教授，维尔茨堡大学机器人法律研究中心主任。

上述问题不仅仅出现在某一个国家或地区,而且出现在所有达到相应技术水平的国家。除美国和欧洲之外,现在也包括东亚,特别是中国、日本和韩国也都面临着这样的问题。而如果说计算机犯罪和互联网犯罪所带来的问题是相似的,那么不同国家通过合作一同寻求法律上的应对方案、对各自的法律规范进行比较和借鉴也是完全有可能的。几乎可以说,由此形成了一种全新意义上的比较刑法。

特别值得注意的是,如今欧洲和东亚、特别是德国和东亚在刑法领域形成了极为相似的发展路径。这样一来,彼此之间进行沟通并寻找共同的解决方案就容易多了。早在十年前,中德刑法学者联合会就搭建起了一个旨在便于中德刑法学者进行沟通的平台。而在这十年间,两国的刑法学者借此平台就大量问题进行了交流。类似平台的重要之处在于,学者们的对话和探讨完全是在一种国际视野下进行的。

《外国刑事法译评》也旨在提供一个这样的交流平台。可以看到,这本书的第一卷以分析网络犯罪并寻求有效遏制网络犯罪的方法为目标,汇集了来自德国等欧洲国家、日本和美国的重要文献。从内容选择上本卷无疑是极为成功的,也预祝本书之后的编辑及出版取得圆满成功!

目　录

【主题专论】

数字化、虚拟化和法律
〔德〕埃里克·希尔根多夫　　　　　　　刘　畅译　唐志威校 / 003

计算机刑法的核心领域
〔德〕约尔格·艾泽勒　　　　　　　　　吕翰岳译　喻浩东校 / 023

现代支付交易中的诈骗
〔德〕布莱恩·瓦利留斯　　　　　　　　王芳凯译　郑　童校 / 055

德国《刑法典》第242条非法占有目的在数据和信息载体案件中
　　的新挑战
〔德〕托比亚斯·赖因巴赫　　　　　　　申屠晓莉译　吕翰岳校 / 081

数据赃物罪或信息赃物罪？
〔德〕托比亚斯·赖因巴赫　　　　　　　唐志威译　王芳凯校 / 107

【刑法评注】

德国《刑法典》第263a条（计算机诈骗罪）评注
〔德〕埃里克·希尔根多夫　　　　　　　刘　畅译　申屠晓莉校 / 127

【判例研究】

联邦最高法院第五刑事审判庭 164/16——2017 年 1 月 11 日的决议：
  论 Kino.to 网站运营者和用户的刑事可罚性
〔德〕托比亚斯·赖因巴赫   喻浩东 译   邓卓行 校 / 149

论 Kino.to 网站运营者和用户的刑事可罚性
  ——兼评莱比锡州法院 2012 年 6 月 14 日判决
〔德〕托比亚斯·赖因巴赫   喻浩东 译   邓卓行 校 / 157

【立法动态】

修订德国《刑法典》第 126a 条的法律草案
  ——在互联网交易平台经营不法货物和服务的独立可罚性引入
               邓卓行 译   刘   畅 校 / 177

修订德国《刑法典》第 127 条的法律草案
  ——运营互联网犯罪交易平台和提供相应服务器基础设施的
   可罚性
               刘   畅 译   林勇涛 校 / 193

【环球视野】

美国的计算机犯罪
〔美〕马里奥·特鲁希略   杨新绿 译   刘书铭 校 / 227

困局：网络诈骗
〔英〕尼尔·麦克尤恩   郭旨龙   朱军彪 译 / 293

论数字时代隐私侵扰的犯罪化
  ——不被数字监控的合理期待
王晓晓 〔英〕丹尼斯·贝克   刘继烨 译   陈禹橦 校 / 311

人口贩卖与科技互动关系
　　——分析数字通信技术在比利时人口贩卖活动中的角色
〔比〕西格丽德·雷茨　〔比〕耶伦·扬森　　杨　雪 译　刘继烨 校 / *345*

针对网联车辆的网络攻击与犯罪
〔日〕西贝吉晃　　　　　　　　　马天成 译　姚培培 校 / *389*

论有关人工智能设备的新的刑事法规制
〔日〕稻谷龙彦　　　　　　　　　马天成 译　姚培培 校 / *401*

01
主题专论

数字化、虚拟化和法律

[德]埃里克·希尔根多夫*
刘 畅 译 唐志威 校

一、数字化革命及其后果

我们现在正处于史无前例的技术和社会变革中：数字化革命。无论是车轮的发明、蒸汽机的发明抑或传送带的出现，都没有对国家、社会、经济带来过如此急剧、深入和广泛的影响。我们正在见证一场对我们的习惯和传统思维模式产生急遽挑战的全面变革，即现实世界到虚拟世界的转变。很明显可以看到，现实世界与虚拟世界之间已经不仅是相互补充的关系，而且是已经开始相互交融。虚拟态成为了新常态。

在法学和法政策学的研究中，"数字化"和"虚拟化"通常难以进行区分。从法律角度来看，迄今为止也很少出现必须对二者进行区分的情形。对于数字化而言，可以将其大致理解为将信息转化为 0 和 1 的结果，继而使信息可以在计算机中得到处理。而"虚拟化"是指在计算机中对实体、情境、程序进行构建或者"模拟"。数字化是虚拟化的前提，反之则是不成立的。所谓的"虚拟行为"则是指在虚拟空间中对行为的模拟。其中"虚拟犯罪行为"是一个特别有意思的概念：一方面它可以指在虚拟空间内所实施的、完全虚拟的犯罪行为，其本身并不具有可罚性（例如虚拟主体 1 刺杀了虚拟主体 2）；或者也可能是指在虚拟空间内发生的、符合刑法构成要件的

---

* 德国维尔茨堡大学法学院刑法学、刑事诉讼法学、法理学、信息法学与法律信息学教授，维尔茨堡大学机器人法律研究中心主任。本文原文为"Digitalisierung, Virtualisierung und das Recht"被收录于 Stefan Rieger/Dawid Kasprowicz (Hrsg.), Handbuch Virtualität, Springer, 2022, S. 405-424。

行为(如虚拟主体1侮辱了虚拟主体2,而虚拟主体2"背后"的自然人因此也受到了侵害)。"虚拟现实"的发展明显也向法律人抛出了一系列非常有意思的问题。

可以从以下三个层面描述我们所面对的技术进步:首先,技术进步表现在技术层面本身,即软硬件的发展。例如过去20年中计算能力和存储容量急遽提升;也可以看到计算机之间相互连接、将来几乎任意物品之间都会实现联网①,此外,对"APP"的开发也催生出了一大批低价(有时甚至是免费)、用户专属的软件;电子邮件和社交网络的出现则彻底改变了全球范围的沟通交流;同时,虽然起步较晚,但人工智能技术也取得了极大的发展②,如今在工业生产以及大量不同领域中都已经可以见到在特定场景中完全摆脱人类控制、由计算机操纵的人工智能系统③:单件生产(3D打印)、物流、交通④、居家(智能居住)、医药(手术机器人)、金融市场(算法实施的分析和咨询、高频交易)、支付结算(比特币、区块链技术)、基础设施(智能城市)、教育(电子化学习)乃至战争(例如自主操纵的无人机)等场景中均可以见到人工智能技术的应用。由此也产生了大量的新兴问题,其中一部分属于"机器人法"的范畴,这是一种新近出现的法学交叉学科。⑤

数字化通常被理解为一种技术性的进程,这一进程构成了第二个观察层面的基础。这里所讨论的是一种由新技术所带来的新兴商业模式或者说社

---

① 即"物联网"(Internet of Things)或者"普适计算"(ubiquitous computing),对此可见:Daniel Kellmereit & Daniel Obodovski, *The Silent Intelligence: The Internet of Things,* DND Ventures LLC, 2013。

② See Margaret A. Boden, *AI: Its Nature and Future,* Oxford University Press, 2016.

③ "工业4.0",相关内容可见:Thomas Bauernhansl/Michael ten Hompel/Birgit Vogel-Heuser, Industrie 4.0 in Produktion, Automatisierung und Logistik: Anwendung · Technologien · Migration, Springer, 2014。

④ "自动化驾驶和自主驾驶",相关内容可见:Eric Hilgendorf, Teilautonome Fahrzeuge: Verfassungsrechtliche Vorgabenund rechtspolitische Herausforderungen, in: Eric Hilgendorf/Sven Hötitzsch/Lennart S. Lutz (Hrsg.), Rechtliche Aspekte automatisierter Fahrzeuge: Beiträge zur 2. Würzburger Tagung zum Technikrecht im Oktober 2014, Nomos, 2015, S. 15-32;以及Eric Hilgendorf, Automatisiertes Fahren und das Recht, in: 53. Deutscher Verkehrsgerichtstag 2015, Luchterhand, 2015, S. 55-72。

⑤ 参见 www.robotrecht.de 上的信息,对于机器人技术给社会带来的挑战见:Thomas Christaller u.a., Robotik: Perspektiven für menschliches Handeln in der zukünftigen Gesellschaft, Springer, 2001。盎格鲁—萨克逊地区的论述见 Ryan Calo, A. Michael Froomkin & Ian Kerr(eds.), Robot Law, Edward Elgar Publishing, 2016。

会形态。① 特别是近来一些由亚马逊、ebay、优步、爱彼迎等提供的,以平台为基础的服务模式正在产生革命性的、甚至可以说是"毁灭性"的影响,从根本上对传统经济模式形成了挑战。例如,亚马逊不仅对美国,甚至对欧洲的图书销售都造成了危机;优步在全球范围内正在逐渐取代传统的出租车行业;而爱彼迎完全可能对酒店业造成同样的影响。虚拟化实现了一种新的交互模式,该模式下人与人的交互不再发生在物理世界中,而是发生在由数字化所创建的比特世界中。很多人预测,这些经济上的变革很快也将会产生社会上的显著影响,如贫富差距的拉大等。②

第三个层面是数字化对社会的规范框架、社会道德以及对伦理和法律造成的影响。技术和社会、经济的革命迫使我们对社会秩序的道德基础和法律基础进行反思,对一些指导价值进行反思。如果不能接受这样的前提:所有在技术上能够实现的,在伦理和法律上也可以被接受,那么就有必要从法律上对新技术和经济的发展加以限制。③ 这一法律规制的过程通常被称为"监管",时而以抑制创新和阻碍潜在投资者而闻名。事实上,也确实不乏由特定意识形态引发的过度监管、错误监管的事例,在结果上也确实阻碍了发展、造成了社会危害。但是不应当忘记,技术和经济的发展本身并不是目的,而是取得共同福祉的手段。因此,显而易见,社会应当通过民主程序推选出合法代表,对其技术和经济的发展加以必要的限制,这也是道德和法律上的必然要求。特别是在以人权和人格尊严为核心价值导向的社会市场经济环境下,这一结论无需进一步的论证即可成立。此外法律也会得到(以经实践证明可靠的技术后果评估为基础的)技术伦理的支持。④

数字化是前文简述的技术及社会经济发展的核心。具体而言:一种将任意信息转化为 0 和 1 的序列、并由计算机加以存储和处理的可能性。而互联网使得这些信息几乎没有延迟地在全球范围内均可被使用。以这种形

---

① 相关介绍见:Bernd W. Wirtz, Electronic Business, 4. Aufl., Springer Gabler, 2013。
② Vgl. Martin Ford, Aufstieg der Roboter: Wie unsere Arbeitswelt gerade auf den Kopf gestellt wird-und wie wir darauf reagieren müssen, 2016, Plassen Verlag, S. 68 ff.
③ Vgl. Eric Hilgendorf, Abteilung Strafrecht – Die strafrechtliche Regulierung des Internet als Aufgabe eines modernen Technikrechts, JZ 67(2012), S. 825-832;以及 Eric Hifgendorf, Zur Steuerung technischer Entwicklungen durch Recht und Moral-am Beispiel der Informationstechnik in der Medizin, in: Indra Spiecker gen. Döhmann/Astrid Wallrabenstein (Hrsg.), IT-Entwicklungen im Gesundheitswesen: Herausforderungen und Chancen, Peter Lang GmbH, 2016, S. 75-88。
④ Vgl. Armin Grunwald(Hrsg.), Handbuch Technikethik, Verlag J. B. Metzler, 2013.

式所表现的信息又可以被还原为文字、图像、影像或声音。因此现如今,在已经拥有足够快速的数据传输手段的基础上,可以说实现了真正的信息多媒体化。此外计算机系统也正在不断变得更加"自主",即逐渐摆脱人类的支持,独立进行学习(机器学习)。这就导致由软件所操控的主体所实施的行为愈加难以预测,并由此产生了法律和伦理上的严峻挑战。① 现在甚至已经出现了这样的讨论,诸如此类的实体是否应当拥有独立的法律地位,即所谓的"电子化人格"(e-person)。②

二、技术和法律的发展

一种常见的说法是:法律亦步亦趋、紧随技术发展步伐,看上去就如同法律漏洞是预先设定好的一般。然而事实是,技术的发展速度远超法律制定的速度。至少对于在法律保留范围内必须由议会制定的法律而言是如此。与之相对,行政法规制定者的速度往往能够紧随技术发展,时而甚至会超过技术发展(技术开发人员经常会对此表示遗憾)。

但是,基于另一个重要理由,法律在技术发展之后亦步亦趋的图景应当说从根本上就存在瑕疵:技术发展并不处于法外空间,而是在法律框架内进行的。法律应当对技术的发展加以把控和限制。至少应当由宪法、刑法和民法共同组成技术发展所必需的法律框架。违反刑法的技术研究应当被立刻制止,更不用说这样的研究自始就不应当得到国家的支持。如此看来,尽管技术的发展快于法律,然而法律永远处于技术发展的前方。二者的关系

---

① Vgl. Jan C. Joerden, Strafrechtliche Perspektiven der Robotik, in: Eric Hilgendorf/Jan-Philipp Günther (Hrsg.), Robotik und Gesetzgebung: Beiträge der Tagung vom 7. bis 9. Mai 2012 in Bielefeld, Nomos, 2013, S. 195-209; Sabine Gleß/Thomas Weigend, Intelligente Agenten und das Strafrecht, ZStW 126(2014), S. 561-591; Eric Hilgendorf, Recht und autonome Maschinen-ein Problemaufriß, in: Eric Hilgendorf/Sven Hötitzsch(Hrsg.), Das Recht vor den Herausforderungen der modernen Technik: Beiträge der 1. Würzburger Tagung zum Technikrecht im November 2013, Nomos, 2015, S. 11-40.

② Vgl. Susanne Beck, Über Sinn und Unsinn von Statusfragen-zu Vor-und Nachteilen der Einführung einer elektronischen Person, in: Eric Hilgendorf/Jan-Philipp Günther (Hrsg.), Robotik und Gesetzgebung: Beiträge der Tagung vom 7. bis 9. Mai 2012 in Bielefeld, Nomos, 2013, S. 239-260; Gregor Fitzi, Roboter als „legale Personen" mit begrenzter Haftung. Eine soziologische Sicht, in: Eric Hilgendorf/Jan-Philipp Günther (Hrsg.), Robotik und Gesetzgebung: Beiträge der Tagung vom 7. bis 9. Mai 2012 in Bielefeld, Nomos, 2013, S. 377-398.

正如同经典童话兔子和刺猬的故事——刺猬永远有能力将背后的刺对准兔子,迫使它改变它前进的道路。

毋庸置疑,为了应对技术的发展,法律本身也会发生改变。① 尽管技术发展本身并不必然拥有改变法律的效力,然而如同技术发展受到法律规范的影响一般,随着时间的推移,法律也终将会适应技术发展。现代信息和通信技术的发展当然也遵循这一规律,其中也包括以通信、信息技术发展为基础,并会给我们的工作、生活带来极大便利的虚拟化技术。纵观技术进步对伦理和法律的影响,大致可以分为以下几个阶段:

新技术带来的第一类规范性变化并不在法律范畴之内,而是社会伦理的变化:新技术会带来新的行为模式,继而会引发对他人新的行为期待,而这又可能会被强化而形成习俗或伦理规范。"网络礼仪"是一个很好的例子,即在网络交往中(例如发送电子邮件)被认为是"礼貌"或"恰当"的行为所对应的规则。这类规则早在20世纪90年代中期互联网刚刚在社会中大范围普及时就快速形成了。而当下正处于与手机相关的社会规则逐渐形成的阶段。很多餐厅中客人都会被期望在邻桌有人时不要长时间大声接打手机。在火车车厢中同样有类似的规定。只是这样的行为规范尚未得到所有人的注意。因此德国国家铁路在前一段时间特别设立了静音区,这可以被视为迈向火车接打电话法律法规的第一步。这个例子表明,法律完全有可能走在社会伦理规范形成之前。然而至少在信息和通信技术领域,立法者迄今为止一直保持谨慎的态度、并未尝试"超越"社会伦理的发展。目前最具争议、最可能被纳入立法日程的是在社交网站传播"仇恨言论"和"假消息"的行为,也可能包括(通常是年轻人实施的)在网络上发布私密照片的行为。

但是,技术发展以及由此产生的行为标准被引入法律领域的大门是敞开的。首先需要被提及的就是所谓的"技术条款"(Technikklauseln),即直接引用"技术现状"或者"科学、技术现状"的法律条文。技术产品的研发人员、制造商和用户所必需的注意义务,即用以确定法律上可谴责的过失的标

---

① Friedman, Lawrence, Changing Times. Technology and Law in the Modern Era, in: Jürgen Becker et. al. (Hrsg.): Recht im Wandel seines sozialen und technologischen Umfeldes. Festschrift für Manfred Rehbinder. Verlag C.H. Beck München, 2002, S. 501–510.; 及 Eric Hilgendorf, Die strafrechtliche Regulierung des Internet als Aufgabe eines modernen Technikrechts, in: Juristenzeitung Band 67, 2012, S. 825–832.

准,也受到技术发展的显著影响。如果对可预见、可避免的损害结果没有采取必要的注意措施,则被认为是过失。① 而认定可预见、可避免——即可控性的标准,显然是直接与我们的技术水平挂钩的。因此,风险在技术上的可控性越高,对注意义务的要求就越严格。甚至可以认为,判断(在安全技术上)可能性的标准也与技术的发展相关。原则上,承担法律后果的前提是具有"他行为可能性"(Anders-Handeln-Können)——我们的行为选择也同样与技术能力相关。

法律与技术"交流"的另一个层面是技术进步所引发法律的重新解释。一个看上去已经有些过时的例子是:是否可以通过电子邮件签订买卖合同。这个在当时颇具争议的问题现如今已经以一种积极的方式得到解决:合同成立的前提是有两个相互达成一致的意思表示,而这样的意思表示不仅能通过口头或通过纸面的方式作出,同样也可以在虚拟空间中作出。诸如此类试图将现实世界中的解决方案移植到虚拟世界的例子还有很多,一个时下亟待解决的是数据的法律归属问题。以前这个问题的解决较为简单:一方面,可以通过数据载体确定数据对人的归属;而另一方面,再佐以传统的数据保护法的实施就足以解决该问题。数据载体是物,因而显然属于物权法的范畴,也可以成为财产。然而随着技术的发展出现了这样的状况,即数据变得愈加重要,而这些重要数据并不一定被储存在特定数据载体中,如机器在运转过程中产生的设备损耗数据。因为这些数据并不是有体物,所以也并不属于物权法的范畴。

对于设备生产者而言,前述数据无疑是具有高度价值的,但这些数据究竟应当归属于何人?传统的数据保护法并不能为这一问题的解决提供多少帮助,因为它仅仅规制人身相关数据,即与自然人相关、或通过技术手段可以合理建立人身关联性的数据。即使随着技术的发展,将数据归属给自然人变得越来越容易,但同时也有越来越多的数据根本无法与自然人建立联系或此关联性被删除(匿名化)。这就导致了这样的结果,即数据的归属处于未知的状态。换言之:这些数据处于法外空间,技术最优者处于优势地位。可以想象,机动车所产生的非人身相关数据可以通过无线通信手段传输至生产者、保险公司或者软件供应商,而无需经过车辆所有权人的同意。

---

① Vgl. Eric Hilgendorf/Brian Valerius, Strafrecht Allgemeiner Teil. Verlag C.H. Beck, 2. Aufl., 2015, §12 Rn. 17.

考虑到此类数据被称为"21世纪的石油",这种情况可谓是非常可悲了。

前述事例表明,并非所有技术发展带来的问题都可以由法律使用者通过解释性的适用活动加以克服。即使在采用判例法模式的国家,即那些受益格鲁-萨克逊法所影响的地区亦是如此。如果司法机关已经无法快速处理技术发展所带来的问题,那么立法者就必须采取行动。这可以是以欧盟指令的形式,当然也可以通过各国立法者的立法活动实现。如欧洲早期在IT领域的欧盟《电子商务指令》(2000年),该指令包含了认定网络服务商责任的重要规定,随后又为德国《电信媒体法》(Telemediengesetz)所移植。当然,德国对欧盟指令的移植是否符合欧盟的要求存在争议。[①] 为学术界多数观点所承认的一些网络接入服务商权利并未被规定在欧盟指令之中。[②] 2016年的欧盟《数据保护条例》(DSGVO)是欧盟近年来重要的新规之一。而在《网络安全法》(IT-Sicherheitsgesetz)中也包含了对德国信息技术而言非常重要的规定。

从刑法上的不存在例外的禁止到(行政法上的)存在例外情形的禁止,从确立认证义务和自我监管措施到税收减免乃至直接补贴,国家立法机关拥有广泛的监管手段可供选择。然而技术政策上存在的一个主要问题是,无论是国家层面的立法者还是欧盟的立法者都有将刑法作为主要问题解决方式的倾向。刑法可以说被视为解决所有技术法律规范问题的万能钥匙。这种态度有违最后手段原则,即刑法是国家最为锐利,也是最危险的手段,在一个自由的法律体系中应当被审慎地运用。此外刑法通常也并不是解决问题的正确手段,因为它很可能无法对症下药,无法有效、公正地解决所面对的问题。在很多情况下,通过民事纠纷解决机制或者(在行政法上)设立自我管理义务明显可以更好地实现法律所需达到的目的。遗憾的是,在技术监管领域,很多政客似乎缺乏坚持一种节制的法政策所必要的耐心。取而代之的是刑法的适用,这无疑是有效的,而且成本低廉,刑法很容易就可以借助警察、检察院等刑事追诉机关得到落实。

[①] Vgl. Bardia Kian/Alexander, Tettenborn, Ist die Providerhaftung im Lichte vernetzter autonomer Systeme noch zeitgemäß?, in: Eric Hilgendorf/Sven hötitzsch/Lennart S. Lutz (Hrsg.), Rechtliche Aspekte automatisierter Fahrzeuge: Beiträge der 2. Würzburger Tagung zum Technikrecht im Oktober 2014, Nomos, 2015, S. 101-125.

[②] Vgl. Eric Hilgendorf/Brian Valerius, Strafrecht Allgemeiner Teil, Verlag C.H. Beck, 2. Aufl., 2015, §193 ff.

三、虚拟化对具体法律领域的挑战

自 20 世纪 60、70 年代计算机与现代信息和通信技术问世以来,法学研究和法律应用在应对此二者在发展中所带来的挑战时可以说不无建树。在相关领域,早在 20 世纪 60 年代,当时尚属全新概念的数据保护法就引发了人们的关注。① 除了保护个人数据外,与如何对信息通信技术的发展进行法律规制相关的一般性问题也得到了讨论。在 20 世纪 70、80 年代,出现了被称为"多媒体法"的新兴领域。而"信息法学"的出现是通过设立新兴法学分支学科应对迫切需要被解决的问题的又一次尝试。随着时代的发展,亟需一个可以涵盖虚拟空间所有法律问题的分支领域,信息法学应运而生。②

这样的一个新兴学科从创立之始所需面对的问题就是,信息和通信技术在不断拓展。在 90 年代末就已经可以预见,虚拟化终将遍及我们工作、生活的世界。而调整该进程的法律领域中如果只包含某一个法律分支已经不再可行了,其核心领域中包含了民法、刑法和公法,且其中并没有主次之分,这就给"信息法学者"造成了极重的负担。③

网络法,即处理全球范围内设备联网所产生的法律问题的学科,原则上已经有了明晰的学科建构。然而考虑到随着网络技术的发展将会出现无所不包的物联网,网络法也面对着将逐渐扩张为一个与所有法律领域都存在联系的"超大型学科"的风险。因此看上去比较妥当的做法是,不必为数字

---

① Vgl. Jan-Hinrik Schmidt/Thilo Weichert(Hrsg.), Datenschutz-Grundlagen, Entwicklungen und Kontroversen, Bundeszentrale für politische Bildung, Bonn, 2012.

② Vgl. Ulrich Sieber, Missbrauch der Informationstechnik und Informationsstrafrecht: Entwicklungstendenzen der internationalen Informations-und Risikogesellschaft, in: Jörg Tauss Johannes Kollbeck/Jan Mönikes(Hrsg.), Deutschlands Weg in die Informationsgesellschaft: Herausforderungen und Perspektiven für Wirtschaft, Wissenschaft, Recht und Politik, Nomos, 1996, S. 608-651.

③ Vgl. Eric Hilgendorf, Informationsrecht als eigenständige Disziplin? Kritische Anmerkungen zu einigen Grundlagenfragen von Rechtsinformatik und Informationsrecht, in: Jürgen Taeger/Irini Vassilaki (Hrsg.), Rechtsinformatik und Informationsrecht im Spannungsfeld von Recht, Informatik und Ökonomie: 1. Wissenschaftliches Forum für Recht und Informatik, Oldenburger Verlag für Wirtschaft, Informatik und Recht, 2009, S. 1-12.

化和虚拟化所产生的法律问题专设一个新型法律领域,而是将问题指向传统的法律领域,如民法、刑法和公法。我们的世界正在快速为数字化进程所覆盖、被虚拟化所渗透,因而法律及其三个子学科民法、刑法、公法也必须对新技术的发展保持开放。"虚拟化"这一议题对于单一法律分支而言过于宽泛了,以至于没有任何一个法律分支可以单独加以解决。至于虚拟化进程在将来会给法律带来何种影响,仍有待进一步的观察。①

(一)宪法问题

大陆法系的法律人会习惯以宪法为出发点讨论问题,即从国家政体、公民权利的根本性体系出发。德国《基本法》*的指导价值是人的尊严(德国《基本法》第1条)以及其他被规定在宪法中的基本权,它们被视为法定(积极)人权。德国宪法第5条保护研究自由,其中也包含对新技术的研发。德国宪法第5条的保护对象不仅仅是大学,私人企业、私人研究协会等也在其列。此外,企业活动也受到德国《基本法》第12条(工作自由)和第14条(财产权)的保护。概言之,新技术的研发和销售受到德国宪法的保护——此处德国宪法仅仅作为多数西方国家宪法的代表。这一结论自然也可以沿用到对信息和通信技术的研发、销售之上。②

德国联邦宪法法院从基本权中推导出了国家对核心法益——如生命、身体的不可侵犯性等——的保护义务。就信息和通信技术而言,这意味着国家有义务保护公民免受(可能出现的)新技术所带来的风险。继而可以推导出的结论是:国家有义务密切关注技术发展,因为只有这样,国家才能及时履行其保护义务。

此外,从具体的基本权也可以推导出针对我们所处的这个技术变革时

---

① Vgl. Eric Hilgendorf, Oralität, Literalität – Digitalität? Einige vorläufige Beobachtungen zur Bedeutung der Digitalisierung für das Recht aus Anlass der Verabschiedung des E-Government-Gesetzes 2013, FS Jürgen Weitzel, 2014, S. 747-763.

* 德国《基本法》(Grundgesetz)即德国宪法。——译者注

② Vgl. Eric Hilgendorf, Teilautonome Fahrzeuge: Verfassungsrechtliche Vorgabenund rechtspolitische Herausforderungen, in: Eric Hilgendorf/Sven Hötitzsch/Lennart S. Lutz (Hrsg.), Rechtliche Aspekte automatisierter Fahrzeuge: Beiträge zur 2. Würzburger Tagung zum Technikrecht im Oktober 2014, Nomos, 2015, S. 18.

代的内容。① 例如,德国《基本法》第 14 条确认了财产权应当得到保护。然而财产权不仅仅包含权利,第 14 条也规定了相应的义务,即财产权的行使应当有利于社会公共利益。这不仅为那些旨在针对过度市场支配力的法规提供了正当性基础,而且也使其他令所有权与公众利益相适应的法律措施得以合法化。② 鉴于数字化可能造成的巨大的、甚至是极端巨大的贫富不均(又很容易会投射到政治权利上),该条的重要性正不断上升。

(二)民法问题(责任法)

应对虚拟化的法律领域中,民事法律中的责任法是另一个非常重要的组成部分。其核心是过错责任,即责任(损害赔偿责任)取决于损害赔偿责任方的过失。例如,操作技术设备的过程中因疏忽给他人造成损害,应当对由此产生的损害结果承担责任(德国《民法典》第 823 条)。成立该责任的前提是:(1)存在损害结果;(2)潜在责任主体实施了行为;(3)该行为与损害结果之间存在因果关系;(4)行为基于故意或过失。③ 如果不满足任一前提条件,则行为人不具有损害赔偿义务。

然而在涉及技术辅助的行为时,过错责任的经典模型就体现出了不足之处。在此情形中,行为主体即使完全合规地操作技术设备,仍然可能因为设备本身的瑕疵造成无辜者的损害,且完全无法因为行为主体存在故意或过失对其加以谴责。导致损害的并不是行为主体的错误行为,而是他使用的技术设备所存在的瑕疵。同属此类的也包括给自己造成损害的情形(如某个不完备的健康类 APP 的用户)。在类似情形中,原则上有三种责任分配的方式:

第一种可能的模式是让遭受损害者"自舐伤口":因为缺乏人的过错,因此无论是行为主体抑或是其他人都不应当对损害结果承担责任。这种模式是可行的,但是对于德国现行的致力于实现社会平等的法律体系而言,这种方案无论是在政治上还是在法律上都会存在问题。

---

① Vgl. Udo Di Fabio, Grundrechtsgeltung in digitalen Systemen: Selbstbestimmung und Wettbewerb im Netz. Studie im Auftrag der VG Media, C. H. Beck, 2016, S. 75 ff.

② Vgl. Udo Di Fabio, Grundrechtsgeltung in digitalen Systemen: Selbstbestimmung und Wettbewerb im Netz. Studie im Auftrag der VG Media, C. H. Beck, 2016, S. 75 ff.

③ Vgl. Jochen Hanisch, Zivilrechtliche Haftungskonzepte für Robotik, in: Eric Hilgendorf (Hrsg.), Robotik im Kontext von Recht und Moral, Nomos, 2014, S. 27-61.

第二种可能的模式则是尽可能地扩张过失的概念,直至使用(存在潜在瑕疵的)技术设备可以被视为违反注意义务的程度。这样做可以认定行为人存在过错,因而可以承担过错责任。然而这个解决方案并没有足够的说服力,因为技术永远不可能是毫无瑕疵的[永远会有所谓"剩余风险"(Restrisiko)]。这就意味着在这种解决方案下,使用现代技术自始就是违反注意义务的。这种方案引发的问题将会远多于其所能解决的问题。

因此德国的立法者早在一百多年前就决定采取第三种方案,在过错责任之外新设一种责任模式,即所谓的无过错责任(Gefährdungshaftung)。无过错责任意味着,行为人可以不因过错,而仅仅因为其使用的技术设备所拥有的特殊危险性而承担责任。基于该原则,在很早之前就得以认定,铁路运营者应当对铁路所造成的风险承担民事责任,即使运营者本人对产生的具体损害结果并没有个人责任。由于企业从火车的运营中受益,因此也应该赔偿火车造成的损失。

随着时间的流逝,立法者已经将无过错责任的模式扩展应用到越来越多的技术设备之上。其中,在当下扮演极为重要角色的是为机动车设立的无过错责任(德国《道路交通法》第 7 条):无论在具体案件中车辆保有人是否具有过错,都应对车辆运行所导致的一切损害后果承担责任,即车辆保有人在对损害结果完全不存在过失的情况下也应当承担责任。而立法者又对该模式进行了补充规定,即机动车保有人的强制保险制度。这使得车辆保有人永远可以(通过保险公司)履行其损害赔偿义务(德国《强制保险法》第 1 条)。概言之,这一模式已经充分证明了其可靠性及其被移植到如半自主、自主系统等高新技术领域的可能性——虽然就后者而言,其潜在的危害程度仍有待进一步的评估。①

特别值得注意的是,德国的立法者通过德国《产品责任法》第 1 条同样为产品的生产者(在过错责任之外)设立了无过错责任。这对现代信息和通信技术而言有着极为重要的意义。根据德国《产品责任法》第 2 条,产品是指:"……一切动产……以及电力"。在该定义的基础上,即使不能说可

---

① 相同的观点也见:Olaf Sosnitza, Das Internet der Dinge – Herausforderung oder gewohntes Terrain für das Zivilrecht?, in: Computer und Recht, 2016, S. 772; 机器人的民事责任见:Gerhard Spindler, Zivilrechtliche Fragen beim Einsatz von Robotern, in: Eric Hilgendorf (Hrsg.), Robotik im Kontext von Recht und Moral. Nomos-Verlag, Baden-Baden 2014 (Robotik und Recht, Band 3), S. 63–80.

以毫无障碍地将软件视为产品(对电力进行类推得出这一结论是完全可能的),但安装有特定软件的机械设备毫无疑问是产品。不过此处生产商承担责任以产品存在瑕疵为前提,那么如果一个自主学习的计算机系统运行完全正常,只是接收到了"存在瑕疵的"学习数据,是否能够认定该系统存在瑕疵仍然是存在疑问的。

(三)刑法问题

相关法律领域中,第三个重要的组成部分是刑法。刑法通常被视为国家用以保护法益的最锋利的一柄剑。随着数字化和网络化进程不断渗透我们的工作和生活领域,网络刑法的重要性不断突显。而在虚拟世界中,应当得到保护的法益在原则上与现实世界中基本相同:生命、身体完整性、财产、名誉等。在过去二十年间不断成型的网络刑法[1]主要涉及的内容大概包括侵犯财产或侵犯名誉的犯罪类型,具体而言包括计算机诈骗(《德国刑法典》第 263a 条)、网络环境中的侮辱、散播仇恨性言论等(《德国刑法典》第 185 条及以下)。原则上这里所涉及的都是传统的犯罪构成,然而其与虚拟化相结合,就使得我们必须对其作出新的诠释。

互联网带来了一种心理上的伴随效应,这对虚拟环境下犯罪行为的实施又产生了特别的影响。例如,儿童色情视频的消费和传播,在现实世界中,这样的行为是单独实施、零散存在的。在刑事犯罪中,儿童色情相关的犯罪也属于十分"罕见"的类型。然而在互联网中情况则完全不同:潜在的志同道合者可能在现实中相距千里,但在网络环境下他们却只有一个按键的距离。这使得具有相同兴趣的人在心理上更容易有一种集体感,而导致他们的社会危害性不但没有降低,反而被强化了。[2] 即使是食人行为,这种在过去因为找不到志同道合的被害人而基本不会出现的行为,伴随着互联网所带来的遍布全球的沟通可能性也成为了可能。2001 年发生的著名的罗腾堡案就很好地说明了这点。

在刑法中不存在无过错危险责任,刑罚必须以罪责为前提。大陆法系

---

[1] 可见:Jörg Eisele, Computer-und Medienstrafrecht, C. H. Beck, 2013; 及 Eric Hilgendorf/Brian Valerius, Strafrecht Allgemeiner Teil, C.H. Beck, 2. Aufl., 2015.

[2] Vgl. Eric Hilgendorf, Ehrenkränkungen („flaming") im Web 2.0: Ein Problemaufriss de lege lata und de lege ferenda, ZIS 2010, S. 209 f.

的学者称之为罪责原则①,即如果要对人科处刑罚,行为人必须符合经典犯罪构成模型:行为人实施了一个行为、该行为造成了损害结果,存在故意或至少是过失。值得注意的是,在多数的刑法体系中,对于过失行为都只是例外性的规定,德国亦是如此。例如,我们可以看到过失致人死亡、过失致人重伤,但并没有过失侮辱这样的犯罪。

在盎格鲁-萨克逊地区可以看到很多描述网络犯罪的新名词,例如网络钓鱼(Phishing)、侧录(Skimming)、流量劫持(Pharming)等。② 身份盗窃也是个源自盎格鲁-萨克逊法系的概念。③ 这些概念并非我们传统意义上的犯罪构成要件,更多是描述一种具有社会危害性的、网络相关的行为,而这种行为可能构成多种不同的犯罪。例如,钓鱼行为可能涉及非法获取信息罪、计算机诈骗罪等。④ 随着技术的不断进步,还会出现越来越多的犯罪形式。这些新兴犯罪模式并不一定可以与传统形式形成简单的对应关系。例如,网络环境下的侮辱罪,其损害可能性远远高于"一般的""面对面的"侮辱;或者身份诈骗也是如此,即冒名使用专门为儿童或病患提供的社会网络;⑤当然还包括新型的伪造货币犯罪,其危害的是在线支付进程;或者"盗窃"虚拟物品(例如网络游戏中使用的武器),以及损害、毁坏虚拟形象的行为。

法益是受法律保护的人类利益。人类追逐什么样的利益很大程度上取决于人的主观偏好,但这种偏好并不会随着技术的发展每天发生变化。对于刑法语境下的法益而言,这意味着,刑法所保护的法益迄今为止并未发生

---

① Vgl. Jürgen Baumann u.a., Strafrecht Allgemeiner Teil: Lehrbuch, Gieseking, 2016, §16 Rn. 1 ff.; 及 Eric Hilgendorf/Brian Valerius, Strafrecht Allgemeiner Teil, C.H. Beck, 2. Aufl., 2015, Rn. 36 ff.

② Vgl. Eric Hilgendorf/Brian Valerius, Strafrecht Allgemeiner Teil, C.H. Beck, 2. Aufl., 2015, Fn. 480, 513, 547, 632.

③ Vgl. Eric Hilgendorf, Das Problem des Identitätsdiebstahls-Erscheinungsformen, internationale Entwicklungen und gesetzgeberischer Handlungsbedarf, in Christian Schwarzenegger/Rolf Nägeli (Hrsg.): Neuntes Züricher Präventionsforum: Identitätsdiebstahl in der digitalen Welt-die Gefahren des Missbrauchs persönlicher Daten und Prävention, Schulthess, 2016, S. 7 ff.

④ Vgl. Eric Hilgendorf/Brian Valerius, Strafrecht Allgemeiner Teil, C.H. Beck, 2. Aufl., 2015, Fn. 480.

⑤ Vgl. Eric Hilgendorf, Das Problem des Identitätsdiebstahls-Erscheinungsformen, internationale Entwicklungen und gesetzgeberischer Handlungsbedarf, in Christian Schwarzenegger/Rolf Nägeli (Hrsg.): Neuntes Züricher Präventionsforum: Identitätsdiebstahl in der digitalen Welt-die Gefahren des Missbrauchs persönlicher Daten und Prävention, Schulthess, 2016, S. 18.

重大改变。当然这绝不意味着随着时间的流逝不会出现新型法益。另外也可能出现新的前置性构成要件,其目的在于阻止一些危险情形的产生,如2016年针对德国医院的网络攻击、2016年秋天在美国大选中针对总统候选人的黑客攻击。也可以看到,越来越多的"社交机器人"被用来影响社交媒体,网络犯罪甚至可以威胁我们的基础设施、侵入社会舆论形成的核心领域。DoS 和 DDoS 攻击潜在的危害程度极高,特别是犯罪组织以敲诈勒索为目的进行攻击的时候。

当系统运营者或故意或过失地怠于采用足够的安全措施时应当承担何种法律责任?这是个极端重要然而却没有得到进一步澄清的法律问题。而类似的问题还包括诸如脸书这样的平台运营商对于其平台上所传播的内容应承担的责任。例如,平台上出现了被禁止的政治宣传内容、仇恨性言论、恐怖主义宣传、炸弹制造方法讲解或者诈骗信息等。值得注意的是,因为不同国家的刑法规范通常有所不同,很可能会出现应当适用哪国刑法的问题。①

就未来而言,最严峻的挑战可能是如何对自主学习系统造成的损害结果进行归责。例如,微软在 2016 年推出了一个在线的聊天机器人 Tay,在网络用户的操纵下,它很快就发展成为一个满怀歧视且仇视妇女的系统。在系统上线后的几个小时之后微软就必须将其下线。那么谁应当对 Tay 的"行为"承担(刑事)责任?很难查清具体是谁真正操纵了 Tay,这样的行为很可能是在外国实施的,如果真是如此,那么刑事司法机关可能根本无法介入。因此提出下面所述的问题就显得很有意义:

生产者或者编程者对设备或者特定的软件的设置使其有可能受到这样的操纵,那么他们应当承担责任吗?有观点强调,Tay 是一个具有自主学习功能的系统。但是反对者则认为,只要被开发出的系统发展超出特定合理行动空间,而对人类造成危险或侵害,那么生产者和编程者无论如何应当承担责任。后者的观点意味着,自主学习系统的生产者和编程者有义务限定其所开发出的系统,使其进步空间只能在特定的范围之内。其须承担的责任中甚至有可能包括被正犯化的前置行为。然而这样做是否有意义、是否有违刑法的最后手段性原则,仍有待进一步的探讨。

---

① Vgl. Eric Hilgendorf/Brain Valerius, Strafrecht Allgemeiner Teil, C.H. Beck, 2. Aufl., 2015, Rn. 128 ff.

而著名的两难困境问题处于刑法、宪法和伦理学的交叉领域。所谓两难困境问题是指,在前方出现交通事故的情况下,车辆如果保持直行几乎一定会压过三个倒在地上的重伤者,而如果紧急转向则很可能会导致路边站立的一个无辜者重伤或死亡。此时自主驾驶系统应当作出何种"决定"。① 尽管可以说类似问题的理论价值要高于实践价值,然而必须为其提供一个妥善的解决方案,使得法律体系能够保护人权、确保将个人价值置于最高地位②加以保护。

(四)数据保护法

在世界虚拟化进程中起到重要作用的另一个法律领域是数据保护法。"数据保护法"这一名称实际上并不贴切,因为相关法律与数据保护关系不大,其所保护的是人格权,或者按照法律上的定义:受到监视和控制威胁的人格权及"信息自决权"。③ 相较于先前,如今随着技术的发展可以对个体进行更为全面、更为细致的监视和把控。早在 1983 年,德国联邦宪法法院就在著名的"人口普查判决"中确立了数据保护法的目标:

"如果社会规范及作为其基础的法律规范与信息自决权不相容,公民在这样的环境下就无法得知谁、在什么情况下可以获知自己的什么信息。而如果公民无法确信一种与众不同的行为模式会不会随时被记录,并作为信息被长期保存、使用或传播,那么他就会尽量规避这样的行为模式……这不仅会损害个人自由发展的机会,同时也会对公共利益造成损害。因为对一个以其公民的行动能力和参与能力为根基的自由民主社会而言,其正常运作的一个基本条件即为自决。由此可以得出如下结论:防止公民的人身相关数据被不加限制地收集、存储、使用和传输是在现代数据处理条件下确保公民得以自由发展其个性的前提。因此其属于德国《基本法》第 1 条第 1 款及第 2 条第 1 款所保护的基本权之列。在此意义上,基本权保证个人有

---

① 相关论述如:Eric Hilgendorf, Ist ein Schutz der Privatsphäre noch zeitgemäß? FS Ulfrid Neumann, 2017, S. 1391-1402; Eric Hilgendorf, Dilemma-Probleme beim automatisierten Fahren, ZStW 130(2018), S. 674-703.

② Vgl. Eric Hilgendorf, Recht, in: Hubert Cancik/Horst Groschopp/Frieder Otto Wolf (Hrsg.), Humanismus: Grundbegriffe, de Gruyter, 2016, S. 315.

③ 信息自决权概述及适用范围可见 Jan-Hinrik Schmidt/Thilo Weichert (Hrsg.), Datenschutz: Grundlagen, Entwicklungen und Kontroversen, Bundeszentrale für politische Bildung, Bonn, 2012.

权在原则上自行决定其个人资料的披露和使用。"①

德国联邦宪法法院的这段论述在几个方面都值得加以关注。② 该论证的一个核心论点是以一个可经由实证检验的假设为基础的:如果一个人感觉受到监控,那么他会尝试不将特异之处表现出来,即进行屈从。而在德国联邦宪法法院看来,这会导致"公民个性的自由发展受到损害"。这段阐述不论是前提还是随后的心理学推论都应当是成立的。此外,德国联邦宪法法院还认为:如果社会中自我感觉受到监控的个体产生了屈从行为,那么"自由民主社会"也因而受到了威胁。因为"自决"和不屈从于他人是一个自由民主社会正常运作的"基本条件"。这一论点是由民主制度的理想图景得出的,然而在现实存在的任何一个国家中,公民都远远谈不上全然"自决"。不过毋庸置疑的是,如果公民全然屈从于给定的观点和立场,则是完全不可能与民主制度相契合的。

最后,"信息自决权"在法律上的位置是个重要且有趣的问题。德国联邦宪法法院不仅提到了一般行为自由,即原则上自行决定做什么和不做什么的权利。同时希望更进一步,通过保护信息自决权实现对德国《基本法》第1条人格尊严的保护。由此,德国联邦宪法法院为信息自决权这一新兴权利构建了德国法范畴内最强有力的基础。在德国宪法体系中,人格尊严与其他基本权不同,不得通过法律加以限制。换言之,对人格尊严的侵犯永远是违法的,不可能被合法化。③

顺带一提,认为数据保护法是纯粹德国或者欧洲原创的看法是错误的。美国人在此之前就通过隐私权保护构建了数据保护的基础。沃伦(Warren)和布兰迪斯(Brandeis)早在 1890 年就提出了"独处权(right to be left alone)"的概念。④ 而更为久远的是"住宅即城堡(My home is my castle)"原则——用现代的表述是"公民的私人领域"——依据该原则,即使英

---

① BVerfGE 65, 1, 43.

② 其他相关可见 Bardia Kian/Tettenborn Alexander, Ist die Providerhaftung im Lichte vernetzter autonomer Systeme noch zeitgemäß? in: Eric Hilgendorf/Sven Hötitzsch/Lennart Lutz (Hrsg.), Rechtliche Aspekte automatisierter Fahrzeuge: Beiträge der 2. Würzburger Tagung zum Technikrecht im Oktober 2014, Nomos, 2015.

③ Vgl. Hans D. Jarass/Bodo Pieroth, Grundgesetz für die Bundesrepublik Deutschland: Kommentar, 14. Aufl., C.H. Beck, 2016, Art. 1 Rn. 16.

④ See Samuel Warren & Louis Brandeis, *The right to privacy*, 4 Harvard Law Review 193 (1980).

国国王也被禁止进入私人住宅。也就是说,保护人格权的思想对盎格鲁-萨克逊法系而言绝非陌生。

德国数据保护法的起源可以追溯到20世纪60年代。① 如今《德国联邦数据保护法》的内容主要来自于欧盟1995年的法规。2016年欧盟通过了欧盟《通用数据保护条例》,该条例和最新修订的德国《联邦数据保护法》于2018年5月25日生效。德国《联邦数据保护法》以及欧盟《通用数据保护条例》中规定的数据保护的基本结构可以概括如下:非经本人同意或特殊法律允许,禁止记录、处理或存储人身相关数据。换言之,不能随意记录或处理人身相关数据,除非得到本人的许可。②

以前述模型为基础处理数据保护问题时需要面对的一个很重要的问题,无疑是究竟何种数据应当被视为人身相关数据。一个主要的挑战是,法律文本(Art. 4 Nr. 1 DSGVO)并不主张以具体的人身相关性为必要前提,只要可能与个人建立联系就足够了。但是,如果考虑到新技术所带来的数据挖掘能力,几乎所有数据都有至少潜在的人身相关性,这就意味着前述(禁止数据的收集、处理和存储的)法律模型几乎无所不在。其结果就是,导致这种监管模式事实上近乎荒谬。③ 因此,如果想继续对重要的一般人格权及隐私权加以保护,就必须对人身相关数据的概念加以反思。④ 而这里还需要面对的另一个问题则是,当下数据收集活动程度如此之高,以至于如果要求公民对每一项"他们自身"相关的数据处理都进行授权或拒绝,那么他们必定会不堪重负。也正因如此,近来发展出了"预设隐私保护"(privacy

---

① Vgl. Kai von Lewinsky, Zur Geschichte von Privatsphäre und Datenschutz-eine rechtshistorische Perspektive, in: Jan-Hinrik Schmidt/Thilo Weichert (Hrsg.), Datenschutz: Grundlagen, Entwicklungen und Kontroversen, Bundeszentrale für politische Bildung, Bonn, 2012, S. 23-33.

② 完整阐释可见Berthold Haustein, Datenschutz jenseits der Papierakte-systematische Herausforderungen des Datenschutzrechts unter den Bedingungen der Digitalisierung, in: Florian Süssenguth (Hrsg.), Die Gesellschaft der Daten: Über die digitale Transformation der sozialen Ordnung, Bielefeld: transcript, 2015, S. 253-283。

③ Vgl. Eric Hilgendorf, Teilautonome Fahrzeuge: Verfassungsrechtliche Vorgabenund rechtspolitische Herausforderungen, in: Eric Hilgendorf/Sven Hötitzsch/Lennart S. Lutz(Hrsg.), Rechtliche Aspekte automatisierter Fahrzeuge: Beiträge zur 2. Würzburger Tagung zum Technikrecht im Oktober 2014, Nomos, 2015, S. 29 ff.

④ 对当前状况危险性的论述可见:Jan Philipp Albrecht, Finger weg von unseren Daten! Wie wir entmündigt und ausgenommen werden, Knaur, 2014。

by design）和"默认隐私保护"（privacy by default）①这样的新概念。

德国的数据保护还不得不面对其他难题。在德国,数据保护并不仅受一部法律的约束,而是同时受到多部法律的调整——这还仅仅指德国《联邦数据保护法》和各州不同的数据保护法规。在此之外,欧盟也推出了《通用数据保护条例》,该条例从 2018 年 5 月起直接在德国生效。这些法律条文即使对专业人士来说也是复杂而难懂的,概念缺乏确定性、在不同法律中意指不同含义,存在各种例外、甚至是例外的例外。对于外行人而言这样的数据保护法可以说是根本无法理解的,因此数据保护得不到重视、甚至被认为是对技术进步的阻碍也就不足为奇了。一方面,一些虚拟化新生力量对于我们语境下的数据保护可以说知之甚少。而另一方面,美国近年来对于数据保护愈加重视,从大量新鲜出炉的出版物中就可以看出这点。② 因此,从中长期角度来看,德国、欧洲和美国在保护隐私方面的思路会呈现相互妥协的态势。

四、数字化、虚拟化对法政策的挑战及展望

我们工作、生活的虚拟化进程不断提速,对此法政策的第一项任务是维护和保障法律的人本主义导向,即整个法律体系应以人的尊严和人权为指导原则。技术应当服务于人类,反之则不成立。任何强调条件所限,而人类必须去加以适应的主张都必须得到批判性的审视。③

法政策的第二项任务是应对如今在虚拟空间中已经显露端倪的垄断趋势。自第二次世界大战以来,社会市场经济体制已证明其优于所有与之

---

① 如《通用数据保护条例》第 25 条。

② 在 Ferdinand D Schoemann (ed.), *Philosophical dimensions of privacy: An anthology*, Cambridge University Press, 1984；及 Jeffrey Rosen, The unwanted gaze: The destruction of privacy in America, First Vintage Books, 2000 中就已有相关内容。近期的著作如 Daniel J. Solove, *Understanding privacy*, Harvard University Press, 2009；Ronald Goldfarb (ed.), *After Snowden: Privacy, Secrecy, and Security in the Information Age*, Dunne Books, 2015；Marc Rotenberg, Julia Horwitz & Jeramie Scott (eds.), *Privacy in the Modern Age: The Search for Solutions*, The New Press, 2015。

③ Vgl. Eric Hilgendorf, Recht, in: Hubert Cancik/Horst Groschopp/Frieder Otto Wolf (Hrsg.), Humanismus: Grundbegriffe, de Gruyter, 2016, S. 324.

相较的经济体制。其中包括了前"东方集团"（Ostblock）*所实行的计划经济体制，也包括不受控制的市场资本主义体制。后者是近年来数次重大经济危机的重要原因之一。人们经常遗忘，经济也必须以社会公共利益为准绳加以衡量。经济增长和经济上所取得的任何成就本身都不是目的，最终同样应当服务于社会。

虚拟化所带来的后果之一是巨大的收入差异，这可能导致在不久的将来，少量几乎不承担任何法律义务的垄断集团高层与遍布全球的工薪阶层形成对立，显然不能对这样的发展熟视无睹。而法律提供了足够的机制用以防止垄断形成、并确保巨额的财产积累以一种社会可以接受的方式存在（备选手段中甚至包括强制拆分和国有化这样的形式）。众所周知，大型企业的存在对消费者而言很可能是有利的，然而不受控制的垄断集团则不可能。此外，垄断的形成往往也会产生政治问题，因为强大的经济力量会很轻易地转变为政治上的影响力。

另外，确保适当的工作条件以及恰当的消费者保护无疑是在将来也应得到保留的内容。因此，维护人道的劳资关系是未来将面对的重大挑战之一。① 现在可以观察到一些现象，例如，通过互联网建立大量近似的雇佣关系[所谓的众包（Crowd-Sourcing）]，其中前人通过数十年奋斗才取得的劳动者权利被完全忽视了。在人机合作的领域也面临着相似的问题。而前述事例还表明了，在通过法规加以监管之前，充分了解技术可能带来的机会和风险是多么的重要。同样，前文中的内容也可以无障碍地移植到消费者保护的领域。其结论是，同样有必要对新兴的商业模式——特别是平台支撑的商业模式，如ebay、优步、爱彼迎等——加以严格的分析，检验其是否符合我们法律的基本价值。

现代法律政策的第四个核心领域是创造法安定性。一个运作良好的法律体系不仅对于经济，而且对于整个社会的交互都具有相当重要的意义。法律必须适应人的需求，人不仅应当能够信赖法律会被遵守，还要有可能通过法庭有效地维护自己的权利，对企业而言同样如此。这要求法律规范在

---

* "东方集团（Ostblock）"为冷战期间西方阵营对中欧及东欧的前社会主义国家的称呼，其范围大致为苏联及华沙条约组织的成员国。——译者注

① Vgl. Hartmut Hirsch-Kreinsen/Peter Ittermann/Jonathan Niehaus (Hrsg.), Digitalisierung industrieller Arbeit: Die Vision Industrie 4.0 und ihre sozialen Herausforderungen, Nomos, 2015.

虚拟世界同样能够以一种有效且法定的方式发挥其作用。一方面对于立法者,另一方面对于法律人而言这都是一种特殊的责任。在这种背景下,为年轻一代的法律人提供足够的技术基础知识以及培养他们对技术的开放态度是很重要的,这将使他们能够在未来的高科技社会中创造和维护法律的安定性。因此有大量观点主张,应当在法学教育中更加强调技术的重要性。

对立法者而言,应当要求其在没有充分理由的情况下不得阻碍技术的发展,只应当对其进行监督和管控。而如果确有必要,则必须进行干预,以确保技术以人为本并符合基本权的要求。① 可以预见,全球各国在信息技术领域的法律会相对较快地进行协调、融合。在此过程中必须注意的是,着重强调并确保欧洲法律体系的指导原则——人格尊严和人权——得以保留。

---

① Vgl. Eric Hilgendorf, Recht, in: Hubert Cancik/Horst Groschopp/Frieder Otto Wolf (Hrsg.), Humanismus: Grundbegriffe, de Gruyter, 2016, S. 324.

计算机刑法的核心领域

〔德〕约尔格·艾泽勒*

吕翰岳 译 喻浩东 校

一、引　言

　　由于信息技术在所有社会领域中势不可挡地传播开来，利用或针对现代传播技术的犯罪也在持续增多。根据警方犯罪数据统计，相关案件仅 2010 年就比前一年增长了约 19%，总计 59,839 件。① 造成这一局面的决定性因素有，访问网络及获取硬件与（流氓）软件越来越容易且便宜，网络活动的加密和匿名化具有多种可能性，数据保护法存在不足，尤其是用户只具有有限的操控可能性等。② 虽然传统犯罪构成要件也越来越多地通过对信息技术的运用而被实现，但下文仍将聚焦于计算机刑法的核心领域，亦即由欧洲委员会针对计算机犯罪的公约（第 185 号《网络犯罪公约》）和欧盟《关于侵害信息系统的框架决议》③所调整的内容。④ 这些文件中包含的制定刑法条款的要求，在德国已经由 2007 年德国《刑法第四十一修正案》转化在德国《刑法典》第 202a—202c 条和第

---

* 德国图宾根大学德国与欧洲刑法及刑事诉讼法、经济刑法与计算机刑法讲席教授。本文原文 Der Kernbereich des Computerstrafrechts, 被收录于：《法学教育》2012 年, 第 922 页以下（Jura 2012, 922），出自作者所著《计算机与媒体刑法》（Computer-und Medienstrafrecht, 2013）一书相关章节手稿，但内容不尽相同。译文中的粗体在原文中为斜体。

① BKA, Cybercrime Bundeslagebild 2010, 6.
② 详见 Gerke/Brunst, Praxishardbuch Internetstrafrecht, 2009, Rn. 10 ff。
③ ABlEU 2005 vom 16. 3. 2005 Nr. L 69, 67.［该框架决议已经于 2013 年 8 月 12 日，被欧洲议会与理事会 2013/40/EU 号指令（下称《指令》）所取代。——译者注］
④ 针对欧洲法的要求, 详尽论述见 Gercke, CR 2004, 82; Sanchez-Hermosilla, CR 2003, 774。

303a 条及 303b 条中。①

在适用这些构成要件时要注意的是,应对它们作符合公约及框架决议的解释,因此对解释而言,在本国的立法材料之外也必须参考这些欧洲法律文件的前期工作内容和立法理由。对《网络犯罪公约》的解释而言,还要借助《说明报告》及其内容广泛的注解。不过在此也必须注意,鉴于德国《基本法》第 103 条第 2 款所锚定的**法无规定不为罪、不处罚**原则,德国刑法条文的文义限制了解释范围,从而即便是一种符合欧洲法的解释,终究也不允许导致被禁止的不利于行为人的类推。②

二、德国《刑法典》第 202a 条的窥探数据罪

德国《刑法典》第 202a 条属于已经由 1986 年 5 月 15 日德国《第二部经济犯罪防治法》引入德国《刑法典》的计算机犯罪条款。③ 当时随着数据处理设备越来越多的运用,尤其是在经济和行政领域产生了处罚漏洞,立法者希望藉此填补这些漏洞。④ 为了照顾到欧洲法上的要求,并且主要是为了将所谓黑客行为,亦即单纯的获取信息访问途径也包括在内⑤,该条款被刚刚提到的德国《刑法第四十一修正案》所修正。不过,立法者在此语境下有意识地放弃了进一步的处罚前置,没有增设对未遂的处

---

① BGBl. I 2007, S. 1786; 针对转化见 Borges/Stuckenberg/Wegener, DuD 2007, 275。

② 针对该点,见 Eisele, Strafrecht BT 1, 2. Aufl., 2012, Rn. 12; Heck, Europäisches Strafrecht, 3. Aufl., 2010, § 10 Rn. 33 ff.; Satzger, Internationales und Europäisches Strafrecht, 5. Aufl., 2011。

③ BGBl. I 1986, S. 721。

④ BT-Drs. 10/5058, S. 28; 针对改革见 Haft, NStZ 1987, 6; Lenckner/Winkelbauer, CR 1986, 483 und 824。

⑤ 《欧盟框架决议》第 2 条(对信息系统的违法访问):(1)各成员国应采取必要措施,以确保至少在不属于轻微案件的情况下,故意且无权访问整个信息系统或其一部分的行为受刑罚处罚。(2)各成员国可以决定,第 1 款的行为仅以破坏安全措施的方式达到时才受惩处。《网络犯罪公约》第 2 条(违法访问);各缔约方应采取必要的立法及其他措施,从而将无权使用整个或部分计算机系统的行为,在故意实施的情况下,根据其国内法规定为犯罪行为。缔约一方可以规定,犯罪行为必须以侵害安全措施的方式,以取得计算机数据为目的,或出于其他不诚实的目的实施,或与连接到其他计算机系统的某一计算机系统有关。(新规定见于《指令》第 3 条,该规定取消了保留选项,将两款合一。——译者注)

罚,因为在他们看来,实现构成要件的门槛本来已经很低了。① 对此,他们借用了《网络犯罪公约》第 11 条第 2 款和《欧盟框架决议》第 5 条第 2 款中的相应规定。

(一) 数据概念

1. 德国《刑法典》第 202a 条将可罚性与访问**数据**挂钩。相反,《欧盟框架决议》第 2 条和《网络犯罪公约》第 2 条则要求对信息系统或计算机系统的访问。德国《刑法典》第 202a 条并非必然涉及信息系统或计算机系统中的数据,从而任何一种数据,如数字激光视盘(DVD)、可录光盘(CD-R)或优盘(USB-Stick)上所存储的数据也都包括在内。② 然而由于《欧盟框架决议》和《网络犯罪公约》仅仅包含了对国内立法者的最低要求,故创设一项范围更广的处罚规定也是与这些要求相一致的。不过人们还是能够从其他角度质疑,完全的转化是否已经达成。因为与此同时,德国《刑法典》第 202a 条始终要求访问数据本身,而欧洲法律文件却已经满足于对系统的访问,即使由此也同样间接地确保了对数据的保护。③ 虽然访问信息系统几乎也总是与访问数据相关联,但至少从技术的角度看并非必然如此,例如,被"黑"的信息系统仅仅使播放数据成为可能。④

2. 首先,数据是指一切通过字符或连续功能所呈现的信息,*它们作为数据处理的对象或手段可以通过某一设备编码,或者它们就是数据处理过程的结果。⑤ 因此,将个别数据整合在一起的软件,也为这一概念所涵

---

① BT-Drs. 16/3656, 10。

② 已见于 BT-Drs. 16/3656, 10; Schönke/Schröder/Lencker/Eisele, StGB, 28. Aufl., §202a Rn. 4。

③ Explanatory report Nr. 44 zur Cybercrime-Konvention; Art. 1 lit a des Rahmenbeschlusses, AB1EU 2005 vom 16. 3. 2005 Nr. L 69, 67。

④ 已经这样认为的有 Gercke, ZUM 2007, 282 (283); Gröseling/Höfinger, MMR 2007, 549 (551)。

* 该定义来自德国标准化学会标准 DIN 44300,该标准已被国际标准化组织与国际电工委员会联合制定的标准 ISO/IEC 2382-1:1993 所替代,其最新版本为 ISO/IEC 2382:2015。根据国际标准,数据被定义为:"以适合于通讯、解释或处理的形式化方式,对信息进行的可重释的表示。"——译者注

⑤ 参见 SSW/Bosch, StGB, §202a Rn. 2; Schönke/Schröder/Lencker/Eisele, StGB, 28. Aufl., §202a Rn. 3。

盖。① 不过德国《刑法典》第 202a 条第 2 款对该一般性数据概念进行了限缩，仅包括通过电子、磁性或其他不可直接感知的方法存储或传输的数据。在此人们必须首先看到，只要明确地引证德国《刑法典》第 202a 条第 2 款，就像德国《刑法典》第 303a 条第 1 款或德国《刑法典》第 274 条第 1 款第 2 项中所规定的那样（但不包括德国《刑法典》第 263a 条），该限缩便同样适用于其他构成要件。

(1)**不可直接感知**是指，数据必须通过技术上的形式转换才可视或可听。②

示例：视觉上可感知的数据如商品上的编码条纹（条形码）不被包括在内，③即使其内容只有使用技术设备如扫码器才能读取。

(2)进一步地，数据必须被存储或传输。**存储**概念要根据德国《联邦数据保护法》第 3 条第 4 款第 1 项确定。* 因此，其所涵盖的是，以进一步处理或利用为目的，将数据采集、录入或保存在数据载体中。

示例：在软盘、可录光盘、优盘、硬盘、数字音频播放器（MP3-Player）或移动电话上存储。

传输是指，数据被无形地转送，或为了查看，特别是为了调用而准备就绪。④ 传输也可以在网络中、在不同数据存储器间（如在外置硬盘和计算机之间）或是在键盘和计算机之间发生。⑤ 与德国《联邦数据保护法》第 3 条第 4 款第 3 项不同，有形的数据载体的传送，如邮寄一张数字多功能光盘或一枚优盘，则不包含在内。⑥

成为问题的是，在购物及行为人诱发钓鱼攻击的场合发送信用卡数据，是否包含在内。

---

① LK/Hilgendorf, StGB, 12. Aufl., §202a Rn. 7; Schönke/Schröder/Lencker/Eisele, StGB, 28. Aufl., §202a Rn. 3.

② Schönke/Schröder/Lencker/Eisele, StGB, 28. Aufl., §202a Rn. 4; SSW/Bosch, StGB, §202a Rn. 2.

③ AnwK/Popp, StGB, §202a Rn. 2; MünchKomm-StGB/Graf, §202a Rn. 15; SSW/Bosch, StGB, §202a Rn. 2.

* 德国《联邦数据保护法》于 2018 年经历了全面修订，目前的条文已不包含对存储概念的定义。——译者注

④ SK/Hoyer StGB, Stand: Sept 2007, §202a Rn. 4.

⑤ Kusnik, MMR 2011, S. 720; MünchKomm-StGB/Graf, §202a Rn. 16.

⑥ Fischer, StGB, 59. Aufl., §202a Rn. 6; SSW/Bosch, StGB, §202a Rn. 3.

案例 1：O 在一封电子邮件中注明了其信用卡数据，因为这是预订酒店所要求的。而酒店负责客户事宜的 T 留意到该数据，并将之转卖给第三人。

部分观点认为，只要数据仅仅记载在电子邮件里并由此暂存于计算机的内存中，存储就已经被否定了。① 正确地说，第 2 款也涵盖了那些（仅）存在于计算机内存中的数据，因为这里存储的持久性无关紧要。② 随后数据也经过了电子传输。只是就此而言人们必须看到，终究只有处于传送阶段的数据受到免于被无权造访的保护。相反，若是有意向接收者传输，则并不保障数据受到免于被接收者滥用的保护。③ 然而，在前述案例中终究也必须否定数据概念，之所以如此，是因为该数据在电子邮件中是可读的，因而也就可被直接感知。④

（3）此外不存在对数据概念的其他限制。与德国《联邦数据保护法》框架内的数据概念不同，这里的数据不必是涉及个人的。它也不必包含德国《刑法典》第 203 条意义上的秘密。⑤ 最后，诸如德国《刑法典》第 274 条第 1 款第 2 项所要求的数据的证明重要性在这里也无关紧要。

（二）数据的使用权："并非旨在为行为人所用"

德国《刑法典》第 202a 条进一步要求，**数据并非旨在为行为人所用**，对此，使用权具有决定性。

1. 使用权人是指，针对数据的思想内容拥有权利的人⑥；在此，数据载体的所有权人地位并不是决定性的关键所在。⑦ 据此，在信用卡的场合，发卡行是对芯片上所存储数据的权利人⑧；故当持卡人读取芯片数据时原则上将受刑事处罚，不过前提是，他还克服了数据访问障碍，这一点很难被认可。在解释时要注意的是，《欧盟框架决议》和《网络犯罪公约》要求"无权访问"。《欧盟框架决议》第 1 条（d）项以及《说明报告》编号 47 中的概念界

---

① Hilgendorf/Frank/Valerius, Computer-und Internetstrafrecht, Rn. 761.
② MünchKomm-StGB/Graf, § 202a Rn. 16; 不同观点见 Schmitz, JA 1995, 478 (480 f.)。
③ 恰当的论述，见 Stuckenberg, ZStW 118 (2006), 878 (884)。
④ Graf, NStZ 2007, 129 (131); 也见 Popp, MMR 2006, 84 (85).
⑤ Möhrenschlager, wistra 1986, 128 (140); LK/Hilgendorf, StGB, 12. Aufl. § 202a Rn. 9.
⑥ OLG Köln JMBl NW 2008, 238 (239); Lackner/Kühl, StGB, 27. Aufl. § 202a Rn. 1.
⑦ LK/Hilgendorf, StGB, 12. Aufl. § 202a Rn. 26; Möhrenschlager, wistra 1986, 128 (140).
⑧ BGH NStZ 2005, 566; MünchKomm-StGB/Graf, § 202a Rn. 22.

定,将之定义为,不为系统或系统某一部分的所有权人或其他权利人所许可,或根据个别国家的法律规定不被允许的访问或侵入。这里很清楚的是,初始使用权人可以向第三人让渡造访权,从而使得这些数据旨在为其所用。由此,例如,当权利人委托"黑客"侦测电子数据处理系统中的安全漏洞时,后者的行为不可罚。① 这里的允许也可以是有条件的,特别是支付酬金,或者是限定于特定人、特定时间或信息系统的特定部分。②

2. 在企业实施监督措施的范围内,这些问题在劳资关系中越来越有意义。③

案例 2:企业主 T 模糊地怀疑,雇员 B 实施了犯罪。借助流氓软件,T 窥探了 B 的个人密码,并由此阅读了其私人电子邮件,还调阅了其存储的文件。

首先要考虑的是,谁具有数据的使用权限。就电子邮件而言,只要邮件已经在服务器上准备就绪以供收件人调用,那么该邮件就是旨在为之所用的。④ 在企业中接收者可能要进一步具体化。这里的规则是,公务邮件通常旨在为雇主所用⑤,而私人邮件则旨在为雇员所用。在具体案件中进行区分可能并不总是那么简单;但例如针对业务事项和私人事项使用不同的电子邮件地址时,明确的归类就是可能的。⑥ 在其他条件都满足的情况下,若雇员的私人信息被审查,根据德国《刑法典》第 202a 条雇主将受到刑事处罚。同理,对出于私人目的所存储的数据,也只有雇员具有使用权限。⑦ 与之不同的仍然是公务文档,因为对此企业主享有指示权。⑧ 此外还要注意的是,即使在企业中禁止对计算机的私人利用,在将数据归类为私人性质并由此确定雇员使用权限这一方面也并不发生任何改变。因为在劳资内部关系上单纯的违背指示行为,对外部的使用权限不具有影响。⑨ 当企

---

① BT-Drs. 16/3656, 10.
② Eisele, Strafrecht BT 1,2. Aufl., 2012, Rn. 737; SK/Hoyer StGB, Stand: Sept 2007, §202a Rn. 14.
③ 详尽论述见 Eisele, Compliance, 51 ff.
④ Schönke/Schröder/Lencker/Eisele, StGB, 28. Aufl., §202a Rn. 6.
⑤ Jofer/Wegerich, K&R 2002, 235 (238).
⑥ Eisele, Compliance, 52 f.
⑦ Weißgerber, NZA 2003, 1005 (1008).
⑧ MünchKomm-StGB/Graf, §202a Rn. 17; Schuster, ZIS 2010, 68 (69).
⑨ Schuster, ZIS 2010, 68 (70); Weißgerber, NZA 2003, 1005 (1008).

业主在审查的范围内错误地认为所涉及的是业务事项,而实际上牵涉到了私人通讯,那么根据德国《刑法典》第 16 条第 1 款第 1 句,他就处于排除故意的构成要件错误中,该错误针对的是数据旨在为谁所用这一情况。

(三) 访问防护措施

该构成要件还要求,**数据针对无权访问受到特别的防护**。正如德国《刑法典》第 202 条中的"通信秘密"要求"密封的信件",不采取自我保护措施在此也将排除构成要件。① 主要的问题在于,对必要的访问防护措施进一步具体化。

1. 根据立法者的观点,必须存在客观上适当的,且主观上旨在排除造访或至少使之明显变得困难的防范措施。②

示例:密码、芯片卡、键盘锁、保管计算机的保险箱或上锁的房间,只要能够以此表明存在特殊的保密利益即可。③

对数据的加密也构成了一种在实践中重要的访问防护措施,因为它阻止了对底层原始数据的访问,并且只能通过克服加密来取得访问途径。④ 典型例子是加密的电子邮件以及对无线网络(无线局域网)中数据的加密。⑤

案例 3:T 为了不花钱上网,登录进入了邻居 O 开放的无线网。

根据前文所述,在开放的无线网络连接中"蹭网"的行为未被包含在内,因为这里数据传送未被加密。⑥ 事实上正确的是,德国《刑法典》第 202b 条、第 265a 条第 1 款第 2 种情况、德国《电信法》第 148 条*,以及

---

① 根据《欧盟框架决议》第 2 条第 2 款和《网络犯罪公约》第 2 条第 2 句,可将处罚限制在这种案件中。
② BT-Drs. 16/3656, 10; Eisele, Strafrecht BT 1, 2 Aufl., 2012, Rn. 738; Lackner/Kühl, StGB, 27. Aful., §202a Rn. 3.
③ 详见 Schönke/Schröder/Lencker/Eisele, StGB, 28. Aufl., §202a Rn. 7 f。
④ BT-Drs. 16/3656, 11; SK/Hoyer, StGB, Stand: Sept 2007, §202a Rn. 5; 不同观点见 Dornseif/Schumann/Klein, DuD 2002, 226 (229 f.)。
⑤ 参见 Ernst, CR 2003, 898 (899); LK/Hilgendorf, StGB, 12. Aufl., §202a Rn. 17, 35; 不同观点见 Achenbach/Ransiek/Heghmanns, Handbuch Wirtschaftsstrafrecht, 2012, Kap. VI 1, Rn. 33。
⑥ LG Wuppertal MMR 2011, 65 (66); Bär, MMR 2005, 434 (436).
* 德国于 2021 年 6 月 23 日颁布新《德国电信法》,同年 12 月 1 日生效。新法中第 228 条对罚款做出规定,删去了旧法第 148 条关于刑罚的规定。BGBl I 2021, S.1858.——译者注

《联邦数据保护法》第 44 条和第 43 条第 2 款第 3 项*，在这里也都应当被否定。①

2. 当取消保护很容易就能实现时，立法者就否定存在一种特殊的访问防护措施；毕竟这种**轻微不端**也应该被排除在外。② 因此，立法者要求行为人为了克服防护措施，必须"投入了并非微不足道的时间或技术"③。只要存在这样一种对外申明的访问障碍，那么即使权利人使用了很容易猜出来的称谓作为密码，如采用其姓名，也不会导致这种障碍被取消。④

3. 相反，单纯言语上或书面上的禁止造访、保留批准权以及登记义务是不够的，因为造访并不会由此而在事实上变得困难。⑤ 通过以其他名称或在其他目录下存储的方式单纯"**藏匿**"文件，也不足以作为访问防护措施，因为造访数据本身是可能的，并且使用权人方面也没有由此记录下任何访问障碍。⑥

(四) 以克服访问防护措施的方式获取访问

1. 构成要件修订以后，只要行为人**为自己或第三人获取对数据的访问**就足够了。该构成要件不要求同时取得对信息或计算机系统的访问。⑦ 根据之前的法律状态，行为人必须获取数据本身，因为对数据存储器或数据传输过程的单纯侵入被认为原则上不应受惩罚。⑧ 然而，鉴于与黑客行为相关的危险以及随之而来的损害风险，该构成要件在过去已经被扩张性地解释，以至于任何一种对数据的知悉都已经满足了获取要素，并由此得以涵盖大量的黑客案件。⑨ 而现在，获取访问途径完全不要求对数据的知悉与

---

* 在修正后的德国《联邦数据保护法》中，罚则规定于第 42 条。——译者注
① 针对蹭网，详见 Bär, MMR 2005, 434; Ernst/Spoenle, CR 2008, 439; Höfinger, ZUM 2011, 212。
② 针对这一视角，也见 BT-Drs. 16/3656, 10。
③ BT-Drs. 16/3656, 10; MünchKomm-StGB/Graf, § 202a Rn. 28.
④ Ernst, NJW 2003, 3233 (3236); Schönke/Schröder/Lencker/Eisele, StGB, 28. Aufl., § 202a Rn. 7.
⑤ 参见 BT-Drs. 16/3656, 10; v. Gravenreuth, NStZ 1989, 201 (206)。
⑥ Fischer, StGB, 59. Aufl., § 202a Rn. 9a; SSW/Bosch, StGB, § 202a Rn. 5.
⑦ 参见上文二(一)1 段。
⑧ 此观点仍见于 BT-Drs. 10/5058, 28。
⑨ BT-Drs. 16/3656, 9.

查看,①从而能够形象地称之为"电子非法侵入"。②若在此之外数据还被查看、复制或存储,构成要件也就(越发地)被实现了。

示例:安装诸如木马或后门程序等流氓软件,以记录计算机中的进程、窥探数据或操控计算机。③

2. 只有当行为人**克服访问防护措施**时,其行为才是符合构成要件的。尽管该构成要件之前的版本并不明确地包含该限制,该构成要件也被作出相应的限制解释。④《欧盟框架决议》第2条第2款和《网络犯罪公约》第2条第2句明确地允许将构成要件限制在破坏安全措施的案件范围内。⑤

案例4:O 在图书馆用他的密码登录了自己的计算机。在他短暂休息期间,T 将 O 的计算机中的刑法案例作业复制到了 U 盘中。

在前述案例中克服访问防护措施必须被否定。虽然访问防护措施原则上存在,但在具体案件中 T 能够无障碍地造访数据,因为 O 先前已经登录了。同样地,在内部关系中若雇主也有权使用由雇员使用的密码,在一些情况下甚至就是由雇主分配密码时,在实施监督措施的场合对雇主而言也能够否定该要素。⑥当访问防护措施以加密形式存在时,那么克服防护措施就正好以解密为前提,因为若非如此,造访底层数据便是不可能的。⑦当解密失败时,O 不可罚,因为这里并未规定处罚未遂。⑧那么就此而言,对无线网络的单纯侦测行为(战争驾驶)*也不可罚,在该场合下加密数据并未被触及。⑨

(1)目前具有较大实践意义,并且对考试而言也十分重要的是,在自动取款机上进行**侧录**的案件。⑩

案例5:T 在银行 B 自动取款机的插卡口安装了一台框架式读卡器,从

---

① BT-Drs. 16/3656, 9; Eisele, Strafrecht BT 1,2. Aufl., 2012, Rn. 740.
② 可参见 Ernst, NJW 2007, 2661; Gröseling/Höfinger, MMR 2007, 549 (551)。
③ BT-Drs. 16/3656, 9;更多示例见 MünchKomm-StGB/Graf, §202a Rn. 62 ff。
④ 仅见 OLG Celle wistra 1989, 354 (355); Schönke/Schröder/Lencker/Eisele, StGB, 28. Aufl., §202a Rn. 10。
⑤ 也参见 BT-Drs. 16/3656, 10。
⑥ LAG Köln NZA-RR 2004, 527 (528); Barton, CR 2003, 839 (842)。
⑦ 参见 Gröseling/Höfinger, MMR 2007, 549 (551); SSW/Bosch, StGB, §202a Rn. 6。
⑧ 针对该点,见 Ernst, NJW 2007, 2661。
* 战争驾驶是指驾驶交通工具在城市的各处侦测开放网络的行为。——译者注
⑨ Hagemeier, HRRS 2011, 72 (75)。
⑩ 针对该点,见 Eisele, CR 2011, 131; Tysziewicz, HRRS 2010, 207。

而在插入卡片时读取磁条的内容。同时通过一枚安装在键盘上方的袖珍摄像头记录个人识别码。稍后 T 将由此取得的数据复制到空白卡片上,并用它提款。

在这种案件中,原则上要区分对数据的取得和使用。就存储在支付卡上的数据是从自动取款机处读取而来这一点而言,这些数据无论如何都并非旨在为 T 所用。同时,读取和复制也构成了获取访问途径。① 但还必须有访问障碍被克服,从数据仅仅是从磁条上被读取的来看,这一点必须被否定。数据不能直接被感知这一情况,本就包含在《德国刑法典》第 202a 条第 2 款的数据概念之中,因此从一开始就不成为一种访问防护措施。② 此外,这些数据通常并未被加密,而仅仅是通过一种编码来写入,③从而能够被任何一个通常的读卡器读取。因此这些数据能够不经过进一步解密而被直接使用,并且也能够复制到一张空白卡上。④ 当人们审视这些数据时,由于行为人通过之后使用伪造的卡片才得以造访这些数据,那么由此一来,侧写过程本身就尚不成立获取访问途径,因为此时才刚刚为之创造了可能性,而在之后通过输入个人识别码取款的方式进行滥用的过程中,其他决定性的中间步骤也是必要的。⑤ 那么在取款过程中,由于存在输入密码的要求,也就存在访问防护措施。成问题的仅仅是,尽管行为人现在已经获悉了正确的密码,该防护措施是否仍然属于被克服的。在文献中还是有部分观点肯定了该结论。⑥ 对此人们能够提出反驳,访问保护在之前获悉密码时就已经撤销了。⑦ 不过人们也必须看到,这样的话恰恰是在窥探密码的场合就将存在严重的处罚漏洞,故而,正如在案例 5 中那样,非自愿泄密无论如何都不会撤销保护。⑧ 若人们在此否定根据德国《刑法典》第 202a 进行

---

① BeckOK-StGB/Weidemann, Edition 19, Stand: 15.6.2012, § 202a Rn. 16.
② BGH NStZ 2010, 275 (276).
③ 详见 Tysziewicz, HRRS 2010, 207 (209)。
④ BGH NStZ 2010, 509; BGH NStZ 2010, 275 (276); BGH NStZ 2011, 154; 如果将来读取卡片上芯片中存储的数据时,也将同时克服计算机技术上的防护措施,对此就可能要作不同判断; Eisele, CR 2011, 131 (132); Tysziewicz, HRRS 2010, 207 (211)。
⑤ Eisele, CR 2011, 131 (132).
⑥ 针对钓鱼攻击,见 Goeckenjan, wistra 2009, 47 (53); Heghmanns, wistra 2007, 167 (168); Stuckenberg, ZStW 118 (2006), 878 (906)。
⑦ Beck/Dornis, CR 2007, 642 (643); Graf, NStZ 2007, 129 (131).
⑧ 赞成仅在自愿交出密码时排除构成要件的意见,见于 BT-Drs. 16/3656, 18。

处罚，那么针对制造空白卡的行为就必须考虑根据德国《刑法典》第 152a 条、第 152b 条及第 269 条进行处罚，并针对取款行为考虑根据德国《刑法典》第 263a 条和第 269 条进行处罚。①

(2)此外，有争议的是**钓鱼攻击**的问题，对此立法者在德国《刑法典》第 202a 条至第 202c 条的新版本中并未充分地加以考虑。

案例 6：T 通过一封看起来像是由信贷机构 K 发出的欺诈邮件，诱使 A 通过电子邮件泄露了其账户信息和密码。此外他还成功地在 B 的电脑上安装间谍程序，该程序自动地将相应数据传送给了他。然后他借助两人的数据，通过网上银行分别向自己的账户转账 500 欧元。

从取得数据的角度，必须在对 A 和对 B 造成的损害之间作出区分。有关 A 的部分，在克服访问防护措施这一环节就不成立了，因为 T 是通过欺骗被害人，以电子邮件方式取得的该信息。② 涉及 B 的部分，则必须作不同评价，若在安装程序时绕过了安全防护措施，那么在此就有可能牵涉到德国《刑法典》第 202a 条。在之后通过登录网上银行而利用相关数据的场合，存在着与侧录行为类似的问题点。这里的关键问题仍然是，知悉密码是否导致了访问防护措施未被克服。但涉及 A 的部分与侧录行为不同的是，这里终究存在着有意的泄密，从而更有理由赞成排除构成要件。此外也有部分观点质疑，该数据是否并非旨在为行为人所用，因为排除构成要件的被害人(对利用数据的)合意，即使是通过欺骗取得的也仍然可以有效。③ 当人们就此否定德国《刑法典》第 202a 条时，德国《刑法典》第 202c 条也不成立，因为这样的话相应的预备行为，如捏造电子邮件，就因为实行行为欠缺可罚性，而不能作为德国《刑法典》第 202a 条所规定的犯罪的预备。相反，有关 B 的部分，就利用数据而言，德国《刑法典》第 202a 条同样能够被肯定。

(五)其他前提条件

对主观构成要件来说，有条件的故意就够了，而该故意的内容必须涉及的是，数据并非旨在为行为人所用并且访问防护措施被克服。根据通

---

① 针对案例解答的细节，见 Eisele, CR 2011, 131 ff。
② 可参见 Goeckenjan, wistra 2009, 47 (50); Graf, NStZ 2007, 129 (131); Popp, MMR 2006, 84 (85)。
③ 针对该点，也见 Goeckenjan, wistra 2009, 47 (50); 反对观点见 Gercke, CR 2005, 606 (611); Graf, NStZ 2007, 129 (131)。

说,"无权"这一要素仅仅呈现为一般违法性阶层的注意规定。① 然而只要数据已经旨在为行为人所用,构成要件就被排除了。在刑事追诉机关采取措施的场合,可以考虑将德国《刑事诉讼法》中的条款(例如德国《刑事诉讼法》第100a条)作为特殊正当化事由。② 最后,根据德国《刑法典》第205条,只要刑事追诉机关未认可对刑事追诉存在特别的公共利益,展开刑事追诉原则上便以刑事告诉为前提。*

三、拦截数据罪(德国《刑法典》第202b条)

德国《刑法典》第202b条是由德国《刑法第四十一修正案》新加入的,旨在转化《网络犯罪公约》第3条的内容。③《欧盟框架决议》并不包含相应的要求。但是,一项将替代《欧盟框架决议》的欧盟新指令草案,也想要解决这一问题。④ 该条款填补了之前针对传输进程中的数据所存在的处罚漏洞。它被设计为兜底构成要件,并且基于其形式上的辅助性(德国《刑法典》第202b条末句),该条款将退居其他刑罚条款,特别是德国《刑法典》第202a条之后。与德国《刑法典》第202a条相同,该条款所保护的也是形式的保密利益,但在这里所依据的是非公开通讯权,而不需要追溯到以建立访问防护措施的方式对保密意思的宣示。⑤ 与德国《刑法典》第202a条的

---

① 仅参见 Lackner/Kühl, StGB, 27. Aufl., §202a Rn. 7。
② 针对细节,见 Schönke/Schröder/Lenckner/Eisele, StGB, 28. Aufl., §202a Rn. 11。
* 与我国不同,刑事告诉不等于被害人直接向法院提起自诉。根据《德国刑事诉讼法》第158条第1款第1句:"对犯罪的检举与刑事告诉可以向检察院、警察机关和警官以及治安法院以口头或书面的形式作出。"——译者注
③ 《网络犯罪公约》第3条(非法截取):各缔约国均应采取必要的立法和其他措施,根据其国内法将故意实施的、通过技术手段无权截取的、向计算机系统、从计算机系统或在计算机系统内进行的非公开传输的计算机数据,包括携带此类计算机数据的计算机系统的电磁辐射定为刑事犯罪。缔约国可规定该罪行是以不诚实的意图实施的,或涉及与另一计算机系统相连的计算机系统。
④ 《就制定〈欧洲议会与理事会关于侵犯信息系统的指令〉及废除理事会2005/222/JI号框架决议的提案》,KOM(2010) 517 endg.;最新情况,见 Ratsdokument 11566/11;针对该点,见 Brodowski, ZIS 2010, 749 (753);同作者,ZIS 2011, 940 (945)。(新规见《指令》第6条。——译者注)
⑤ BT-Drs. 16/3656, 11; LK/Hilgendorf, StGB, 12. Aufl., §202b Rn. 2。

决定性区别是,该条不要求克服安全设施。

(一) 数据概念与使用权限

德国《刑法典》第 202b 条中的要素遵循德国《刑法典》第 202a 条的规定。因此,首先对于数据概念和使用权限而言,也就是对于数据是否旨在为行为人所用这一问题,可以参照对德国《刑法典》第 202a 条的论述。

(二) 非公开数据传输

当数据来源于非公开数据传输或数据处理设备的电磁辐射时,该数据受到德国《刑法典》第 202b 条的保护。

1. 由于该条仅包含**电子数据传输**,故对诸如数字多功能光碟等数据载体通过邮局进行有形的寄送便不包括在内。[1]

示例(电子数据传输):电话、传真、电子邮件、网络电话(基于网际协议的语音通话)、网上聊天、虚拟专用网络传输以及局域网内部传送。[2]

数据必须在被拦截的时点(仍)处于传输进程中。若数据已经被存储,那么只有在满足德国《刑法典》第 202a 条的前提条件(克服访问防护措施)的情况下才能考虑处罚。[3] 只要数据在传输进程的范围内仅仅是被暂存于中间存储器中,或是电子邮件在提供商的服务器上准备就绪以供接收者调用,传输进程就尚未结束。[4] 侧录和钓鱼攻击的案件不牵涉德国《刑法典》第 202b 条。当数据在**侧录**的场合(案例 5)被安装在插卡口的设备读取时,那么自动取款机中的数据传输就由于缺乏技术性联系而根本没有开始。[5] 在钓鱼攻击的场合(案例 6)虽然通过电子邮件向行为人递送数据成立数据传输,但这里数据传输进程并未被从外部入侵("拦截"),相反,数据是因为欺骗而由被害人有意传输给行为人的。[6]

案例 7:T 登录进其邻居 O 的开放无线局域网,并不受干扰地上网数

---

[1] 仅参见 SSW/Bosch, StGB, §202b Rn. 2。

[2] Explanatory report [ETS Nr. 185], Nr. 55; Schönke/Schröder/Eisele, StGB, 28. Aufl., §202b Rn. 3; 不同观点,见 Kusnik, MMR 2011, 720 (721)。

[3] BT-Drs. 16/3656, 11.

[4] BT-Drs. 16/3565, 11; BeckOK-StGB/Weidemann, Edition 19, Stand: 15.6.2012, §202b Rn. 5; Schumann, NStZ 2007, 675 (677); 不同观点,见 Kusnik, MMR 2011, 720 (721)。

[5] 也这样认为的是 Tyszkiewicz, HRRS 2010, 207 (212)。

[6] 恰当的论述,见 Ernst, NJW 2007, 2661 (2663)。

小时。

在登录开放的无线局域网时数据被从路由器传送到行为人的计算机中,从而不仅存在电磁辐射,还发生了数据传输。① 但是人们必须看到,他人的通讯并未被拦截,而是行为人自己通过路由器建立了通讯。② 此外对技术性的无线局域网数据而言需要注意的是,这里缺少非公开性要素,因为开放的网络对于任何一个用户而言都是可察觉的。③

2. 数据处理设备的**电磁辐射**不属于数据。确切地说,立法者想用这个选择性要件,将那些行为人从计算器的辐射中修复数据的案件包括在内。④ 与数据传输不同,那些存储在数据载体上并因而未被传输的数据,其辐射也包括在内。⑤

3. 对**非公开性**要素而言,尽管在出发点上有一定差异,人们还是能够遵循德国《刑法典》第201条第2款第2项中的相应概念。⑥ 具有决定性的是传输进程,而非数据的性质与内容。⑦ 因此,根据传输者的目标设定,传输不能针对公众,而只能针对有限的接收者群体。⑧

案例8: O将一篇网上的文章通过电子邮件发给熟人B。T拦截了这条信息。

由于电子邮件仅仅是针对B而非公众发送的,故德国《刑法典》第202b条的构成要件被实现了。数据在互联网等其他地方可以自由访问这一点,是无关紧要的。

在电子邮件、以对等网络技术(P2P)进行数据交换,乃至企业或机关中的纯内部通讯等场合,非公开性通常能够被认可。⑨ 反之,当内容被传送到可自由访问的服务器上,或被"张贴"到互联网中时,数据传输就是公开的。

---

① 针对两种犯罪形式的交叉,见 Gercke/Brunst, Internetstrafrecht, Rn. 107。
② Bär, MMR 2005, 434 ff.
③ 参见 LG Wuppertal MMR 2011, 65 (66); 批判性观点,见 Hagemeier, HRRS 2011, 72 (75 f.); Höfinger, ZUM 2011, 212 (214 f.)。
④ BT-Drs. 16/3656, 11.
⑤ LK/Hilgendorf, StGB, 12. Aufl., § 202b Rdn. 12; Gercke/Brunst, Internetstrafrecht, Rn. 107; Kusnik, MMR 2011, 720 (721).
⑥ BT-Drs. 16/3656 11; 也参见 Explanatory report [ETS Nr. 185], Nr. 51。
⑦ Gröseling/Höfinger, MMR 2007, 549 (552); Lackner/Kühl, StGB, 27. Aufl., § 202b Rn. 2; 但范围更窄的观点,见 NK/Kargl, 3. Aufl., § 202b Rn. 5。
⑧ Gröseling/Höfinger, MMR 2007, 549 (552); Schultz, DuD 2006, 778 (780).
⑨ Ernst, NJW 2007, 2661 (2662).

相反,当向特定接收者进行针对性数据传输时未进行加密或使用了开放的网络,则与对公开性的认可并不冲突。① 因为与德国《刑法典》第202a条不同,这里并不要求克服包括加密措施在内的特殊的防护措施。

(三)获取数据

不同于德国《刑法典》第202a条,行为人必须为自己或**为他人获取数据**。因而德国《刑法典》第202b条延续了德国《刑法第四十一修正案》之前德国《刑法典》第202a条的较早版本。据此,单纯的获取访问途径是不够的。②

案例9③:丈夫T重新定向了妻子在互联网上的聊天通信,从而他能够查看聊天内容。

为了将黑客行为纳入其中,在德国《刑法典》第202a条旧版本的框架内,获取数据的要求就已经被作宽泛的理解。④ 符合公约的解释也要求得出这一结论,因为根据《网络犯罪公约》第3条,任何对非公开计算机数据传输的拦截都包含在内。与此相一致地,立法者明确表示,"对数据的支配"就已经足够,从而该数据既不需要被记录,也不需要被保存。⑤ 在电话交谈的场合窃听就够了,在电子邮件的场合单纯知悉就够了⑥,故而案例9中的T将根据德国《刑法典》第202b条受到刑事处罚。

(四)使用技术手段

获取数据必须**使用技术手段**来达成。该要素不会造成真正的限制,因为不借助技术手段,技术性数据传输基本不可能被拦截。⑦

示例:记录键盘或显示器信号的间谍工具、记载网卡上数据通信的网络

---

① Schönke/Schröder/Eisele, StGB, 28. Aufl., §202b Rn. 4; Fischer, StGB, 59. Aufl., §202b Rn. 4; 也参见 Kusnik, MMR 2011, 720 (723)。

② Gercke/Brunst, Internetstrafrecht, Rn. 106; NK/Kargl, 3. Aufl., §202b Rn. 6; Schumann, NStZ 2007, 675 (677)。

③ AG Kamen SchAZtg 2008, 229.

④ 见上文二(四)1段。

⑤ BT-Drs. 16/3656, 11.

⑥ BT-Drs. 16/3656, 11; SK/Hoyer, Stand: Sept 2009, §202 b Rn. 6, 根据其观点,获取行为需要以知悉借数据所表达的信息为目的。

⑦ Ernst, NJW 2007, 2661 (2662); NK/Kargl, 3. Aufl., §202b Rn. 7.

嗅探器。①

立法者在此之外还对此概念作了更为宽泛的理解,除了用于采集和记录无线通讯的(硬件)装置之外,也涵盖了软件、代码和密码(也参见德国《刑法典》第202c条)。② 不过该表述是不精确的,因为虽然在具体案件中代码和密码可能对于拦截而言是必要的,但拦截终究要借助软硬件来达成。③

(五)其他前提条件

对于主观构成要件而言,未必故意就足够了,因为立法者并未借用《网络犯罪公约》第3条提供的可能性,额外地要求一种不诚实的或犯罪性的目的。无权限在这里涉及的同样是一般违法性要素。作为兜底构成要件,德国《刑法典》第202b条基于明确的规定,相对于其他犯罪而言具有形式上的辅助性;但这一点仅仅针对的是如德国《刑法典》第201、202a条那样,具有相同或相似侵犯指向的条款。④ 由于其措辞范围更窄,德国《刑法典》第202b条以法条竞合的方式取代了德国《电信法》第148条、第89条。⑤*

四、德国《刑法典》第202c条的预备窥探或拦截数据罪

德国《刑法典》第202c条将德国《刑法典》第202a、202b条的预备行为作为抽象危险犯来处罚,并且通过德国《刑法典》第303a、303b条中的引证,也适用于这两项犯罪。⑥ 这样一项同样由德国《刑法第四十一修正案》

---

① Borges, Schriftl. Stellungnahme Prot. Rechtsausschuss, 5.
② BT-Drs. 16/3656, 11.
③ 持这种观点的是 Gercke/Brunst Internetstrafrecht, Rn. 109.
④ BT-Drs. 16/3656, 11.
⑤ Ernst, NJW 2007, 2661 (2662); Fischer, StGB, 59. Aufl., §202b Rn. 11; 但不同观点见 SK/Hoyer, Stand: Sept 2009, §202b Rn. 13; Lackner/Kühl, StGB, 27. Aufl., §202b Rn. 6.
  * 在新版《德国电信法》中,相关准则已经删除。——译者注
⑥ BT-Drs. 16/3656, 12; Gercke/Brunst, Internetstrafrecht, Rdn. 112; NK/Kargl, 3. Aufl., §202c Rn. 3.

引入的规定,旨在转化《网络犯罪公约》第 6 条第 1 款(a)项的内容。①

当行为人制造、为自己或第三人获取、销售、向他人交付、散布第 1 款第 1 项或第 2 项所列举的犯罪对象,或以其他方式使之可被获得时,德国《刑法典》第 202c 条的客观构成要件就已经既遂了。

由于本罪具有抽象危险犯的性质,因此须注意以下几点特殊之处:首先,作为对宽泛的处罚前置的平衡,立法者通过引证德国《刑法典》第 149 条第 2、3 款,在主动悔罪的场合,也就是自愿放弃实行所预备的犯罪时,规定了对既遂危险犯免除处罚的可能性。因为预备行为根据其性质并不牵涉到特定的被害人,所以也就不需要提起刑事告诉。由此还可以得出,无需考虑正当化承诺的问题,②并且数据是否旨在为行为人所用也无关紧要。

(一)犯罪对象

1. 根据第 1 款第 1 项,在实施构成行为的时点必须仍然有效的密码和其他防护码被涵盖在内。③ **密码**可以由任意字符组合构成,从而在通常的访问密码之外,支付卡的个人识别码以纯粹数字组合的形式也被涵盖其中。④ **其他防护码**也包括了信息技术防护措施,如代码卡上的数据或生物特征识别机制。《网络犯罪公约》第 6 条第 1 款(a)项(2)分项也明确指出这一点:"计算机密码、访问码或类似数据"。要注意的是,防护码本身不必是德国《刑法典》第 202a 条第 2 款意义上的数据,因此某一数据具有直接可感知性也不与之冲突,如通过邮局寄出的个人识别码。⑤ 尽管条文根据一般原则使用了复数形式,但构成行为只需要针对一组密码或其他代码就足够了。⑥

2. 此外根据第 1 款第 2 项,以实施德国《刑法典》第 202a 条或第 202b 条为目的的**计算机程序**也被涵盖在内。

---

① 也参见《就制定〈欧洲议会与理事会关于侵犯信息系统的指令〉及废除理事会 2005/222/JI 号框架决议的提案》,KOM (2010) 517 endg.;最新情况,见 Ratsdokument 11566/11。(新规定见《指令》第 7 条。——译者注)
② BeckOK-StGB/Weidemann, Edition 19, Stand: 15. 6. 2012, §202c Rn. 9b; Schönke/Schröder/Eisele, StGB, 28. Aufl., §202c Rn. 2.
③ 仅参见 Ernst, NJW 2007, 2661 (2663)。
④ NK/Kargl, 3. Aufl., §202c Rn. 4.
⑤ Fischer, StGB, 59. Aufl., §202c Rdn. 3; SSW/Bosch, StGB, §202c Rn. 2.
⑥ BT-Drs. 16/3656, 12; BGHSt 46, 146 (153); 23, 46 (53).

示例:已蕴含着可罚目的的黑客工具、蠕虫病毒及木马程序。

界定计算机程序的目的在这里可能十分困难。因为程序的使用目的并不总是能够被明确界定。特别是所谓双重用途工具,它一方面能够用于侦测信息技术安全漏洞,因此能够服务于合法的、乃至受欢迎的目的,但与此同时,它另一方面也能够为了实施犯罪而被使用。

案例 10①:T 是一家信息技术安全公司的负责人,该公司通过模拟未被授权的造访尝试(所谓穿透测试),对电子数据处理设备进行安全检验。这样就能够查明目标系统对"黑客攻击"的易受程度,从而使电子数据处理设备的拥有者能够采取应对措施并改善系统安全性。T 为此使用了分析工具,这些工具既能被计算机系统的有权使用者或管理员用于系统的常规维护,又能违背权利人意志而用于窥探弱点的目的。而且 T 是从匿名的"黑客论坛"中购买到这些程序的,从而使这些程序看起来很有可能就是为了非法入侵系统的目的才被设计出来的(所谓恶意软件或流氓软件)。

对于解决该案件而言,人们必须再一次注意到,要对德国《刑法典》第 202c 条符合公约的解释。根据对《网络犯罪公约》第 6 条第 1 款(a)项的阐释②,并且依据立法者和联邦宪法法院的观点,这里需要对软件进行客观化的目的界定。③ 因此,制造商的目的必须外在化地表现于程序中,这样一种目的也就具有了决定性意义。④ 制造商的销售政策和广告也能够用于推断其目的。⑤ 此外,正确地说,只有那些将其主要目的着眼于这种犯罪的计算机程序才被包括在内(《网络犯罪公约》第 6 条第 1 款(a)项(1)分项规定:"主要为实施根据第 2 条至第 5 条确定的任何犯罪目的而设计或改装的装置,包括计算机程序。")。⑥ 当程序的目的"并非明确地就是犯罪性目的"时⑦,即使被行为人滥用也不会使之具有可罚性。因为程序对于实施这种犯罪的单纯适格性,无论根据文义、产生史还是体系性关联,都是不足够

---

① BVerfG JR 2010, 79.
② 参见 Explanatory report, Nr. 73;也见 Stuckenberg, wistra 2010, 44 ff.
③ 这种观点见 BT-Drs. 16/3656, 12; BVerfG JR 2010, 79 (83)。
④ BVerfG JR 2010, 79 (83);对采用客观标准的批判,见 Popp, GA 2008, 375 (379 ff.)。
⑤ Cornelius, CR 2007, 682 (687)。
⑥ Borges/Stuckenberg/Wegener, DuD 2007, 275 (276); Schumann, NStZ 2007, 675 (678); Stuckenberg, wistra 10, 44 ff.
⑦ BT-Drs. 16/3656, 18 f.

的。① 确切地说,在德国《刑法典》第 149 条第 1 款第 1 项、第 275 条第 2 款第 1 项中,犯罪对象具有适格性就够了,而对这些条文的反面推论表明,德国《刑法典》第 202c 条必然提出了更高的要求。因此,在案例 10 中,客观构成要件要被否定。②

3. 另外,人们还必须注意,德国立法者针对《网络犯罪公约》第 6 条第 1 款(a)项(1)分项意义上的"**装置**",根据第 6 条第 3 款提出了保留,从而他们不必在德国《刑法典》第 202c 条中接受这一要素,并由此主要将纯硬件装置排除在外。③

(二)构成行为

行为人必须制造、为自己或第三人获取、销售、向他人交付、散布密码、其他安保码和计算机程序,或以其他方法使之可被获得。

案例 11:T 观察 O 如何在计算机中输入密码,并将之记录下来,从而在之后得以利用该计算机。

针对预备行为,德国《刑法典》第 202c 条并不要求技术性关联,从而获取行为等不必借助电子手段达成。因此"离线窥探"以及有形地转让所记录的密码也都包含在内。④ T 最终是否要根据德国《刑法典》第 202c 条受刑事处罚,取决于在那些行为人知悉密码并以之克服访问防护措施的案件中,德国《刑法典》第 202a 条的构成要件是否被实现。⑤ 如果人们至少在非自愿泄露密码的场合肯定这一点,那么获得密码的行为也构成对德国《刑法典》第 202a 条所规定的犯罪的预备。⑥

在构成行为中,站在用户的角度,特别具有意义的是自我获取行为。德国立法者依据公约提供的可能性,免除了《网络犯罪公约》第 6 条第 1 款(b)项中提到的对持有的处罚。但持有犯罪对象往往还是已经被获取这一要素包含。充其量在非故意地造成获取时,如在无意下载的场合,才会出

---

① BVerfG JR 2010, 79 (83); NK/Kargl, 3. Aufl., § 202c Rn. 6.
② 恰当的论述,见 BVerfG JR 2010, 79 ff.。
③ 见 Gercke/Brunst, Internetstrafrecht, Rn. 119。
④ Ernst, NJW 2007, 2661 (2663); NK/Kargl, 3. Aufl., § 202c Rn. 4.
⑤ 见二(四)1(2)段。
⑥ 见 BT-Drs. 16/3656, 19; Gröseling/Höfinger, MMR 2007, 626 (628); 另外参见 Borges/Stuckenberg/Wegener, DuD 2007, 275 (278); LK/Hilgendorf, StGB, 12. Aufl., § 202c Rn. 10。

现漏洞。① 对贩卖而言，在民法的意义上缔结合同并不具有决定性。相反地，购买者必须与交付的场合一样，得到程序或获悉安全码，因为若非如此，对贩卖的处罚就将超出其他构成行为的范围，被进一步前置。②

(三) 主观前提要件

1. 对于**主观构成要件**而言，首先正如德国《刑法典》第202a、202b条那样，未必故意即已足够。在文献中，部分观点要求行为人具有针对犯罪预备的目的，从而在双重用途工具的场合对构成要件进行限制。③ 乍一看，这也符合《网络犯罪公约》，该公约仅包含直接故意("故意实施")。* 然而人们必须看到，德国立法者在德国《刑法典》第202c条中有意识地超越了公约的最低要求，并且像这样以被允许的方式建立了更为严格的责任。而且从第1款第2项的措辞中("目的")，也不能推导出其他任何结论，因为这一概念所涉及的仅仅是计算机程序，而非设想中的犯罪。④ 再者，双重用途工具的问题尽管有一定的模糊性，但仍然可以在客观构成要件的层面上得到满意的解答。因此，在具体案件中，使密码可被获得的行为也可以通过随意放置的方式被认可，只要行为人此时赞成地忍受第三人利用该密码实施一项犯罪主行为。⑤

2. 行为人必须通过实施构成行为，为**德国《刑法典》第202a、202b条上犯罪做准备**，因而行为人必须设想到自己或他人实施相应的犯罪行为。⑥ 在此有争议的是，犯罪主行为从行为人的角度看究竟必须具体化到何种精确程度。准确地说，一个完全模糊的计划是不够的⑦，但另一方面，人们也不能提出过高的要求，否则的话就难以涵盖那些互联网上提供的

---

① Ernst, NJW 2007, 2261 (2663).

② Schumann, NStZ 2007, 675 (679); SK/Hoyer Stand: Sept 2009, §202c Rn. 7; 不同观点, 见 Fischer, StGB, 59. Aufl., §202a Rn. 7。

③ LK/Hilgendorf, StGB, 12. Aufl., §202c Rn. 21.

* 公约的官方文本使用英文和法文，其中 intentionally 或 intentionnel 一词限于德国法上的一级直接故意(蓄意)与二级直接故意(确知)。——译者注

④ Schönke/Schröder/Eisele, StGB, 28. Aufl., §202b Rn. 6; SSW/Bosch, StGB, §202c Rn. 6.

⑤ BT-Drs. 16/3656, 16; Ernst, NJW 2007, 2661 (2664).

⑥ BT-Drs. 16/3656, 19.

⑦ 对于一种具体化的要旨, 见 NK/Kargl, 3. Aufl., §202c Rn. 8.

黑客工具。① 也就是说，当一个木马程序供人下载时，使该程序可被获得的人既不需要认识之后的犯罪主行为人，也不需要知道具体的犯罪行为。确切地说，他想象到，有潜在的用户依照其实施德国《刑法典》第202a、202b条上犯罪的目的使用该程序，这就够了。②

案例12：T受企业主U委托，对企业中的安全架构进行测试。T为此从网上下载了间谍软件，并用它感染了U的网络，在此过程中安全设施被规避了。由此，T得到了敏感数据的访问途径。

首先，T实现了德国《刑法典》第202c条第1款第2项的客观构成要件，因为该计算机程序旨在实施德国《刑法典》第202a条上的犯罪。但在这里，T并没有为实施德国《刑法典》第202a条上的犯罪做准备，因为他的其他行为完全不满足构成要件。基于U方面进行安全测试的委托，T符合委托地得到的数据确实旨在为他所用，从而必须否定德国《刑法典》第202a条的客观构成要件。至少获取访问途径并不是未经授权地达成的。③ 此外，这一结论按照符合公约的解释，为《网络犯罪公约》第6条第2款所要求，根据该条款，当构成行为不是出于实施犯罪的目的，而是为了进行获批准的测试或为了保护计算机系统时，无法证立刑事责任。当这种程序是为了教育等目的而被使用时，相应结论同样适用。④

(四) 德国《刑法典》第202c条与德国《刑法典》第202a、202b条的关系

1. 只有当德国《刑法典》第202a、202b条未达既遂，或由于缺乏犯罪主行为，作为教唆人或帮助人的可罚性被排除时，德国《刑法典》第202c条才具有独立意义。⑤ 就此而言德国《刑法典》第202a、202b条上犯罪的潜在参与者，当他提供了犯罪工具时，将作为德国《刑法典》第202c条预备犯的正犯处罚。相反，若在相应的预备犯罪之后，德国《刑法典》第202a、202b条上的犯罪实际上也被实施了，那么德国《刑法典》第202c条就将以法条竞合的形式退至其后。

2. 受到讨论的是，一方面在德国《刑法典》第202c条中，比德国《刑法典》第

---

① Borges/Stuckenberg/Wegener, DuD 2007, 275 (276); Fischer, StGB, 59. Aufl., §202c Rn. 8.
② 也见 BVerfG JR 2010, 79 (83 f.)。
③ BVerfG JR 2010, 79 (84); Schönke/Schröder/Eisele, StGB, 28. Aufl., §202c Rn. 7.
④ BT-Drs. 16/3656, 19.
⑤ BT-Drs. 16/3656, 12.

202a、202b 条的未遂更加提前的预备行为也具有可罚性,另一方面这些犯罪的未遂本身却恰恰不受处罚,这岂不是构成对体系的打破?① 这就是说,只有预备和既遂受到惩罚,而不包括在犯罪阶段上处于两者之间的未遂。

案例 13:T 从互联网上下载了一个黑客工具。但对该工具的使用却失败了,因为 O 计算机上的数据是加密的。

由于欠缺解密行为,德国《刑法典》第 202a 条没有达到既遂。只要像这里所展示的那样,涉及的是对自己犯罪行为的预备,那么当获取程序作为德国《刑法典》第 202c 条上的预备行为具有可罚性,但对获取访问途径的直接着手具有更大的不法内涵却不可罚时,这在事实上就很难令人信服。② 相反,当预备行为并非旨在实施自己的犯罪时,该区分就是恰如其分的。可以考虑的主要是,对那些制造黑客工具供他人之后利用的制造商,给予独立的处罚。在此,对制造的禁止还可以凭借其自身满足一定的预防功能。

五、德国《刑法典》第 303a 条的篡改数据罪

早在德国《刑法第四十一修正案》之前,德国《刑法典》第 303a 条就已经在尽可能地满足《欧盟框架协议》和《网络犯罪公约》的要求了。* 因此,修正案仅仅是在第 3 款中以引证德国《刑法典》第 202c 条的方式,使德国《刑法典》第 303a 条第 1 款上犯罪的预备行为受到处罚。相对于德国《刑法典》第 303 条上的毁坏物品罪,本条款作为独立的类似构成要件,保护的是使用权人针对数据完好的可使用性所享有的利益。③ 不同于德国

---

① BT-Drs. 16/3656, 10.

② Schreibauer/Hessel, K&R 2007, 616.

* 《欧盟框架协议》第 4 条(对数据的非法侵入):各成员国应采取必要措施,以确保至少在不属于轻微案件的情况下,故意且无权删除、损坏、篡改、更改、抑制某一信息系统中的计算机数据或使之不可获取的行为受刑罚处罚。《网络犯罪公约》第 4 条(数据干扰):1.各缔约国均应采取必要的立法和其他措施,根据其国内法将故意破坏、删除、恶化、更改或压制计算机数据的行为定为刑事犯罪。2.缔约国可保留权利要求第 1 款所述行为造成严重的损害。(新规定见《指令》第 5 条。——译者注)

③ Achenbach/Ransiek/Heghmanns, Handbuch Wirtschaftsstrafrecht, 2012, Kap VI 1, Rn. 145; Fischer, StGB, 59. Aufl., § 303a Rn. 2; Lackner/Kühl, StGB, 27. Aufl., § 303a Rn. 1; Möhrenschlager, wistra 1986, 128 (141); SK/Hoyer Stand: Sept 2009, § 303a Rn. 2; 但支持财产保护的观点,见 Haft, NStZ 1987, 6 (10); 对于《网络犯罪公约》,也参见 explanatory report, Nr. 60。

《刑法典》第 202a、202b 条,本条在第 2 款中也规定了处罚未遂,这在由于技术原因未能达到既遂的场合特别有意义,因为诸如杀毒程序等手段能够阻止造访。根据德国《刑法典》第 303c 条,该罪为告诉乃论罪。

(一) 数据概念

1. 德国《刑法典》第 303a 条也以一种广义的**数据概念**为基础。不同于《欧盟框架决议》和《网络犯罪公约》,该条所涉及的不必是信息系统或计算机系统中的数据。因此,这里的数据涵盖了诸如程序、互联网页面、数据库、电子邮件、机动车电子元器件、刻录光盘或优盘中的数据等。① 此外,该构成要件引证了德国《刑法典》第 202a 条第 2 款;因此,直接可被感知的数据在这里也不包含在内,如计算机打印出的数据;在这种案件中,对数据的保护只能通过德国《刑法典》第 303 条来保障。②

2. 数据概念同时也起到了与毁坏物品罪相区分的作用,因为不可直接被感知的数据不属于德国《刑法典》第 303 条意义上的物。在具体案件中要区分数据载体和数据;就此而言,数据载体的所有权人和数据的使用权人可能是不同的人。

案例 14:T 将其计算机借给 O。因为 O 不予归还,T 在一次拜访时删除了操作系统以及由 O 存储的数据。

就德国《刑法典》第 303 条而言,虽然计算机的功能性受到了并非微不足道的损害,但对 T 而言,这里所牵涉的毕竟不是他人的物。但是由于他对于 O 的数据不享有使用权限,故他实现了德国《刑法典》第 303a 条的构成要件。若是他人的数据载体在可用性上恰好为德国《刑法典》第 303a 条的犯罪所损害,那么德国《刑法典》第 303a 条就将排除居于辅助性地位的毁坏物品罪。③

示例:删除计算机上的操作系统、格式化数据载体、烧录光盘或安装访问锁定措施。④

---

① 仅参见 LK/Wolff, StGB, 12. Aufl., §303a Rn. 6 f.。
② Lackner/Kühl, StGB, 27. Aufl., §303a Rn. 2; SSW/Hilgendorf, StGB, §303a Rn. 4.
③ Vgl. Lackner/Kühl, StGB, 27. Aufl., §303a Rn. 7; MünchKomm-StGB/Wieck-Noodt, §303 Rn. 70; 相反,认为成立犯罪单一的观点见 Schönke/Schröder/Stree/Hecker, StGB, 28. Aufl., §303a Rn. 14。
④ 对此也见 Haft, NStZ 1987, 6 (10); Schönke/Schröder/Stree/Hecker, StGB, 28. Aufl., §303 Rn. 11。

(二) 对数据的使用权限

根据文义,与毁坏物品罪相反,德国《刑法典》第303a条不以数据属于"他人"作为前提条件。但是由于对自己数据的删除等行为通常不构成不法,故针对"违法"这一要素,构成要件就已经要受到限制。① 据此,具有决定意义的是,行为人对数据是否享有单独的使用权限。在这里有争议的是,如何对使用权限进行更为详尽的界定。一些观点从出发点上将数据载体在物权法上的归属作为依据,在此,建立在债法基础上的数据使用权限也可以让渡给第三人。② 相对地,其他意见对于使用权限的确定,则(补充性地)以写入行为,亦即首次数据存储行为作为依据。③ 但这一判断终究要取决于参加者之间关系的具体细节。

案例15④:雇主T从他的计算机中删除了雇员O的数据,这些数据是O在上网时存储的。

若私人使用计算机并且由此存储私人数据在企业中对O而言是被允许的,那么即便所有权状况与之不符,雇员也单独地享有使用权限,因为该权限在债法上被让渡了,并且雇员实施了存储行为。因此,T根据德国《刑法典》第303a条受到刑事处罚。相反,对出于运营上的原因进行的数据存储则被归属于雇主(也参见德国《著作权法》第69a条以下),从而雇主具有使用权限。当某人的计算机或数据载体被无权使用时,例如,将木马程序安装到他人的计算机上,那么使用权限由设备的所有权人单独掌握,从而他可以通过删除来排除这种被人滥用产生的存储,这本身并不会实现德国《刑法典》第303a条的构成要件。⑤

案例16:T篡改了他所购买的一张电话卡中的数据,从而可供使用的余额从10欧元变更为100欧元。

---

① 参见 Lackner/Kühl, StGB, 27. Aufl., §303a Rn. 4; LK/Wolff, StGB, 12. Aufl., §303a Rn. 9; SSW/Hilgendorf (Fn. 14), §303a Rn. 12;支持参考一般违法性层面的观点,见 Fischer, StGB, 59. Aufl., §303a Rn. 13; Schönke/Schröder/Stree/Hecker, StGB, 28. Aufl., §303a Rn. 3。

② MünchKomm–StGB/Wieck–Noodt, §303a Rn. 10; Schönke/Schröder/Stree/Hecker, StGB, 28. Aufl., §303a Rn. 3; SK/Hoyer Stand: Sept 2009, §303a Rn. 6.

③ Jüngel/Schwan/Neumann, MMR 2005, 820 (821); SSW/Hilgendorf, StGB, §303a Rn. 56.

④ Eisele, Compliance, 64 f.

⑤ 参见 Schönke/Schröder/Stree/Hecker, StGB, 28. Aufl., §303a Rn. 3;不同观点,见 LK/Wolff, StGB, 12. Aufl., §303a Rn. 12 f。

根据通说,对所有数据的使用权都转移给了卡的购买者,从而之后在充值时的操纵行为未被德国《刑法典》第 303a 条所包含①;但是,德国《刑法典》第 263a 条第 1 款第 2 种情况以及第 269 条第 1 款第 2 种情况则可以适用。②

案例 17③:T 删除了一部预付费移动电话中的用户身份模块锁(SIM-Lock-Sperre),从而使这部电话可以安装其他卡使用。

在该案中,T 取得了电话的所有权,就像在案例 16 中那样,因此物权法上的归属为购买者的使用权限提供了支持。但是判例认为,从合同关系中可以得出,解除锁定的权限由供应商单独掌握,因为用作其他用途是不被允许的。断开用户身份模块锁的行为将对他人使用权造成侵犯。④ 反对观点对此提出了有力的批判,认为这样一来所保护的就不再是数据的完整性,而是单纯贯彻私法上协商一致的授权许可罢了。⑤ 与判例⑥相反,德国《刑法典》第 269 条上的处罚也必须被否定,因为删除操作不会使制造商需要对锁定作出声明;相反,设备中的数据本身只会造成技术性封锁,而移动运营商对使用可能性的声明最终仅仅来自于与用户订立的合同。此外,人们也能够质疑,这里行为的目的是在关于法律事务的交往中进行欺骗,或是在这种交往中对数据处理施加虚假影响,因为在购买后就不(再)要求对用户身份模块锁进行检查了。⑦

(三) 构成行为

1.**删除**是指对数据的具体存储进行终局性抹除,它构成了德国《刑法典》第 303 条中损毁的类似概念。⑧ 删除也可以通过对数据的覆盖或对数

---

① 更详尽的论述,见 Hecker, JA 2004, 762 (764 f.); Rengier, Strafrecht BT 1, 14. Aufl., § 26 Rn. 10。
② Gercke/Brunst, Internetstrafrecht, Rn. 181; Hecker, JA 2004, 762 (768)。
③ 也参见 AG Nürtingen MMR 2011, 121。
④ AG Nürtingen MMR 2011, 121; AG Göttingen MMR 2011, 626 (627); Wessels/Hillenkamp, Strafrecht BT 2, 34. Aufl, Rn. 61。
⑤ Kusnik, CR 2011, 718 (720); Neubauer, MMR 2011, 628; Sasdi, CR 2005, 235 (238)。
⑥ AG Göttingen MMR 2011, 626 (627)。
⑦ Kusnik, CR 2011, 718 (720); Neubauer, MMR 2011, 628。
⑧ Lackner/Kühl, StGB, 27. Aufl., § 303a Rn. 3; MünchKomm-StGB/Wieck-Noodt, § 303a Rn. 12。

据载体的损毁(同时符合德国《刑法典》第 303 条)实现。① 防护备份是否存在是无关紧要的,因为关键仅仅在于删除具体数据,而不在于由此产生损害。

2.抑制是指至少暂时地移除数据,从而使权利人不能再造访该数据。② 示例包括安装访问防护措施(密码、个人识别码)、重命名文件、带走或藏匿数据载体以及不向收信人投递电子邮件。③

案例 18④:T 在互联网上组织对涨价的抗议,从而导致公司 O 的网页在一定时间内不停被调用。结果使公司的网页由于过载而被封锁达 2 小时,以至于广大用户乃至运营者都被禁止访问。

首先人们必须看到,对于网页上的数据只有公司 O 具有使用权。对于德国《刑法典》第 303a 条而言,在这一场**互联网示威**的范围内对其他用户造成的损害原则上并不重要。当他们被阻止造访其用户账号内的数据时,仅在例外情况下,人们才会将他们也视作使用权人,因为此时,从许可用户访问进程的供应商角度看,存在一项债法上被让渡的使用权限。⑤ 正确地说,并不是任何一个短期的、仅仅微不足道的损害都能满足抑制要件。但另一方面,损害也不必长期维持。⑥ 想对构成要件作出这种限制的反对意见⑦之所以没有说服力,是因为暂时的抑制也能够导致严重的损害(《欧盟框架决议》第 4 条)。⑧ 只要在具体案件中产生了对数据处理的严重干扰,而该数据处理对于他人具有重大意义,那么还要考虑德国《刑法典》第 303b 条第 1 项与第 2 项的处罚规定。

3.使之无法使用是指操控数据,从而使之不能再被正常地使用。⑨ 包括

---

① Schönke/Schröder/Stree/Hecker, StGB, 28. Aufl., § 303a Rn. 5; 此外,见 Gercke, MMR 2006, 552。

② LK/Wolff, StGB, 12. Aufl., § 303a Rn. 24; SSW/Hilgendorf, StGB, § 303a Rn. 9.

③ Fischer, StGB, 59. Aufl., § 303a Rn. 10; Schönke/Schröder/Stree/Hecker, StGB, 28. Aufl., § 303a Rn. 5.

④ 参见 OLG Frankfurt aM MMR 2006, 547。

⑤ Gercke, MMR 2006, 552; 范围更窄的观点,见 Kitz, ZUM 2006, 730 (735)。

⑥ Hilgendorf/Frank/Valerius, Computer-und Internetstrafrecht, Rn. 196; 详见 Schuh, Computerstrafrecht, 219。

⑦ OLG Frankfurt aM, MMR 2006, 547 (551)。

⑧ Schönke/Schröder/Stree/Hecker, StGB, 28. Aufl., § 303a Rn. 6.

⑨ LK/Wolff, StGB, 12. Aufl., § 303a Rn. 21; Schönke/Schröder/Stree/Hecker, StGB, 28. Aufl., § 303a Rn. 5.

了对数据进行内容上的重构以及部分覆盖和删除。**篡改**是指任何一种其他的功能损害,从而使得数据的信息内容被改变。① 这一点也可以通过病毒或木马程序实现,只要后果并非完全微不足道。②

(四)其他前提条件

在主观方面,与毁坏物品罪并无不同,未必故意就足够了。如果人们把违法要素已经视作构成要件要素,那么在使用权人合意的案件中,构成要件就已经被排除了。另外,就删除和抑制的构成行为而言,病毒邮件或垃圾邮件被删除的案件特别令人感兴趣。③

案例19:T是一家企业的系统管理员。发给员工的感染了病毒的电子邮件要么借助所谓黑名单,在邮件存储在服务器上之前就自动被屏蔽,要么在服务器上被过滤。

若电子邮件根本还没有到达收信人的服务器,那么构成要件就已被排除,因为员工尚未对电子邮件取得使用权限,因此针对他的抑制尚不成立。④ 若感染了病毒的电子邮件在进入服务器后未被送达接收者,那么德国《电信法》第88条第3款第2句和第109条为此提供了一项特殊的权限*,因为据此,服务提供商必须对技术系统采取防范措施或其他适当的保护措施。⑤ 若没有其他支撑点,那么人们还可以采纳基于推定承诺的正当化。⑥ 但准确而言,这一点不适用于垃圾邮件,因为它们并非本身适合于造成对系统的损害或干扰,并且接收者在具体案件中可能对特定的广告宣传抱有兴趣。⑦ 此外,相较于删除或抑制,将电子邮件自动转移到能够被员工

---

① SK/Hoyer Stand: Sept 2009, §303a Rn. 9; NK/Zaczyk, 3. Aufl., §303a Rn. 10.

② 参见Hilgendorf/Frank/Valerius, Computer-und Internetstrafrecht, Rn. 201; 针对《网络犯罪公约》第4条,也见explanatory report, Nr. 61。

③ 细节见Eisele, Compliance, 63 ff。

④ Eisele, Compliance, 67.

* 类似规定见新版《德国电信法》第165条。——译者注

⑤ LK/Altvater, StGB, 12. Aufl., §206 Rn. 73; Heidrich/Tschoepe, MMR 2004, 75 (78); Schmidl, MMR 2005, 343 (344).

⑥ 参见Sassenberg/Lammer, DuD 2008, 461 (463); Sauer, K&R 2008, 399 (400); 赞同采用《德国刑法典》第34条,见OLG Karlsruhe MMR 2005, 178 (180 f.); Härting, CR 2007, 311 (315)。

⑦ 参见Eisele, Compliance, 50; Heidrich/Tschoepe, MMR 2004, 75 (78); Schmidl, MMR 2005, 343 (344)。赞成正当化的观点在此也见贝克出版社的评注TKG-Kommentar/Bock, 3. Aufl., §88 Rn. 26。

浏览的特殊(隔离)文件夹中,属于德国《刑法典》第32、34条意义上更缓和的手段。

六、德国《刑法典》第303b条的破坏计算机罪

德国《刑法典》第303b条同样也被德国《刑法第四十一修正案》所修正。① 该条保护的是运营商与用户就正常运行模式下的数据处理所享有的利益。德国《刑法典》第303b条第1款第1项构成了对德国《刑法典》第303a条的升格。②* 德国《刑法典》第303b条第2款又是对德国《刑法典》第303b条第1款的升格。③ 对德国《刑法典》第303b条第2款而言,在德国《刑法典》第303b条第4款中还以常例方法规定了进一步的刑罚加重。德国《刑法典》第303c条中的刑事告诉要求也适用于德国《刑法典》第303b条第1款至第3款。

(一)构成行为

第1项至第3项包含着不同的构成行为,这些行为分别必须导致对数据处理的严重干扰,而该数据处理对于他人具有重大意义。

1. 第1项引证了**德国《刑法典》第303a条第1款的犯罪**(对软件的侵入)并构成对该罪的升格。只要行为人本身具有使用权,那么德国《刑法

---

① 《欧盟框架决议》第3条(对系统违法侵入):各成员国应采取必要措施,以确保至少在不属于轻微案件的情况下,通过输入、传输、损坏、删除、篡改、更改、抑制计算机数据,或使之不可获取的方式,故意且无权造成信息系统的运行产生严重障碍或干扰的行为受刑事处罚。此外,见《就制定〈欧洲议会与理事会关于侵犯信息系统的指令〉及废除理事会2005/222/JI号框架决议的提案》第10条,KOM (2010) 517 endg.; 最新情况,见Ratsdokument 11566/11; 最新情况,见Ratsdokument 11566/11; 也参见Brodowski, ZIS 2011, S. 940 (945)。《网络犯罪公约第5条(系统干扰):各缔约国均应采取必要的立法和其他措施,根据其国内法将无权故意通过输入、传输、破坏、删除、恶化、更改或压制计算机数据的方式严重妨碍计算机系统的运作定为刑事犯罪。(新规定见《指令》第4条。——译者注)

② BT-Drs. 16/3656, 13; SSW/Hilgendorf, StGB, §303b Rn. 3; Schumann, NStZ 2007, 675 (679)。

* 由于在本条中除了加重构成要件导致的刑罚加重外,还有通过常例方法对刑罚的加重,故这里根据德文原意,将加重构成要件意义上的加重称作升格,以示区分。——译者注

③ LK/Tolksdorf, StGB, 12. Aufl., §303a Rn. 21; Schönke/Schröder/Stree/Hecker, StGB, 28. Aufl., §303b Rn. 6。

典》第 303a 条的构成要件就已经被排除了,从而也排除了对德国《刑法典》第 303b 条的适用。

2. 第 2 项与德国《刑法典》第 202a 条第 2 款意义上的**对数据的输入或传输**建立了联系。然而这种(中立的)日常行为就其自身而言并不值得处罚,因此在干扰数据处理的犯罪结果之外,还必须在主观构成要件中增加使人遭受损失的目的。根据立法者的见解,第 2 项处罚的主要是通过自动招致的过载[拒绝服务攻击(DoS-Angriff)]对计算机或系统的攻击,以及所谓互联网示威或在线示威(案例 18)。① 考虑到欧洲法的要求,输入要素并不是没有问题的,因为通过引证德国《刑法典》第 202a 条第 2 款,只有已经被存储的或被传输的数据才包括在内,因此就必须从外置数据载体上读取这种数据;相反,通过键盘进行的首次输入则不包括在内,因为就此而言便不再涉及德国《刑法典》第 202a 条第 2 款意义上的数据了。② 考虑到明确的文义,就不可能采取一种符合欧洲法的解释,这样一来,德国立法者也就未对欧洲法的要求进行完全的转化。③ **传输**指的是将数据通过网络(也可以借由无线局域网)从一台计算机传递到另一台。

3. 第 3 项包括了以损毁、损坏、清除、改变数据处理设备或数据载体,或使之不可使用的方式,**对硬件造成影响**。数据处理设备包括服务器、屏幕、打印机,数据载体包括硬盘、软盘和优盘等。根据第 3 项的规定,数据的使用权人或硬件的所有权人也具有可罚性,因为这里保护的是所有运营商和用户的利益。④

(二)具有重大意义的数据处理

数据处理概念包括了数据处理系统的整个领域,也就是说,也包括了对数据的应对、存储和使用,因此并不局限于数据处理进程。⑤ 数据处理必须对他人**具有重大意义**,立法者想利用这一要素添加一个"轻微案件过滤

---

① BT-Drs. 13/3656, 13; Schönke/Schröder/Stree/Hecker, StGB, 28. Aufl., §303b Rn. 2.
② Gröseling/Höfinger, MMR 2007, 626 (627); Schönke/Schröder/Stree/Hecker, StGB, 28. Aufl., §303b Rn. 7.
③ Schönke/Schröder/Stree/Hecker, StGB, 28. Aufl., §303b Rn. 7.
④ BT-Drs. 10/5058, 36; Lenckner/Winkelbauer, CR 1986, 824 (831).
⑤ SSW/Hilgendorf, StGB, §303b Rn. 4; MünchKomm-StGB/Wieck-Noodt, §303b Rn. 6.

器"①,但这需要进一步精确化。

案例 20:T 损毁了他自己的笔记本电脑,这台电脑他借给了 O,并且在电脑上存储着 O 几乎完成了的论刑法中因果关系的博士论文。

根据立法者的见解,在私人的场合,在被害人方面具有决定性的是,数据处理设备对于私人的生活形态而言是否具有中心作用。因此,通常被认为具有重大意义的是,诸如在职业、写作、学术或艺术活动的范围内进行的数据处理,但并不是所有私人领域的通讯过程、计算机游戏或电子家用设备也包括在内。② 但准确而言,重要的并不是对数据处理设备进行一般归类,而是考虑设备在每个具体案件中所具有的意义。③ 在当前案例中,T 实现了第 1 款第 3 项的构成要件,因为这里的数据处理(博士论文)对 O 具有重大意义。④ 鉴于受保护的法益,T 是设备的所有权人这一事实无关紧要。

(三) 对数据处理设备的严重干扰

当顺利进行的数据处理流程遭受并非无足轻重的损害时,就成立严重干扰。⑤ 其前提条件是,数据处理正在运行中,并且在此时干扰实际上发生了。⑥ 与针对德国《刑法典》第 303 条所发展出的原则相一致,只有当不费吹灰之力就可以消除损害时,才缺乏严重性,如数据存在备份。⑦

(四) 主观构成要件

对实现主观构成要件而言,未必故意就足够了。故意的内容除了构成行为外,还必须包括数据处理的重大意义以及所造成的严重干扰。在第 2 项中还额外要求具有使人遭受损失的目的,该目的所依据的是德国《刑法

---

① BT-Drs. 16/3656, 13.

② BT-Drs. 16/3656, 13; Schönke/Schröder/Stree/Hecker, StGB, 28. Aufl., §303b Rn. 4;有道理的批判,见 Fischer, StGB, 59. Aufl., §303b Rn. 7。

③ MünchKomm-StGB/Wieck-Noodt, §303b Rn. 9.

④ Ernst, NJW 2007, 2661 (2663); Schönke/Schröder/Stree/Hecker, StGB, 28. Aufl., §303b Rn. 9.

⑤ BT-Drs. 16/3656, 13; Fischer, StGB, 59. Aufl., §303b Rn. 9; HK/Weiler, StGB, 2. Aufl., §303b Rn. 11; SK/Hoyer, Stand: Sept 2009, §303b Rn. 7; Wabnitz/Janovski/Bär, Handbuch des Wirtschafts-und Steuerstrafrechts, 3. Aufl, 12. Kap. Rn. 71.

⑥ MünchKomm-StGB/Wieck-Noodt, §303b Rn. 22; Schönke/Schröder/Stree/Hecker, StGB, 28. Aufl., §303b Rn. 9;另参见 SK/Hoyer Stand: Sept 2009, §303b Rn. 6。

⑦ SK/Hoyer Stand: Sept 2009, §303b Rn. 7; LK/Tolksdorf, StGB, 12. Aufl., §303b Rn. 11.

典》第274条第1款第11项,因此不必着眼于造成财产损失①;对于该意图,除了一级直接故意,二级直接故意意义上的确知也包括在内。②

(五)第2款上的升格

在德国《刑法典》第303b条根据欧洲法的要求被修改之前,该条原本只包含那些数据处理对于他人的工厂、他人的企业或某一机关具有重大意义的案件。在第1款被拓展后,原始规定作为升格,被吸收在第2款中。当工厂或企业不能仅归属为行为人的财产时,该工厂或企业就是**他人的**。③ 如果在数据处理时存储和处理的是对工厂的功能性具有重大意义的数据和工作进程,并且工作方式、设备和组织的全部或重要部分取决于数据处理的无故障运行,那么该**数据处理**就是**具有重大意义的**。④ 在这里,设备的大小不是关键,因为重要信息也可能存储在极小的芯片上。⑤ 相反,只有当数据处理不需要大量额外花费也不需要大量时间延迟就能被维持时,它才是不重要的。⑥ 根据立法者的观点,如计算器就被排除在外。

(六)根据常例方法对第2款的刑罚加重

第4款利用常例方法规定了对第2款中升格的进一步刑罚加重。该款所列举的情况包括,招致大规模财产损失(参见德国《刑法典》第263条第3款第2句第2项)⑦,常业行为或作为团伙成员的行为(参见德国《刑法典》第263条第3款第2句第1项)⑧,以及通过该行为损害对民众生活必需品及服务的供给,或损害德意志联邦共和国的安全(参见德国《刑法典》第316b条第3款第2句)。⑨

---

① BT-Drs. 16/3656, 13; Fischer, StGB, 59. Aufl., §303b Rn. 12.
② BT-Drs. 16/3656, 13.
③ Fischer, StGB, 59. Aufl., §303b Rn. 15; Lackner/Kühl, StGB, 27. Aufl., §303b Rn. 2.
④ BT-Drs. 10/5058, 35; Lenckner/Winkelbauer, CR 1986, 824 (830).
⑤ MünchKomm-StGB/Wieck-Noodt, §303b Rn. 8; Schönke/Schröder/Stree/Hecker, StGB, 28. Aufl., §303b Rn. 13.
⑥ Lenckner/Winkelbauer, CR 1986, 824 (830).
⑦ 参见 Eisele, Strafrecht BT 2, 2. Aufl., 2012, Rn. 652。
⑧ 参见 Eisele, Strafrecht BT 2, 2. Aufl., 2012, Rn. 651。
⑨ 详见 LK/König, StGB, 12. Aufl., §316b Rn. 37; NK/Herzog, 3. Aufl., §316b Rn. 13。

#　现代支付交易中的诈骗

〔德〕布莱恩·瓦利留斯[*]
王芳凯　译　郑童　校

一、导　论

(一) 当前的问题领域

当前,电子支付中滥用支付卡的消息铺天盖地,关于暗中刺探密码的新闻不断见诸报端,对于钓鱼邮件[①]或者新型网络诈骗[②]的警告持续增多。如同技术进步所取得的每一项成就一样,现代支付交易并非总是受欢迎的,它产生了大量的犯罪行为。

法院判决数量的增加,可以反映出此一事实。近年来,德国联邦最高法院(BGH)不得不判定下述行为的可刑罚性,包括使用错划的入款(Verfügungen über fehlgebuchte Gutschriften)[③]、(账户)所有人利用自动取款机提款来透支账户(Kontoüberziehung des Inhabers durch Abhebung am Geldautomaten)[④],以及划款诈骗(Lastschriftreiterei)[⑤]。随着类似案件在实务中的重要性不断上升,这也导致了(这一问题)在各种刑法考试(即毕业考试、练习以及期末考试)中的比重在不断增加。本文首先会对这一议题

---

[*] 德国帕绍大学刑法中的人工智能教席教授。本文原文被收录于《法学丛刊》2007年第7期,第514—519页以及2007年第11期,第778—783页。
[①] 关于可罚性,参见 Hilgendorf/Frank/Valerius, Computer- und Internetstrafrecht, 2005, Rn. 760 ff. m.w.N.;关于民法面向,参见 Borges, Rechtsfragen des Phishing, NJW 2005, 3313 (3314 ff.)。
[②] 关于可罚性,参见 Popp, „Phishing", „Pharming" und das Strafrecht, MMR 2006, 84 ff.。
[③] BGHSt 46, 196 ff. m. Bespr. Heger, JA 2001, 536 ff.
[④] BGHSt 47, 160 ff. m. Bespr. Beckemper, JA 2002, 545 ff.
[⑤] BGH NJW 2005, 2008 m. Bespr. Petersohn, JA 2006, 12 ff.

进行初步的概述,当然这里的概述范围是一种不完整的、要点式的介绍。之后,本文则聚焦于从现代支付交易中选取的部分诈骗行为,以及这些行为是如何被认定为德国《刑法典》第263条意义下的诈骗罪的。①

(二)现代支付手段的发展

在过去的几十年里,支付交易历经了大量的创新。这些创新主要旨在提高银行账户的(使用)便捷性和安全性。尤其是网上银行,它代表着(大幅提高的)便捷性。在以前,如果人们需要交易,他都必须跑去银行的分行。现今,无论是通过基于网页的应用,还是特殊的家庭银行软件,人们可以通过网络来处理所有的过账操作。仅在开设账户时人们才需要和银行员工进行面对面的交流。

无现金支付交易可能性的不断增长也导致人们对安全性(的要求)不断提高。除了支票这一传统的支付手段外,现在的银行客户还可以使用EC卡。通过EC卡的帮助,他们如今可以在近乎所有的商店中付款,而不必携带现金。

举例来说,前述的EC卡就可以表明现代交易方式的多样性。一方面,EC卡作为客户的钥匙或所谓的密码卡,使客户可以随时从自动取款机中提取出现金。另一方面,无论是现金卡(卡内有存款),还是各种电子支付交易中的电子现金卡(electronic cash-Karte)②,都为无现金支付交易提供了可能性。

(三)体系化的尝试

大量的新可能性或许会令客户感到高兴,但是这对法律人来说却是问题。对于一个有助益的体系化的尝试而言,以下事实是不利的:现代支付交易的形式过于众多,并且它们之间的差异有时过于细微,乃至于不具有刑法上的意义。当然,原因在于,现有交易可能性的变更或引入新颖的交易可能性通常是对客户需求和实用性考量的回应,其几乎没有基于(刑)法的考量。

因此,要形成可区分的且对刑法实务而言具有说服力的类型,是一项艰

---

① 关于诈骗罪的教育性文献,参见 Kindhäuser/Nikolaus, Der Tatbestand des Betrugs (§263 StGB), JuS 2006, 193 ff. (293 ff.);关于使用银行账户情形下的诈欺,参见 Otto, Die neue Rechtsprechung zum Betrugstatbestand, Jura 2002, 606 (607 ff.)。

② "EC(卡)"的缩写简称由此而来。自从2002年1月1日取消欧洲支票之后,"EC"简称不再指"欧洲支票"(eurocheque),而是指"电子现金"(electronic cash)。

巨到甚至不可能完成的任务。故而，笔者在下文中将会从账户持有人的角度作出大致的细分，其分为入账至其银行账户（本文第二部分）以及对其账户的扣款（本文第三部分）。在这些案例类型内部，会区分出不同的支付形式，其中笔者会将读者的注意力引向基本事实方面及其在法律上的评价。

二、入账至银行账户

（一）基本事实

从经济学的角度来看，如果成功的话，银行账户将被用于储蓄和增加财产。传统上，对此做出贡献的入账（Gutschriften）是通过账户持有人的现金存款进行的。由于现代支付交易的发展，金钱流入（账户）也可以基于转账接收以及提交支票或自动扣款（来实现）。

所有这些替代付款方式的共同点是，债务人及其信贷机构也参与了金钱交易。因此，只有两个人直接参与到传统的现金存款中，即存款的账户持有人及其银行。与之不同的是，在无现金的支付交易中，通常会有四个人参与其中，即负有付款义务的人（同时也是偿还索债的债务人）及债务人一方的银行、收款人（债权人）及收款人一方的银行。①

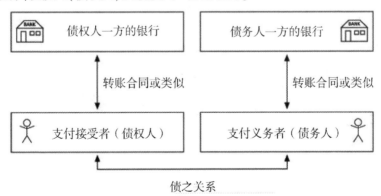

可能发生的交易会随着这一"四方关系"（Vier-Personen-Verhältnis）而逐渐

---

① 仅当支付义务者与支付接受者在同一家信贷机构中拥有账户时，参与者的数量才会减少为三方，但这不会对刑法评价产生重大的影响。

变得混乱。支付接受者会有针对性地利用这种混乱,从而使其账户状态得到不正当的改善。对于这种滥用,首先可以考虑的是诈骗罪的可罚性。该考量的重点通常是,行为人是否实施了与刑法相关的诈骗行为。因此,问题就在于:通过对交易的观察,行为人的各个行为可以被赋予一种什么样的解释内容。

与商业交易中的所有其他过程一样,这在很大程度上取决于参与者之间的义务划分和风险分配。因此,在提交汇款单[参见下文(二)]、兑现支票[下文(三)]或提交划款[下文(四)]上,本文首先将会检视那些默示已被阐明的事实,这些事实涉及合同方的财产利益,但对合同方而言却并不容易被辨识出来。①

(二)提交汇款单

1. 基本事实

大部分的无现金支付交易是通过汇款完成的。它们是在支付义务者(即汇款人)的发动下进行的,根据汇款人的委托(参见《德国民法典》第676a条及以下条文),汇款人的银行(即进行汇款的信贷机构)在汇款人具体指定的账户上向支付接受者(即受益人)划入特定数额的金钱(1)。这一委托既可以通过汇款单(具有证明效力的汇款)以书面形式进行,也可以通过网上汇款(不具有证明效力的汇款)以电子方式进行。然后,进行汇款的信贷机构将指定的金额汇给受益人的银行,并将汇款委托的信息转发给它(2)。从而,汇款金额可以被划给支付接受者。

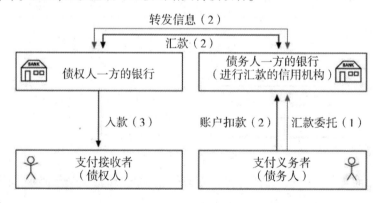

---

① BGH NStZ 2002, 144 (145); Schönke/Schröder/Cramer, StGB, 27. Aufl., 2006, §263 Rn. 14/15.

2. 犯罪的表现形式

目前,刑事法院很少处理到支付接收者滥用汇款的刑事案件。主要原因在于,必须由支付义务者自己作出汇款委托。因而,为了诱使债务人进行汇款(或其他形式的支付),支付接收者的诈骗行为往往是以支付义务者本人作为对象[①],而这并不涉及此处的汇款流程。

与之相反,除了伪造的汇款单,支付接收者很少能够作出有利于自己的汇款委托。在德国联邦最高法院的一个判决中[②],行为人受托给税务咨询办公室做账。在其工作范围内,他能够取得空白的汇款单,这些汇款单是唯一的有权签署者在休假或缺勤期间留下来的,目的是要进行必要的付款。行为人利用了这一情形,即他将自己的私人账户填为(支付)接收者账户。通过22次的汇款,贷记金额共计936,725.66马克。

此外值得思考的一种情形是,第三人为了增加支付接收者的存款,提交错误填写的汇款委托。锡格堡地方法院(AG Siegburg)的一个判决[③]就是基于以下事实:第三方在一份由他自己签署的汇款单中将自己列为支付义务者,但却将一个不属于第三方的转账账户指定为关联账户。负责汇款的银行因此将指定的41.18欧元划给支付接收者,并从他人账户中扣除。

3. 刑法评价

在前述的第一个案件中,尽管德国联邦最高法院认同下级法院关于伪造文书罪(德国《刑法典》第267条)的认定,并考虑成立背信罪(德国《刑法典》第266条),但它并不认为会成立诈骗罪,因为从事这项工作的银行职员并没有陷入错误。在实施汇款时,银行职员的义务仅限于,(确认)形式上的信息是否正确、完整,以及扣款账户是否具有充足的资金。与之相反,银行职员通常不会考虑具体汇款的实质正当性。[④]

德国联邦最高法院以这种方式确认了行为人行为(提交汇款单)的解释性内容。特别是,民法上关于汇款人及其银行之间的义务分配也支持该解释性内容。根据德国《民法典》第676a条,进行汇款的信贷机构的主要

---

① 例如,发送类似账单的东西,并附上完整的转账单,参见 BGH NStZ-RR 2004, 110 f. m. Bespr. Baier, JA 2004, 513 ff。

② BGH NStZ 2000, 375 f.

③ AG Siegburg NJW 2004, 3725 m. Anm. Kudlich, Jus 2005, 566 ff.; ausführlich dazu Goeckenjan, Gefälschte Banküberweisung, JA 2006, 758 ff.

④ BGH NStZ 2000, 375 (376).

义务在于执行汇款委托(Durchführung des Überweisungsauftrags)。但是,只要对其外部呈现加以审查,就足以满足要求。① 由于进行汇款的信贷机构有义务尽快处理汇款事项,并且有大量的商业交易是通过汇款来完成的,故而在义务承担上不能对该信贷机构做更多的要求。相反,对于他们所收到的形式汇款单的限制,信贷机构甚至必须要严格地遵守。② 只有在空白汇款(委托单)的使用明显违反协议的情形下,信贷机构才有义务核实询问事实依据。③

与之相反,如果汇款人在形式上有所欺骗,而进行汇款的信贷机构必须审查这些形式(要件)的完整性和正确性,则情况会有所不同。如果接收汇款的银行职员具有根本的审查义务,则他也要考虑汇款者形式要件的正确性。汇款人填写一个错误的关联账户,会因此造成一个与诈骗相关的错误。④

(三)提交空头支票或虚假支票

1. 基本事实

在提交空头支票或虚假支票的情形下,有必要仔细解读行为人的行为。在此需要加以考虑的是支付手段的特殊风险,其在于以下事实:与汇款相反,通过支票进行的交易是由支付接收者发起的。由此,对于支付义务者的给付能力的审查是事后进行的,支付接收者能够滥用这种情形,从而取得不正当的金钱或信贷。

支票,系指支票的签发者(即支票提供者)指示其信贷机构向支票的收受者(即支票接收者)支付特定款项的文书。根据所填写的、支付给支票接收者的金钱类型,支票在此可以区分为(以下两种):能承兑现金的支票,即所谓的"现金支票"(Barscheck);用其他形式(特别是透过入账方式)承兑的支票,即所谓的"转账支票"(Verrechnungsscheck)。为了提高此支付手段的吸引力,银行会缔结所谓的关于支票承兑的协议。这使支票接收者不仅可以在(支票)签发者一方的信贷机构(即债务人一方的银行、关联银

---

① OLG Köln NJW-RR 1999, 1725; Palandt/Sprau, BGB, 66. Aufl., 2007, §676a Rn. 17.
② BGH NJW-RR 2004, 1637 (1637); NJW 2003, 1389 (1390).
③ BGH NJW-RR 2004, 1637 (1638).
④ Goeckenjan, Gefälschte Banküberweisung, JA 2006, 758 (759 f.); vgl. auch Kudlich, Jus 2005, 566 (567 f.).

行),还能在他自己一方的银行(即债权人一方的银行、第一代收款机构)兑现支票。

如果收款人将支票提交给其信贷机构(1),则(支票上)显示的金额将计入其账户之中。

不过,这一入账只是暂时的,直至债权人一方的银行向关联银行提交支票,并确认支票签发者的账户能够充分地兑现这张支票(2)。如果支票能够被充分承兑,则债务人一方的银行会清偿这张支票,并在支票签发者的账户中扣款(3)。

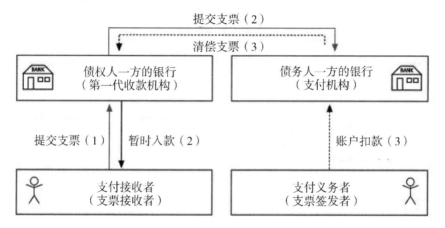

2. 犯罪的表现形式

尽管支票接收者账户上的入账是暂时的,但债权人一方的银行已经提供给支票接收者一种自由且无保留地支配其入账款项的可能性。基于这一信赖预付(Vertrauensvorschuss),支票接收者能够滥用这一段时间(直至债权人一方的银行获悉支票无法承兑之时,即所谓的支票揭露),有意地提交无法被承兑的支票,以便取得短暂的信贷资金,即所谓的支票诈骗(Scheckreiterei)。[①] 如果他不再能够偿还临时支付的款项,这将形成财产损害。

从上述的关于支票承兑的协议出发可以得出,何人该对损害负责。银行之间相互缔结了这一协议。因此,在支票无法被兑现的情形下,债权人一方的银行无权要求关联银行清偿支票。毋宁说,关联银行的义务限于,当

---

① 由于在实践中汇票的重要性有限,因此,关于操作类似的汇票诈骗(Wechselreiterei)的说明,在此予以省略。关于可罚性,参见 BGH NJW 1976, 2028 f.; Tiedemann, Wirtschaftsstrafrecht BT, 2006, Rn. 325 ff。

出现无法清偿的情形时,立即通知债权人一方的银行。(支票)无法兑现的风险以及支票接收者对于临时入账的暂时性支配风险,只能由债权人一方的银行来承担。

3. 刑法评价

相应地,可以考虑根据德国《刑法典》第263条诈骗罪来处罚支票接收者,其给债权人一方的银行造成了损害。如前所述,起到决定性作用的首先是那些默示已被阐明的事实,其在债权人一方的银行不知情的情形下影响到了该银行的财产利益。①

因此,如果银行的财产利益集中在支票的承兑上,则不能从中立刻推断出,支票接收者通过提交支票而作出了以下的默示主张,即支票签发者的扣款账户具有足够的账户余额(以清偿支票)。如果认为这样的默示主张是成立的,那么,这一解释将会扭曲解释性内容,因为支票收取者通常情形下并不知道支票提供者的账户状态。②

因为支票是一种支付凭证,而不是一种信贷创设手段,提交支票就包含着一种隐含性的主张,即支票被用于无现金的支付交易。任何人明知支票无法承兑却仍故意提交,以便能够支配临时的入账及信贷资金(换句话说,出于信贷目的而滥用支票这一支配手段),将构成与诈骗罪有关的欺骗行为。③

与之相反,支票上所书面确认的债权是否真实存在,是无关紧要的。举例而言,如果支票签发者基于不当得利上的衡平(考量)而要求归还支票,则该有价票据由于支票的性格而未受到基本交易的影响,其仅涉及支票签发者和支票接收者之间的关系,债权人一方的银行并不会受到不利益。相应地,如果支票签发者因为疏忽开出重复的支票,提交这一支票的行为不会构成诈骗。④

4. 支票支付中的其他可罚行为

当(所谓的)支票接收者提交虚假的支票时,除了实现诈骗罪的构成要

---

① BGH NStZ 2002, 144 (145); Schönke/Schöder/Cramer, StGB, 27. Aufl., 2006, §263 Rn. 14, 15.

② OLG Köln NJW 1981, 1851; LK/Tiedemann, StGB, 11. Aufl., §263 Rn. 42, 45; vgl. auch OLG Köln NJW 1991, 1122 f.

③ OLG Köln NJW 1981, 1851; NK/Kindhäuser, StGB, 2. Aufl. 2005, §263 Rn. 135; LK/Tiedemann, StGB, 11. Aufl., §263 Rn. 42, 45; ähnlich bereits OLG Köln, NJW 1991, 1122 f.

④ BGH NStZ 2002, 144 f.

件外,还可能考虑德国《刑法典》第 152a 条第 1 款(即伪造支付卡、支票和汇票)的可罚性。这一条文是通过《第 35 次刑法修正法》(35. StrÄndG vom 22.12.2003①)而引入的,用于落实欧盟理事会的框架决议②。该框架决议旨在确保所有形式的无现金交易中的诈骗和伪造行为在欧盟的所有会员国中,能够得到有效且合适的制裁,这——鉴于欧盟对刑事议题的节制性处理③——凸显了该种犯罪表现形式在实务中的重要性。

支票交易中的诈骗行为不仅可由支票接收者作出,还可由支票签发者实施。当支票签发者有意以无法兑现的支票作为付款手段时,首先可以考虑诈骗罪的可罚性。就此而论,起到重要作用的是,根据交易观念(Verkehrsauffassung),用支票交易的解释性内容为何。因为通常无法保证可以兑现支票④,支票无法承兑会导致临时入账的重新计算,支票接收者因而无法支配支票的金额。当支票接收者相信支票会得到承兑,并按照合同关系向支票签发者作出给付时,支票接收者会因此遭受财产损害。

关于风险分配,通过将支票交给支票接收者,支票签发者已经默示,该支票至少在清偿时(即提交给关联银行)会得到兑现。⑤ 因此,如果支票签发者的账户在签发支票时没有显示出充足的信贷额度,但支票签发者确信在提交(支票)时能够保证兑现,则手头拮据的支票签发者不具有诈骗罪的可罚性。⑥

(四)参与划款程序(Lastschriftverfahren)

1. 基本事实

划款基本上是反向的转账。与转账委托不同的是,划款并不是由债务

---

① BGBl. I 2003, S. 2838;于 2004 年 1 月 1 日生效。
② 2001 年 5 月 28 日欧盟理事会《关于打击与非现金交易方式有关的诈骗和伪造的框架决议》;ABl. EG L 149, S. 1 vom 2.6.2001。
③ 关于刑法和共同体法的议题整合,参见 Hecker, Europäisches Strafrecht, 2005; Satzger, Internationales und Europäisches Strafrecht, 2005; Eisele, Europäisches Strafrecht – Systematik des Rechtsgüterschutzes durch die Mitgliedstaaten, JA 2000, 991 ff.; Hecker, Europäisches Strafrecht als Antwort auf transnationale Kriminalität?, JA 2002, 723 ff。
④ 例外是 2002 年 1 月 1 日废除的欧洲支票。
⑤ BGHSt 3, 69 (71 f.); MDR/D 1982, 811; Schönke/Schröder/Cramer, StGB, 27. Aufl., 2006, § 263 Rn. 29; Tiedemann, Wirtschaftsstrafrecht BT, 2006 Rn. 334。
⑥ Schönke/Schröder/Cramer, StGB, 27. Aufl., 2006, § 263 Rn. 29; Tiedemann, Wirtschaftsstrafrecht BT, 2006, Rn. 334 f。

人(即支付义务者)而是由债权人(即支付接收者)发起的。债权人向其银行(债权人一方的银行或所谓的第一代收款机构)提交划款(授权)(1)。债权人以此要求债权人一方的银行向债务人一方的银行转达划款(请求)以及入账至债权人的账户之中(2)。① 之后,债务人一方的银行完成划款,并从债务人的账户中扣款(3)。②

当然,对他人财产的此种干预并不是一定能够进行的。一方面,前提条件是,债权人及其银行达成协议,被允许进入划款程序。这通常通过(填写)表格就能完成,即通过所谓的关于利用划款收取到期应付账款的协议,各家银行的协议之间可能略有不同。在绝大多数的情形中,划款程序仅用于收取到期应付账款。

但是,从支付义务人方面来看,向支付接收者签发一个书面的收款授权(收款授权程序)或类似的事物,在实践中并不普遍。书面的(从支付义务者在支付机构中的结余)扣款委托(扣款程序)是必不可少的。这使支付接收者能够以划款的方式从支付义务者的账户中收取账款。但是,在划款的情形下,支付义务者在收款授权程序中至少可以在六周内提出反对。按照联邦最高法院的见解③,甚至是无期限的,直至(支付义务者)向支付机构作出同意。

银行之间存在所谓的关于划款交易的协议。依此,在债务人提出反对的情形下,第一代收款机构有义务将划款返还给支付机构(4)。因此,当债权人在银行的账户没有足够的资金,且无法履行对(债权人一方的)银行的支付义务时,有可能给第一代收款机构造成损害。

2. 犯罪的表现形式

行为人可以通过多种方式利用以下的情形:在划款程序中,债权人自己就可以要求收取应收账款。(所谓的)债权人会针对根本不存在的或不是该指定金额的应收账款提出划款(要求)。另外,可以想象得到的一种情形

---

① 尽管该入账通常会被备注"取得保留"(Eingang vorbehalten),因此它和支票交易相类似,只是临时性的。但是,银行通常会授予其客户立即使用该入账的可能性。

② 关于划款程序流程,参见 Knierim, Neue Strafrechtlich begründete Informationspflichten des Gläubigers beim Lastschriftauftrag?, NJW 2006, 1093 (1093 ff.); Soyka, Das moderne Lastschriftsystem: Eine Einladung zum straflosen Betrug?, NStZ 2004, 538 (538 f.); vgl. auch BGH NStZ 2005, 634 (634 f.); OLG Hamm NJW 1977, 1834 (1835)。

③ BGH NJW 2000, 2667 (2668) m. Bespr. Hülk/Timme, NJW 2002, 1243; Krüger, MDR 2000, 1205。

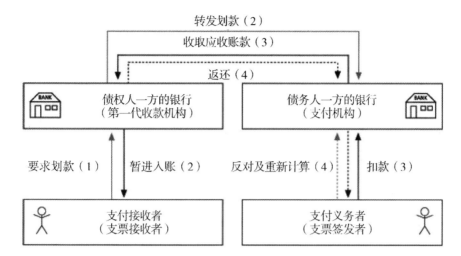

是,尽管债务人根本没有给予债权人任何收款授权,但行为人还是针对(可能是真实存在的)应收账款提出收款委托。①

犯罪式滥用的另一个起点是银行之间的风险分配。德国联邦最高法院在 2005 年首次处理到"划款诈骗"案件。② 在该案中,行为人为了从其(债权人一方的)银行取得信贷有意地滥用划款程序,其所提出的划款是以诸多的短期借贷为基础的,这些短期借贷带有非常高的撤销风险,但行为人并没有向银行透露。事实上,当一些贷方撤销了对他的借贷,并反对(建立在借贷基础上的)扣款时,债权人银行必须将收取的金钱款项返还给支付机构。由于行为人现在不具备还款能力,银行因此损失了约 140,000 欧元。

3. 刑罚评价

在这种诈骗情形下,首先要考虑的是损害到债权人一方的银行的诈骗行为。提交收款委托时,存在着欺骗,因为行为人隐含表示他自己具有合规定的收款授权,并且划款是以指定金额的款项为基础的③,这些款项是真实

---

① OLG Hamm NJW 1977, 1834 ff.; LG Oldenburg NJW 1980, 1176 f.
② BGH NStZ 2005, 634 m. Bespr. Petersohn, JA 2006, 12 ff.; vgl. auch Fahl, Strafbarkeit der „Lastschrifterei" nach § 263 StGB, Jura 2006, 733 ff.; 关于划款诈骗在实务中的意义,参见 Heinze, Anmerkungen zu BGH 2 StR 30/05, HRRS 2005, 349(结合了实务中的诸多案例)。
③ OLG Hamm NJW 1977, 1834 (1836); LG Oldenburg NJW 1980, 1176 (1177); Schönke/Schröder/Cramer, StGB, 27. Aufl., 2006, § 263 Rn. 30; NK/Kindhäuser, StGB, 2. Aufl., 2005, § 263 Rn. 139; a.A. Soyka, Das moderne Lastschriftsystem: Eine Einladung zum straflosen Betrug?, NStZ 2004, 538 (539 f.).

存在的,且根据关于通过划款收取应收款项的协议属于应收款项。

负责处理的银行职员会因此而陷入错误认识①,并在此种情形下将款项记入债权人的账户中(财产处分)。当行为人陷入金融困境之中——由于债务人的撤销是可以预期的,再加上银行之间的风险分配——该处分将成为一种财产风险,不利于债权人一方的银行。如果行为人之后不具有还款能力,则该财产风险将终局性地固化为(债权人一方的银行的)财产损害,无法得到衡平。②

此外可以想象得到的一种情形是——在想象竞合(Idealkonkurrenz)③的场合下——诈骗行为会给所谓的支付义务者造成不利益。因为,在未对其账户扣款提出反对之前,债务人无法支配被错误划走的款项。④

在划款诈骗中也可以适用类似的基本原则。不过,能否从支付接收者提交划款(这一行为)中看出(针对第一代收款机构的)默示诈骗行为,是令人怀疑的。因为划款是以真实存在的、基于借贷合同的应收款项为基础的。不过,德国联邦最高法院参照了支票诈骗的基本原则⑤,并指出支付接收者在提出划款时就已经作出了主张,即自己会按照划款(程序)的特定目的来使用该程序。如果行为人以上述的方式滥用划款程序,以便取得短暂的信贷资金,则他已经欺骗了债权人一方的银行,行为人在功能上非典型地使用划款(程序),其违反划款程序的目的,并不再将划款程序当作一种无现金交易手段来使用。通过该欺骗行为,行为人使负责处理的银行职员陷入了错误认识,该错误认识主要针对应收款项的种类以及债务人撤销的高度可能性。⑥

虽然上述这些见解值得赞赏,并且是关于支票诈骗的实务见解的一贯性发展。不过,德国联邦最高法院还是走得太远了,其认为在缔结"关于通

---

① 在通过网上银行进行全自动的划款入账情形中,德国《刑法典》第 263a 条的可罚性尚未解决; 对此,参见 AG Gera NStZ-RR 2005, 213 ff.。
② OLG Hamm NJW 1977, 1834 (1836); LG Oldenburg, NJW 1980, 1176 (1177).
③ OLG Hamm NJW 1977, 1834 (1836).
④ OLG Hamm NJW 1977, 1834 (1836); LG Oldenburg, NJW 1980, 1176 (1177).
⑤ 参见本文二(三)提交空头支票或虚假支票。
⑥ BGH NStZ 2005, 634 (635) m. zust. Anm. Hadamitzky/Richter, NStZ 2005, 636 f.;相同结论,参见 Fahl, Strafbarkeit der "Lastschrifterei" nach § 263 StGB, Jura 2006, 733 (736); 批评见解,参见 Knierim, Neue strafrechtlich begründete Informationspflichten des Gläubigers beim Lastschriftauftrag?, NJW 2006, 1093 (1097); BGH NStZ 2005, 634 m. Bespr. Soyka, NStZ 637 (637 f.).

过划款收取应收款项的协议"之时,只要行为人当时有意实施划款诈骗并对第一代收款机构造成不利益①,就已经对债权人一方的银行造成财产风险,因此构成诈骗既遂。对于一个(至少是具体的②)财产风险,划款的提出或贷记是最低的要求。③

4. 划款程序中的其他犯罪行为

当行为人针对一个不存在的账款或者在支付义务者未作出收款授权的情形下提出划款时,(我们)还会去讨论德国《刑法典》第266条背信罪的可罚性。不过,哈姆的州高等法院(OLG Hamm)正确地拒绝此点(即成立背信罪的可能性),因为支付接收者既未对(所谓的)支付义务者,也未对支付接收者的银行负有财产照料义务。④

三、对账户的扣款

除了贷方的入账(Einträgen auf der Habenseite)外,银行账户也会显示借方的扣款(Belastungen auf der Sollseite)。因此,对于现代支付交易中的诈骗而言,其目的不仅在于利用入账来改善账户状态,还可以涉及一种逆向操作,即从账户中取款或发起货币交易。对于此一行为的刑法评价,行为本身所蕴含的解释性内容具有决定性的意义。

与前述内容(即前文关于通过诈骗取得账户入款的说明)一样,由于现代支付交易手段的多样性,很难区分不同类型的案件。但是,如果我们侧重于涉嫌诈骗行为方式的解释问题,则可以根据相关账户的所有(Inhaberschaft des betreffenden Kontos)粗略地进行分类。虽然在使用他人账户的情形中原则上并无值得考虑的特殊性,但在解释账户持有人的行为时,需要考虑其与账户管理机构的合同关系。

---

① BGH NStZ 2005, 634 (636); vgl. auch AG Gera NStZ-RR 2005, 213 (214).
② Vgl. dazu SK-StGB/Hoyer, Losebl., §263 Rn. 235; Tröndle/Fischer, StGB, 54. Aufl., 2006, §263 Rn. 95 f.; Rengier, Strafrecht BT/1, 9. Aufl., 2007, §13 Rn. 83.
③ 批判见解,参见 BGH NStZ 2005, 634 m. Bespr. Soyka, NStZ 2005, 637(638)。
④ OLG Hamm NJW 1977, 1834 (1835 f.).

(一)第三人使用(账户)

根据账户的设计方案,(人们)有很多种方法将已经入账的金钱取出来。典型的一种类型首先是通过在账户管理机构处填写相应的表格,从而提取出现金。涉及储蓄账户(Sparkonten)时,存折的出示(Vorlage eines Sparbuchs)是必不可少的。为了满足客户全天候取得现金的需求,还存在其他的、自动化的账户使用方法,特别是提款卡(Geldautomatenkarte)的使用。

1. 第三人从储蓄账户中取款

(1)基本事实

储蓄账户并不适用于交易支付,从而,也就无法利用储蓄账户转账来清偿应付的款项。毋宁说,原则上只能通过提交储蓄证明(通常情形,也就是所谓的存折),才可能取得(账户中的)存款(所谓的储蓄存款)。存折不仅仅可以使账户管理人具有支配储蓄存款的资格。毋宁说,任何一个能够出示存折的人,都能够使用储蓄存款。只有在特殊的情形下,信贷机构才有义务去核实持有人的实质性资格。①

通过出示存折所传达出来的合法性是如此地深远,乃至于信贷机构通过向(存折)持有人付款就能清除其对账户管理人的债务(所谓的合法性凭证,参见德国《民法典》第808条第1款第1句),除非信贷机构认识到持有人欠缺资格或因重大过失而未认识到持有人欠缺资格。② 另一方面,信贷机构并无义务向(存折)出示者(其不是账户管理人)作出给付(所谓的重大合法性凭证,参见德国《民法典》第808条第1款第2句)。

(2)犯罪的表现形式

人们也可以利用存折的广泛合法性来实施犯罪行为。如果行为人占有存折,存折所表明的支配资格使他有很大的机会通过出示存折来提取储蓄存款,即便(账户管理人)将存折交给他是出于其他的目的,或者行为人通过不法侵夺而取得存折。

(3)刑法评价

不正当地取出储蓄存款是否构成诈骗,在很大程度上取决于,如何看待出示存折这一行为的解释性内容。由于信贷机构仅在特殊情形下才有审查

---

① OLG Düsseldorf NJW 1989, 2003 (2004).
② OLG Düsseldorf NJW 1987, 654 (654 f.); Palandt/Sprau, BGB, 66. Aufl., 2007, § 808 Rn. 4.

义务,因此首先可以认为,每个银行职员通常不用考虑(存折)出示者的资格。相应地,人们应当默示认为,存折持有人有权获得已经被提取出来的款项。①

但是,有相反的见解指出,信贷机构的审查义务仅涉及与账户管理人的关系。由于第三人与该风险分配无涉,因此,在说明第三人(行为)的解释性内容时,不能将它(风险分配)纳入考量。② 因此,需要将其与诈骗罪的一般性原则(allgemeine Grundsätze zum Betrug)联系起来。任何主张偿还债务的人,同时也在默示地表示,自己有这方面的权限。③ 相应地,当行为人将存折作为合法凭证予以出示时,已经在默示地表示,自己有权限或被授权提取储蓄存款。④ 此外,需要注意的是,从受骗者的面向来看,积极的错误认识并不是必要的。毋宁说,只要他具有不经思索的伴随意识(ein unreflektiertes Mitbewusstsein)就足够了,这种伴随意识是以特定的当然事实为前提的。⑤ 由于德国《民法典》第808条第1款第1句的合法性作用并不是没有限制的⑥,并且信贷机构并没有支付的义务(因为存折具有重大合法性凭证的性质),故而可以得出,负责处理的银行职员已经考虑了(存折)持有人的资格,并因此在持有人资格方面被他所欺骗。⑦

(4) 其他可罚行为

为了取得他人的存折从而用于取款,行为人通常会通过不法侵夺的方式来取得它。此一行为通常会构成德国《刑法典》第242条的盗窃罪。至于行为人取完存款之后是否会将存折返还给(存折的)所有人,并不会(对盗窃罪的成立)造成任何的影响。

---

① OLG Düsseldorf NJW 1989, 2003 (2004); LK/Tiedemann, StGB, 11. Aufl., 1998, § 263 Rn. 44; vgl. auch Hefendehl, Ist ein Verfügen über das Guthaben nach bankinterner Fehlbuchung strafbar?, NStZ 2001, 281 (283).

② NK/Kindhäuser, StGB, 2. Aufl., 2005, § 263 Rn. 135; Otto, Die neue Rechtsprechung zum Betrugstatbestand, Jura 2002, 606 (609).

③ Schönke/Schröder/Cramer, StGB, 27. Aufl., 2006, § 263 Rn. 16b; NK/Kindhäuser, StGB, 2, Aufl., 2005, § 263 Rn. 139; Rengier, Strafrecht BT/I, 9. Aufl., 2007, § 13 Rn. 5.

④ Schönke/Schröder/Cramer, StGB, 27, Aufl., 2006, § 263 Rn. 16b; NK/Kindhäuser, StGB, 2, Aufl., 2005, § 263 Rn. 135.

⑤ NK/Kindhäuser, StGB, 2, Aufl., 2005, § 263 Rn. 174; Rengier, Strafrecht BT/1, 9 Aufl., 2007, § 13 Rn. 18.

⑥ OLG Düsseldorf NJW 1987, 654 (654 f.); Palandt/Sprau, BGB, 66. Aufl., 2007, § 808 Rn. 4.

⑦ NK/Kindhäuser, StGB, 2. Aufl., 2005, § 263 Rn. 174; Wessels/Hillenkamp, Strafrecht BT/2, 29. Aufl., 2006, Rn. 509.

虽然在行为人具有归还意思的情形下不能通过实体理论（Substanztheorie）来证立行为人的占有目的，因为所有人并未被长期地剥夺占有，但根据物品价值理论（Sachwerttheorie），对存折的占有是存在的。理由在于，原则上只有出示存折才能取款，存折代表了存折中的储蓄存款。如果行为人为了取出储蓄存款而窃取了存折，那么，他就是想从账户管理人那里永久性地夺走相应的物品价值。[①]

2. 第三人通过密码卡取款

（1）基本事实

在现代支付交易中，另一种可支配账户存款的合法化形式是自动取款机以及密码卡（Codekarte）。通常情形下，密码卡同时融合了现金卡（Geldkarte）和 EC 卡的特性。EC 卡使人们得以参与到电子支付交易（所谓的"电子现金程序"）。不过，作为密码卡，其功能仅限于在自动取款机上从（用于支付交易的）储蓄账户中提取现金。

与存折不同的是，仅凭卡片并不足以在自动取款机上取款。为了排除无权限者的滥用或加大滥用的难度，还必须额外地输入密码（个人识别码，PIN 码）。插入的密码卡以及与之关联的 PIN 码这一组合会向自动取款机发出信号，表明使用者已经符合了必要的使用条件。

（2）犯罪的表现形式

由于只要输入密码卡的密码就具备使用权限，卡片所有人可能会借此契机请求第三人取出特定金额的款项。尽管在发卡银行的格式化条款（Allgemeine Geschäftsbedingung）中通常禁止透露密码，以防止第三人的使用。但是，只要第三人遵守卡片所有人的指示，将 PIN 码告知他人在实务上便没有问题。不过，如果第三人超出了他的授权，并取出了超过指示金额的存款，（问题）将变得很困难。

不过，取款过程的匿名性也会诱使他人未经所有人同意滥用密码卡。当行为人占有密码卡时（特别是通过不被容许的私力手段），PIN 码的防护性并不能始终阻止他人的不正当取款行为。最简单、现实中最常见的一种情形是，受害人本人自己在（卡片）附近某处（例如，在被盗的钱包中）或卡片上记录着该密码。以暴力强迫（遭到抢劫的）受害人说出 PIN 码，也是可

---

① 参见 Rengier, Strafrecht BT/1, 9. Aufl., 2007, §2 Rn. 48; 相同结论，参见 NK/Kindhäuser, StGB, 2. Aufl., 2005, §242 Rn. 102。

以想象得到的一种情形。①

然而,在犯罪实践中,(行为人)使用了大量的、经过改进的方式,以便取得密码卡和密码。最近出现的诸多表现形式之一就是所谓的"盗读"(Skimming)。② 行为人将带有磁条读取器的设备加装在自动取款机的卡槽上,并在控制面板附近安装了隐藏式的微型摄像头。如果顾客之后将卡片插入自动存款机中,除了银行外,行为人也在读取存储在磁条中的数据。通过这种方式,行为人能够制作出卡片的复制品。通过微型摄像头的拍摄,行为人能够知道卡片的 PIN 码。

(3)刑法评价

与目前介绍的诈骗行为不同,在行为人未经授权地从自动取款机中取款的情形下,欺骗的接受者不是人而是一台机器(自动取款机)。这一情形曾经引起问题,即如何在刑法上掌握这种行为。首先要排除的是德国《刑法典》第 263 条诈骗罪,因为本罪以有人陷入错误为前提。由于并未实现其它的犯罪构成要件,按照通说见解,这会导致一种可罚性漏洞(Strafbarkeitslücke)③。与之相反,德国联邦最高法院为了将"未经授权从自动取款机上取款的行为"认定为侵占罪(德国《刑法典》第 246 条),用一种有问题的辅助性结构(Hilfskonstruktion)来处理(这个案件)。④

立法者最终通过 1986 年 5 月 15 日的《第二次经济犯罪抗制法》(Zweites Gesetz zur Bekämpfung der Wirtschaftskriminalität, 2. WiKG)引入计算机诈骗罪(即德国《刑法典》第 263a 条)的犯罪构成要件,解决了这个问题。⑤ 该条文在结构上与德国《刑法典》第 263 条相类似。在德国《刑法典》

---

① Vgl. dazu BGH NStZ-RR 2004, 333 m. Bespr. Valerius, JA 2005, 330.

② 关于其他的滥用可能性,参见 Pausch, Risikobetrachtung des elektronischen Zahlungsverkehrs mit ec-Karten und Kreditkarten, CR 2004, 308 (312 ff.); vgl. auch den BGH NStZ 2005, 566 zu Grunde liegenden Sachverhalt。

③ 仅见 Otto, Zum Bankautomaten mißbrauch nach Inkrafttreten des 2. WiKG, JR 1987, 221; Spahn, Jura 1989, 513.

④ BGHSt 35, 152 (158); so zuvor bereits Ranft, Der Bankomatenmißbrauch, wistra 1987, 79 (82); 批判性见解,参见 Otto, Zum Bankautomaten mißbrauch nach Inkrafttreten des 2. WiKG, JR 1987, 221 (223 f.); Spahn, Jura 1989, 513 (517 ff.); Thaeter, wistra 1988, 339 (340 ff.)。

⑤ Zweites Gesetz zur Bekämpfung der Wirtschaftskriminalität, BGBl. I 1986. 721;一般性的论述,参见 Achenbach, NJW 1986, 1835; Lenckner/Winkelbauer, CR 1986, 483 ff., 654 ff., 824 ff.; Möhrenschlager, Das Zweite Gesetz zur Bekämpfung der Wirtschaftskriminalität (2. WiKG). „Das neue Computerstrafrecht", wistra 1986, 123。

第 263a 条中替代"使人陷入错误"这一要素的是,未经授权地介入数据处理流程,并影响该流程的结果。对于无权使用密码卡来说,(德国《刑法典》第 263a 条第 1 款)第 3 种行为类型(即无权使用数据)与之相关。

对于"无权"(unbefugt)这一要素的解释,存在着激烈的争议。基本上,存在着三种意见。

主观解释(Subjektive Auslegung):任何人只要违背有权者(真实或推测的)意思对数据加以使用,就是"无权"。① 不过,这一解释是非常广泛的,其涵盖了任何违背合同的行为②,故而这一见解为绝大多数人所拒绝。

计算机特定性解释(Computerspezifische Auslegung):"无权"要素需要与(受到影响的)数据处理流程存在一种特定的关联,例如,无权使用的数据必须涉及计算机特定性的流程③,或在数据处理流程中表示出来的意思与有权者相左。④ 反过来,这一解释又显得过于狭窄,因为滥用密码卡将不会落入德国《刑法典》第 263a 条第 1 款第 3 种行为类型中,而这违背了立法者的意愿。⑤

因此,通说采取与诈骗罪相近的解释(betrugsnahe Auslegung),其依据主要在于,德国《刑法典》第 263a 条与诈骗罪具有结构近亲性(Strukturverwandtschaft)。⑥ 据此,假设行为是针对自然人实施的,如果它具有诈骗性质,则存在德国《刑法典》第 263a 条第 1 款第 3 种行为类型意义下的"无权使用"。⑦ 因此,行为人必须在数据处理流程的操作者面前明示或默示地假

---

① NK/Kindhäuser, StGB, 2. Aufl., 2005, §263a Rn. 27; Bühler, MDR 1991, 14 (16); Scheffler/Dressel, „Unbefugter" Verwenden von Daten beim Computerbetrug, NJW 2000, 2645 f.; so auch noch BGHSt 40, 331 (334 f.) m. zust. Bespr. Mitsch, JR 1995, 432 f.

② Vgl. etwa LG Bonn NJW 1999, 3726.

③ OLG Celle NStZ 1989, 367; zustimmend Arloth, Computerstrafrecht und Leerspielen von Geldspielautomaten, Jura 1996, 354 (357 f.); Neumann, Unfaires Spielen an Geldspielautomaten, Jus 1990, 535 (537).

④ Achenbach, JR 1994, 293 (295); Lenckner/Winkelbauer, CR 1986, 654 (657).

⑤ Tröndle/Fischer, StGB, 54. Aufl., 2007, §263a Rn. 10a.

⑥ BGHSt 47, 160 (162 f.); OLG Dresden StV 2005, 443; OLG Düsseldorf NStZ-RR 1998, 137 (137); OLG Köln NStZ 1991, 586 (586 f.); Lackner/Kühl, StGB, 26. Aufl., 2007, §263a Rn. 13; Schönke/Schröder/Perron, StGB, 27. Aufl., 2006, §263a Rn. 9; Tröndle/Fischer, StGB, 54. Aufl., 2006, §263a Rn. 11; Rengier, Strafrecht BT/1, 9. Aufl., 2007, §14 Rn. 14; vgl. bereits BT-Drs. 10/5058, S. 30.

⑦ OLG Köln NStZ 1991, 586 (587); Tröndle/Fischer, StGB, 54. Aufl., 2006, §263a Rn. 11; von Heintschel-Heinegg/Valerius, Beck-OK StGB, 2. Edition, 2007, §263a Rn. 23.

装自己有权限处理系争数据。

根据与诈骗罪相近的解释,第三人未经授权使用密码卡的行为构成德国《刑法典》第263a条第1款第3种行为类型意义下的"无权使用数据"。至于行为人使用的是原始的卡片或复制的卡片、伪造的卡片或变造的卡片,都是无关紧要的。① 由于与诈骗罪具有结构近亲性,"对于机器的诈骗"是必不可少的,这一要件表现为,(行为人)将卡片插入自动取款机并输入卡片密码。通过这些行为,行为人已经在默示地表明他自己有权使用这张卡片。②

与之相反,这种情形则是有争议的,即第三人在卡片所有人的授意下使用该卡片,但违背约定地取出比约定数额还高的金额。有部分论者认为,从输入密码这一行为中可以得出,行为人有权取出具体数额的款项。③

为了厘清输入PIN码这一行为的解释性内容,必须要考虑它的功能。密码是一种访问安全措施,其可以防止第三人滥用密码卡。

因此,从密码的正确输入这一事实中仅能得出,密码卡的使用并未违反(具有权限的)卡片所有人的意思。与之相反,关于取款人的身份及其在内部关系中所得到的授权的界限,并无法从输入密码这一事实中得出任何的结论。④

如果说重点不是输入PIN码,而是随后选择所想要(提取)的金额,同样不会有什么不同。⑤ 因为,如果卡片所有人将(能够提供完整的账户使用权限的)密码泄露给第三人,那么,第三人的权限必须被视作不受限制

---

① BGHSt 47, 160 (162); Schönke/Schröder/Perron, StGB, 27. Aufl., 2006, §263a Rn. 10; Tröndle/Fischer, StGB, 54. Aufl., 2006, §263a Rn. 12a; Rengier, Strafrecht BT/1,9. Aufl., 2007, §14 Rn. 17.

② Schönke/Schröder/Perron, StGB, 27. Aufl., 2006, §263a Rn. 10; von Heintschel-Heinegg/Valerius, Beck-OK StGB, 2. Edition, 2007, §263a Rn. 26.

③ Lackner/Kühl, StGB, 26. Aufl., 2007, §263a Rn. 14; Rengier, Strafrecht BT/1,9. Aufl., 2007, §14 Rn. 20; Eisele/Fad, Strafrechtliche Verantwortlichkeit beim Missbrauch kartengestützter Zahlungssysteme, Jura 2002, 305 (310); Hilgendorf, Grundfälle zum Computerstrafrecht, Jus 1997, 130 (134); Mitsch, JZ 1994, 877 (882). 特别是,主观解释会基于有权处理数据的人(即信贷机构)的意思而得到这个结论;NK/Kindhäuser, StGB, 2. Aufl., 2005, §263a Rn. 51。

④ OLG Dresden StV 2005, 443; OLG Düsseldorf NStZ-RR 1998, 137 (137); OLG Köln NStZ 1991, 586 (587); Schönke/Schröder/Perron, StGB, 27. Aufl., 2006, §263a Rn. 12; von Heintschel-Heinegg/Valerius, Beck-OK StGB, 2. Edition, 2007, §263a Rn. 27; Mühlbauer, NStZ 2003, 650 (651).

⑤ Vgl. etwa NK/Kindhäuser, StGB, 2. Aufl., 2005, §263a Rn. 51; Otto, JR 1992, 252 (254); kritisch OLG Köln NStZ 1991, 586 (587).

的,无法从金额选择中推断出任何有关授权范围的内容。

(4)其他可罚行为

如果行为人为了使用账户而复制了密码卡,只要密码卡是具有担保功能的支付卡,则他会构成德国《刑法典》第152a条的犯罪构成要件,甚至是(客体)更加特定的德国《刑法典》第152b条的犯罪构成要件。根据德国《刑法典》第202a条,窥探EC卡的数据以及卡片密码也是可罚的。①

相反地,如果行为人通过不被容许的私力行为取得密码卡,则会构成盗窃罪。根据通说见解,该罪与之后实施的计算机诈骗罪构成犯罪复数(Tatmehrheit)。② 但是,如果行为人在完成使用之后有意将卡片返还给(卡片)所有人,则可以排除德国《刑法典》第242条的可罚性。与存折不同的是,密码卡并未体现账户存款,因为它只是提供了诸多的使用可能性之一,对于交易而言并不是绝对必要的。在自动取款机上使用卡片,并不会使卡片丧失任何的价值,从而暂时性盗取卡片是一种不可罚的使用盗窃(Gebrauchsdiebstahl, furtum usus)。③

如果账户所有人自愿向行为人提供卡片和密码,则通常可以排除这些上游行为(的可罚性)。但是,如果行为人通过诈骗取得行为人的卡片,则会构成德国《刑法典》第263条的诈骗罪。④ 如果行为人违背协议,从账户中取出超过约定数额的金额,行为人在此情形下会构成德国《刑法典》第266条的背信罪。⑤

(二)账户所有人的使用

另外,账户所有人也可能欺瞒性地使用账户。在大多数情形下,行为人

---

① Vgl. dazu BGH NStZ 2005, 566.

② BGH NJW 2001, 1508 f.; NK/Kindhäuser, StGB, 2. Aufl., 2005, §263a Rn. 64; Rengier, Strafrecht BT/1, 9. Aufl., 2007, §14 Rn. 38; a.A. Schönke/Schröder/Perron, StGB, 27. Aufl., 2006, §263a Rn. 42.

③ BGHSt 25, 152 (156 ff.); Hilgendorf, Grundfälle zum Computerstrafrecht, Jus 1997, 130 (133); Otto, Zum Bankautomaten mißbrauch nach Inkrafttreten des 2. WikG, JR 1987, 221 (221); Ranft, Der Bankomatenmißbrauch, wistra 1987, 79 (80); Spahn, Jura 1989, 513 (513 f.); a.A. BayObLG NJW 1987, 663 (663 f.).

④ BGHR StGB §263a Anwendungsbereich 1 m. krit. Bespr. Mühlbauer, NStZ 2003, 650 (651 ff.); OLG Dresden StV 2005, 443; Schönke/Schröder/Perron, Strafrecht BT/1, 9 Aufl., 2007, §263a Rn. 12.

⑤ OLG Dresden StV 2005, 443; OLG Köln NStZ 1991, 586 (587).

的目的在于,提取比(根据与其信贷机构所达成的协议)允许数额还要多的金额。相应地,对这一行为方式的解释是以账户所有人与账户管理机构之间的关系为导向的。此外,民法上的考量也可能对刑法上的评价产生决定性的影响。

行为人的取款超出了允许范围,相当于取得未经授权的资金。一方面,这可能仅仅是基于以下的事实:对于被进行的交易而言,该账户没有足够的存款或超过了透支额度(即转账账户的所有人与银行商定的信用额度)。不过,可以想象得到的另一种情形是,错误的金额被划入账户之中,而账户所有人在该错误被发现之前仍取出该金额。这导致的结果是,当金额被重新划走之后,账户就被透支了。

1. 错误入账或错误转账

(1) 基本事实

疏忽地将金额划入账户中,可能基于两种原因:一方面,第三人错误地转账给行为人(所谓的错误转账),这可能是因为第三人错误地实施两次支付,或者写错了收款人账户的号码。另一方面,也可能是因为银行内部的错误,导致行为人取得入账,这种情形并非基于第三人的转账委托(所谓的错误入账)。

(2) 犯罪的表现形式

由于意料之外的入账金额,行为人的取款额度增加了。如果行为人利用这一额度,从而在错误被发现以及错误的入账被重新划走后使其账户透支,则他的信贷机构可能会因为欠缺偿还可能性而遭到财产损害。

(3) 刑法评价

因此,是否构成德国《刑法典》第 263 条诈骗罪,是一个有待解决的问题。在此,起到重大作用的同样是提款(行为)的解释性内容。如果人们根据诈骗罪的一般性原理,则行为人的欺骗行为该当犯罪构成要件这件事情是显而易见的。主张债权有效的人也在默示地主张债权的存在。① 因此,行为人已经通过取款行为默示地表示自己有权取得账户存款。

不过,根据民法的考量,如果系争入账是基于第三人的错误转账,情形则确实如此(即行为人具有取款权限)。因为,根据德国《民法典》第 676f

---

① Schönke/Schröder/Cramer, StGB, 27. Aufl., 2006, § 263 Rn. 16b; NK/Kindhäuser StGB, 2. Aufl., 2005, § 263 Rn. 139; Rengier Strafrecht BT/1, 9. Aufl., 2007, § 13 Rn. 5.

条第 1 句(本条现已删除——译者注),信贷机构基于转账(账户)合同有义务将入账款项计入客户的账户之中[同时参见德国《民法典》第 676g 条(本条现已删除——译者注)]。如果这一请求权(所谓的"入账请求权")得到满足,则客户从成功进行的入账中将会得到一个独立的请求权,其可以要求向信贷机构取款(所谓的"基于入账的请求权"),因为入账是一种抽象的债务承诺(ein abstraktes Schuldversprechen)。① 虽然错误转账这一情形能够证立转账人的撤销权(Anfechtungsrecht)以及对(作为收款人的)账户所有人的不当得利请求权(bereicherungsrechtliche Ansprüche),但是,这并不影响到入账的有效性以及(基于入账有效性的)取款请求。故而,账户所有人并未对信贷机构有所欺骗。②

与之相反,如果错误的入账是因为信贷机构的内部错误,早期的多数见解认为,可以将取款行为评价为与诈骗罪相关的诈骗行为。因为账户所有人在支配存款时就已经在默示地表示自己有权限(这样做)。③

不过,德国联邦最高法院在最近的一个判决中④对此表示反对,理由有二:一方面,应当考虑到,账户所有人在支配他的存款时通常并不知道其确切的账户状态。相反,根据德国《民法典》第 676f 条(本条现已删除——译者注),账户管理落在信贷机构的义务范围内。因此,信贷机构原则上必须承担这一风险,即对于顾客的处置,其账户存款必须是充足的。故而,银行职员并不是仅基于顾客的请求实施特定的交易,而是要先去检查账户的状态。⑤ 因此,客户支配请求(Verfügungsanfrage des Kunden)的解释性内容仅仅在于客户请求执行该支配,客户并未同时主张账户具有充分的存款。⑥

另一方面,民法上的考量反对在刑法中至今所作出的区分处理。由于

---

① BGHSt 39, 392 (396); NJW 1991, 2140 (2140); Palandt/Sprau, BGB, 66. Aufl. 2007, § 676f Rn. 10.

② BGHSt 39, 392 (396); NK/Kindhäuser, StGB, 2. Aufl., 2005, § 263 Rn. 139; Joerden, JZ 1994, 422 (423); 相同的结论,参见 Hefendehl, Ist ein Verfügen über das Guthaben nach bankinterner Fehlbuchung strafbar?, NStZ 2001, 281 (282 ff.).

③ OLG Celle StV 1994, 188 (189); OLG Stuttgart NJW 1979, 2321 f.

④ BGHSt 46, 196; im Ergebnis zustimmend Krack, JR 2002, 25 ff.; Ranft, JuS 2001, 854.

⑤ So bereits Joerden, JZ 1994, 422 (422); Sehmoller, StV 1994, 190 (192); kritisch Heger, JA 2001, 536 (538).

⑥ BGHSt 46, 196 (199); Schönke/Schröder/Cramer, StGB, 27. Aufl., 2006, § 263 Rn. 16c; NK/Kindhäuser, StGB, 2. Aufl., 2005, § 263 Rn. 140; vgl. auch Krack, JR 2002, 25 (25 f.); Ranft, Jus 2001, 854 (856), 其否定了负责处理的银行的错误。

入账具有作为抽象的债务承诺的性质,无论入账是基于错误的转账或错误的划款,账户所有人都具有取款请求权。银行根据其格式化条款可以直接取消错误的入账。这一事实在取消(入账)之前并不会影响到(顾客的)取款请求权。①

因此,仅能考虑(是否成立)不作为诈骗(Betrugs durch Unterlassen)的可罚性。为此,账户所有人必须具有指出错误入账这一澄清义务(Aufklärungspflicht)。但是,这一保证人义务既无法从危险前行为(Ingerenz)导出,因为错误入账是基于银行的错误②,也无法从转账(账户)合同中导出,客户仅承担的主要义务是,支付约定的、用于银行管理账户的费用。在欠缺特殊约定的情形下,合同关系仅及于通常的给付交换,这通常情形下并不会在客户和信贷机构之间形成一种特殊的、用于建构保证人地位(Garantenstellung)的信赖关系。③

2. 卡片所有人滥用密码卡

(1)基本事实

最后,账户所有人可以通过以下的方式来透支其账户余额,即利用其密码卡取出超过账户余额或信用额度的金额。根据格式化条款,尽管卡片所有人通常只能在商定的范围内进行处置,但是,信贷机构并无义务拒绝卡片所有人超过金融上的使用范围的现金取款,因此银行在一定的程度上(多数情形下会有较高的透支利率)可以容忍账户额度的透支。

(2)犯罪的表现形式

行为人会有意识地利用这种被容忍的透支。在德国联邦最高法院最近的一个判决中④,行为人通过提交伪造的身份证件以对自己的身份进行欺骗,同时在不同的银行开设多个账户,并通过使用自动取款机进行透支。

(3)刑法评价

与第三人使用密码卡一样,对于有权限的卡片所有人的滥用情形,可以

---

① BGHSt 46, 196 (200 f.); kritisch Joerden, JZ 2001, 614 (615); Krack, JR 2002, 25 (26); Ranft, Jus 2001, 854 (856).

② BGHSt 46, 196 (202); zustimmend Krack, JR 2002, 25 (26); a.A. Joerden, JZ 1994, 422 (423).

③ BGHSt 46, 196 (203); zustimmend Krack, JR 2002, 25 (26); Ranft, Jus 2001, 854 (857); vgl. bereits BGHSt 39, 392 (399) m. zust. Bespr. Naucke, NJW 1994, 2809.

④ BGHSt 47, 160.

考虑德国《刑法典》第263a条第1款第3种行为类型意义下的无权使用数据。根据与诈骗罪相近的解释,在此起到决定性作用的同样是,从输入密码来使用密码卡这一行为之中可以提取出何种解释性内容。

有部分论者参照了格式化条款中的相应规定,认为行为人在使用密码卡时也在表示自己所提取的款项不会超过其金融上的使用范围。① 但是,这种解释又会被前述的密码功能所排除,密码的功能主要是在卡片丢失的情形下防止无权限的第三人滥用(卡片)。换言之,密码的功能在于防止无权限者的使用,而非(有权限者的)不正当使用。此外,由密码所保护的(卡片)使用,不一定在于取款,而可能是为了简单地查询账户状态。因此,PIN码使人们可以使用(卡片的)不同功能,对输入密码的这一特定解释难以跟其相互协调。

同样可以想到的是,人们会从选择所需金额这一行为看到与取款的必要关联②,但是,根据德国联邦最高法院关于错误入账的判决,应当考虑到,提款人通常不会对自己当下的账户状态及其金融上的使用范围有任何的想法。相反,账户管理恰恰是信贷机构(基于转账账户合同)的义务,而不是客户的义务。因此,目前的通说见解并不认为卡片所有人构成计算机诈骗罪。③

(4)其他的犯罪构成要件

不过,在滥用密码卡的情形下,还是可以考虑成立德国《刑法典》第266b条(滥用支票卡和信用卡)这一特殊的犯罪构成要件。但该条文的适用是有限制的,仅在涉及三方系统(Drei - Partner - System)才能适用该条文,即卡片所有人并不是在卡片发行人(即发卡的信贷机构)处使用他的卡

---

① Lackner/Kühl, StGB, 26. Aufl., 2007, §263a Rn. 14; Wessels/Hillenkamp, Strafrecht BT/2, 29. Aufl., 2006, Rn. 610a; Eisele/Fad, Strafrechtliche Verantwortlichkeit beim Missbrauch kartengestützter Zahlungssysteme, Jura 2002, 305 (311); 关于在机构自己的机器上取款,参见 Rengier, Strafrecht BT/I, 9. Aufl., 2007, §14 Rn. 23; 根据主观解释,参见 NK/Kindhäuser, StGB, 2. Aufl., 2005, §263a Rn. 47; Hilgendorf, Strafrecht BT/1, 9. Aufl., 2007, Jus 1997, 130 (134)。

② Kritisch Tröndle/Fischer, StGB, 54. Aufl., 2006, §263a Rn. 14a.

③ BGHSt 47, 160 (162 f.); Schönke/Schröder/Perron, StGB, 27. Aufl., 2006, §263a Rn. 11; Tröndle/Fischer, StGB, 54. Aufl., 2006, §263a Rn. 14a; von Heintschel - Heinegg/Valerius, Beck - Ok StGB, 2. Edition, 2007, §263a Rn. 28.

片,而是在第三人处使用卡片并以此促使卡片发行人进行付款。①

因此,对于在自动取款机上取款的情形,只有当卡片所有人使用了第三方信贷机构的自动取款机,才可能考虑德国《刑法典》第266b条的可罚性。根据关于德国的EC—自动取款机—系统的协议(Vereinbarung über das deutsche EC-Geldautomaten-System),运营自动取款机的第三方机构有权通过划款从卡片发行机构收取(已经被划出的)金额,而卡片发行机构并无法根据撤销权或欠缺担保而重新取回划款。卡片所有人可以促使德国《刑法典》第266b条第1款意义下的(卡片)发行人付款,而这一规定为系争付款提供了必要的保证。②

不过,对于德国《刑法典》第266b条的可罚性而言必不可少的是,密码卡必须是支票卡或信用卡。在2002年1月1日之前,这一要件仍然可以得到实现,因为人们不仅可以在自动取款机上使用当时的EC卡(即欧洲支票卡),还可以向支票接收者出示以兑现欧洲支票(不能超过特定的最高限额)。根据通说,尽管EC卡可以作为密码卡而在自动取款机上使用,但并不会因此丧失支票卡的性质。③

随着2002年1月1日欧洲支票的废除,EC卡已经丧失了其作为支票卡的性质("EC"现在指的是"电子现金")。如果密码卡同时也不是信用卡的话,它在构成要件上就无法为德国《刑法典》第266b条所掌握。④ 卡片所有人违反协议地使用密码卡导致账户透支在通常情形下是不可罚的。

四、结　论

在简短的篇幅里,关于现代支付交易中诈骗种类的介绍当然是不完整

---

① BGHSt 47, 160 (166); BayObLG NJW 1997, 3039; Tröndle/Fischer, StGB, 54. Aufl., 2006, §266b Rn. 10.

② BGHSt 47, 160 (166).

③ BayObLG NJW 1997, 3039; OLG Stuttgart NJW 1988, 981 (982); NK/Kindhäuser, StGB, 2. Aufl., 2005, §266b Rn. 21.

④ Baier, Konsequenzen für das Strafrecht bei Abschaffung des Euroscheckverkehres ZRP 2001, 454 (455 f.); Lackner/Kühl, StGB, 26. Aufl., 2007, §266b Rn. 3;Schönke/Schröder/Perron, StGB, 27. Aufl., 2006, §263a Rn. 11; Tröndle/Fischer, StGB, 54. Aufl., 2006, §266b Rn. 6; Hilgendorf/Frank/Valerius, Computer-und Internetstrafrecht, 2005, Rn. 149.

的。但从选定的判决中至少可以明确揭露出两方面的内容。对于其他诈骗情形(如在网上银行或电子式的交易支付①)的刑法评价而言,这些内容通常也会发挥着重要作用。

一方面,必须要特别注意探寻行为人行为的解释性内容。在此,首先要考虑参与方与信贷机构之间的风险分配和义务分配。在考试中不能期待会出现详细的背景知识,例如关于银行之间现有协议的知识,因此,需要对案件事实做详细的说明,在撰写鉴定报告(Gutachten)时要掌握这些细节,并加以详细的处理。

另一方面,要充分评估民法上的考量。德国联邦最高法院关于提取错误入账(行为)的可罚性的判决已经明确地证实了,民法和刑法在现代支付交易是如何互相交错的。合同上的风险分配会导致处分者具有特定的请求权,而主张请求权从一开始就不在刑法适用的范围之内。

---

① 此处适用的基本原理基本上与在自动取款机上滥用卡片情形下的基本原理相同;对此,参见 NK/Kindhäuser, StGB, 2. Aufl., 2005, § 263 Rn. 52 ff.; Schönke/Schröder/Perron, StGB, 27. Aufl., 2006, § 263a Rn. 13 f.; Tröndle/Fischer, StGB, 54. Aufl., 2006, § 263a Rn. 15 f.; von Heintschel-Heinegg/Valerius, Beck-OK StGB, 2. Edition, 2007, § 263a Rn. 29 ff.

德国《刑法典》第242条非法占有目的在数据和信息载体案件中的新挑战

〔德〕托比亚斯·赖因巴赫*

申屠晓莉 译　吕翰岳 校

一、问题的引入

行为人出于特定目的使用取得之物,在什么时候包含非法占有目的(Zueignungsabsicht),从而成立德国《刑法典》第242条意义上的盗窃,这一问题已经被讨论很长时间了。过去,传统的争议都围绕着诸如行为人窃取一辆汽车用于兜风的情形展开。根据通行判例,车辆是否会被归还或者行为人是否将它随意丢弃在某处,其结论是有所区别的。① 不过,当物的价值"明显"减损时,即使行为人归还了汽车也可能成立一种非法占有目的。②

这个问题今天依然存在,但是随着科技的发展,该问题却出现了新的挑战,这也是重新研究这一主题的理由。此外,还有一种特殊情况应被特别考虑:为获得相应内容和信息而拿走数据和信息载体的这种情形。为此,本文想引入两个案例来说明这个问题。

1.1992年,在巴伐利亚州高等法院(BayObLG)所判决的一案中,争议点是非法占有磁盘的问题。③ 在本案中,被告人被一家电子数据处理配件

---

* 德国维尔茨堡大学刑法、刑事诉讼法、传媒刑法教席教授。本文原文被收录于《整体刑法学杂志》2014年第3期,第642—668页。本文系作者于2014年1月23日在柏林洪堡大学所作的教授资格报告,文章在原有报告的基础上进行了细微改动和延伸。

① BGHSt 22, 45, 47.
② BGHSt 34, 309, 312.
③ BayObLG NJW 1992, 1777, 评析见 Julius, JR 1993, 255。

公司解雇后,仍占有着93张磁盘,公司要求被告人归还所有磁盘未果。虽然本案涉及的是德国《刑法典》第246条所规定的侵占罪,但是法院的说理还涉及德国《刑法典》第242条意义上的非法占有目的。在不归还磁盘的情况下,法院认为仍然无法证明被告人想要非法占有磁盘。即使事实上被告人可能已经使用了这些磁盘中的内容,也无法说服法院。被告人可能仅仅是为自己而使用储存在磁盘中的内容,可这并不表示他不具有归还意愿。被告人的行为无异于租用一张音乐唱片,听完音乐后将它归还。"物的价值"并未被提取,因为磁盘未被改变。如果行为人具有归还磁盘的意愿,那么为使用磁盘内容而进行的纯粹复制行为,就不包含德国《刑法典》第242条意义上的非法占有目的。

2. 另一个案件是德国联邦最高法院在2012年判决的案件,①在该案中,被告人使用暴力拿走被害人的手机,目的是寻找手机中的照片证据,以证明受害人与共同被告人的妹妹维持着一段关系。随后,被告人通过蓝牙将找到的照片传输到自己的设备中。至于如何处置被害人的手机,被告人在将其拿走的时点对此毫不在意。德国联邦最高法院在否定非法占有目的的情况下,否认了德国《刑法典》第249条抢劫罪的成立,继而否认了必然包含于其中的盗窃行为。被告人既不想占有该设备的本体,也不想占有该物的价值,他也没有因为使用而减少了物的价值。被告人有意搜索存储器的行为以及复制图片数据的行为,在物的常规使用范围内,因此这对结论并不会造成任何改变,因为这种使用并不导致物的损耗。

这两个判决会在下文中进行详细考察,其他与出于数据提取目的而拿走并使用数据载体行为相关的变体也会被全面考虑。但是,有一种情况应提前排除:行为人不拿走数据载体而对数据信息进行窥探和复制的情形。比如通过所谓的"云端(Cloud)"对数据进行查看或复制的情形就属于此。本文仅致力于数据和信息载体相关情况中的非法占有目的问题,因而文章的讨论以满足客观构成要件为前提,即在各个案件形态中都必然以拿取(Wegnahme)为前提。此处,数据及信息应被理解为保存在某一介质中的智力内容,从而以一种比德国《刑法典》第202a条第2款中相应概念更为宽泛的理解作为基础。这些内容可能是歌曲,也可能是电影和照片,还有可能

---

① BGH NStZ 2012, 627, 评析见 Hecker, Jus 2013, 468; Jäger, JA 2012, 709; Putzke, ZJS 2013, 311; 也参见 Dittmer/Hartenstein, famos 11/2012。

是著作。就此而言，数据和信息载体①可以是书籍、报纸、唱片、磁盘、CD、DVD、U 盘，还可能是计算机的硬盘，比如在德国联邦最高法院的案例中就是一台智能手机的存储器。

为了厘清此处要解决的问题，首先必须明确，窥探和复制数据信息的行为在绝大多数观点看来甚至都不符合盗窃罪的构成要件，因为数据并非有体对象，因而也就不是物，②不论人们接受一种德国《刑法典》③上独立的物的概念，还是就此追溯到德国《民法典》第 90 条④的规定。

一些专门为数据而创设的刑法规范证明，立法者也认为这并没有什么不同。比如在德国《刑法典》第 202a、303a 条所设立的特殊构成要件中，这些构成要件将未经授权访问数据的特定情况以及篡改数据也包括在内。又比如，当受著作权法保护的作品内容被拷贝、复制时，则还要考虑的是德国《著作权法》第 16 条和第 106 条的规定。此外，如果涉及与个人有关的数据或者商业秘密等，那么就要考虑德国《联邦数据保护法》的相关规定或者德国《反不正当竞争法》第 17 条*的规定。但是这里，内容本身并不会引起过多关注，因为本文所探讨的主要是数据和信息载体本身作为盗窃罪行为客体的情况。之所以针对数据载体的非法占有目的问题至关重要，是因为针对内容的盗窃罪不会成立，以至于只有着眼于作为物的数据载体，才能考虑依据德国《刑法典》第 242 条进行处罚。

在这一问题上，上文提及的德国联邦最高法院 2012 年的判决就和之

---

① 这里也包括"消息载体"，比如书信；有关书信情形中的非法占有目的参见 OLG Celle JR 1964, 266 附 Schröder 的评析；此外还有 Eser, Strafrecht IV, 4. Aufl. 1983, Fall 3 Rn. 34; B. Heinrich, in: Arzt/Weber/Heinrich/Hilgendorf, Strafrecht Besonderer Teil, 2. Aufl., 2009, § 13 Rn. 79。

② Fischer, Strafgesetzbuch mit Nebengesetzen, Kommentar, 61. Aufl., 2014, § 242 Rn. 3; Hoyer, in: Systematischer Kommentar zum StGB, Band IV, § § 212–266b StGB, 8. Aufl., Stand: 140. Lfg. Oktober 2013, § 242 Rn. 8; Julius, JR 1993, 255; Mitsch, Strafrecht Besonderer Teil 2, Teilband 1, § 1 Rn. 11; Vogel, in: Leipziger Kommentar zum StGB, Band 8, 12. Aufl., 2010, § 242 Rn. 9.

③ 持此观点的如 Mitsch, Strafrecht Bes. Teil 2/1, § 1 Rn. 11; Vogel, in: LK, Band 8, 12. Aufl., 2010, § 242 Rn. 4; Wittig, in: Beck'scher Online-Kommentar zum StGB, Stand: 22.07.2013, § 242 Rn. 4.

④ 持此观点的如 Börner, Die Zueignungsdogmatik der § § 242, 246 StGB, 2004, S. 38 f.; Eser/Bosch, in: Schönke/Schröder, Strafgesetzbuch, Kommentar, 29. Aufl., 2014, § 242 Rn. 9; Fischer, Strafgesetzbuch mit Nebengesetzen, Kommentar, 61. Aufl., 2014, § 242 Rn. 3; B. Heinrich, in: Arzt/Weber/Heinrich/Hilgendorf, Strafrecht Besonderer Teil, 2. Aufl., 2009, § 13 Rn. 32; Hoyer, in: SK, Band IV, § 242 Rn. 3; Samson, in: SK, Band II, 3. Aufl., Stand: 17. Lfg 1984, § 242 Rn. 3.

* 《德国反不正当竞争法》第 17 条已于 2019 年 4 月 18 日被废除。——译者注

前的判例相矛盾。① 因为正如开头所提到的，此前的判例认为，在拿走汽车并使用汽车的情况下，事后若不归还所有权人，则认定具有非法占有目的。② 问题是，德国联邦最高法院为什么在手机案中持不同观点。或许能够像这样对此问题进行论证，即人们只是将数据载体当作承载数据的一个容器罢了。③ 因为，如果行为人只对内容感兴趣，那么在这种情况下，通说否认他具备非法占有目的。④ 在这一方面，数据和信息载体的有趣之处在于，虽然它们是物且能够被拿走，与此同时行为人想要以某种特定的方式来获取其中的信息。但是，人们可能终归会说，他在意的其实是别的东西，亦即内容而非数据载体。可是，这对所有的数据载体都同样适用吗？为了获取数据和信息，数据载体本身是否必须被使用以及以何种方式被使用，这些情形并没有区别吗？标题所示的"新挑战"是因数据载体而产生的，这种挑战恰好在于数据载体的作用是"承载"信息，对行为人而言重要的是这些信息，可信息本身并不是物，以至于针对信息的盗窃罪不能成立。

下面对本文的论点提前做一个介绍：

第一，对所有的数据和信息载体而言，无法获得统一的解决方案，因为印刷的书籍终究与U盘和硬盘存储器存在一定的区别。

第二，还要追问，除了数据之外，行为人是否以及在多大程度上也对数据载体本身感兴趣。具体而言，这种兴趣可能存在于为了获取信息而必须使用数据载体的情形。

二、非法占有目的的教义学基础

在将教义学基础运用于数据和信息载体问题之前，首先必须澄清非法占有目的的范围，其涉及物的使用的教义学基础，为了能够进行分类，这是必不可少的。对于盗窃罪，只存在拿走物的行为是不够的，因为这暂且只妨碍到物的支配关系。

---

① 同样持此观点的还有 B. Heinrich, in: Arzt/Weber/Heinrich/Hilgendorf, Strafrecht Besonderer Teil, 2. Aufl., 2009, § 13 Rn. 91。
② RGSt 64, 259, 260; BGHSt 22, 45, 47; BGH NStZ 1982, 420; 1996, 38.
③ 对此见下文三（四）。
④ 对此见下文三（四）。

按照主流观点,盗窃罪的构成要件所保护的无论如何都是所有权。① 而对所有权的侵害存在于行为人想要非法占有他窃取的物,并希望借此取代原所有权人的地位。如果他为了使用而拿走某物,比如一辆车或者一本书,那么他并没有因此成为所有权人。所以,这通常就不是建立了一个新的物权,而是通过对所有人地位的僭越而获得了事实上的行使可能性。② 所有权是物权的形式之一。行为人想要代替所有人行使这种权利,并且在事实上取代他的地位。这通常被表述为"表现得像所有权人一样"(se ut dominum gerere)。③ 有些学者甚至希望只凭借这一标准来判断非法占有目的。④

但是,人在何时表现得像是所有权人一样呢?根据德国《民法典》第903条,所有权人享有对物进行处置的全面权利,那么毁坏物品或仅仅使用物品的行为人难道不是表现得像所有权人一样吗?因为这种权利不仅隐含着对物的使用,而且还隐含着对物的损坏或毁损。因此,这种极为形式化的标准必须在内容上被进一步精确化,⑤因为非法占有目的这一要素必须实现双重界分,即它与无权使用的界分,以及它与物的损坏或剥夺的界分。所以在这里通说是恰当的,它认为非法占有目的由排除占有(Enteignungs-

---

① Fischer, Strafgesetzbuch mit Nebengesetzen, Kommentar, 61. Aufl., 2014, §242 Rn. 2; B. Heinrich, in: Arzt/Weber/Heinrich/Hilgendorf, Strafrecht Besonderer Teil, 2. Aufl., 2009, §13 Rn. 1; Schmitz, in: Münchener Kommentar zum StGB, Band 4, 2. Aufl., 2012, §242 Rn. 4; Vogel, in: LK, Band 8, 12. Aufl., 2010, Vor §§242 ff. Rn. 52; Zopfs, ZJS 2009, 649.除此之外,很多人将支配关系作为法益,并得出结论,不是所有权人的支配者也可能是受害人;仅参见 BGHSt 10, 400, 401; BGHSt. 29, 319, 323; Gössel, Strafrecht Besonderer Teil Band 2, 1996, §6 Rn. 2; Kühl, in: Lackner/Kühl, StGB, Kommentar, 28. Aufl., 2014, §242 Rn. 1;也参见 Eser/Bosch, in: Schönke/Schröder, Strafgesetzbuch, Kommentar, 29. Aufl., 2014, §242 Rn. 2:"至多被视作累积的共同保护"。然而,这并不能让人信服,因为单纯的物的剥夺并不可罚[见下文二(二)];言之有理的观点如 Schmitz, in: MK, §242 Rn. 9。

② Kindhäuser, in: Nomos Kommentar zum StGB, Band 3,4. Aufl. 2013, §242 Rn. 74: „Quasi-Eigentum"。

③ B. Heinrich, in: Arzt/Weber/Heinrich/Hilgendorf, Strafrecht Besonderer Teil, 2. Aufl. 2009, §13 Rn. 71; Kindhäuser, in: NK, Band 3, 4. Aufl., 2013, §242 Rn. 71; Mitsch, Strafrecht Bes. Teil 2/1, §1 Rn. 103; Tenckhoff, JuS 1980, 723; Ulsenheimer, Jura 1979, 169, 170; 同样观点也见 v. Liszt, Lehrbuch des Deutschen Strafrechts, 22. Aufl., 1919, §127 V.

④ 在这一方向上,B. Heinrich, in: Arzt/Weber/Heinrich/Hilgendorf, Strafrecht Besonderer Teil, 2. Aufl., 2009, §13 Rn. 103。

⑤ 有论者认为这种形式总体上是可以放弃的;这样认为的比如 Grunewald, GA 2005, 520, 524; Schmitz, in: MK, Band 4, 2. Aufl., 2012, §242 Rn. 115;持怀疑态度的还有 Vogel, in: LK, Band 8, 12. Aufl., 2010, §242 Rn. 145。

komponent)和取得占有(Aneignungskomponent)两个要素共同组成。①

(一)排除占有要素

首先是关于排除占有要素。如果由于行为人自己想要拥有或使用物,导致所有权人无法再拿回该物时,那么排除占有要素的成立至少在这种情况中是没有问题的。由于排除占有,所有权人的地位将在事实上持续地被取代,②在一种纯粹的无权使用情形中,这种取代并不会发生,因为在无权使用的情况下,虽然物同样被拿走了,但是在使用后会被返还。

无权使用只有在特定的情况下,就比如在汽车情形中,才会根据德国《刑法典》第248b条受到处罚,确切地说,这是比盗窃罪更轻的刑罚威慑,而除此以外的情况甚至都不可罚。标准示例比如借用一辆车去短暂兜个风,事后再归还到车库原位。这就不属于盗窃,因为所有权人并没有被排除占有,他确实拿回了该物。立法者也认为,有目的地取走某物,但仅仅是为了自己短暂使用,这还不具有非法占有目的,从而也就不成立盗窃罪,德国《刑法典》第248b条的存在也再次证实了这一点,该条正是用于处罚这种无权使用的行为。也就是说,将所有权人从其支配地位终局性排除的意

---

① Binding, Lehrbuch des gemeinen deutschen Strafrechts, Besonderer Teil 1, 2. Aufl., 1902, Neuaufl. 1969, §70 I und II; Eisele, Strafrecht Besonderer Teil II, 2. Aufl., 2012, Rn. 64; Eser, Strafrecht IV, 4. Aufl., 1983, Fall 3 Rn. 11 f.; Eser/Bosch, in: Schönke/Schröder, Strafgesetzbuch, Kommentar, 29. Aufl., 2014, §242 Rn. 47; Fischer, Strafgesetzbuch mit Nebengesetzen, Kommentar, 61. Aufl., 2014, §242 Rn. 33a; Gössel, Strafrecht Besonderer Teil Band 2, 1996, §6 Rn. 12; Haft, Strafrecht Besonderer Teil I, 8. Aufl., 2004, A. II. 3. c aa (2); Kindhäuser, in: NK, Band 3, 4. Aufl., 2013, §242 Rn. 69; Maurach/Schroeder/Maiwald, Strafrecht Teilband 1, 10. Aufl., 2009, §33 Rn. 39; Mitsch, Strafrecht Bes. Teil 2/1, §1 Rn. 104; Rengier, Strafrecht Besonderer Teil I, 15. Aufl. 2013, §2 Rn. 40; Ruß, in: Leipziger Kommentar zum StGB, Band 6, 11. Aufl., 1994, §242 Rn. 50; Ulsenheimer, Jura 1979, 169, 171 f.; Tenckhoff, JuS 1980, 723, 724; Vogel, in: LK, Band 8, 12. Aufl., 2010, §242 Rn. 135; Wessels, NJW 1965, 1153; Zopfs, ZJS 2009, 649——对此持批判性意见的,参见 B. Heinrich, in: Arzt/Weber/Heinrich/Hilgendorf, Strafrecht Besonderer Teil, 2. Aufl., 2009, §13 Rn. 86 ff. 反之,根据 Otto, JuS 1980, 490, 492 一文的观点,存在三个标准,他在排除占有和取得占有之外,还将擅自在经济上使用他人物品也包括了进去。

② RGSt 64, 259, 260; BGH NStZ 1981, 63; Binding, Lehrbuch des gemeinen deutschen Strafrechts, Besonderer Teil 1, 2. Aufl., 1902, Neuaufl. 1969, §70 I 1; Eser/Bosch, in: Schönke/Schröder, Strafgesetzbuch, Kommentar, 29. Aufl., 2014, §242 Rn. 51; Schmitz, in: MK, Band 4, 2. Aufl., 2012, §242 Rn. 121; Ulsenheimer, Jura 1979, 169, 172; Tenckhoff, JuS 1980, 723, 724; Vogel, in: LK, Band 8, 12. Aufl., 2010, §242 Rn. 143; Zopfs, ZJS 2009, 649, 650; Wessels/Hillenkamp, Strafrecht Besonderer Teil 2, 36. Aufl., 2013, §2 Rn. 156.

思,对于作为非法占有目的组成部分的排除占有意思而言是必不可少的。

然而,通说认为即使出于使用目的也可能成立排除占有,这种观点是恰当的。① 正如上文已经提到过的②,德国联邦最高法院在通行判例里承认,物被一般使用后将其随意抛弃的情形也成立一种非法占有目的,比如使用车辆后将其随意停放在某个地方。③ 那么,再以传统的信息载体为例,设想行为人从商店偷走一份日报,阅读后将其撕毁。④ 在这一案例中,不仅存在一种通过阅读使用而体现出来的取得占有目的,而且在这种使用过程中,所有权人对物的支配权利也已经被取代。随后的毁坏造成了具有关键意义的持续性排除。⑤

另一种观点认为,排除占有总是要求通过取得占有来实现⑥,根据这种观点,上述情形无论如何都可以根据德国《刑法典》第303条毁坏物品罪来处罚。但这种观点无法被认同,因为据此,对于那些行为人在使用后想要摆脱的使用对象,只有在使用过程中被非常不爱惜地对待,以至于在此过程中就包含着一种排除占有时,才可能属于被偷走的情况。除汽车案(德国《刑法典》第248b条)之外,其他所有此类情况都是不可罚的,这样一来,就可能极大地削弱对所有权的保护。

但是,另一种情况更有问题,这种情况也和本文关注的数据和信息载体相关,因此要深入探讨:倘若所有权人在行为人使用后(此处例如在复印后或拿走信息后)又拿回了该物,那么这种情况就一定欠缺排除占有意思吗?在此涉及这样一个问题,即物的"使用"何时可能转化为一种物的"损耗"。

---

① BGHSt 22, 45, 47(汽车案); BGH MDR 1960, 689(监狱钥匙案); 持赞同观点的,参见 Cramer, CR 1997, 693, 695; Eser, Strafrecht IV, 4. Aufl., 1983, Fall 3 Rn. 12; Eser/Bosch, in: Schönke/Schröder, Strafgesetzbuch, Kommentar, 29. Aufl., 2014, §242 Rn. 52; Krey/Hellmann/M. Heinrich, Strafrecht Besonderer Teil 2, 16. Aufl., 2012, §1 Rn. 73; Mitsch, Strafrecht Besonderer Teil 2/1, §1 Rn. 135 Fn. 418; Otto, JuS 1980, 490, 492; Rengier, Strafrecht Besonderer Teil I, 15. Aufl., 2013, §2 Rn. 66; Ruß, in: LK, Band 6, 11. Aufl., 1994, §242 Rn. 50; Tenckhoff, JuS 1980, 723, 724 f.; Ulsenheimer, Jura 1979, 169, 174。

② 见上文一。

③ RGSt 64, 259, 260; BGHSt. 22, 45, 47; BGH NStZ 1982, 420; 1996, 38.

④ 持此观点的比如 OLG Celle JR 1964, 266,该案针对的是一封信件,这封信在阅读后被丢弃,但必须达到这样的程度,即行为人必须为自己利用了书信中的思想内容。但是,反对这种限制的观点见 Schröder, JR 1964, 266, 267。

⑤ Zopfs, ZJS 2009, 649, 652.

⑥ Kargl, ZStW 1991, 103, S. 136, 150 ff.; Rudolphi, GA 1965, 33, 49 f.; Schmitz, in: MK, Band 4, 2. Aufl., 2012, §242 Rn. 147.

比如一些特别极端的使用案例就属于这种情况，一辆车被持续驾驶，以至于它要么不能再行驶了，要么至少在价值上出现明显贬损。类似的情形还有将存折中的存款全部取完后归还存折，或者将电话卡中的电话费用完后归还"空壳"电话卡。假如所有权人虽然拿回了物，但是物却不能再以其原本的功能被使用，那么此时否定排除占有意图就显得不太合理了。因为对所有权人而言，在这种情况下他依然会觉得自己被排除了占有，这在结果上并没有什么区别。如果认为所有权包括"占有"的权利和"使用"的权利，[1]尤其是根据德国《民法典》第903条第1句，所有权人允许"任意地处置"其所有之物，那么清楚的是，这种权利不仅可能通过物的排除遭到损害，而且也能通过使用排除而遭受损害。

这就导致了非法占有客体的相关争论。显而易见的是，在客观构成要件中，只有有体物才能够因其本身的物质性而被拿走，但众所周知的是，帝国法院早已尝试在非法占有目的的范围内，将物的价值也纳入非法占有客体中。[2] 此处涉及有价证券、存折等在被提取价值后再被归还的情形。特别成问题的是，盗窃罪是一种所有权犯罪、而非财产犯罪，或者更好地表达为：它是一种所有权转移的犯罪、[3]而非财产转移的犯罪。[4]

从这一角度看，很多问题就有待商榷了。[5] "本体理论"（Substanz-

---

[1] 参见 Ambos, GA 2007, 127, 130. Börner, Die Zueignungsdogmatik der §§ 242, 246 StGB, 2004, S. 53 ff.该文想将非法占有与民法上所有权的本质核心相关联，对他而言，这种本质核心相反（只）在于不受干扰的自主占有、在于对物的自我决定的拥有，而使用可能性就只是所有权的一种反映。

[2] RGSt 40, 10, 12; 49, 405, 406; 61, 228, 233.

[3] B. Heinrich, in: Arzt/Weber/Heinrich/Hilgendorf, Strafrecht Besonderer Teil, 2. Aufl., 2009, § 13 Rn. 80.

[4] Schmitz, in: MK, Band 4, 2. Aufl., 2012, § 242 Rn. 128.

[5] 有关具体的各种理论，见 Eser, Strafrecht IV, 4. Aufl., 1983, Fall 3 Rn. 15 ff.; Eser/Bosch, in: Schönke/Schröder, Strafgesetzbuch, Kommentar, 29. Aufl., 2014, § 242 Rn. 49; Fischer, Strafgesetzbuch mit Nebengesetzen, Kommentar, 61. Aufl., 2014, § 242 Rn. 34 f.; Gössel, Strafrecht Besonderer Teil Band 2, 1996, § 6 Rn. 16 ff.; B. Heinrich, in: Arzt/Weber/Heinrich/Hilgendorf, Strafrecht Besonderer Teil, 2. Aufl., 2009, § 13 Rn. 74 ff., 92 ff.; Hoyer, in: SK, Band IV, § 242 Rn. 72 ff.; Kindhäuser, in: NK, Band 3, 4. Aufl., 2013, § 242 Rn. 75 ff.; Kudlich, in: Satzger/Schluckebier/Widmaier, Strafgesetzbuch, Kommentar, 2. Aufl., 2014, § 242 Rn. 42 f.; Mikolajczyk, ZJS 2008, 18 f.（尽管只是有关取得占有要素）; Mitsch, Strafrecht Besonderer Teil 2/1, § 1 Rn. 140 f.; Rönnau, JuS 2007, 806, 807; Schmitz, in: MK, Band 4, 2. Aufl., 2012, § 242 Rn. 123 ff.; Tenckhoff, JuS 1980, 723, 725; Ulsenheimer, Jura 1979, 169, 174 ff.; Vogel, in: LK, Band 8, 12. Aufl., 2010, § 242 Rn. 137 ff.; Wessels/Hillenkamp, Strafrecht Besonderer. Teil 2, 36. Aufl., 2013, § 2 Rn. 142 ff.

theorien)①仅着眼于物的本体,而"价值理论"(Sachwerttheorien)②仅考虑将物的价值作为占有的对象。

然而,几乎没有人主张上述两种理论的纯粹形式。众所周知,德国联邦最高法院③继帝国法院④之后,将两种理论结合成一种"综合解决方案",据此,以物的本体为基础、以物的价值为辅助的方案被确定下来。通说遵循了这种方案⑤,但是也提出了以下限制,即并非所有物的价值都应当被考虑,而只有那些根据其类型和功能,与物相互关联的价值[源自物的利益(lucrum ex re)]才必须被考虑。⑥ 此处的标准示例是,行为人拿走证件去实施诈骗交易,事后再将证件归还。通过这一交易所获得的利益只是源自利用物进行交易而获得的价值(lucrum ex negotio cum re)。⑦ 这种价值并非物本身所固有。

其他解决方案主张一种"修正的本体理论",并且以支配权限为标

---

① 最初的判例即持此观点,参见 RGSt 5, 218, 220; 10, 369, 370 f.(出于提款目的拿走一个储蓄存折;行为人获得了对物的支配,而这种权利是专属于所有权人的);后期又有人持此观点,见 Gössel, Strafrecht Bes. Teil Band 2, 1996, §6 Rn. 47; Kauffmann, Zur Identität des strafrechtlichen Zueignungsbegriffes, 2005, S. 73 ff. 还有 Binding, Lehrbuch des gemeinen deutschen Strafrechts, Besonderer Teil 1, 2. Aufl., 1902, Neuaufl. 1969, §70 I, 他在原则上以物的本体为前提,但又认为,在不记名票证的情形中,比如已经出发的火车票,事后再归还给所有权人,这种情况是一种排除占有。然而,他所关注的并非是事的价值,而是物的消耗。

② RGSt 40, 10, 12; 49, 405, 406; Frank, Das Strafgesetzbuch für das Deutsche Reich, 18. Aufl., 1931, §242 Anm. VII 2. a.

③ BGH NStZ 1981, 63; NJW 1985, 812.

④ RGSt. 61, 228, 233:"非法占有的本质在于,该物本身或者在该物中所体现出来的物的价值,被行为人强行并入财产之中。"

⑤ 持此观点的如 Eisele, Strafrecht Besonderer. Teil II, 2. Aufl., 2012, Rn. 65; Eser, Strafrecht IV, 4. Aufl., 1983, Fall 3 Rn. 21 ff.; Eser/Bosch, in: Schönke/Schröder, Strafgesetzbuch, Kommentar, 29. Aufl., 2014, §242 Rn. 47, 53; Kühl, in: Lackner/Kühl, StGB, Kommentar, 28. Aufl., 2014, §242 Rn. 21; Mitsch, Strafrecht Besonderer Teil 2/1, §1 Rn. 141; Tenckhoff, JuS 1980, 723, 725; Ulsenheimer, Jura 1979, 169, 175 ff.; Wessels, NJW 1965, 1153, 1154 ff.; Wessels/Hillenkamp, Strafrecht Besonderer Teil 2, 36. Aufl., 2013, §2 Rn. 149; Wittig, in: BeckOK, Stand: 22.07.2013, §242 Rn. 29。

⑥ 持此观点的特别是 Bockelmann, ZStW 65 (1953), S. 569, 575; 遵循其观点的比如 Eisele, Strafrecht Besonderer Teil II, 2. Aufl., 2012, Rn. 66; Eser, Strafrecht IV, 4. Aufl., 1983, Fall 3 Rn. 25; Eser/Bosch, in: Schönke/Schröder, Strafgesetzbuch, Kommentar, 29. Aufl., 2014, §242 Rn. 49; Krey/Hellmann/M. Heinrich, Strafrecht Besonderer. Teil 2, 16. Aufl., 2012, §1 Rn. 67; Kühl, in: Lackner/Kühl, StGB, Kommentar, 28. Aufl., 2014, §242 Rn. 21; Mitsch, Strafrecht Besonderer. Teil 2/1, §1 Rn. 142; Rengier, Strafrecht Bes. Teil I, 15. Aufl., 2013, §2 Rn. 51 f.; Ulsenheimer, Jura 1979, 169, 177; Wittig, in: BeckOK, Stand: 22.07.2013, §242 Rn. 29。

⑦ 持此观点的还参见 Bockelmann, ZStW 65 (1953), S. 569, 575。

准,换言之,就是以附着于物的使用可能性为内容。① 在此意义上,应当在排除占有要素的层面上追问,物在返还前是否已经丧失了它的常规功能。②

在"综合解决方案"和"修正的本体理论"的背后,潜藏着共同的正确思想:对于所有权人而言,如果物上利益被排除,那么在结果上就等同于物在本体上完全受到了制约。③ 至于他的物是被终局性地剥夺,还是虽然取回了物,但再也无法使用,这并没有什么区别。这里涉及排除占有意思和无权使用(furtum usus)的界分。可以确定的是,单纯的物损并不能被认定为是一种排除占有。理由在于,与物产生的任何接触都会导致某种程度上的损耗。假如即使是微不足道的损耗也都要被认定为是一种排除占有,以至于所有无权使用最终都成了非法占有,那么盗窃罪就无法与无权使用相互区分。根据通说观点,对此要在个案中达到一种渐进的界分。在实践中,这个问题有着决定性作用,尤其是在涉及汽车的案件中。在这一问题中,部分观点尝试确定数量标准,比如价值损失的 50%④,或者以"显著的"价值贬损为依据。⑤

但一方面,无权使用也和价值贬损相联系,另一方面,无价值之物也可能成为德国《刑法典》第 242 条的对象,⑥所以,这种衡量并不令人满意。首先,它会导致一种感觉判断:物必须被占有多长时间,物的价值在使用后必须损失多少,才能够证明行为人具有排除占有意图?

第二,这种衡量隐含着一种危险,那就是将盗窃罪另行解释为一种得利

---

① 特别参见 Rudolphi, GA 1965, 33, 38 ff.;遵循其观点(尽管在细节上有差异)的,比如 Ambos, GA 2007, 127, 133; Androulakis, JuS 1968, 409, 412 f.; Maiwald, Der Zueignungsbegriff im System der Eigentumsdelikte, 1970, S. 140 ff.; Samson, in: SK, Band II, 3. Aufl., Stand: 17. Lfg. 1984, § 242 Rn. 76。

② 参见 Zopfs, ZJS 2009, 649, 654 f.; 也参见 Schmitz, in: MK, Band 4, 2. Aufl., 2012, § 242 Rn. 128 ff。

③ Zopfs, ZJS 2009, 649, 654.

④ Fricke, MDR 1988, 538, 540.

⑤ 比如,德国联邦最高法院在 BGHSt 34, 209, 312 中认定成立排除占有(在德国《刑法典》第 246 条的范围内),因为机器的使用跨越了非常长的时间段,并因此存在"显著价值损失";对此表示赞同的,参见 Cramer, CR 1997, 693, 696; Eisele, Strafrecht Besonderer Teil II, 2. Aufl., 2012, Rn. 72; Rengier, Strafrecht Besonderer. Teil I, 15. Aufl., 2013, § 2 Rn. 50; Ulsenheimer, Jura 1979, 169, 172.

⑥ BGH NJW 1977, 1460, 1461; Börner, Die Zueignungsdogmatik der §§ 242, 246 StGB, 2004, S. 41 ff.; Mitsch, Strafrecht Besonderer. Teil 2/1, § 1 Rn. 121.

犯罪。① 因此，确实不应以经济上物的价值为出发点，而是应以物的本体为根据，②同时还要确定物在返还前是否已经损耗，从而成了"某种其他东西"。③ 帝国法院对此阐释道："损耗[……]是指由于使用而导致该物在根本上无法实现其经济用途，因此在交易意义上它成了某个其他东西。"④只有这样才能将其与无权使用清晰地区分开来。而物的同一性主要是通过其常规功能被确定的⑤，因而，这种以功能为导向的判断是正确的方案。具体而言，这也适用于物没有价值的情况。所以，在物品返还的情形中还应当追问，它是否失去了其本质的、原初的和常规的功能。⑥

这对于上文所提到的司法判决来说，会产生意义深远的结论：如果在物被返还后仍然能进行常规使用，那么，即使在机器或是汽车的案情中，也必然否定排除占有意思。⑦ 相反，在存折的案情中，存折的专有功能在于，表明该存折所体现的和以书面形式确认的付款请求，并通过对付款请求的清偿取消其功能。⑧ 根据这种区分方案，就算是（其他）过长时间使用的存疑

---

① Maurach/Schroeder/Maiwald, Strafrecht Teilband 1, 10. Aufl., 2009, §33 Rn. 46; Otto, JuS 1980, 490, 491 f.; Rudolphi, GA 1965, 33; Schmitz, in: MK, Band 4, 2. Aufl., 2012, §242 Rn. 128; Zopfs, ZJS 2009, 649, 654; 另外参见 Kargl, ZStW 103 (1991), S. 136, 148 ff.。

② 另一种不同的方案见 Kindhäuser, in: NK, Band 3, 4. Aufl., 2013, §242 Rn. 80 ff., 虽然他原则上也以物的本体为基础，但是此后——与民法保持一致——又以自主占有人的占有取得为基础，这种目的与对他人所有权的认可不再协调一致。

③ Androulakis, JuS 1968, 409, 411; Mitsch, Strafrecht Besonderer. Teil 2/1, §1 Rn. 111; Schmitz, in: MK, Band 4, 2. Aufl., 2012, §242 Rn. 131 f. 还有 Besonderer, Lehrbuch des gemeinen deutschen Strafrechts, Besonderer Teil 1, 2. Aufl., 1902, Neuaufl. 1969, §70 I, 正如已经阐释的，他也以物的本体为出发点，着眼于物的损耗。类似的还可参见 Börner, Die Zueignungsdogmatik der §§242, 246 StGB, 2004, S. 273, 但是他在原则上主张一种不同的非法占有基准点。(S. 45 ff., 90 ff.)

④ RGSt 44, 335, 336 f. (Heizdampf).

⑤ Androulakis, JuS 1968, 409, 412（"社会的物同一性"）; Maiwald, Der Zueignungsbegriff im System der Eigentumsdelikte, 1970, S. 146.

⑥ 以常规功能为基础的也参见 Androulakis, JuS 1968, 409, 412; Rudolphi, GA 1965, 33, 47; Zopfs, ZJS 2009, 649, 655;在复合功能的设备的情形中，比如智能手机，那么提取一种本质上的常规功能就足以成立。另一种观点，参见 Maiwald, Der Zueignungsbegriff im System der Eigentumsdelikte, 1970, S. 143:所有本质上的功能。

⑦ Rudolphi, GA 1965, 33, 46 ff.; Zopfs, ZJS 2009, 649, 655.

⑧ Hoyer, in: SK, Band IV, §242 Rn. 87; Rudolphi, GA 1965, 33, 54 f.; Zopfs, ZJS 2009, 649, 655; 在结果上表示赞同的还有 Börner, Die Zueignungsdogmatik der §§242, 246 StGB, 2004, S. 274。另一种观点，参见 Schmitz, in: MK, Band 4, 2. Aufl., 2012, §242 Rn. 133:存折的功能只是证实存款的状态，而这一功能即使在提取存款后也依然能够实现。

情况也能被解决：此处还应当追问的是，物的常规可使用性是否已经因过长时间的使用而不复存在。① 因此，就本文所关注的数据和信息载体的相关问题，在返还载体时必须要考察，其原本的常规功能是否因为处理其中存储或体现的内容而完全丧失了。

但或许，适用主流的综合学说也能得出相同的结论②，只要能恰当地考虑，在与数据载体相关联的价值意义上，各种信息是否体现出物的价值③，与此同时，（只有）当数据和信息载体在返还后再也无法实现其专有功能时，才可能成立针对数据载体物的价值的排除占有。④ 那么，"失去价值"就蕴含于功能丧失之中。尽管如此，这并不意味着要被迫重新求助于经济上的物的价值，因为终归是功能决定了物本身的同一性。

（二）取得占有要素

在将这些认知运用到数据载体问题之前，目前还需要对取得占有要素作一些说明。这部分涉及盗窃与物的毁损及物的剥夺之间的界分。只有意图将窃取之物占为己有的人才能作为窃贼被处罚。"非法占有"一词意味着，纯粹排除所有权人的占有不属于盗窃，比如毁坏财物的情况。仅仅对物进行毁损的人并不想获得该物，也就是不想将之占为己有。⑤

如果将所有物的损害都看作是一种非法占有，那么只要物事先被拿走，则除了德国《刑法典》第 303 条之外，也总会符合德国《刑法典》第 242 条。⑥ 但这种界分是意义深远的，因为相较于盗窃，德国《刑法典》第 303 条的毁坏物品罪受到的处罚更轻，与此同时，纯粹地拿取物品甚至是不可

---

① 比如，参见 Zopfs, ZJS 2009, 649, 655 f.。
② 也参见 Rudolphi, GA 1965, 33, 36, 47 Fn. 63 中的提示，即使是物的价值理论的代表学者，也经常着眼于物是否无法再实现其经济上的目的。Bockelmann, ZStW 65 (1953), S. 569, 578 早已指出，一种被扩大的物的概念也包含其功能，所以这种争论归根结底就只是术语性质的。
③ 有关这种区分参见下文三。
④ 持此观点的如 Eser, Strafrecht IV, 4. Aufl., 1983, Fall 3 Rn. 25, 以及 Eser/Bosch, in: Schönke/Schröder, Strafgesetzbuch, Kommentar, 29. Aufl., 2014, § 242 Rn. 49,他们要求物的价值要限制在特别的，也就是根据其性质和功能在习惯上与物相联系的价值范围内；类似的观见 Kühl, in: Lackner/Kühl, StGB, Kommentar, 28. Aufl., 2014, § 242 Rn. 21; Ulsenheimer, Jura 1979, 169, 177。
⑤ BGH NJW 1985, 812; Zopfs, ZJS 2009, 649, 651。
⑥ Rudolphi, GA 1965, 33, 49.

罚的。① 所以，如果物只是被拿走，而目的是将物"毁损、销毁、丢弃、抛弃、藏匿或者损坏"，②那么就应当否定取得占有目的，这种观点是合理的。再如，拿走花瓶只是为了立马将花瓶打碎的人，也没有取得占有目的，因为他只是想将花瓶损毁。可是，取得占有目的和毁坏物品在个别问题上并不是那么容易区分的，因为即使是在毁损情形中，对毁坏者而言也可能存在一种特别的利益。这就好比食用一份拿来的餐食，这完全是典型的对物的利用，并且满足盗窃的常规情景。

就此而言，按照通说的观点，取得占有要素应当与排除占有要素协调一致，两者应当参照相同的客体。③ 这意味着，根据不同观点，行为人必须积极地想要将物的本体、物的价值或者支配权限占为己有④，然而在这一问题上，只有在物被返还时，这种区分才有意义，因为如果所有权人根本无法拿回物品，那么毫无疑问，他也就丧失了物的本体、物的价值以及所有使用可能，以至于这种争论并不会对结论产生影响。

不过，还应当考虑的是，这两个要素所完成的是不同的任务，⑤因而根据这些不同的要求，就可能产生差异。⑥ 根据恰当的观点，物的常规功能被取消的这个方面，只有在澄清下述问题后才是有意义的，⑦这一问题是指，尽管所有权人拿回了物（这里指数据载体或信息载体），但他是否仍然可能被排除了占有，因为他（这里是指由于数据或信息已经被拿走）无法再继续使用该物，物已经被"消耗殆尽"了。那么这种情况就涉及对所有权的侵害。与之相对，取得占有要素描述的是行为人进行这种侵害的动

---

① RGSt 64, 250（降下并扛走一面旗帜）；BGH NStZ 2011, 699（拿走摩托风衣用以"宣示存在"），对判决予以赞同的见 Jahn, JuS 2011, 846; OLG Köln NJW 1997, 2611; Eser/Bosch, in: Schönke/Schröder, Strafgesetzbuch, Kommentar, 29. Aufl., 2014, § 242 Rn. 55; Kargl, ZStW 103 (1991), S. 136, 152 f。

② BGH NJW 1977, 1460; NStZ 2011, 699, 701; 2012, 627。

③ 比如，参见 Androulakis, JuS 1968, 409, 413："素材同一性"（Stoffgleichheit）。

④ 参见 Rudolphi, GA 1965, 33, 41, 根据他的方案，所有权人的支配权限是占有的根本客体，那么相应地，取得占有就意味着行为人在事实上僭越了这种支配地位。类似的观点见 Androulakis, JuS 1969, 409, 413, 他要求对物的功能具备一种积极的取得占有。

⑤ Schmitz, in: MK, Band 4, 2. Aufl., 2012, § 242 Rn. 142.

⑥ Rönnau, JuS 2007, 806, 807.

⑦ Zopfs, ZJS 2009, 649, 654.

机。① 取得占有要素的功能在于和拿走物品进行区分。所以，即使是一种不当的或者反常的使用（比如烧毁家具），也可能包含着足够的利益。② 根据德国《民法典》第 903 条第 1 句，所有权人不仅对物的特定使用方式享有权利，更确切地说，他能任意地处置其所有的物。③

德国联邦最高法院关注的是，行为人是否对物"以某种方式进行使用，并因此为其财产带来经济价值"，也就是说，行为人是否将该物"并入"自己的财产中。④ 行为人排除了所有权人或者当前支配者对物（或者辅助性地：至少是物的价值）的占有，将物纳入自己的财产中，亦即行为人将物"导入"或"并入"自己的财产，即使只是在有限的时间内"为自己所使用"。⑤ 无论如何，行为人必须以自己的财产状态达到某种改变为目标。⑥

但是，这并不意味着财产价值发生了改变，因为盗窃并不是得利犯罪。⑦ 既然无价值之物也可能被非法占有，那么就此而言，经济上的获利并不是必要的。⑧ 而具有决定意义的是行为人为自己的目的而使用了该物，⑨也就是说，行为人积极利用了源于所有权的对物的支配权限。⑩

此外，强调根据自己的利益对物进行使用，也显得比较合理，据此，行为

---

① Maiwald, Der Zueignungsbegriff im System der Eigentumsdelikte, 1970, S. 230, 232; Schmitz, in: MK, Band 4, 2. Aufl., 2012, §242 Rn. 142.

② Hoyer, in: SK, Band IV, §242 Rn. 84; Maiwald, Der Zueignungsbegriff im System der Eigentumsdelikte, 1970, S. 70, 254 f., 270; Schmitz, in: MK, Band 4, 2, Aufl. 2012, §242 Rn. 143. 也参见"恋物癖案"，OLG Hamburg MDR 1954, 697（不当使用女性内衣成立取得占有）；对此，参见 Eser, Strafrecht IV, 4. Aufl., 1983, Fall 3 Rn. 20。

③ 也参见 Ambos, GA 2007, 127, 133。

④ BGH NJW 1970, 1753, 1754; 1977, 1460; 1985, 812.

⑤ BGH NJW 1977, 1460.

⑥ BGH NJW 1977, 1460.

⑦ BGH NJW 1977, 1460; Kühl, in: Lackner/Kühl, StGB, Kommentar, 28. Aufl., 2014, §242 Rn. 21; Mitsch, Strafrecht Besonderer Teil 2/1, §1 Rn. 121; Vogel, in: LK, Band 8, 12. Aufl., 2010, §242 Rn. 147; 早已持此观点的是 v. Liszt, Lehrbuch des Deutschen Strafrechts, 22. Aufl., 1919, §127 V.

⑧ Tenckhoff, JuS 1980, 723, 724. 不同观点参见 Hecker, JuS 2013, 468, 469 Fn. 9; Otto, JuS 1980, 490, 492。

⑨ Böse, GA 2010, 248, 257; Tenckhoff, JuS 1980, 723, 724.

⑩ 参见 Rudolphi, GA 1965, 33, 49; 已见于 Binding, Lehrbuch des gemeinen deutschen Strafrechts, Besonderer Teil 1, 2. Aufl., 1902, Neuaufl. 1969, §70 II: 取得占有是"一种支配关系的建立，这种关系的建立是为了获得一种类似于所有权行使的物的处置"。

人是想要从物中①获得某些东西,即他并不仅仅追求某一种被消除的利益,②也不只是以造成他人损害为目的,也不宜将行为人作为明确的他主占有人③进行归类。④ 不同于对物进行纯粹破坏性的处置,这里所说的是对物进行积极的处理。毕竟,对行为人而言,对物所造成的影响本身具有某种"自我价值"。⑤ 相对而言,有关数据和信息载体的问题还必须再次提到,自然而然能想到的是那些能够被用作燃料进行燃烧的载体(比如书籍或报纸),若换做燃烧CD或者计算机硬件,这不仅不健康,而且也很异常。通常而言,这里其实更多地涉及到对信息内容的使用,这也是本文关注的重点。

但是,行为人所在意的始终是对该物的使用。这里需要特别关注的是对容器的处理,这种处理方式可能也与数据或信息载体的问题密切相关。⑥ 此处还涉及一个问题,即行为人想要自己使用该物还是仅仅拿走该物。关于这一问题,德国联邦最高法院的区分标准是比较合理的,根据行为人究竟是对容器感兴趣,还是只对内容感兴趣,也就是说,对他而言另一个物才是重要的。⑦ 假如行为人拿走一个手提包,原因是他想要得到贵重物品,因而随后将包丢弃在犯罪现场附近,那么在这种情况下,判决会否认成立对手提包的盗窃罪,因为行为人对该客体完全不感兴趣。⑧ 虽然他对手

---

① Maiwald, Der Zueignungsbegriff im System der Eigentumsdelikte, 1970, S. 233.

② Maiwald, Der Zueignungsbegriff im System der Eigentumsdelikte, 1970, S. 233.该文所举的示例中,行为人为得一清静,毒死了邻居家狂吠的狗。夜晚的安静对行为人来讲可能是一种利益,但是这种利益并非是从物中所产生的。

③ 他主占有人承认所有权属于他人,因而他并未假扮所有权人;参见 Tenckhoff, JuS 1980, 723; Ulsenheimer, Jura 1979, 169, 170。

④ Zopfs, ZJS 2009, 649, 651 f.

⑤ Hoyer, in: SK, Band IV, §242 Rn. 83.

⑥ 对此,见下文三(四)

⑦ BGH bei Dallinger, MDR 1975, 22; BGH bei Holtz, MDR 1977, 461; StV 1990, 205; NStZ 2004, 333; StV 2010, 22; 表示赞同的观点见 Eser/Bosch, in: Schönke/Schröder, Strafgesetzbuch, Kommentar, 29. Aufl., 2014, §242 Rn. 63; Fischer, Strafgesetzbuch mit Nebengesetzen, Kommentar, 61. Aufl., 2014, §242 Rn. 41b; Kindhäuser, in: NK, Band 3, 4. Aufl., 2013, §242 Rn. 89; Kühl, in: Lackner/Kühl, StGB, Kommentar, 28. Aufl., 2014, §242 Rn. 21; Maiwald, Der Zueignungsbegriff im System der Eigentumsdelikte, 1970, S. 273 Fn. 143; Putzke, ZJS 2013, 311, 313; Schmitz, in: MK, Band 4, 2. Aufl., 2012, §242 Rn. 148; Vogel, in: LK, Band 8, 12. Aufl., 2010, §242 Rn. 162-a. A. Böse, GA 2010, 249, 257 f.; Ruß, in: LK, Band 6, 11. Aufl., 1994, §242 Rn. 59。

⑧ BGH bei Dallinger, MDR 1975, 22; MDR 1976, 16; BGH StV 1990, 205.另一种观点参见 Böse, GA 2010, 249, 257 f.; Ruß, in: LK, Band 6, 11. Aufl., 1994, §242 Rn. 59(行为人在短时间内强占容器,目的是进行搜索;只有当行为人马上将容器就地丢弃时,情况才应有所不同)。

提包符合排除占有要素,但是却未满足取得占有要素,理由是该物本身并没有为他所用。

但如果容器必然不可避免地作为传输媒介而被使用,那么情况就有所不同了,因为这时就必然存在对容器本身的兴趣。① 这种限缩性判决理应获得赞同,因为它终归顾及到行为人究竟想要什么,亦即行为人是否想要非法占有这一具体的物,也就是除了内容之外,是否也存在对容器本身的兴趣,例如容器被作为传输媒介来使用的情况。

(三)故意的类型

通说认为,取得占有必须具有一级直接故意(dolus directus 1. Grades),而排除占有则只需要具有未必故意(dolus eventualis)。② 也就是说,对行为人而言最首要的是,自己能够拥有并使用该物,至于所有权人一方的最终损失,这对他来讲可能并不具有决定性的意义,假如针对排除占有也需要这种意图,那么盗窃罪的构成要件就会陷入持续的空转。③ 此外,通说虽然合理地要求一种持续性排除占有的意思,但是只要求一种短暂的取得占有目的,因为有些人虽然只想暂时使用物品,但也可能具有取得占有的意图,比如即刻损耗某物就属于这种情况。如果只有想要长时间地占有和使用物品的行为人才可能构成盗窃罪,那么这一范围就显然过于狭窄了。

---

① BGH bei Dallinger, MDR 1975, 22; LG Düsseldorf NStZ 2008, 155, 156 以及(与此相关的)赞同的说明参见 Sinn, ZJS 2010, 274, 276; 此外还有 Maurach/Schroeder/Maiwald, Strafrecht Teilband 1, 10. Aufl., 2009, § 33 Rn. 42; Putzke, ZJS 2013, 311, 314; Ruß, in: LK, Band 6, 11. Aufl., 1994, § 242 Rn. 59。

② Eisele, Strafrecht Besonderer Teil II, 2. Aufl., 2012, Rn. 65; Eser/Bosch, in: Schönke/Schröder, Strafgesetzbuch, Kommentar, 29. Aufl., 2014, § 242 Rn. 61 ff.; Fischer, Strafgesetzbuch mit Nebengesetzen, Kommentar, 61. Aufl., 2014, § 242 Rn. 33a, 41; Kindhäuser, in: NK, Band 3, 4. Aufl., 2013, § 242 Rn. 123; Mitsch, Strafrecht Besonderer. Teil 2/1, § 1 Rn. 107; Ulsenheimer, Jura 1979, 169, 172; Wessels/Hillenkamp, Strafrecht Besonderer. Teil 2, 36. Aufl., 2013, § 2 Rn. 164 f.; Zopfs, ZJS 2009, 649, 650, Anm. 12. 但不同的观点见 Schmitz, in: MK, Band 4, 2. Aufl., 2012, § 242 Rn. 119: 必须对取得占有和排除占有都存在蓄意; Vogel, in: LK, Band 8, 12. Aufl., 2010, § 242 Rn. 144: 二级直接故意。

③ Wessels/Hillenkamp, Strafrecht Besonderer Teil 2, 36. Aufl., 2013, § 2 Rn. 165.

三、具体案例中数据和信息载体的非法占有目的问题

现在就对行为人为了获得数据和信息而将数据和信息载体拿走所产生的一些问题表达立场。正如引言①中所提到的,本文认为无法得出一个统一的解决方案,用以解决所有数据载体和信息载体的问题。虽然所有载体的功能都在于准备好信息,换句话说就是"承载数据",但是每一种载体和内容的融合程度显然是各不相同的,而这又影响着该物的同一性和功能。

这里首先要提及的是"印刷品",例如书籍、报纸,或者在压片厂制造的光盘、音乐 CD 和电影 DVD 等。当然,理论上或许可以主张,即使是在非法占有某一本书的情况下,也应区分对信息(即智力内容)的占有和对载体(即纸张)的占有两部分。可是这并不能令人信服。相反,这种思想表示,也就是智力成果,和此处的数据载体似乎已经在常规意义上具备了一种不可分割的联系。在商业中被使用的信息载体就是如此,其在经济生活中唯一的目的就是准备好数据。② 所以,一方面,那些想要排除载体中的智力内容的行为人,在此处对数据载体和信息载体就具有排除占有意思;另一方面,若行为人想要通过阅读或收听获悉其中的内容,则成立对数据载体的取得占有目的。阅读某一张报纸,便是将"这一张报纸"占为己有。③

然而,对于那些功能的确定并不依赖于其所存储的数据或信息的载体,比如 U 盘、硬盘或是移动电话的存储器等,情况则有所不同。提取载体中所存信息的人,并没有最终消除该信息载体原本的常规功能。而仅仅复制了数据的人,他虽然将智力内容占为己有,却没有将数据载体本身占为己有。本文将区分以下四种不同的情形来具体阐释这个问题:

(1)行为人最终也想保留数据载体和信息载体,以便自己继续使用。

---

① 见上文一。
② 就这一方面, Maiwald, Der Zueignungsbegriff im System der Eigentumsdelikte, 1970, S. 270 ff.一文还区分了商业信息载体和非商业信息载体;只有在前者(比如报纸或者书籍)中,仅仅获悉内容也包含着取得占有,而在非商业表现载体(比如书信)中,行为人的目的必须是针对"将来对物在实体上的获得",也就是物的实体性,比如能够随时翻印其思想内容(S. 272f.)。不同的观点参见 Schröder, JR 1964, 266, 267, 他将这些信息载体等同看待。
③ Maiwald, Der Zueignungsbegriff im System der Eigentumsdelikte, 1970, S. 274; Schröder, JR 1964, 266, 267.

(2)在获悉或复制内容后归还数据和信息载体。
(3)在提取内容后归还数据和信息载体。
(4)在复制内容后销毁、丢弃数据载体和信息载体,或者至少所有权人被持续地排除占有。

虽然在非法占有目的的问题上,往往需要以外在举止为指引来判断犯罪的内在层面。但是,这个问题本文不再进一步探讨。而在下文所讨论的情形中,本文假定行为人的意图都能得以证明。

(一)行为人想要最终保留数据和信息载体

首先,第一种情形并不存在什么异议:如果由于行为人想要为自己保留和使用数据载体和信息载体,从而对原本的所有权人而言,载体被他人持续地扣留,那么根据任何一种观点,以及在任何类型的数据载体和信息载体的情况中,都毫无疑问地存在排除占有意思。这是因为,数据载体的本体和功能都无法再供所有权人使用;而且,行为人也占据着数据载体并使其为自己所使用。

(二)在获悉或复制内容后归还数据载体和信息载体

在第二种情形中,载体中的内容被提取或复制,比如复印一本书或者复刻一张 CD,事后将数据载体和信息载体归还。就复制行为本身而言,至少不存在一种排除占有意思。因为正如上文已经论及的①,在归还物品的情况下应当关注物是否被消耗了,这一点可以通过物的原本专有功能的可使用性来确定。然而,对所有的数据和信息载体而言,只通过获悉信息或者复制数据并不会剥夺其功能,这是可以确定的。这些载体依然能够和之前一样被使用。

因此,在本文开头所引入的第一个判决中,巴伐利亚高等法院本就必须否认存在排除占有意思,因为恰恰无法排除被告人可能想要完好无损地归还磁盘的这种可能性。② 用非专业的话讲,这是一种纯粹的"数据盗窃"。这种行为可能在著作权法上是关系重大的,或者可能是违反竞争法的,又或

---

① 参见上文二(一)。
② 法院关注磁盘的功能能力是完全恰当的,但显而易见的是,其随后根据物的价值否定了取得占有;参见 BayObLG JR 1993, 253, 254; 与本文观点相同的有 Jäger, JA 2012, 709, 709 f.; 以及 Julius, JR 1993, 255, 256, 可是他事先(也)否认了取得占有 (S. 255)。

者是违反数据保护规定的,并且在适当前提下也可能满足德国《刑法典》第202a 条的规定。但是,如果行为人归还了包括数据在内的数据载体,那么磁盘的所有权人就没有被排除占有,从而就不存在非法占有目的。①

在这里还应当区别一种情形:信息本身可能具有固有的性质,以至于持续使用也可能构成功能丧失。比如在日报的情形中,倘若行为人窃取日报,目的是阅读报纸并在第二天归还给报刊亭,那么报纸在返还时也已经丧失了它的功能,这是因为,日报的功能是报道当天的最新事件。②

(三)在提取内容后归还数据载体和信息载体

在第三种情况中,如果数据载体或信息载体虽被归还,但内容已经事先被提取,那么此处要特别提出的问题是,该行为是否包含对数据载体或信息载体本身的排除占有意思。这里可以设想这样一种情况,即储存在 U 盘或者硬盘中的内容不是被复制了,而是被"转存"了,换言之,就是被"剪切"后传送到另一个媒介中,或者在复制后被删除。

在此,上文③所作的区分就产生了作用。在书籍与报纸的情形中,如果信息无法再被获取,比如由于一种特别不爱护的处理,书籍无法再供人阅读,那么就应当肯定排除占有意图。④ 被印制为商业用途的唱片、音乐 CD 或者电影 DVD,也同样适用。在上述情形中,内容借由一种机械过程被固定地写入存储媒介中并与之相结合。倘若无法再使用这些内容,这本身是以一种破坏性的影响为前提,那么就必然成立排除占有,因为这些信息载体如果没了内容就无法再被使用,也就成了无用之物。确切而言,它已经失去了功能。下述情形也包含在内,比如行为人拿走一张唱片并高强度地使用,例如十分频繁地播放或者带到各种派对上循环播放,以至于唱片中的音

---

① 在结论上相同的还有 BayObLG NJW 1992, 1777, 1778; Cramer, CR 1997, 693, 696; Duttge, in: Dölling/ Duttge/Rössner, Gesamtes Strafrecht, Handkommentar, 3. Aufl., 2013, §242 Rn. 42, 47; Fischer, Strafgesetzbuch mit Nebengesetzen, Kommentar, 61. Aufl., 2014, §242 Rn. 40; Rengier, Strafrecht Besonderer Teil I, 15. Aufl., 2013, §2 Rn. 53; Ruß, in: LK, Band 6, 11. Aufl., 1994, §242 Rn. 54; Vogel, in: LK, Band 8, 12. Aufl., 2010, §242 Rn. 154。

② Eser, Strafrecht IV, 4. Aufl., 1983, Fall 3 Rn. 34; Zopfs, ZJS 2009, 649, 655. 但是,有关超长时间使用的问题还有另一种主张,即如果所有权人被迫重新购置,那么就必然成立排除占有;持此观点的比如 Schmitz, in: MK, Band 4, 2. Aufl., 2012, §242 Rn. 138。

③ 参见上文三。

④ Maiwald, Der Zueignungsbegriff im System der Eigentumsdelikte, 1970, S. 269.

乐已经不能再听,换言之,唱片无法再播放。即使他将该物送回,它也无法再继续使用,亦即已经被"耗尽"了。如果行为人容忍这种情况,那么他就具有排除占有意思。反之,在这种程度以下的损耗是典型的无权使用。这表明,此处针对的并非是那些纯粹的"数据容器",也就是那些即使没有内容也可以继续使用的载体,而是针对那些唯一目的的载体:它们承载着完全特定的数据记录。清除这种记录就等于剥夺了载体的常规功能,从而成立一种排除占有意图。如果行为人已经积极利用了该功能,那么就也满足取得占有要素。

然而,对于以电子方式存储数据以及能够再次擦写的数据载体,它们总是能够录入新的信息,比如 U 盘、硬盘或者存储卡,等等,此时,上述结论就令人怀疑。因为当数据被删除后,就算没有了具体的数据,它们也能够作为一个普通的存储媒介发挥其常规功能,除非在复制后,数据载体在机械上受到了严重损坏或毁损,以至于它完全不能再继续使用。因此,必须确定的是,就算可移动存储器或者存储卡中的数据被清除,也不存在排除占有意图。因为这种情况与唱片、书籍不同,它们的专门功能并不是储存特定的信息,而是被用作存储任意可替换信息的载体。具体而言,就是指"可移动存储器"。这种情况根据德国《刑法典》第 303 条和第 303a 条的规定进行处罚就足矣。① 换言之:此处对内容的"智力盗窃"并不包含针对数据载体本身的排除占有,因为该行为并没有破坏数据载体本质的和原初的功能。

如果说,将一部 iPhone 手机拿走,删除了手机里储存的照片,然后再返还,成立对手机的盗窃,这个结论是可疑的。手机显然没有因此被消耗,即它并没有变成"另一个东西",原因是它并未丧失其常规功能。另外,在该案例中,取得占有要素也可能存在问题。

---

① 在多大程度上删除数据,可以根据德国《刑法典》第 303 条认定为一种对数据载体的毁坏罪,有关这一问题,本文在此不深入探究。通说同意上述观点,比如参见 Wieck - Noodt, in: Münchener Kommentar zum StGB, Band 5, 2. Aufl., 2014, § 303 Rn. 34; Wolff, in: Leipziger Kommentar zum StGB, Band 10, 12. Aufl., 2008, § 303 Rn. 12; Zaczyk, in NK, Band 3, 4. Aufl., 2013, § 303 Rn. 15, 因为数据载体的编码改变,并且以一种相当显著的方式产生影响,原因是在所有权人认为重要的特定方向上,该数据载体已经失去了可用性。这种方案对毁坏罪而言是否应当被同意,可能还尚未确定,但对于关于德国《刑法典》第 242 条的排除占有要素,具有决定意义的是,物是否由于本质的常规功能无法再被使用,而在日常交往意义上成为了"另一个东西",所以可以断定,可移动存储器并没有丧失其原初的和一般的功能,即存储(任意)数据。也参见 Maiwald, Der Zueignungsbegriff im System der Eigentumsdelikte, 1970, S. 143,他解释道,排除占有要素不同于在毁坏罪中的情形,破坏"所有权人就该物所追求的个别特殊目的",并不起决定作用。另外,就数据而言在此还涉及德国《刑法典》第 303a 条。

以通常的综合学说为基础,也可以进行相应区分:此时应当追问的是,载体中相应的内容是否等同于具体的数据载体或信息载体本身的"价值"。① 在此,可能的论证是,在刻录的唱片或印刷的报纸这类情况中,内容决定了这些对象的经济价值,但是可移动储存器并非如此,因为即便是物的价值也应当根据功能的专有性进行判断。

(四) 在获悉或复制内容后毁坏数据载体和信息载体

至此,还剩下第四种案件类型。如果行为人在复制内容后毁坏数据载体,那么排除占有意思毫无疑问是存在的。因为在此未必故意就足够了,②所以,在文章伊始所提到的移动电话案中,德国联邦最高法院原本也必须肯定非法占有意思,因为被告人容忍了所有权人无法再拿回该设备的结果。③ 就此而言,法院所提及的物的消耗问题就完全不重要了,因为只有在物被返还时,消耗情况才是至关重要的。④ 但是,在复制数据并(随后)毁坏数据载体的情况中,就无法贸然肯定取得占有目的。⑤ 因为无论如何,正如开头所提到的那样,和存储器案例进行思维上的类比是可以想象的。在此必须强调的是,重要的不是裁判本身(因为数据及信息都不是物⑥),而是个案裁判背后的一种衡量,即行为人对数据载体本身并没有兴趣,他只对可被分离的内容感兴趣。

在此,上文的区分再度起效:在信息载体和其内容紧密相融的情况下,容器思维就要被排除。智力内容由其各自的载体本身体现出来。倘若某人从商店中顺走一份报纸,那么他就很难声称:"我只是想进行数据盗窃,我在意的只是信息,而不是报纸。"换言之,将报纸内容占为己有的

---

① 在这一方向上,比如参见 Julius, JR 1993, 255, 256 Fn. 21。
② 参见上文二(三)。
③ 在原审判决中 LG Duisburg, Urteil vom 20.4.2011–Az.: 31 KLs 39/10, Rz. 21[杜伊斯堡地方法院 2011 年 4 月 20 日判决,刊载于"联邦德国法律信息系统"(juris)],法院并没有将此作为问题进一步讨论,而是不假思索地肯定了非法占有目的。
④ Jäger, JA 2012, 709, 710; Putzke, ZJS 2013, 311, 314.
⑤ 持此观点,但是没有做进一步区分的 比如 Duttge, in: Dölling/ Duttge/Rössner, Gesamtes Strafrecht, Handkommentar, 3. Aufl., 2013, § 242 Rn. 42; Fischer, Strafgesetzbuch mit Nebengesetzen, Kommentar, 61. Aufl., 2014, § 242 Rn. 40.
⑥ 参见上文一。

人,也就将报纸占为己有了。① 同样,复印了书的人,也想要取得占有书中的内容,以此将书本身占为己有②,因为按照常规目的(等同于按照价值标准),书籍无法和它的内容相互分离,那么在那些内容被提取而信息载体无法再使用的情况中,所有权人便是被排除占有了。③

但是,另一些数据载体的情况可能会有所不同,这些数据载体在常规目的上、经济上以及思维逻辑上都能与其内容相分离,这样一来,最终会有"两个对象"和行为人的需求产生联系。例如,当 U 盘中的数据被删除时,它也依然没有失去其功能,而是仍然具有一个存储器的特性,如此,就算是取得占有了载体中的内容,也不等同于取得占有载体本身。从手提包中偷取钱财的人,并不想取得占有手提包本身。④ 在这一方面,德国联邦最高法院的判决在已经叙述的案件中所作的裁判或许也能够得以说明。⑤ 要注意的是:德国联邦最高法院并没有依照容器判例,而是作出如下论述:

"(行为人)既不想将设备的本体或物的价值占为己有,也没有通过暂时使用而减少设备的价值。此处欠缺一种构成取得占有所必不可少的行为人意志,该意志旨在改变(……)他的财产状态。如果行为人实施强制手段只是为了获得使用权限(……),或者如果他拿走他人之物,目的是将物'毁损''销毁''丢弃''抛弃''藏匿''损坏',为了将它作为实现某个要求的施压手段而使用,或者是通过纯粹的物品剥夺来激怒所有权人(……),那么这种行为人意志就不存在。行为人对存储器所进行的有意搜索,以及对所发现的图片数据进行复制,这都处在该物的常规使用范围内,由此而没有改变任何东西,因为这并不会导致设备的消耗。"

对此,首先应当指摘的是在判决理由第一部分中有关无权使用的内

---

① 持此观点也参见 Maiwald, Der Zueignungsbegriff im System der Eigentumsdelikte, 1970, S. 274; Schröder, JR 1994, 266, 267; 也参见上文第三部分的引入语。

② 在结论上持此观点的也见 Jäger, JA 2012, 709, 710,不过他所关注的是,复制也是一种对书籍的使用。但是这也能被视作不同情形,对此下文还会进一步阐释。根据本文所持观点,在书籍案件中这些并不重要,因为逻辑上书籍不可能与内容相互分离,所以对内容的获悉(或复制)总归是对书本身的取得占有。

③ 参见上文三(三)。

④ 参见上文二(二)。

⑤ Putzke, ZJS 2013, 311, 313 一文对此也进行了斟酌,但是最终否定了在案件中作此种比照。

容①:因为被告人是否只为了无权使用而拿走手机,这恰好是要被审查的内容。除此之外,在无权使用的情形中否定取得占有目的,这在教义学上也是不正确的,其实这里欠缺的是排除占有意思。② 并且,细想之下根本就不存在纯粹的无权使用,因为被告人对物的命运如何是无所谓的。如前文所述,这里可以与汽车案进行对比,如果物根本不会被返还,那么借由常规使用来说明物的损耗也未切中要害,因为在将物丢弃的情形中,所有权人终归还是失去了物。③ 这里的难题在于取得占有要素。并且,这里人们也能够想到采纳容器判例的思想。

如果一台设备中包含着一个可更换的内部存储器,那么上述思想就可以直接适用。这就好比数据储存在电脑的硬盘中、数码相机的存储卡中,或者智能手机的 SD 卡中。那么此时,行为人就是对该存储器和另一个可移动的物感兴趣,对该对象而言,电脑、相机和智能手机就只是一个容器罢了。德国联邦最高法院的案例并没有说明存储是在哪里完成的,尽管必须承认,现在在大部分情况下,数据被储存在移动电话中一个不可拆卸的内部储存器中,以至于这一方面在此可以不予考虑。

因此有疑问的是,就设备本身而言所适用的规则究竟是什么。如果想对容器判决进行正确归类,那么只要行为人也需要物本身,亦即将该物为自己所用,就始终具有取得占有目的。在 U 盘、个人电脑或者移动电话的情形中,倘若(为了获取内容)使用了这台设备本身,也就是说该物(也)非常关键,那么就要考虑适用上述规则。换言之,除了内容之外,行为人也必然存在对设备的兴趣。

按照这一标准,德国联邦最高法院的判决在结论上就是不正确的。④ 因为被告人借助手机蓝牙传输照片的行为,在结果上无异于他使用

---

① 也参见 Putzke, ZJS 2013, 311, 312。
② 观点恰当的如 Jäger, JA 2012, 709, 710; Putzke, ZJS 2013, 311, 313。
③ 即使根据主流的综合公式,这一观点也必然有效,因为此处应优先考虑物的本体。例如,参见 Eser, Strafrecht IV, 4. Aufl., 1983, Fall 3 Rn. 28;在持续性地取走物的本体的情形中,考虑物的价值提取是多余的(如果完全没有缺陷的话)。
④ 与本文一样持否定观点的见 Jäger, JA 2012, 709, 710; Putzke, ZJS 2013, 311, 313 f.; Rengier, Strafrecht Besonderer Teil I, 15. Aufl., 2013, §2 Rn. 66。但是,另一种观点(和德国联邦最高法院观点一致)见 Duttge, in: Dölling/ Duttge/Rössner, Gesamtes Strafrecht, Handkommentar, 3. Aufl., 2013, §242 Rn. 44; Hecker, JuS 2013, 468, 469; Wessels/Hillenkamp, Strafrecht Besonderer Teil 2, 36. Aufl., 2013, §2 Rn. 152。

该设备拨打电话。① 在这两种情形中,行为人的行为不仅是拿走了物,而且包含为了自己的目的积极使用了该物。② 他没有借助另一台设备来复制数据,而是将电话本身作为一个复制工具来使用。归根结底,这种使用是为了获得照片而必不可少的阶段目标,但这足以构成取得占有目的,尽管其最终目标是将照片占为己有。因此,德国联邦最高法院在本案中背离了它之前的判例,这些判例将对物的短暂使用作为取得占有的形式。正如文章开头所述③,德国联邦最高法院在例如使用汽车去兜风或者使用钥匙去开门的情形中,都肯定了取得占有目的。④ 如果德国联邦最高法院想要在事实上针对使用作出定量界限的要求⑤,那么这将会导致早已说明的不确定性。

另外,欠缺经济(使用)利益不宜作为反驳论据来引用⑥:原因在于,第一,盗窃并非是得利犯行⑦,因而不必以财产价值的提升为目标;第二,对某一设备的功能加以利用就正好等于是经济意义上的使用,因为设备就是为此而生产的。其他的利益,比如照片的商业用途等,这些并不重要,⑧因为这种利益并不是来自物,而是通过后续的、以物为基础的交易而获得的。

此外,也不能用以不存在常规的使用来否定对物的使用,比如认为电话就只是用来打电话的,所以通过蓝牙拷贝照片并不是典型的使用类型。⑨ 对此,德国联邦最高法院已经强调,这就是一种常规的使用。⑩ 而且,正如上文所述⑪,取得占有层面也完全不取决于常规使用。⑫ 如果人们想要区分一台多功能设备的单个功能,那么就将面临难以言表的界分难

---

① Putzke, ZJS 2013, 311, 314.
② Putzke, ZJS 2013, 311, 314.
③ 参见上文一。
④ BGH NStZ 1981, 63(尽管在这里否定了排除占有要素,因为行为人会如何处理钥匙还无法确定)。
⑤ 在这一方面参见 B. Heinrich, in: Arzt/Weber/Heinrich/Hilgendorf, Strafrecht Besonderer Teil, 2. Aufl., 2009, §13 Rn. 91。
⑥ 但是,Hecker, JuS 2013, 468, 469 Fn. 9 一文认为,取得占有目的必须针对经济上可衡量的使用利益。
⑦ 已见于上文二(一)。
⑧ 在结论上持此观点的也见 Putzke, ZJS 2013, 311, 313。
⑨ Jäger, JA 2012, 709, 710,他推测,德国联邦最高法院可能"暗自地"遵循了这种想法。
⑩ BGH NStZ 2012, 627.
⑪ 见上文二(二)。
⑫ Vgl. Jäger, JA 2012, 709, 710.

题:打电话(功能:通话)就应当满足,但发送短信(功能:信息传送)就不满足吗?听音乐(功能:收音机或播放器)就符合要求,但看照片(功能:数码相机)就不符合吗?这样人们就会陷进一个界分的罗网之中。唯一有意义的解决方案就是同等处理:如果行为人充分利用了多功能设备的某一项功能,那么他就具有取得占有目的。就这点而言,虽然内容和载体能够被完全区分开,但是,取得占有目的依然涉及这两者,因为行为人也需要该设备本身。想要听一首音乐作品的人,所需要的不仅仅是歌曲,还包括播放设备。

  只有在不使用设备功能而将数据从设备中提取出来时,情况才会有所不同。设想这样一种情形,行为人携带一台自己的笔记本电脑,并且他能够通过数据线直接进行数据传输。使用U盘和光盘拷贝数据的情形亦是如此,如果将它们简单地插进电脑就能实现数据复制,那么就否认取得占有目的。因为在此,显示过程和复制过程就是借助自己的电脑完成的,而数据载体本身处在一个被动的状态。①

  然而,倘若数据无法被当场复制,而只能回家才能完成数据复制,那么就应当将这种关系重大的使用考虑在内。在这种情况下,U盘被视为一个必要的"准传输工具"来使用,同时对行为人而言,它具备一种独立的、有利的意义。作为示例,可以假设这样一种情况,行为人为了获得某台电脑中的数据而侵入一间办公室,但他并没有携带自己的U盘,而是在办公桌上发现了被害人的U盘,他将数据复制到该U盘中,并将它带走,那么他就是想要用这个U盘作为数据的"准传输工具"。此外,针对作为数据载体的个人电脑存储器,在此就根本不成立拿走行为。②

---

  ① 不同观点参见 Cramer, CR 1997, 693, 697;关于磁盘问题,如果行为人在使用物品时就已经打算之后会将物品毁坏,那么这就满足德国《刑法典》第 246 条的要件。尤其显而易见的是,行为人在对数据材料进行复制之后,通过毁坏落在他手里的唯一原始文件来保障其所获得的内容。但首先,这是一个特殊情形,在这种情形中,行为人的(经济)利益要通过毁损得以实现,因为这是唯一的数据记录。第二,行为人毁坏载体的行为也恰好表明,他并不需要这个容器。如 Cramer 所言,但是也见 Duttge, in: Dölling/ Duttge/Rössner, Gesamtes Strafrecht, Handkommentar, 3. Aufl., 2013, § 242 Rn. 42。

  ② 参见 Vogt-Vogt, JuS 1980, 860, 861。

四、总　结

因此，有关非法占有目的，可以做如下总结：

第一，对所有数据载体而言，如果行为人在使用后不再归还给所有权人，而是继续为自己所用，那么无论如何都成立非法占有目的。

第二，相反，如果行为人将其返还，那么单纯的数据复制行为并不包含排除占有目的，因为数据载体的专有使用功能并没有因此丧失。这种情形充其量是一种"数据盗窃"，该行为并未改变数据载体，并且这种情况也无法被包含在德国《刑法典》第242条的规定内。

第三，倘若在返还数据载体前，数据被提取（也就是被消除）了，那么只有在数据载体因此丧失专有功能时，才成立排除占有目的。这里要视数据载体而定。如果数据载体的功能在于对任意数据的采集，那么就不属于丧失功能。

第四，对一种类似于容器的数据载体而言，当数据载体本身被使用，并且对行为人而言，除了信息本身，数据载体也是必要的时候，则对数据的复制和随即将数据载体丢弃的行为就具有非法占有目的。

数据赃物罪或信息赃物罪?

[德]托比亚斯·赖因巴赫*
唐志威 译　王芳凯 校

本文批判性地讨论了德国《刑法典》第202d条对数据赃物的形式性保护方案。文章将说明,对数据赃物的形式性保护方案将使该构成要件面临几乎无法解决的问题,并且还将面临两方面的风险,即一方面无法涵盖由立法者预期计划囊括的案件,另一方面却将立法者明确认为不可罚的行为纳入处罚范围。笔者展示了,如果无论如何要处罚与信息相关的窝藏赃物行为,那么以数据中所包含的信息为重点的内容关联(保护)方案是更具有优势的。

一、导　论

通过《引入交往数据存储者义务和数据最高存储期限法案》①,德国《刑法典》第202d条将对"窝藏数据赃物行为"进行刑事处罚。该构成要件是以德国《刑法典》第259条"赃物罪"为蓝本(制定)的,因此与该条相同,也被设计为"后行犯"(Anschlussdelikt)。处罚的对象是(行为人)通过"转移"违法取得数据,使"形式数据秘密"的损害"永久化"的行为。② 通过这一举

---

* 德国维尔兹堡大学刑法、刑事诉讼法、传媒刑法教席教授。本文原文被收录于《格尔特达默刑法档案》2018年第6期,第311—322页。作者衷心感谢Ilan Selz和Andreas Werkmeister博士的启发。本文成文于2017年10月。在此期间,针对德国《刑法典》第202d条,自由权利协会(Gesellschaft für Freiheitsrechte)提起了一项相关的宪法诉愿。

① BGBl. I 2015 S. 2218.
② BT-Drs. 18/5088, S. 26.

措,(德国)立法者以信息技术相关犯罪"模拟"分则中的传统构成要件为模型,在对核心刑法电子化的道路上又再向前迈出了一步(例如模拟毁坏物品罪、诈骗罪以及现在此处的赃物罪)。与其最初的预先设定不同的是,数据赃物罪并未作为德国《刑法典》第259a条而被放置在德国《刑法典》第21章"包庇与赃物罪"中,而是作为德国《刑法典》第202d条被规定在德国《刑法典》第15章"侵害个人生活与秘密领域罪"中的第202a条及以下之后。显然,数据赃物罪与德国《刑法典》第202a条及以下的条文是存在关联的。

根据德国《刑法典》第202d条第1款,数据赃物罪是指行为人意图为自己或第三人之利益或损害他人,对于非供公众取用且系由他人以违法行为所取得之数据,使自己或他人取得、交付予他人、散布或以他法使得取用。立法者增加该条文的原因在于,在互联网中"对非法取得的任何形式数据都存在密集的交易"。① 而数据赃物罪的对象则可以包含例如信用卡或银行信息这样敏感的数据②、完整的个人信息或者电子身份认证③,甚至是高度私人的数据。但是,根据这一有待解释的条文设计,数据的敏感性并非是构成要件的必要前提,因为该构成要件与德国《刑法典》第202a条以下以及第303a、303b条相同,保护的是德国《刑法典》第202a条第2款意义上所有的数据。由此,该构成要件遵循的是一种基本与内容无关的、对形式数据秘密保护的方案。④

人们对该条文的讨论时间越长,越会使人强烈感受到下述问题的重要性,即在进一步的观察下,立法者是否真的想要像德国《刑法典》第202a条或者第303a条那样,对一个特定数据项进行形式秘密以及处分权的保护。又或者立法者实际倾向于保护内容上的权利,即数据所包含的信息,在此情形下,信息本身自然希望成为、也应当成为"赃物罪"的对象。如果只是将一个特定数据项形式意义上的数据作为犯罪客体,而不是将数据所包含的信息作为犯罪客体,那么适用这样的构成要件究竟是否还具有意义? 为了解决该问题,本文将进一步研究德国《刑法典》第202d条的保护方案与犯罪客体,同时还将展示由于形式保护和内容关联保护之间的不一致性而产生的棘手的解释问题。

---

① BR-Drs. 284/13, S. 1.
② BR-Drs. 284/13, S. 1; BT-Drs. 18/5088, S. 26.
③ Fischer, StGB, 65. Aufl., 2018, § 202 a Rn. 1.
④ BT-Drs. 18/5088, S. 45.

二、立法理由中构成要件的形式保护方案

根据立法者的设想,德国《刑法典》第 202d 条所承载的保护法益是数据相关的个人利益,这(数据相关的个人利益)也是德国《刑法典》第 202a 条及以下条文的基础,即权利人对"其"数据及其"数据处分权""形式上的秘密守护利益"。[①] 这里的保护方案之所以称为"形式上的",原因在于其与数据内容的敏感性无关,也就是说,并不需要考虑数据内容原则上的需保护性本身。[②] 就此而言,与德国《刑法典》第 202a 条及以下或者第 303a、303b 条相同,德国《刑法典》第 202d 条并不一定要求存在财产损失,并且由于只要具备损害目的就已足够,所以也不必然以获利目的为前提。

因为在德国《刑法典》第 202a 条及以下、第 303a、303b 条以及现在第 202d 条的情形,其并不涉及保障一项发明或者某一受著作权保护的作品的经济价值,所以对非物质财产法意义上的数据项内容享有"知识产权"也并非是必要的(前提)。除此之外,它也不必须要涉及德国《联邦数据保护法》(BDSG)意义上的个人相关数据或者德国《刑法典》第 203 条及以下条文、第 353b 条或德国《反不正当竞争法》(UWG)第 17 条*意义上的秘密。其保护的更多是"对一项信息的支配"[③],该支配是通过以编码形式将信息存储在数据载体的方式产生的。由此,相关人也就被授予了决定数据(之后)会发生什么的权利。[④] 虽然"数据所有权"这个概念本身在民法上并未被通说承认,也就是说,数据并不属于德国《民法典》第 903 条的范围,即只

[①] BT‑Drs. 18/5088, S. 26, 45; Brodowski/Marnau, NStZ 2017, 377, 378 f.; Franck, RDV 2015, 180; Gercke, ZUM 2006, 825, 827; Reimbacher, in: Nomos Kommentar Wirtschafts‑ und Steuerstrafrecht (NS‑WSS), 2017, §202d Rn. 4; Roßnagel, NJW 2016, 533, 537.

[②] Stuckenberg, ZIS 2016, 526, 531.

* 旧版德国《反不正当竞争法》(UWG)第 17 条被 2019 年 4 月 18 日颁布的《关于保护商业秘密被非法获取、非法使用及披露的(欧盟)2016/943 号指令实施法》废除((BGBl. I S. 466),该法自 2019 年 4 月 26 日起生效——译者注。

[③] BT‑Drs. 18/5088, S. 45.

[④] Bosch, in: Satzger/Schluckebier/Widmaier (SSW), StGB, Kommentar, 3. Aufl., 2016, §202a Rn. 1.

有对数据载体的所有权。与此相对,数据本身并非是德国《民法典》第 90 条①以及刑法意义上的物。②③ 但是对于数据,还应当存在一项排除性的、与所有权相类似的处分权④意义上的支配权,对该权利的保护则是德国《刑法典》第 202a 条、第 303a 条以及现在的第 202d 条的目的。

与物的所有权的重要差异在于,对数据的处分权产生于权利人以编码的形式存储了信息,也就是说,对处分权利与"信息的支配"起决定性作用的是所谓的"记录行为"。⑤ 与非物质财产法中不同的是,其并没有产生任何创意性的东西从而产生知识产权,而仅仅是一种所谓的"类似占有取得行为"(Quasi-Besitzergreifungsakt)。只要存储并非是基于他人委托而做出的,存储数据者便是这个具体数据项的权利人。由此,无论是在德国《刑法典》第 202a 条及以下条文中⑥,还是在德国《刑法典》第 303a 条⑦中,法益所有者(Rechtsgutsträger)都是有权对数据进行处分的人,一般情况下就是存储数据的人,而并非那些在内容上与其相关的人。因为在对储存数据支配权形式上的保护中,数据的内容并非是起决定性作用的,相反,通过存储行为将信息固定为数据才是关键。在日常语言使用中,"数据"与"信息"两个概念是同义词,因此对两者作出区分十分困难。例如,德国《联邦数据保护法》第 3 条第 1 款*便将个人相关的"数据"定义为"对特定或可特定自然人的人身或物的关系的单个说明"。《欧盟数据保护条例》的第 4 条第 1 项则

---

① BeckOK BGB/Fritzsche, 42. Ed., Stand: 1.2.2017, § 903 Rn. 10.

② BeckOK BGB/Fritzsche, § 90 Rn. 25 f..

③ Fischer, § 202d Rn. 2; § 242 Rn. 3; Nomos Kommentar zum StGB (NK)/Kindhäuser, 5. Aufl., 2017, § 242 Rn. 10; Lackner/Kühl/Kühl, 28. Aufl. 2014, § 242 Rn. 2; Reinbacher ZStW 126 (2014), 642, 644; Leipziger Kommentar zum StGB (LK)/Vogel, 12. Aufl., 2009 ff., § 242 Rn. 9.

④ 参见 NK-WSS/Reinbacher, § 303 a Rn. 11; Selz, Gesetzentwurf zur Strafbarkeit der sogenannten Datenhehlerei, in: Taeger (Hrsg.), Internet der Dinge-Digitalisierung von Wirtschaft und Gesellschaft, 2015, S. 925, 924。还可参见 LK/Hilgendorf, § 202 a Rn. 6: 支配权的侵害作为处罚基础。

⑤ 有关德国《刑法典》第 202a 条参看 LK/Hilgendorf, § 202 a Rn. 26; NK/Kargl, § 202 a Rn. 7; NK-WSS/Reinbacher, § 202 a Rn. 10。有关德国《刑法典》第 303a 条参看 OLG Nürnberg CR 2013, 212, 213; SSW/Hilgendorf, § 303 a Rn. 6; NK-WSS/Reinbacher, § 303 a Rn. 11。还可参看下文第三章第(二)节。

⑥ Schönke/Schröder/Lenckner/Eisele, 29. Aufl., 2014, § 202 a Rn. 1; NK-WSS/Reinbacher, § 202 a Rn. 4。不同观点参见 Lackner/Kühl/Heger, § 202 a Rn. 1: 相关人并未同时被保护。

⑦ SSW/Hilgendorf, § 303 a Rn. 6; NK-WSS/Reinbacher, § 303 a Rn. 11.

* 在 2018 年 5 月 24 日生效的新版德国《联邦数据保护法》中,立法者删除了旧版第 3 条第 1 款对个人相关数据的法律定义。——译者注

将个人相关的数据确定为"有关特定(已识别的)或可识别的自然人的(…)所有信息"。在德国《刑法典》中,数据则经常被理解为借助代码对信息的表达(Darstellung einer Information mithilfe eines Codes)①,以此来区分内容与代码形式。② 德国《刑法典》第202a条第2款对在其他情况下较为宽泛理解的数据概念进行了限缩,数据在此仅包含那些经由电子、磁性或其他无法直接感知的方式而存储或传输的对象。

下文关于德国《刑法典》第202a条与第303a条条文的解释中,还会针对与内容无关、而与具体数据相关的处分权保护展开说明。德国《刑法典》第303a条数据变更罪是以德国《刑法典》第303条毁坏财物罪为模型制定的。由此,可罚性并不取决于数据含有何种内容,任何对数据的损害、销毁或变更行为都是符合构成要件的。③ 因为数据具有易复制性和再制造性,所以在此就已经存在问题,例如由于数据存储在不同的载体上,尽管发生了犯罪行为,但是相应(编码)的数据仍然可供权利人进行使用。但是,一个与对"物品"保护近似的方案在此是比较容易论证其正当性的,因为具体的数据对于相关人而言已经并非像(犯罪行为)之前那样存在且(或)有用。由于具体数据组成的完整性已经遭到侵害,因此在内容上数据涉及什么信息,在此已经无足轻重。

相反,德国《刑法典》第202a条保护的则是"形式的数据秘密"。当权利人存储了数据,并对其访问权限设置了特别保护时,无论数据的相关内容为何,都应当保持其机密性。德国《刑法典》第202a条可以理解为处罚所谓的"电子式住宅入侵行为",因为不同于德国《刑法典》第303a条保护的是数据的完整性与可使用性,该罪处罚的行为是设法访问那些访问权限受到保护的数据。④ 在这点上,可以通过保护具体的数据组成免遭无权访问、

---

① SSW/Bosch, §202 a Rn. 2; LK/Hilgendorf, §202 a Rn. 6; NK/Kargl, §202 a Rn. 4.
② 有关数据在句法学及语义学上层面的区分参看 LK/Hilgendorf, §202 a Rn. 6; Selz, Gestzentwurf zur Strafbarkeit der sogenannten Datenhehlerei, in: Taeger (Hrsg.), Internet der Dinge – Digitalisierung von Wirtschaft und Gesellechaft, 2015, S. 915, 925; Sieber NJW 1989, 2569, 2572; LK/Wolff, §303 a Rn. 6.在技术规范(ISO/IEC-Norm 2382)中,信息也被定义为"在特定语境中具有特定含义的有关例如事实、事件、事物、过程或思想(包括概念)等对象的知识",相反数据则被定义为"以适合交流、解释或处理的形式化方式对信息进行可重新诠释的表示形式"。
③ 参看 LK/Wolff, §303 a Rn. 6: 在德国《刑法典》第303a条中,重要的只有句法学层面(die syntaktische Ebene)。
④ NK-WSS/Reinbacher, §202 a Rn. 1; §303 a Rn. 4.

变更与损坏,从而来整体地保障数据的保密性与完整性。

在两类案件中都涉及权利人"形式上的处分权",因为权利人要么无法再使用数据,要么无法自己决定,谁能够获悉数据或将数据传递给谁。对此,德国《刑法典》第 202d 条将通过永久性行为对这样的形式保护方案进行补充。虽然与德国《刑法典》第 202a 条的情形不同,形式处分权的法益并不能直接从文义解释中得出①,因为使数据免遭无权访问的特殊保护并非是必要的,根据立法者明确的立法原意,这也适用于德国《刑法典》第 202d 条。② 在此,数据所有人的处分权还应受到免遭"侵害维持与加剧"的保护。除此之外,一般性的安全利益在此也具有重要性,这与判例对德国《刑法典》第 259 条通行的保护目的见解是相符的。③ 原因在于,窝藏者特殊的危险在于,其取得犯罪所得物品的意愿会对实施财产犯罪产生一种持续性的刺激。④ 由于缺乏"数据特殊的持续性",如果前行为人在具体情形下仅仅侵害或危害到其他法益,而不是对数据形式上的处分权,那么这些犯罪行为是不被包含在(该构成要件)内的。⑤

这就已经在本质上提出了一个问题,即在多大范围内可以将赃物罪的原则适用于"数据赃物罪"的情形。因为在通常情形,数据并不会从数据载体中"被取走",相反只是被复制,由此数据还仍然留在被害人处。⑥ 这意味着,由于数据涉到编码的信息,所以获得者可以通过复制数据,"在(数据)所有人没有失去任何东西的情形下"获得信息。⑦ 维持支配权侵害状态意义下的应罚的维持行为并不基于受害人的窝藏行为而更难以重新取得

---

① 由此批判的观点参见 von zur Mühlen/Golla, JZ 2014, 668, 670; NK‑WSS/Reinbacher, § 202 d Rn. 3。

② BT‑Drs. 18/5088, S. 45。

③ BGHSt 7, 134, 141 f.; 42, 196, 199 f.; Münchner Kommentar zum StGB (MüKo)/Maier, 2. Aufl., 2012, § 259 Rn. 3。

④ 对此批判的观点参见 NK/Kargl, § 202 d Rn. 5。

⑤ 例如,违反德国《刑法典》第 184d 条的情形。BT‑Drs. 18/5088, S. 46; Franck RDV 2015, 180, 181。

⑥ Golla/von zur Mühlen, JZ 2014, 668, 671; NK‑WSS/Reinbacher, § 202 d Rn. 3; Singelnstein, ZIS 2016, 432, 433; 还可参见 Hoppen, CR 2015, 802, 803: 所有数据传输的过程原则上都是复制的过程。对类推窝藏赃物罪持批评态度的还有 SSW/Bosch, § 202 d Rn. 1; Brodowski/Marnau NStZ 2017, 377, 378; Stuckenberg, ZIS 2016, 526, 532。

⑦ Buermeyer, http://www.sueddeutsche.de/digital/netzpolitik-datenhehlerei-1.2676184; 最后访问日期:2017 年 8 月 31 日。

犯罪客体。① 考虑到数据作为编码信息,而物作为有体标的,这样将赃物罪(Sachhehlerei)类推数据赃物罪的规定无论如何很难具有说服力。虽然从中并无法得出处罚"窝藏数据行为"整体上缺乏合法性的结论,特别是在数据在特定方面下存在特殊危险性的场合,这些危险场合并不会发生在动产物的情形,因为数据或者数据包含的信息在"错误的人手中"非常容易被继续传递。就此而言,受损人将面临数据被进行大规模以及不可逆的扩散。由于其他多数人也将获得(数据的)权限,由此对数据限制性处分权的侵害便也就加剧了。②

但是,仍应当批判性地看待将德国《刑法典》第 202d 条归类为一种形式的保护方案。③ 因为数据本质的保护内容,即窝藏行为的对象存在于其实质的内容中,即特定的事实只能由权利人获知。④ 对窝藏者来说,数据赃物仅仅在特定内容的场合才有意义。本文将对部分问题领域进行描述,以此展现由于对存储具体数据项采取纯粹形式、内容无涉的处分权保护所产生的困境。由此将展示,(编码的)信息本身最终才是决定性的。

三、犯罪客体

(一)问题一:复制数据情形中犯罪客体的同一性

德国《刑法典》第 202d 条的犯罪客体是大众不具有权限、由他人通过违法行为所取得的数据。有关数据的概念本身可追溯到德国《刑法典》第 202a 条第 2 款。正如上文所讨论的,数据的处理目的⑤或经济价值⑥并未起到决定性的作用,且它也无须涉及(法条中)秘密条款意义上的"秘密"或者

---

① Stuckenberg, ZIS 2016, 526, 532; 有关赃物罪参看 MüKo/Maier, §259 Rn. 2。
② BT-Drs. 18/5088, S. 26; NK/Kargl, §202 d Rn. 5; NK-WSS/Reinbacher, §202 d Rn. 3。
③ 相同观点还可参见 Singelnstein, ZIS 2016, 432, 434 f.。此外,对保护法益持批评态度的观点参见 Stuckenberg, ZIS 2016, 526, 530。
④ Singelnstein, ZIS 2016, 432, 433 f., 435。
⑤ Graf/Jäger/Wittig/Valerius, Wirtschafts- und Steuerstrafrecht, 2011, §202 a Rn. 7; 此外,有关德国《刑法典》第 263a 条相同的观点还有 Lackner/Kühl/Heger, §263 a Rn. 3; NK-WSS/Reinbacher, §202 a Rn. 7; LK/Tiedemann/Valerius, §263 a Rn. 20。
⑥ LK/Hilgendorf, §202 a Rn. 9。

德国《联邦数据保护法》意义上的个人相关信息。

如果德国《刑法典》第202d条确实平行于德国《刑法典》第202a条及第303a条,涉及的是对部分数据处分权形式的保护的话,那么值得质疑的是,德国《刑法典》第202d条在以下情形是否无论如何均存在有意义的适用空间,即数据(通常情形下?)在其成为"窝藏行为"对象之前便会被复制。平行于德国《刑法典》第202d条对数据的规定,第259条规定的赃物罪要求前犯罪行为的客体必须与窝藏行为的客体相同,反之构成要件便不该当。① 相应地,德国《刑法典》第202d条也作出了与德国《刑法典》第259条相同的规定,即要求"通过一个他人的违法行为获得"。② 由此,只有在数据载体与数据一同被窃取走时,才可能考虑德国《刑法典》第202d条。

但是,通过复制的过程还会生产一个新的数据,在初始数据继续被掌握在被害人处的同时,该新的数据将成为"数据赃物罪"的对象。由此,可以十分形式地得出以下结论,即在被害人硬盘中的原始数据与行为人数据载体中的数据并非是相同的犯罪对象,因为其涉及的是不同载体中的不同数据。当前行为人在数据用于"数据窝藏行为"之前,将数据再次复制(至其他的数据载体上)时,这便会变得更加清楚。在赃物罪中,多数观点也认为,犯罪客体"物"必须在前行为之前就已经存在,而不应当是通过犯罪行为才产生的。③ 如果想要将此适用于数据赃物罪的情形,那么在此视角下,基于对初始数据与新数据两者之间的形式观察,必须将被复制的数据排除在犯罪客体的范围之外,因为作为复制品的新数据才刚由前犯罪人制造出来。在立法程序中已经确认,比起"盗窃"的本质含义,数据通常更倾向于(只是)被复制。④ 正因为如此,该问题显然早就被察觉,且本法条理应也包含上述情

---

① 参见如 MüKo/Maier, § 259 Rn. 51; Schönke/Schröder/Stree/Hecker, § 259 Rn. 12 f.
② 参见 Marnau NStZ/Brodowski 2017, 377, 379 f.
③ LG Würzburg NStZ 2000, 374, 375; NK/Altenhain, § 259 Rn. 13; MüKo/Maier, § 259 Rn. 45; Schönke/Schröder/Stree/Hecker, § 259 Rn. 12. 这样的观点可追溯至帝国法院判决 RGSt 77, 377, 385,但是该判决涉及的是,前犯罪行为人将自己的物(牛奶)改造为一个新的物(黄油)。部分地,在收购"盗版复制品"的情形,包含复制受著作权保护作品的载体也会同样根据这样的理由,即物品在犯罪行为前已经存在而否定构成德国《刑法典》第259条规定的赃物罪。相同的观点参看例如 NK/Altenhain, § 259 Rn. 13. 不同观点参看 Lieben GRUR 1984, 572, 574。但是可参见 KG NStZ 1983, 561, 562; Heinrich, JZ 1994, 938, 940 ff.,该文突出强调了数据载体与受著作权保护作品的区分,当数据载体的所有权在复制人处时,在作为物的数据载体方面否定其能够构成赃物罪。
④ BR-Drs. 284/13, S. 13.

形,也就是说,根据立法者的意思,被复制的数据也应当作为适格的犯罪客体。由此应当考虑的是,该项立法的关切是否以及如何才能实现,以及因此在何种程度上能够放弃机械地适用那些从赃物罪中发展而来的原则。

至少从被复制数据"相同的编码"角度,即以二进制形式储存的数据,其数字 1 和数字 0 的组合是相同的,可以承认犯罪客体的一致性①,由此可以不受相应载体制约,存在相同的犯罪客体。就这点而言,可以说犯罪客体并不是通过前行为人的(犯罪)行为(或者与此相连接的行为)才产生的;同时必须考虑的是,数据与物不同,可以毫无损耗地被复制。这点所导致的一些问题后果此处不能详细展开。② 本文想展示的是,在严格形式意义上,并非永远都能具备数据项的一致性,③由此,仅从外部便可质疑犯罪客体的一致性。即便如此,以此种方式为潜在的窝藏者大开后门,即通过对形式相应的更改来为其出罪,显然也是不妥当的。

相反,如果对犯罪客体的判断并非是(纯粹)形式的,而是(同时也)进行实质判断,即将信息或者说内容本身作为评价重点,那么便不存在现在这样的问题。因为,在相同信息内容的场合必然可以得出犯罪客体一致性的结论。理由在于,其仍旧涉及相同的内容,即相同(编码的)信息,这些信息原先在权利人手中,然后以例如监视等方式遭到"窃取",最后在窝藏(赃物)行为中被继续传递或使用。基于此,犯罪客体的一致性便可经由数据中实质的信息内容产生。④ 而进一步观察可发现,就立法者而言,德国《刑法典》第 202d 条或许并非仅仅涉及一种形式的秘密保护,而是(至少还)涉及一种实质的秘密保护⑤,即保护那些特定人才有权"享有"、大众无权"享

---

① 这样的观点参见如 Brodowski/Marnau, NStZ 2017, 377, 379。

② 有关如数据衍生物或数据馏出物的情形详细参见 Brodowski/Marnau, NStZ 2017, 377, 379 ff.。

③ 参看如 Hilgendorf, JuS 1996, 890, 891, 作者在未进行内容更改, 将其它程序语言翻译为编码的情形中,承认可构成德国《刑法典》第 303a 条意义上的更改数据罪。Brodowski/Marnau, NStZ 2017, 377, 379 中作者也提出,转换到另一种形式会导致符号次序的改变,由此便不再具备相同的复制件。即使是数据项的元数据一般而言也被允许在复制的情形进行变更,由此应考虑的是,这是否与犯罪客体一致性的问题相关,又或者仅仅只是应当将其作为独立的数据项。

④ Brodowski/Marnau, NStZ 2017, 377, 380, 作者由此建议通过将犯罪客体规定为"被作为(德国《刑法典》第202a 条第 2 款)数据存储和传送的信息",从而对构成要件进行"目的性修正"。

⑤ 还可参见 SSW/Bosch, § 202 d Rn. 1; Selz, Gesetzentwurf zur Strafbarkeit der sogenannten Datenhehlerei, in: Taeger (Hrsg.), Internet der Dinge–Digitalisierung von Wirtschaft und Gesellschaft, 2015, S. 915, 926; 考虑将内容利益作为保护法益的还有 von zur Mühlen/Colla, JZ 2014, 668, 670。

有"的信息免遭传播和交易。

就此而言,存在着两种方案。如果要坚持以形式方案为出发点的话,那么首先必须考虑进行一种形式—实质的判断,根据这种形式—实质的判断,将以编码形式作为具体数据所存储的、通过存储行为形式上成为犯罪客体且其权利人(即存储人)①所获得的特定信息视作犯罪客体。"对信息的支配"是通过存储行为建立的,据此这不再只取决于信息本身,所以即使在(数据被)复制的情形中,也还会具备犯罪客体的统一性。这样的解释或许能够最好地解释立法者的意图,对此,立法者曾经提出"对思想内容的权利"以及想要保护"维持信息支配关系的利益"。② 除此之外,立法者还考虑到了这样的事实,即权利人最终优先感兴趣的实际是在数据中的信息受到保护。③ 基于此,必须十分清楚的是,保护方案也就从一种纯粹形式的方案转变为了至少包含有实质内容的方案。

其次,更激进的方案是,直接实质地采用信息,也就是内容本身作为犯罪客体,由此全面地远离将形式保护方案作为出发点的做法。这当然提出了另一个重要的问题,即应当保护哪些信息?作为对此的解释,德国《刑法典》第202d条至今仅将其限定为"一般公众没有权限"的信息。④ 相反,在黑森州的立法申请⑤以及德国联邦参议院的草案⑥中,还对数据进行了规范性的限制,即所涉及的数据必须具有"值得保护的利益"。⑦ 但是,该规定在现行法案中被删去。

(二) 问题二:复制数据情形中的有权处分人

如果(数据)的复制件也足够成为犯罪客体的话,那么还会面临形式保护方案的另一个问题。因为被复制的数据存在一个新的"制造者",如果认为数据的处分权人永远是做出记录行为的人,那么理论上便会产生一个新

---

① 对此参看下文三(二)。
② BT-Drs. 18/5088, S. 45.
③ 对此十分一般性的介绍参看 Hoppen, CR 2015, 802, 804。
④ 对此参看下文三(三)。
⑤ BR-Drs. 284/13, S. 8.
⑥ BT-Drs. 17/14362, S. 7.
⑦ NK-WSS/Reinbacher, §202 d Rn. 3, 9.对该要素限制功能持批判态度的观点参见 von zur Mühlen/Golla, JZ 2014, 668, 669。

的"权利人",这也符合有关德国《刑法典》第 202a 条及 303a 条的通说见解。① 在这个意义上,有关德国《刑法典》第 303a 条的通说见解认为,原始权利人的处分权并未延续到其复印件中。② 由此,该见解对德国《刑法典》第 202d 条产生的部分后果是,数据赃物罪完全不涉及对原始数据项形式的处分权。③ 因为虽然新数据的权利人是新的制造者,但是权利人仍然保留了其具体的数据项,这些数据项并未通过复制行为受到损毁。④ 换言之,只有数据具体的储存形式受到了保护,因此,犯罪客体便需要结合处分权限来加以确认。⑤

这样的结论在数据变更罪中也是可以理解的,因为数据变更罪涉及的是对数据完整性与数据对权利人可使用性的保护。如果行为人在对数据制作了一份复印件后将复印件删除,那么通过删除行为,原权利人并未受到损害⑥,因为受到损害的是一个完全不同的数据组成。但是,如果德国《刑法典》第 202d 条的目的是,对(原始)信息支配权的侵害不再持续的话,因为其他人可能获悉到信息,那么,(在非获得允许进行复制的情形),德国《刑法典》第 303a 条与第 202d 条中的处分权则必须进行不同的判断。⑦ 这无法被排除,因为一方面这涉及到不同的构成要件,另一方面,由原始数据组成

---

① 有关德国《刑法典》第 202a 条仅参见 Hilgendorf, JuS 1996, 509, 512; NK-WSS/Reinbacher, §202 a Rn. 10; BeckOK StGB/Weidemann, 35. Ed., Stand: 1.8.2017, §202 a Rn. 8。有关德国《刑法典》第 303a 条参见 Hilgendorf, JuS 1996, 890, 893; NK-WSS/Reinbacher, §303 a Rn. 11; BeckOK StGB/Weidemann, §303 a Rn. 5。

② OLG Nürnberg CR 2013, 212, 214; Hilgendorf, JuS 1996, 890; Schönke/Schröder/Stree/Hecker, §303 a Rn. 3; BeckOK StGB/Weidemann, §303 a Rn. 5; LK/Wolff, §303 a Rn. 16.

③ Selz, Gesetzentwurf zur Strafbarkeit der sogenannten Datenhehlerei, in: Taeger (Hrsg.), Internet der Dinge-Digitalisierung von Wirtschaft und Gesellschaft, 2015, S. 915, 925 f.

④ Selz, Gesetzentwurf zur Strafbarkeit der sogenannten Datenhehlerei, in: Taeger (Hrsg.), Internet der Dinge-Digitalisierung von Wirtschaft und Gesellschaft, 2015, S. 915, 925.

⑤ Selz, Gesetzentwurf zur Strafbarkeit der sogenannten Datenhehlerei, in: Taeger (Hrsg.), Internet der Dinge-Digitalisierung von Wirtschaft und Gesellschaft, 2015, S. 915, 925.

⑥ 人们甚至可以质疑,当复印件仍可供其自身使用时,删除原始数据项的行为是否会造成损害。由于本文篇幅所限,该问题并不能在此详细展开。

⑦ 在对形式处分权整体区分评价的意义上,像 Hoyer 等学者便提出,德国《刑法典》第 202a 条框架内提倡将做出存储行为的人视为关键,相反在德国《刑法典》第 303a 条的场合,则将对数据载体的使用权人视作关键。一方面参看 Systematischer Kommentar zum Strafgesetzbuch [SK-StGB/Hoyer, 8. Aufl., Stand: 148. Lieferung (Dezember 2014), §202 a Rn. 13 以及另一方面 SK-StGB/Hoyer, 9. Aufl., 2016, §303 a Rn. 6]。

的数据秘密也不同于可通过复制行为而被侵害的数据的完整性。由此,尽管德国《刑法典》第202a条第2款中的犯罪客体被确认为是相同的,也还是会导致形式保护方案的瓦解。

相反,如果依靠内容,采用实质的保护方案,那么在复制件的情形也可以再次更好地论证处分权人的同一性,因为在实质的保护方案中,其将不再被视作内容中立的数据项,而是事实上"对信息的支配"。此时,这里的支配是如何产生的,就再次成为了有待澄清的问题。即使是依靠具体的存储行为而使存储者变为权利人的形式——实质方案也必须解释,为什么复制件的制作者不能够成为新数据项的权利人。这必须基于这样的前提,即原本形式产生的所有权进一步存在于复制件中,因为具体数据所呈现的信息在整体上是起决定性作用的,除此之外,根据立法者的意志,本应处罚的通过传播复制件而对信息支配权持续侵害的行为,将不在处罚范围以内。相反,如果从一开始就实质地确定犯罪客体以及(数据)权利的话,那么就必须考虑,对特定信息有权且值得保护的(保密)利益在何时能够产生。

(三)问题三:数据或信息的一般开放性

通过限缩构成要件将数据限定为不对一般公众开放的数据,应当将不具有刑事应罚性的案件排除出去。对开放数据的贸易并不会侵害"形式的数据秘密"以及"权利人的支配权",这是不言自明的,因为权利人已经不再拥有处理这些开放数据的垄断权。事实上这几乎并不涉及所谓的(形式)数据秘密。按照立法者的意思,该要件应该依据旧版本德国《联邦数据保护法》第10条第5款第2项进行解释。① 根据该条规定,一般开放性指的是那些任何人都可使用、无须提前登记、获得授权或者支付费用的数据。如同德国《反不正当竞争法》第17条*意义上排除秘密特征的周知性(Offenkundigkeit)要素②,只要存在事实上的开放性在此即可满足要求。而互

---

① BT-Drs. 18/5088, S. 45。虽然德国《联邦数据保护法》在2018年5月25日进行了修改,但是以下论证并未因此失去其效力。

* 旧版德国《反不正当竞争法》(UWG)第17条被2019年4月18日颁布的《关于保护商业秘密被非法获取、非法使用及披露的(欧盟)2016/943号指令实施法》废除((BGBl. I S. 466),该法自2019年4月26日起生效。——译者注

② NK-WSS/Reinbacher, § 17 UWG Rn. 12; Fezer/Büscher/Obergfell/Rengier, Lauterkeitsrecht, Kommentar zum Gesetz gegen den unlauteren Wettbewerb (UWG), 3. Aufl., 2016, § 17 Rn. 13.

联网当然也属于一般开放性的来源。由此,在其获取权限具有条件的情形,例如用户必须付费或数据只能在特定国家打开时(即所谓的地域 IP 限制①),例如互联网可下载的受著作权保护的音乐数据这样的数据就具有一般开放性。② 但是,由于内容与形式保护的关系,仍然产生了许多不明确的问题。这里涉及的是内容的一般开放性还是具体数据项的一般开放性?

这里实际是以下问题的延续,即数据并非有体物、相同内容可以在不同地方获取。③ 如果条文的重点在于德国《刑法典》第 202a 条第 2 款意义上对特定数据的形式保护的话,那么条文也将必然囊括众所周知的"平常信息"④,因为这些信息也是权利人以编码的形式储存的,受保护的同样只是对存储数据形式上的处分权,而不是对(敏感)信息本身。这点在德国《刑法典》第 202a 条中就已经存在问题,因为即使那些被存储的信息在直接感知的情形下可被自由访问,这些信息也应当受到刑法的保护。⑤ 在这个意义上,互联网中公开的音乐数据作为数据本身并非是适格的犯罪客体(由此侵害著作权的行为也并非是适格的前犯罪行为⑥)。与此相反,内容具有一般开放性的数据却可能是适格的犯罪客体,因为只要权利人将其作为具体数据项以非一般开放的形式存储下来,任何人就都可在互联网的另一端将其取得。

正如在德国《刑法典》第 202a 条框架内所理解的那样,这可能是对纯粹形式保护方案的一贯延续。但是立法者是否真的想在德国《刑法典》第 202d 条中取得这样的结论,则是令人怀疑的。因此除了内容上的限缩之外,对"不具有一般开放性的"数据的限制应当还会有哪些其他目的? 除此之外,依据德国《联邦数据保护法》的条文来解释该要件也会倾向于一种内容相关的解释,因为德国《联邦数据保护法》所保护的与个人相关的数据就是内容。当有关个人或者个人实质关系的具体信息意义上的个人相关数据是公开的,例如所有人都可以在(社交)媒体中获得时,那么就不再对其进行保护,这也是符合逻辑的。据此,在德国《刑法典》第 202d 条中,这些内容公开的数据就也不再是犯罪客体,因为"窝藏者"自己也能够从一般开放

---

① 对此参见 Reinbacher, HFR 2012, 179。
② BT-Drs. 18/5088, S. 45 f; von zur Mühlen/Golla, JZ 2014 668, 669; NK/Kargl, § 202 d Rn. 6.
③ NK-WSS/Reinbacher, § 202 d Rn. 9.
④ 参见 Stuckenberg, ZIS 2016, 526, 530:"每个任意的信息"。
⑤ MüKo/Graf, § 202 a Rn. 10; LK/Hilgendorf, § 202 a Rn. 6.
⑥ BT-Drs. 18/5088, S. 45 f.

的资源获得这些信息。与旧版德国《联邦数据保护法》第28、43条中规定相同,"当数据的权限不会受到法律上的限制,(个人相关)信息本身能被所有人获悉"①时,那么这些数据就是"一般开放的"。由此可以继续延续形式——实质的考察,通过这种考察方式,具体数据虽然可以被视为犯罪客体,但却要求数据所包含信息在实质上并非是一般开放的。当然,只有在(具有保护价值的)信息本身实质上立即构成犯罪对象的情形,该结论才是有效的。

但是,还面临的一个问题是,那些由数据赃物罪的前行为人违背权利人意志而公开的数据是否能构成"一般开放性"。多数观点认为,在所谓"暗网"中售卖的数据永远是具有"一般开放性的",因为任何人都可以毫不费力地登录相应网络。② 这里仍然值得注意的是,此处相应的数据由前行为人存储(或者说复制)在连接暗网的服务器中,这也再次提出了之前已经讨论过的犯罪客体与处分权人一致性的问题,因为在取得数据的情形,此处在必要时不仅仅会产生复制件,还有出现进一步的存储行为,即对复制件的复制。即使这里棘手的问题可以通过实质的判断方式来解决,也必须在窝藏行为的时间点就解决信息事实上一般开放性的问题,因为按照上面所介绍的通说解释会导致立法者计划对法益载体的保护失效。

在暗网中售卖的数据一般正是通过他人违法行为而获得的。因此这样的结论的是矛盾的,即因为数据通过他人的违法行为具有了"一般开放性",权利人在该情形下并不受到免遭持续性侵害的保护。只有当"一般开放性"要素(确实与旧版德国《联邦数据保护法》第28条第1款第1句第3项及第43条的通说一致)仅在公开信息是违法的情形下才排除其"一般公开性"③,反之则认为数据保护受到破坏时,立法者预期对这种数据交易行为的处罚才具有根据。这样的解释虽然或许能够符合立法者意思以及旧版德国《联邦数据保护法》内容相关的方案,但是仍旧存在的问

---

① BGH NJW 2013, 2530, 2533; BeckOK Datenschutzrecht/Wolff, 23. Ed., Stand: 1.8.2015, §28 Rn. 80;还可参见 Erbs/Kohlhaas/Ambs, Strafrechtliche Nebengesetze, 217. EL Oktober 2017, §43 BDSG Rn. 17。

② Gercke, ZUM 2016, 825, 827; Stam, StV 2017, 488, 489; BeckOK StGB/Weidemann, §202 d Rn. 4, 1。

③ Spindler/Schuster/Spindler/Nink, Recht der elektronischen Medien, 3. Aufl., 2015, §28 BDSG Rn. 12:"循环论证"。BeckOK Datenschutzrecht/Wolff, §28 BDSG Rn. 86。

题是,其既不符合德国《刑法典》第 202d 条的文义,又助长了行为人相应的错误。

四、小　结

本文的研究对象并非讨论数据赃物罪在法政策的角度总体而言是否有意义。本文更多地致力于批判纯粹的形式保护方案,这样的纯粹形式保护即使不是普遍失误,也至少在德国《刑法典》第 202d 条中没有命中根本。正是由于这样的纯粹形式保护方案,该构成要件才在不同方面陷入了困境,而且只有通过目的性的转向才能够进行修正。为了无论如何能够包含那些从立法者角度本应处罚却不罚的案例,则至少必须对形式保护方案进行实质的补充。这尤其是由以下事实所导致的,即数据在通常情形下只是被复制,而不是同其数据载体一起被窃取。

一方面,立法者想要将德国《刑法典》第 202a 条与第 303a 条的形式保护沿用于德国《刑法典》第 202d 条中,另一方面却又将数据一般开放性的问题参考内容相关的德国《联邦数据保护法》,也就是说,立法者自己转换了基准点。这因此并不具有说服力。如果的确应当处罚窝藏编码信息的行为的话,那么就必须将落脚点放在信息本身,也就是内容中,从而告别纯粹的形式保护方案。这里提供了两条路径。第一条路径以一种形式—实质的方案为基础,根据这种形式—实质的方案来形式地论证对具体信息的支配权,然后再通过该支配权将分配给权利人的内容作为判断犯罪客体的标准。该方案能够符合规范的文义①以及立法者的考量。另一条路径是将条文的保护法益与犯罪客体等整体完全实质地建立在内容上。后一种解决方案需要立法者转变思路、改革构成要件,尤其是对以下问题进行思考,即何种信息是实质上值得保护的?该问题未来不仅涉及德国《刑法典》第 202d 条,还会涉及所有与数据相关的构成要件。②

---

① 这样的观点还有 Brodowski/Marnau, NStZ 2017, 377, 380。
② 就此还可参见"技术人员的建议"Hoppen, CR 2015, 802, 804。

附件:相关法条

德国《刑法典》

第202a条　窥探数据罪

(1)无权克服存取防护而使自己或第三人取得非为自己所制作且对于无权存取特别防护之数据之存取路径者,处三年以下自由刑或罚金。

(2)第1项意义下之数据仅指以电子、磁性或其他无法直接感知之方式而存储或传输者。

第202b条　截取数据罪

无故适用技术方法使自己或第三人由非公开之数据传输或处理设施适用的数据传送,取得非为其所用的数据(第202a条第2款),且若行为非依其他规定处以较重刑罚的,处二年以下自由刑或罚金。

第202c条　预备窥探或截取数据罪

(1)预备实施第202a条或第202b条之犯罪行为,而借由制作、使自己或第三人取得、贩卖、交付予第三人、散布或以他法使得取用下列之一者,处二年以下自由刑或罚金:

1. 得存取数据(第202a条第2项)之密码或其他安全码,

2. 目的在于为此种行为之电脑程式。

(2)第149条第2项与第3项规定准用之。

第202d条　数据赃物罪

(1)意图为自己或第三人之利益或损害他人,对于非供公众取用且系由他人以违法行为所取得之数据(第202a条第2项),使自己或他人取得、交付予他人、散布或以他法使得取用者,处三年以下自由刑或罚金。

(2)前项之罪,其刑罚不得重于对先行犯罪所规定的刑罚。

(3)仅系为履行合法公务或业务之义务之行为者,第1项规定不适用之。所包含者,主要为:

1. 公务员或受其委托者仅系为了在税捐稽征程序、刑事程序或秩序违法程序违反程序使用而提供数据之行为，

2. 刑事诉讼法第53条第1项第1句第5款规定之人对于数据收受使用或公开之业务行为。

第259条 赃物罪

(1)意图为自己或第三人之利益，购买或使自己或第三人取得、贩卖或帮助贩卖他人因盗窃或其他违法损害他人财产行为而取得之他人之物者，处五年以下自由刑或罚金。

(2)第247条与第248a条之规定，于前项情形，参照适用之

(3)未遂犯罚之。

第303a条 变更数据罪

(1)违法删除、封锁或变更他人数据(第202a条第2款)，会使之失效者，处二年以下自由刑或罚金。

(2)未遂犯罚之。

(3)预备犯第一款罪者，准用第202c条之规定。

第303b条 干扰电脑使用罪

(1)对他人具有重要性之数据处理，以下列方法造成显著干扰者，处三年以下自由刑或罚金：

1. 以第303a条第1款之行为犯之，

2. 意图使他人受有不利而输入或传输数据(第202a条第2款)，或

3. 对于数据处理或存储设备毁坏、损坏、使之失效或予以变更者。

(2)对于就他人之经营组织、企业或公务机关具有重要性的数据处理而犯之者，处五年以下自由刑或罚金，

(3)未遂犯罚之。

(4)犯第2款罪，情节重大的，处六月以上十年以下自由刑。有下列情形之一的，原则上为情节重大：

1. 造成重大财产损失，

2. 执行业务或为(经营组织、企业或公务机关之)组织成员，所为者系接续与干扰电脑使用连结的系列犯行，

3. 以该行为妨碍国民生活上重大利益或服务供给,或德意志联邦共和国之安全。

(5) 预备犯第一款罪的,准用第202c条规定。

第353b条　妨害公务秘密与特别保密义务罪

(1) 下列致人,无权公开受托付或因其他原因所知悉之国家安全以外秘密并且因而危及重要利益者,处五年以下自由刑或罚金。因过失而危及重大利益者,处一年以下自由刑或罚金:

1. 公务员,
2. 负有公共部门特别义务者,或
3. 履行公职人员代表法所定之任务或职权者。

(2) 除第1项以外之情形,因下列情形,而负有保密义务者,将应行秘密之物件或讯息无权使他人知悉,或将之公开并因而危及重要公共利益者,处三年以下自由刑或罚金。

1. 联邦、州立法机关或其委员会之决议,或
2. 其他官方正式告知违反保密义务之可罚性。

(3) 未遂犯罚之。

(3a) 刑事诉讼法第53条第1款第1句第5项之人,如其帮助行为仅局限于对应保守秘密、物件或信息之收取、利用或公开者,其帮助行为,并非违法。

(4) (…)

德国《民法典》

第90条　物的概念

法律意义上的物,系指有体的标的。

第903条　所有权人的权限

以不违反法律和第三人的权利为限,物的所有权人得随意处分其物,并排除他人的任何干涉。动物的所有权人在行使其权利时应注意动物保护的特殊规定。

02
刑法评注

CYBER CRIME

德国《刑法典》第263a条
（计算机诈骗罪）评注

[德]埃里克·希尔根多夫[*]

刘　畅 译　申屠晓莉 校

第263a条【计算机诈骗罪】

1. 以使自己或第三人获得不法财产利益为目的，通过不正确地设置程序、使用不正确或不完整的数据、未经授权使用数据或通过其他未经授权的方式干扰运算，影响数据处理结果，导致他人财产损害的，处五年以下有期徒刑或罚金。

2. 相应适用第263条第2款至第6款之规定。

3. 预备实施第1款行为，编写用以实施该款所述犯罪行为的软件、为自己或他人获取、出售、储存、转让此类软件的，处3年以下有期徒刑或罚金。[**]

4. 第3款所述情形适用第149条第2款和第3款的规定。

---

[*]　德国维尔茨堡大学法学院刑法学、刑事诉讼法学、法理学、信息法学与法律信息学教授，维尔茨堡大学机器人法律研究中心主任。本文原文收录于 Urs Kindhäuser/Eric Hilgendorf, Strafgesetzbuch: Lehr Und Praxiskommentar, 9. Aufl., 2021。

[**]　在本文编辑期间，德国立法者通过2021年3月18日的第61次刑法修正案对本款进行了修改，此处的第3款变为第3款第1项，在其后补充第2项：" 2.为自己或他人获取……适合用以实施前述犯罪的密码或其他安全码的"。

一、总 论

(一)

德国《刑法典》第 263a 条于 1986 年经由第二次经济犯罪防治法(2. WiKG)被补充入德国《刑法典》,以填补德国《刑法典》第 263 条存在的保护漏洞:诈骗罪的构成要件要求存在对人的欺诈,因此,通过不当手段影响数据处理进程的结果、造成财产损失的,不能适用诈骗罪的法条。由于德国《刑法典》第 263a 条计算机诈骗罪与第 263 条诈骗罪的保护目的相同,且其功能上以填补德国《刑法典》第 263 条所存在的法律漏洞为目的,因而对该条的构成要件进行涵摄时应当**严格参照诈骗罪**(通说)。[①]

(二)

德国《刑法典》第 263a 条所保护的**法益**是德国《刑法典》第 263 条意义下的财产。[②] 在客观上,该罪也保护了电子数据处理进程的安全性,以及无现金支付的安全性,它们对于经济和管理的重要性不断升高。当然这只是附带保护效果(Schutzreflex)。本罪的主体是一般主体;本罪并不是身份犯(Sonderdelikt)。在对计算机诈骗罪的构成要件要素进行涵摄时,推荐通过下列步骤进行分析:

A)构成要件

Ⅰ.客观构成要件

1. 犯罪行为:不正当地设置程序(unrichtige Programmgestaltung)、使用不正确的或不完整的信息、未经授权使用信息或以(其他)未经许可的方式对数据处理进程施加影响,其他预备行为依照第 3 款;
2. 对数据处理进程的结果产生影响;

[①] 参见 BGHSt 38, 120 (124); OLG Düsseldorf StV 1998, 266; Hilgendorf, JuS 1999, S. 542 (543); Weber, Krause-FS, S. 427 (432ff.); MüKoStGB-Wohlers/Mühlbauer, Rn. 3; 另一方面,认为计算机诈骗罪构成要件具有独立性的观点见 BayObLG NStZ 1994, 287 (289); Achenbach, Gössel-FS, 481ff.; Neumann, JuS 1990, 535 (537)。

[②] BGHSt 40, 331(334); NK-StGB-Kindhaüser, Rn. 2.

3. 直接导致财产损失的结果；

4. 1、2 和 3 之间存在因果关系。

Ⅱ. 主观构成要件

1. 对客观构成要件存在故意；

2. 以使自己或第三人取得财产利益为目的；

3. 对财产利益的违法性存在故意；

4. 如果涉及的是第 3 款的问题：对于预备行为和第 1 款之构成要件的故意。

B) 违法性

C) 罪责

D) 特殊情形下参照德国《刑法典》第 263 条第 2—6 款之规定，包括范例(Regelbeispiele)和加重构成要件。第 263a 条第 3 款的情形中可能涉及第 4 款积极悔过(tätige Reue)的问题

二、构成要件

(一) 概述

1. 本条的构成要件和德国《刑法典》第 263 条有很多**相同之处**，但仍有若干**差异**：

(1) 就财产损失和获利的目的而言二者没有区别。

(2) 本条以数据中记录的信息取代了对事实的陈述；此外对计算机无法实施欺诈行为：

—不正当地设置程序[即"程序操纵(Programmmanipulation)"]。

—使用不正确、不完整的信息[即"输入操纵(Inputmanipulation)"]。

—未经许可使用数据(主要针对在银行自助设备上的银行卡滥用行为)。

—以其他未经许可的方式对(数据处理)进程产生影响。这里规定的情形是兜底条款，以应对未知的操纵技术。[1]

---

[1] BT-Drs. 10/5058, 30.

——此外,新增设的第 3 款前置性地处理了特定的预备行为。①

(3)诈骗罪的构成要件要素"基于错误认识处分财产"对应到计算机的语境下要求**对数据处理结果造成了影响**。

(4)对数据处理结果产生影响的行为和财产损害结果间应当存在**因果关系**——此处与德国《刑法典》第 263 条一致。

2. 本罪所有行为方式均可由不作为实现,此时行为人应具有德国《刑法典》第 13 条第 1 款意义下的保证人地位。当然,这要求行为人通过不作为对数据处理进程施加了影响。单纯不启动处理程序不构成本罪。②

3.**数据处理**:**数据**是根据(语义)约定,用字符或函数(句法)表示的编码信息或可编码信息。此处所指的信息可以是任意的意义单元。除输入、输出的数据之外,也可以是(由数据组成的)程序本身或部分程序(通说)。③ 本条中的数据既不需要具有证明上的重要意义(如德国《刑法典》第 274 条*第 1 款第 2 项)也不需要经由特殊防护手段进行保护(如德国《刑法典》第 202a 条**)。

4.**数据处理**是指一切获取数据、将该数据与相应程序结合而产生结果的技术进程。在本条中特指在电子数据处理系统(EDV-System)中对数据进行处理的进程。③ 纯粹的机械进程——如自动售货机——并不符合本罪构成要件。④

(二)不正当地设置程序

1. 程序是被固定为数据形式的数据处理步骤。设置程序的方式既可以是设计程序架构,也可能是后续修改(删除、增加、覆盖)数据处理流程(擅自安装拨号程序的情形见下文)。⑤

2. 问题在于何时应当认定程序**存在缺陷**(unrichtig):

---

① 35. StrÄndG v. 22.12.2003, BGBl. I 2003 2838 (2839);对此问题也可见 Husemann, NJW 2004, 104 (107f.); Fischer, § 149 Rn. 4b 中也涉及个别问题。
② M/R-Altenhein Rn. 4.
③ Hilgendorf, JuS 1996, 511; Schmitz, JA 1995, 479.
* 妨碍文书罪,此处指破坏具有证明意义的数据。——译者注
** 窃取数据罪,此处指突破防护手段获取数据。——译者注
③ RegE BT-Drs. 10/318, 21; LK-Tiedemann/Valerius, Rn. 22 中有更详细的论述。
④ Lenckner/Winkelbauer, CR 1986, 654 (658).
⑤ BGH NStZ-RR 2016, 371 (372); LK-Tiedemann/Valerius, Rn. 28.

主观说认为程序的正确性取决于权利人所做出的功能设定:如果程序与财产所有人,即与运行程序者或让他人运行程序者的意志相悖,则程序存在缺陷。① 理由在于,程序的作用是处理信息而非描述信息,因此程序既不会做出真实表述,也不会做出虚假表述。以主观说为标准可以很容易地对上述本罪前两种行为模式进行界分:在不正当地操纵程序的情形中,权利人为数据处理所预设的条件被篡改了;与之相对的,在使用不正确或不完整的数据的情形中,所涉及的是被处理的信息。

客观说则认为应当以客观标准为依据确定程序状态的正确性,以便与德国《刑法典》第 263 条中"事实的真实性"形成对应②:持该论者认为,如果程序不能正确执行要在数据处理系统中执行的任务,则该程序存在缺陷。依客观说的观点,本罪第二种情形是一般性规定,而第一种情形则是第二种情形的特殊规定。③ 理由在于,本罪应当和其他诈骗类犯罪一样,以客观事实为依据对正确性进行判断,否则系统运营者无论如何都不可能成为本罪的正犯。而运营者的真实意志究竟为何也并非是显而易见的事实。④

前述争论**并没有很大的实践价值**,因为数据处理进程的使用者通常只对(数学上或语法上)可以理解的处理流程感兴趣。即使行为人成功编写出了一种内容完全正确,但又违背了运营者意志的程序——如该程序以一种数学上完全成立,然而与其所获任务不符的方式计算利息——也很难借此造成财产损失并使他人获利。

(三) 使用不正确或不完整的数据

1. 无论如何,当数据被输入(刚刚启动或正在运行的)数据处理程序中时,它就已经被使用了,即所谓的"输入操纵(通说)"。⑤ 此外,通说认为,使用程序中的既有数据同样可能构成本罪,因为法条并没有要求"输入数据"。⑥

---

① RegE BT-Drs. 10/318, 20; NK-StGB-Kindhaüser, Rn. 14 中都有更详细的论述;也可见: S/S Perron, Rn. 5.
② 参见 SK-StGB-Hoyer, Rn. 24; MüKoStGB-Wohlers/Mühlbauer, Rn.23 中有详细论述。
③ LK-Tiedemann/Valerius, Rn. 27.
④ S/S/W-Hilgendorf, Rn. 5; Hilgendorf/Valerius, BT II §8 Rn. 12.
⑤ Lackner, Tröndle-FS, 54.
⑥ BayObLG NJW 1991, 438 (440); S/S/W-Hilgendorf, Rn. 7; LK-Tiedemann/Valerius, Rn. 36.

2. 如果被编译到数据中的信息与客观事实不符,那么数据就是**不正确**的;①如果数据中被编译的事实无法被充分识别(到符合数据处理目的的程度),那么数据就是**不完整**的。② 隐藏数据或将数据转移同样可以构成伪造数据。因为本罪的第二种情形是通过输入错误的数据对数据处理进程进行操纵,因而对数据真实性的**判断标准是完全客观**的。未经权利人授权使用其银行卡在银行的自助设备取款的行为不符合本罪第二种情形,因为此时输入设备的是权利人的真实信息③,而除此之外,数据中并没有编译其他事实。与之相对,权利人事实上并未提出自动扣款申请(Lastschrift),行为人在自动扣款系统中输入了伪造的自动扣款信息而取得自动扣款的,则可能符合第二种情形。④

具有争议的情形是,如果行为人在自动化的(督促程序中的)支付令*程序(德国《民事诉讼法》第 689 条第 1 款第 2 句)中输入了错误的事实,是否符合第二种情形:

有大量观点认为类似案件并不符合本罪第二种情形的要求。③ 理由在于,依照德国《民事诉讼法》第 689 条第 1 款第 2 句之规定,只要行为人主张请求权存在即可发出(督促程序中的)支付令,因此应当认为(督促程序中的)支付令发布与否和事实是否虚假无关。即使在非自动化的督促程序中,法官助理(Rechtspfleger)也仅仅是基于申请人的主张签发支付令,而不对真实性或法律上的确定性进行核查。(德国《民事诉讼法》第 692 条第 1 款第 2 项)。

肯定说得到了更多论者的支持,该说认为前述案件符合第二种情形之规定。④ 理由在于,行为人应当通过真实的事实基础取得还款催告书,因为德国《民事诉讼法》第 138 条所规定的真实义务同样适用于催告程序。基于不真实的事实发出还款催告,本质上是利用错误信息对法院进行支配,因

---

① LK-Tiedemann/Valerius, Rn. 33.
② Hilgendorf, JuS 1997, 130 (131).
③ 类似的情况还有使用"钓鱼"获得的身份识别码和交易码,见 Stuckenberg, ZStW 118, 878 (907)。
④ BGHSt 58, 119m. Heghmanns, ZJS 2013, 423 的评论;及 Schuhr, JR 2013, 579ff. 的批判。
* Mahnungsbescheid 亦被直译为"督促决定"。——译者注
③ S/S-Perron, Rn. 6 中有更详细的论述。
④ BGH NJW 2014, 711(712) 及不同意见书 Trüg. NStZ 2014, 157 (158);参见 RegE BT-Drs. 10/318, 20f.; NK-StGB-Kindhäuser, Rn. 18 中有更多论述。

而(在间接正犯的意义上)可以对行为人进行归责。

可无论如何,催告程序本身并不会造成财产损失(甚至不会带来风险)。若要对财产造成事实上的影响,在此之外还需要有执行令(Vollstreckungsbescheid)。就此而言,只有在自动化程序中以还款催告为基础(德国《民事诉讼法》第699条第1款)申请发布执行令的,才可以认定构成德国《刑法典》第263a条的着手。①

(四)未经许可使用数据

1. 对如何理解第三种情形中的构成要件要素"使用"存在较大争议:

主流意见认为,对"使用"一词的解释应当与第二种情形相同,即认为"使用"数据指将数据输入数据处理程序中,这就要求**输入数据的行为**是未经授权的。② 在未经许可使用数据可能包含的情形中,如果是因数据不真实或不完整而不在被许可的范畴内,则该情形已经被包含在第二种情形中。故而第三种情形的适用范围事实上**只包含一种情形**,即行为人违背财产所有人意志,在数据处理程序中输入了正确的数据;或者行为人输入的仅仅是可以作为密码被使用而又不包含事实信息的数据。③ 此类案例可能包括在银行自助设备中输入作为系统准入码的身份识别码(PIN码)＊,或者在网上银行输入交易码(TAN码)。

另一种观点认为,以任何一种超出权利人意思的方式**使用数据**均可以符合第三种情形,即行为人使用未经权利人许可自行解析数据所取得的信息也包含在内。④ 例如行为人首先解析未经许可取得的数据、并借助其所获得的知识操纵计算机,而并不输入原始数据本身。该行为同样应当符合本罪构成要件。另一方面,也有反对观点认为,前述理论背弃了与诈骗罪的不法亲缘性(Unrechtsverwandtschaft),以操纵财产转移为前提条件是诈骗罪的核心。

---

① BGH NJW 2014, 711 (712); LK-Tiedemann/Valerius, Rn. 68; OLG Düsseldorf NStZ 1991, 586.

② BayObLG NJW 1991, 438 (440); Bühler, Die strafrechtliche Erfassung des Missbrauchs von Geldspielautomaten, 1995, 99; Neumann, JuS 1990, 536; Rengier I §14/14.

③ Rechtsausschuss BT-Drs. 10/5058, 29f.; Sieber, Informationstechnologie und Strafrechtsreform, 1985, 38; Tiedemann, WM 1983, 1326 (1331).

＊ 通常身份识别码即指日常语境下的"(银行卡)密码"。——译者注

④ Hilgendorf, JuS 1997, 130 (131); Lampe, JR 1990, 347 (348); Mitsch, JZ 1994, 877 (833f.).

2. 数据的使用**缺乏权限**是本罪的构成要件要素(通说)。① 然而争议在于,应当如何解释"未经许可"这一要素:

(1)一种广为流传的观点认为,任何**没有合同作为法律基础**的数据使用都属于无权使用。② 此外,如果数据使用因财产保护之外的原因被禁止,如基于青少年保护,同样应当符合本罪构成要件。

(2)另一种流传度很高的观点是,当数据**违背权利人意思**被输入数据处理系统时即为无权使用。③ 支持该解释的论者认为,这一解释至少部分确保了诈骗犯罪的特征:数据的输入触发了(与财产相关的)数据处理进程,而该进程——如同诈骗罪中的财产处分——尽管在表征上是可以归属于财产所有人的,然而实质上违背了财产所有人的真实意志。

(3)也有观点认为,只有当行为人以一种被禁止的方式**擅自获取数据**并使用时才能构成本罪。④ 然而这种解释有违背法条本意之嫌:本条只规定禁止未经授权的数据使用,而不是禁止使用未经授权获得的数据。尽管事实上,数据经由非法手段取得通常表明了缺乏使用数据的权限。

(4)**计算机特性说**(computerspezifische Auslegung)认为,如果要认定数据为无权使用,那么数据的使用应当违背财产所有人意志,且这种**反对无权使用的意思被体现在计算机程序中**(例如程序中编有验证权限的内容)。⑤ 在计算机特性说基础上,有学说认为计算机诈骗罪应当进一步被限定于数据处理系统"作为替代性智能"的情形⑥,即强调德国《刑法典》第263a条和第263条之间的对应关系。该说认为,仅仅当数据处理系统具有足够高的复杂程度、具有"准决定能力"时才被认为是适格的犯罪客体。考虑到当下人工智能的发展程度,以及"自主"计算机系统的出现,前述观点目前看来并非毫无可取之处。

(5)占有支配地位的理论是所谓的"**欺诈相当性解释**(täuschungsä-

---

① LK-Tiedemann/Valerius, Rn. 40.
② M-Schroeder/Maiwald I §41/233.
③ BGHSt 40, 331 (334f.); S/S/W-Hilgendorf, Rn. 14; NK-StGB-Kindhäuser, Rn. 27 中有更多论述。
④ OLG Köln NStZ 1991, 586.
⑤ OLG Celle NStZ 1989, 367f.; Achenbach, Gössel-FS 481 (494f.); Arloth, Jura 1996, 354 (357f.); Neumann, StV 1996, 375.
⑥ Hilgendorf, JuS 1999, 542 (543f.).

quivalente Auslegung)"：该理论主张，只有下列两种情形具有构成要件该当性，即行为针对人类实施时会被认定为默示的欺诈（konkludente Täuschung）或会被认定为有说明义务者不履行义务的不作为欺诈。① 然而，这实际上完全是一种（以结论为导向的）想象的结果，因为两罪实施侵害的模式完全不同，从外在行为模式出发根本无法推导出二者的关联性：

在默示诈骗的情形中，错误信息会存在于未被提及的部分，而认识错误也与这部分被隐藏的信息相关。相应的，这部分（未被说出的）信息在（即遂的）诈骗罪中，也是财产转移的原因。然而计算机并不能处理未加表达的信息，在计算机诈骗中，"欺诈内容"只会与被输入数据处理系统的信息相关。② 因此，如果以被数据处理进程所忽略的信息作为证立行为人之行为具有欺诈性质的标准，那么可以说对数据的操纵和欺诈行为无关。更确切地说，所构建出的欺诈行为与导致财产转移的数据处理进程本身并无直接关联。如果在诈骗罪中，信息只有与错误认识下的财产转移具有因果关系才具有构成要件上的关联性，那么将计算机诈骗罪与诈骗罪进行类比时也应当认为，只有事实上被输入了系统并导致了财产转移的信息才能被欺诈性地无权使用。因此可以看到，诈骗相当性解释实际上违背了其自身的前提，即本罪中对数据处理进程的影响应当与诈骗罪中基于错误认识的财产处分形成对应关系。此外，所有未经授权的数据使用均可被重新解构为针对自然人的、关于数据使用权限的默示诈骗。因而欺诈的假设并不会带来任何贴近诈骗罪的限缩性解释。如果这样的理由成立，那么德国《刑法典》第243条第1款第2句第1项*中的"使用假钥匙"也完全可以被解释为是针对锁的具有欺诈相当性的阴谋诡计。

（五）其他未经授权对系统施加的影响

1. 本罪第四种情形的**适用范围**存在争议：
（1）占有优势地位的理论认为，只有在**对信息处理的内容产生影响**

---

① BGHSt 47, 160 (162f.); BGH NStZ 2005, 213; S/S-Perron, Rn. 9 中有更详细的论述。此外也可见 Wachter, NStZ 2018, 241 的论述。

② 批判的观点也见 BayObLG NStZ 1994, 287 (288); MüKoStGB-Wohlers/Mühlbauer, Rn. 23 中也有详细论述。

* 此处指德国《刑法典》规定的盗窃罪加重情形中"为实施犯罪……使用假钥匙……进入……封闭场所……"一句。——译者注

时,方符合本条之构成要件。②

部分观点认为(和第三种情形一样),如果行为人施加的影响是以一种违背权利人意志的方式产生的,则被认为是**未经授权**的。③ 另外也有观点建议,该要素也应当被限定在具有诈骗相当性的范畴内。④

(2)对此,德国联邦最高法院进行了扩张解释,认为任何与权利人意志不相符的**数据使用**均可被纳入考量范畴,即使数据使用对数据处理进程的信息内容并未产生影响也无关紧要。⑤

2. 没有争议的是,本罪第四种类型属于**兜底条款**。特别是当该种情形应用于对硬件、控制台打字机和数据流(包括数据输出和记录)的影响时——例如阻碍数据输出。⑥

部分观点认为,同样应当将第四条种情形为对构成要件(特别是"其他")的描述。这样解读的后果是,本条所述所有行为类型都必须是作用于数据处理系统之上的。⑦ 这特别会对第三种类型产生影响(见前文)。而反对观点则认为,"其他"一词仅仅意味着,第四种情形的适用以前三种情形均不适用为前提。⑧

(六)对数据处理进程的结果施加影响

1. 数据处理进程的结果必须(至少在共同作用下)受到影响,运算结果因而与计算机程序正常运作时可能会获得的结果不符。⑨ "影响数据处理进程的结果"这一要素与诈骗罪中"基于错误认识处分财产"这一要素相对应。在一定程度上,该要素是作为连接犯罪行为与财产损失的"中间结果"(Zwischenerfolg)出现的。因此只有与财产有关的**数据处理进程**会被纳入

---

② NK-StGB-Kindhäuser, Rn. 30.

③ Neumann, JuS 1990, 535 (536).

④ OLG Karlsruhe, wistra 2003, 116 (117); OLG München NJW 2007, 3734 (3737); SK-StGB-Hoyer, Rn. 46; Lackner, Tröndle-FS, 56.

⑤ 如 BGHSt 40, 331 (334); OLG Braunschweig NJW 2008, 1464 案中涉及纯粹利用设备故障的情形,及不同意见书 Niehaus/Augustin, JR 2008, 436 (437)。

⑥ RegE BT-Drs. 10/318, 20; Fischer, Rn. 18; Möhrenschlager, wistra 1986, 133.

⑦ Gössel II §22/3; NK-StGB-Kindhäuser, Rn. 8.; Ranft, JuS 1997, 20.

⑧ BayObLG NJW 1994, 960; Arloth, CR 1996, 363; Lampe, JR 1990, 347 (349); LK-Tiedemann/Valerius, Rn. 24.

⑨ RegE BT-Drs. 10/318, 19f.; BGH, NStZ-RR 2016, 371; S/S-Perron, Rn. 19f.; Tiedemann, JZ 1986, 865 (869).

考量范畴。① 只要原定财产转移的时间点被行为人提前或延后,就足以认定造成了影响。

如果电子数据处理系统本身——如因被侵入——遭到了破坏,或者在未经许可的情况下被擅自使用(所谓的**时间盗窃**),尽管会因此给权利人造成间接损失(如修理费用),或者造成其他费用(如电话费)(特定情况下可能构成德国《刑法典》第265a条骗取给付罪),但由于不存在受操控的财产转移这一要素而不能构成本罪。编写程序以干扰系统工作进程,或使得数据处理结果不可用的,同样不具有构成要件该当性。

2. 行为是否对数据处理进程施加了符合构成要件的影响是就**结果**而言的。因此行为人是在进程启动之时就进行干预、在进程运行之中进行干预②,抑或是终止进程③,对行为定性都没有影响。

3. 受到影响的程序必须——如同在诈骗罪中一样——**直接**导致财产损失。④ 因此**计算机诈骗罪和盗窃罪**之间具有一种构成要件上的**排他关系**(tatbestandliches Exklusivitätsverhältnis)。⑤ 这意味着:不得有中间步骤中断财产转移。例如财产转移可能被行为人自身的行为中断:直接取走(Wegnahme)财物或者利用数据处理结果骗取财物,这类对他人财产的侵害行为均会中断财产转移。⑥ 如果行为人在数据处理终结后仍需要通过其他行为实现财产转移——如"诈术盗窃"(Trickdiebstahl)的情形——那么数据操纵本身仅仅是损害财产行为的预备。例如行为人为实施盗窃而操纵电子准入系统打开封闭的房间,继而以非法占有为目的窃取房中财物;⑦或者行为人在自助结账时扫描了便宜商品的条形码,然后带走了昂贵的商品。⑧ 因此如果要判断在此类案件中,行为人的行为应当定性为盗窃罪(或者侵占

---

① 例如,在计算工资时输入错误的出生日期。
② 通说,如:BGHSt 38, 120 (121); MüKoStGB-Wohlers/Mühlbauer, Rn. 19, 61 中也有详细论述,包括反对该说的观点。
③ OLG München NJW 2007, 3734 (3737).
④ 参见 BGHSt NStZ 2013, 586 (587); NStZ-RR 2018, 214 及不同意见书 Brammsen, EWiR 2018, 525; Otto, BT §53/47; LK-Tiedemann/Valerius, Rn. 65。
⑤ 参见 S/S-Perron, Rn. 23; Weber, JZ 1987, 215 (216); 相近的观点也见 M-Schroeder/Maiwald I §41/236。
⑥ OLG Celle JR 1997, 345 (347)。
⑦ 如 BGHSt 38, 120 (122ff.)。
⑧ OLG Hamm NStZ 2014, 275 (276); Fahl, NStZ 2014, 244 (246); 支持适用263a条的如 Heinrich, Beulke-FS 393 (400ff.)。

罪)还是应当被视为构成计算机诈骗罪,并不取决于行为人是否对数据施加了影响。认定计算机诈骗罪更为决定性的因素在于,从表征上看,财产转移是否是以权利人所构建的方式进行的。因此在自动售货机上使用假钱的行为都应当被认定为盗窃罪,无论验证货币真伪的是机械系统还是电子系统。

如果通过操纵数据使第三人基于错误认识进行财产转移,不适用德国《刑法典》第263a条,应当构成诈骗罪。

4. 系统运营者和财产损失主体不必是同一人。与三角诈骗相对应,同样有**三角计算机诈骗**。①

(七) 财产损失

本罪中确定财产损失的基本原则可以参照诈骗罪中的结论。② 计算机诈骗罪中损失最主要的标志是受害者一方的财产减少。如果在处理诈骗罪时认为对财产的具体危险也是损失的话,那么该结论也同样应适用于德国《刑法典》第263a条。具体而言可能是诸如做假账等情形。

(八) 主观构成要件

1. 在主观构成要件方面,本罪与德国《刑法典》第263条字面上完全一致,因而解释上也应保持一致。结论是:首先,行为人实施行为时必须对客观构成要件有(间接故意及以上的)**故意**。此外,其**目的**必须是通过对数据处理进程的操纵使自己或第三人获得(与损失具有"素材统一性"的)非法财产利益。适用本罪**第3款**,即预备行为时,除对预备行为的故意之外必须同时具有实施本罪第1款计算机诈骗罪行为的故意。具有间接故意即可构成本罪。③

2. 因为诈骗罪和计算机诈骗罪客观构成要件中不容许风险的等价性,正犯(或共犯)对电子化控制下的财产转移实际过程或对监察人员的存在与否具有**认识错误的**,应当被认定为是对因果流程无关紧要的认识错误。因此,对于未遂犯应依照行为人认识中自己实施的行为,对既遂犯应当依照行

---

① SK-StGB-Hoyer, Rn. 49; MüKoStGB-Wohlers/Mühlbauer, Rn. 69.
② LK-Tiedemann/Valerius, Rn. 70.
③ Fischer, §149 Rn. 5, §275 Rn. 3a.

为人客观事实上实现的犯罪结果进行处罚(通说)。① 对于以择一的故意实施的行为而言,则以行为人事实上着手实施或其最终既遂的行为为标准。②

对构成要件要素"未经许可"存在错误认识的,排除犯罪故意。

三、个别问题

(一)滥用银行自助设备

迄今为止,德国《刑法典》第263a条最主要的应用场景即为未经许可从银行自动柜员机取款的情形。对其进行法律评价时需要对以下几种不同情形进行区分:

1. 行为人如果违背权利人意志获取了在银行自助设备取款时所必须的身份识别码且/或占有(真实的)银行卡,并将其用于在自助设备取款的,符合本罪第三种情形。虽然这一结论获得基本一致的认可,然而如何证立该结论仍存在争议:

(到目前为止的)通说认为,使用银行卡、身份识别码以及输入取款金额的行为属于未经授权的数据使用。该行为导致了符合正常运作流程,然而违背相应金融机构意志的财产转移。③

欺诈相当性说的支持者反对前述观点,他们认为之所以行为人的行为符合本罪第三种情形,是因为如果行为人欠缺必要权限,在面对银行工作人员时就必须就此对其进行默示诈骗。④

如果行为人使用伪造的银行卡取款,即所谓的**测录**(Skimming),也会得出同样的结论。⑤

2. 较有争议的情形是:如果**银行卡所有人本人**在账户余额或授信额度不足的情况下提款,是否符合本罪的构成要件?

---

① 参见 SK-StGB-Hoyer, Rn. 54; LK-Tiedemann/Valerius, Rn. 73; Lackner/Kühl-Heger, Rn. 24 中有部分结论不同。
② BGH MMR 2017, 693; NK-StGB-Kindhaüser, Rn. 38 中有更详细的论述。
③ 参见 BGHSt 38, 120; BayObLGSt, 93, 36; NK-StGB-Kindhaüser, Rn. 46 ff.中有更详细的论述。
④ BGHSt 47, 160 (162); W-Hillenkamp/Schuhr Rn. 614; LK-Tiedemann/Valerius, Rn. 48 f.
⑤ BGHSt 38, 120.; NK-StGB-Kindhaüser, Rn. 46 ff.中有更详细的论述。

如果将未经授权使用解读为违背权利人意志的数据输入,那么该行为可以符合本罪第三种情形。① 尽管单独来看,行为人有权使用身份识别码和银行卡。但是根据银行所提供的格式合同,在这样的情况下输入将会激活财产转移的金额并点击确认是不被允许的。

持欺诈相当性说的论者中有一部分在一定程度上也可以得出相同的结论,因为在此情形中行为人若是面对银行工作人员也必须对其进行默示的诈骗,使其相信所要求支付的款项仍在透支额度内。② 另一部分论者则持否定意见,因其认为,被虚构出的银行工作人员也只应面对计算机所验证的问题。而计算机在此情境中并不会验证偿还能力,仅仅会验证银行卡所有人是否仍有提款额度。③

最后,也有观点认为,前述案件仅属于纯粹的民事合同纠纷,并不具有诈骗的特征。④

3. 如果第三人从权利人处取得银行卡和身份验证码,受其**委托**行事,则可能存在以下两类情形:

(1)第三人受委托提取了账户所有人的授信额度内的数额。因为银行的格式合同中规定,账户所有人无权将银行卡交于他人并告知身份识别码⑤,因此第三人的数据使用仍属无权使用。然而这并不会导致银行卡所有人的非法获利,因其有权就该数额对银行提起支付请求(结论存在争议)。⑥

(2)如果第三人与银行卡所有人协商一致,超过授信额度提款,则该行为符合德国《刑法典》第263a条构成要件,因为此时行为人既没有使用银行卡和身份识别码的权限,也没有输入超限金额的权限,同时该行为给银行

---

① Achenbach, NJW 1986, 1835 (1838)有相同的结论;也可见 LK‐Gribbohm, 1. Aufl., § 266b, Rn. 10 f.; Otto, BT § 52/44; Tiedemann, JZ 1986, 865 (869).

② W‐Hillenkamp/Schuhr Rn. 615; Lackner, Tröndle‐FS, 41 (53f.); LK‐Tiedemann/Valerius, Rn. 51.

③ BGHSt 47, 160 (163); Altenhain, JZ 1997, 758; SK‐StGB‐Hoyer, Rn. 35; Klesczewski, BT § 9, Rn. 146.

④ 参见 Berghaus, JuS 1990, 982f.; Weber, JZ 1987, 217; 反对观点见 Zielinski, CR 1992, 223 (227).

⑤ 其他观点见 MüKoStGB‐Wohlers/Mühlbauer, Rn. 50。

⑥ OLG Köln, NStZ 1991, 586; LK‐Tiedemann/Valerius, Rn. 50.

造成了财产损失。此外,如果在 2002 年 1 月 1 日之后,仍将 EC 卡*理解为支票卡(Scheckkarte),那么第三人还可能构成德国《刑法典》第 266b 条**的共犯,银行卡所有人本人则因特别义务被归责。此时两罪属于竞合关系,依照较重的德国《刑法典》第 263a 条进行处罚。

4. 如果账户所有人将银行卡和身份识别码交给了**第三人**,第三人以使自己或无权限的其他人获利为目的,**超出委托范围**取款,此时前述结论是否会发生改变仍存在争议——即使是在判决中也未形成一致意见:

当行为人通过对银行卡所有人进行欺诈取得身份识别码和银行卡时,应当成立诈骗罪还是计算机诈骗罪?德国联邦最高法院第二判决委员会希望在对其进行界分时加入"对从取得银行卡、密码开始,直至取款为止的完整事件进行的整体性考量"。① 委员会认为,与通过法律禁止的私力擅自取得银行卡的情形不同,采取欺诈手段的案件不应被定性为计算机诈骗罪,而应当适用德国《刑法典》第 263 条;②对银行自助设备而言,插入真实的银行卡并输入相应的密码就足以确认取款人的身份和权限了。③ 然而在判决理由中,对于使用银行卡这一行为的解释内涵为什么会因取得银行卡方式的不同而产生变化这点并没有充分说明。而为什么取得银行卡和身份识别码就已经可以被视为造成了*可量化的*财产损失,在判决中也基本没有加以解释。④

如果不存在对银行卡所有人的欺骗,那么是否存在未经授权的使用就取决于对构成要件要素"未经授权"的解释;持诈骗相当性说的论者大体会在此否定存在未经授权的使用,因为该情境中,行为人的行为并不是针对银

---

* 自 1969 年 5 月 1 日起,至 2001 年 12 月 31 日止,EC 卡是欧洲支票程序(Eurochequeverfahren)下的一种特殊支票类型。银行有义务对其兑现进行担保。该程序现已失效,现在所称的 EC 卡是指电子现金卡。——译者注

** 滥用支票和信用卡罪。——译者注

① BGH NStZ 2016, 149.

② 参见 BGH NStZ 2016, 149;在自助加油设备未经授权使用以不法手段取得的加油卡的情形见 OLG Celle NStZ-RR 2017, 80 及不同意见书 Busching, jurisPR-ITR 7/2017 Anm.4; Jansen, jurisPR-StrafR 6/2017 Anm.2。

③ BGH NStZ 2016, 149 (151).

④ 参见 BGH NStZ 2016, 149 及 Piel 的批判前文 S.151; Böse, ZJS 2016, 663; Brand, StV 2016, 360 (362f.); Jäger, JA 2016, 151; Ladiges, wistra 2016, 180;也可见 Ceffinato, NZWiSt 2016, 464.

行实施的诈骗,而更多表现为对银行卡所有人的背信。①

更为妥当的做法可能是从主观角度出发肯定成立无权使用,因为行为人的行为违背了权利人的意志。② 德国联邦最高院第四刑事判决委员会在一份最近的附带意见中指出:与既有判例不同,行为人违背协商的内容使用从权利人处获得的银行卡和密码可能构成德国《刑法典》第 263a 条意义上的无权使用,至少当根据银行卡合同明确禁止授权第三人使用时应当如此。③

(二)滥用 POS 系统

所谓的 POS 系统(Point of sale-System)是 GZS 公司(Gesellschaft für Zahlungssysteme mbH)、发卡信贷机构以及运营自动收银机的商业公司之间协议的产物。基于该协议,信贷机构的客户有权通过 EC 卡在商家的自动结账机处进行无现金支付。GZS 将会对银行卡进行在线核验并授权相应的票据金额,银行有义务通过直接借记扣款的方式对该金额进行支付结算。无论客户在与信贷机构的内部协议中是否被授权使用 EC 卡,信贷机构对商户均有支付义务。到此为止,从情境中抽象出的模型与自动取款机情形中完全相同。

因此,为处理银行卡滥用行为而确立的规则也必须相应地可以适用于在 POS 系统中滥用 EC 卡的各类情形。④ 具体而言:当顾客不是获得授权的银行卡所有人本人时,因为未经授权的数据使用而符合计算机诈骗罪的构成要件,即使顾客持有银行卡是获得许可的,如果其超出银行所许可的提款限额使用该卡,那么同样可以构成计算机诈骗罪。⑤ 除了前述 POS 系统之外还有所谓的 ELV(存款账户电子借记系统)——之前被称为 POZ 系统。该系统的作用是在自动结账机处通过读取 EC 卡中存储数据的磁条更简单

---

① 如 BGH NStZ 2005, 213; BGH BeckRS 2016, 125667 Rn. 11 对使用信用卡也得出了相同的结论;S/S-Perron, Rn. 12; Fischer, Rn. 13; 也可参见:AG Eggenfelden NStZ-RR 2009, 139 (140)。

② Hilgendorf, JuS 1997, 130 (134); Otto, JR 1992, 252 (254)。

③ 参见 BGH NZWiSt 2017, 238 及 Stam 的不同意见书;也见 Schulteis, GWR 2017, 164; Busching, jurisPR-ITR 7/2017 Anm. 5; 不同的观点也见 BGH 4 StR 470/16, BeckRS 2016, 115667。

④ 相近的观点见 NK-StGB-Kindhaüser, Rn. 52 ff.; LK-Tiedemann/Valerius, Rn. 52; Yoo, Codekartenmiβbrauch am POS-Kassen-System, 1997。

⑤ 对与德国《刑法典》第 266 条可能发生的竞合见前文。

地对存款账户进行委托扣款。在该类型的交易中,银行对于委托扣款不承担兑付义务。所以使用这类银行卡不会引发可归属于银行的财产处分行为,不适用德国《刑法典》第263a条。在该情境中,只涉及因诈骗对商家造成的财产损失。①

(三)

在很长一段时间内,通过(非正常渠道)获知赌博机的运行规律,并利用该认知**滥用赌博机**而获取利益的行为,应当符合本罪第三种情形还是第四种情形一直存在极大争议。然而时至今日,随着技术的变革,这一争论在实践中逐渐失去了意义。②

而在私人及商用**互联网环境**中,《德国刑法典》第263a条的应用空间则不断增加。例如在用户不知情的情况下运行所谓的"**拨号软件**"的,通常会构成计算机诈骗罪。③ 而通过"钓鱼"等手段取得数据并使用的,通常符合本罪第三种情形。④ 在确定财产损失时需要注意:所涉款项由账户所有人的账户转出,但由于缺乏有效的转账合同(Überweisungsvertrag),账户所有人有权向银行主张纠正错误、补偿账户中所转出的金额。此时,是银行遭受了财产损失,因此可能成立三角诈骗。然而,客户的资产也有受损的风险,最主要的是客户须承担因其身份识别码和交易码被使用而导致的表见证据(Anscheinsbeweis)无效的风险。⑤ 此外,依具体情形,未经授权使用他人的无线网络⑥的行为,原则上也包括未经授权建立对付费电视频道的访

---

① 对银行卡、远程银行、网络购物、电信等手段的滥用可参见 NK-StGB-Kindhaüser, Rn. 55 ff。
② 对判例的梳理见 Achenbach, NStZ 1991, 409 (413);此外参见 KG NStZ-RR 2015, 111 (112)及评论 Hecker, JuS 2015, 756。
③ Buggish, NStZ 2002, 178 (180f.); Frank, CR 2004, 123 (127); MüKoStGB-Wohlers/Mühlbauer, Rn. 25. 依据不同拨号方式进行区分的见 Fülling/Rath, JuS 2005, 598 (600f.)。
④ 参见 AG Hamm CR 2006, 70 (71); Grecke, CR 2005, 606 (611); Goeckenjan, wistra 2008, 128 (131); Popp, NJW 2004, 3517 (3518); 也参见本书 §263 Rn. 140;对所谓的"信用卡盗刷"(Carding),即以假名在网上订购商品,通过之前追踪到的他人账户支付货款的分析见 Ceffinato, NZWiSt 2016, 464 (467); Ullenboom, NZWiSt 2018, 26。
⑤ Goeckenjan, wistra 2008, 128 (132); Stuckenberg, ZStW 118, 878 (899)。
⑥ Bär, MMR 2005, 434 (437)。

问通道①的行为,均可能符合计算机诈骗罪的构成要件。

四、未遂、参与、加重、竞合

1. 当财产损失(至少部分)出现时,则行为**既遂**;而行为终了的标志为取得(最后一部分)所追求的财产。② 本罪**未遂**可罚(本罪第 2 款结合德国《刑法典》第 263 条第 2 款),例如未经授权者将一张其控制下的 EC 卡插入银行自助设备取款未果的情形。

2. 本罪的犯罪参与适用一般参与理论。**间接正犯**通常出现在将受委托处理数据的善意第三人(秘书、打字员等)作为工具实施行为的情形。然而类似情形通常同时构成三角诈骗,因此德国《刑法典》第 263a 条只能起到兜底功能,而优先适用德国《刑法典》第 263 条。③

3. **范例**、**加重**:根据德国《刑法典》第 263a 条第 2 款,相应适用德国《刑法典》第 263 条第 2—6 款之规定。如果犯罪行为属于团伙实施、职业性实施(德国《刑法典》第 263 条第 5 款),则计算机诈骗罪也可升格为重罪。

4. 如果将第四种情形理解为基本构成要件(见前文),那么该情形为一般规定,优先适用其他犯罪形态。此外,在特定情况下,**不同情形间**也可能出现**一罪或数罪**的情形。④ 如果只将第四种情形理解为兜底条款,则也可能和其他形态成立一罪或数罪。

计算机诈骗罪**与第 263 条形成补充关系**。二者间出现选择确定(Wahlfeststellung)的情形是可能的。⑤

如果行为涉及动产,则第 263a 条与**第 242 条***形成排他关系,因为占有转移要么是由行为人引起的,要么是由财产所有人引起的。得到广泛认可

---

① OLG Celle, BeckRS 2016, 18380 Rn. 19ff.; Esser/Rehaag, wistra 2017, 81;此外还可见:Hilgendorf/Valerius, Computter-und Inter net Strafrecht, Rn. 519.

② BGH NStZ-RR 2015, 13 (14).

③ Gössel, II § 22/40; Otto, BT § 52/51; S/S-Perron, Rn. 41.

④ BGH NStZ 2014, 579 (580f.).

⑤ 参见 BGH NJW 2008, 1394 (1395); NStZ 2014, 42; 不同观点见 Schuhr, ZWH 2012, 48 (51).

* 盗窃罪。——译者注

的观点认为,以在银行自助设备取款(或在POS机上使用)为目的**窃取银行卡**的行为与随后的计算机诈骗行为形成数罪,因为两个行为是针对不同被害人实施的。①

五、预备行为和积极悔过(第3、4款)

为落实欧盟《打击非现金支付手段方面的欺诈和伪造的框架决定》②,德国于2003年12月22日通过第35次刑法修正案③增补了德国《刑法典》第263a条第3款和第4款。与德国《刑法典》第149条、第275条*相似,第263a条第3款将预备行为独立成罪。④ 其中所指的计算机程序不一定是专为实施某个计算机诈骗行为而编写的。⑤ 根据本条第4款之规定,积极悔过可以作为刑罚取消事由。

---

① 参见 BGH wistra 2001, 178 (179f.); NK-StGB-Kindhaüser, Rn. 64 中有更详细的论述;关于共罚的事前行为(mitbestrafte Vortat)见 SK-StGB-Hoyer, Rn. 64。
② ABl. EG, Nr. L 149, 1.
③ BGBl. I 2003, S. 2838.
* 德国《刑法典》第149条为预备伪造货币和有价票证罪;第275条为预备伪造官方证明罪。——译者注
④ 相关的批判见 Duttge, Weber-FS, 285ff。
⑤ BT.Drs. 15/1720, 10 f.

03
判例研究

联邦最高法院第五刑事审判庭 164/16—2017 年 1 月 11 日的决议： 论 Kino.to 网站运营者和用户的刑事可罚性

〔德〕托比亚斯·赖因巴赫*

喻浩东 译 邓卓行 校

一、导　言

1. 对于实现德国《刑法典》第 303b 条第 1 款的客观构成要件来说，涉案的数据处理过程是否追求合法或违法目的，无关紧要。（联邦最高法院刑事判例集）

2. 一人以通过广告收入营利为目的运营互联网门户网站，并在该网站上公开发布由第三人以违反著作权法的方式复制或上传的电影之链接，那么按照德国《著作权法》第 106 条第 1 款的规定，他就可能构成违法行为的共同正犯。这一结论至少在如下情况中成立，也即，倘若相应的目标网址（链接）没有被公开的话，那么那些——与同样追求此目的的门户网站运营者商定好的——被复制的电影就无法在网络上被轻易找到。于是，经由链接的公开发布，检索可能性被建立起来，在这种情形下，尽管通过上传盗版文件，侵害著作权的行为已经实行终了，但直到通过公布链接创造了检索的可能性，侵害后果才会在外部的数字世界中现实化。

---

* 德国维尔茨堡大学刑法、刑事诉讼法、传媒刑法教席教授。本文原文被收录于《新刑法杂志》2014 年第 2 期，第 57—62 页。

二、判决要旨

被告人针对莱比锡州法院于 2015 年 12 月 14 日所作判决提出的上诉,被斥责为没有根据,其所附指示为,在认定的犯罪事实 II.A 的 601 起行为单数案件中,被告人因帮助职业性未经许可地利用受著作权法保护的作品之行为,被判有罪。上诉者承担诉讼费用。

三、判决理由

州法院判决,被告人因在 606 起行为单数案件中,帮助职业性未经许可地利用受著作权法保护的作品,因在 2284 起行为单数案件中,职业性未经许可地利用受著作权法保护的作品,因在 2 起行为单数案件中,破坏和帮助破坏计算机,以及实施强制行为,被判处总刑期为三年四个月的自由刑,并且,法院还作出了没收决定。从法院的决议来看,被告人以事实指摘为基础的上诉请求,由于联邦检察总长的申请书,已经明显取得了部分成功;在其余方面,上诉请求未获得支持(根据德国《刑事诉讼法》第 349 条第 2 款)。

(一)

1.(1)按照州法院对于犯罪事实 II.A 和 II.D 的认定,被告人在门户网站 K 和后继网站 Ki 的运营中起到了重要作用,这两个网站分别提供了数量庞大的目标性横向索引(链接),而这些索引指向的正是网络上提供的那些十分新潮的、完全受著作权法保护的影片和电视节目的盗版文件。

门户网站为那些搞到盗版文件的第三人(即上传者)提供了一种可能性,即在完成注册后,可以将很多链接安插到相应的互联网门户网站中,这些链接正指向那些为了传播而被处理并上传的盗版文件。在此处,经过检测之后,这些链接会以平台运营者的名义被提供给公众使用。该平台向它的使用者提供了非法复制之影片和电视节目的下载机会,但首要的是在线观看的机会(流媒体),因为使用者无需下载整部影片,而在源源不断的客流中,小的数据包接踵而至,它们会被暂时储存并被用于播放。通过经营该门户网站,运营者从广告收入中获得了巨额利润。

在犯罪事实 II.A 中,从 2009 年 3 月起,被告人在 601 起案件以如下方式对被特别追踪的互联网门户网站 K 的运营者提供了支持:他运用自己广博的信息科技知识,对该网站上存在的重大安全漏洞进行了修补,对两个服务器实施了更新,为制作门户网站内容的备份文件发展并实施了一套方案。

在关闭这个互联网门户网站后,在被告人的主导下,他又与其他两名被特别追踪的共同行为人一起创建并运营了一个与 kino.to 相比外观上十分相似的后继网站 Ki,其目标仍旧在于,从广告收入中赚取巨额利润(犯罪事实 II.D)。

(2)州法院将每一个互联网门户网站运营者的分工合作行为,尤其是与上传者的分工合作,评价为以复制的行为方式进行的、共同正犯性地对于受著作权法保护的作品进行了(职业性的)未经许可的利用(德国《著作权法》第 106 条第 1 款第 1 项)。按照州法院的观点,被告人的共同行为,以一个共同的、旨在将提供网络中的盗版文件这一商业方案付诸实施的行为决意为前提。因此,州法院根据德国《刑法典》第 25 条第 2 款的规定,将由上传者所实施的复制行为归责给这些网站的运营者,并且,在犯罪事实 II.A 中,基于被告人的支持行为将其判定为帮助犯,在犯罪事实 II.D 中,基于被告人网站运营者的职业身份,将其判定为未经许可地利用受著作权法保护的作品的共同正犯。

2.(1)在犯罪事实 II.C 中,州法院认定被告人运用他突出的信息科技能力,以及他曾从事电脑黑客的经历,设法搞到了同样提供盗版文件链接的主要竞争网站网址的接入数据。他把这些接入数据转送给了一个被特别追踪的 K 网站的运营者,于是后者就对他人的门户网站的 IP 地址实施或让别人实施了操纵行为。这导致 2010 年的圣诞节期间,也正是网站访问量激增的那几天,互联网用户根本无法登录那些与 kino.to 具有竞争关系的门户网站,而对此被告人表示了容认。

在犯罪事实 II.E 中,被告人连同一个被特别追踪的 Ki 网站的员工,对一个同样发布违反著作权法内容的竞争网站实施了针对性攻击,以使该网站的接入变得困难("分布式反射拒绝服务"攻击),其后果便是,在 2011 年 6 月的某个重要时间段,互联网用户根本无法登录该网络平台。

(2)州法院将被告人在犯罪事实 II.C 和 II.E 中所实施的行为评价

为,德国《刑法典》303b 条第 1 款第 2 项、第 2 款意义上的破坏计算机罪(II. E),以及 303b 条第 1 款第 1 项、第 2 款和 303a 条意义上的帮助破坏计算机罪(II.C)。"遭到损害的互联网门户网站也提供了导向违法复制之内容的链接,并不影响被告人成立德国《刑法典》第 303b 条所规定的犯罪。因为刑法对这类网站的权利同样提供保护"。①

(二)

仅需要提供如下的解释:

1. 法院对于犯罪事实 II.D 和 II.A 分别所作的认定,即被告人构成(职业性的)未经许可地利用受著作权法保护的作品之共同正犯和帮助犯,经受住了法律上的审查。

(1)州法院以正确的方式,将上传视频资料认定为德国《著作权法》第 106 条第 1 款意义上的(第一个)复制行为②。对此,被告人在犯罪事实 II.D 中以共同正犯的形式实施了犯罪参与;在犯罪事实 II.A 中,对于与上传者构成共同正犯的网络平台 K 的运营者,被告人成立帮助犯。③

(2)在多人参与犯罪的场合,尽管并非每个人都实现了完整的构成要件要素,但只要有人将自己的行为贡献补充到整体行为中,使之呈现为其他参与者之行为的一部分,或者反过来,使其他参与者之行为呈现为对自己行为部分的补充,那么他就构成了共同正犯。但是,这一共同作用必须总是按照参与者的意志方向,显现为整体行为的一部分。是否能据此认定共同正犯的成立,取决于事实审法院在综合评价所有被认定之情状的基础上所作的审查。重要的审查标准包括,个人在实施犯罪方面的利益大小,犯罪参与的范围以及犯罪支配,或至少是犯罪支配的意志,因为犯罪的开始和结束基本取决于行为人的意志。共同正犯的成立,并不要求行为人一定要对核心环节共同施加影响;一个对实现构成要件有促进作用的贡献,哪怕仅仅是预

---

① 对于德国《刑法典》303b 条的可罚性来说,无关紧要的是,遭到损害的互联网门户网站也提供了可导向违法复制之内容的链接,并不影响被告人成立德国《刑法典》第 303b 条所规定的犯罪。因为刑法对这类网站的权利同样保护(UA S.156, 165.)。

② 参见 Reinbacher, NStZ 2014, 57, 60 f.;与此相对,在 ZUM 2013, 338, 345 的案例中,莱比锡州法院肯定了公开转送这一构成要件的行为方式。

③ Reinbacher, Zur Strafbarkeit der Betreiber und Nutzer von Kino.to, NStZ 2014, S. 57, 60 f.

备或支持行为也足够了。①

（3）以此为据，州法院根据德国《刑法典》第25条第2款的规定，将上传者所实施的复制行为归责给互联网门户网站的运营者，以及，判定被告人构成未经许可利用受著作权法保护的作品（德国《著作权法》第106条第1款第1种情形）之共同正犯，就不会面临任何法律上的质疑。

在全面的整体评价中，州法院特别谈到，被告人和另外两个，也就是被告人和另外两个门户网站的运营者与在他们这里注册了的、多年以来从事职业性盗版工作的上传者以如下方式分工合作，也即，他们建立和运营了Ki网站，把它作为K网站的后继平台，且在该网站上，将那些由他们自己或受他们委托检测和提供的链接呈献给用户，而这些链接指向的正是由上传者为此目的而复制的影片。这些行为服务于一个共同的目标，那就是通过运行所有参与人都知晓的商业模式，也即，靠着损害相关权利人的著作权，通过向用户免费提供最新影片来赚取高额的广告收入②，大发不义之财。没有这些网络平台运营商的行为贡献，尽管上传者的复制行为也是可能的，但对于实现该既定目标来说则是无意义的。因为，倘若相应的目标网址（链接）没有被公开的话，那些被复制的电影就无法在网络上被轻易找到。③ 正是经由链接的公开发布，检索可能性才被建立起来，在这种情形下，尽管通过上传盗版文件，侵害著作权的行为已经实行终了，但直到通过公布链接创造了检索的可能性，对著作权的侵害后果才会在外部的数字世界中现实化。

此外，根据竞争法上将这一从建立和运营互联网门户网站中产生的行为贡献认定为——不真正的——组织犯，同样经受住了法律的审查。④

（4）在此背景下，州法院宣称被告人在犯罪事实II.A中，因帮助职业性的未经许可地利用受著作权法保护的作品而构成犯罪，也不会面临法律上的质疑。对于他明知是违法的，但也是自己想做的流媒体平台的运营，他的支持行为与该平台运营者（行为单数上竞合的）以共同正犯的形式实现的

---

① BGH, Beschlüsse vom 4.Februar 2016-1 StR 344/15, NStZ-RR 2016, 136, 137; vom 4. Februar 2016-1 StR 424/15, NStZ 2016, 400, 401; vom 29.September 2015-3 StR 336/15, NStZ-RR 2016, 6, 7 mwN.

② UA S. 145 f.

③ Vgl. Reinbacher, NStZ 2014, 57, 60 f.

④ BGH, Beschluss vom 14. Oktober 2014-3 StR 365/14, NStZ 2015, 334.

违反德国《著作权法》第 106 条第 1 款规定的行为,发生了关联,因而被州法院在法律上正确地评价为帮助犯。①

2. 州法院判定被告人在犯罪事实 II.C 和 II.E 中成立(帮助)破坏计算机罪,也经受住了法律上的审查。这一判决是州法院基于正确的法律权衡而作出的,其认为,对于实现德国《刑法典》第 303b 条的构成要件而言,行为人破坏的数据处理过程究竟追求的是合法还是违法目的,并不重要。并且,在法院认定的事实中,也没有任何表明正当化事由或免责事由存在之证据。

(1)根据法律条文的表述,没有理由认为,德国《刑法典》第 303b 条只应适用于那些与体现法忠诚行为相关的数据处理过程。立法理由将该条保护法益界定为"运营者和用户对于该数据处理合乎规定的运作方式所享有的普遍利益",并且在阐述之于被损害者的"重要意义"这一要素时,认为只要数据处理发生在履行职务的过程中,原则上就应当认定该要素之成立。看不出立法者对该条文的适用范围作了预先的限缩,认为其只适用于合法的数据处理过程。②

(2)同样,从 2001 年 11 月 23 日达成的《关于计算机犯罪的欧洲委员会协定》③中,我们也无法看出,其目标设定就是只保护那些合法语境中的数据处理免受犯罪攻击,而该协定正是 2007 年 8 月 7 日④。经由"为抗制计算机犯罪的第 41 次刑法修正案"所形成的第 303b 条之新条文的法律基础。该协定内容中包括,各成员国有义务将特定的攻击计算机系统的行为犯罪化;但该协定并没有开辟一种可能性,也就是将刑事制裁的对象局限于针对合法使用的计算机系统所进行的破坏(协定的第 3 条和第 5 条)。一样经由德国《刑法典》第 303b 条的新条文转换而来的、于 2005 年 2 月 24 日形成的 2005/222/JI 框架决议⑤以及取代该法律文件的、于 2013 年 8 月 12 日形成的欧盟 2013/40 准则⑥,以同样的方式毫无保留地要求,应当将所有未经授权的攻击信息系统的行为都纳入刑事处罚的范围,而不论运作该系统究竟

---

① BGH, Urteil vom 1.August 2000-5 StR 624/99, BGHSt 46, 107, 112; LK-StGB/Schünemann, 12. Aufl., §27 Rn. 22 f.; LK-StGB/Roxin, 11. Aufl., §27 Rn. 16 ff.
② BT-Drs. 16/3656 S.13.
③ 通过 2008 年 11 月 5 日的法律加以批准,BGBI. II 2008, S.1242。
④ BGBI. I 2007, 1786.
⑤ ABl. EU L 69 vom 16. März 2005, S. 67.
⑥ ABl. EU L 218 vom 14. August 2013, S. 8.

追求的是合法还是违法的目的。对刑事制裁的范围所作的相应限制,也与该法律文件的目的相违背——全面地保障网络和信息的安全,并且营造一个更安全的信息社会(参见相应的权衡理由)。

3.但是,基于联邦检察总长所提交的申请书之缘由,应当以既定方式对判决书作出变动,也即,考虑到余下的大量行为单数上已造成的著作权损害案件,审判委员会应当否定的是,刑事审判庭本可以对这些犯罪行为判处较轻的自由刑。

论 Kino.to 网站运营者和用户的刑事可罚性
——兼评莱比锡州法院 2012 年 6 月 14 日判决

〔德〕托比亚斯·赖因巴赫*

喻浩东 译 邓卓行 校

一、导　言

　　Kino.to 案①的判决已在网络社区中引人注目。莱比锡法院声称,检察官指控的被告人所犯之罪行,是"德国迄今所知最为严重的对著作权的职业性侵害"。②对于那些音乐和电影平台的运营者来说,这份判决也可以算作一个信号,也就是表示,法院十分愿意动用刑法手段去制裁这种类型的著作权侵害行为。刑罚的尺度说明了一切:莱比锡州法院判处被告人也即 Kino.to 的创建者四年六个月的自由刑(作为总和刑期)。事实上,可供使用的作品数量十分之多,根据判决书的认定,有超过 135 000 个影片和电视节目,并且,运营商通过广告收入所赚取的利润也十分高昂,超过 3 700 万欧元。基于这一数额,人们至少从量上不再能称这是一个轻微的罪行。至于该判决能否使权利所有人持久受益,或者双方仍旧会争执不下,则有待证实。无论如何,对于 Kino.to 来说已经有了一个成功的后继者。

　　这篇文章要研究的是一些积极参与者的刑事可罚性,并且聚焦于平台的运营者——该平台的老板在莱比锡州法院的刑事程序中被判有罪——

---

* 本文作者衷心地感谢贝恩德·海因里希教授、格利特·奥登堡先生以及康斯坦丁·舒尔茨先生参与富有成果的讨论。

① AG Leipzig, Urteil vom 21. Dezember, 2011-200 Ls 390 Js 184/11, NZWiST 2012, 390; LG Leipzig, Urteil vom 14. Juni, 2012-11 KLs 390 Js 191/11, ZUM 2013, 338.

② LG Leipzig ZUM 2013, 338, 346.

以及同一平台的私人用户。文章也会就莱比锡州法院所作判决给出评论。

二、案件事实

有大量的行为之实施与 Kino.to 这个门户网站有所关联,且这些行为都涉嫌刑事犯罪。若要对整个事件做一个鸟瞰式的总结,就可以叙述如下:Kino.to 是一个做得十分成功的互联网平台,该平台提供了指向大量流媒体或者说既可单纯供人观看,也可以终局性下载下来的电影和电视节目。各式各样的人都参与到了这一复杂的商业模式当中。

所谓的"上传者"在他们个人的计算机上,将那些受著作权法保护的电影作品以数据形式制作成复制件,其方法是,要么从已为他们所有的 DVD 光盘上直接拷贝下来,要么出于同一目的,自行从互联网上下载影片,然后将这些复制件存放在一个所谓的"文档宿主"那里,"文档宿主"是一个公司,它也以此为目的,在它已联网的服务器上为这些上传者提供存储空间。也就是说,那些复制件又一次被拷贝到了外部计算机上。在那里,这些影片会被转换成数据格式,从而便于直接观看。这意味着上传者等于在 Kino.to 网站的服务器上公开了所谓的"快速链接",经由这些链接人们就可以直接找到那些影视作品。于是在该服务器中就形成了一个链接库。这样做的好处便是,这一门户网站的光顾率极高(有时每天访问量超过 400 万),以至于大量用户通过链接就可以找到这些电影,可以观看或直接下载。

这个快速链接正是在 Kino.to 网站的服务器上被激活的。该服务器开始位于荷兰,后来又被转移到了俄罗斯,但网站员工仅仅在莱比锡停留过。Kino.to 网站的运营者创建了这一提供电影的平台,并通过网站员工将上面的快速链接激活。作为"激活者"的 Kino.to 公司的员工,其任务就是对上传者所上传的链接,就其事实上的运作能力,对内容标准的遵守进行检测。为了做到这一点,他们通过选择每一个单独的链接来确定它是否真正导向了指定的电影作品,以及确定它是否也包含所要求的开场和结尾序列,并提及 Kino.to。除此之外,他们还得操心的是,没有指向色情影片,尤其是儿童色情影片的链接被激活,且要确保不能提供任何俄罗斯的电影和字幕,否则的话,他们就该担心,在俄罗斯该服务器的所在地检察官将会开展刑事追诉。完成这些任务之后,他们就激活相应的链接,从而使得这些链接被提供给用户。直至激活之时,这些链接才能为公众所接触。事实证明,有时候 kino.to 自己就是一个文档宿主,有时候文档宿主则是另一个独立运作的外部公司。上传者以及外部文档宿主的运营者均不是 Kino.to 公司核心层的员工。他们只是因为从事共同的工作才与 Kino.to 员工核心层关联起来,所以一般来说,他们既不知道这些员工姓甚名谁,也不知道其他上传者的身份。而那些上传者均是由 Kino.to 的员工亲自挑选出来的,且必须先前在 Kino.to 提出申请。对于文档宿主来说也是一样。他们也得在 Kino.to 实名申请准入,为的是在该网站访问量暴增时,更能够狠狠赚上一笔。尽管 Kino.to 网站是免费提供这些电影,但是事实证明,这个平台对于网站运营者来说却是有利可图的,因为在网站页面以及文档宿主那里,都会有广告被植入。经此,文档宿主和 Kino.to 网站都获得了一笔极其可观的收入,该收入随着访问量的增长而增长;与此相反,文档宿主会按照合同所定的固定方式付清上传者的工资。最终,许许多多的私人用户就可以点击这些链接,从而常规性地在流媒体上观看影视作品,有时甚至还能够将它们下载下来。不过,被在线观看或下载下来的具体作品数量,不得而知。

　　被告人作为 Kino.to 网站的运营者,以各种不同的方式参与了上述全部行为的实施。他明知道,这些作品的权利所有人既没有给他,也没有给任何其他参与整体过程的人授予过相应的使用权。由于他是公司的领导人,按照德国《刑法典》第 25 条第 2 款,肯定要将他下属员工所实施的行为归责于他,因为根据主流学说,对于"团伙头目"或公司组织者成立共同正犯来说,只要其在预备阶段对犯罪做了重要的部署且施加了组织性的影响,就已经足够了。① 但尚不清楚的是,Kino.to 的员工究竟被谴责实施了何种可罚的罪行。这里,需要对莱比锡州法院所作的判决(在第三部分)、就 Kino.to 员工的可罚性(第四部分)作进一步的说明。接着,需要就私人用户的可罚性(第五部分)作简单的探讨,而这一问题仅在莱比锡地方法院的刑事程序中被提及。在判决认定的犯罪时间段内,Kino.to 网站上总计至少有 1 360 450 个链接被激活,因为很多链接都指向同一个作品。

---

① Vgl. nur BGHSt 33, 50, 53, NJW 1985, 502-Viehdiebstahl; S/S-Heine § 25 Rn. 67.

三、莱比锡州法院的判决

莱比锡法院判定,被告的 Kino.to 公司的领导人在三次构成行为复数的犯行中,因以供公众使用的形式职业性地损害著作权,违反了德国《著作权法》第 106 条和第 108a 条的规定,应判处总刑期为四年六个月的自由刑。判决要旨如下:德国《著作权法》第 15 条第 2 款、第 19a 条、第 106 条意义上的以公开传送为形式的供公众使用,一方面表现于,提供一个平台供用户使用,该平台被用于存放那些指向网络资料的快速链接;另一方面表现于,准备提供相应的快速链接。① 但是,正如我接下来要展示的那样,对于该判决要旨部分所阐述的法律评价,我并不认同。

四、对于 Kino.to 网站运营者之行为的刑法评价

德国《刑法典》适用于该案的全部过程,因为不仅 Kino.to 的员工,而且在莱比锡州法院受审的该公司的领导人均在莱比锡逗留过,因此按照德国《刑法典》第 3 条,同时对照第 9 条第 1 款第 1 种类型,被告人就是在德国境内实施了犯罪。不过,考虑到德国《著作权法》第 106 条的保护范围,应当在个案当中注意到该法第 120 条作出的限制:该条只用来保护拥有德国国籍的著作权人,而对于外国人的保护则依据的是该法的第 121 条。②

(一)将作品供公众使用(德国《著作权法》第 19a、106 条)

1. Kino.to 的员工成立直接正犯

州法院认为,之所以可以判定被告人成立将作品供公众使用的直接正犯,是因为他提供了一个存储链接的平台以供用户使用,或者无论如何是提供了链接本身。可是这两种理由都站不住脚。第一种理由是以联邦最高法

---

① LG Leipzig ZUM 2013, 338, 345. AG Leipzig NZWiSt 2012, 390, 393 也肯定了设置链接的刑事可罚性。

② 有关著作权侵害方面的刑法适用法,详细参见 BeckOK UrhG-Sternberg-Lieben, Edition: 3, Stand: 1. 9. 2013, § 106 Rn. 10 ff.。

院有关德国《刑法典》第184b条的一则判决①为基础的。在该判决中,联邦最高法院认定一个包含儿童色情内容的网络平台的运营者,构成德国《刑法典》184b条意义上的供公众使用,该平台还包含一个聊天室,在这个聊天室中,第三人可以存放指向相应内容的链接。这一判决在核心刑法上是否具有说服力,尚且值得商榷,因而将此道理转用到德国《著作权法》第106条上并不合适。尽管刑法和著作权法都使用了相同的术语"供公众使用",然而,对于这一法律概念应在各自的事项框架内进行相对解释,因为德国《著作权法》第106条是具有民法从属性的②,而德国《刑法典》第184a条所追求却是另一个目标方向。按照德国《刑法典》第184b条,文字内容本身就是违法的,因此要避免任何与之打交道的行为,而在与经济相关的著作权法中,原则上允许作品利用,仅仅要问的是,对于那种确切的使用方式而言,使用者必须被授予使用权(所谓的授权)。因此成为问题的并非作品之(违法)内容,而是对该作品的有偿使用。

谁想要将一个作品供公众使用,就需要获得相应的使用权。德国《著作权法》第19a条含有一项著作权人获有使用权人的权利,也即,以某种方式将作品有线或无线地供公众使用,使得公众成员在其选定的地点和时间能够使用该作品。在网络领域对此加以理解,就是一个作品随时候用。③ 由于这一权利并不会耗尽④,即便有第三人已在另一服务器上准备好了该作品,原则上该权利之存在也无法阻却刑事可罚性。

可是,作为对一个作品进行著作权法上使用的形式,供公众使用是一个一次性的过程。一旦该作品在某个服务器上被连上了网,那么从此时开始,它就被供公众使用了。因此对于指向一个外部的、载有受保护作品的网站的快速链接来说,著作权法判例和文献上都正确地、占多数地认定,设置链接者本身并没有(额外)在德国《著作权法》19a条的意义上将该作品供

---

① BGH StV 2012, 539-chatroom.
② Reinbacher, Die Strafbarkeit der Vervielfältigung urheberrechtlich geschützter Werke zum privaten Gebrauch nach dem Urheberrechtsgesetz, 2007, S. 61; Wandtke/Bullinger-Hildebrandt, UrhR, 3. Aufl., 2009, §106 Rn. 6.
③ Schricker/Loewenheim-v. Ungern-Sternberg Urheberrecht, 4. Aufl., 2010, §19 a Rn. 43.
④ Reinbacher, GRUR 2008, 394, 397; Schricker/Loewenheim-v. Ungern-Sternberg Urheberrecht, 4. Aufl., 2010, §19 a Rn. 43.

公众使用,也即,无需获得使用权限。① 联邦最高法院对 Paperboy 案所作的民事判决,对此来说总是有效的,在该判决中,被告在他自己的网页上,准备提供指向其他(有权)提供者的报纸文章的链接。联邦最高法院在这里正确地论述道,快速链接只是提示了已经另有他人将该作品供公众使用了。倘若一个作品真的被在某网页上合法地供公众使用了,那么通过快速链接找到它的人,当然就不需要取得著作权法上的使用权。② 于是,法律上重要的使用行为便是将作品存放到了联网的服务器上,在 Kino.to 这个案例中,就是通过上传者存储到文档宿主那里。尽管这里的案件事实与 Paperboy 案并不一样,因为这里所链接的不是合法的,而是非法供公众使用的作品。但是,基于对具体犯罪行为的判断,合法与否并不会制造什么差别。

麻烦的是如下事实:尽管作品被上传后存放于文档宿主的服务器中,从而在网络中随时供人使用,但使用人只能通过快速链接找到它们,而快速链接被提供给了来自文档宿主的上传者,并被存放在 Kino.to 网站上的链接库中。对于存储作品的地方,也就是目标地址,潜在用户一无所知。一方面毋庸置疑的是,那些被存放于联网的服务器上的作品——至少理论上——已经被供公众使用了,因为服务器被联上了网,所以原则上用户是可以接触到作品的,而且,并不存在特别用来阻止访问的保护措施。但是另一方面,一般用户并不知道那些电影究竟被存放在哪家服务器上,因此便不能轻易找到这些电影,除非通过 Kino.to 网站上提供的快速链接。联邦最高法院却在 Paperboy 案中举了一个书中脚注的例子,就像人们可以通过看某个脚注找到一篇论文,但即便没有这个脚注,理论上也可能找到这篇论文。③ 对于像谷歌这样的搜索引擎来说也同样如此:脚注和谷歌都是提示了一篇具体文章的存在,但如果没有这一提示,公众也可以在某个图书馆里找到这本书,或者在网络中搜索到这一内容,即便在没有相应提示的情况下,人们或

---

① BGH GRUR 2003, 958, 962-Paperboy; so auch BGH GRUR 2011, 56, 58-Session-ID; vgl. ferner Dreier/Schulze-Dreier UrhG, 4. Aufl., 2013, § 19 a Rn. 6 a, § 97 Rn. 30; Hilgendorf/Valerius, Computer-und Internetstrafrecht, 2. Aufl., 2012, Rn. 708; MüKo/StGB-Heinrich, § 106 UrhG Rn. 75; Wandtke/Bullinger-Bullinger, UrhR, 3. Aufl., 2009, § 19 a Rn. 10.

② BGH GRUR 2003, 958, 962-Paperboy.

③ BGH GRUR 2003, 958, 962-Paperboy; ebenso Hilgendorf/Valerius, Computer-und Internetstrafrecht, 2. Aful., 2012, Rn. 708.

许不会知晓它们所在的位置,甚至不知晓它们的存在。可与这一事实相对比的,是人们不知晓一个电话号码,因此无法呼叫对方,但对方却实实在在地置身于一个公共的电话网络中。

反对观点却声称,和 Paperboy 案不同的是,Kino.to 的用户完全是通过 Kino.to 上的快速链接才获得了找到作品的能力,而 Paperboy 只提供了一个可以查找每日更新的消息,尤其是报纸消息的搜索引擎,并且为此准备了一个链接库,库中链接所指向的却是那些通常能够接触到的网页上的文章。由此一来,在 Kino.to 案中,设置链接的行为就获得了独立的意义,正如莱比锡州法院所认定的那样,此行为的性质是具有正犯性的对人开放。[①] 即便人们赞同这一思路,可是,(技术性的)上传过程仍然是决定性的:在对人开放这一点上,无法想象上传过程是不可或缺的,因为只有通过上传该作品才会被置于网络之中。虽然快速链接能够帮助人们找到那些已向公众开放的作品,但要是没有这些作品被上传的过程,一切都是空谈。因此,单单是设置链接本身,并不足以奠定 Kino.to 员工的正犯性,更不用说单纯地经营网络平台了。所以,我反对莱比锡州法院判决要旨中给出的两点理由。对于另一些"链接的设置者绕开了某种阻止对作品无权访问的保护措施"类案件[②],究竟适用何种不同的规则,在这里暂且不谈,因为在本案中不存在这样的障碍。此外还应明确的是,顺便说一下,应该清楚的是,仅仅是超链接并不构成对作品的复制。[③]

在德国《刑法典》第 25 条第 1 款第 1 项的意义上,只有当 Kino.to 的员工自己从事上传者或文档宿主[④]的工作,就像他们在一些案件中所做的那样,才有可能考虑他们成立对公众开放行为的直接单独正犯。除此之外,他们也就只是单纯的链接库的提供者——与莱比锡州法院的观点相反——

[①] So auch BeckOK UrhG-Sternberg-Lieben, Edition: 3, Stand: 1. 9. 2013, §106 Rn. 29; Klein/Sens NZWiSt 2012, 394, 395.

[②] BGH GRUR 2011, 56, 58-Session-ID.

[③] BGH GRUR 2003, 958, 962-Paperboy; Dreier/Schulze-Dreier, UrhG, 4. Aufl., 2013, §97 Rn. 28; MüKo/StGB-Heinrich, §106 UrhG Rn. 130.

[④] 就文档宿主而言,尽管可能考虑适用德国《电信媒体法》第 10 条的特权条款。但只要其具有明知,就排除了适用这一条款的可能性。此处不再对这一问题作更深的挖掘,因为本文的主旨在于,对链接库的定位作出提示。对于认定文档宿主的刑事责任,详细参见 Rehbinder, ZUM 2013, 241, 258 ff。

于是无法成立对公众开放行为的直接单独正犯。①

2. Kino.to 的员工成立共同正犯

考虑到存在外部上传者的情形中网络平台的特殊关联性,以及 Kino.to 员工所施加的决定性的影响力,正确的想法应当是另外一个:按照德国《刑法典》第 25 条 2 款的规定,考虑对上传者(以及文档宿主)的行为进行共同正犯性的归责。这是与违法相关的且应在德国《著作权法》第 106 条的框架内,按照一般原则②进行判断。对于成立共同正犯来说,必要的是一个共同的行为计划和 Kino.to 员工的行为贡献。只要能够认定参与者之间存在一个明知且有意的合作③,即便他们相互并不认识,对于认定共同正犯的成立也毫无影响。在作出判断时,不能够仅仅着眼于设置链接的行为,而毋宁应当在整体事态框架中考虑某一行为。Kino.to 的员工最开始是出现在犯罪计划阶段的,他们挑选出上传者,并且通过他们成功的平台,以及当作品已经位于文档宿主的服务器中时,通过激活链接的方式,提供了一个显著的犯罪激励。

有疑问的是,kino.to 员工究竟是想把该犯罪行为看成是自己实施的,还是他们为了达到自己的目的单纯利用了第三人的行为。此外,考虑到他们自己的行为贡献,尤其是除了平台的运营以及链接的激活之外,与犯罪计划阶段相关联的那部分也面临着具体行为时点是否存在犯罪支配的疑问。因为上传者自我负责地实施了电影作品的存放行为,而 Kino.to 公司却没有制定具体的规定,要求应当提供什么样的电影或电视节目。

支持共同正犯成立的论据是,Kino.to 的员工在公司盈利这一点上享有十分明显的利益,且通过挑选上传者,他们也进行了并非不重要的犯罪参与,因为实际上就是他们将链接公之于众。莱比锡地方法院正确地称之为

---

① 就这点而言,LG Leipzig auf BGH ZUM-RD 2010, 456; GRUR 2010, 616-marions-kochbuch.de, 同样不具有说服力。因为这里涉及的问题是,互联网门户网站的运营者究竟在多大范围内对直接存放在其网站上的内容负责(这里指带有照片的食谱)。这个问题涉及的是文档宿主,而不是 Kino.to 网站上的链接库。

② Wandtke/Bullinger-Hildebrandt, UrhR, 3. Aufl., 2009, § 106 Rn. 40; vgl. zu diesen allgemeinen Grundsätzen der Abgrenzung nach Täterwille und Tatherrschaft etwa Fischer Vor § 25 Rn. 2 ff.; Heinrich, Strafrecht Allgemeiner Teil, 3. Aufl., 2012, Rn. 1203 ff.

③ S/S-Heine, § 25 Rn. 71.

一个分工过程。① 具体来说,是一个上传者、文档宿主②以及 Kino.to 员工之间的分工过程。最后要注意到一点,正是经由 Kino.to 所提供的链接,用户才能够找到那些作品。这虽然,如前文所述,未能导致一个德国《刑法典》第 25 条第 1 款第 1 种行为方式意义上的直接单独正犯性,因为在没有上传的情况下,构成要件要素在技术上无法得到满足,但是,在 Kino.to 员工和上传者或文档宿主之间可以成立共同正犯,据此,就又可以基于共同正犯的处罚原则,将 Kino.to 员工所实施的行为归责给作为被告的公司领导人。③ 在具体情境当中,用户们之所以能够在线观看或者下载那些电影作品,就是因为:首先,上传者已经上传了这些作品;其次,用户们可以在 Kino.to 网站上找到相应的快速链接。行动的目标就是造成大规模的著作权损害,而实现这一目标的途径,则是要么由 Kino.to 的员工,要么由外部的上传者将作品存储到文档宿主那儿联网的服务器中,并且公开 Kino.to 网站上的目标地址。从这一视角来看,这个行动当然呈现为一个分工过程。④ 如果人们将这一行动过程评价为共同正犯,那么就应当将上传者和文档宿主所实施的全部行为都视为 Kino.to 的员工所为并归责给他们。谁认为这一评价没有道理,就必须思考成立以组织支配⑤形式出现的间接正犯,思考教唆犯(如果上传者尚且还没有形成犯罪决意)或帮助犯⑥的成立。

有争议的是,对于这里的链接库来说,能否适用德国《电信媒体法》第 7 条的特权条款。主流学说正确地否认了这一点。⑦ 因此不会改变的是——如这里所述——一般性原则。⑧ 但就算人们终究要转用德国《电信媒体法》的法律思想,Kino.to 的员工也直截了当地表达了,他们占有这些链接以及

---

① AG Leipzig NZWiSt 2012, 390, 394.
② 参见 Rehbinder, ZUM 2013, 241, 262, 认为上传者和宿主服务器间可能成立共同正犯,但最后涉及的是文档宿主是否具备正犯性的问题。
③ 对此,也可参见 LG Leipzig GRUR 2013, 339, 345 zu verstehen。
④ 还可参见 AG Leipzig NZWiSt 2012, 390, 394。
⑤ BeckOK UrhG-Sternberg-Lieben, Edition: 3, Stand: 1. 9. 2013., § 106 Rn. 29.
⑥ 关于通过快速链接构成帮助犯,参见 LG Karlsruhe MMR 2009, 418, 419。
⑦ BGH NJW 2004, 2158, 2159-Schöner Wetten; Dreier/Schulze-Dreier UrhG, 4. Aufl., 2013, § 97 Rn. 37; MüKo/StGB-Hörnle § 184 StGB Rn. 48; Wandtke/Bullinger-v. Wolff, UrhR, 3. Aufl., 2009, § 97 Rn. 26-aA LG Karlsruhe MMR 2009, 418, 419, das § 7 TMG anwendet.
⑧ 因此,LG Leipzig auf BGH ZUM-RD 2010, 456 = GRUR 2010, 616-marions-kochbuch.de 的提示也出了差错。因为不需要去审查,是否涉及德国《电信媒体法》第 7 条意义上的自有内容。

那些在别处提供的作品,因为他们进行过审查、激活了链接。其实这里的分析根本不取决于对这个问题的回答。原因在于,上传者不仅设置了通向他人网站的链接,而且还自己将被链接的文件存放到了文档宿主的服务器上。这样一来,他们自己就是有关内容的提供者。因此,按照德国《刑法典》第25条第2款的规定,如果可以将上传者所实施的全部行为都归责给Kino.to的员工,那么当然也可以将Kino.to员工所实施的全部行为归责给上传者自己。所以,究竟能否根据德国《电信媒体法》第7条的规定对快速链接予以认定,还很难说。①

(二)对作品的复制,德国《著作权法》第16、106条

除此之外,上传者还实施了——莱比锡州法院未予认定②——符合德国《著作权法》第16、106、108a条的职业性未经许可的复制,其方式是,一方面,他们将作品从现有的作品样本中数字化地拷贝到他们个人电脑的硬盘上,或者直接从网络上下载这些作品,另一方面,他们会将这些数字化的文件转录到文档宿主的服务器中。两个过程均包含了一种对作品进行的实体性固定,也就是德国《著作权法》第106条意义上的复制。③

倘若这样做一开始便是为了将网络中的电影供公众使用,那么考虑到存放在他们个人电脑上的复制件,就排除了为私用而复制的可能性。④ 这自然是诉讼程序中的一个举证问题,也即,在复制过程中是否就可以证明上述意图的存在。无论如何,上传者自己肯定实施了一个可罚的复制行为。只要Kino.to员工自己也实施了这一过程,那么他们也就成为未经许可复制的直接正犯。但照此逻辑,只要上述评价被接受的话,那么就还要按照德国《刑法典》第25条第2款的规定,将外部上传者所实施的行为归责给作为

---

① 对于LG Karlsruhe MMR 2009, 418, 419,来说,针对性的链接设置对于德国《电信媒体法》第7条意义上的占为己有来说已经足够了。

② LG Leipzig GRUR 2013, 339, 345只是论述道:"法庭无法确信的是,德国《著作权法》第106条构成要件的下位类型已被满足。"

③ Erbs/Kohlhaas-Kaiser, 195. EL 2013, §16 Rn. 6; MüKo/StGB-Heinrich, §106 UrhG Rn. 47; Reinbacher, Die Strafbarkeit der Vervielfältigung urheberrechtlich geschützter Werke zum privaten Gebrauch nach dem Urheberrechtsgesetz, 2007, S. 82.

④ Reinbacher, Die Strafbarkeit der Vervielfältigung urheberrechtlich geschützter Werke zum privaten Gebrauch nach dem Urheberrechtsgesetz, 2007, S. 191. 关于为私用进行复制,还可参见第五部分的相关内容。

共同正犯的 Kino.to 的员工。这样,按照德国《著作权法》第 16、106 条以及德国《刑法典》第 25 条第 2 款的规定,他们不仅成立供公众使用的共同正犯,也成立复制的共同正犯,从而会被刑法处罚。对于通过文档宿主进行的将文件转换成一个可直接观看的格式来说,道理是一样的:这当然也呈现为一个复制行为。①

两种行为——复制和供公众使用——均应被视为未经许可利用的不法行为②,尤其是它们都是从一开始就被计划好了的。由于被告反复实施犯罪行为,在一定时间、一定范围内形成了持续的财富来源,因此按照德国《著作权法》第 108 条的规定,还成立一个职业性的行为。③

五、私人用户

在莱比锡州法院的审理程序中,并未提及 Kino.to 网站私人用户的可罚性问题。但是网络社区的人却对这个问题很感兴趣。与州法院不同,莱比锡地方法院肯定了这些私人用户的可罚性。④ 如果这样做是正确的,那么就会额外存在着 Kino.to 运营者的犯罪参与(至少是通过提供作品参与了犯罪⑤)。对于这些私人用户来说,犯罪成立与否取决于他们是仅仅在线观看了那些影片,还是终局性地下载下来。

(一)下载是可罚的复制行为(德国《著作权法》第 16、106 条)

如前文所述,将网络中的作品终局性地下载到个人电脑的行为,按照上文中的界定,构成著作权法意义上的复制。倘若该复制没有取得权利人的同意,特别是没有获得相应的许可,则根据德国《著作权法》第 106 条的规定,还构成刑事犯罪,只要不存在一个"法定许可的情形"。唯一棘手的问

---

① AG Leipzig NZWiSt 2012, 390, 392; vgl. auch Reinbacher, Die Strafbarkeit der Vervielfältigung urheberrechtlich geschützter Werke zum privaten Gebrauch nach dem Urheberrechtsgesetz, 2007, S. 94 f.
② BeckOK UrhG-Sternberg-Lieben Edition: 3, Stand: 1. 9. 2013, § 106 Rn. 49.
③ LG Leipzig GRUR 2013, 339, 345.
④ AG Leipzig NZWiSt 2012, 390, 392.
⑤ MüKo/StGB-Heinrich, § 106 UrhG Rn. 130.

题是,究竟是否存在一个符合德国《著作权法》第 53 条的"法定许可"。按照该条的规定,可以为了私用而进行个别的复制,只要没有使用任何明显是违法制造或者供公众使用的样品。德国《著作权法》第 53 条的介入塑造了一个德国《著作权法》第 106 条第 1 款意义上的"法定许可情形"。在刑法教义学上,应将其理解为一个消极的构成要件要素,从而排除了德国《著作权法》第 106 条的客观构成要件,因为后者的充足以不存在法定许可的情形为前提。① 因此,为了私用而将作品下载到个人电脑上的人,就不会受到刑法的处罚。②

但如果使用了一个明显是违法制造的或供公众使用的样品,情况就不同了。如此一来,就出现了一个消极构成要件要素的撤回。私人复制件的样品形成了存放在文档宿主服务器上的文件。正如所见,不仅是作为制造的上传过程,而且供公众使用的过程都是违法的,因此就可以认定,一个既是违法制造的又是违法供公众使用的样品是实际存在的。

引起争论最多的问题是,这一违法性是否达到了法律所要求的"明显"的程度。这个问题属于客观构成要件的范围,应当客观地予以认定,在此方面,应当从一个客观化了的观察者的视角出发进行判断。③ 当我们可以理性地排除一个合法过程的存在时,一个过程就是明显违法的。④ 在这里不能再深挖这一问题了。足以肯定的是,在 Kino.to 的案件中,太多情形表明违法性是极其明显的。不仅在正式的电影放映之前,那些电影和电视节目就已经在德国被供应了,而且也不应当理性地期待,在网络上会有一个涵盖

---

① Erbs/Kohlhaas-Kaiser, 195. EL 2013, §106 UrhG Rn. 21; MüKo/StGB-Heinrich, §106 UrhG Rn. 78; Reinbacher, Die Strafbarkeit der Vervielfältigung urheberrechtlich geschützter Werke zum privaten Gebrauch nach dem Urheberrechtsgesetz, 2007, S. 175 ff.; ders. GRUR 2008, 394; Wandtke/Bullinger-Hildebrandt, Die Strafbarkeit der Vervielfältigung urheberrechtlich geschützter Werke zum privaten Gebrauch nach dem Urheberrechtsgesetz, 2007, §106 Rn. 21.

② 详细论述参见 Reinbacher, Die Strafbarkeit der Vervielfältigung urheberrechtlich geschützter Werke zum privaten Gebrauch nach dem Urheberrechtsgesetz, 2007, S. 179 ff. und passim; ders. GRUR 2008, 394.

③ Jani, ZUM 2003, 842, 850; Reinbacher, Die Strafbarkeit der Vervielfältigung urheberrechtlich geschützter Werke zum privaten Gebrauch nach dem Urheberrechtsgesetz, 2007, S. 220; ders. GRUR 2008, 394, 398.

④ Reinbacher, Die Strafbarkeit der Vervielfältigung urheberrechtlich geschützter Werke zum privaten Gebrauch nach dem Urheberrechtsgesetz, 2007, S. 224; ders. GRUR 2008, 394, 399; vgl. auch Dreier/Schulze-Dreier UrhG, 4. Aufl., 2013, §53 Rn. 12:"当所有可能的豁免可能性都可以被排除时"。

甚广的影视数据库被免费供人使用。不过,用户可能发生的错误设想,可以被视为德国《刑法典》第 16 条框架内的规范性构成要件要素的认识错误,从而阻却故意。① 因此,在这里根本无法具体地证明私人用户下载的可罚性,当然也不可能简单地予以假定。

(二)在线观看是可罚的复制,德国《著作权法》第 16、106 条

由于那些电影在线就可直接观看,因此很多时候用户们根本不会去终局性地下载。那么问题就在于,在线观看是否也充足了德国《著作权法》第 16 条和第 106 条的构成要件。尽管那些暂时性的、依赖技术的、在线观看时被存放于"缓冲器"中的复制件②,就是上述法律规定意义上的复制件,但是,在线观看也符合德国《著作权法》第 44a 条第 2 项的特权条款。③ 根据该项的规定,如果暂时性的复制行为持续很短、具有伴随性,呈现为一个技术程序的不可分割的重要组成部分,并且其唯一目的在于,使对作品的合法利用成为可能,同时不具备任何独立的经济意义的话,就是被允许的。缓冲器中的复制的确是短暂的,持续很短,具有伴随性,且依赖技术,因为它们是自动被制作的,之后又会自动消失。

这一复制过程也使一个合法的利用,也即单纯观看电影成为可能。另有观点④认为,只有当权利所有人表示了同意,或者该利用行为不超越著作权法的边界时,才成立一个"合法的利用"。但这样就忽视了,对于单纯输入性的观看来说,根本不存在一个必须经同意的、被著作权法涵盖的利用⑤,换言之,用户根本无需被授予使用权限。倘若人们要让暂时性复制的

---

① Reinbacher, GRUR 2008, 394, 400 f.;详细论述著作权刑法中的错误情形,参见 Heinrich, in: Bosch/Bung/Klippel (Hrsg.), Geistiges Eigentum und Strafrecht, 2011, S. 59 ff., 但它否定了主流观点关于规范性构成要件要素的区分主张;对此也可参见 Heinrich, Strafrecht Allgemeiner Teil, 3. Aufl., 2012, Rn. 1081 ff。

② dazu Reinbacher, Die Strafbarkeit der Vervielfältigung urheberrechtlich geschützter Werke zum privaten Gebrauch nach dem Urheberrechtsgesetz, 2007, S. 126; ders. Humboldt Forum Recht, HFR 2012, 179, 180.

③ Brackmann/Oehme, NZWiSt 2013, 170, 172 ff.; Fangerow/Schulz, GRUR 2010, 677, 680 f.; Gercke, ZUM 2012, 625, 634; Reinbacher, HFR 2012, 179, 182; Stieper, MMR 2012, 12, 16-a. A. AG Leipzig NZWiSt 2012, 390, 392.

④ AG Leipzig NZWiSt 2012, 390, 392; Radmann, ZUM 2010, 387, 391.

⑤ Brackmann/Oehme, NZWiSt 2013, 170, 174; Fangerow/Schulz, GRUR 2010, 677, 681; Gercke, ZUM 2012, 625, 634; Reinbacher, HFR 2012, 179, 182; Stieper, MMR 2012, 12, 15.

合法性取决于终局性复制的合法性,那么德国《著作权法》第44a条的设置就是多此一举。人们毋宁要区分使用和持续较短的存储。用户行为的重点不在于复制,而在于输入性的作品享受。

最后,在工作存储器中进行的短暂性复制过程也并不具备独立的、超越于短暂的作品享受的经济意义,因为那些数据事后就被自动消除了。莱比锡地方法院①坚持认为这一过程很有经济意义,理由是,用户"借助于被存储的数据创造了使用的经济意义"。可是,其前提条件却是一个"独立的"经济意义。由于自动的存储过程并不考虑这一点,因此有必要存在一个超越于暂时性存储所追求之目的的利用。为了将欧盟第2001/29EC号指令付诸实施,立法者采用了上述规定,并且明确将高速缓冲存储器中的缓冲存储作为有特权使用的例证。② 这同样适用于情况相似的缓冲存储。

这样一来,就满足了德国《著作权法》第44a条第2项的前提条件。该项规定和德国《著作权法》第53条一样,被设计为第106条第1款意义上的"法定许可情形",因而阻却了构成要件。尽管这里还无法确定,用户是否真的进行了这样的在线观看。但如前文所述,这样一种在线观看并不呈现为任何可归责的主行为,因此也就无法再谴责Kino.to的运营者。因此,莱比锡州法院一定会认为,它没有考虑地方法院的相关权衡,是正确的。

六、总 结

Kino.to平台是一家构造复杂的公司,大量人员参与了其所实施的著作权侵害行为。首先是上传者实施了与构成要件相关的行为。通过将作品拷贝到文档宿主的服务器上,他们一方面对作品进行了复制,另一方面也将作品供公众使用,因而,他们应当按照德国《著作权法》第106条的规定承担刑事责任。对于文档宿主来说也是一样,他对作品进行了转录并将其存放到自己的服务器上。由于这一行为呈现出职业性,因此也涉及德国《著作权法》第108a条的适用。只要Kino.to的员工自己从事文档宿主和上传者的事务,就应当将他们作为德国《著作权法》第106条和108a条的正犯而予

---

① AG Leipzig NZWiSt 2012, 390, 392.
② BT-Drs 15/38, S. 18.

以刑事处罚。所有这些行为都应当按照德国《刑法典》第 25 条第 2 款的规定，被归责于 Kino.to 公司的领导人，作为该平台的运营者，他是莱比锡州法院审理程序中的被告人。

但是，只要外部上传者和文档宿主实施了行为，那么就不会考虑 Kino.to 员工成立直接的单独正犯。因为供公众使用是一个一次性过程，所以作品一旦被上传到了网络上，理论上就已经被公之于众了。因此，对莱比锡州法院的论证，即该平台的维护以及快速链接的公开已经（独立）满足了构成要件，应当予以否定。不过，要考虑的是 Kino.to 的员工与外部上传者以及文档宿主构成共同正犯的可能性。支持这一考虑的因素有，其对利润所表达的浓厚兴趣，以及，其通过挑选合适的链接提供者，从而对整个流程施加重要的影响。

用户实际上是否以及以何种形式利用了该平台，并未得到确认。但单纯的在线观看根本不具备任何可罚性，因为这一行为通过德国《著作权法》第 44a 条第 2 项获得了豁免，从而阻却了德国《著作权法》第 106 条的构成要件。相反，终局性的下载无疑具备了刑事可罚性，因为，当一个"明显是违法制作的或供公众使用的样品"被使用时，就排除了适用德国《著作权法》第 53 条对私用行为进行豁免的可能性。

04
立法动态

CYBER CRIME

【译者按】以下两篇文章是德国北莱茵—威斯特法伦州（北威州）和德国联邦政府的立法提案，前一个提案的目的是想在德国《刑法典》第126条之后增设第126a条，用以处罚在互联网交易平台上为犯罪实现提供服务的行为，这是典型的帮助行为正犯化立法。提案之所以想增设这一罪名，是因为犯罪人利用互联网实施犯罪的情况越来越多，同时也有越来越多的人从互联网平台中获得非法物品、信息、犯罪服务等。传统的刑法教义学已经逐渐无力解决其中所涉及的复杂问题，比如传统的正犯和参与犯体系就很难回应网络中的共同犯罪，特别是当犯罪行为人通过匿名的、自动化运行的平台取得帮助的时候，问题便愈加复杂。倘若增设第126a条，那么这些在互联网上新出现的刑法问题便可以直接通过立法予以解决。后一个提案是与前者存在关联、但不完全相同的后续提案。新提案旨在解决相同的问题，但在前者的基础上，后者采取了不同的表述，在一定程度上扩大了该条的适用范围，使其更充分地打击在互联网中运营犯罪交易平台的行为。由于立法计划的变更，第126a条为其他罪名所占用。新提案在其后插入本条规定，成为新德国《刑法典》第127条，而原第127条被相应延后，占用了因被废除而空缺的德国《刑法典》第128条。最终，经进一步讨论和修改，以新提案为蓝本的新德国《刑法典》第127条通过审议，本刊发表时已经生效。

德国的立法程序分为提案、审议、通过、签署和公布五个阶段。在提案阶段，德国有三个立法动议主体，分别是联邦政府、联邦参议院和5%的联邦议会议员或者议会党团，这三个主体均有权提请审议立法草案。在审议阶段，联邦众议院(Bundestag)将对草案进行三读，在一读过后，草案会被分发给专门委员会并由该委员会提出修改补充意见，之后再进入二读和三读程序，如果一切顺利，那么联邦众议院就会通过该法案，倘若其中涉及州的利益，则还需要联邦参议院(Bundesrat)进行审议和通过。在签署和公布阶段，经众议院通过的法案会由联邦总统签署，最后在官方公报上公布。

由于北威州政府和德国联邦政府不是立法动议主体，因此它们的立法提案必须先交给联邦参议院审议，若联邦参议院同意，那么作为立法动议主体的联邦参议院就会在一系列细节性程序之后，将法案提交给联邦众议院进行审议。

德国的立法草案大致分为三个部分，第一部分是一般性地介绍现实中的问题和立法的目标,以及立法的可能成本;第二部分是前一阶段负责人呈递给下一阶段负责人的书信;第三部分是草案的附件,其中详细列出了立法的内容及其理由。综上所述,读者从这两份草案中既可以获知德国当下的立法动态和立法的实质内容,也可以充分了解德国立法草案的结构,应当说这对于我国建设社会主义国家是有借鉴意义的。

修订德国《刑法典》第 126a 条的法律草案

——在互联网交易平台经营不法货物和服务的独立可罚性引入

邓卓行 译 刘 畅 校

一、问题和目标

犯罪人越来越多地利用互联网提供给他们的匿名化机会。一种经常被使用的匿名化形式是通过"洋葱路由"网络["The Onion Router"(Tor)-Netzwerk]来实现的,它由大量分布在世界各地的服务器组成,数据包通过该网络以不断变化的形式进行路由。当建立连接时,程序会在部分服务器上确定一条随机路由,而不记录数据的来源或目的地。通过对用户数据的加密和对动态线路的选择,确定数据传输起点和终点会变得非常困难。尤其是,可以通过洋葱路由实现对所谓"暗网"(Darknet)的访问。暗网服务供应的访问权限和访问可能性会受到限制,访问以使用诸如洋葱浏览器(Tor Browser)一类的特殊程序为必要条件。

暗网提供的与刑法相关的服务包括麻醉品交易、儿童色情图像交易或者武器交易,以及恶意软件交易和身份证件交易。在互联网的其他地方也可也可找到同类的服务。从技术角度来看,暗网所提供的服务与常见的网络交易平台完全相符——提供商品的预览影像、广告和对卖家的评价,同时还提供用户的可能感兴趣的其他服务。①

在刑事追诉实践中,网络犯罪现象的比重越来越大,不只限于少数个

---

① 参见 Tzanetakis, Drogenhandel im Darknet, APuZ 46-47(2017), S. 41 ff.

案。由于层出不穷的新型服务供应和具有隐蔽特征的方式方法,并没有相关论坛数量的确切数据。但是在过去的很多年中,为了追诉各州的网络犯罪,各个检察官总部已经开展了大量针对相关论坛责任人、平台责任人及其用户的侦查程序,这些论坛平台如"Deutschland im Deep Web"或者"crime-network.biz"。在国际领域,可以看到针对"Silkroad""AlphaBay"和"Hansa Market"等平台开展的调查程序。根据联邦刑事局(Bundeskriminalamt)的评估,2016年就有大约50个相关平台在运营。[①] 这些平台所运营的"网络犯罪(作为)服务"(Cybercrime as-a-Service)的商业模式将会在犯罪领域得到进一步扩张。[②] 欧洲刑警组织(EUROPOL)认为,违法网络交易平台是网络犯罪与其他(包括有组织)犯罪方式的核心联结点之一。[③]

通过已经开展的侦查程序所取得的经验表明,平台运营者和平台用户(既包括卖家也包括买家)间的分工泾渭分明。而这也表明,传统的组织犯和关于正犯与参与犯的历史性、立法性设想,几乎已经不可能转用到以互联网为基础的现代正犯结构中了。运营者亲自提供的只是——在一些情况中完全是自动化的——技术设备。由于这些情况,在实践中,针对具体主行为的帮助行为就很难被证明。同样,从团伙犯罪的角度看,对个别犯罪的归责也经常是不可能的,因为犯罪论坛和地下经济市场经常是以一种超越传统团伙概念的无定形组织结构运行的。

因为获取通往相关服务供应的访问权限通常没有特别的技术要求,其访问可能性虽然有所限制,但是不用花费大量的技术精力就可以实现,所以交易平台为实施犯罪行为提供了门槛很低的后勤保障,即使是那些并没有传统的获得武器、麻醉品或一些非法服务渠道的人,也可以利用这些平台实施犯罪。对公共安全而言,这些服务供应的危险极大,目前的法律状况并没有为适当的刑事追诉提供充分的可能。

在此背景下,各州的司法部长们已经在2016年11月17日于柏林召开的秋季会议上,研究了在暗网中进行刑事侦查的有效性。司法部长们认为有必要禁止在网上公开兜售用于犯罪预备的物品和服务。因此,他们恳请联邦政府审查,调整刑事实体法,尤其是《武器法》,在多大程度上可以获得

---

① BT-Drucks. 18/9487, S. 2.
② Lagebild Cybercrime des Bundeskriminalamtes 2016, 可以在 www.bka.de 中检索, S. 16 ff。
③ Internet Organised Crime Threat Assessment 2017,可以在 www.europol.eu 中检索。

比现在更好的效果。

二、解决方案

草案引入了一个新的刑法构成要件，即为犯罪的实现提供服务。这一新罪名只包含一种情形，即在准入或访问条件受限的网络中提供基于互联网的服务，而这种服务针对的是对公共安全构成特别风险的犯罪行为，这种服务是犯罪行为得以实施的前提条件。在基本构成要件之外将商业性地实施该犯罪行为补充为加重情节。只有该加重情节可以作为连结行为（Anknüpfungstat），允许使用专门针对网络的、具有高度侵入性的监听手段，对嫌疑人进行电信通讯监听。*

三、替代方案

目前的法律状况无法以适当的方式涵盖所有值得刑事处罚的举止方式。

四、不包括履法成本的预算

无。

五、履法成本（Erfüllungsaufwand）

（一）对公民的履法成本

对公民而言，没有产生或者消除履法成本。

---

* 参见《德国刑事诉讼法》第100a条第2款之规定。——译者注

(二)对经济的履法成本

对经济而言,没有产生或者消除履法成本。
其中,来自信息反馈义务的行政手续成本:
对企业而言,没有信息反馈义务被引入、简化或者取消。

(三)行政部门的履法成本

基于刑事处罚性的扩张,侦查程序和刑事诉讼的数量会在有限的范围内增长。这会对主要负责执行侦查程序和刑事诉讼的各州刑事追诉部门造成暂时无法量化的预算增加。

六、其他成本

对公民和经济而言,不会产生其他的成本。预计不会对物价水平,尤其是对消费者物价水平产生影响。

北莱茵—威斯特法伦州州长　　　　杜塞尔多夫,2019年1月16日

呈给
联邦参议院议长
州长
丹尼尔·君特(Daniel Günther)先生

尊敬的联邦参议院议长先生:

北莱茵—威斯特法伦州政府决定,将

《刑法修正案草案——对于通过以互联网为基础的交易平台,从事违法产品和违法服务交易的行为,引入独立的刑事可罚性》

以附件的形式呈递给联邦参议院。

本人恳请,根据联邦参议院《议事规则》第36条第2款,将这份草案纳入2019年2月15日联邦参议院会议议程,并随后将其分配给主管的委员会以供商讨。

致以友好的问候
阿明·拉舍特(Armin Laschet)

附录

刑法修正案草案——对于通过以互联网为基础的交易平台,从事违法产品和违法服务交易的行为,引入独立的刑事可罚性

联邦众议院做出如下立法决议:

第一条 德国《刑法典》修订

最近一次通过(BGBl.I S…)法律……条款修订的1998年11月13日(BGBl.I S.3322)颁布的德国《刑法典》文本,修订如下:

1. 将如下罪名(Angabe)增设于目录,列在第126条的罪名之后:
"第126a条 为犯罪的实现提供服务"。

2. 在第126条之后增设第126a条:
【第126a条 为犯罪的实现提供服务】
(1)提供以互联网为基础的服务,其访问权限与访问可能性经特殊技术手段加以限制,且其目的或者行为旨在使本款第2句所规定的违法行为得以实现、或旨在为其提供帮助的,如在其他条款中未规定更重刑罚,处3年以下自由刑或者罚金刑。第1句所指的违法行为包括:

1.《药品法》第95条第1款,

2.《麻醉品法》第29条第1款第1项,第29a条,第30条,第30a条,

3.《原材料管理法》第19条第1款,

4.《武器法》第52条第1款第1项及第3款第1项,

5.《爆炸品法》第40条第1款及第2款,

6.《战争武器管理法》第19条第1款,第20条第1款,第20a条第1款,第22a条第1款第1项、第2项和第4项,以及

7.《刑法》第146条,第147条,第149条,第152a条,第152b条,第184b条第1款,第202a条,第202b条,第202c条,第263a条,第275条,第276条,第303a条与第303b条。

(2)刑罚不得重于为第 1 款第 2 句意义上的犯行所设置的刑罚。

(3)以实施这类犯行为职业的,处 6 个月以上 10 年以下有期徒刑。

第二条 德国《刑事诉讼法》修订

最近一次通过……修订的,1987 年 4 月 7 日(BGBI. I S. 1074, 1319)颁布的德国《刑事诉讼法》文本,修订如下:

第 100a 条第 2 款第 1 项第 d 目表述如下:

"d) 根据第 126a 条第 3 款,第 129 条至第 130 条,针对公共秩序的犯罪行为,"

第三条 生效

该法于公布之后的第二天生效。

理由

一、总论

（一）目标设定与立法草案的主要内容

犯罪人越来越多地利用互联网提供给他们的匿名化机会。一种经常被使用的匿名化形式是通过"洋葱路由"网络来实现的，它由大量分布在世界各地的服务器组成，数据包通过该网络以不断变化的形式进行路由。当建立连接时，程序会在部分服务器上确定一条随机路由，而不记录数据的来源或目的地。通过对用户数据的加密和对动态线路的选择，数据传输起点和终点的确定会变得非常困难。尤其是，可以通过洋葱路由实现对所谓"暗网"的访问。暗网服务供应的访问权限和访问可能性会受到限制，以使用诸如洋葱浏览器一类的特殊程序为必要条件。

暗网提供的与刑法相关的服务包括麻醉品交易、儿童色情图像交易或者武器交易，以及恶意软件交易和身份证件交易。互联网中也可以找到其它形式上类似的服务。

在过去的数年间，为了追诉各州的网络犯罪，各个总部已经在广泛的国际合作下开展了大量涉及网络方面的侦查程序，并且有能力关闭相关的论坛和交易平台。但是实践表明，服务供应者和用户会通过备用平台继续他们的活动，关闭平台只能对其造成很短的时间上的延迟。此外，这些调查程序也揭示了平台运营者和平台用户（即卖家和买家）之间的分工协作模式。再者，经验表明传统的组织犯和关于正犯与参与犯的历史性、立法性设想，几乎已经不可能转用到以网络为基础的现代正犯结构中了。运营者亲自提供的只有技术性设备，其收入则是通过广告或者支付程序框架下的信托服务产生的。

这种犯罪现象也不只限于少数个案。2016年，联邦刑事局就已经认定了大约50个相关平台。① 这些平台所运营的"以网络犯罪为服务"的商业模式，会在犯罪领域得到进一步拓展。② 从欧洲刑警组织的角度看，违法网络交易平台乃是网络犯罪和——包括组织犯罪在内的——其他犯罪方式的核心联结点之一。③ 相较于麻醉品等一些原有的交易内容，提供黑客工具或黑客服

---

① BT-Drucks. 18/9487, S. 2.

② Lagebild Cybercrime des Bundeskriminalamtes 2016, 可以在 www.bka.de 中检索，其中的 S. 16 ff.

③ Internet Organised Crime Threat Assessment 2017, 可以在 www.europol.eu 中检索。

务的业务呈明显增长的趋势。欧盟委员会和欧盟外交和安全政策高级代表在2017年9月13日联合向欧洲议会及欧洲理事会递交的报告《防卫能力、震慑和防御：有效提升欧盟的网络安全》中也提出了前述观点，并且指出，在报告提交时，经由这种途径进行的交易活动只面临极低的被捕风险。①

刑事司法实践中的问题是，对通过平台实施的犯罪而言，符合德国《刑法典》第27条的帮助行为经常难以被证明。这是因为主行为的实施是经由各个参与者通过已经加密的沟通渠道进行的双向互动实现的，而沟通的内容不会公布在论坛上。此外，很多这类论坛从一开始就不会明确阐明其所指向的犯罪类型。行为人提供的是信息技术的结构，并且明知通过该服务进行交易在刑法上具有重要意义。但具体交易哪种产品，对行为人而言无关紧要。再有，现代论坛通常使用全自动化的销售系统，其中，针对某个具体主行为的帮助行为更加难以证明。尽管如此，在帮助行为的视角下所科处的刑惩通常仍不足以涵盖一个奠定地下经济基础的犯罪行为活跃的特性。

在团伙犯罪的理论框架下对单独犯行进行归责通常也是不可能的，因为犯罪论坛和交易平台通常只由一两个人运营。此外，在管理层有多个人的论坛和市场中，需要注意的是运营者通常并不认识彼此，而且他们也经常没有在更高层面上形成共同利益。倘若要在刑法的意义上承认个案中的某个团伙，那么需要根据一般性的标准对每个单独的犯行进行确认，团伙中的其他参与者是不是作为共同正犯、教唆犯或者帮助犯进行参与的，抑或，他们在适当的情况下是不是根本没有做出任何刑法上的犯罪贡献？如果某个运营者只负责技术设备的维护保养或者只负责与刑法无关的领域，同时，该运营者还可靠地保证自己对通过论坛缔结或发起的违法交易行为并不知晓或者至少不感兴趣，那么就尤其可以考虑后一个问题。同样，通过建立和维持以犯罪为导向的商业活动来实现的不真正组织犯也通常不适用于前述情形。

最后，从德国《刑法典》第129条组建犯罪团伙的角度出发，也不总是能够有效地进行刑事追诉。虽然在抽象危险犯中，对个别具体犯罪的证明要求会有所降低，但是对构成要件而言，犯罪构造的必要的稳定性却通常无法实现。从德国《刑法典》第129条第2款的意义上来说，人们通过旨在修订德国《刑法典》的第54号法令——2017年7月17日，执行2008年10月

---

① JOIN (2017) 450, S. 18.

24 日委员会关于打击有组织犯罪的 2008/841/JI 号框架决定[①],有效扩大了团伙概念的范围,因为结为团伙的前提是持续性的有组织联合。这至少要求一种确定的组织结构、工具性的事前计划和协作。那些偶尔为了直接实施犯罪而产生的联合——在此语境下具有重要讨论价值的网络结构通常即是如此——不可以纳入德国《刑法典》第 129 条第 2 款的团伙概念之中。

因为获取通往相关服务供应的访问权限通常没有特别的技术要求,其访问可能性虽然有所限制,但是不用花费大量的技术精力就可以实现,所以交易平台为实施犯罪行为提供了门槛很低的后勤保障,即使那些并没有传统的获得武器、麻醉品或一些非法服务渠道的人,也可以利用这些平台实施犯罪行为。凭借违法服务供应的传播,这些服务供应有针对性地提高了对通过产品和服务禁令来获得保护的法益的危险,因此,它们本身就对公共安全构成重大威胁,而现行法并没有为适当的刑事追诉提供充分的可能。

这一漏洞应当通过引入新的规定来填补。该草案的目标,便是在不取决于对参与个别具体交易活动的证明的情况下,将这种旨在促进非法目的实现的平台的运营行为纳入刑法的规制。这一规定保护公共安全和国家秩序,因此将其纳入德国《刑法典》分则第六章。直接在德国《刑法典》中纳入该构成要件有助于保证法律适用的统一性,因此相较于在特别法中单独加以规范更具有优越性。如果其他个别刑法规定已经涵盖了某种创设实施犯罪机会的行为,比如《麻醉品流通法》(BtMG)第 29 条第 1 款第 10 项,那么《刑法典草案》第 126a 条规定的就是借助以互联网为基础的服务实施犯罪的特别情形。就此而言,这种竞合关系已经通过《刑法典草案》第 126a 条第 1 款第 1 句中的补充条款被考虑到了。

出于合比例性考量,《刑法典草案》第 126a 条只包括特定的、对受保护的法益而言极端危险的犯罪场景,这些场景被规定在《刑法典草案》第 126a 条第 1 款第 2 句中。根据交易产品和服务的危险性,前文提及的犯罪其自身就已经潜藏了对公共安全的特别危险。借助以互联网为基础的服务来实施这些犯罪显著提高了这种危险,因为服务供应是具有开放性的。因此,潜在接收者的范围是无限的。《刑法典草案》第 126a 条中的行为人通过交易平台,打开了地点、时间和标的物均不受限制的违法产品和服务供应渠道,在现实世界中几乎没有近似的平台,或者说这样的平台在现实世界中根本不可能

---

① BGBl. I 2017 S. 2440.

存在。同时,该平台还可能作为数字或者现实交易链的更进一步的基础。

该规定仅规制具有犯罪性质的网络交易中的特定部分。只有通过技术性的防范措施,使其访问权限及访问可能性受限制的服务供应才会被包括进去。对访问权限的限制和对访问可能性的限制可以包括诸如暗网对使用洋葱浏览器的要求,或者类似进站前答题这样的手段。也有一些合法交易平台在运营者不知情的情况下被非法使用,并且这种使用具有刑法上的重要目的,为了区分这类情形和被本罪构成要件所描述的服务供应,可以参考德国《刑法典》第129条的表述,依照目的和活动宗旨进行判断。因此,构成要件排除了这样一些运营者,他们的服务供应是在缺少促进犯罪的相应目的指向的情况下使用的。这就保证了构成要件会限制在值得刑事处罚的网络服务供应之中。应当根据具体个案情形对平台指向性加以检查,而不应当使用一般性的、强制的标准。根据以往的实践经验,人们在这种关联中可以获得关于平台指向性的重要线索,比如网络平台事实上的服务供应,对违法产品和服务交易痕迹的处理,以及《一般交易条款》(AGB)中的规定。在初始怀疑的检查的框架下,这些情况便应当可以在无巨大耗费的情况下具有查明的可能性。

此外,2017年4月13日的《刑事财产追缴改革法》[①]于2017年7月1日对追缴规定作出了新的表述,配合该法,新构成要件的引入能确保对地下经济的经济基础进行切实有效的打击。

鉴于《刑法典草案》第126a条第1款的基本构成要件规定的行为类型在评价上相当于犯罪参与,以及该条本质上是将刑事可处罚性前置化,其法定刑为罚金刑或者3年以下的自由刑。在其他罪名中已经规定了更重刑罚的情况下,比如《麻醉品流通法》第29条第1款第10项,《刑法典草案》第126a条第1款第1句所规定的补充性条款便会发挥作用。出于合比例性的原因,《刑法典草案》第126a条第2款将刑罚威慑限制在第1款第2句所列犯罪设置的刑罚之下。除了基本构成要件,由于犯罪的动力在职业犯罪中被增强了,因此《刑法典草案》第126a条第3款规定了加重情节,并设置了高于最低限度法定刑的刑罚加强威慑。实践经验表明,并非《刑法典草案》第126a条的意义上的每一种犯罪行为都具有职业的性质。服务供应者还经常存在提供免费交易的可能,以提高他们自身在这一活动中的声誉。因此,职业性标准为这种情况提供了正当化根据,即在加重情节中,所规定的刑罚威慑会更强。

---

① BGBl. I 2017 S. 872.

此外,加强的刑罚威慑说明,《刑法典草案》第 126a 条第 3 款所规定的加重情节应当归属于更严重犯罪的领域。结合其以互联网为基础的服务来实施犯罪的特殊性,将本条的加重情形列入《刑事诉讼法》第 100a 条第 2 款第 1 项d)的侦查措施的目录中是有根据的。从长远来看,将《刑法典草案》第 126a 条第 1 款中所规定的基本构成要件排除在允许使用德国《刑事诉讼法》第 100a 条所述技术监听措施的情形之外,或许会增加侦查的难度,但是出于合比例性的考虑,只将加重情形纳入许可适用此类侦查措施的范畴却是妥当的。

(二)立法权限

联邦立法权限来自德国《基本法》第 74 条第 1 款第 1 项。

(三)影响

对刑事追诉部门而言,刑事可罚性的扩张可能会产生额外的耗费,其规模目前尚无法量化。不过,此外不会产生额外的成本。对公民和企业而言,不会产生履法耗费。

二、分论

第 1 条(德国《刑法典》的修改)

第 1 项(目录)

由于在法律中增设了新的德国《刑法典》第 126a 条,因此目录应当作适当调整。

第 2 项

(新第 126a 条第 1 款)

与其他网络服务供应相比,运营限制准入的网络服务,尤其是不受时间、标的或者空间限制的情况下全年龄段指向的暗网服务具有特别的危险性。这主要是考虑到其构成要件中"通过技术手段对准入加以限制的、以互联网为基础的服务"这点,比如要求使用洋葱浏览器或类似的要求。如果使用服务前只要求进行接入权识别,而不进行其他限制,则不满足对特殊技术性防范措施的要求。使用技术上开放的通讯手段,以实现参与者无需亲临现场即可同时实施行为的,例如使用网络平台及论坛、电信媒体、电子邮件、移动通信等手段,则基于限制刑罚范围的考量并不一概纳入可罚的范畴。

服务这一概念描述了所有指向某个或者多个用户的要约,而不总是以持续和反复使用为目的。为了区分被构成要件所涵盖的服务供应和不值得刑事处罚的服务供应，人们应当着眼于目的或者行为的指向。这样一来，就可以确保那些违反其目的而被运用于违法产品或者服务交易的、按照规定建立起来的网络服务供应不会承受刑事追诉的危险。《刑法典草案》第126a条第1款所指的服务，其的目必须是促进该款第2句的意义上对法和平具有特殊危险的犯罪，或使其实现成为可能。与此不存在冲突的是，合法的活动可以继续开展，除非该服务只是利用合法行为掩盖事实上的目的指向。应当根据具体个案情形对平台指向性进行检查，而不应当使用一般性、强制性的标准。根据以往的实践经验，人们在这种关联中可以获得关于平台指向性的重要线索，比如网络平台事实上的服务供应，对违法产品和服务交易迹象的处理，以及《一般交易条款》的规定。在初始怀疑检查的框架下，这些情况便应当可以在无巨大耗费的条件下被澄清。

出于合比例性的理由，《刑法典草案》第126a条只包括特定的、对受保护的法益而言具有特别危险的犯罪场景，这些场景被规定在《刑法典草案》第126a条第1款第2句。根据所交易产品和服务的危险性，前文提及的犯罪其自身就已经潜藏了对公共安全的特别危险。实践经验表明，违法网络交易主要集中在以下领域，即麻醉品、武器、假币或者伪造文件、儿童色情制品和网络工具，尤其是黑客程序。

根据实践经验，交易活动的最大部分就在麻醉品领域之中。在伪造文件的领域中尤其应当提及的是身份证明的伪造，其主要是为了诈骗性的订货和创建掩盖财产转移的秘密账户。此外，网络中封闭的平台也是儿童色情图片文字的主要销售与传播机制之一，要是没有背后的技术性基础设备几乎不可想象其能够达到相应的传播幅度。《刑法典草案》第126a条第1款第2句第7项所提及的德国《刑法典》第202a、202b、202c、303a条和第303b条已经考虑到了网络工具领域。比如恶意软件程序就会通过网络平台被提供，凭借这些程序，人们就能够利用IT系统中的薄弱环节并突破其重重安全保障。同样，所谓的勒索软件（Ransomware）也有所提供，这种软件会给用户数据加密，为的是从用户那里获得用以删除加密的款项。不仅如此，人们还提供了直接实施网络攻击的服务。在此成为焦点的是所谓的僵尸网络（Botnetz），也就是大量被劫持的第三方计算机在行为人的控制下对合法网站进行协同过载攻击。

将连结犯罪（Anknüpfungsdelikte）限制在特别危险的典型犯罪情景中

的做法,有助于区分不属于构成要件的合法交易平台。此外,德国《刑事诉讼法》第 53 条第 1 款第 1 句第 5 规定了(因)职业行为(的拒绝作证权,及例外情形),这种做法避免了可能出现的(关于是否属于例外情形的)区分问题。因此,也就不再需要排除构成要件的特别规则,比如德国《刑法典》第 202d 条第 3 款。

(新第 126a 条第 2 款)

出于合比例性考虑,《刑法典草案》第 126a 条第 2 款规定,本罪所处刑罚以《刑法典草案》第 126a 条第 1 款第 2 句所列举的罪名为界限。这种做法存在先例,比如德国《刑法典》第 202d 条第 2 款,第 257 条 2 款和第 258 条第 3 款。该规定对于涉《刑法典草案》第 126a 条第 1 款第 2 句第 7 项所提到的德国《刑法典》第 149 条、第 202b 条、第 202c 条、第 275 条、第 276 条和第 303a 条的情形可能具有重要意义。第 1 款第 2 句所列举的其余犯罪,其最高法定刑都为 3 年有期徒刑或更高。

(新第 126a 条第 3 款)

由于犯罪的动力在职业性犯罪中增强,因此,除了基本构成要件,《刑法典草案》第 126a 条第 3 款规定了加重情节,并设置了高于最低限度法定刑的刑罚加强威慑。实践经验表明,并非《刑法典草案》第 126a 条的意义上的每一种犯罪行为都具有职业的性质。服务供应者还经常提供免费的交易可能,以提高他们自身在这一活动中的声誉。因此,职业性的标准为这种被规定的更强刑罚威慑提供了正当化根据,此外它也说明,《刑法典草案》第 126a 条第 3 款所规定的结果加重情节应当归属于更严重犯罪的领域。

以长期存续且营利为导向的结构增强了犯罪的动力,据此,量刑幅度遵循的是那些可参照的以某种犯罪方法为职业的犯罪,比如德国《刑法》第 260 条第 1 款第 1 项(赃物罪),第 263 条第 3 款第 2 句第 1 项(诈骗罪)——也与第 263a 条第 2 款(计算机诈骗罪)联系在一起——,第 267 条第 3 款第 2 句第 1 项(文件伪造罪)和第 303b 条第 4 款第 2 句第 2 项(干扰电脑使用罪)。与上述所举的那些事例不同,这个犯罪是作为结果加重情节而被确立起来的,其目的是考虑这样一种情况,即关于违法产品和违法服务的网络平台是其他网络犯罪领域的温床。平台的意义可以参照合法领域中的相应组织。例如众多甚至在国际上都可以说取得成功的企业,其公司宗旨即是维系一个可以不受地点或时间限制的商品、服务交换的基础设施。违法平台的功能和意义也体现在这里,其可以在网络犯罪领域中产生巨大的影响。

第 2 条(《刑事诉讼法》的修改)

(新第 100a 条第 2 款第 1 项第 d 目)

为了有效追诉通过以互联网为基础的联络来实施的犯罪,有必要定期了解参与者的联络渠道。其他侦查方法无法澄清这样一种犯罪结构,因为结构的形成无需参与者在现实世界中有实质的联系。但是,这种必要性却并不能提供正当化根据,去承认对所有信息犯罪以及通讯犯罪的案件都实施侵入性的侦查措施。《刑事诉讼法》第 100a 条所规定的措施涉及《基本法》第 10 条中的基本权利,有鉴于此,比例原则要求一种个案中的权衡,也就是说,立法者在其自由裁量权的范围内确立的特定犯罪属于严重的犯罪,以至于相应的犯罪嫌疑能够使对基本权利的侵犯正当化(对此,参见:BVerfG NJW 2012, 833-Rnr. 203ff.)。对此,应当考虑被特别保护的法益及其对法共同体的意义。

以实施前述犯罪为职业的,其目的不仅仅是短期的收入来源,而是旨在长期持续地实施犯罪行为。由此,相对于基本构成要件而言,《刑法典草案》第 126a 条第 3 款将以交易为职业的情形规定为加重情节揭示出了明显被提升的不法内容。在其他犯罪领域中,其同样也会增强刑罚威慑,比如德国《刑法》第 260 条第 1 款第 1 项。有的法益已经通过基本构成要件及被列举出的罪名的规定得到了保护,而职业犯罪会进一步和持续性地增加对这类法益的危险。行为人有针对性地建立起犯罪性基础设备的结构,而不仅仅追求偶然经济利益的或者没有自身经济利益,这已经属于是一种德国《刑事诉讼法》100a 条意义上更严重的犯罪。

第 3 条(生效)

该条规定了法律的生效。

修订德国《刑法典》第127条的法律草案
——运营互联网犯罪交易平台和提供相应服务器基础设施的可罚性

刘 畅 译 林勇涛 校

一、问题和目标

在很多层面上，互联网都大大简化了商品和服务的交易。几乎可以在世界各地、在任何时间访问交易平台。它们为客户、商家和运营者提供了便捷且富有吸引力的机会。然而，不仅存在提供合法服务的平台，还存在进行违禁物品或违禁服务、甚至是以剥削为目的交易人口的平台。此类犯罪平台在特定犯罪领域扮演着愈加重要的角色。除人口外，这类犯罪平台中还提供麻醉品、武器、假币、伪造的证件和被盗取的信用卡信息等。而对违禁色情制品，如儿童色情制品的交易往往发生在专门为此建立的网络平台上。刑事追诉部门必须有能力持续且有效地应对这类现象。

在个别案件中，刑法对此类事件的覆盖可能会隐藏有法律问题。原则上，现行刑法能够覆盖贩卖人口以及交易非法商品、服务的案件。因为一方面，有相应的刑法规定（如关于人口贩卖的罪名）以及禁止特定物品交易的特别法律规定（如德国《武器法》或德国《麻醉品法》）。另一方面，为故意实施违法行为者提供帮助的人，适用帮助犯的规定（德国《刑法典》第27条）。然而，在交易平台完全自动化运营的情况下，则并非所有案件都可以通过前述方式加以覆盖。这特别适用于以下情形：尽管平台专门被用于违禁商品或服务的交易，但由于完全自动化，平台运营者并不需要了解平台上具体交易了哪些商品或服务。在此类案件中，帮助犯的规定无法适用，因为成立帮助犯要求帮助者至少对主行为的主要特征存在认知。就此而言，现行刑法对于正犯和犯罪参与的建构并不总是能够充分覆盖这类互联网领域的犯罪模式。因此有必要对刑法规范加以补充。

二、解决方式

《草案》中引入了在互联网中运营犯罪交易平台的新刑事犯罪。这使得刑法规范在将来可以充分覆盖前述案件。新犯罪的构成要件应只涵盖那些旨在促成或支持特定犯罪行为的平台。这些犯罪行为应被明确列举。此外，对于明知或故意为相应交易平台提供服务器基础设施的行为，也创设了新的构成要件。而行为人业务性、或以团伙形式运营交易平台的，以及行为人明知、或特别在意的恰恰就是交易平台旨在促成、支持犯罪行为的，《草案》规定了加重构成要件。除了引入新的构成要件之外，还应同时创设有效的侦查可能性，以查明前述犯罪行为。为此，前述加重犯应被纳入电信监控(Telekommunikationsüberwachung)、线上搜查(Onlinedurchsuchung)以及提取电信通讯数据(Verkehrsdatenerhebung)的许可范畴内。这样一来，所有与这一范畴具有关联性的侦查可能性原则上都得以开放。

三、其他选择

除此之外的其他替代方案是保留目前难以令人满意的法律状况。

2019年1月18日经联邦议会讨论通过的草案(Bundesratsdrucksache 33/19-Beschluss)中有一个与本《草案》不同的立法建议——对运营以互联网技术为基础的非法商品、非法服务交易平台引入一个独立的罪名。尽管联邦政府所希望实现的目的与前者相同，但本《草案》中所建议的方式能够更好地实现该目的。这主要是因为《草案》的规定同样可以覆盖那些没有通过技术手段限制其准入和可接触性的交易平台。

四、不含履法成本(Erfüllungsaufwand)的预算

无

五、履法成本

(一)公民个体的履法成本

无

(二)企业的履法成本

无

其中信息义务所带来的程序性成本

无

(三)行政管理上的履法成本

无

六、其他成本

各州的司法核心领域内可能会小范围地产生更多负担。预计不会对个别物品价格、整体物价,特别是对物品的销售价格产生影响。

德意志联邦共和国联邦总理 柏林,2021 年 3 月 31 日

德国联邦议会
议长
沃尔夫冈·朔伊布勒博士(Dr. Wolfgang Schäuble)收
共和广场 1 号
柏林,11011

尊敬的议长先生:
在此向您发送联邦政府通过的
《修订〈刑法典〉的法律草案——运营互联网犯罪交易平台和提供相应服务器基础设施的可罚性》
含立法理由和封面(附录1)。

我请求德国联邦议会进行决议。

《草案》制定工作由联邦司法部和消费者保护部主导进行。

在 2021 年 3 月 26 日举行的第 1002 次会议上,联邦参议院根据《基本法》第 76 条第 2 款之规定,决定对《草案》进行讨论,讨论结果见附录2。

联邦政府对联邦参议院意见的回应见附录3。

致以友好的问候

安吉拉·默克尔博士

附录 1

修订《刑法典》的法律草案——运营互联网犯罪交易平台和提供相应服务器基础设施的可罚性

起草人

德国联邦议会经德国联邦参议院同意通过以下法律：

第一条　对《刑法典》的修改

现对 1998 年 11 月 13 日颁布（BGBl. I S. 3322）、通过 2020 年 12 月 21 日的法律修正案（BGBl. I S. 3096）第 47 条最后一次修改的德国《刑法典》进行如下修改：

1. 目录中，第 127 条和第 128 条现表述如下：

第 127 条　在互联网中运营犯罪交易平台；提供服务器基础设施

第 128 条　建立武装团伙

2. 第 5 条第 5a 项进行如下修改：

(a) 删除字母 a 项句尾的"以及"。

(b) 在字母 a 项后增加字母 b 项如下：

在第 127 条的情形中，如果交易平台的目的是促成或支持在德国境内实施的违法行为且行为人是德国人、或行为人的生活基础在德国境内，以及。

(c) 原字母 b 项变更为字母 c 项。

3. 在原第 126 条之后增加第 127 条：

【第 127 条　在互联网中运营犯罪交易平台；提供服务器基础设施】

在互联网中经营交易平台者，平台目的是促成或支持违法行为的实施的，处五年以下自由刑或罚金刑，行为依据其他规定会受到更重刑罚的除外。故意或在明知情况下为本款第 1 句所指犯罪行为提供服务器基础设施的，处与前句相同之刑罚。第 1 条所称的犯罪行为包括：

(1) 重罪；

(2) 以下条款所规定的轻罪：

(a) 第 86、86a、91、130、147 条和第 148 条第 1 款第 3 项，第 149、152a、

152b 条和第 176a 条第 2 款,第 180 条第 2 款,第 184b 条第 1 款第 2 句,第 184c 条第 1 款,第 184l 条第 1、3 款,第 202a、202b、202c、202d、232 条和第 232a 条第 1、2、5、6 款,第 232b 条第 1、2、4 款结合第 232a 条第 5 款,以及第 233、233a、236、259、260、263、263a、267、269、275、276、303a 条和第 303b 条,

(b)德国《反兴奋剂法》(Anti-Doping-Gesetz)第 4 条第 1 至 3 款;

(c)德国《麻醉品法》(Betäubungsmittelgesetz)第 29 条第 1 款第 1 句第 1 项,以及结合第 6 款,和第 2、3 款,

(d)德国《原材料监控法》(Grundstoffüberwachungsgesetz)第 19 条第 1 至 3 款;

(e)德国《新型精神活性物质法》(Neue-psychoaktive-Stoffe-Gesetz)第 4 条第 1、2 款;

(f)德国《药品法》(Arzneimittelgesetz)第 95 条第 1 至 3 款;

(g)德国《武器法》(Waffengesetz)第 52 条第 1 款第 1 项、第 2 项字母 b 和 c、第 2 款、第 3 款第 1、7 项以及第 5 款、第 6 款;

(h)德国《爆炸物法》(Sprengstoffgesetz)第 40 条第 1 至 3 款;

(i)德国《原材料法》(Ausgangsstoffgesetz)第 13 条;

(j)德国《商标法》(Markengesetz)第 143、143a 条和第 144 条,以及

(k)德国《设计法》(Designgesetz)第 51 条、第 65 条。

本条意义上的互联网交易平台是指在互联网的自由访问区域、及通过技术手段进行准入限制的区域内的任何虚拟基础设施,其提供了供给、交易人口、商品、服务或内容(第 11 条第 3 款)的机会。

业务性或作为团伙成员实施第 1 款第 1 句所述行为,而该团伙形成的目的即为持续实施此类犯罪行为的,处 6 个月以上、10 年以下自由刑。

故意实施第 1 款第 1 句所述犯罪行为,或明知互联网交易平台的目标包括促成或支持重罪,依然实施第 1 款第 1 句所述犯罪行为的,处 1 年以上 10 年以下自由刑。"

4.原第 127 条变更为第 128 条

5.将第 129 条第 5 款第 3 句中"第 100b 条第 2 款第 1 项字母 a、c、d、e,及字母 g 至 m"替换为"第 100b 条第 2 款第 1 项字母 a、b、d 至 f 及 h 至 n",将"第 100b 条第 2 款第 1 项字母 g"替换为"第 100b 条第 2 款第 1 项字母 h"。

第二条 对《刑事诉讼法》的修改

现对 1987 年 4 月 7 日颁布(BGBl. I S. 1074,1319)、通过 2020 年 12 月 21 日的法律修正案(BGBl. I S. 3096)第 49 条最后一次修改的德国《刑事诉讼法》进行如下修改：

1.在第 100a 条第 2 款第 1 项字母 d 中的"根据"一词后加入"第 127 条第 3、4 款,以及"。

2.对第 100b 条第 2 款第 1 项的修改如下：

(a)在字母 a 后增加字母 b 项：

在互联网中运营犯罪交易平台,符合德国《刑法典》第 127 条第 3、4 款之规定,且互联网交易平台的目的是促成或支持第 1 项字母 a、c 至 n,及第 2 项至第 7 项所规定的特别严重的犯罪行为的,

(b)此前的字母 b 至 m 项顺延至 c 至 n 项。

3.对第 100g 条第 2 款第 2 句第 1 项的修改如下：

(a)将此前的字母 b 项替换为下述字母 b 和 c 项：

b) 德国《刑法典》第 125a 条所规定的特别严重的扰乱国家安宁,以及第 127 条第 3、4 款所规定的在互联网中运营犯罪交易平台的行为,

c) 满足德国《刑法典》第 129 条第 1 款结合第 5 条第 3 句之规定的建立犯罪组织,满足第 129a 条第 1、2、4 款和第 5 款第 1 句第 1 种情形的建立恐怖主义组织,以及以上所述情形结合第 129b 条第 1 款,

(b) 此前的字母 c 至 h 顺延至字母 d 至 i。

第三条 对基本权的限制

第 2 款第 1、3 项的规定对电信秘密权(德国《基本法》第 10 条)进行了限制。第 2 款第 2 项对住宅的不可侵犯性(德国《基本法》第 13 条)进行了限制。

第四条 生效

本法自……[补充:本法颁布后第一个季度的第一天]起生效。

理由

一、总论

（一）本法规定的目的和必要性

互联网在很多方面大大简化了商品和服务的交易。几乎可以在世界各地、在任何时间访问交易平台。它们为客户、商家和运营者提供了便捷且富有吸引力的机会。然而，不仅存在提供合法服务的平台，还存在进行违禁商品和服务，甚至是人口交易——特别是以剥削为目的出售或交换妇女、儿童和青少年的平台。从技术和架构的角度来讲，这类平台和正规平台并没有什么区别，或者至少不存在显著差异。在此类平台中，平台运营者提供基础设施，而卖家将商品置于基础设施之上，买家也从这里购买商品。运营商通常通过规定一定比例的手续费获得收入，并以此为其所运营的基础设施提供资金。在这些平台中，也存在自动化运行的平台。此类平台中，商家可独立将商品或服务投放到虚拟市场中，无需平台运营者手动激活。因而在这类情形中，平台运营者并不必然知悉平台上所交易的商品和服务。在那些可以出售或交换非法商品的平台上，这种做法也符合平台运营者的商业逻辑。运营平台的商业逻辑是通过基础设施进行尽可能多的交易，以从中抽取高额的手续费。至于平台上交易的是什么，对于平台运营者而言并不重要。在此背景下，除人口外，这类犯罪平台中还提供麻醉品、武器、假币、伪造的证件和被盗取的信用卡信息等。而对违禁色情制品，如儿童色情制品的交易往往发生在专门为此建立的网络平台上。由于正规平台的运营者不容忍其所提供的虚拟市场中进行此类交易，这些特殊的基础设施得以取得立足空间。

在个别案件中，刑法对此类事件的覆盖可能会隐藏有法律问题。原则上，现行刑法能够覆盖贩卖人口以及交易非法商品、服务的案件。因为一方面，有相应的刑法规定（如关于人口贩卖的罪名）以及禁止特定商品交易的特别法律规定（如德国《武器法》或德国《麻醉品法》）。另一方面，为故意实施违法行为者提供帮助的人，适用帮助犯的规定（德国《刑法典》第27条）。然而，在交易平台完全自动化运营的情况下，则并非所有案件都可以通过前述方式加以覆盖。这特别适用于以下情形：尽管平台专门被用于违禁商品或服务的交易，但由于完全自动化，平台运营者并不需要了解平台上具体交易了哪些商品货物或服务。在此类案件中，帮助犯的规定无法适用,因为成立帮助犯要求帮助者至少对主行为的主要特征存在认知。① 此外,在团伙作案的背景下,对个人行为的归责往往是困难的,因为这样的平台并不必然需要两人或两人以上运营。就此而言,现行刑法对于正犯和犯罪参与的建构并不总是能够充分覆盖这类互联网领域的犯罪模式。因此有必要对刑法规范加以补充。

德国《刑法典》第 129 条建立犯罪组织罪的规定也不适合用来填补这一缺陷。虽然在这个抽象危险犯中证据要求已经有所减轻,但对个人行为的证明难度依然存在;而即使不考虑证明上的问题,通常也难以满足组织结构上的稳定性要求。德国《刑法典》第 129 条意义上的组织并非几个人希望一同实施某种犯罪行为的松散协议,而这恰恰是在网络犯罪的语境下更为常见的形式。作为一个有组织的团体,犯罪组织至少应有一定的组织架构,并在一定程度上进行了事先规划和协调。此外,组织必须基于更高的整体利益实施行动。② 平台很少能满足这些要求。

考虑到犯罪交易平台的数量不断增加,而这些平台在非法商品、服务交易中扮演着重要角色,平台的运营者根本无需承担刑事责任或无法对其进行有效的刑事追诉是不可接受的,因此有对刑法规范进行补充的迫切需求。根据联邦刑事警察局的估计,早在 2016 年就已经有大约 50 个相关平台在运营。③ 此外,"提供网络犯罪服务(Cybercrime-as-a-Service)"的商业模式也得到进一步扩张。④ 除了此前已经出现的服务,如出售麻醉品等,对提供黑客工具、黑客服务的要约也大幅增加。欧盟委员会与欧盟外交和安全政策高级代表于 2017 年 9 月 13 日向欧洲议会和欧洲理事会发布的关于"防御能力、威吓和防御:切实提高欧盟网络安全"的联合公报中也强调了类似的问题,并指出相关犯罪行为现在所面临的被查处的风险较低。⑤

在这一背景下,对于为相应交易平台提供服务器基础设施的行为同样应当作出规定。服务器提供者故意或明知运营支持犯罪的平台的行为,仍为其提供硬件基础设施的,对平台的运营起到了关键作用,只将其作为帮助犯进行处罚并不妥当。

---

① BGHSt 46, 107, bei juris Rn. 8.
② Bundestagsdrucksache 18/11275, S. 11.
③ Bundestagsdrucksache 18/9487, S. 2.
④ Lagebild Cybercrime des Bundeskriminalamtes 2016, S. 16 ff.
⑤ JOIN (2017) 450, S. 18.

(二)草案的主要内容

草案引入了新的构成要件"运营犯罪交易平台"作为德国《刑法典》第127条。这使得德国《刑法典》在将来可以妥当地覆盖前文所述的案件。该犯罪构成仅应涵盖那些旨在促成或支持特定犯罪行为的平台。这些犯罪行为应被明确列举。此外,明知或故意为相应交易平台提供服务器基础设施的行为也将受到刑罚。而行为人业务性、或以团伙形式运营交易平台的,新规规定了更高的法定刑。交易平台旨在促成或支持犯罪行为,而行为人意在如此或对此知情的,《草案》规定了加重犯。除了引入新的构成要件之外,还应同时创设有效的侦查可能性,以查明前述犯罪行为。为此,业务性、团伙性实施本罪,以及加重犯都应被纳入电信监控、线上搜查以及提取电信通讯数据的许可范畴内。这样一来,与德国《刑事诉讼法》第100a条第2款、第100b条第2款相关的侦查可能性(例如根据德国《刑事诉讼法》第100f条之规定在住宅外进行声学监听)原则上都得以开放。

(三)其他选择

除此之外的其他替代方案是保留目前难以令人满意的法律状况。

2019年1月18日经联邦议会讨论通过的草案(Bundesratsdrucksache 33/19-Beschluss)中有一个与本《草案》不同的立法建议——对运营以互联网技术为基础的非法商品、非法服务交易平台引入一个独立的罪名。尽管联邦政府所希望实现的目的与前者相同,但本《草案》中所建议的方式能更好地实现该目的。这主要是因为《草案》的规定同样可以覆盖那些没有通过技术手段限制其准入和可接触性的交易平台。

(四)立法权限

联邦根据德国《基本法》第74条第1款第1项之规定对《刑法典》《刑事诉讼法》的修改享有立法权限。

(五)与欧盟法及国际条约的一致性

《草案》的规定与欧盟法及德意志联邦共和国所签订的国际条约保持一致。

特别是,德国《刑法典》第127条(草案)与《电子商务指令》(E-Commerce-Richtlinie, RL 2000/31/EG)第3条第2款和第14条第1款之规定不存在冲突。

然而,经德国《刑法典》第127条(草案)入罪的平台是否是《电子商务指令》第2条字母a和欧盟第(EU)2015/1535号指令第1条第1款字母b所指的信息社会中的服务是存在疑问的。存疑之处还包括,相应平台的运营者是否自始就不得援引电子商务指令所规定的原则。因为经德国《刑法典》第127条(草案)入罪的只有那些目的在于进行非法商品、服务交易,以促成或支持犯罪行为的平台。这类犯罪交易本身就是与欧盟的价值相矛盾的。而根据欧洲法院的既有判例,欺诈性地或滥用欧盟法是不被允许的。① 欧盟成员国的义务不仅限于防止刑事犯罪者滥用欧盟法律,成员国同样应当防止知道、或应当知道其行为是在支持犯罪者对欧盟法律的滥用。②

《草案》与《电子商务指令》第3条第4、5款所规定的原产国原则(Herkunftslandprinzip)所存在的矛盾得到了正当化,仅此便可证明《草案》与《电子商务指令》第3条第2款不存在冲突。德国《刑法典》第127条(草案)的规定对于《电子商务指令》第3条第4款字母a第(i)项的规定而言是必要的,因为该规定打击了互联网中非法交易所需的基础设施,从而防止诸如麻醉品、儿童色情制品交易一类的犯罪行为。而如果第127条(草案)所指的平台在《电子商务指令》的适用范围之内,那么本条还涉及了《电子商务指令》第3条第4款字母a第(ii)项中某些信息社会中损害公共秩序的服务。这是因为德国《刑法典》第127条(草案)特别针对那些为犯罪行为提供便利、或支持犯罪行为实施的平台。对相应平台进行处罚,但可罚性又不涉及具有合法商业目的的平台,也符合《电子商务指令》第3条第4款字母a第(iii)项所追求的打击犯罪、维护公共秩序的目的。《电子商务指令》第3条第4款字母b规定,在采取措施前应进行协商程序(Konsulationsverfahren),但根据第3条第5款之规定,前款规定在此并不重要,因为这里涉及的是紧迫情形。考虑到《草案》所描述的物联网交易平台每天所造成的、大规模促成或促进刑事犯罪实施的风险,执行漫长的协商程序似乎并不妥当。相反,根据《电子商务指令》第3条第5款,应尽快在事后通知欧盟委员会及其他成员国所采取的措施。

---

① EuGH, Urteile vom 21. Februar 2006, Rs. C-255/02-Halifax u. a.; vom 12. Mai 1998, Rs. C-367/96, Rn. 20-Kefalas u. a.; vom 23. März 2000, Rs. C-373/97, Rn. 33-Diamantis; vom 3. März 2005, Rs. C-32/03, Rn. 32--Fini H.

② Vergleiche zum Umsatzsteuerrecht: EuGH, Urteile vom 18. Dezember 2014, Rs. C-131/13, C-163/13, C-164/13-Italmoda; vom 6. Juni 2006, Rs. C-439/04, C-440/04, Rn. 45, 46, 56 und 60--Kittel und Recolta Recycling, vom 6. Dezember 2012, Rs. C285/11, Rn. 38 bis 40-Bonik.

《草案》与《电子商务指令》第 14 条第 1 款也基本不存在冲突,后者规定,如果主机服务商对信息的违法性缺乏实质上的认知,或者在获得认知后立即采取了行动,则成员国应确保主机服务商不对用户内容承担——包括刑事责任在内的——责任【遵循所谓的通知并删除程序(Notice-and-take-down-Verfahren)后的责任特权】。据此,当信息社会中的服务提供者知道一定的事实或情状,而一个谨慎的经济活动参与者应当基于这些事实或情状判断出相关违法行为,并依照《电子商务指令》第 14 条第 1 款字母 b 之规定采取行动时,《电子商务指令》第 14 条规定的责任豁免不再适用。而第 14 条之规定对主要运营目的是犯罪目的的服务提供者自始就并不适用。此外,《电子商务指令》的立法理由 44 指出,故意与用户合作,以实施违法行为的服务提供者所提供的服务并不仅限于"纯粹的传输"和"缓存",因此并不能主张为此创设责任豁免。照此逻辑,《电子商务指令》第 14 条所规定的责任特权也不能惠及故意运营旨在促成或支持他人犯罪行为的平台运营商。

根据《欧洲议会和欧洲理事会于 2015 年 9 月 9 日关于技术规范及针对信息社会中服务的规范的告知程序的(EU) 2015/1535 号指令》①,对《草案》所拟定的规范有告知义务。

(六)本法产生的后果

1.法律和行政管理的简化

《草案》并不涉及法律和行政管理简化方面的问题。

2.可持续性

《草案》符合联邦政府旨在落实《联合国 2030 备忘录》(UN-Agenda 2030)的德国《可持续性战略》(Deutsche Nachhaltigkeitsstrategie)所蕴含的可持续性发展指导思想。通过扩大与运营犯罪交易平台问题相关的刑法保护范围,《草案》有助于实现《联合国 2030 备忘录》的可持续性目标 16 中的次级目标 16.3,即法治。

3.不含履法成本的预算支出

预计联邦、各州、各地区不会因《草案》的规定产生不含履法成本的预算支出。

4.履法成本

公民和企业履行本法规定无履行成本。行政管理亦同。

---

① ABl. L 241 vom 17. 9. 2015, S.1.

5.其他支出

各州的司法核心领域内可能会小范围地产生一定负担,负担无法量化。预计不会对个别物品价格、整体物价、特别是对物品的销售价格产生影响。

侦查程序的数量预计不会显著增加,因为在很多情况下,犯罪交易平台已经基于现行法的规定受到调查(特别是因涉嫌参与德国《刑法典》第127条第1款第3句(草案)所列举的犯罪)。刑事责任的范围得到适当扩张,预计会导致被开启的主审判程序数量小幅上升。

预计不会对联邦产生大量的人力或物力成本,因为只会有少量二审请求到达联邦最高法院的层级。

6.法律产生的其他后果

《草案》中的规定不会对消费者产生影响。规定在内容上是性别中性的,对女性和男性产生的影响相同。预计也不会对人口产生影响。

(七)时效;评估

《草案》所应对的现象在规范效力终止后依然会出现。因此不应为其设定有效期限。考虑到《草案》产生的费用极低,也没有进行评估的必要。

二、分论

第1条*(德国《刑法典》的修改)

第1项(目录)

本项的修改旨在将所涉犯罪构成的正式标题插入德国《刑法典》的目录中。参考德国《刑法典》第129条(建立犯罪组织),本罪标题的第一部分应为"在互联网中运营犯罪交易平台"。这简明扼要地概括了所涉犯罪行为的不法内涵,并确保了潜在的判决主文不会不必要地冗长。随后,标题中补充以第二个应予处罚的行为"提供服务器基础设施"。

第2项(第5条第5a项)

德国《刑法典》第5条第5b项所做的扩张应确保(在2020年11月30日的《第60次刑法修正案 BGBl. I S. 2600——修改"文书"及其他概念以及

---

* 此处指《草案》第1条、第1项,下同。——译者注

将第 86、86a、111 和 130 条规定的可罚性扩张到在境外从事的行为》修订后版本的基础上)新增的德国《刑法典》第 127 条(草案)同样适用于行为人完全在境外运营犯罪平台或提供服务器基础设施,但犯罪行为具有人员上的、或事实上的境内关联性的情形。特别应考虑到,在网络犯罪中,行为人在境外实施作用于德意志联邦共和国境内的犯罪相对容易。如果德国《刑法典》第 127 条(草案)得以引入《刑法典》,而又未对德国《刑法典》进行第 5 条第 5b 项(草案)所述的扩张,则网络犯罪行为人甚至可能故意将其行为地从德国转移至国外——特别是行为在当地不可罚的地区——以逃避在德意志联邦共和国的刑事责任。①

《草案》中的规定对于涵盖境外犯罪行为而言是必要的,因为根据德国联邦最高法院关于德国《刑法典》第 86 条、第 86a 条和第 130 条的新近判决,如果构成要件所描述的犯罪行为不会导致在时间和空间上可以界定的外部世界变化作为犯罪结果——如第 127 条(草案)的情形,则至少不得通过德国《刑法典》第 3 条结合第 9 条第 1 款的规定将德国刑法适用于行为人在国外实施的行为。因为在此类情形中,欠缺第 9 条第 1 款所指的(特定情况下进入境内的)属于构成要件的结果。②

通过德国《刑法典》第 5 条第 5b 项(草案)的规定,如果行为人是德国人,或者行为人的生活基础在德国境内,且平台的目的是促成或支持在德国境内实施的违法行为,则德国《刑法典》第 127 条(草案)的规定同样可以适用于境外犯罪行为——例如向德国境内提供麻醉品、武器或儿童色情制品。如果平台同时也旨在促成或促进在其他国家实施的犯罪行为也并无影响,它只需存在前述境内关联性即可。③

如果将德国《刑法典》第 127 条(草案)的适用范围扩张至国外犯罪行为,而行为在犯罪地不可罚,则可能产生国际法上的疑问,而这种人员及事实上的关联性则可以避免这样的疑虑产生。特别是,行为人的国籍作为联

---

① Bundestagsdrucksache 19/9508, S. 13.

② 关于德国《刑法典》第 130 条参见:BGH, Beschluss vom 3. Mai 2016, 3 StR 449/15;第 86a 条参见:BGH, Beschluss vom 19. August 2014, 3 StR 88/14;对此问题也参见联邦政府在《德国〈刑法〉第 60 次修正案》(草案)的立法理由中的论述:Bundestagsdrucksache 19/19859, S. 22 f.

③ 与前注中提到的《德国〈刑法〉第 60 次修正案》类似,通过该修正案引入的德国《刑法典》第 5 条第 3 项字母 a、b 和第 5a 项对构成要件要素"境内可感知性"的要求是,其传播效果及于境内即可,参见 Bundestagsdrucksache 19/19859, S. 39.

结点——积极的属人原则——已经是一项受到国际法广泛认可的原则,而它在此又通过居所原则得到了补充——外国的行为人在德国境内有生活基础。同时,该规定也符合前文提到的对德国《刑法典》第86条、第86a条、第111条和第130条可罚性对境外行为的扩张。[1]

此外,此处要求的人身关联性在行为时即应存在。[2]

第3项(增设德国《刑法典》第127条)

第1款

只应涵盖那些旨在提供非法商品或服务,或者非法地交易本身合法的商品或服务,甚至是进行人口买卖的平台。第2款对平台的概念进行了法律定义。其中主要包括论坛或线上交易市场,而所涉平台上的服务是业务性质还是非业务性质,性质是买卖、交换还是赠与都并不重要。平台并不必须基于特定的浏览器,因此特别是那些外在形式是有管理的聊天群组的交易平台也被涵盖在内。

为了从构成要件上就排除那些采取合法商业模式的平台,本条明确将平台与犯罪性质的目的设定挂钩,即旨在促成或支持特定犯罪行为。通过这种方式,对于运营平台的企业而言,如果平台上提供的是合法的服务,则其法律安定性得以确保。在构成要件层面就应明确,这些企业不被包含在内,其现有商业模式也不应受到限制。这也适用于那些旨在进行合法业务,但在个别情况下被用户利用,进行非法商品、服务、内容交易,甚至被用于以剥削为目的的人口交易的平台。对于客观构成要件的认定,即平台的目的在于促成或支持犯罪行为,特别可以考虑平台的表现形式(例如将特定非法物品加入了页面菜单)或者将平台提供内容的整体状态作为间接证据。并不要求平台上只存在非法交易内容。应始终对个案中的具体情形进行审查。个别的合法交易内容,其在平台中仅具有次要地位或用于掩盖平台实际目的的,不排除对平台犯罪目的的认定。同理,孤立的非法交易内容

---

[1] 对此仍可参见前文提及的联邦政府立法草案:Bundestagsdrucksache 19/19859, Artikel 1 Nummer 2 [= § 5 Nummer 3 Buchstaben a und b und Nummer 5a StGB-E] und S. 3, 7, 32, 34 f. und 42 f.

[2] Zöller, in: Leipold/Tsambikakis/Zöller, AnwaltKommentar StGB, 3. Aufl., § 5 Rn. 4; Böse, in: Kindhäuser/Neumann/Paeffgen, Strafgesetzbuch, 5. Aufl., § 5 Rn. 3

也不能成为认定整体性犯罪目的的理由。反之,如果平台上交易内容的性质在很大程度上与刑事犯罪相关,则可能在很大程度上起到证明效果。但由于这里的证据仅仅是(从迹象中推导出的)间接证据,因此对服务于合法目的平台的经营者而言,如果没有得到关于非法交易内容的提示,其并没有义务主动检查自己平台上所提供的商品是否具有合法性。另一个证明平台犯罪性目标设定的证据可以是平台处于暗网(Darknet)或深网(Deep Web)中。这意味着平台的可接触性被限定在特定范围内,这通常与商业交易行为的目标相悖,即通过面向尽可能多的感兴趣的人来创造更高的需求。

不应将所规制的平台限定在通过特殊技术手段进行了准入限制或可接触性限制的平台——例如平台在暗网中运营。诚然,在诸多合法的、适宜的应用可能性之外,互联网中这类限制访问的区域因其高度匿名性也是运营犯罪交易平台的最佳环境。而这点也得到了事实的佐证,被发现的此类平台经常是在暗网中运营的。然而将平台限定在通过特殊技术手段进行了准入限制或可接触性限制的平台是没有意义的。因为在互联网可以不受限访问的部分(明网)也有交易非法物品和服务的数字化市场,[①]在应罚性上,运营这类平台与在暗网或深网中运营同类平台没有区别。当然,如前所述,平台所处的位置可以作为犯罪目的指向的标志。

正如其表述"行为依据其他规定会受到更重刑罚的除外"所示,本条规定具有兜底条款性质。德国《刑法典》第127条(草案)的首要目的在于满足扩张刑事责任范围的实质需求,因此如果通过其他刑法条款就可以进行适当的处罚,就不需要再适用本条之规定了。

对本罪基本犯的处罚是五年以下自由刑或罚金刑。这为处罚提供了充足的空间:可以依据平台上所交易的商品、服务的类型和交易量对行为进行定性,而在这一量刑区间内,可以为被归类为较轻或中等犯罪的不同犯罪类型提供恰当的处罚。

本罪涵盖了旨在支持重罪和特定轻罪的犯罪平台。因此,所有重罪无一例外被涵盖在内,因为此类犯罪特别适合作为以平台为中介委托实施,且由于重罪特别的危险性,有必要确保对促成或支持此类犯罪的行为不存在处罚漏洞。而列表中所列举的轻罪主要是德国《刑法典》及附属刑法中所规定的、涉及交易或处理违禁物品、或以被禁止的形式交易并非自始受到禁

---

① Lagebild Cybercrime des Bundeskriminalamtes 2018, S. 38 f.

止的物品的行为,以及与此类行为具有密切关联的行为。此外还包括一些在互联网中经常作为受委托犯罪('Crime as a service')出现的犯罪类型,如探知数据罪。

构成要件要素"平台的目的"可以参考德国《刑法典》第 129 条第 1 款第 1 句中的构成要件要素"目的"——其为客观构成要件要素,对其必须具有故意。① 一般而言,与《刑法》第 129 条一样,间接故意(dolus eventualis)就足够了②

除运营犯罪交易平台外,故意或明知地为此类交易平台提供服务器基础设施的,也将受到刑罚。第 1 款第 2 句规定,对提供服务器基础设施的,依照第 1 句对运营交易平台的规定进行处罚。二者处罚相同的理由在于,是通过提供硬件(服务器)来促成或支持犯罪交易、还是通过提供虚拟平台来促成或支持犯罪交易并不重要。对故意程度的更高要求排除了对交易具有未必故意的情形,确保了只有当运营者对其服务器上运行的平台实质上知情,或甚至具备相应的故意时,才须承担刑事后果。

第 2 款

第二款中包含对"互联网中的交易平台"的法律定义。该定义一方面表明,应对"互联网"这一概念进行广义解释,特别是互联网中被加密的部分也应被包含在内,因此,本条之规定既及于明网,也同样及于暗网、深网。此外,定义还强调了,"交易"的概念不仅仅指商业性质的商品交换,而同样应当包含单纯交换性质的交易,例如在儿童色情制品交易平台中这种做法就很常见。因此,如果用户在共享平台上通过发布自己的内容(德国《刑法典》第 11 条第 3 款)来获取其他用户发布的内容,也同样可以构成本罪,并不必须存在用户间的直接交换。

第 3 款

为了恰当应对业务性、团伙形式运营犯罪平台情形中的犯罪不法提升,在第 3 款中规定了加重构成要件。如果平台是以盈利为目的运营的,则原则上不仅其存续时间和活动范围会增加,且在此情形中,行为人的内在态

---

① Fischer, in: Fischer, StGB, 68. Aufl., § 129 Rn. 15 ff., 48 m. w. N..

② Fischer, in: Fischer, StGB, 68. Aufl., § 129 Rn. 48.

度也表现出了犯罪能量的明显增强。在团伙性实施犯罪的情形中,应考虑到由多个参与者作为团伙联合、形成固定结构导致的危险性提升,以及团伙协商导致的犯罪能量的增强。所有这些因素都应在确定刑法威慑范围时加以考量。第 3 款的规定给法院以适当的工具,在涉及运营犯罪交易平台的案件中能够做出罪刑相适应的裁判。此外第 3 款也明确了,此类行为应被归为重罪的范畴。

加重构成要件的量刑区间参考了同类规范的设置,如德国《刑法典》第 260 条第 1 款第 1 项(业务性窝藏赃物)、第 263 条第 3 款第 2 句第 1 项(业务性欺诈)或第 267 条第 3 款第 2 句(业务性伪造文书)。业务性实施前述罪名的,量刑区间在 6 个月至 10 年自由刑之间。鉴于业务性、团伙性运营犯罪平台对公共安全和公共秩序造成的严重损害,也应规定这样的量刑区间。

第 4 款

对于平台的目的设定为促成或支持重罪,且行为人对此存在故意、或至少对此有积极认知的情形,第 4 款规定了加重犯。加重犯主要覆盖的是有意识地进行犯罪服务交易(crime as a service)、以及交易本身即构成犯罪的情形,后者如德国联邦政府《打击针对儿童的性暴力》立法草案中建议的德国《刑法典》第 184b 条第 1 款第 1 项(传播儿童色情内容)①。与基本犯相比,故意为大量(潜在的)此类严重犯罪提供支持、或使其成为可能的行为应受到明显更重的刑罚威慑。

这样的规定也有助于消除一些评价上的矛盾,例如,非业务性运营一个平台,在平台上有谋杀委托进行交易的(犯罪服务交易),应适用第 1 款所规定的量刑区间;但根据德国《刑法典》第 211 条、212 条、27 条和第 49 条第 1 款第 1 项之规定,谋杀的帮助犯应处以不低于 3 年的自由刑。还可能与德国联邦政府的《打击针对儿童的性暴力》立法草案②建议的新德国《刑法典》第 184b 条第 3 款之规定存在矛盾:该款规定,持有单独的儿童色情内容就已经构成犯罪,那么如果运营一个有大量(潜在的)儿童色情内容交易的平台的行为依据第 1 款的规定进行处罚,也会存在评价上的矛盾。

---

① Bundestagsdrucksache 19/23707.
② Bundestagsdrucksache 19/23707.

第 2 条（对德国《刑事诉讼法》的修改）

前言

为使刑事追诉更有效率，有必要适度扩张刑事追诉机关的权力。初始时，只会向刑事追诉机关呈现技术基础设施的视觉表层，而不对其呈现用户或运营者的身份信息。而使用者和运营商间通常不会有任何个人真实身份资料之交换，致使即便对已调查出来的平台使用者进行讯问，也未必能取得调查成效。平台运营者通常也只会远程访问作为平台基础的服务器，也就是说他们并不会出现在运营服务器的现场。所以当刑事追诉机关认为存在违反两种加重构成要件的嫌疑时，应当能够采取德国《刑事诉讼法》第 100a 条所规定的电信监控、第 100b 条所规定的线上搜查以及第 100g 条第 2 款所规定的提取电信通讯数据作为调查手段。刑事追诉机关一开始对行为人的身份一无所知，且也不清楚是否存在德国《刑法典》第 5 条第 5a 款字母 b（草案）所要求的个人特征，但通常不会因此排除采取这些措施所必需的初始怀疑。德国《刑法典》第 3 条以下几条中有关德国刑法不适用的规定虽然会成为程序障碍事由①，然而单纯存在有程序法上的障碍事由的可能性不足以排除对初始怀疑的假定。② 而前述问题应成为侦查程序的调查对象。

第 1 项（德国《刑事诉讼法》第 100a 条）

对平台所在的服务器进行电信监控、对具体犯罪嫌疑人进行电信监控或者在特定情况下对已被调查的用户进行电信监控，都是具有成效的调查方式。若没有这些刑事程序工具，那么查明德国《刑法典》第 127 条（草案）所规定的犯罪行为在很多情况下都是根本不可能实现的。有鉴于此，且考虑到第 127 条（草案）所规定的刑罚，有理由将该条纳入德国《刑事诉讼法》第 100a 条所规定的严重犯罪列表，且由此产生的对通信秘密权进行的干预也具有正当性。此外，前述结论的得出也特别考虑到了该领域的背景，即在该领域中，使用通信手段来开启和完成商业交易行为是可以被预料的。

---

① Meyer-Goßner, in: Meyer-Goßner/Schmitt, StPO, 63. Aufl., Einl. Rn. 145 m. w. N.
② Haas, Vorermittlungen und Anfangsverdacht, 2003, S. 36 f.; Scheinfeld/Willenbacher, NJW 2019, 1357, 1358.

第 2 项(德国《刑事诉讼法》第 100b 条)

当刑事追诉机关对行为人具有德国《刑法典》第 127 条第 3、4 款(草案)之加重情节有所怀疑时,只要交易平台旨在促进或者支持犯罪,而这些犯罪行为本身属于德国《刑事诉讼法》第 100b 条第 2 款所示的犯罪类型,则刑事追诉机关应能够在线上搜查的范畴内从被告人所使用的信息技术系统中收集数据。如此也可以掌握更多从其他渠道无法取得的犯罪嫌疑人重要信息及其犯罪范围。故将德国《刑法典》第 127 条第 3、4 款(草案)的加重构成要件也增列于德国《刑事诉讼法》第 100b 条第 2 款的重大犯罪列表内是具有正当性的。由此产生的基本权干预——即对德国《基本法》第 2 条第 1 款保障信息技术系统的秘密性及完整性的权利结合《基本法》第 1 条第 1 款(所谓的 IT 基本权)、和对德国基本法第 13 条住宅不可侵犯的干预——符合比例原则。

在基本权干预强度上,德国联邦宪法法院将线上搜查的基本权干预强度与对住宅不可侵犯的干预等同[1]。此外,在住宅声学监控的适用上,德国《刑事诉讼法》第 100b 条第 2 款也直接援引了第 100c 条第 1 款第 1 项之规定。《草案》亦遵循了德国联邦宪法法院在此背景下对特别重大犯罪之要求[2]。对以犯罪构成要件的形式所类型化犯罪行为来说,其严重性取决于所侵害法益的位阶和其他由构成要件所描述的犯罪要素,这些要素有时也可能被规定在加重构成要件中。前述因素本身必须已经能够证立行为特别的、明显超出平均水平的严重程度。[3] 量刑区间亦能作为特别重大的犯罪行为参考点,法定最高刑在五年以上自由刑的,通常被保留给那些表现出严重行为不法、因而明显脱离中等程度犯罪范畴的犯罪。[4] 综上,德国《刑法典》第 127 条第 3 款(草案)所规定的业务性或团伙性运营互联网犯罪平台、以及第 127 条第 4 款(草案)所规定的加重构成要件可以被归类为特别重大的犯罪。这不仅是考虑到二者的法定刑分别是 6 个月到 10 年以及 1 年至 10 年,还虑及了所要保护的法益和该法益对法律共同体的重要性。考

---

[1] BVerfG, Urteil vom 20. April 2016-1 BvR 966/09, Rn. 210 [zitiert nach juris], BVerfGE 141, 220.

[2] BVerfG, Urteil vom 03. März 2004-1 BvR 2378/98, 1 BvR 1084/99 [zitiert nach juris], BVerfGE 109, 279.

[3] BVerfG, a. a. O., Rn. 236.

[4] BVerfG, a. a. O., Rn. 238.

虑到如武器、战争武器、麻醉品或儿童色情制品等商品在犯罪交易平台上不受控制地交易，其所带来的风险是极高的；而由于犯罪行为长期持续实施，以获得不仅是暂时的收入来源，犯罪平台的业务运营也具有特别严重性。同样地这也适用于以团伙形式来进行此犯罪，因其所带来的危险和犯罪能量与第3款所规范的加重构成要件无异。这也提升了已经被基本犯和特别严重犯罪列表所保护法益的危险。然而，应当对德国《刑法典》第127条第3款和第4款(草案)的适用加以限缩，即交易平台应旨在促进或支持本身就被规定在德国《刑事诉讼法》第100b条第2款中的犯罪行为。为了合理体现德国《刑法典》第127条(草案)的规定的特殊犯罪性质以及对刑事责任进行扩张的实质需求，上述的限缩是有必要的。此外，在德国《刑事诉讼法》第100b条线上搜查的框架下，考虑到线上搜查和第100c条监视居住空间对基本权干预程度极大；同时，信息技术系统的保密性、完整性及住宅的不可侵犯性均属受高度保护的利益，因此这样的限缩也是有必要的。

第2项(德国《刑事诉讼法》第100g条)

同样应对德国《刑事诉讼法》第100g条第2款的重大犯罪列表进行适度扩张，以能够提取电信通讯数据。实施德国《刑法典》第127条第3款和第4款(草案)所规定的犯罪时通常会使用计算机和其他通讯设备、并与互联网进行连接。在此背景下，刑事追诉机关可以将收集过去的通讯数据作为一种新的侦查手段，并藉此来补充和支持其他侦查可能性。刑事追诉机关还可以藉此来识别被告人。

第3条

《草案》第2条第1项对德国《刑事诉讼法》第100a条所载列表的修订，使得对德国《刑法典》第127条第3款和第4款(草案)中规定的情形也可以进行电信监控。对基本权附加的限制会触发宪法第19条第1款第2句[指明授权条款依据(Zitiergebot)]的要求。而通过将德国《刑事诉讼法》第100b条第2款所载的犯罪行为列表纳入德国《刑事诉讼法》第100c条第1款第1项，即《草案》第2条第2款所做之修改，德国《刑事诉讼法》第100c条对住宅声学监控的适用范围将得到扩张，因此德国《基本法》第13条所载的基本权也相应受到了限制。

第4条(生效)

该条规定了生效日期。

附录 2

联邦参议院的意见

联邦参议院于 2021 年 3 月 26 日举行的第 1002 次会议中决议,根据德国《基本法》第 76 条第 2 款之规定,对立法草案持如下立场:

一、对第 1 条第 1 项(目录、对德国《刑法典》第 127 条的说明)
    第 2 项字母 b(德国《刑法典》第 5 条 5a 项字母 b)
    第 3 项(德国《刑法典》第 127 条 标题,
        第 1 款第 1 句,
        第 2 款,
        第 4 款)
    第 2 条第 2 项字母 a、字母 b(德国《刑事诉讼法》第 100b 条第 2 款第 1 项),
    第 3a 项字母 b(德国《刑事诉讼法》第 100g 条第 2 款第 2 句第 1 项)

(一)对第 1 条进行如下修改:
  1.第 1 项中,将目录、对第 127 条的说明部分的"交易平台"一词替换为"平台"。
  2.第 2 项字母 b 中,将第 5 条第 5a 项字母 b 中的"交易平台"一词替换为"平台"。
  3.对第 3 项中的第 127 条的修改如下:
    (1)将标题中的"交易平台"一词替换为"平台"。
    (2)将第 1 款第 1 句、第 2 款和第 4 款中的所有"交易平台"替换为"平台"。

(二)对第 2 条进行如下修改:
  1.第 2 项字母 a 中,将第 100b 条第 2 款第 1 项字母 b 中的"交易平台"一词替换为"平台"。
  2.第 3 项字母 a 中,将第 100g 条第 2 款第 2 句第 1 项字母 b 中的"交易平台"一词替换为"平台"。

理由：

联邦参议院对"交易平台"的表述存有强烈的担忧。《草案》宣称希望通过新规实现的目标是"不仅仅涵盖商业性质的商品交换"①，而"交易"一词的使用与该目的相悖。立法理由中指出，第 127 条第 2 款所包含的对交易平台的法律定义可以实现这一目的，然而第 2 款所进行的法律定义并没有带来变化。因为即使在概念定义中使用了动词"提供"和"交换"，使得经济上的对价不再是必要条件，然而《草案》中继续使用的"交易"一词却与其存在矛盾。根据《杜登德语大辞典》中的相关条目，"交易"一词被定义为"致力于商品和资产买卖的经济分支领域"。缺乏相应经济背景的单纯提供或交换行为并不能被包含在内。因此使用"交易"这一概念始终会促使人们从经济方面理解这一开放性的概念，至少会形成冲突，而这又会给法律解释造成困难。使用"交易"一词所带来的好处无法抵消这样的困难。由于——如《草案》令人信服地阐明的——有必要使法律能够涵盖不以经济为导向的互联网平台，因此应删除术语的"交易"部分，只保留"平台"。

二、对第 1 条第 2 项字母 b (德国《刑法典》第 5 条第 5a 项字母 b)

第 1 条第 2 项字母 b 中，删除第 5 条 5a 项字母 b 中的"且行为人是德国人或其在德国境内有生活基础"一段。

理由：

删除了德国《刑法典》第 5 条第 5a 项字母 b 中的个人联结点（行为人是德国人或其在德国境内有生活基础），因为它以不切实可行的方式限缩了该条的适用范围。

《草案》中规定了额外的个人关联性要求，这使得外国人在外国运营面向德国需求提供非法商品和服务的平台的情况无法被涵盖在内。而特别是对本罪的犯罪现象而言，这种情形显而易见且并不罕见。这就导致了这样的风险，即只有很小的一部分此类平台的运营者可以在德国受到刑事追诉，尽管这些在外国运营的网站直接损害了德国的安全利益。网络犯罪领域的刑事侦查经验表明，在相当数量的案件中，行为人故意在境外实施德国境内的违法行为，以最小化其被发现和被抓获的风险。在如今的技术条件

---

① BR-Drucksache 147/21, S. 13.

下,可以在几乎全球任意地点运营非法平台,且不与德国形成任何人身关联或产生其他联系。特别是存在这样的风险,即幕后之人推出与德国毫无关联的挡箭牌来规避构成犯罪。

删除个人联结点后,只要交易平台的目的是促成或支持德国境内的违法行为,即使运营行为是在境外实施的,德国法仍可适用,无关行为人的国籍或生活基础。这样就可以同样覆盖外国人完全故意地在境外经营针对德国市场的交易平台、以有意识地规避德国刑法的情形。

从体系角度可以参考德国《刑法典》第5条第10a款,该款规定,德国刑法在体育博彩诈骗和操纵职业体育竞赛领域的可适用性仅取决于,与犯罪行为有关的体育竞赛在德国境内举行。如果在德国体育竞赛的语境下可以将刑事管辖权扩张到境外的犯罪行为,而无需进行人员角度的限制,对于旨在保护作为集体利益的网络安全和网络纯洁性,以及保护德国的公共安全和公共秩序的犯罪而言,这种做法更应当予以肯定。

此处所选择的、不包含个人联结点的表述同时也与联邦参议院所提出的规范相符。①

三、对第1条第3项(德国《刑法典》第127条第1款第3句第2项 字母a
字母l-新
字母m-新)

第1条第3项中,对第127条第1款第3句第2项进行如下修改:

(一)字母a项现表述如下:

"(a)第86、86a、91、130、147条和第148条第1款第3项,第149、152a、176a、176b、180条、184b条第1款和第4款、第184c条第1、2、5款、第184l条第1、3款、第202a、202b、202c、202d、232条和第232a条第1、2、5、6款、第232b条第1、2、4款结合第232a条第5款、以及第233、233a、236条、第242至第244a条、第253、259、260、261条第1、2、4款、第263、263a、第267至第282条、第303a条和第303b条,"

(二)将字母j中的"以及"一词替换为逗号。

(三)将字母k中的句号替换为逗号。

---

① 参见《联邦参议院刑法修正案立法草案——对运营进行非法商品及非法服务交易的互联网交易平台引入独立的刑事责任》:BR-Drucksache 33/19-Beschluss。

(四)增加以下字母项:

"l: 德国《著作权法》第 106 条至 108a 条以及"

"m: 德国《社团法》第 20 条第 1 款第 5 项。"

理由:

对德国《刑法典》第 127 条第 1 款第 3 句中规定的犯罪行为列表进行了补充。

《草案》中规定的犯罪行为列表明显是存在错漏的。例如第 127 条第 1 款第 3 句第 2 项字母提及了德国《刑法典》第 152b 条,尽管后者属于重罪,因而早已被涵盖在第 127 条第 1 款第 3 句第 1 项中。而与网络犯罪的司法实践高度相关的德国《刑法典》第 242 条至 244a 条盗窃罪(例如销售用来规避警报设备的软、硬件)、德国《刑法典》第 253 条勒索罪(如勒索软件)、德国《刑法典》第 261 条洗钱罪(例如提供加密货币账户以掩盖犯罪资金的来源)、违反德国《社团法》第 20 条第 1 款第 5 项之规定的行为(如分发被禁止的社团的标志)以及违反《著作权法》的犯罪行为(如交换受版权保护的电影)则未被纳入列表。

此外,针对儿童的性犯罪(德国《刑法典》第 176a、176b 条)范围内的限制条件被废除。

四、对第 1 条第 3 项(德国《刑法典》第 127 条第 1 款第 3 句第 2 项字母 a)

第 1 条第 3 项中,删除第 127 条第 1 款第 3 句第 2 项字母 a 的"第 2 句"。

理由:

在第 127 条第 1 款第 2 项字母 a 中,《草案》主要将第 184b 条第 1 款第 2 句定义为运营犯罪交易平台犯罪核心规定中的不法行为。然而德国《刑法典》第 184b 条第 1 款并没有第 2 句,而是由单一句构成。

五、对第 1 条第 3 项(新 – 德国《刑法典》第 127 条第 1 款第 3 句第 2 项字母 i_1)

在第 1 条第 3 项中,在第 127 条第 1 款第 3 句第 2 项字母 i 分项后增加以下分项:

"i_1) 德国《文化财产保护法》第 83 条第 1 款第 4、5 项,第 4 款。"

理由:

第 127 条第 1 款第 3 句中所规定的犯罪行为列表应予扩张,以包含交易文化财产的行为。这种行为造成的问题日趋严重,特别是在前美索不达米亚地区(现伊拉克和叙利亚),这是国际恐怖主义和有组织犯罪的重要资金来源之一。恐怖主义组织破坏考古遗址和文化古迹,并利用非法交易获取资金。根据国际组织的估计,非法文化财产交易在全球国际犯罪中可以处于第 3 位——直接排在武器和毒品交易之后。联合国安全理事会已经注意到了这个问题,其在过去几年间根据联合国宪章第七章颁布了若干具有约束力的决议,以防止文化财产的非法交易。考虑到叙利亚和伊拉克的世界文化遗产所遭受到的破坏,以及此类文化财产的非法交易为恐怖主义活动带来的资金,安理会多次呼吁联合国成员国采取更加强有力的措施打击非法交易。欧盟同样在其《欧盟委员会关于加强打击资助恐怖主义的行动计划》的框架内对非法文化财产交易的问题加以关注。

在此背景下,运营旨在促成或协助此类非法交易的交易平台的行为应予入罪。因此德国《文化财产保护法》第 83 条第 1 款第 4、5 项所规定的犯罪行为应被纳入德国《刑法典》第 127 条第 1 款第 3 句的犯罪行为列表中。

德国《文化财产保护法》包含各种有关文化财产留存及其保护的规定。其第 1 款第 4、5 项所规定的构成要件处罚违禁将文化财产投入流通的行为。

第 83 条第 1 款第 4 项所规定的构成要件确保了第 40 条第 1 款对将文化财产投入市场的禁止,从而禁止了将遗失、被盗掘或非法进口的文化财产投放市场的行为。

第 1 款第 5 项所规定的构成要件旨在确保《文化财产保护法》第 40 条第 3 款中所载的禁令,即对《文化财产保护法》第 21 条所禁止的、非法出口的文化财产实施处分行为或负担行为。因此,该罪的犯罪客体是已经被出口的物品。行为人是在国外继续处分标的物的文化财产所有人。①

六、对第 1 条第 3 项(新 - 德国《刑法典》第 127 条第 5 款),
第 2 条第 1 项(德国《刑事诉讼法》第 100a 条第 2 款第 1 项字母 d),
    第 2 项字母 a(德国《刑事诉讼法》第 100b 条第 2 款第 1 项字母 b)
    第 3 项字母 a(德国《刑事诉讼法》第 100g 条第 2 款第 2 句第 1 项字母 b)

---

① 也见 BR-Drucksache 538/15, S. 143。

(一) 第 1 条第 3 项中, 在第 127 条后补充一款:
"(5) 与第 1、3、4 款不同, 在互联网中运营交易平台的, 如果该平台旨在促成或支持德国《刑法典》第 184b 条所规定的关于儿童色情内容的犯罪, 而该儿童色情内容描述的是实际发生的、或趋近现实的, 处两年以上自由刑。故意或在明知的情况下为前句所述犯罪行为提供服务器基础设施的, 参照前款规定处罚。"

(二) 对第 2 条第 1 项中的第 100a 条第 2 款第 1 项字母 d、第 2 项字母 a 中的第 100b 条第 2 款第 1 项字母 b 和第 3 项字母 a 中的第 100g 条第 2 款第 2 句第 1 项字母 b, 将其中的"第 127 条第 3、4 款"改为"第 127 条第 3 至 5 款"。

理由:

德国《刑法典》第 127 条处罚为诸多不同犯罪行为而在互联网中运营犯罪交易平台和提供相应服务器基础设施的行为。这些在第 127 条第 1 款第 3 句中详细列举的犯罪行为在不法内涵上差异较大, 因此处罚也相当不同。而第 127 条所规定的犯罪行为的不法——基于犯罪参与的一般性原理——在很大程度上是由行为所促成或支持的犯罪行为所决定的。因此必须为第 127 条所规定的新构成要件设置较轻的法定刑, 以确保在运营犯罪基础设施、(目的性地)支持较轻的犯罪行为的情形中同样可以得到罪刑相适应的裁量结果。而宽泛的不法决定了, 其量刑区间(包括向下的量刑区间)应当很广。然而这会导致在运营犯罪基础设施、促进或支持极具社会危害性的犯罪行为的情形中, 运营者受到的刑罚过于缓和。德国《刑法典》第 127 条第 1 款第 1 句中的但书条款并不能充分解决这一问题。

在司法实践中, 前述问题特别会对德国《刑法典》第 184b 条所规定的传播儿童色情内容产生不利的后果:《草案》同样希望通过第 127 条的规定涵盖交换和传播儿童色情内容的论坛的运营者。但无论如何, 对旨在促成或支持传播描述现实发生的、或趋近现实的儿童色情内容的交易平台,《草案》为其运营者设置的刑罚威慑是不恰当的。即使认为, 此类犯罪平台的运营者的行为通常可以满足第 127 条第 4 款所规定的加重构成要件, 因而至少面临 1 年以上自由刑的处罚, 也依然难言妥当。而在联邦政府提交的《打击针对儿童的性暴力》立法草案[①]中, 对于纯粹持有儿童色情内容的行

---

① BT-Drucksache 19/24901.

为就已经规定了这样的法定最低刑,尽管该行为的不法与运营交换或传播儿童色情制品的平台有显著差异。

就此而言,必须考虑到:如今儿童色情内容几乎完全是在网上交流和传播的,且这些行为很大程度上发生在论坛和交流板块中。这类论坛的运营者具有"看门人"的功能——他们不仅仅创设了儿童色情内容交流的核心市场,且同样对市场的准入进行管理。毕竟,论坛为儿童色情制品的交流奠定了基础,而其又成为了进一步的虐待行为的温床,与此同时,它还简化了志同道合者之间的接触和交流。① 通过对个案适用德国《刑法典》第184b之规定无法涵盖(持续)运营此类论坛的整体不法,因此必须在一个独立的规定中加以表达。鉴于前文所述之特殊性,对该行为的刑罚威慑也应高于德国《刑法典》第184b条所规定的单独犯罪行为。因此,对在互联网中经营用于交换或传播儿童色情视频的平台的,应规定不低于两年自由刑的刑罚。

对旨在服务描述现实发生的或趋近于现实的儿童色情内容的传播、交流的平台做出特别规定的正当性依据是——与其他严重犯罪不同——这是一个在现实中特别重要的现象,且犯罪行为涉及我们社会中最需受到保护的群体,即我们的儿童。此类论坛的运营者为图片的交流提供了犯罪基础设施,而在这些图片背后蕴含着受虐待儿童难以估量的痛苦。由此,他们助长了对"硬材料"的需求,从而为犯罪性的虐待创造了温床。就为儿童提供特别保护而言,德国《刑法典》并不陌生,例如在杀人类犯罪中,德国《刑法典》第176条第5款*也针对儿童作出了特殊规定。最后,所建议的修订也符合联邦政府正在进行的立法努力,以更好地保护儿童免遭性虐待。

对字母 b:

由于计划对德国《刑法典》第127条进行增补,因此德国《刑事诉讼法》中关于技术侦查措施的规定也应相应进行调整。对于《草案》试图在增补部分进行覆盖的情形,恰恰也存在根据德国《刑事诉讼法》第100a、100b、100g条之规定创设采取技术侦查措施可能性之需求。

---

① BR-Drucksache 634/20 [Beschluss], S. 19 f.

* 此处所指德国《刑法典》第176条为2021年7月1日修订前的第176条,当时第5款处罚的是第1-4款的预备行为,借此加强对于儿童的保护。2021年7月1日后第176条的部分内容被移到其他条文以实现不同量刑幅度。在此特别感谢西南政法大学法学院讲师林信铭对此进行的说明。——译者注

附录 3

联邦政府的反对意见：

针对联邦参议院的观点，联邦政府表达了以下意见：

对第 1 项(第 1 条第 1 项-目录、对第 127 条的说明，
  第 2 项字母 b-德国《刑法典》第 5 条第 5a 项字母 b，
  第 3 项-德国《刑法典》第 127 条标题、第 1 款第 1 句、
  第 2 款和第 4 款)
  (第 2 条第 2 项字母 a、字母 b-德国《刑事诉讼法》第 100b 条
  第 2 款第 1 项
  第 3a 项字母 b-德国《刑事诉讼法》第 100g 条第 2 款
  第 2 句第 1 项)

应拒绝联邦参议院关于将所有"交易平台"替换为"平台"的建议。

如果目的是使非商业性商品交换同样可以被本条涵盖在内，那么——不同于联邦参议院的建议——此处的变更是不必要的。一方面，"交易"一词的含义中也包括以物易物——这是最古老的交易形式；另一方面，德国《刑法典》第 127 条第 2 款(草案)中对"交易平台"这一概念所进行的法律定义也可以确保，应从广义上去理解这里的概念。此外，应否定删除概念中的"交易"部分的另一个原因是，这样修改会使得新规失去应有的界限。

对第 2 项(第 1 条第 2 项字母 b-德国《刑法典》第 5 条 5a 项字母 b)

应否定联邦参议院关于删除德国《刑法典》第 5 条第 5a 项字母 b(草案)中"且行为人是德国人或在德国境内有生活基础"一句的建议。

前述个人联结点(行为人是德国人、或是在德国境内有生活基础的外国人)确保了对于德国《刑法典》第 127 条(草案)所规定的犯罪行为，当行为在行为地不构成犯罪时，德国刑法可以扩张至境外的犯罪行为，而不存在国际法上的疑虑。① 因此,对于德国《刑法典》第 5 条所涵盖的大量罪名而言,换言之,对于自 2021 年 1 月 1 日起引入的德国《刑法典》第 5 条第 5a 项所规定的情形,这种个人联结点也是其所具有的特征。而这些情形所涉及到的恰恰也是在境外通过互联网实施的犯罪行为。② 此外,对于不在德国境内的外国人所实施的境外犯罪行为,如果该行为在犯罪地不可罚,且行为地所在国家——特别是在涉及其自身公民的时候——不愿提供必要的司法协助,那么在司法实践中,对该案件的刑事追诉通常难以成功。③ 对此,如果要进一步扩张德国刑法对境外犯罪的适用,则会导致德国刑法的适用需求与实际执行愈加割裂,这最终会影响德国刑法的可信度。④ 另一个原因则是,若要进一步扩张适用可能性,需要重新公布对法律规定的修改。

对第 3 项(第 1 条第 3 项-德国《刑法典》第 127 条第 1 款第 3 句第 2 项字母 a

新-字母 l

新-字母 m)

如果联邦参议院的建议是,从犯罪行为列表中删除德国《刑法典》第 152b 条,则应予赞同。该条已经为德国《刑法典》第 127 条第 1 款第 3 句第 1 项(草案)之规定所涵盖。

如果联邦参议院建议,扩张德国《刑法典》第 127 条第 1 款第 3 句(草案)中的犯罪行为列表,使其包含盗窃罪(第 242-244a 条)、勒索罪(第 253 条)、洗钱罪(第 261 条)以及违反德国《社团法》第 20 条第 1 款第 5 项、《著作权法》第 106-108a 条以及德国《刑法典》第 176a、176b 中所规定的其他轻罪,则该建议应予拒绝。

如果盗窃行为构成重罪,则其已经为德国《刑法典》第 127 条第 1 款第 1 项(草案)之规定所涵盖。未被涵盖的盗窃罪形式通常不会为交易平台所

---

① Bundesratsdrucksache 147/21, S. 5; zu dem im Vorschlag des Bundesrats genannten § 5 Nummer 10a StGB vgl. hingegen Heger, in: Lackner/Kühl, StGB, 29. Auflage, § 5 Rn. 3; Basak, in: Matt/Renzikowski, StGB, 2. Auflage, § 5 Rn. 21a.

② 再次参见 Bundesratsdrucksache 147/21, S. 5, sowie Bundestagsdrucksache 19/19859, S. 3, 7, 32, 34 f. und 44 f.

③ 对于居住在德国的外国人,德国《刑法典》第 5 条第 5a 款字母 b(草案)已经可以使用;而对于在国境内被抓获的外国人,则可以考虑第 7 条第 2 款第 2 项之规定。

④ Bundestagsdrucksache 18/3122, S. 49.

支持,因此其现实应用场景遥不可及。联邦参议院所举的例子,即通过平台交易之后可能被用于支持盗窃行为的——并非自始就被禁止的——物品,不能令人信服地作为显而易见的、通过交易平台支持盗窃行为的实际应用情形。以这样的方式将可罚性前置可能会导致宪法上的疑虑。此外,在实践中想证明相应的支持故意也几乎不可能。同样的结论也适用于德国《刑法典》第253条(勒索罪):在此也难以明确交易平台到底能以何种形式支持相应的犯罪行为。拒绝将本条的可适用性扩张至德国《社团法》第20条第1款第5项的原因是,在第127条第1款第3句第2项字母a(草案)中已经提及德国《刑法典》第86a条,这就足以应对使用、传播违宪党派或被禁止的组织的标识的行为了。吸收德国《著作权法》所规定的犯罪行为也不是必要的。拒绝将第261条洗钱罪纳入犯罪行为列表最主要的原因是,2021年3月18日生效的新德国《刑法典》第261条将洗钱罪的构成要件大大扩张,将其纳入可能会导致可罚性不当扩张的风险。而德国《刑法典》第176a、176b条中,与交易平台相关的典型犯罪模式已经为犯罪行为列表所涵盖,没有明显的理由将其进一步扩张。

对第4项(第1条第3项-德国《刑法典》第127条第1款第2项字母a)

联邦参议院认为,应从德国《刑法典》第127条第1款第2项字母a(草案)中删除德国《刑法典》第184b条第1款第2句,理由是该条没有第2句。该建议应予拒绝。

在此,联邦参议院忽视了,《打击针对儿童的性暴力法》将在《运营互联网犯罪平台和提供相应服务器基础设施的可罚性法》之前生效。前者在德国《刑法典》第184b条第1款中补充了第2句。

对第5项(第1条第3项-新-德国《刑法典》第127条第1款第3句第2项字母i)

联邦政府赞同联邦参议院关于扩张德国《刑法典》第127条第1款第3句第2项(草案)中的轻罪列表,使其能够涵盖德国《文化财产保护法》第83条第1款第4、5项及第4款的建议。这有助于实现打击通过互联网犯罪交易平台进行非法文化财产交易的目标。

对第 6 项(第 1 条第 3 项–新–德国《刑法典》第 127 条第 5 款,
　　　第 2 条第 1 项–德国《刑事诉讼法》第 100a 条第 2 款第 1 项字母 d,
　　　第 2 项字母 a–德国《刑事诉讼法》第 100b 条第 2 款第 1 项字母 b,
　　　第 3 项字母 a–德国《刑事诉讼法》第 100g 条第 2 款第 2 句
　　　第 1 项字母 b–德国《刑事诉讼法》)

联邦参议院建议创设新的加重构成要件,对运营旨在促成或支持德国《刑法典》第 184b 条所规定的犯罪行为的平台的,将法定最低刑提升至两年自由刑。对此建议应予拒绝。

通过犯罪交易平台目的性地促成或支持德国《刑法典》第 184b 条所规定的犯罪行为的,已经满足第 127 条第 4 款(草案)所规定的加重构成要件。额外规定一个加重构成要件不但可能面临体系上的疑虑,还可能造成评价上的冲突。例如运营平台,支持德国《刑法典》第 184b 条所规定的犯罪行为的运营者,其处罚可能重于运营提供谋杀委托中介而支持德国《刑法典》第 221 条所规定的犯罪行为的平台运营者。此外,联邦参议院所主张的量刑区间也与性犯罪相关条款所规定的量刑区间存在冲突。例如,在第 1 款第 1 句第 1、2、4 项的情形中,如果内容描述的是实际发生的、或接近现实的事件,则儿童色情平台的运营者会受到与业务性、团伙性传播儿童色情内容(第 184b 条第 2 款)的行为人同等的处罚(两年以上自由刑)。

05
环球视野

美国的计算机犯罪

〔美〕马里奥·特鲁希略*

杨新绿 译 刘书铭 校

一、简 介

美国司法部将计算机犯罪——通常也被称为网络犯罪或者互联网犯罪——广义地定义为"使用计算机网络或者针对计算机网络的犯罪。"①尽管计算机犯罪的术语包含了利用计算机实施传统犯罪②,如诈骗或盗窃,它同样包含例如黑客入侵的犯罪行为。③ 为了打击这些犯罪,检察官援引针对技术进行专门规定的联邦立法,如 1984 年《伪造连接装置及计算机欺诈

---

* 美国茨维格(ZwillGen)律师事务所律师,乔治敦大学法律博士。本文原文被收录于 A-merican Criminal Law Review, vol.56: 3, p.615–670 (2019). 作者对于乔治敦大学法律中心法学教授兼副院长保罗·欧姆(Paul Ohm)对本文的贡献致以诚挚的谢意。本译文系译者主持的教育部人文社会科学青年基金项目"数字经济时代数据犯罪刑法治理体系构建"(项目号:23YJC820044)、江西省社会科学基金青年项目"网络犯罪帮助行为刑事责任研究"(项目号:21FX12)、江西财经大学法学院青年教师研究项目"网络犯罪帮助行为刑事责任研究"的阶段性成果。

① 参见 Office Of Legal Educ., U.S. Dep't Of Justice, Prosecuting Computer Crimes(Jan. 14, 2015)(后文称为"起诉网络犯罪"), http://www.justice.gov/criminal/cybercrime/docs/ccmanual.pdf; Computer Crime, Black's Law Dictionary (10th ed. 2014)(将计算机犯罪作为"涉及使用计算机实施的犯罪……同样也称之为网络犯罪")。

② 参见下文三(三)"传统犯罪"部分及注释。

③ 参见 18 U.S.C. § 1029, 1037 (2018); Neal Kumar Katyal, *Criminal Law in Cyberspace*, University of Pennsylvania Law Review, vol. 149: 4, P. 1003, 1013 (2001) (描述了在真实世界缺乏对应物的不同类型的网络犯罪);同样参见 Charlotte Decker, *Cyber Crime 2.0: An Argument to Update the United States Criminal Code to Reflect the Changing Nature of Cyber Crime*, Southern California Law Review, vol. 81:5, p. 959, 964–970(2008) (讨论针对计算机的犯罪,包括黑客以及敲诈勒索、分布式拒绝服务攻击、交易秘密的窃取、获取窃取设备以及窃听违规行为)。

和滥用法》①,以及活跃在网络空间中的传统法律,如禁止毒品盗窃和贩运的禁令。②

衡量计算机犯罪的总体危害性以及频繁程度的工作充满了挑战,因为使用或者针对计算机的犯罪范围非常广泛③,然而计算机犯罪被报道的频率并不高。④ 许多人从不知道他们是计算机犯罪的受害者,而确实察觉到计算机被入侵的商业机构以及其他大型科研院所也不愿意公布这些案件,他们担心造成负面的公众效应,降低消费者的信任,且会增加

---

① 参见 Counterfeit Access Device and Computer Fraud and Abuse Act of 1984, Public Law No. 99-474, 100 Stat. 1213 (1986) (codified at 18 U.S.C. § 1030 (2020))。[说明:作者引用的法条是 18 U.S.C. § 1030 (2018),这是 2018 年 11 月 16 日生效的法律文本,是本文刊登时最新的法律规定,该法条于 2020 年 10 月 20 日被修订,修改集中于本条(e)款名词解释部分,增加了"受保护的计算机"的内容,包括了作为投票系统的一部分,用于联邦选举的管理、支持以及运营,或者是已用于州际或外国商业或者是会影响州际或外国商业的计算机。该法条还对联邦选举、投票系统进行解释,具体而言增加了 18 U.S.C. § 1030(e)(2)(C)以及 18 U.S.C. § 1030(e)(13)(14),基于法律已修改,本文中 18 U.S.C. § 1030 (2018)应替换为 18 U.S.C. § 1030 (2020)。——译者注]

② 参见 United States v. Ulbricht, 31 F. Supp. 3d 540, 546-47 (S.D.N.Y. 2014) (描述对毒品贩运的起诉,涉及使用一家网站充当"非法商品和服务的在线市场");Intel Corp. v. Hamidi, 71 P.3d 296, 303 04 (Cal. 2003) (在侵权理论上,认为通过英特尔名单服务发送大量电子邮件并不构成对动产的侵入,因为它没有引起或有可能引起被告人计算机毁坏)。参见 Keith N. Hylton, *Property Rules, Liability Rules, and Immunity: An Application to Cyberspace,* Boston University Law Review, vol. 87: 1, p. 1 (2007)(将传统侵权规则应用于网络空间);Donnie L. Kidd, Jr. & William H. Daughtrey, Jr., *Adapting Contract Law to Accommodate Electronic Contracts: Overview and Suggestions,* Rutgers Computer and Technology Law Journal, vol. 26, p. 215 (2000) (指出了将合同法应用到网络空间的问题)。

③ 参见 Peter Maass & Megha Rajagopalan, *Does Cybercrime Really Cost $1 Trillion,* Wired (Aug. 1, 2012), https://www.wired.com/2012/08/cybercime-trillion/ ("毫无疑问大量网络犯罪、网络间谍活动甚至网络战争正在发生,但是由于难以获得可靠的数据,网络犯罪确切规模尚不明确,造成的财产损失也难以计算。");Joseph M. Olivenbaum, *Ctrl-Alt-Delete: Rethinking Federal Computer Crime Legislation,* Seton Hall Law Review, vol. 27: 2, p. 574, 575 n. 4 (1997) (指出"定义计算机犯罪的严重困难")。

④ White House, The Council of Economic Advisers, *The Cost Of Malicious Cyber Activity to the U.S. Economy* 30 (2018), https://trumpwhitehouse.archives.gov/wp-content/uploads/2018/03/The-Cost-of-Malicious-Cyber-Activity-to-the-U.S.-Economy.pdf("网络安全领域受到数据不足的困扰,这主要是因为公司在报告负面新闻面临强烈的负面效应。");Joseph Menn, *Exclusive. Hacked Companies Still Not Telling Investors,* Reuters (Feb. 2, 2012)(详细说明至少有六家大型美国公司未向安全与贸易委员会报告监管文件中已知的网络攻击)。

监管审查。① 在美国,州和联邦双层诉讼系统增加了计算机犯罪数据统计的难度。②

然而,正如我们在每日预警新闻中看到的受侵害的用户账户数量③以及对美国反复进行的威胁,计算机犯罪影响着日常生活并且严重影响了很多受害者。④ 2015 年,世界范围内大概五亿九千四百万人是计算机犯罪的受害者,这给美国用户造成了大概 300 亿美元的经济损失。⑤ 2015 年,世界范围内计算机犯罪造成的经济损失大概是 3 万亿美元。⑥ 预计 2021 年这个数字会达到 6 万亿美元。⑦

本文讨论联邦、各州以及国际上应对计算机犯罪的措施。第二部分阐

---

① 参见 Joseph Menn, *Exclusive. Hacked Companies Still Not Telling Investors, Reuters* (Feb. 2, 2012), http://www.reuters.com/article/us-hacking-disclosures/ exclusive-hacked-companies-still-not-telling-investors-idUSTRE8110YW20120202;同样参见 Lesley Fair, *FTC Addresses Uber's Undisclosed Data Breach in New Proposed Order*, FTC (April 12, 2018), https://www.ftc.gov/news-events/blogs/business-blog/2018/04/ftc-addresses-ubers-undisclosed-data-breach-new-proposed(该公司未能披露其 2016 年违规行为后,联邦贸易委员会修改了针对 Uber 的同意令);同样参见 Kenneth Olmsted &Aaron Smith, Pew Research, *Americans And Cybersecurity* 3-4 (2017), http://www.pewinternet.org/2017/01/26/americans-and-cybersecurity/(指出在一项民意测验中,只有约 12%的美国人对政府和私人公司可以保护其个人信息抱有很高的信心)。

② 参见 Joseph M. Olivenbaum, *Ctrl-Alt-Delete: Rethinking Federal Computer Crime Legislation*, Seton Hall Law Review, vol. 27: 2, p. 574, 575 n. 4 (1997)(认为双重起诉制度使统计数字令人怀疑)。

③ 参见 Brian Fung, *145 Million Social Security Numbers, 99 Million Addresses and More. Every Type of Personal Data Equifax Lost to Hackers, by the Numbers*,Wash. Post, May 8, 2018, https://www.washingtonpost.com/news/the-switch/wp/2018/05/08/every-type-of-personal-data-equifax-lost-to-hackers-by-the-numbers/? utm term=.437713ae3f02。

④ 参见 David E. Sanger & Charlie Savage, *U.S. Says Russia Directed Hacks to Influence Elections*, N.Y. TImEs (Oct. 7, 2016), http://www.nytimes.com/2016/10/08/us/politics/us-formally-accuses-russia-of-stealing-dnc-emails.html? r=0。

⑤ 参见 Steve Moran, *How Consumers Lost $158 Billion to Cyber Crime in the Past Year... And What to Do About It*, Forbes (Jan. 24, 2016), https://www.forbes.com/sites/stevemorgan/2016/01/24/how-consumers-lost-158-billion-to-cyber-crime-in-the-past-year-and-what-to-do-about-it/#601156482b65;同样参见 Leslie R. Caldwell, *Legislative Proposals to Protect Online Privacy and Security*, U.S. Dep't Of Justice Blog (Mar. 9, 2015), https://www.justice.gov/opa/blog/legislative-proposals-protect-online-privacy-and-security(据报道,2014 年全球网络犯罪造成的经济损失超过 1000 亿美元)。

⑥ See Steve Morgan ed., *2017 Cybercrime Report*, Cybersecurity Ventures, 2017, https://cybersecurityventures. com/2015-wp/wp-content/uploads/2017/10/2017-Cybercrime-Report.pdf.

⑦ See Steve Morgan ed., *2017 Cybercrime Report*, Cybersecurity Ventures, 2017, https://cybersecurityventures. com/2015-wp/wp-content/uploads/2017/10/2017-Cybercrime-Report.pdf.

释了计算机入侵和欺诈;第三部分涵盖了与计算机犯罪相关的宪法以及联邦法规;第四部分探讨了各州应对计算机犯罪的策略;第五部分进一步分析了执法面临的挑战。

二、计算机入侵和欺诈

大量的网络工具可以用来入侵计算机以实施犯罪或者促进犯罪行为的实施。① 这些工具当中许多涉及恶意软件的发送、感染以及安装。② 这一部分大致讨论了在计算机犯罪中通常被使用的工具③,包括僵尸网络、间谍软件、勒索软件、病毒、蠕虫、特洛伊木马、逻辑炸弹、嗅探器、拒绝服务攻击、根程序病毒包软件④、网络僵尸程序和蜘蛛、垃圾邮件以及网络钓鱼电子邮件。

在过去,人们实施计算机犯罪往往出于恶作剧的心态⑤、青少年⑥、心怀

---

① 参见 Eric J. Sinrod & William P. Reilly, *Cyber-Crimes: A Practical Approach to the Application of Federal Computer Crime Laws*, Santa Clara Computer High Technology Law Journal, vol. 16: 2, p. 177, 181-187 (2000)(讨论"黑客行为",涉及未经授权访问计算机文件、程序或网站);*Prosecuting the Sale of Botnets and Malicious Software*, U.S. Dep't Of Justice Blog (Mar. 18, 2015), https://www.justice.gov/opa/blog/prosecuting-sale-botnets-and-malicious-software(描述如何使用僵尸网络实施各种犯罪,如针对个人或财务信息的身份窃取)。

② 参见 Jonathan Zittrain, *The Generative Internet*, Harvard Law Review, vol. 119: 7, p. 1974, 2012 n. 148 (2006)(将恶意软件定义为"旨在渗透或破坏计算机系统的软件")。

③ 这些技术之间的界线是模糊的。See Jonathan Zittrain, *The Generative Internet*, Harvard Law Review, vol. 119: 7, p. 1974, 2033 (2006).

④ 根程序病毒包,即 Rootkit 软件,是一种篡改操作系统最内层内核的软件包,因为能阻拦任何试图发现它的行为,所以其可以完美遁形并掩饰其影响。See Douglas Downing et al., *Barron's Dictionary of Computer and Internet Terms*.(清华大学出版社 2015 年版,第 394 页。——译者注)

⑤ 参见 Reid Skibell, *Cybercrimes & Misdemeanors: A Revaluation of the Computer Fraud and Abuse Act*, Berkeley Technology Law Journal, vol. 18, p. 909, 919-921 (2003)(将出于好奇、偷窥或权力意识而实施黑客行为的较早研究与主要对获利感兴趣的现代计算机"黑客"的观察结果进行了对比);David Thaw, *Criminalizing Hacking, not Dating: Reconstructing the CFAA Intent Requirement*, Journal of Criminal Law and Criminology, vol. 103: 3, p. 907, 915-916 (2013)(指出《计算机欺诈和滥用法》的制定是考虑到了"技术精湛"的年轻人,他们是由"内在兴趣"或"好玩的探索"驱动的)。

⑥ 参见 Boucher v. School Board of the School District of Greenlond 134 F.3d 821, 825 29 (7th Cir. 1998)(学生写了一篇关于如何侵入学校计算机的文章并发表在地下报纸后被开除); State v. C.M.C., 316 P.3d 316, 317 (Or. Ct. App. 2013)(撤销下级法院下达的命令,其内容是要求未成年人为自己的心理测评付费,前提是该未成年人实施的行为如果由成年人实施,其行为即构成计算机犯罪)。

不满的员工①或者想要炫耀自己技能的黑客更多地实施了这些犯罪行为。② 然而,近年来,受到经济利益③和国家主权利益④的驱使,越来越多的人使用本部分提及的犯罪工具实施了计算机犯罪行为。

(一) 僵尸网络

僵尸网络是机器人网络的缩写,其中成百上千甚至上百万受恶意软件感染的计算机作为受感染计算机的集合处于犯罪分子的远程"命令和控制"下。⑤ 犯罪分子通常使用这些被攻击并被称为"机器人"或"僵尸"的计

---

① 参见 Fernando M. Pinguelo & Bradford W. Muller, *Virtual Crimes, Real Damages: A Primer on Cybercrimes in the United States and Efforts to Combat Cybercriminals*, Virginia Journal of Law & Technology, vol. 16: 1, p. 116, 121-122 (2011) (讨论企业必须如何"避免受到所谓的'恶意内部人员'、心怀不满的员工的反对,防止其将自己掌握的技术能力用来祸害公司")。

② 参见 Julie Tamaki, *Famed Hacker Is Indicted by U.S. Grand Jury*, Los Angeles Times (Sept. 27, 1996), https://www.latimes.com/archives/la-xpm-1996-09-27-me-48189-story.html(指出臭名昭著的黑客在造成数百万美元的损失时成为"叛逆黑客世界中的反权威英雄");同样参见 Eric J. Sinrod & William P. Reilly, *Cyber-Crimes: A Practical Approach to the Application of Federal Computer Crime Laws*, Santa Clara Computer High Technology Law Journal, vol. 16: 2, p. 177, 183-185 (2000)(讨论黑客的动机,如发送政治信息、对雇主进行报复和寻求刺激)。

③ 参见 Nicole Perlroth, *JP Morgan and Other Banks Struck by Hackers*, New York Times (Aug. 27, 2014), http://www.nytimes.com/2014/08/28/technology/hackers-target-banks-including-jpmorgan.html; Press Release, U.S. Dep't of Justice, *U.S. Charges Five Chinese Military Hackers for Cyber Espionage Against U.S. Corporations and a Labor Organization for Commercial Advantage* (May 9, 2014), https://www.justice.gov/opa/pr/us-charges-five-chinese-military-hackers-cyber-espionage-against-us-corporations-and-labor(起诉五名中国军方人员实施了三十一项黑客和"经济间谍"罪)。

④ 参见 Raphael Satter et al., *Inside Story: How Russians Hacked the Democrats' Emails*, Associated Press (Nov. 4, 2017), https://www.apnews.com/dea73efc01594839957c3c9a6c962b8a;亦可见 Press Release, Office of Pers. Mgmt., *OPM Announces Steps to Protect Federal Workers and Others From Cyber Threats* (July 9, 2015), https://www.opm.gov/news/releases/2015/07/opm-announces-steps-to-protect-federal-workers-and-others-from-cyber-threats/(详细介绍了超过 400 万现任和前联邦雇员的背景调查信息和人员数据被盗的事件);David E. Sanger, *U.S. Decides to Retaliate Against China's Hacking*, New York Times (July 31, 2015), http://www.nytimes.com/2015/08/01/world/asia/us-decides-to-retaliate-against-chinas-hacking.html(讨论美国对于中国被指控非法入侵美国人事管理办公室数据库并获得超过 2000 万美国人的个人信息这一事件进行反应的复杂性);Ellen Nakashima, *U.S. Attributes Cyberattack on Sony to North Korea*, Washington Post (Dec. 19, 2014), https://www.washingtonpost.com/world/national-security/us-attributes-sony-attack-to-north-korea/2014/12/19/fc3aec60-8790-11e4-a702-fa31ff4ae98e_story.html(讨论美国公然指责朝鲜对索尼实施黑客入侵以及国际法框架内的救济措施)。

⑤ See Press Release, FBI Nat'l Press Office, *'Bot Roast II' Nets 8 Individuals* (Nov. 29, 2007), https://archives.fbi.gov/archives/news/pressrel/press-releases/bot-roast-ii-nets-8-individuals.

算机来盗窃个人信息、财产信息①或实施其他活动,如发送垃圾邮件②、发动分布式拒绝服务攻击,以及实施身份窃取。③

(二)间谍软件

间谍软件是一种一旦下载到设备中就可以拦截通信信息的恶意软件。④ 用户可能受欺骗安装间谍软件,这些间谍软件还被标榜成某些美好的事物,或者间谍软件会不经用户允许就被安装到设备中。⑤ 间谍软件可以秘密读取电子邮件和短信息、跟踪位置并且监听通话。⑥ 例如,有些类型的间谍软件可以打开计算机或者手机的麦克风并且监听(被安装了间谍软件)设备所在房间的私人对话。⑦

(三)勒索软件

勒索软件是一款加密或者锁定网络上电子文件、文件夹、驱动器或者其他计算机的恶意软件。⑧ 勒索软件通常由僵尸网络管理⑨,用户只有在支付

---

① 参见 Leslie R. Caldwell, *Assuring Authority for Courts to Shut Down Botnets*, U.S. Dep't Of Justice Blog (Mar. 11, 2015), https://www.justice.gov/opa/blog/assuring-authority-courts-shut-down-botnets。

② 参见 U.S. Attorney's Office Dist. of N.J., *Organizer of International Securities Fraud Ring Sentenced to Prison for Using Hackers to Falsely Inflate Stock Prices* (May 13, 2013), https://www.justice.gov/usao-nj/pr/organizer-international-securities-fraud-ring-sentenced-prison-using-hackers-falsely(讨论了在全球范围内通过僵尸网络操纵股价的阴谋,由僵尸网络分发促销某些股票的垃圾邮件)。

③ See Ronald L. Chichester, *Slaying Zombies in the Courtroom: Texas Enacts the First Law Designed Specifically to Combat Botnets*, Texax Journal of Business Law, vol. 44:1, p. 2 (2011).

④ See Leslie R. Caldwell, *Addressing Threats to Privacy Posed by Spyware*, Dep't Of Justice Blog (Mar. 13, 2015), https://www.justice.gov/opa/blog/addressing-threats-privacy-posed-spyware。

⑤ 参见 Common Threats to Be Aware of, Canada.Gov, https://www.getcybersafe.gc.ca/cnt/rsks/cmmn-thrts-en.aspx (last visited Oct. 22, 2018)。

⑥ See Leslie R. Caldwell, *Addressing Threats to Privacy Posed by Spyware*, Dep't Of Justice Blog (Mar. 13, 2015), https://www.justice.gov/opa/blog/addressing-threats-privacy-posed-spyware。

⑦ 参见 U.S. Dep't of Justice, *Man Pleads Guilty for Selling "StealthGenie" Spyware App and Ordered to Pay $ 500,000 Fine* (Nov. 25, 2014), https://www.justice.gov/opa/pr/man-pleads-guilty-selling-stealthgenie-spyware-app-and-ordered-pay-500000-fine。

⑧ See Cyber Crime, https://www.fbi.gov/investigate/cyber (last visited Sept. 30, 2018).

⑨ See *Deputy Assistant Attorney General Richard Downing Testifies before Senate Judiciary Committee at Hearing Entitled "Ransomware: Understanding the Threat and Exploring Solutions"* (May 18, 2016), https://www.justice.gov/opa/speech/deputy-assistant-attorney-general-richard-downing-testifies-senate-judiciary-committee。

了赎金(通常使用数字货币)后才能恢复访问文件。① 勒索软件一般通过鱼叉式网络钓鱼方式(针对特定对象的目标明确的网络钓鱼活动)发送;然而,更复杂的方式包括利用终端用户的脆弱性。②

2016年上半年,勒索软件增长超过了170%③,医疗健康行业遭受了最严重的打击。④ 勒索软件可以绑架整个网络、破坏运营,对于声誉以及网络系统造成伤害,在勒索中造成财产损失、商业损失并产生恢复损害的成本。⑤ 勒索的赎金从200美元到1万美元不等。⑥

(四)病毒

病毒是"修改其他计算机程序的程序"。⑦ 当用户通过公司网络、USB驱动、电子邮件、即时消息、磁盘来传输受病毒感染的文件时,病毒会从一个用户传到另一个用户那里。⑧ 和蠕虫不同⑨,病毒从一台计算机向另一台计

---

① See Cyber Crime, https://www.fbi.gov/investigate/cyber (last visited Sept. 30, 2018).

② 参见 Robert McMillan, *In the Bitcoin Era, Ransomware Attacks Surge*, Wall St.J. (Aug. 19, 2016), http:// www.wsj.com/articles/in-the-bitcoin-era-ransomware-attacks-surge-1471616632。

③ See Robert McMillan, *In the Bitcoin Era, Ransomware Attacks Surge*, Wall St.J. (Aug. 19, 2016), http:// www.wsj.com/articles/in-the-bitcoin-era-ransomware-attacks-surge-1471616632.

④ 参见 *Trend Micro 1H Security Roundup Report Showcases Evolution of Ransomware and BEC Scams* (Aug. 23, 2016), https://www.trendmicro.com/en_hk/about/newsroom/press-releases/2016/20160825085451.html;同样参见 Lily Hay Newman, *The Ransomeware Meltdown Experts Warned About is Here*, Wired (May 12, 2017), https://www.wired.com/2017/05/ransomware-meltdown-experts-warned/(描述了严重影响英格兰国家卫生服务医院的全球勒索软件攻击)。

⑤ 参见 U.S. Dep't Of Justice, *How To Protect Your Networks From Ransomware* (June 2016), https://www.justice.gov/criminal-ccips/file/87277 l/download。

⑥ See *Deputy Assistant Attorney General Richard Downing Testifies before Senate Judiciary Committee at Hearing Entitled "Ransomware: Understanding the Threat and Exploring Solutions"* (May 18, 2016), https://www.justice.gov/opa/speech/deputy-assistant-attorney-general-richard-downing-testifies-senate-judiciary-committee.

⑦ See Neal Kumar Katyal, *Criminal Law in Cyberspace*, University of Pannsylvania Law Review, vol. 149, p. 1003, 1023 (2001).

⑧ See Neal Kumar Katyal, *Criminal Law in Cyberspace*, University of Pannsylvania Law Review, vol. 149, p. 1023-1024 (2001).

⑨ See Neal Kumar Katyal, *Criminal Law in Cyberspace*, University of Pannsylvania Law Review, vol. 149, p. 1024-1026 (2001). Misha Glenny, *A Weapon We Can't Control*, N.Y. Times (June 24, 2012), http://www.nytimes.com/2012/06/25/opinion/stuxnet-will-come-back-to-haunt-us.html?r=O.

算机传播时需要人为干预。① 但是一旦感染,病毒会导致计算机崩溃,删除计算机里面的文件,或者安装恶意软件,损害计算机的完整性。② 病毒也可能被用来实施经济犯罪或者身份盗用。③

(五) 蠕虫

蠕虫与病毒类似④,但是前者使用计算机网络或者互联网自我复制并且将自己发送给网络上的其他用户,而不需要任何用户的干预。⑤ 蠕虫自我传播的能力使得它们特别难以被消除。⑥

(六) 特洛伊木马

特洛伊木马,或者简称"特洛伊",是有合法功能的计算机程序,同时也包含着隐藏的恶意代码。⑦ 名副其实,特洛伊欺骗用户在计算机系统上安装看上去无害的程序并且激活隐藏的代码,紧接着释放病毒或者允许未经授权的用户进入该系统。⑧

---

① See Neal Kumar Katyal, *Criminal Law in Cyberspace*, University of Pannsylvania Law Review, vol. 149, p. 1003, 1024 (2001).

② 参见 Office Of Legal Educ., U.S. Dep't Of Justice, *Prosecuting Computer Crimes* (Jan. 14, 2015)。

③ 历史上最具破坏性的计算机病毒之一——"Gozi"病毒感染了至少一百万台计算机,包括在美国的 40,000 台计算机。该病毒伪装成无害的 PDF 文档,秘密安装了恶意软件,并开始窃取银行账号、用户名和密码,黑客随后利用这些账号从受害者的账户中转移资金。参见 Gerry Smith, '*Gozi*' *Virus Creators Charged by FBI with Stealing Millions from Online Bank Customers*, Huffington Post (Jan. 23, 2013), http://www.huffingtonpost.com/2013/01/23/gozi-virus-fbi n 2535282. html(注意到该病毒导致"数千万美元"的盗窃)。

④ 参见 Kumar Katyal, *Criminal Law in Cyberspace*, University of Pannsylvania Law Review, vol. 149, p. 1003, 1024 (2001)(讨论 ILoveYou 漏洞,该漏洞共享病毒和蠕虫的元素,并且主要通过电子邮件、网络聊天和公司内网系统传播)。

⑤ See Kumar Katyal, *Criminal Law in Cyberspace*, University of Pannsylvania Law Review, vol. 149, p. 1003, 1024-1025 (2001).

⑥ 参见 Misha Glenny, *A Weapon We Can't Control*, N.Y. Times (June 24, 2012), http://www.nytimes.com/ 2012/06/25/opinion/stuxnet-will-come-back-to-haunt-us.html? r=O (解释了 Stuxnet 蠕虫如何无意间在全球范围内传播,尽管最初只驻留在高度安全的伊朗核设施的离线网络中)。

⑦ See Kumar Katyal, Criminal Law in Cyberspace, University of Pannsylvania Law Review, vol. 149, p. 1003, 1026 (2001).

⑧ See Kumar Katyal, Criminal Law in Cyberspace, University of Pannsylvania Law Review, vol. 149, p. 1003, 1026 (2001).

(七)逻辑炸弹

逻辑炸弹是在特定事件发生(例如,特定日期或者时间的到来)时触发的程序。① 尽管它们具有极强的毁灭性②,但逻辑炸弹通常被软件公司用作保护措施,以便在检测到违反许可协议时禁用程序。③ 逻辑炸弹通常可以通过内部人员④或者难以被发现的嵌入代码直接加载到服务器上。⑤

(八)嗅探器

嗅探器也被称为网络分析器,运行期间能读取电子数据。⑥ 嗅探器通常被网络管理者用来监测网络并排除网络连接故障⑦,然而也会被黑客通过入侵网络的方式安装并用来记录整个网络的所有活动,包括使用中的密码、信用卡卡号以及其他个人信息。⑧

---

① See Kumar Katyal, *Criminal Law in Cyberspace*, University of Pannsylvania Law Review, vol. 149, p. 1003, 1025 (2001).

② 参见 Kim Zetter, *Logic Bomb Set Off South Korea Cyberattack*, Wired (Mar. 21, 2013), http://www.wired.com/2013/03/logic-bomb-south-korea-attack/ (指出逻辑炸弹一旦确定日期和时间,恶意软件就开始从银行和广播公司的计算机硬盘驱动器中清除数据)。

③ 参见 Robbin Rahman, *Electronic Self-Help Repossession and You: A Computer Software Vendor's Guide to Staying Out of Jail*, Emory Law Journal, vol. 48, p. 1477 (1999) (建议软件供应商限制使用逻辑炸弹以避免法律风险)。

④ 参见 Kim Zetter, *TSA Worker Gets 2 Years for Planting Logic Bomb in Screening System*, Wired (Jan. 12, 2011), https://www.wired.com/2011/01/tsa-worker-malware/。

⑤ 参见 Kim Zetter, *Logic Bomb Set Off South Korea Cyberattack*, Wired (Mar. 21, 2013), http://www.wired.com/2013/03/logic-bomb-south-korea-attack/;同样参见 U. S. Attorney's Office, Eastern District of North Carolina, *Federal Jury Convicts Georgia Man for Compromising U.S. Army Computer Program* (Sept. 21, 2017), https://www.justice.gov/usao-ednc/pr/federal-jury-convicts-georgia-man-compromising-us-army-computer-program (讨论对通过逻辑炸弹对美国陆军基础设施造成260万美元损失的被告人定罪)。

⑥ See Geoffrey A. North, *Carnivore in Cyberspace: Extending the Electronic Communications Privacy Act's Framework to Carnivore Surveillance*, Rutgers Computer & Technology Law Journal, vol. 28:1, p. 155, 163-164 (2002).

⑦ See Karen J. Bannan, Sniff Out Trouble, PCMAG. COM (May 22, 2001), http://www.pcmag.com/article2/0,2817,27054,00.asp.

⑧ 参见 Kim Zetter, TJX Hacker Gets 20 Years in Prison, Wired (Mar. 25, 2010), http://www.wired.com/2010/03/tjx-sentencing/ (讨论了 TJX 黑客,他在 TJX 网络上安装了数据包嗅探器以实时收集交易数据,包括信用卡和借记卡上的磁条数据)。

(九)拒绝式服务攻击

在拒绝式服务攻击中,黑客用大量简单的连接请求轰炸目标网站,使该站点无法响应合法用户。① 在分布式拒绝服务攻击中,黑客使用僵尸网络和其他分布式计算机使网站不堪重负,并阻止它们连接其他计算机。②

(十)根程序病毒包

根程序病毒包是一套旨在隐藏计算机上运行的进程、文件或系统数据的软件工具③,有了它,计算机侵入者能在他人没有察觉的情况下获得访问权限。④ 根程序病毒包也可用于合法目的,例如,数字版权保护。⑤ 根程序病毒包修改了计算机操作系统的部分内容,或者将自身作为驱动程序或内核模块安装在计算机上。⑥

---

① 参见 Kumar Katyal, *Criminal Law in Cyberspace*, University of Pannsylvania Law Review, vol. 149, p. 1003, 1026-1027 (2001);同样参见 U.S. Attorney's Office E. Dist. of Wis., *St. Louis Man Sentenced in Federal Court for Cyber-Attack on Koch Industries Subsidiary* (Feb. 5, 2014), https://www.justice.gov/usao-edwi/pr/st-louis-man-sentenced-federal-court-cyber-attack-koch-industries-sudsidiary[概述被告如何让流量涌入 Angel Saft(美国纸巾品牌——译者注)卫生纸网站以造成干扰];U.S. Attorney's Office Dist. of Colo., *Former Fort Collins Resident Sentenced for Denial of Service Attack on Larimer County Government Computers* (June 6, 2013), http://www.fbi.gov/denver/press-releases/2013/former-fort-collins-resident-sentenced-for-denial-of-service-attack-on-larimer-county-government-computers(讨论了破坏性的拒绝服务攻击,该攻击影响了公众在线访问服务的能力以及政府雇员访问电子邮件和县志的能力)。

② See Kumar Katyal, *Criminal Law in Cyberspace*, University of Pannsylvania Law Review, vol. 149, p. 1003, 1026 (2001)。

③ See Elizabeth Bowles & Eran Kahana, *The 'Agreement' that Sparked a Storm*, 3 Bus. L. Today 55, 55 59 (2007), https://apps.americanbar.org/buslaw/blt/2007-01-02/kahana.shtml(指出索尼根程序病毒包争议)。

④ See Elizabeth Bowles & Eran Kahana, *The 'Agreement' that Sparked a Storm*, 3 Bus. L. Today 55, 55 59 (2007), https://apps.americanbar.org/buslaw/blt/2007-01-02/kahana.shtml。

⑤ See Elizabeth Bowles & Eran Kahana, *The 'Agreement' that Sparked a Storm*, 3 Bus. L. Today 55, 55 59 (2007), https://apps.americanbar.org/buslaw/blt/2007-01-02/kahana.shtml。

⑥ See Elizabeth Bowles & Eran Kahana, *The 'Agreement' that Sparked a Storm*, 3 Bus. L. Today 55, 55 59 (2007), https://apps.americanbar.org/buslaw/blt/2007-01-02/kahana.shtml. 内核是指操作系统核心的基本程序。模块是一个子组件,无需重新译整个模块即可将其加载到内核(如打印机软件)中。John Tsai, *For Better or Worse: Introducing the GNU General Public License Version 3*, Berkley Techology Law Jourral, vol. 23:1, p. 547, 559 (2008)。

(十一)网络机器人与蜘蛛

"网络机器人"或"蜘蛛"是数据搜索和收集程序,可以创建可供搜索的数据库,将网站活动分类。① 尽管这些功能看似无害,但同一网站上过多的"蜘蛛"可以发动大规模的拒绝服务攻击操作。②

(十二)垃圾邮件

垃圾邮件指的是不请自来的大量商业电子邮件。③ 2018年8月,互联网上发送的所有电子邮件中55%以上是垃圾邮件。④ 垃圾电子邮件通常宣传各种产品和服务⑤,并被黑客用来传播病毒、蠕虫以及其他恶意软件。⑥

(十三)网络钓鱼电子邮件

所谓网络钓鱼是指向不同的人发送电子邮件诱使收件人披露敏感

---

① 参见 eBay, Inc. v. Bidder's Edge, Inc., 100 F. Supp. 2d 1058, 1060-1061 (N.D. Cal. 2000)(定义了网络机器人和蜘蛛之类的"软件机器人",并向 eBay 授予初步禁令,以回应被告人的软件机器人造成了无法弥补的损害并有可能非法侵入系统);Maureen A. O'Rourke, *Property Rights and Competition on the Internet: In Search of an Appropriate Analogy*, Berkeley Technology Law Journal, vol. 16: 2, p. 561, 570-571 (2001)(描述搜索引擎如何使用网络机器人/蜘蛛创建可搜索的数据库); Laura Quilter, *The Continuing Expansion of Cyberspace Trespass to Chattels*, Berkeley Technology Law Journal, vol. 17: 1, p. 421,423-424 (2002)。

② 参见 Ronald L. Chichester, *Slaying Zombies in the Courtroom: Texas Enacts the First Law Designed Specifically to Combat Botnets*, Texas Journal of Businass Law, vol. 44, p. 1, 3 (2011)(解释网络机器人如何通过拒绝服务攻击创建勒索软件)。

③ Office Of Legal Educ., U.S. Dep't Of Justice, *Prosecuting Computer Crimes* (Jan. 14, 2015). http://www.justice.gov/criminal/cybercrime/docs/ccmanual.pdf.

④ Security Response Publications. Spam, Symantec, https://www.symantec.com/secuity response/ publications/monthlythreatreport.jsp#Spam (last visited Sept. 30, 2018).

⑤ 参见 Samantha Masunaga, *Linked In Agrees to Pay $13 Million in 'Spam' Settlement*, Los Angeles Times (Oct. 6, 2015), http://www.latimes.com/business/la-fi-linkedin-settlement-20151006-story.html (讨论领英同意解决一项针对其在未经会员同意的情况下向潜在联系人发送垃圾邮件的集体诉讼)。

⑥ S. REP. No. 108-102, at 6 (2003), as reprinted in 2003 U.S.C.C.A.N. 2348, 2363. 联邦调查局发现前国务卿希拉里·克林顿的私人电子邮件账户收到了一种常见的垃圾邮件,包含恶意链接。这就是所谓的"鱼叉式网络钓鱼"。David E. Sanger & Michael S. Schmidt, *Spare Sent to Hillary Clinton Server Prompts Look at Suspected Russian Hacking*, New York Times (Oct. 1, 2015), http://www.nytimes.com/2015/10/02/us/politics/malware-on-hillary-clinton-server-prompts-look-at-suspected-russian-hacking.html.

信息①,邮件谎称来自诸如银行或执法机构之类可靠的机构。② 在网络钓鱼初期,收件人点击电子邮件的链接会看到一个欺诈性弹窗或网站,要求其提供重要的个人数据,例如信用卡信息或登录凭据。③

近来网络钓鱼略有变化,一旦有人点击嵌入式链接并进入受感染的网站,该网站上的恶意软件便立即将恶意程序下载到计算机上,从而使网络钓鱼者可以在以后利用数据。④ 黑客还经常进行针对性更强的网络钓鱼活动,如针对特定公司或组织的鱼叉网络钓鱼⑤,或针对特别有价值的目标(通常是高级管理人员或高净值个人)的"捕鲸"行动。⑥

三、联邦应对措施

(一)《计算机欺诈和滥用法》

《计算机欺诈和滥用法》(The Computer Fraud and Abuse Act,简称"CFAA")⑦

---

① U.S. Dep't of Justice, *Former U.S. Nuclear Regulatory Commission Employee Charged with Attempted Spear-Phishing Cyber-Attack on Department of Energy Computers* (May 8, 2015), http://www.justice.gov/opa/pr/former-us-nuclear-regulatory-commission-employee-charged-attempted-spear-phishing-cyber.

② See Jonathan J. Rusch, *The Flood Tide of Cyberfraud*, in Jim Donovan ed., Cyber-Investigative Issues II, United States Attorneys' Bulletin, Vol. 62:2, p. 1, 4, 5 (2014), https://www.justice.gov/sites/default/files/usao/legacy/2014/04/11/usab6202.pdf.

③ See Jonathan J. Rusch, *The Flood Tide of Cyberfraud*, in Jim Donovan ed., Cyber-Investigative Issues II, United States Attorneys' Bulletin, Vol. 62:2, p. 1, 4, 5 (2014), https://www.justice.gov/sites/default/files/usao/legacy/2014/04/11/usab6202.pdf.

④ See Jonathan J. Rusch, *The Flood Tide of Cyberfraud*, in Jim Donovan ed., Cyber-Investigative Issues II, United States Attorneys' Bulletin, Vol. 62:2, p. 1, 4, 5 (2014), https://www.justice.gov/sites/default/files/usao/legacy/2014/04/11/usab6202.pdf.

⑤ See *What is Spear Phishing? Definition*, Kaspersky Lab, http://usa.kaspersky.com/internet-security-center/definitions/spear-phishing? typnews=Social media (last visited Sept. 29, 2018).

⑥ 参见 Larry Seltzer, *Whale Phishing, Securitywatch* (Apr. 18, 2008), http://securitywatch.pc-mag.com/malware/285078-whale-phishing; see, e.g., Eric Lipton et al., *The Perfect Weapon: How Russian Cyberpower Invaded the U.S.*, New York Times (Dec. 13, 2016), https://mobile.nytimes.com/2016/12/13/us/politics/russia-hack-election-dnc.html? referer = [描述网络钓鱼攻击如何导致约翰·波德斯塔(John Podesta)的电子邮件账户在2016年总统大选期间遭到破坏]。

⑦ 18 U.S.C. § 1030 (2020).

是用于起诉未经授权访问和使用计算机及计算机网络的主要联邦法律。① 国会于1986年通过了《计算机欺诈和滥用法》,该法被纳入《美国法典》第18编第1030条,在单独的法律条文中规定与计算机相关的犯罪,而不是在现有的刑事法规中增加针对计算机的修正案。② 《计算机欺诈和滥用法》禁止七种特定类型的计算机犯罪,并在某些情况下允许受害者提起民事诉讼请求赔偿损失或衡平救济。③

1.《计算机欺诈和滥用法》概述

《计算机欺诈和滥用法》禁止"未经授权"或"超过授权"访问"受保护的计算机"。④

"受保护的计算机"是专门供金融机构或美国政府使用的计算机,并且用于州际或国外的商业或通讯领域或者会影响州际或国外的商业或通讯。⑤ 这包括连接网络的任何计算机,即使被告没有通过互联网访问计算机,也没有使用计算机访问互联网。⑥ "使用适当手段来阻止或避免恐怖主义以团结并强化美国的法律"(Uniting and Strengthening America by Providing Appropriate Tools Required to Intercept and Obstruct Terrorism Act of

---

① 参见 Office Of Legal Educ., U.S. Dep't Of Justice, *Prosecuting Computer Crimes* (Jan. 14, 2015), http://www.justice.gov/criminal/cybercrime/docs/ccmanual.pdf; Computer Crime, Black's Law Dictionary (10th ed. 2014), p. 1。

② Office Of Legal Educ., U.S. Dep't Of Justice, *Prosecuting Computer Crimes* (Jan. 14, 2015), http://www.justice.gov/criminal/cybercrime/docs/ccmanual.pdf; Computer Crime, Black's Law Dictionary (10th ed. 2014), p. 1.

③ Office Of Legal Educ., U.S. Dep't Of Justice, *Prosecuting Computer Crimes* (Jan. 14, 2015), http://www.justice.gov/criminal/cybercrime/docs/ccmanual.pdf; Computer Crime, Black's Law Dictionary (10th ed. 2014), p. 3.

④ 18 U.S.C. § 1030 (a).

⑤ § 1030(e)(2)(b); § 1030(e)(2)(a)("受保护的计算机"一词指的是:专供金融机构或美国政府使用的计算机,或者,如果计算机不是专门用于此类用途,则供金融机构或美国政府使用或为其使用,并且构成犯罪的行为会影响金融机构或政府的使用;用于或影响州际或外国商业或通信的计算机,包括位于美国境外的、以影响美国州际或外国商业或通信的方式使用的计算机 § 1030(e)(2)(b);或者是投票系统的一部分,并且被用于管理、支持或统筹联邦选举或已进入州际或外国商业中或以其他方式影响州际或外国商业)。

⑥ U.S. v. Trotter, 478 F.3d 918, 921 (8th Cir. 2007)(发现互联网是州际贸易的工具,并认为与互联网的连接足以使计算机受到"保护");另请参见 Office Of Legal Educ., U.S. Dep't Of Justice, *Prosecuting Computer Crimes* (Jan. 14, 2015), http://www.justice.gov/criminal/cybercrime/docs/ccmanual.pdf("计算机连接到互联网便已足够;法规不要求证明被告还使用互联网访问了计算机或使用了计算机访问了互联网。")。

2001,因为该法案的英文首字母为"USA PATRIOT",该法被简称为"美国爱国者法案")修改了"受保护计算机"的定义,以明确包括影响到"美国州际或国外商业或通讯"的处于美国境外的计算机。①

法律中并未给出"未经授权"的定义,但通常来说"未经授权"指的是个人缺乏任何权限来访问受保护计算机,如外部黑客。② 一家上诉法院裁定一名前雇员违反了《计算机欺诈和滥用法》,因为他在自己的授权被撤销之后使用受雇时的雇员密码来访问该网络。③ 尽管《计算机欺诈和滥用法》确实定义了"超出授权访问范围"④,但巡回法院在对于该术语应当作多宽的解释的问题上产生分歧。第一、五、七和十一巡回法院将该条款解释为涵盖一切违反服务条款协议或违背雇主可接受的计算机使用政策的情况,而第二、四、九巡回法院则因此种解释过于宽泛而加以拒绝。⑤

2.《计算机欺诈和滥用法》条款

《计算机欺诈和滥用法》禁止七项与计算机相关的犯罪,以及实施这些

---

① See Office Of Legal Educ., U.S. Dep't Of Justice, *Prosecuting Computer Crimes* (Jan. 14, 2015) http://www.justice.gov/criminal/cybercrime/docs/ccmanual.pdf.

② See Office Of Legal Educ., U.S. Dep't Of Justice, *Prosecuting Computer Crimes* (Jan. 14, 2015) http://www.justice.gov/criminal/cybercrime/docs/ccmanual.pdf.

③ See United States v. Nosal, 844 F.3d 1024, 1037 (9th Cir. 2016), cert. denied, 138 S. Ct. 314 (2017)(指出巡回法院对"未经授权"一词的明确性质表示同意)。

④ 参见 18 U.S.C. § 1030(e)(6);同样参见 S. REP. No. 104-357,第 11 页("总之,根据该法案,有权访问计算机的内部员工只对故意破坏计算机信息系统的行为承担刑事责任,不为过失造成计算机信息系统破坏的行为承担刑事责任。而外部黑客需为故意或过失行为以及因侵入行为造成的任何损害承担刑事责任。")。

⑤ 比较 United States v. John, 597 F. 3d 263, 271 (5th Cir. 2010)(裁定当被告人访问公司数据是出于她被允许访问该信息的目的之外的目的,则被告人构成超过授权访问),United States v. Rodriguez, 628 F.3d 1258 (11th Cir. 2010)(确定某位社会保障局员工查看其前妻和其他熟人的个人记录属于超过授权访问),Int'l Airport Ctrs. v. Citrin, 440 F.3d 418, 419, 420 (7th Cir. 2006)(用户违反雇佣合同面临解雇,从工作笔记本电脑中永久删除公司文件的行为超出了授权访问权限),以及 EF Cultural Travel BV v. Explorica, Inc., 274 F.3d 577, 581 (1st Cir. 2001)(前雇员违反了前雇主的广泛保密协议而披露了专有信息时,超出了授权的访问范围),与 Facebook, Inc. v. Power Ventures, Inc., 844 F.3d 1058, 1067 (9th Cir. 2016), cert.denied, 138 S.Ct. 313 (2017)(裁定如果某个人对计算机的访问权限已被撤销但"仅仅是违反了网站使用条款而没有更多违法行为的,并不会因违反《计算机欺诈和滥用法》而承担责任",此时个人可以超出授权访问权限),Amphenol Corp. v. Paul, 591 F. App'x 34, 35 36 (2d Cir. 2015)(认为前雇员未超出其权限,因为他的职务允许他"完整访问战略机密……信息"),以及 WEC Carolina Energy Sols. v. Miller, 687 F. 3d 199, 207 (4th Cir. 2012)(确定《计算机欺诈和滥用法》不涵盖违反员工使用政策或相关盗用的行为)。

犯罪的合谋或企图。① 有些侵入行为可能违反《计算机欺诈和滥用法》中不止一项的规定。②

第一,《美国法典》第 18 篇第 1030 条(a)款(1)项规定,"未经许可故意访问计算机"或超出授权的许可,并且故意保留或传播或试图传播国家安全信息,有理由相信该信息可以被用来增进其他国家的利益或者损害美国的利益即构成犯罪。③

第二,《美国法典》第 18 篇第 1030 条(a)款(2)项规定,在未经授权或超出授权的情况下故意访问计算机并从金融机构④、美国任何部门或机构⑤,或受保护的计算机中⑥获取⑦信息是犯罪行为。

第三,《美国法典》第 18 篇第 1030 条(a)款(3)项规定,禁止对属于美国政府部门或机构的非公共计算机进行故意和未经授权的访问。⑧ 如果该政府部门或机构并不是专门地使用计算机,那么这种被称为非法的访问必须要影响到政府对计算机的使用。⑨

第四,《美国法典》第 18 篇第 1030 条(a)款(4)项规定,怀有欺诈的意图在未经授权或超越授权的情况下故意访问受保护的计算机,当这种访问

---

① 参见 Office Of Legal Educ., U.S. Dep't Of Justice, *Prosecuting Computer Crimes* (Jan. 14, 2015), p. 3(列举的犯罪)。http://www.justice.gov/criminal/cybercrime/docs/ccmanual.pdf.

② Office Of Legal Educ., U.S. Dep't Of Justice, *Prosecuting Computer Crimes* (Jan. 14, 2015), P. 17. http://www.justice.gov/criminal/cybercrime/docs/ccmanual.pdf.

③ 18 U.S.C. § 1030(a)(1); 同样参见 Office Of Legal Educ., U.S. Dep't Of Justice, *Prosecuting Computer Crimes* (Jan. 14, 2015), P. 12.(指出根据本规定提起诉讼需要得到司法部国家安全部门的事先批准)。http://www.justice.gov/criminal/cybercrime/docs/ccmanual.pdf.

④ 18 U.S.C. § 1030(a)(2)(A); 同样参见 18 U.S.C. § 1030(e)(4)(A)-(I) (定义了"财政机构")。

⑤ 18 U.S.C. § 1030(a)(2)(B).

⑥ 18 U.S.C. § 1030(a)(2)(B), § 1030(a)(2)(C); 同样参见 Quantlab Techs. Ltd. v. Godlevsky, 719 F. Supp. 2d 766, 775-776 (S.D. Tex. 2010)(认为计算机是在州际贸易中使用的"受保护计算机",部分原因是争议中的公司在多个地址拥有办事处,并使用这些计算机发起财务交易)。

⑦ S. REP. No. 99-432, at 6 (1986), reprinted in 1986 U.S.C.C.A.N. 2479("在这种情况下,'获取信息'包括仅仅查阅数据的行为");同样参见 Am. Online, Inc. v. Nat'l Health Care Disc., Inc., 121 F. Supp. 2d 1255, 1276 (N.D. Iowa 2000); Office Of Legal Educ., U.S. Dep't Of Justice, Prosecuting Computer Crimes(Jan. 14, 2015), p. 18.("'获取信息'的术语是一个广泛的概念,包括了在没有下载或复制文件的情况下查看信息")。

⑧ 18 U.S.C. § 1030(a)(3).

⑨ 18 U.S.C. § 1030(a)(3).

加剧了预期的欺诈行为并允许行为人获利时,其是被禁止的。①

第五,《美国法典》第18篇第1030(a)款(5)项规定了对计算机造成损害的三种类型的侵入。第一类是将故意传输诸如代码之类的对象、未经授权对受保护的计算机造成损害结果的行为规定为刑事犯罪。② 第二类犯罪类型是未经授权故意访问并过失造成损害。③ 第三种犯罪类型类似于第二种,但是它禁止故意地和未经授权的用户过失造成损害或损失。④ 根据该法规,"损害"指的是"对数据、程序、系统或者信息的完整性或可用性造成的任何损害"。⑤"损失"包括网站的销售损失或数据或程序的恢复成本。⑥

第六,《美国法典》第18篇第1030(a)款(6)项禁止类似于促进未经授权的访问以进行欺诈的方式来故意出售密码或信息。⑦ 此种出售必须影响州际贸易或与未经授权访问⑧政府计算机相关。

最后,《美国法典》第18篇第1030(a)款(7)项规定,在州际或对外贸易中以勒索意图对受保护的计算机进行威胁是非法的。⑨ 如果对于受保护的计算机的威胁仅仅是针对个人的,那么仅仅违反了《计算机欺诈和滥用法》。⑩ 这一部分还包含了在未经授权或超越授权的情况下可能获取或泄露机密信息的行为。⑪

---

① 18 U.S.C. § 1030(a)(3), § 1030(a)(4). 存在着例外情况,即如果被告人仅获得计算机使用权并且其使用价值少于每年 5,000 美元。

② 18 U.S.C. § 1030(a)(3), § 1030(a)(5)(A).

③ 18 U.S.C. § 1030(a)(3), § 1030(a)(5)(B).

④ 18 U.S.C. § 1030(a)(5)(C); 同样参见 Office Of Legal Educ., U.S. Dep't Of Justice, Prosecuting Computer Crimes (Jan. 14, 2015), p. 36[讨论了 18 U.S.C. § 1030(a)(5)(C)] , http://www.justice.gov/criminal/cybercrime/docs/ccmanual.pdf.

⑤ 18 U.S.C. § 1030(e)(8); 同样参见 Fidlar Techs. v. LPS Real Estate Data Sols., Inc., 810 F. 3d 1075, 1084 (7th Cir. 2016) (认为"损害"包括通过病毒或蠕虫删除数据)。

⑥ Office Of Legal Educ., U.S. Dep't Of Justice, Prosecuting Computer Crimes (Jan. 14, 2015), p. 42. http://www.justice.gov/criminal/cybercrime/docs/ccmanual.pdf.

⑦ 18 U.S.C. § 1030(a)(6).

⑧ 18 U.S.C. § 1030(a)(6).

⑨ 18 U.S.C. § 1030(a)(6), § 1030(a)(7).

⑩ 18 U.S.C. § 1030(a)(6), § 1030(a)(7).

⑪ Office Of Legal Educ., U.S. Dep't Of Justice, Prosecuting Computer Crimes(Jan. 14, 2015), p. 52. http://www.justice.gov/criminal/cybercrime/docs/ccmanual.pdf.

3.《计算机欺诈和滥用法》中的刑罚

《计算机欺诈和滥用法》惩治试图犯罪的人,无论犯罪是否既遂。[1]《计算机欺诈和滥用法》的法定最高监禁刑期限和罚金刑数额既受制于被告人据以定罪的特定条款,又受制于法律中列举的其他变量。[2]

《计算机欺诈和滥用法》将惯犯的法定最高监禁刑期限延长了一倍。[3] 因此,获取国家安全情报的惯犯的最高刑期为二十年。[4] 如果先前犯罪的要件包含了未经授权的访问或超越授权访问计算机,那么这里所说的前科包含根据州法律处一年以上监禁的行为。[5] 为此目的,前科可以包括因州法律而被判处一年以上监禁的任何行为,如果前科的要素包括未经授权访问或超出授权访问计算机的话。

《美国量刑指南》(下文简称"量刑指南")为获取国家安全情报设置的基准犯罪级别是 30 个点,若非法获取的国防信息属于顶级机密的话,基准犯罪级别是 35 个点。[6] 除(a)款(3)项外,违反《计算机欺诈和滥用法》其余条款的犯罪级别在很大程度上取决于所遭受损失的价值。(a)款(2)项、(a)款(4)项、(a)款(5)项和(a)款(6)项涵盖了盗窃、毁坏财产以及欺诈的量刑指南。[7] 非法侵入行为的量刑指南被规定在(a)款(3)项,[8] 敲诈勒索的量刑指南被规定在(a)款(7)项。[9] 此外,"使用特殊技能"时有可能加重处罚。[10]

4.《计算机欺诈和滥用法》的完善

《计算机欺诈和滥用法》被批评过于宽泛和过时。2015 年 4 月,"亚伦法"在众议院和参议院中均被重新提出,但没有在第 114 次国会中获得

---

[1] 18 U.S.C. § 1030(b) [对"共谋实施(a)款项下的罪行"的人的处罚规定]。

[2] 18 U.S.C. § 1030(b), § 1030(c)。

[3] 18 U.S.C. § 1030(b), § 1030(c), § 1030(c)(1)(B).对于惯犯而言 (a)(2)、(a)(3)、(a)(4)、(a)(5)(B)、(a)(6)以及 (a)(7) 项下的法定最高监禁刑为十年。

[4] 18 U.S.C. § 1030(b), § 1030(c), § 1030(c)(1)(B)。

[5] 18 U.S.C. § 1030(b), § 1030(c), § 1030(c)(1)(B), § 1030(e)(10)。

[6] United States Sentencing Commission, Guidelines Manual 2018, § 2M3. 2(a)(以下简称 U.S.S.G.)。

[7] U.S.S.G., § 2M3. 2(a), § 2B1.1. 为全面了解 § 2B1.1.的适用,参见 Brian Lewis & Patrick Doerr, Mail and Wire Fraud, American Law Review, vol. 52: 4, p. 1335 (2015)。

[8] U.S.S.G. § 2B2.3。

[9] U.S.S.G. § 2B3.2。

[10] U.S.S.G. § 3B1.3; 参见 United States v. Petersen, 98 F.3d 502, 506, 507 (9th Cir. 1996) (对于使用"计算机技能"并根据《计算机欺诈和滥用法》定罪的行为适用"特殊技能"的刑罚加重处罚)。

通过。① "亚伦法"以亚伦·斯沃茨的名字命名,亚伦·斯沃茨在面临《计算机欺诈和滥用法》项下的指控时于 2013 年 1 月自杀②,"亚伦法"法案就像其提出者亚伦·斯沃茨的生命一样骤然停止。③ 该法案本该删除"超出授权访问权限"的短语并且对"未经授权的访问权限"进行定义④,这样一来违反服务条款协议或雇主可接受的使用政策的行为就不会违反《计算机欺诈和滥用法》。⑤ 该法案试图删除第 1030 条(a)款(4)项,即欺诈条款,以防止被告人根据重复条款被多次起诉,并减轻初犯的处罚。⑥ 直至 2018 年下半年,该法律草案的提案者尚未在第 115 次国会中再次提出该法律草案。

(二)《美国宪法第一修正案》和网上言论

将在线和传统论坛中的言论认定为刑事犯罪引起了宪法上的关注。《美国宪法第一修正案》正如传统宪法解释那样保护互联网上相同形式的言论。⑦ 但是,法院为威胁言论、儿童色情制品和垃圾邮件规定了以下例外。

---

① Aaron's Law Act of 2015, S.1030, 114th Cong. (2015); Aaron's Law Act of 2015, H.R. 1918, 114th Cong. (2015); 同样参见 Kieren McCarthy, 'Aaron's Law' Back on the Table to Bring Sanity to U.S. Hacking Laws, The Register (Apr. 23, 2015), http://www.theregister.com/2015/04/23/congress_reintroduces_aarons_law (讨论了亚伦法的背景及其确保《计算机欺诈和滥用法》"不会对轻微违法行为设置过重的处罚"的目标)。

② See Kaveh Waddell, 'Aaron's Law' Reintroduced as Lawmakers Wrestle Over Hacking Penalties, The National Journal (Apr. 21, 2015), https://www.nationaljournal.com/s/28177/.

③ Aaron's Law Act of 2013, H.R. 2454, 113th Cong. (2013).

④ H.R. 1918. 法律草案中的定义是:"在受保护的计算机上获取信息;访问者无权获取;并通过有意回避一项或多项旨在排除或防止未经授权的个人获取该信息的技术或物理措施。"

⑤ S. 1030 § 2; H.R. 1918 § 2.

⑥ S. 1030 § 2; H.R. 1918 § 2.

⑦ 参见 Reno v. ACLU, 521 U.S. 844, 870 (1997) (该判例并未为互联网第一修正案审查提供明确标准,来满足应适用于互联网的《美国第一修正案》的审查标准;同样参见 Alexander v. Cahill, 598 F.3d 79, 99 (2d Cir. 2010)(眼下,"禁止律师广告"的背景下,我们回避了适用《美国第一修正案》的特定技术解决方案,并得出结论认为,尽管纽约的暂停条款规定适用于整个技术范围,但仍能经受宪法的审查。"); Amy Oberdorfer Nyberg, Is All Speech Local? Balancing Conflicting Free Speech Principles on the Internet, Georgetown Law Journal, vol. 92: 3, p. 663, 673 (2004) (讨论了《美国第一修正案》,并指出"除非符合煽动暴力的条件,否则互联网仇恨言论将超出联邦、州和地方政府的监管范围")。

1. 威胁言论

根据《美国法典》第18篇第875条的规定,通过州际贸易传输绑架或伤害任何人的威胁是联邦犯罪。① 与计算机犯罪密切相关的是,《美国第一修正案》并不保护"真正的威胁"②,包括那些通过电子邮件信息或互联网上的公告发布的真正威胁。③ 各法院对于如何定义"真正的威胁"意见不同。④ 大多数法院使用客观测试法,询问一个受到威胁的理性人是否相信这是一个威胁。⑤ 然而,第九巡回法院和几个州最高法院都援引联邦最高

---

① 18 U.S.C. § 875 (2018).

② 参见 Watts v. United States, 394 U.S. 705, 707 08 (1969) (认为被告人的供述——"如果他们让我佩戴步枪,我想看到的第一个男人就是 L.B.J."——是政治夸大,不是真正的威胁,因此受到《美国第一修正案》的保护)。比较 Planned Parenthood of Columbia/ Willamette, Inc. v. American Coalition of Life Activists, 290 F. 3d 1058, 1085 86 (9th Cir. 2002) (认为网站标注堕胎者为"罪犯"并发布其照片、姓名和住址已构成真正的暴力威胁因而不受保护),同 United States v. Hardy, 640 F. Supp. 2d 75, 80-81 (D. Me. 2009) (认为试图传达即将实施一种违法暴力的意图……不能被合理地解释为"政治夸大"因而不是受保护的言论)。

③ 18 U.S.C. § 875 (2018). 禁止传播绑架或伤害他人的威胁,已被用来成功起诉通过互联网发送威胁性信息的个人。请参阅 Legal Aspects of Government-Sponsored Prohibitions Against Racist Propaganda on the Internet: The U.S. Perspective, in: Hate Speech and the Internet, Sponsored by the U.N. High Commissioner for Human Rights (Nov. 1997), http://www.irational.org/APD/CCIPS/racismun.htm (后文称为仇恨言论) (指出危害威胁没有得到《美国第一修正案》的保护,并且通过互联网发送的电子邮件或陈述的威胁在许多情况下会受到处罚);另请参阅 United States v. Morales, 272 F.3d 284, 288 (5th Cir. 2001) (驳回被告人的主张,他主张其将在学校杀人的威胁不构成"真正的威胁",因为这是通过互联网向第三方传播的)。但请参阅 United States v. Baker, 890 F. Supp. 1375, 1390 (E.D. Mich. 1995) (批准被告人针对他在互联网上所作的陈述而撤销对他的起诉的动议,因为陈述不是真正的威胁)。

④ 参见 Amy E. McCann, Are Courts Taking Internet Threats Seriously Enough? An Analysis of True Threats Transmitted Over the Internet, as Interpreted in United States v. Carmichael, Pace Law Review, vol. 26: 2, p. 523, 527 (2006) (指出有巡回法院给出了如何鉴别真实威胁的方法)。

⑤ 第一、第二、第三、第四、第五、第六、第七、第八、第十以及第十一巡回法院使用了客观标准。参见 Amy E. McCann, Are Courts Taking Internet Threats Seriously Enough? An Analysis of True Threats Transmitted Over the Internet, as Interpreted in United States v. Carmichael, Pace Law Review, vol. 26: 2, p. 523, 527 (2006)(注意第二、第三、第四、第五、第七和第十巡回法院认为,当一个理性的人认为该言论是一种威胁时便存在真正的威胁);另请参见,例如, United States v. Martinez, 736 F.3d 981, 988 (11thCir. 2013) (采用客观检验),该裁判在 Martinez v. United States, 135 S.Ct. 2798 (2015)案中以成文法的理由被撤销;United States v. Jeffries, 692 F. 3d 473, 480 (6th Cir. 2012),由 United States v. Houston, 683 F. App' x. 434,438 (6th Cir. 2017)基于其他理由废除;United States v. Mabie, 663 F.3d 322, 332 (8th Cir. 2011); United States v. Nishnianidze, 342 F.3d 6, 16 (1st Cir. 2003)。

法院在弗吉尼亚诉布莱克案中的判决①,采用了主观标准,询问一个理性的言论发出者能否预见到听者将会把该言论当作一种暴力威胁。②

在埃洛尼斯诉美国案中,美国联邦最高法院回避了巡回法院的分歧,基于成文法的立场判决了这起案件。③ 法院对于疏忽大意传达威胁进行狭义理解,认为其并不构成《美国法典》第18篇第875条(c)项规定的犯罪,该条将通过州际贸易传输包含了伤害他人的威胁的讯息规定为犯罪行为。④ 因此,根据第875条(c)项作出的有罪判决必须证明被告人出于特定目的进行陈述,这种目的体现为发布一个威胁或者知道该表述会被受害人视为威胁。⑤ 在埃洛尼斯案之后,有些人认为被《美国宪法第一修正案》视为例外的"真正威胁"中所要求的主观罪过仍不清楚。这种主观罪过可能存在于将某人置于恐惧的目的之中,知道受害者会置身恐惧,或者知道受害者会面临置身恐惧的严重危险。⑥

2. 儿童色情以及与未成年人的性交流

儿童色情(言论)并不受《美国宪法第一修正案》的保护。⑦ 联邦法规

---

① 参见 Virginia v. Black, 538 U.S. 343, 360 (2003) (明确指出"当言论发出者将威胁指向某人或一群人意图使受害人担心受到人身伤害或死亡威胁的情况下时,真正的威胁就此发生",尽管言论发出者并未打算进行威胁)。

② 参见 United States v. Bagdasarian, 652 F. 3d 1113, 1119 (9th Cir. 2011) (有理由认为,即使被告人的陈述在理性第三人置身于案件事实来看已被视为威胁,"政府还必须证明他作出陈述时的主观心态就是将其视为威胁");State v. Krijger, 97 A.3d 946, 957 (Conn. 2014) (分析被告威胁时的主观意图)。

③ Elonis v. United States, 135 S.Ct. 2001, 2011, 2012 (2015); see Robert Barnes, *Supreme Court Throws Out Conviction for Facebook Postings*, Washington Post (June 1, 2015), https://www.washingtonpost.com/politics/ courts law/supreme-court-throws-out-conviction-for-violent-facebook-postings/2015/06/01/68af3ee0-086b-11e5-a7ad-b430fc ld3f5c story.html.

④ 参见 Elonis v. United States, 135 S.Ct. 2001, at 2011.(在分析理性人如何将网络帖子理解为真正的威胁时拒绝将侵权法的"合理人"标准适用于刑法)。

⑤ 参见 Elonis v. United States, 135 S.Ct. 2001, at 2011。

⑥ Eugene Volokh, *The Supreme Court Doesn't Decide When Speech Becomes a Constitutionally Unprotected "True Threat"*, Washirgton Post (June 1, 2015), https://www.washingtonpost.com/news/volokh-conspiracy/wp/2015/06/01/the-supreme-court-doesnt-decide-when-speech-becomes-a-constitutionally-unprotected-true-threat/? utm term =.c2ff8f3bl05a; 同样参见 Jing Xun Quek, *Elonis v. United States: The Next Twelve Years*, Berkeley Technolgy Law Journal, vol. 31: 2, p. 1109, 1124-1129 (2016) (讨论 Elonis 案件判决之后余下的不确定性)。

⑦ New York v. Ferber, 458 U.S. 747, 758 61 (1982)(在儿童色情制品制作过程中,政府对于保护受虐儿童有强烈的利益诉求,因而政府在监管时无需分析色情信息是否实际上是淫秽的)。

试图通过限制互联网上传输给儿童的信息扩大对儿童的保护,然而此举却违反了《美国宪法第一修正案》。① 在里诺诉美国公民自由联盟一案中,如果立法要求网络使用者或者网络内容提供者在参与"网络语音"之前,预估与之交流的人的年龄或将其对话定义为可能是亵渎的或冒犯的,该立法将无法通过审查。② 法院认为,与电视或广播相比,在互联网上保护儿童可能更容易,因为用户很少会突然撞见互联网上的内容,因为警告通常先于色情图片出现③,互联网的全球性使得用户很难(如果不是不可能的话)预测他们潜在的冒犯性的交流内容何时可能会抵达未成年人。④ 因此,里诺请求法院将无条件的《美国宪法第一修正案》审查适用于影响互联网的言论限制。⑤ 请注意,"无条件"保护并不涵盖儿童色情制品,政府可能会彻底禁止儿童色情制品。⑥ 在这一标准之下,1996 年《通讯规范法》(Communications Decency Act,简称"CDA")和《防止儿童色情制品法》(Child Pornography Prevention Act,简称"CPPA")以及下文将要谈到的 1998 年的《儿童在线保护法》(Child Online Protection Act,简称"COPA")⑦因为违反宪法而被废止。⑧

1996 年《通讯规范法》或者称为 1996 年《通讯法》第五篇⑨,最初禁止

---

① Ashcroft v. Free Speech Coal., 535 U.S. 234, 251, 252 (2002)(收集案例以支持以下主张:"成年人有权听到的言论可能不会出于保护儿童的目的而完全沉默")。
② Reno v. ACLU, 521 U.S. 844, 878, 884 (1997).
③ Reno v. ACLU, 521 U.S. 844, 868, 869 (1997).
④ Reno v. ACLU, 521 U.S. 844, 880 (1997)("大多数互联网论坛,包括聊天室、新闻组、邮件开发程序和网络向所有来访者开放")。
⑤ Reno v. ACLU, 521 U.S. 844, 870 (1997).
⑥ Reno v. ACLU, 521 U.S. 844, 872, 873 (1997).不同类型的淫秽或儿童色情制品之间存在内容歧视可能会受到严格审查。Cf. RAV. City of St. Paul, 505 U.S. 377,387(1992) (对不同类型的激烈言词之间的内容歧视进行严格审查)。
⑦ Pub L. 105-277, Title XIV, §§1401-06, 112 Stat. 2681 (1998), 因为 ACLU v. Mukasey, 534 F.3d 181, 184 (3d Cir. 2008)一案而被认为违宪。
⑧ ACLU v. Mukasey, 534 F.3d 181, 184 (3d Cir. 2008) (支持地方法院的判决,认为《儿童在线保护法》过于宽泛且含糊不清,也不是根据政府在保护儿童免受互联网上露骨色情内容侵害方面的强烈利益诉求而量身定制的);ACLU v. Gonzales, 478 F. Supp. 2d 775, 777, 778 (E.D. Pa. 2007).
⑨ Telecommunications Act of 1996, Pub. L. No. 104-104, Title V, §§501 561, 110 Stat. 56, 133-43 (被汇编入 18 U.S.C. §§1462, 1465, 2422 (2018) 并散见于 47 U.S.C.)。

"不雅""明显冒犯"或者"淫秽"①的内容通过互联网传输给未成年人。在里诺诉美国公民自由联盟一案中,联邦最高法院驳回了该法令中过于模糊和宽泛地禁止"不雅"和"明显冒犯"的形象的部分。②第 223 条(a)款其余部分禁止向未成年人传播淫秽言论仍然有效。③法院使用多管齐下的方法来确定规制淫秽内容的特定法律是否符合宪法范式。④

根据第 223 条(a)项的规定,故意向未成年人传播淫秽言论或图像会被处以罚金刑、两年以下监禁,或者两者并处。⑤量刑指南为传播淫秽信息设置的基准犯罪等级为十级,如果该淫秽信息是向未成年人传播的⑥,或者如果此种传输是为了说服未成年人参与被禁止的性行为⑦,或者如果该行为与传播淫秽信息牟利有关⑧,或者如果该信息描绘的是虐待、受虐行为或其他暴力行为⑨,那么该等级自动上升。

1996 年,国会通过了《防止儿童色情制品法》⑩,将制作、分发和接收计算机生成的儿童色情图像定为刑事犯罪。⑪《防止儿童色情制品法》禁止对被视为类似于儿童的成人色情照片进行计算机传输。⑫然而,联邦最高法

---

① Telecommunications Act of 1996, Pub. L. No. 104-104, Title V, §§ 501 561, 110 Stat. 56, 133-43.

② Reno v. ACLU, 521 U.S. 844, 863, 866 (1997) (认为《通讯规范法》违反了《美国第一修正案》,因为它:(a)造成言论的"寒蝉效应";(b)将合法的受保护言论定为犯罪;(c)其规制的是基本自由必须严格限制适用;(d)规范言论的内容,而言论的时间、地点和方式不在此列;(e)含义过宽而违反宪法)。

③ Reno v. ACLU, 521 U.S. 844, 872, 873 (1997) [引用 Miller v. California, 413 U.S. 15, 18 (1973)](允许各州禁止淫秽言论,以保障其公民的整体利益)。

④ Miller v. California, 413 U.S. 15, 24 (1973). 淫秽作品描述了以下内容:(1)具有明显冒犯性的性行为、(2)迎合低级趣味,以及(3)缺乏严肃的文学、艺术、政治或科学价值。必须采用当代一般性的标准对作品进行整体评估。法律必须明确定义违法行为。Reno v. ACLU, 521 U.S. 844, 863, 866 (1997).

⑤ 47 U.S.C. § 223(a).

⑥ U.S.S.G, § 2G3. l(b)(1)(C).

⑦ U.S.S.G, § 2G3. l(b)(1)(E).

⑧ U.S.S.G, § 2G3. l(b)(1)(A).

⑨ U.S.S.G, § 2G3. 1(b)(4).

⑩ Child Pornography Prevention Act of 1996, Pub. L. No. 104-208, § 121, 110 Stat. 3009, 3009, 3026 (修改了 18 U.S.C. §§ 2241, 2243, 2251, 2252, 2256, 42 U.S.C. § 2000aa, 并增加了 18 U.S.C. § 2252A)。

⑪ Child Pornography Prevention Act § 121(2).

⑫ Child Pornography Prevention Act § 121(2).

院在2002年4月裁定,该法规的两项规定[1]因为含糊不清且过于宽泛而违反了宪法[2],这两条规定禁止看上去是未成年人的色情信息实际上是相貌年轻的成年人的色情信息。[3]

作为回应,国会通过了2003年的《终止当前儿童虐待行为检察救济和其他工具法案》(Prosecutorial Remedies and Other Tools to End the Exploitation of Children Today Act,因为该法案的英文首字母为"PROTECT",该法被简称为"保护法")。[4] "保护法"包括禁止宣传、发布会让人误以为其参与者是真正的儿童的色情信息。[5] 因阿什克罗夫特诉自由言论联盟案的缘故,数个巡回法院质疑了"保护法"的合宪性[6],联邦最高法院维持了该法律的效力。[7]

2017年,在帕金厄姆诉北卡罗来纳州案中[8],美国联邦最高法院宣布一项州法律无效,该法律禁止被定罪的性犯罪者访问社交媒体网站以保护未成年人。法院裁定该法律的适用范围并未量体裁衣而是过于宽泛,因为它阻断了一个越来越强大的交流平台上面太多的无辜言论。[9]

3. 垃圾邮件

尽管近年来不请自来的商业电子邮件("垃圾邮件")的数量有所下降[10],但

---

[1] Ashcroft v. Free Speech Coal., 535 U.S. 234, 234 (2002) (认为§§2256(8)(B)以及2256(8)(D)内容过于宽泛并且违宪)。

[2] Ashcroft v. Free Speech Coal., 535 U.S. 234, 234 (2002).拥有虚拟儿童色情制品并将其宣传为实际儿童色情制品的人可能会受到起诉。参见United States v. Williams, 553 U.S. 285, 293 (2008)。

[3] Ashcroft v. Free Speech Coal., 535 U.S. 234, 234 (2002).(请注意,第2256(8)(B)条"禁止使用一系列露骨的性爱图像,有时也称为'虚拟儿童色情制品',这些图像似乎展示了儿童但却不是利用真正的儿童生成,而是通过诸如利用长相稚嫩的成年人或计算机成像技术来实现")。

[4] Pub. L. No. 108-21, 117 Stat. 650 (2003).

[5] 参见Pub. L. No. 108-21, 117 Stat. 503 (2003)。

[6] Aschroft v. Free Speeoh Coal., 535 U.S. at 234 (《防止儿童色情制品法》因内容过于宽泛而被废除,根据该法,大量合法言论会被删除)。

[7] United States v. Williams, 553 U.S. 285 at 303.

[8] Packingham v. North Carolina, 137 S. Ct. 1730 (2017).

[9] Packingham v. North Carolina, 137 S. Ct. 1730, at 1737("总之,完全禁止访问社交媒体是为了防止用户合法行使《美国第一修正案》的权利。")

[10] Tatyana Shcherbakova et al., *Spam and Phishing in Q3 2015*, Securelist (Nov. 12, 2015), https://securelist.com/analysis/quarterly-spam-reports/72724/(指出从2015年4月到9月,电子邮件中的垃圾邮件平均占比54.19%)。相比之下,2012年电子邮件中的垃圾邮件平均占比72.1%。Darya Gudkova, *Kaspersky Security Bulletin. Spam Evolution 2012,* Securelist (Jan. 21, 2013), https://securelist.com/kaspersky-security-bulletin-spam-evolution-2012/36843/。

随着社交媒体中垃圾邮件的迅速增长,垃圾邮件仍然是一个重要问题。① 2003年《控制不请自来的色情骚扰以及市场营销法》②(Controlling the Assault of Non-Solicited Pornography and Marketing Act,简称为"CAN-SPAM")的颁布确立了发送商业电子邮件的国家标准。③

《控制不请自来的色情骚扰以及市场营销法》有几个关键条款会影响通过电子邮件发送商业广告的个人或公司。④《美国法典》第18篇第1037条禁止在商业电子邮件中实施或串谋使用五种常见的欺骗或欺诈行为。⑤ 第一,第1037条(a)款(1)项禁止未经授权使用计算机发送多条商业广告。⑥ 第二,第1037条(a)款(2)项禁止发送多条旨在混淆发件人身份的商业广告。⑦ 第三,第1037条(a)款(3)项禁止使用经过伪造的邮件主题发送商业电子邮件。⑧ 第四,第1037条(a)款(4)项禁止使用虚假身份注册的

---

① Nexgate, *2013 State Of Social Media Spam* (2013), https://go.proofpoint.com/rs/309-RHV-619/images/Nexgate-2013-State-of-Social-Media-Spam-Research-Report.pdf(发现社交媒体垃圾邮件在2013年上半年增长了355%); *The Dark Side of Social Media*, Proofpoint (Dec. 21, 2015), https://www.proofpoint.com/us/dark-side-social-media; see also Tim Worstall, *Spammers Make $200 Million out of Facebook*, FORBES (Aug. 29, 2013), http://www.forbes.com/sites/timworstall/2013/08/29/spammers-make-200-million-out-of-facebook/(介绍垃圾邮件发送者如何在Facebook页面上发布链接,人们跟随这些链接定向到第三方欺诈网站)。

② Controlling the Assault of Non-Solicited Pornography and Marketing Act, Pub. L. No. 108-187, 117 Stat 2699 (2003)[编入《美国法典》第15篇§7701,7713以及第18篇1037(2018),后文称CAN-SPAM]。

③ Jeffrey D. Sullivan & Michael B. de Leeuw, *Spain After CAN-SPAM: How Inconsistent Thinking Has Made a Hash out of Unsolicited Commercial E-Mail Policy*, Santa Clara Computer High Technology Law Journal, vol. 20: 4, p. 887, 888 (2004).

④ For a CAN-SPAM compliance guide, see *CAN-SPAM Act: A Compliance Guide for Business*, Fedoral Trade Commission, https://www.ftc.gov/business-guidance/resources/can-spam-act-compliance-guide-business(last visited Oct. 22, 2018); see also Rachel Lerner, *Best Practices for Running an Electronic Marketing Program*, Petronzio Schneier Co., Lpa (Oct. 1, 2018), http://ps-law.com/best-practices-running-electronic-marketing-program/.

⑤ 18 U.S.C. § 1037(a) (2018).

⑥ 18 U.S.C. § 1037(a)(1).

⑦ 18 U.S.C. § 1037(a)(2); 同样参见 United States v. Simpson, 741 F.3d 539, 551 (5th Cir. 2014) [确认了被告人因为帮助和教唆传播垃圾邮件的行为而构成犯罪,法律依据是《美国法典》第1037条(a)(2),本案中被告人向服务提供商隐瞒了垃圾邮件,并为明确表示自己想要发送垃圾邮件的员工提供服务器信息]。

⑧ 18 U.S.C. § 1037(a)(3); 同样参见 United States v. Kilbride, 584 F.3d 1240, 1257 (9th Cir. 2009)(根据《美国法典》第1037条(a)(3),维持被告人的有罪判决,因为被告人在其大批电子邮件的标题中有意地用虚构地址替换了发送电子邮件的地址)。

账户发出多条商业广告①,此项适用于用户注册五个以上电子邮件账户或两个以上域名的情形。② 与第1037条(a)款(3)项一样,第1037条(a)款(4)项适用于用户"实质地"伪造信息的情况,该信息被隐藏或修改以致阻碍发件人鉴定、定位、回应或调查信息当中被指控的违法行为。③ 最后,第1037条(a)款(5)项禁止用户谎称注册人故意从五个以上的IP地址发送多条商业电子广告。④ 第1037条整体上强调了商业电子信息"多条"的数量,即24小时内超过100条消息、在30天时间内超过1,000条消息,或一年时间内超过10,000条消息。⑤

《美国法典》第15篇第7704条进一步禁止类似的欺骗行为,要求商业电子邮件应当包含收件人退订进一步宣传的方法,并且如果电子邮件包含涉及性的内容,则邮件的主题应包含一个警告。⑥ 向从以下两种方式获得的电子邮件地址发送垃圾邮件将严重违反第7704条:其一,从向用户许诺不会与第三方共享地址的网站上获得的;⑦其二,从电子邮件地址生成器获得的。⑧ 使用自动程序生成多个账户来发送垃圾邮件连同使用缓存服务器和开放继电器⑨来传输垃圾邮件一样都是一种会被加重处罚的犯罪行为。⑩

《控制不请自来的色情骚扰以及市场营销法》规定了罚款和刑事处罚,这些由联邦贸易委员会(Federal Trade Commission,简称"FTC")和美国司法部(Department of Justice,简称"DOJ")执行。⑪ 违反该法的行为人将

---

① 18 U.S.C. § 1037(a)(4).
② 18 U.S.C. § 1037(a)(4).
③ 18 U.S.C. § 1037(d)(2) ;同样参见 United States v. Kilbride, 584 F.3d 1240, at 1257-1258(根据第1037条(a)(4)的规定维持被告人的有罪判决,即被告人故意在域名注册中放置虚假的联系人和电话号码,这属于故意削弱接收者查找和联系实际注册人的能力)。
④ 18 U.S.C. § 1037(a)(5).
⑤ 18 U.S.C. § 1037(d)(3).
⑥ 15 U.S.C. § 7704(a)(5), (d)(1) (2018).
⑦ 15 U.S.C. § 7704(b)(1)(A)(i).
⑧ 15 U.S.C. § 7704(b)(1)(A)(ii).
⑨ 15 U.S.C. § 7704(b)(1)(A)(ii).
⑩ 15 U.S.C. § 7704(b)(2).
⑪ 参见 15 U.S.C. § 7706(指出执行联邦贸易委员会的《控制不请自来的色情骚扰以及市场营销法》违反了《联邦贸易委员会法》) ;18 U.S.C. § 1037(b) (规定罚金和监禁的刑事处罚)。

会因每一封违规电子邮件被处以最高 41,484 美元的罚款。①

4. 匿名言论

《美国宪法第一修正案》保护匿名发言权。② 大多数匿名网络言论的案件都涉及针对将内容秘密地发布到网站上的未知被告人提出的主张。③ 大多数匿名言论案件的主要诉因是诽谤,通常与例如违反合同、侵犯版权或侵犯商标等行为的其他原因相结合。④

关于匿名发言者针对原告希望获得其身份信息的愿望是否有主张保持匿名的特权,已经进行了很多讨论和辩论。⑤ 打破此特权的标准取决于

---

① 参见 FTC Adjustment of Civil Monetary Penalty Amounts, 16 C.F.R. § 1.98 (2018)(列出了违反《联邦贸易委员会法》的处罚)。

② See McIntyre v. Ohio Elections Comm'n, 514 U.S. 334, 342–343 (1995); Matthew Mazzotta, *Balancing Act: Finding Consensus on Standards for Unmasking Anonymous Internet Speakers*, Boston College Law Review, vol. 51: 3, p. 833, 833 (2010).

③ See Matthew Mazzotta, *Balancing Act: Finding Consensus on Standards for Unmasking Anonymous Internet Speakers*, Boston College Law Review, vol. 51: 3, p. 833, 839 (2010). 匿名发言人还被指控使用公司名称作为在线假名,注册商标公司的互联网域名,向贸易行业网站举报可疑的非法公司活动以及发送电子邮件和其他电子通讯。See also Matthew Mazzotta, *Balancing Act: Finding Consensus on Standards for Unmasking Anonymous Internet Speakers*, Boston College Law Reriew, vol. 51: 3, p. 833, 840 (2010). 参见 Sinclair v. TubeSockTedD, 596 F. Supp. 2d 128, 130, 131 (D.D.C. 2009)(分析关于在 YouTube 上发布的原告视频的评论和回应); Krinsky v. Doe, 72 Cal. Rptr. 3d 231, 234, 235 (Ct. App. 2008)(分析在金融网站上发布的有关原告公司高管的评论)。最近,诸如 Yik Yak 等新的社交媒体平台将匿名言论和网络欺凌的冲突摆在了大众媒体前面。参见 Will Haskell, *A Gossip App Brought My High School to a Halt*, N.Y. Mag. (Apr. 28, 2014), http://nymag.com/thecut/2014/04/gossip-app-brought-my-high-school-to-a-halt.html; Caroline Moss, *Here's What You Need to Know About Yik Yak: The Anonymous Gossip App Wreaking Havoc on High Schools Everywhere*, Bus. Insider (May 5, 2014), http://www.businessinsider.com/what-is-yik-yak-2014-5.

④ See Matthew Mazzotta, *Balancing Act: Finding Consensus on Standards for Unmasking Anonymous Internet Speakers*, Boston College Law Review, vol. 51: 3, p. 833, 840(2010).

⑤ 参见 McIntyre v. Ohio Elections, 514 U.S. 334, at 342(与其他有关出版物内容遗漏或增加的决定一样,作者保持匿名的决定是受《美国宪法第一修正案》保护的言论自由)。同样参见 Marian K. Riedy & Kim Sperduto, *Revisiting the "Anonymous Speaker Privilege,"* North Carolina of Law & Techology, vol. 14: 1, p. 249, 251 (2012)(概述《美国宪法第一修正案》关于匿名在线用户的规定)。

言论的性质①,原告承担揭露被告身份的举证责任,以满足"更严格"的诉讼要求。②

匿名言论也是政府收集证据中面临的问题。在执行针对电子通讯内容的授权令期间,近来法院已采取措施限制搜查范围以避免识别无辜个人的信息。③

此外,多个巡回法院已裁定,《美国宪法第一修正案》和普通法均未禁止政府强迫新闻记者在刑事审判期间透露其匿名消息提供者的姓名。④

5. 杂项例外

《美国宪法第一修正案》不保护煽动"迫在眉睫的不法行为"⑤或"斗争言论"⑥的表达。通过电子邮件或互联网进行的骚扰不在《美国宪法第一修正案》规定保护范围之内,只要骚扰所施加的伤害是足够持久和恶

---

① 如果匿名言论具有政治色彩,则更有可能受到《美国宪法第一修正案》的保护。参见 McIntyre v. Ohio Elearions Comm' n, 514 U.S. 334, at 342(废除了俄亥俄州一项关于禁止传播匿名竞选刊物的法规,指出《美国宪法第一修正案》为政治言论提供了最广泛的保护)。但是,有关即将发生的暴力或恐怖袭击的言论并未受到保护。参见 Caroline Moss, Here's What You Need to Know About Yik Yak The Anonymous Gossip App Wreaking Havoc on High Schools Everywhere, Bus. Insider (May 5, 2014), http://www.businessinsider.com/what-is-yik-yak-2014-5(在阿拉巴马州,两名少年"据称被指控利用 Yik Yak 宣布即将在当地高中实施枪击案来制造恐怖威胁")。同样,如果言论与版权侵权诉讼而不是诽谤诉讼有关,则通常情况下原告对于匿名行为者的举证责任更小。参见 Legal Protections for Anongmous Speech, Digital Media Law Project, http://www.dmlp.org/legal-guide/legal-protections-anonymous-speech(最新访问时间为 2018 年 10 月 22 日)[指出点对点文件共享"仅仅在一定程度上具备言论的特征"(引用 Sony Music Entertainment v. Does 1-40, 326 F. Supp. 2d 556(SDNY 2004)]。如果试图将匿名行为人作为证人而不是由其来指认被告人,法院通常还会采用不同的标准[引自 Mc Vicker v. King, No.02:09-cv-00436, 2010 WL 786275(W.D. Pa.Mar.3, 2010)]。

② See Marian K. Riedy & Kim Sperduto, Revisiting the "Anonymous Speaker Privilege", North Carolina Journal of Law & Technology, vol. 14: 1, p. 249, 251-255,254, n.20 (2012)[引自 In re Anonymous Online Speakers, 661 F. 3d 1168,1176, 1177,1178 (9th Cir. 2011)]。

③ In re www. disruptj20. org, No. 17 CSW 3438, 2017 WL 4569548, at * 1 (D.C. Super. Ct. Oct. 10, 2017)["尽管政府有权执行其授权令,但无权对于 DreamHost 网站上包含的信息进行临时检查,亦无权查找那些未参与犯罪活动的个人的身份或者获取其通讯记录,特别是那些参与了受《美国宪法第一修正案》保护的活动的人。"(引号里面的部分为重点内容)]。

④ 同样参见 United States v. Sterling, 724 F. 3d 482, 492, 502, (4th Cir. 2013) (反驳了报告无需接受《美国宪法第一修正案》或者普通法记者特权的检验的争论);In re Grand Jury Subpoena, Judith Miller, 438 F. 3d 1141, 1145, 1149, 1150 (D.C. Cir. 2006)。

⑤ Brandenburg v. Ohio, 395 U.S. 444, 447 (1969).

⑥ Chaplinsky v. New Hampshire, 315 U.S. 568, 571, 572 (1942).

意的,或者是出于造成实质性情感或身体伤害的动机①,并且针对的是特定的人。② 此外,美国联邦最高法院在《美国宪法第一修正案》与诽谤诉讼之间取得了平衡,拒绝对此类指控适用严格责任,并且要求原告证明对方存在过错和造成了损害,但是允许各州设置比"实际恶意"更低的标准。③

(三) 传统犯罪

计算机可能成为如财产盗窃的传统犯罪的攻击对象,或者成为用来实施其他"传统"犯罪的工具,包括身份盗窃④、贩卖麻醉品⑤、网络跟踪⑥、传

---

① 参见 Legal Aspects of Government-Sponsored Prohibitions Against Racist Propaganda on the Internet: The U.S. Perspective, in: Hate Speech and the Internet, sponsored by the U.N. High Commissioner for Human Rights (Nov. 1997), http://www.irational.org/APD/CCIPS/racismun.htm(行为必须超越单纯的激怒或者压迫进而失去了骚扰言论所享有的宪法保护)。

② 参见 Legal Aspects of Government-Sponsored Prohibitions Against Racist Propaganda on the Internet: The U.S. Perspective, in: Hate Speech and the Internet, sponsored by the U.N. High Commissioner for Human Rights (Nov. 1997), http://www.irational.org/APD/CCIPS/racismun.htm("美国法律不承认针对一般人群的'骚扰'概念。")

③ 参见 Gertz v. Robert Welch, Inc., 418 U.S. 323, 340, 347, 349 (1974)。但是,司法人员仍必须证明行为人出于真正的恶意。参见 New York Times Co. v. Sullivan, 376 U.S. 254,281 (1964)。

④ 参见 United States v. Prochner, 417 F.3d 54 (1st Cir. 2005) (对通过入侵安全网站和计算机网络获得信用卡号的被告人定罪)。

⑤ 参见 United States v. Ulbricht, 31 F. Supp. 3d 540 (S.D.N.Y. 2014) (驳回被告人的动议,该动议是关于撤销毒品贩运及共谋的指控,被告人因创建并维护网上毒品市场而被指控)。

⑥ 参见 18 U.S.C. § 2261A (2018) ("意图杀害、伤害、骚扰、恐吓他人或怀着杀害、伤害、骚扰或恐吓他人的目的进行监视,使用邮件、任何交互式计算机服务或州际贸易的电子通信服务或电子通信系统……"); 47 U.S.C. § 223(a)(1)(C)(2018) ("无论是否进行对话或通信,……进行电话呼叫或使用电信设备的人,都不会泄露其身份并且意图虐待、威胁或骚扰任何特定的人……"); 47 U.S.C. § 223(a)(1)(E)(2018) ("任何人……反复打来电话或使用电信设备反复发起通信,在通话过程中只为骚扰任何特定的人……") 另请参见 United States v. Osinger, 753 F.3d 939,947(9th Cir. 2014)(认为被告人创建虚假的 Facebook 页面并向受害人的同事发送包含受害人裸体照片的电子邮件时,其言论不受保护)。United States v. Sayer, 748 F.3d 425,433,436(2014)(驳回针对《美国法典》第 18 篇第 2261A 条的《美国宪法第一修正案》表面的和实际适用的质疑,并驳回《美国宪法第五修正案》针对模糊性的质疑)。但请参阅 United States v. Cassidy, 814 F. Supp. 2d 574, 584, 585 (D. Md. 2011)(认为政府有意将 18 U.S.C. § 2261A 规定的造成情感困扰的言论犯罪化,但此举无法经受严格的审查)。

播儿童淫秽物品①、报复性淫秽物品②、侵犯版权③以及电信诈骗④。

1.财产盗窃

计算机可能成为犯罪的"对象"。此类犯罪主要是指盗窃计算机硬件或软件。盗窃计算机硬件的行为通常根据各州与盗窃或入室盗窃相关的法律规定起诉。⑤ 根据联邦法律,盗窃计算机硬件的行为也可依照《美国法典》第 18 篇第 2314 条予以起诉,该条规制被盗财物或以欺诈方式获得财物的州际间传输行为。⑥ 只有当计算机软件位于有形的硬件上时,盗窃计算机软件的行为才包括在上述犯罪类别中。⑦

---

① 参见 United States v. Brown, 237 F. 3d 625, 628, 629 (6th Cir. 2001)(以使用计算机的方式实施了无需依赖计算机的儿童色情法案中犯罪行为,应加重处罚。)另请参见 Nicole A. Poltash, *Snapchat and Sexting: A Snapshot of Baring Your Bare Essentials*, Richmond Journal of Law & Technology, vol. 19: 4, p. 14, 23, 29 (2013), http://jolt.richmond.edu/(讨论对发送含有儿童淫秽物品在内的色情信息行为提起刑事诉讼带来的法律影响)。

② 参见 United States v. Petrovic, 701 F.3d 849, 855, 856 (8th Cir. 2012)(认为被告人因其在配偶关系破裂之后威胁要向伴侣的家人公开性暴露图像并建立一个可公开访问的网站的行为没有违反《美国宪法第一修正案》,因为其"骚扰和令人痛苦的言论是其敲诈勒索犯罪行为不可分割的一部分");参见 Danielle Keats Citron & Mary Anne Franks, *Criminalizing Revenge Porn*, Wake Forest Law Review, vol. 49, p. 345 (2014)(讨论报复性淫秽物品造成的损害、在诉讼过程中出现问题以及刑法需要直接解决某些问题,因为该地区的法规与《美国宪法第一修正案》原则相符合)。

③ 参见 Metro-Goldwyn-Mayer Studios, Inc. v. Grokster, Ltd., 545 U.S. 913, 918-919 (2005)(认为推广软件侵犯版权用途的软件发行商需要对使用该软件的第三方实施的侵权行为承担责任,即使软件有其他合法使用用途)。

④ 参见 United States v. Pirello, 255 F. 3d 728 (9th Cir. 2001)(确认一起违反联邦电信诈骗法规的判决,本案中被告人在分类广告网站上发布了诈骗信息)。

⑤ 参见 Commonwealth v. Sullivan, 768 N.E.2d 529, 538 (Mass. 2002)(确认了一起入室盗窃计算机的判决);State v. Geer, 799 So. 2d 698, 700 (La. Ct. App. 2001)(维持了盗窃计算机案件中入室盗窃的刑罚)。

⑥ 《美国国家盗窃财产法》18 U.S.C. § 2314(2018)(在州际或外国商务中进行的"运输""传送"或"转移"任何价值在 5,000 美元或以上的商品、产品、物品、证券或金钱,且明知对象经由盗窃、掩饰来源或欺诈取得,构成刑事犯罪");参见,例如,United States v. Coviello, 225 F.3d 54,68-69(2000)(确认基于被盗 CD-ROM 光盘上知识产权的价值来加重处罚)。

⑦ 参见 United States v. Aleynikov, 676 F. 3d 71, 76 (2d Cir. 2012)("决定性的问题是源代码是否构成《美国国家盗窃财产法》中被盗的'商品''产品'或'物品'。根据判例法的实质性含义以及'商品'等用语的一般含义,我们认为源代码并不构成被盗的商品、产品或物品。")。但是参见 United States v. Agrawal, 726 F. 3d 235, 251-252 (2d Cir. 2013)(根据《美国国家盗窃财产法》,被告人因"盗窃写有计算机代码的几千张纸然后将其运到位于新泽西州的家中"的行为承担责任);同样参见 Second Circuit Reverses Aleynikov, Without Admitting It, Steptoe & Johnson Llp: E-Commerce L. Week (Aug. 10, 2013), https://s3.amazonaws.com/documents.lexology.com/adaae8b8-05fd-457c-a24b-2817670f9Oc6.pdf(认为 Agrawal 案私下里背离了 Aleynikov 案的裁判要旨)。

2.身份盗窃

《美国法典》第 18 篇第 1028 条禁止故意转移、持有或使用他人身份信息来实施犯罪,这些身份信息包括姓名、社会保险号和出生日期。① 它禁止在特定情况下②制作③、转让④或持有虚假的⑤或者非法发行颁发的身份证明文件。此外,它还禁止怀着在制作伪造的身份证明文件时使用该工具的目的⑥生产、转让或持有"文件制作工具"。⑦"转让"一词包括在网上提供伪造身份证明文件或文件制作工具。⑧ 第 18 篇(A)第 1028 条对犯有与某些重罪有关的身份盗窃行为(包括计算机欺诈)的人设置了更重的刑罚。⑨

非法生产、转让或使用任何身份识别手段的行为将会被处以罚金、5 年以下监禁,或者两者并处。⑩ 如果制作或转让涉及美国当局⑪签发的身份证

---

① 18 U.S.C. § 1028(a)(7), (d)(7) (2018).

② 如 18 U.S.C. § 1028(a)(3) (禁止拥有五个以上虚假或被盗的身份证件以期非法使用它们或进行转让);参见 Yeremin v. Holder, 738 F.3d 708, 715 (2013) (指出法院"将此规定解释为,要求提供证据证明非法使用或转让身份证明文件或虚假身份证明文件的意图。") [引用 United States v. Klopf, 423 F.3d 1228, 1236 (11 th Cir. 2005)]。

③ 18 U.S.C. § 1028(a)(1);参见 United States v. Jaensch, 665 F.3d 83, 95, 96 (4th Cir. 2011) [认为被告人"制作了"虚假的身份证明,假冒为外交官,政府提出证据表明他"涉嫌参与身份证的伪造(如签名和覆膜)"]。

④ 18 U.S.C. § 1028(a)(2); United States v. Luke, 628 F.3d 114, 118, 120 (4th Cir. 2010) (指出证据清楚地表明,被告人相互串通,先是从伪造护照的人手中接过伪造护照,然后将这些伪造护照转交给申请者)。

⑤ 18 U.S.C. § 1028(d)(4)(A) ("一种拟用于或者普遍用于识别个人身份的文件,并非由政府机构发布,也不是在政府机构的授权之下发布,但是看上去像是由政府机构发布,或者在政府机构的授权之下发布")。

⑥ 18 U.S.C. § 1028(a)(5).

⑦ 18 U.S.C. § 1028(d)(2) ("文件制作工具"指的是专门配置或主要用于制作身份证明文件、虚假身份证明文件或其他文件制作工具的任何工具、印板、模板、计算机文件、计算机磁盘、电子设备或计算机硬件或软件);同样参见 United States v. Cabrera, 208 F.3d 309, 314, 315 (1st Cir. 2000) (将"主要使用"定义为"被告人将设备用于特定用途,而不是其在社会上的'一般'用途")。

⑧ 18 U.S.C. § 1028(d)(10).

⑨ 18 U.S.C. § 1028A(a)(1) (2); 同样参见 United States v. Viktor Borisovich Netyksho et al., No.1:18-cr-00215 (D.D.C. July 13, 2018) (指控俄罗斯情报局的 11 名成员实施了严重的身份盗窃行为,这与干预 2016 年总统大选事件密切相关)。

⑩ 18 U.S.C. § 1028(b)(2).

⑪ 18 U.S.C. § 1028(b)(1)(A).

明文件,涉及 5 份以上欺诈性文件①或者行为人一年的收入超过 1,000 美元,②那么处罚将增至 15 年以下监禁。如果生产或转让的行为重复实施,旨在协助毒品贩卖,或者与暴力犯罪同时实施的话,刑罚将增至 20 年以下监禁。③ 如果生产或转让或者其实施"助长恐怖主义行为……",则刑罚增至 30 年以下监禁。④

量刑指南通常包括六个量刑幅度,经济损失每达到一个量级,刑罚也随之跃升一个幅度。⑤ 当犯罪的主要目的是违反或协助违反移民法时,适用不同的条款。⑥

2014 年,大约一千七百六十万的人成为身份盗窃事件的受害者,占到十六岁及以上美国居民人口的百分之七。⑦ 身份信息可以通过"诸如抢钱包或'垃圾箱潜水'之类的低技术含量方法,或者诸如欺骗性的'网络钓鱼'电子邮件或被称为'间谍软件'的恶意软件的高技术含量方法"被盗。⑧

2003 年,国会采取措施通过了《公平准确信用交易法》(Fair and Accurate Credit Transactions,简称"FACT")来抵制身份盗窃。⑨《公平准确信用交易法》规定联邦贸易委员会和其他机构制定要求金融机构和债权人强调身份盗窃风险的法规。⑩ 根据联邦贸易委员会的"红旗规则",这些机构还必须制定和实施书面身份盗窃预防措施。⑪

---

① 18 U.S.C. § 1028(b)(1)(B).
② 18 U.S.C. § 1028(b)(1)(D).
③ 18 U.S.C. § 1028(b)(3).
④ 18 U.S.C. § 1028(b)(4).
⑤ U.S.S.G. § 2B1.1(a) (b).
⑥ U.S.S.G. § § 2B1.1, 2L2.1, 2L2.2.
⑦ See Erika Harrell, *Victims Of Identity Theft*, 2014 p. 1 (2015), http://www.bjs.gov/content/pub/pdf/vit14.pdf; see also Identity Theft, Fed. Trade Comm'n, https://www.ftc.gov/news-events/media-resources/identity-theft-and-data-security (指出执法机构收到的消费者投诉数量最多的就是身份盗用)。
⑧ See *Identit Theft*, Fed. Trade Comm'n, https://www.ftc.gov/news-events/media-resources/identity-theft-and-data-security.
⑨ Fair and Accurate Credit Transactions Act of 2003, Pub. L. No. 108-159, 117 Stat. 192 (2003)[被编入 15 U.S.C. § § 1601-1681 (2018)]。
⑩ 15 U.S.C. § 1681m(e) (2018)。
⑪ 15 U.S.C. § 1681m(e)(1); 同样参见 Fed. Trade Comm'n, *Fighting Identity Theft With the Red Flags Rule: A How-To Guide for Business*, https://www.ftc.gov/tips-advice/business-center/guidance/fighting-identity-theft-red-flags-rule-how-guide-business#ednref2 (last visited Oct. 3, 2018).

近来国会在审议《数据安全和泄露通知法(草案)》①,该草案拟于数据泄露事件发生时增加通知环节,并为可能要求优先采用现有各州标准的数据安全措施制定了新的联邦标准。②《数据安全和泄露通知法(草案)》一直停滞在国会,但所有 50 个州均通过了个人通知法。③

3. 电信诈骗

联邦电信诈骗法规禁止使用包括电子邮件在内的州际电子通信以欺诈手段获取金钱或财物。④ 电信诈骗法规通常适用于计算机犯罪。⑤

4. 协助卖淫和 230 条款

2018 年版《美国法典》第 47 篇第 230 条规定了存储第三方内容的交互式计算机服务提供者(包括互联网服务提供商和社交媒体公司)的民事责任。⑥ 法律明确规定,交互式计算机服务不应被"视为另一个信息内容提供

---

① Data Security and Breach Notification Act, S. 2179, 115th Cong. (2017).

② See Amy F. Davenport & Norma M. Krayem, *Data Breach Legislation Continues to be a Congressional Priority*, The National Law Review (May 11, 2015), http://www.natlawreview.com/article/data-breach-legislation-continues-to-be-congressional-priority; Jason C. Gavejian, *The Data Security and Breach Notification Act of 2015*, The National Law Review (Mar. 31, 2015), http://www.natlawreview.com/article/data-security-and-breach-notification-act-2015.

③ 参见 *Security Breach Notification Laws*, National Conference of State Legislatures (March 29, 2018), http:// www.nc sl.org/research/telecommunications-and-information-technology/security-breach-notification-laws.aspx (列出适用于各州和联邦领土的违反安全法规的引文);see also William McGeveran, *Privacy and Data Protection Law*, Foundation Press, 2016, p. 449-455(描述各州法律之间的区别和共性)。

④ 18 U.S.C. § 1343 (2018); see, e.g., United States v. Martin, 228 F.3d 1, 18 (1st Cir. 2000) (发送错误辖权信息的电子邮件被认定为电信诈骗行为); Brian Lewis & Patrick Doerr, *Mail and Wire Fraud*, The Amerian Criminal Law Review, vol. 52: 4, p. 1335 (2015).

⑤ 参见 United States v. Curry, 461 F.3d 452, 458, 459 (4th Cir. 2006) (确认对那些通过互联网出售自己子虚乌有的金币的被告人实施的电信诈骗行为定罪); United States v. Pirello, 255 F.3d 728, 732 (9th Cir. 2001) (认为在网站上欺诈性地索取金钱违反了电信诈骗法规); U.S. Attorney's Office, Eastern District of New York, *Nine People Charged in Largest Known Hacking and Securities Fraud Scheme* (Aug. 11, 2015), https://www.fbi.gov/contact-us/field-offices/newyork/news/press-releases/nine-people-charged-in-largest-known-computer-hacking-and-securities-fraud-scheme (指控通过黑客入侵新闻专线以获取非公共财务信息并从中获利的人实施电信诈骗犯罪)。

⑥ 该法律将交互式计算机服务定义为"提供或允许多个用户对计算机服务器进行计算机访问的任何信息服务、系统或访问软件提供商,尤其包括由图书馆或教育机构提供的对因特网的访问的服务或系统以及此类操作系统或服务。" 47 U.S.C. §230(f)(2)(2018).

者所提供的信息的发行者或演讲者"。①

然而,第 230 条并未给违反了联邦刑事法规、《电子通信隐私法》(Electronic Communications Privacy Act,简称"ECPA")以及与第 230 条相一致的州法律的行为提供责任豁免。②

在 2018 年,为压制技术倡导者的反对③,国会以压倒性的优势通过《各州和受害人抵制网络色情传播法》(Allow States and Victims to Fight Online Sex Trafficking Act),将"怀有推动或促进他人卖淫目的"运营的交互式计算机服务提供行为规定为犯罪。④ 如果特定司法管辖区中卖淫行为是合法的,那么计算机服务提供者可进行正当性抗辩。⑤ 根据该法,犯罪行为的基础法定刑为十年以下监禁⑥,加重法定刑为二十五年以下监禁。⑦ 交互式计算机服务促使五人以上卖淫,或者"不顾后果"地助长了性交易而"违反《美国法典》第 18 篇第 1591 条(a)款"⑧,属于情节严重的行为,适用加重法定刑。⑨

(四)《美国宪法第四修正案》中搜查和扣押的规定

搜查和扣押电子证据是许多计算机犯罪调查的重要组成部分。传统的《美国宪法第四修正案》将免于政府不合理的搜查和扣押保护措施扩大适用至个人基于计算机的活动。《美国宪法第四修正案》中"扣押"指的是"对

---

① 47 U.S.C. § 230(c)(1).

② 47 U.S.C. § 230(e); 参见 U.S. Dep't of Justice, *Justice Department Leads Effort to Seize Backpage.Com, the Internet's Leading Forum for Prostitution Ads, and Obtains 93-Count Federal Indictment* (April 9, 2018), https://www.justice.gov/opa/pr/justice-department-leads-effort-seize-backpagecom-internet-s-leading-forum-prostitution-ads (指控分类广告网站的工作人员促进卖淫)。

③ 参见 Stop Sesta & Fosta, https://stopsesta.org (last visited Sept. 1, 2018) (强调来自电子前沿基金会和其他 20 个民间社会团体的反对意见)。

④ Allow States and Victims to Fight Online Sex Trafficking Act of 2017, Pub. L. No. 115-164, 132 Stat. 1253 (2018).

⑤ 18 U.S.C. § 2421A(e) (2018).

⑥ 18 U.S.C. § 2421A(a).

⑦ 18 U.S.C. § 2421A(b).

⑧ 18 U.S.C. § 1591(a).("贩卖儿童或通过武力、欺诈或胁迫进行的性交易"——译者注)

⑨ 18 U.S.C. § 2421A(b).

个人的财产权益产生影响"。① 联邦最高法院使用了多种表述来确定是否进行了"搜查"。根据在卡兹诉美国案②中被首度使用的测试,当政府行为侵犯了个人的"合理的隐私期待"时,这就是"搜查"。③ "合理的隐私期待"包括两个方面:(1)个人必须对隐私存在着主观上的期待;(2)这个期待在社会看来是合情合理的。④ 在基于财产的美国诉琼斯案中,当政府通过"物理手段"干涉公民受宪法保护的领域⑤以获得证据时,这便是"搜查"。"卡兹测试"以及基于财产的测试并不是互斥的,当其中一个原则不适用时,则可适用另一个原则。⑥

在数字世界中,是否存在对于隐私的合理期待很难辨别。法院对在住宅中发现的个人计算机与在公共或私人工作场所中发现的商业计算机进行了区分,以确定哪些搜查行为不符合《美国宪法第四修正案》的规定。尽管家用计算机通常受到保护⑦,对商用计算机的保护仍取决于每个

---

① United States v. Jones, 565 U.S. 400, 419 (2012) [引用 United States v. Jacobsen, 466 U.S. 109, 113 (1984)];同样参见 United States v. Miller, 799 F. 3d 1097, 1102 (D.C. Cir. 2015) (讨论 United States v. Jacobsen 案); Lavan v. City of L.A., 693 F. 3d 1022, 1027, 1028 (9th Cir. 2012)。

② Katz. v. United States 389 U.S. 347, 360 (1967).

③ Florida v. Jardines, 569 U.S. 1, 11, 12 (2013) (引用 United states v. Jones, 565 U.S. 400, at 405 06); Katz v. United States, 389 U.S. 347, at 360 (Harlan, J., concurring) (创造了双管齐下测试)。《美国宪法第四修正案》还禁止通过物理方式侵入受宪法保护的范围以获取信息。Florida v. Jardines, 569 U.S. 1, at 11, 12.

④ Kyllo v. United States, 533 U.S. 27, 32 33 (2001) [引用 Katz v. United States, 389 U.S. 347, at 360, 361 (Harlan, J., concurring)]。

⑤ United States v. Jones, 565 U.S. 400, 404-407(当政府通过安装 GPS 设备跟踪个人位置时,实际上属于侵入个人车辆,这便是搜查)。

⑥ United States v. Jones, 565 U.S. 400, 409("Katz 合理预期隐私权测验已添加到普通法侵入性测验中,但并不能取代此种测试");同样参见 Carpenter v. United States, 138 S. Ct. 2206, 2213 (2018) (讨论当前《美国宪法第四修正案》原则的发展)。

⑦ United States v. Heckenkamp,482 F.3d 1142,1146(9th Cir. 2007)(裁定个人对家用计算机的隐私具有合法的以及客观合理的期望);Guest v. Leis,255 F.3d 325,333(6th Cir. 2001)["房主当然会对他们的房屋及其财物(包括房屋内的计算机)怀有合理的期望。"];与 United States v. Buckner,473 F. 3d 551,554 n. 2(4th Cir. 2007)(裁定即使被告人的妻子出租了计算机,被告人对于家用计算机上受密码保护的文件也享有合理的隐私期待)。但请参阅 United States v. Matish,Criminal No. 4:16cr16,2016 WL 3545776,* 22(ED Va. Jun. 23, 2016)(裁定被告人对其 IP 地址不存在隐私的合理期望,并区以下情形:在受密码保护的文件中确定存在合理的隐私期望,因为"在 2016 年,现在期望仅使用密码即可提供任何实际的保护就显得不合理了。")。

案件的具体情况。①

因此,对于是应该为与计算机有关的搜查和扣押设立特殊方法,还是类比传统的《美国宪法第四修正案》中的"封缄物"的规定就已足够,尚存分歧。② 援引《美国宪法第四修正案》的判例,认为打开诸如袋子或盒子之类的封缄物相当于对其内容物的搜查,因此,如果内容物的所有者对所含内容物有合理的隐私期待,那么打开封缄就侵犯该隐私权。③

1. 搜查的范围和执行

法院曾试图解决《美国宪法第四修正案》对于授权令必须详细描述"要搜查的地方"和"要扣押的人或物"的特别要求④与搜查和扣押的现实之间

---

① 参见,如 O'Connor v. Ortega, 480 U.S. 709, 719, 720 (1987) (发现《美国宪法第四修正案》适用于在公共工作场所的雇员,"其合理性取决于环境以及在雇员对隐私的合法期待与'反对政府对工作场所进行监督、控制和有效运营的需求'之间求得平衡")。与 Leventhal v. Knapek 案比较,266 F. 3d 64,73 74 (2d Cir. 2001) (当雇主向被告人提供带有计算机的私人办公室,并没有一般性地搜查办公室电脑,并且没有向被告人公布他不该对于隐私权毫无期待,那么被告人依然享有合理的隐私权期待),以及 United States v. Long, 64 M.J. 57, 63-65 (C.A.A.F. 2006) (认为一个公共部门雇员对于她从她的办公室计算机发送的电子邮件具有合理的隐私权期待),与 United States v. Angeyine 一起,281 F.3d 1130, 1134-1135 (10th Cir. 2002) (拒绝教授提出的对于公立大学计算机享有合理隐私权的主张),以及 United States v. Simons, 206 F.3d 392, 398 (4th Cir. 2000) (根据雇主制定的互联网的使用必须被监控的政策,裁定政府雇员对其办公室计算机缺乏合理的隐私权期望)。在例行的计算机检查中,雇主可以保留共同的权限以同意计算机搜查。参见 United States v. Ziegler, 474 F.3d 1184 (9th Cir. 2007) (认为雇主拥有共同决定权来搜查计算机中是否存在儿童色情制品,因为计算机是工作场所的财产,并且监控也是常规操作)。

② 参见 Orin S. Kerr, *Searches and Seizures in a Digital World*, Harvard Law Review, vol. 119: 2, p. 531, 537, 538 (2005) (分析搜查计算机和搜查物理空间的过程之间的差异);同样参见 Patrick Brown, *Searches of Cell Phones Incident to Arrest: Overview of the Law as it Stands and a New Path Forward*, Harvard Journal of Law & Technology, vol. 27: 2, p. 563 (2014); Cynthia Lee, *Package Bombs, Footlockers, and Laptops: What the Disappearing Container Doctrine Can Tell Us About the Fourth Amendment*, Journal of Criminal Law and Criminology, vol. 100: 4, p. 1403, 1493, 1494 (2010) (探讨在《美国宪法第四修正案》中创设封缄物例外的适当性); G. Robert McLain, Jr., *United States v. Hill: A New Rule, but No Clarity for the Rules Governing Computer Searches and Seizures*, George Mason Law Reviev, vol. 14, p. 1071, 1090, 1091 (2007) (描述了两个阵营:有人认为计算机可以受有关封缄物规则的管辖,但还有人认为计算机在根本上是不同的)。

③ 参见 Orin S. Kerr, *Searches and Seizures in a Digital World*, Harvard Law Review, vol. 119: 2, p. 531, 550 (2005) [引用 United States v. Ross, 456 U.S. 798, 822, 823 (1982)]。

④ 参见《美国宪法第四修正案》; United States v. Grubbs, 547 U.S. 90, 97 (2006)。

的矛盾。①

在搜查和扣押电子证据时,执法机构必须将其搜查限制于授权令的具体类别。② 尽管法院发现涉及计算机犯罪时,更广泛的授权令也符合宪法③,但是授权令必须查实犯罪或非法内容。④ 司法部建议,当计算机和其他"电子存储介质"有关联时,"根据授权令扣押的物品通常应当聚焦于相关的文件内容,而不是物理存储介质"。⑤

执行授权令时,当执法机构有理由认为这些物品包含授权令提及的内

---

① Computer Crime & Intell. Prop. Sec., Crim. Division, U.S. Dep't Of Justice, *Searching and Seizing Computers and Obtaining Electronic Evidence in Criminal Investigations*, p. 191, 207,(下文称"搜查和检索计算机"), http://www.justice.gov/criminal/cybercrime/docs/ssmanual2009.pdf (对于由计算机记录带来的证据上的挑战进行详细阐释)。

② 参见 Horton v. California, 496 U.S. 128, 143–144 (1990) (搜查受限于授权令的描述); Marron v. United States, 275 U.S. 192, 196 (1927) (授权令必须阐明被扣押的物品,因而不可能在授权令之下开展一般搜查,并且不得根据针对此物的授权令来扣押彼物。在采取该命令时,执行授权令的人员并没有自由裁量权)。同样参见 United States v. Galpin, 720 F.3d 436, 446 (2d Cir. 2013)。

③ 参见 United States v. Richards, 659 F.3d 527, 541(认为授权搜查具体确定的计算机服务器的"所有内容",包括"曾经或可能被用作宣传、运输、分发或持有儿童色情制品的任何计算机文件"的授权令,并未因为过于宽泛而不被允许); United States v. Mann, 592 F.3d 779, 782 (7th Cir. 2010) ("毫无疑问,授权令的描述对于何种文件能够被合理地搜查到进行了限制。将该原则应用于计算机搜查的问题在于这种图像几乎可以出现在计算机上的任何地方。不像有形物体可以立即确定是否符合授权令的要求,计算机文件可能被操纵以隐藏其真实内容。"); United States v. Grimmett, 439 F.3d 1263, 1269 (10th Cir. 2006) (在面对有关计算机有关的授权令特殊性要求的挑战时采取"宽恕立场")。

④ Mink v. Knox, 613 F.3d 995, 1011 (10th Cir. 2010) (认为一份授权令授权搜查"所有计算机和非计算机设备及书面材料……而无需提及任何特定犯罪"因过于宽泛而违反宪法); United States v. Fleet Mgmt. Ltd., 521 F. Supp. 2d 436, 443 (E.D. Pa. 2007) (认为针对"任何和所有数据"的授权令是一般性的宽泛的授权令,违反了宪法); United States v. Clough, 246 F. Supp. 2d 84, 87 88 (D. Me.2003) (认为授权令授权搜查一台计算机上的所有文字和图像因为过于宽泛而违反宪法,因为它"并没有包含对于搜查的限制,亦未援引法条,还未提及犯罪或合法性"); United States v. Hunter, 13 F. Supp. 2d 574, 584 (D. Vt. 1998) (认为一份授权令针对"所有计算机……计算机存储设备……所有计算机软件系统"并且没有指示"搜索该设备是因为何种特定的犯罪"因为过于宽泛而违反宪法)。

⑤ See Computer Crime & Intell. Prop. Sec., Crim. Division, U.S. Dep't Of Justice, *Searching and Seizing Computers and Obtaining Electronic Evidence in Criminal Investigations*, p. 72, http://www.justice.gov/criminal/cybercrime/docs/ ssmanual2009.pdf.授权令应说明相关文件的内容,而不是可能包含这些文件的存储设备,并且"应限制对被搜查文件的描述"。"识别与特定犯罪有关的记录的技术已日臻成熟,能够确定这些有待被发现的记录的特定类别。"

容,他们就会搜查计算机硬件和软件。① 如果执法机构有足够的证据证明设备中存在着授权令授权(搜查)的文件,他们或许会扣押一整台计算机用于搜查。② 法院并未指明复制或者刻录计算机文件构成扣押。但实际上,复制文件或刻录计算机的操作与扣押无异,因为在现场以外的地方拆卸被刻录的设备,或者是在刻录的过程中,被告人无法使用其财产。③ 然而,各州法院并不总是赞成对电子证据的扣押进行如此广义的解释。④ 尽管只有美国第九巡回法院有特别要求,但是司法部解释道:"每份授权令都应该解释为何有必要对整个硬盘进行刻录(或物理扣押)以便随后检查相

---

① 参见 United States v. Rogers, 521 F. 3d 5, 9 10 (1st Cir. 2008) (认为"录像带是照片的载体",并且授权扣押照片的授权令允许扣押并审查录像带中的照片); United States v. Hudspeth, 459 F.3d 922, 927 (8th Cir. 2006) ("互联网时代,搜查商业记录的授权令合乎逻辑并合情合理地包括了对于计算机数据的搜查。"),基于其他立场而被 United States v. Hudspeth 撤销, 518 F.3d 954 (8th Cir. 2008) (en banc); United States v. Hall, 142 F.3d 988, 994–995 (7th Cir. 1998) (阐明了搜查行为扩展到硬件和软件的合宪性)。但是参见 United States v. Payton, 573 F.3d 859, 862 (9th Cir. 2009) (裁定当"在被告人的计算机附近或在住宅中"未有证据表明授权令中指明的犯罪行为可以在计算机中被发现时,对未获得授权明确授权的计算机实施搜查就是不合理的)。

② 参见 United States v. Giberson, 527 F.3d 882, 887 (9th Cir. 2008) (裁定警察扣押计算机是基于被告人使用其来存储财务文件的证据时,没有超出授权令授权搜查财务记录的范围); United States v. Grimmett, 439 F.3d 1263, 1269 (10th Cir. 2006) ("当我们面对授权扣押计算机的授权令的'特殊性'挑战时,我们采取了某种宽容的立场")。Guest v. Leis, 255 F.3d 325, 335 (6th Cir. 2001) ("由于在犯罪嫌疑人的家中进行计算机搜查存在技术困难,因此在这种情况下,扣押计算机及其内容是合理的,以便警察能够锁定有问题的文件的位置。"); United States v. Upham, 168 F. 3d 532, 535 (1st Cir. 1999) (指出在大多数情况下,"最狭义的搜查和扣押很合理地获得了"授权令中所描述的证据,即"扣押以及随之而来的对于计算机和所有可用磁盘的远程搜查。")。

③ 参见 Computer Crime & Intell. Prop. Sec., Crim. Division, U.S. Dep' t Of Justice, *Searching and Seizing Computers and Obtaining Electronic Evidence in Criminal Investigations*, p. 78, http://www.justice.gov/criminal/cybercrime/docs/ ssmanual2009.pdf. 一项未公开的地方法院裁判认为,以远程访问的方式复制计算机数据不属于扣押,因为复制不会实质性地干扰任何所有权的行使。United States v. Gorshkov, No. CR00‑550C, 2001 WL 1024026, at *3(W.D. Wash. May 23, 2001). 但是该案还指出,本案不适用《美国宪法第四修正案》,因为该计算机位于俄罗斯,并且其所有权人并非美国公民。

④ 比较 State v. Lehman, 736 A.2d 256, 260, 261 (Me. 1999) (认为授权令授权扣押嫌疑人房屋内所有与计算机相关的设备时,并没有因为过于宽泛而违反宪法),与 Burnett v. State, 848 So. 2d 1170, 1173, 1174 (Fla. Dist. Ct. App. 2003) (裁定当授权令未显示嫌疑人计算机中可能找到儿童色情制品时,授权令申请不能获得通过),以及 Crowther v. State, 249 P.3d 1214, 1222 (Kan. Ct. App. 2011) [认为当授权令"不限于任何特定文件或任何特定犯罪并且授权对(被告人)所有文件进行普遍性的检查时"过于宽泛]。

应的记录"。① 然而,当无关的文件被扣押时,至少有一家法院承认此类文件可能不会被无限期保留。②

各巡回法院对于"简单查看原则"例外是否应当适用于电子搜查尚存争议。"简单查看原则"例外即"简单查看原则"(Plain View Doctrine),它是《美国宪法第四修正案》中"搜查、扣押需要授权令"的例外,指的是警方在没有获得授权令的情况下仅仅简单查看后就可以扣押证据,只要允许警方查看证据的介入行为是合法的。在柯立芝诉新罕布什尔州案中,联邦最高法院阐释道:涉及"简单查看原则"条款的扣押判例具有三个共同点,其一,警方事先必须有充分的理由介入宪法保护的领域;其二,发现犯罪证据是无意之举;其三,警方必须立即意识到其调查的物品是证据,即证据的犯罪性必须立即显现。这意味着在不需要进一步考察检视物品时就能够确定可能的原因。此外,所有根据"简单查看原则"扣押的物品必须基于其可能是犯罪的证据这一原因。在明尼苏达州诉迪克森案中,美国联邦最高法院将"简单查看原则"扩展至"简单感知原则(Plain Feel Doctrine)",认为警方可以扣押违禁品,即便是通过接触识别出其是违禁品。③ 因而该原则也被

---

① See Computer Crime & Intell. Prop. Sec., Crim. Division, U.S. Dep't Of Justice, *Searching and Seizing Computers and Obtaining Electronic Evidence in Criminal Investigations*, p. 78, http://www.justice.gov/criminal/cybercrime/docs/ssmanual2009.pdf.

② 参见 United States v. Ganias, 755 F.3d 125, 137 (2d Cir. 2014) (裁定政府不得"扣押并无限期地保留计算机上的所有文件以用于将来的刑事调查"),被 824 F. 3d 199 (2d Cir. 2016) (en banc)确认,被 137 S.Ct. 569 (2016)推翻。

③ United States v. Stabile, 633 F.3d 219, 240-242 (3d Cir. 2011) (裁定寻找金融犯罪证据的调查人员已合规地根据"简单查看原则"检查了包含儿童色情制品的文件的淫秽名称,而没有裁定由他们自己来检查文件是否合适)。比较 United States v. Williams, 592 F. 3d 511, 521, 524 (4th Cir. 2010) (允许在"简单查看原则"的例外之下查找邮件威胁和骚扰的证据,同时搜查和扣押儿童色情图像),以及 United States v. Burgess,576 F.3d 1078,1096(10th Cir. 2009) (基于善意的例外原则,在计算机中寻找贩毒证据时对于硬盘中存储的儿童色情图像可以进行搜查和扣押),与 United States v. Carey, 172 F.3d 1268, 1273 (10th Cir. 1999) (当授权令仅授权搜查"与受控物质的销售和分销有关的文件证据"时,对于被告人计算机上儿童色情制品的扣押无效),以及 United States v. Comprehensive Drug Testing, Inc., 621 F.3d 1162, 1178 (9th Cir. 2010) (en banc) (Kozinski, C.J., concurring) ("当政府希望获得授权令以检查计算机硬盘驱动器或电子存储介质来查找特定犯罪文件时,或当搜查证据的行为会导向扣押计算机时,治安法官应坚持要求政府断然放弃对'简单查看原则'的依赖。"), 在 Hamer v. Neighbourhood Hous. Servs. Of Chi., 138 S.Ct. 13 (2017)案中基于其他理由而废弃。参见 Laura T. Bradley, *The Plain Feel Doctrine in Washington: An Opportunity to Provide Greater Protections of Privacy to Citizens of This State*, Seattle University Law Review vol. 19, p.131, 138-140(1995);参见 Bryan A. Garner ed., Black's Law Dictionary, 10th ed., Thomson Reuters West, 2014, p. 1335。

称为"简单接触原则(Plain Touch Doctrine)"。这使得执法机构根据搜查过程中发现的文件名称或其他信息提出新的指控或者拓展授权令的范围。① 最近的趋势是,一些法院指示地方法院法官要求政府同意某些协议,如在发出授权令之前放弃"简单查看原则"的例外。② 一些地方法院法官还未得到法院的指示就已经在判决中引用这些协议。③

最后,"过时原则"在信息数字化背景下得到不同的适用。"过时原则"指的是支持授权令的信息过于"过时",以至于在行使授权令时无法提供必要的正当理由。④ 信息数字化的持久性已大大延长了"过时原则"适用的期限。⑤ 例如,在第一巡回法院审理的一起案件当中,授权令的支撑信息已有三年的历史,但是法院依然确认了该授权令的有效性。⑥ "过时原则"经常

---

① 参见 Horton v. California, 496 U.S. 128 (1990) (允许执法人员在没有授权令的情况下扣押显而易见的可将犯罪嫌疑人定罪的物品)。

② 参见 United States v. Comprehensive Drug Testing, Inc., 621 F. 3d 1162, at 1178("当政府希望获得授权令以检查计算机硬盘驱动器或电子存储介质来查找特定犯罪文件时,或当搜查证据的行为可以导向扣押计算机时,治安法官应坚持要求政府断然放弃对'简单查看原则'的依赖。")。但是参见 United States v. Ayache, No. 3:13-cr-153, 2014 WL 923340, at * 2 (M.D. Tenn. Mar. 10, 2014)("搜查计算机和其他形式的电子媒体会产生'实际的困难',需灵活应用特殊性要求")。

③ 参见 In re Odys Loox Plus Tablet, 28 F. Supp. 3d 40, 45-46 (D.D.C. 2014)(认为政府授权令并未足够重视搜查协议);In re iPhone 4, 27 F. Supp. 3d 74, 79-80 (D.D.C. 2014)(请注意尽管法院不会"事前将政府约束于严格的搜查协议来束缚有效的刑事调查",但法院会要求"政府指明如何继续搜索。")。但是参见 In re Associated With the Email Account xxxxxxx@gmail.com Maintained at Premises Controlled By Google, Inc., 33 F. Supp. 3d 386, 339-340 (S.D.N.Y. 2014)(在进行电子搜查时不要求有协议)。

④ See Computer Crime & Intell. Prop. Sec., Crim. Division, U.S. Dep't Of Justice, *Searching and Seizing Computers and Obtaining Electronic Evidence in Criminal Investigations*, p. 68, http://www.justice.gov/criminal/cybercrime/docs/ ssmanual2009.pdf.

⑤ See Computer Crime & Intell. Prop. Sec., Crim. Division, U.S. Dep't Of Justice, *Searching and Seizing Computers and Obtaining Electronic Evidence in Criminal Investigations*, p. 68-69, http://www.justice.gov/criminal/cybercrime/docs/ssmanual2009.pdf.

⑥ United States v. Morales-Aldahondo, 524 F. 3d 115, 117, 119 (1st Cir. 2008)(发现被告人购买各个儿童色情网站访问权限的信息并未过时,即使该信息是在三年前获得的);同样参见 United States v. Allen, 625 F. 3d 830, 842-843 (5th Cir. 2010)(发现被告人通过对等网络站点发送儿童色情图像与授权令颁布时间相隔18个月,然而授权令并未认为该信息过于陈旧)。

出现在涉及囤积儿童色情制品的案件中。①

2. 第三方原则

"第三方原则"确立了这样的规则,个人对与第三方自愿共享的信息的隐私期待降低。但是,该原则在新技术上的应用受到联邦最高法院最近一项裁决的限制。

通过互联网发送的信息(即使据称是私有的)在传输过程中也可以与第三方共享,如互联网服务提供商、移动运营商、电子邮件提供商以及移动设备应用提供商。② 此信息可以包括 IP 地址、位置信息、账单信息和网络浏览历史记录。

当前执法人员通常必须获得授权令以从第三方处收集嫌疑人精确详细的位置信息。美国联邦最高法院在卡彭特诉美国案中③以 5∶4 的票数拒绝将"第三方原则"扩展至手机基站的位置信息(Cell Site Location Information,简称"CSLI"),裁定执法部门需获得授权令才能从犯罪嫌疑人的手机运营商处获得过去 7 天手机基站位置信息。④

联邦最高法院没有完全取消"第三方原则",该原则最初允许执法机构在没有授权令的情况下获得犯罪嫌疑人的银行记录或犯罪嫌疑人的电话记录。⑤ 相反,法院强调了法律执行部门是否需要授权令来获取第三方记录仍需考虑许多因素,包括可用信息的数量、该信息的敏感性以及共享是否自愿。⑥

该判决并未说明当前如何将"第三方原则"应用于监控摄像头以及可

---

① United States v. Vosburgh, 602 F. 3d 512, 530 (3d Cir. 2010)("在分析可能的原因时必须考虑到这样一个被广为接受的事实,即儿童色情制品的收集者往往会长时间囤积这些材料。");同样参见 United States v. Zimmerman, 277 F. 3d 426, 434 (3d Cir. 2002)("人们长期留存儿童色情制品是因为获取行为本身违法,儿童色情制品也十分难以得到。")。但是参见 United States v. Seiver, 692 F. 3d 774, 776 (7th Cir. 2012) (对"陈旧性"与"新鲜度""收集"与"破坏"的担忧反映了对计算机技术的误解)。

② In re Charter Commc'ns., Inc. Subpoena Enforcement Matter, 393 F. 3d 771, 774 (8th Cir. 2005) (讨论唱片工业协会向互联网服务提供商 Charter 发传票以获取其 IP 地址所标识的特定互联网用户的个人信息,据称这些 IP 用户非法复制和下载音乐文件)。

③ Carpenter v. United States 138 S. Ct. 2206 (2018).

④ Carpenter v. United States, 138 S. Ct. 2206 (2018).

⑤ Smith v. Maryland, 442 U.S. 735, 745–746 (1979) (裁定安装和使用笔式拨号信息记录器以收集拨出的电话号码不属于《美国宪法第四修正案》中的"搜查");United States v. Miller, 425 U.S. 435, 443 (1976) (认为《美国宪法第四修正案》并未禁止获取透露给第三方的信息)。

⑥ Carpenter v. United States, 138 S. Ct. 2206, at 2219, 21.

能偶然泄露位置、IP 地址或网络浏览历史记录的其他商业记录。① 然而,有学者根据判决的表述推定"第三方原则"将被更广泛地应用。② 在过去的几十年间,下级法院一直在努力解决这些问题。③

联邦最高法院最初在 20 世纪 70 年代后期确立了"第三方原则",这促使国会在《电子通信隐私法》中制定了如下所述的其他法定保障措施。近年来,法院越来越努力地将其先例应用于新技术。在美国诉琼斯案中,索托马约尔大法官建议,鉴于技术进步已大大增加了传输给第三方的个人数据量,因此有必要重新审视"第三方原则"。④ 联邦最高法院在莱利诉加利福尼亚州一案中也表达了这些担忧,本案限制了未获授权的搜查以获取存储在个人移动设备上的数据。⑤

---

① Carpenter v. United States, 138 S. Ct. 2206, at 2220(严格限制其意见,但允许"紧急情况"例外的适用);Carpenter v. United States, 138 S. Ct. 2206, at 2236(Gorsuch 法官发表不同意见)。

② 参见 Paul Ohm, *The Broad Reach of Carpenter v. United States*, Just Security, June 27, 2018, https://www.justsecurity.org/58520/broad-reach-carpenter-v-united-states/ ("Carpenter 的观点和推理范围极其广泛,将远远超出此案的事实。")。

③ 参见 Klayman v. Obama, 805 F. 3d 1148, 1148-1149 (D.C. Cir. 2015)(备忘录)(Kavanaugh 法官发表异议)(拒绝了原告关于在上诉期间暂停审理的紧急请求,因为"政府的元数据收集计划完全符合《美国宪法第四修正案》");United States v. Warshak, 631 F.3d 266, 288 (6th Cir. 2010) (en banc)(裁定"订阅用户在通过商业网络服务提供者存储、发送或接收的电子邮件内容中享有合理的隐私期望");In re Zynga Privacy Litig., 750 F.3d 1098, 1108, 1109 (9th Cir. 2014)(将包含搜索词的 URL 与我们所讨论的"仅包含基本标识和地址信息"的 URL 区别开来,并坚持认为《美国宪法第四修正案》不保护后者);United States v. Conner, 521 F. App'x 493, 497 (6th Cir. 2013)(拒绝将 Warshak 案扩展到点对点文件共享);United States v. Forrester, 512 F.3d 500, 504 (9th Cir. 2008)(类似于在 Smith v. Maryland 案中使用笔式拨号信息记录器,认为被告人所访问的政府拥有的 IP 地址并不构成根据《美国宪法第四修正案》进行的搜查);United States v. Forrester, 512 F.3d 500, 510 (9th Cir. 2008)(认为在没有授权令的情况下通过计算机监控技术获取电子邮件地址、网络浏览记录以及在被告人互联网账户上传输的数据,并不构成《美国宪法第四修正案》中的搜查);但是参见 United States v. Perrine, 518 F.3d 1196, 1205 (10th Cir. 2008)(认为被告人"在他给 Yahoo! 和 Cox 的订户信息中没有《美国宪法第四修正案》的隐私期待");United States v. Hambrick, No. 99-4793, 2000 WL 1062039, at * 4 (4th Cir. Aug. 3, 2000)[裁定被告人对于提供给网络服务提供者的信息(包括其 IP 地址、名称和账单地址)并没有合理的隐私期待]。

④ 参见 United States v. Jones, 565 U.S. 400, 417-418 (2012)(Sotomayor 法官发表异议)(认定第三方原则的"方法不适合数字时代,因为在数字时代人们在日常生活的过程中将自己的大量信息交给了第三方")。

⑤ Riley v. California, 134 S. Ct. 2473, 2490, 2495 (2014) [citing United States v. Jones, 565 U.S. 400, at 414 (Sotomayor, J., concurring)](在逮捕犯罪嫌疑人时扣押的手机需要有授权令才能搜查)。参见 Miriam H. Baer, *Secrecy, Intimacy, and Workable Rules: Justice Sotomayor Stakes out the Middle Ground in United States v. Jones*, The Yale Law Journal Forum, vol. 123, p. 393 (2014)。

(五)电子监视与《电子通信隐私法》

国会于1986年通过了《电子通信隐私法》①,以"更新我们的法律隐私保护并使之与现代电信和计算机技术保持一致"。②《电子通信隐私法》的目标是在公民的隐私期待权以及法律执行机构的合法需求之间取得合理的平衡③,同时支持美国的技术创新。④

《电子通信隐私法》通过将现有法律扩展到包括手机和计算机之类的现代通信方法,并通过限制对传输实时或存储内容的窃听或搜查,限制了受允许的窃听和通信监视的范围。⑤ 具体而言,《电子通信隐私法》的主要内容如下:(1)通过更新1968年的《窃听法》(Wiretap Act),扩大联邦对有线和电子通信的现有保护,除口头和有线通信外⑥,还包括电子通信⑦;(2)关于收集包括电话拨号、电话路由和互联网元数据在内的"非内容"信息,通过了《禁用笔式拨号信息记录器和通讯信号捕获追踪设备法》(Pen Register and Trap and Trace Statute,简称"Pen/Trap",即"笔/陷阱")⑧;(3)制定了《存储通信法》(Stored Communications Act,简称"SCA")⑨,该法保护由"电子通信服务"和"远程计算服务"掌管的"内容"信息,如电子邮件内容和主题。⑩

自1986年以来,《电子通信隐私法》中许多隐私保护内容未更新。⑪ 但

---

① Pub. L. No. 99-508, 100 Stat. 1848 (1986) [被编纂为修订后的 18 U.S.C. § § 2510-2522, 2701-2712, 3121-3126 (2018)]。

② 132 Cong. Rec. S7991 (daily ed. June 19, 1986) (Leahy 议员和 Mathias 的声明)。

③ H.R. REP. No. 99-647, at 19 (1986).

④ S. REP. No.99-541, at 5 (1986).

⑤ See Daniel J. Solove, *Privacy and Power: Computer Databases and Metaphors for Information Privacy*, Stanford Law Review, vol. 53: 6, p. 1393, 1441 (2001).

⑥ 18 U.S.C. § § 2510-2522 (2018).

⑦ "电子通讯"是一个广义的术语,包含了计算机网络通讯。参见 Office Of Legal Educ., U.S. Dep't Of Justice, *Prosecuting Computer Crimes* (Jan. 14, 2015), http://www.justice.gov/criminal/file/442156/download; Bryan A. Garner ed., *Black's Law Dictionary*, 10th ed., Thomson Reuters West, 2014, p. 59。

⑧ 18 U.S.C. § § 3121-3127.

⑨ 18 U.S.C. § § 2701-2712.

⑩ 参见 18 U.S.C. § 2711。

⑪ Electronic Privacy Information Center, *Electronic Communications Privacy Act (ECPA)*, https://www.epic.org/ecpa/(last visited Oct. 22, 2018).

国会于 2018 年通过了《澄清境外数据合法使用法》(Clarifying Lawful Overseas Use of Data Act，简称"CLOUD Act"，即"云法案")以启动一项计划，使美国执法部门能够访问在国外存储的数据，并为外国访问存储在美国的数据提供途径。① 许多隐私权倡导者反对新法律，详见下文。②

许多人认为，《电子通信隐私法》不能为 1986 年以来开发的新技术(例如手机和云计算)提供有意义的电子隐私保护。③ 国会近年来提出了许多旨在更新和改革《电子通信隐私法》的法案。④ 2016 年 4 月，众议院以 419：0 的票数通过了《电子邮件隐私法》(Email Privacy Act)(HR. 699)。⑤ 该法案提议对《存储通信法》进行重大更新，取消对于电子邮件存储 180 天之内和之上的区别，并试图要求执法人员在访问任何电子通讯的内容之前获取授权令，无论其存储在何处、需要多长时间或者是否被开启。⑥ 该法案在审

---

① Consolidated Appropriations Act, 2018, Pub. L. No. 115-141, div. V; 同样参见 Stephen P. Mulligan, Cong. Research Serv., Cross-Border Data Sharing Under The Cloud Act, R45173 (2018) (讨论推动《澄清境外数据合法使用法》的诉讼并罗列了该法的条款)。

② Letter from Access New et al., Coalition Letter on Cross Border (Sept. 20, 2017), https://na-production. s3.amazonaws.com/documents/Coalition Letter on Cross Border .pdf ("未经重大修正，该立法对隐私、公民自由和人权构成威胁。")。

③ ECPA Reform, Ctr. For Democracy and Tech., https://cdt.org/issue/security-surveillance/ecpa-reform/ (last visited Oct. 22, 2018); see also About the Issue, Digital Due Process, https://digital-dueprocess. org/about-the-issue/ (last visited Oct. 22, 2018) ("《电子通信隐私法》无法再以清晰一致的方式被应用，因此，当今的数字通信服务所产生的大量个人信息可能无法受到足够的保护。"); Brad Smith, Passing ECPA Reform–It has Never Been More Important, Microsoft Blog (Sept. 16, 2015), http://blogs.microsoft.com/on-the-issues/2015/09/16/passing-ecpa-reform-it-has-never-been-more-important/ [当前保护美国人在线隐私权的主要法律是在 1986 年通过的。从技术上讲，它有点像石器时代(的立法)。"]; Adam Sneed, Today: Senate Judiciary Talks ECPA Reform, Politico (Sept. 16, 2015), http://www. politico. com/tipsheets/morning-tech/2015/09/morning-tech-20150916-210234(讨论关于《电子通信隐私法》的争议)。

④ 参见 Wyden, Chaffetz Stand Up for Privacy with GPS Act, Ron Wyden United States Senator (Jan. 22, 2015), https://www.wyden.senate.gov/news/press-releases/wyden-chaffetz-stand-up-for-privacy-with-gps-act; Bipartisan Group Introduces Bill to Protect Online Privacy, United States Congressman Kevin Yoder, (Feb. 4, 2015), https://yoder.house.gov/media-center/press-releases/bipartisan-group-introduces-bill-to-protect-online-privacy。

⑤ See Mario Trujillo, House Unanimously Passes Email Privacy Bill, The Hill (Apr. 27, 2016, 3:39 PM), http://thehill.com/policy/technology/277897-house-unanimously-passes-bill-to-protect-email-privacyl/。

⑥ See Richard M. Thompson Ii & Jared P. Cole, Cong. Research Serv., R44026, Stored Electronic Communications Act: Reform Of The Electronic Communications Privacy Act 9 (2015).

议过程中被撤回且未能在第114届国会通过。①

1. 信息分类

"内容"和"非内容"信息之间的区别可以确定适用哪一部法律:《窃听法》适用于实时访问"内容"信息,而《禁用笔式拨号信息记录器和通讯信号捕获追踪设备法》适用于实时访问"非内容"信息。②《存储通信法》适用于访问所有存储信息的行为,无论该信息属于"内容"信息还是"非内容"信息。③

"内容"信息指的是"与该通讯的内容、意图或含义有关的任何信息。"④可以将电子邮件主题或用户的搜索引擎请求视为内容信息。⑤《窃听法》规制"传输中"⑥的有线的、口头的、电子的内容信息,而《存储通信法》规制电子存储设备中的有线的、电子的内容信息和非内容信息。⑦

相反,《禁用笔式拨号信息记录器和通讯信号捕获追踪设备法》涉

---

① See Erin Kelly, *Senate Derails Bill to Rein in Email Surveillance*, USA Today (June 9, 2016), http://www.usatoday.com/story/news/politics/2016/06/09/senate-derails-bill-rein-email-surveillance/85641196/.

② Computer Crime & Intell. Prop. Sec., Crim. Division, U.S. Dep't of Justice, *Searching and Seizing Computers and Obtaining Electronic Evidence in Criminal Investigations*, p. 151-153, http://www.justice.gov/criminal/cybercrime/docs/ssmanual2009.pdf.

③ Computer Crime & Intell. Prop. Sec., Crim. Division, U.S. Dep't of Justice, *Searching and Seizing Computers and Obtaining Electronic Evidence in Criminal Investigations*, p. 115-116, http://www.justice.gov/criminal/cybercrime/docs/ssmanual2009.pdf(讨论《存储通信法》的适用)。

④ 参见 18 U.S.C. § 2510(8);同样参见 In re Zynga Privacy Litig., 750 F.3d 1098, 1106 (9th Cir. 2014)(认为 Facebook 用户 ID 不是内容信息,并且此处"内容"指的是"通信传达的预期消息,并且不包括有关在通信过程中生成的关于消息特征的记录信息")。

⑤ 参见 In re Zynga Privacy Litig., 750 F.3d 1098, at 1107(建议"如果记录是通信的主体,那么记录信息可以成为内容信息");Optiver Australia Pty. Ltd. & Anor. v. Tibra Trading Pty. Ltd. & Ors., No. C 12-80242, 2013 WL 256771 (N.D. Cal. 2013)(审查该法案的立法历史并得出结论,邮件主题是内容信息);关于美国使用笔式拨号信息记录器的申请,参见 In re Application of U.S. for Use of Per Rogister, 396 F. Supp. 2d 45, 48 (D. Mass 2005)(认为电子邮件的主题包含内容,因此不能在笔记录仪或陷阱和追踪设备下公开);Computer Crime & Intell. Prop. Sec., Crim. Division, U.S. Dep't Of Justice, *Searching and Seizing Computers and Obtaining Electronic Evidence in Criminal Investigations*, p. 152-153, http://www.justice.gov/criminal/cybercrime/docs/ssmanual2009.pdf["《禁用笔式拨号信息记录器和通讯信号捕获追踪设备法》允许执法人员获取互联网电子邮件的标题信息(邮件主题除外,其中可能包含内容)……(拦截)电子邮件内容(包括邮件主题)必须严格符合法律的规定。"]。

⑥ 参见 18 U.S.C. § 251 l(1)(a); 18 U.S.C. § 2711(1)。

⑦ 参见 18 U.S.C. § 2701。

"非内容"信息,其中包括在运输过程中收集的"拨号、路由、寻址和信号信息"。① 法院裁定数据"是自动生成的,而不是通过用户意志生成的"②,即表示"与任何通信的实质、含义或目的无关"的数据③不能被认为是"内容"信息。"非内容"信息通常被称为"信封"④或"元数据"信息,如通讯的日期和时间,以及电话号码、电子邮件地址,或者发送者和接收者的 IP 地址。⑤

《电子邮件隐私法》涵盖两大类内容:存储的内容和传输的内容。⑥ 处理内容时,《电子邮件隐私法》涵盖了出于传输目的的临时存储信息以及出于备份保护目的的存储信息。⑦ 这可以包括如语音邮件⑧、电子邮件⑨,甚至私人社交媒体帖子⑩在内的有线或电子内容。同时,《窃听法》涵盖了传输中的任何有线、口头或电子通讯。⑪ 当涉及电子通讯时,这种二分法可能

---

① 参见 18 U.S.C. § 3121(c)。

② In re iPhone Application Litig., 844 F. Supp. 2d 1040, 1061 (N.D. Cal. 2012).

③ United States v. Saville, No. 12-02-BU-DLC, 2013 WL 3270411, at * 7 (D. Mont. June 21, 2013).

④ 参见 Orrin S. Kerr, *Internet Surveillance Law After the USA PATRIOT Act: The Big Brother That Isn't*, Northwestern University Law Review vol. 97, p. 607, 611 (2003) ("每一种通信网络具有两种类型的信息:通信的内容以及网络用于传递通信内的寻址和路由信息。前者是'内容信息',后者是'信封信息'。")。

⑤ 参见 ACLU v. Clapper, 785 F. 3d 787, 822 (2nd Cir. 2015) (区分"元数据"和"内容通讯");United States v. Forrester, 512 F. 3d 500, 510 (9th Cir. 2008) (发现"去往或来自地址和 IP 地址的电子邮件构成寻址信息",而不是"内容"信息)。

⑥ See Orin S. Kerr, *A User's Guide to the Stored Communications Act, and a Legislator's Guide to Amending It*, George Washington Law Review, vol. 72, p. 1208, 1231 (2004).

⑦ 18 U.S.C. § § 2701-2712 (2018); 18 U.S.C. § 2510(12); See Office Of Legal Educ., U.S. Dep't Of Justice, *Prosecuting Computer Crimes* (Jan. 14, 2015), http://www.justice.gov/criminal/cybercrime/docs/ccmanual.pdf; Bryan A. Garner ed., *Black s Law Dictionary*, 10th ed., Thomson Reuters West, 2014, p. 92.

⑧ Wyatt v. City of Barre, 885 F. Supp. 2d 682, 690 (D. Vt. 2012) (当语音邮件"仍在语音邮件系统中"时,未经许可而收听该语音邮件构成了对于《存储通信法》的违反,但收听了未存储在语音邮件系统中的语音邮件副本并不构成对于《存储通信法》的违反)。

⑨ 参见 Sewell v. Bernardin, 795 F.3d 337, 338 (2d Cir. 2015)(认为未经许可访问电子邮件和 Facebook 账户均违反了《存储通信法》)。

⑩ Ehling v. Monmouth-Ocean Hosp. Serv. Corp., 961 F. Supp. 2d 659, 665 (D.N.J. 2013) ("法院裁定,《存储通信法》涵盖了非公开的 Facebook 留言板")。

⑪ 18 U.S.C. § § 2510-2522; Computer Crime &Intell. Prop. Sec., Crim. Division, U.S. Dep't Of Justice, *Searching and Seizing Computers and Obtaining Electronic Evidence in Criminal Investigations*, p. 152, http://www.justice.gov/criminal/cybercrime/docs/ssmanual2009.pdf.

会被分解。①

2.《电子邮件隐私法》的组成部分

(1)《禁用笔式拨号信息记录器和通讯信号捕获追踪设备法》

《禁用笔式拨号信息记录器和通讯信号捕获追踪设备法》涵盖了对"非内容"信息的收集。② 笔式拨号信息记录器和通讯信号捕获追踪设备长期以来被用于刑事调查③以收集有关电话的拨号、路由、地址和信号信息,并且可以扩展到互联网通信元数据。④ 该法使得包括政府在内的任何人在没有法院命令或者以下所述例外情况时,使用或安装笔式拨号信息记录器和通讯信号捕获追踪设备的行为会被认定为犯罪。⑤ 根据法律规定,必须在使用笔式拨号信息记录器和通讯信号捕获追踪设备之前获取法院命令,这和授权令不同。⑥

以违反《窃听法》⑦的方式截取的有线或口头通讯属于非法证据,应当被排除,但当政府非法使用笔式拨号信息记录器和通讯信号捕获追踪设备时,却缺乏法定的证据排除规则。⑧

(2)《窃听法》

《电子邮件隐私法》修改了1968年《综合犯罪控制和安全街道法》的第

---

① 参见 In re Pharmatrak, Inc., 329 F. 3d 9, 21 (1st Cir. 2003)(指出"早期法院采用的'存储—传输'二分法可能不足以解决当前的问题")。

② 参见 18 U.S.C. § 3127(3)。笔式拨号信息记录器捕获传出的数据,通讯信号捕获追踪设备捕获传入的数据。参见 18 U.S.C. § 3127(3)-(4)。

③ 参见 Smith v. Maryland, 442 U.S. 735, 736 n.1 (1979)。

④ 参见 18 U.S.C. § 3127(3)(将"笔式拨号信息记录器"定义为"记录或者解码通过其进行有线或电子通信的仪器或设备传输的拨号、路由、寻址或信号信息的设备或程序,但此类信息不应包括任何通讯的内容")。

⑤ 18 U.S.C. § 3121(a)。

⑥ 参见 18 U.S.C. § 3121。

⑦ 18 U.S.C. § 2515(如果截获"将违反《窃听法》",则"任何被截获的电传或口头通讯的证据"将会被排除);18 U.S.C. § 2518(10)(a)("任何受侵害的人……可采取行动隐瞒任何有线或口头通讯的内容……如果该通讯被非法截获"。但对于电子通信的截获,没有法定的排除规则。United States v. Meriwether, 917 F.2d 955, 960 (6th Cir. 1990)("《电子通信隐私法》并未针对控制电子通信的侦听提供独立的法定救济")。

⑧ 18 U.S.C. § § 2701-2712;同样参见 United States v. Thompson, 936 F.2d 1249, 1249, 1250 (11th Cir. 1991)("从置于电话里的笔式记录器中获得的信息可以被用作刑事审判的证据,即便授权其安装的法院命令并没有遵循成文法的要求……关于笔式拨号信息记录器的成文法……并不要求排除违反其法条内容获取的证据。")。

三篇。通过对《美国宪法第四修正案》对于政府窃听设置的标准进行编纂并将其应用于普通公民,该法旨在保护通信的隐私。① 第三篇最初仅仅限制对于口头和有线通信的拦截,但 1986 年国会使用《电子邮件隐私法》将保护范围扩展到电子通信。② 经修订的《窃听法》(又称"第三篇")③禁止包括政府在内的任何人通过使用设备故意截获或试图截获实时电信、口头或电子通讯④,除非通过法院授权。⑤ 在这种情况下,法院将"故意"定义为要求被告人有意截取隐蔽的通信,但被告人不必明确具备违反法律的意图或动机。⑥

只有当通信被"截获"了,才满足《窃听法》所规制的内容。⑦ 大多数巡回法院已将"截获"解释为要求通讯的"获取"与通讯的"传输"同步进行。⑧ 在美国诉国会议员案中,第一巡回法院否定了"存储"和"传输"之间用语的差别,认为作为诉讼争议焦点的电子邮件即便是在传输过程中定期地被存储,也属于被截获。⑨ 后来,在美国诉希姆兹凯维奇案中,第七巡回法院解释道,"在信息到达的一秒钟内复制该信息,不管采用何种标准都属

---

① 参见 S. REP. No. 90-1097, at 28 (1968), 在 1968 U.S.C.C.A.N. 2112, 2113 中重印[解释了第三篇适用于 Katz v. United States, 389 U.S. 347 (1967) 和 Berger v. New York, 388 U.S. 41 (1967) 案的标准]。有关触发违规的设备和行为以及所有可用的例外的完整列表,请参见 18 U.S.C. § 2511。

② Electronic Communications Privacy Act of 1986 § § 101-111, 18 U.S.C. § § 2510-2522 (2018); 同样参见 United States v. Suarez, 906 F.2d 977,980 (4th Cir. 1990) (讨论相关的立法历史)。

③ Office Of Legal Educ., U. S. Dep't Of Justice, *Prosecuting Computer Crimes* (Jan. 14, 2015), http://www.justice.gov/criminal/cybercrime/docs/ccmanual.pdf; Bryan A. Garner ed., *Black s Law Dictionary*, 10th ed., Thomson Reuters West, 2014, p. 59.

④ 18 U.S.C. § 2511(1)(a).

⑤ 18 U.S.C. § 2511(2).

⑥ 参见 Peavy v. Wfaa-TV, Inc., 221 F.3d 158, 178 79 (5th Cir. 2000) (驳回合法性辩护的错误); 同样参见 Office Of Legal Educ., U. S. Dep't Of Justice, Prosecuting Computer Crimes (Jan. 14, 2015), http://www.justice.gov/criminal/cybercrime/docs/ccmanual.pdf; Bryan A. Garner ed., *Black s Law Dictionary*, 10th ed., Thomson Reuters West, 2014, p. 59.

⑦ 参见 18 U.S.C. § § 2510, 2511。

⑧ 参见 United States v. Szymuszkiewicz, 622 F. 3d 701, 705-706 (7th Cir. 2010) ("数个常态电路已表明,只有当截获与通讯'同时发生'才算违反 U.S.C. § 2511"); Fraser v. Nationwide Mut. Ins. Co., 352 F. 3d 107, 113 (3d. Cir. 2003)(从 2003 年开始"每一个巡回法院……指出'截获'必须与'传输'同时发生")。

⑨ United States v. Councilman, 418 F. 3d 67, 80 (1st Cir. 2005) (en banc).

于同时"。① 然而,法规在"传输"和"获取"之间预设了多少时间使得获取信息"同步进行"仍然是一个开放式的问题。②

某些评论家称,根据《窃听法》的规定,截获通信需要"超级授权令",即光有合情合理的理由支持的授权令还不够,还要证明获取信息的常规调查技术已经失败或者有可能失败或太危险而无法使用,因而通过拦截获得特定通信内容是合情合理的。③ 该法律既需要有合情合理的理由支持的授权令,又要证明获取信息的常规调查技术已经失败或有可能失败或太危险而无法使用,因而通过拦截获得特定通信内容是合情合理的。④ 它还会要求政府指出将窃听行为危害性降至最小的方法。⑤ 提交至法院的申请必须包含更多细节,包括:政府机关以前是否拦截了目标的通讯;目标的身份(如果已知);通信设施的性质和位置;对于所搜查的通讯类型的描述以及与通讯相关的违法行为。⑥ 在法院没有延期的情况下,截获的持续时间不得超过三十天。⑦

违反《窃听法》的被告人将面临刑事制裁⑧、民事罚款或禁令救济的诉

---

① United States v. Szymuszkiewicz, 622 F. 3d 622, at 706(指出《窃听法》中没有计时要求)。但是,在 Szymuszkiewicz 案中的讨论是直接的。参见 Orin S. Kerr, *Computer Crime Law*, West Grap, 2006, p.457;同样参见 Office Of Legal Educ., U.S. Dep't Of Justice, *Prosecuting Computer Crimes* (Jan. 14, 2015), http://www.justice.gov/criminal/cybercrime/docs/ccmanual.pdf; Bryan A. Garner ed., *Black's Law Dictionary*, 10th ed., Thomson Reuters West, 2014, p. 65("当被告人干预计算机系统处理传入或传出信息的方式,导致在计算机处理的大约同一时间信息的副本被存储或转发给他,此时可以肯定地说同时性要素已经得到满足。")。

② 比较 United States v. Steiger, 318 F.3d 1039, 1050 (11th Cir. 2003)(暗示"同期"是指"飞行状态"),同 re Pharmatrak, Inc. Privacy Litig., 329 F.3d 9, 21 (1st Cir. 2003)(仅仅排除那些"将材料存储为电子形式后需要大量时间"取得的行为)。

③ See Orin S. Kerr, *Internet Surveillance Law After the USA PATRIOT Act: The Big Brother That Isn't*, Northwestern University Law Review vol. 97, p. 607, 645(2003); Letter from Electronic Privacy Information Center to House Committee on Science, Space, and Technology (June 27, 2018), https://epic.org/testimony/congress/EPIC-HSC-Stingrays-June2018.pdf.

④ 18 U.S.C. § 2518 (2018).
⑤ 18 U.S.C. § 2518 (2018).
⑥ 18 U.S.C. § 2518 (2018).
⑦ 18 U.S.C. § § 2518(5).
⑧ 18 U.S.C. § 2511 (4)(a)(根据第 18 篇的规定,处以不超过五年的监禁、罚金或二者并罚);18 U.S.C. § 2513(没收电讯、口头或电子通信拦截设备)。

讼。① 如果被告人是政府官员，那么还可能面临行政纪律处罚。② 违反《窃听法》而被没收的证据不大可能被作为证据使用，但该禁令仅适用于口头或有线通信，而不适用于电子通信。③ 违反《窃听法》可处以罚金、五年以下监禁，或者两者并罚。④

量刑指南§2H3.1涵盖了《窃听法》规定的犯罪，并根据最高监禁期限将基本犯罪级别定为六级或九级。⑤ 如果被告人的目的是获得直接或间接的商业利益或经济利益，那么犯罪级别增加三级。⑥ 如果该行为的目的是帮助另一个具有更高犯罪级别的犯罪行为，则适用于企图犯下该更高级别犯罪的量刑指南准则。⑦

（3）《存储通信法》

《存储通信法》保护公共通信服务提供商持有的信息⑧，这些提供商在传统上被定义为"电子通信服务"（Electronic Communication Services，简称"ECS"）⑨和"远程计算服务"（Remote Computing Services，简称" RCS"）。⑩

首先，第2701条包括一项实质性的刑事禁止，禁止未经授权故意访问通过电子通信服务提供的设施，或有意地超过授权访问该设施从而获得、更改或阻止对设备中以电子方式存储的通讯信息的授权访问。⑪ 第二，第2702条限制公共提供商向法律执行机构或者政府实体共享非内容信息并

---

① 18 U.S.C. § 2520（提供民事损害赔偿）；18 U.S.C. § 2521（提供禁令救济）。
② 18 U.S.C. § 2520(f)（提供行政管理）。
③ 18 U.S.C. § 2515; United States v. Giordano, 416 U.S. 505 (1974)（认为第三篇法定排除规定比美国宪法规定的司法排除规则提供了更多的保护，正如对窃听拦截适用的那样）；Alderman v. United States, 394 U.S. 165, 175 76 (1969)（选择不将宪法排除规则扩展到通过非法窃听或窃听获得的证据）。
④ 18 U.S.C. § 2511(4)(a).
⑤ U.S.S.G. § 2H3.1(a).
⑥ U.S.S.G. § 2H3.1(b)(1).
⑦ U.S.S.G. § 2H3.1(c)(1).
⑧ 18 U.S.C. § § 2701–2712.
⑨ 18 U.S.C. § 2510(15)（"电子通信服务"指的是向用户提供发送或接收有线或电子通信的任何服务）。
⑩ 18 U.S.C. § 2711(2)（"远程计算服务"指的是通过电子通信系统向公众提供计算机存储或处理服务）。
⑪ 18 U.S.C. § 2701."电子存储"被定义为"（A）附属于电子传输的电缆或电子通讯的任何临时的、中介的存储；（B）电子通讯服务对此类通讯的任何存储是为此类通讯提供备份保护。" 18 U.S.C. § 2510(17).

禁止共享内容信息,符合以下讨论情况的除外。① 最后,第 2703 条限制政府强迫通信服务提供商披露客户数据的行为。②

根据《存储通信法》,政府从提供者那里获取信息有五种方式:(1)传票;(2)已事先通知客户的传票;(3)一份由第 2703 条(d)款规定的法院命令;(4)一份由第 2703 条(d)款规定的事先通知客户的法院命令;(5)授权令。③《存储通信法》中规定的授权令是通过第 41 条规则所列程序获得的,但程序上存在一些差异。④ 虽然法规可能授权政府在仅有法院命令或传票时即可收集信息,但在某些情况下为了满足《美国宪法第四修正案》的附加要求,仍然需要授权令。⑤

对在供应商的服务数据库中以电子形式存储了 180 天或更短的通信信息进行搜查需要授权令。⑥ 根据法规,政府可以在 180 天后使用行政传票或法院命令进行搜查。⑦ 网络电子邮件和云计算的发展促进了《电子通信隐私法》的改革,因为电子邮件的存储时间已超过 1986 年设定的 180 天标准。⑧ 第六巡回法院裁定,存储在云计算机服务器上的电子邮件受《美国宪法第四修正案》关于授权令规定的保护。⑨ 联邦最高法院以肯定性的态

---

① 18 U.S.C. § 2702.

② 18 U.S.C. § 2703.

③ See Computer Crime & Intell. Prop. Sec., Crim. Division, U.S. Dep't Of Justice, *Searching and Seizing Computers and Obtaining Electronic Evidence in Criminal Investigations*, p. 127 – 134, http://www.justice.gov/criminal/cybercrime/docs/ ssmanual2009.pdf.

④ See Computer Crime & Intell. Prop. Sec., Crim. Division, U.S. Dep't Of Justice, *Searching and Seizing Computers and Obtaining Electronic Evidence in Criminal Investigations*, p. 133 – 134, http://www.justice.gov/criminal/cybercrime/docs/ ssmanual2009.pdf.

⑤ 参见 Carpenter v. United States, 138 S. Ct. 2206 (2018) (需要授权令以获取手机基站位置信息,尽管法规仅仅要求提供法院命令); United States v. Warshak 631 F.3d 266 (6th Cir. 2010) (对于超过 180 天的电子邮件的搜查需要出具授权令,但是成文法只要求一张传票即可)。

⑥ 18 U.S.C. § 2703(a).

⑦ 18 U.S.C. § 2703(b).

⑧ 参见 *ECPA Reform and the Revolution in Cloud Computing: Hearing Before the Subcomm. on the Constitution, Civil Rights, and Civil Liberties of the Comm. on the Judiciary House of Representatives*, 111 th Cong. (2010) (讨论"《电子通信隐私法》是否在法律执行、产业以及美国人民的隐私权利这些利益和需求之间维持了恰当的平衡")。

⑨ United States v. Warshak, 631 F. 3d 266, at 274; 同样参见 Jacob M. Small, *Storing Documents in the Cloud: Toward an Evidentiary Privilege Protecting Papers and Effects Stored on the Internet*, George Mason University Civil Rights Law Journal, Vol. 23: 3, p. 255, 269 – 270 (2013) (讨论 Warshak 案)。

度引用了第六巡回法院的案子,但未就此事做出明确的判决。① 第九巡回法院还明确规定,所有电子邮件的内容均将受到保护。② 至少一个州法院在总则性规定中强调了这个问题。③ 司法部和联邦机构主张他们目前并不使用传票授权从存储提供商那里获取旧电子邮件。④

如果政府要调取的信息在提供商"持有、保管或控制"之下,则提供商必须遵守政府的合法要求,不论该信息位于"美国之内还是之外"。⑤ 提供商面临政府提出的信息收集要求与外国法律相冲突的情形时,可以对该要求提出质疑,但被收集信息的主体无权提出质疑。⑥ 国会于2018年通过了《澄清境外数据合法使用法》以解决多国法律冲突被提交联邦最高法院后的域外管辖权问题。⑦

首次违反《存储通信法》的人将被处以罚金、一年以下监禁,或两者并罚。⑧ 再犯和寻求私人经济利益或恶意破坏的犯罪者将面临更严厉的刑罚。⑨

---

① Carpenter v. United States, 138 S. Ct. 2206, 2222 (2018)(讨论肯尼迪大法官倾向于引用Warshak案,631 F.3d 266);Carpenter v. United States, 138 S. Ct. 2206, 2230 (2018)(肯尼迪大法官不同意Alito和Thomas的观点)(倾向于引用Warshak案,631 F.3d 266);Carpenter v. United States, 138 S. Ct. 2206, 2269 (2018)(Gorsuch, J., 不同意)("毋庸置疑电子邮件应当与传统信件等同视之,后者很大程度上被取代了……");同样参见City of Ontario v. Quon, 560 U.S. 746, 760 (2010)(拒绝对同样的问题作出裁判)。

② United States v. Forrester, 512 F. 3d 500, 509 (9th Cir. 2007)("传统信件和电子邮件"中的隐私权是相同的,其内容可能值得《美国宪法第四修正案》的保护,然而邮件的地址以及包装物的尺寸信息并不值得保护。)。

③ 参见State v. Bellar, 217 P.3d 1094, 1110 (Or. Ct. App. 2009)("一个人对电子存储的个人信息的隐私权也不会因为该数据被保留在另一个人拥有的媒介中而丧失。再次……我们的社会规范关注点正在从个人数据在计算机硬盘驱动器上的存储演变为保留在'云'中的信息……")。

④ See Mario Trujillo, Google: *Government Creating 'Distractions' in Email Privacy Debate*, The Hill (Sept. 16, 2015), http://thehill.com/policy/technology/253835-tech-government-creating-distractions-in-email-privacy-debate/.

⑤ 18 U.S.C. § 2713 (2018).

⑥ 18 U.S.C. § 2703(h).

⑦ Stephen P. Mulligan, *Cross-Border Data Sharing Under The Cloud Act*, Cong. Research Serv., R45173, p. 7 (2018);同样参见United States v. Microsoft Corp., 138 S.Ct. 1186, 1188 (2018)(发回重审,并认为《澄清境外数据合法使用法》通过之后,该行为再无意义)。

⑧ 18 U.S.C. § 2701(b)(2)(A) (2018).

⑨ 18 U.S.C. § 2701(b)(1).

3. 例外与辩护

《存储通信法》①《监听法》②《禁用笔式拨号信息记录器和通讯信号捕获追踪设备法》③均包含了本该被禁止的活动但由于获得了当事人或用户的同意而被允许的条款。《存储通信法案》④《监听法》⑤《禁用笔式拨号信息记录器和通讯信号捕获追踪设备法》⑥还包括某种形式的权利和财产的例外，使公司能够在其"日常业务"中进行必要的活动。但是，该例外情况被狭义地理解⑦，并且仅适用于商务通讯，而不包括个人通讯。⑧

诚信辩护仅仅适用于合理地依赖授权令、陪审团传票、法定授权以及《窃听法》⑨或《存储通信法》⑩中的其他例外。

《窃听法》还允许受害计算机服务提供商授权他人在没有法院命令的情况下依法监督提供者计算机系统的非法侵入者。⑪ 计算机侵入者是指"未经授权访问受保护计算机的人，因此对于受保护的计算机中传输的信

---

① 18 U.S.C. § 2701(c).

② 18 U.S.C. § 2511(2)(d).

③ 18 U.S.C. § 3121(b).

④ 18 U.S.C. § 2701(c)(1)（无论服务提供商以何种动机访问被存储的通讯信息，都免除其责任）。

⑤ 18 U.S.C. § 2510(5)(a)(i)（不包括电话等设备，因为这些设备是在正常业务过程中被使用的，例如雇主监控雇员为合法的工作相关目的使用工作电话）；18 U.S.C. § 2510(5)(a)(ii)（不允许对囚犯的电话进行录音，但有例外情况）；Office Of Legal Educ., U.S. Dep't Of Justice, *Prosecuting Computer Crimes* (Jan. 14, 2015), http://www.justice.gov/criminal/cybercrime/docs/ccmanual.pdf; Bryan A. Garner ed., *Black s Law Dictionary*, 10th ed., Thomson Reuters West, 2014, p. 69–72（讨论例外情况）。

⑥ 18 U.S.C. § 3121(b)（电子或有线通讯服务提供商使用笔式拨号信息记录器和通讯信号捕获追踪设备，该用途"与操作、维护和测试有关……保护权利或财产，或保护用户的有线或电子通讯服务"或"记录发起或完成有线或电子通信的事实以保护该提供者……"）。

⑦ 请参见 Watkins v. L.M. Berry & Co., 704 F.2d 577, 582 (11th Cir. 1983) （"'在通常的业务范围中'的短语不能扩展至一家公司感兴趣的任何事情"）。

⑧ Watkins v. L.M. Berry & Co., 704 F.2d 577, 582 (11th Cir. 1983); 同样参见 Stalley v. ADS Alliance Data Sys., Inc., 997 F. Supp. 2d 1259, 1271 (M.D. Fla. 2014)（认为当截获的电话不是私人性质的时，则符合业务例外的条件）。

⑨ 18 U.S.C. § 2520(d); McCready v. eBay, Inc., 453 F.3d 882, 892 (7th Cir. 2006)（认为诚实信用的例外原则适用于《窃听法》和《存储通信法》，因此法院无需首先确定是否满足法定要件）。

⑩ 18 U.S.C. § 2707(e); 参见，如 Sams v. Yahoo! Inc., 713 F.3d 1175, 1180, 1181 (9th Cir. 2013)（认为"诚实信用"是法律和事实的混合问题，在以下情况符合此原则，即"当被告人遵守表面上看来是有效的传票内容，且没有任何异常的迹象足以使被告人知悉传票可能无效或者违反可适用的法律"）；McCready v. Bay, Inc., 453 F. 3d 882, at 892（适用诚实信用原则抗辩）。

⑪ 18 U.S.C. § 2511(2).

息没有合理的隐私期待。"①该定义不包括那些与所有者或运营商之间在访问受保护计算机上全部或部分存在合同关系的人。②

四、各州应对措施

(一) 州刑法典的结构

1978年,亚利桑那州和佛罗里达州成为首批颁布计算机犯罪法规的州。③ 从此每个州都颁布了某种形式的针对计算机的刑事法规。④ 这些专门条款中的确切定义和处罚措施强调计算机犯罪带来的独特问题,在解决这些问题时其比刑法典的一般性规定更有针对性,因而更具优势,它们提高了计算机安全性、增强威慑力并有利于刑事诉讼的开展。⑤ 这一部分将在各州语境范围内考察各州计算机犯罪法规的结构、各州计算机犯罪应对措施、各州管辖权问题以及执法问题。

(二) 各州计算机犯罪应对措施

各州还颁布了新法律或修订了现有法律来解决计算机特定问题,其中包括:1.在线骚扰;2.垃圾邮件;3.间谍软件;4.个人信息保护;5.网络欺凌。

1. 在线骚扰

关于在线骚扰,大多数州将在线威胁行为作为刑事犯罪处理,其具体做

---

① 18 U.S.C. § 2510(21).
② 18 U.S.C. § 2510(21).
③ 佛罗里达州法律于 1978 年 8 月生效;亚利桑那州的法律在同年晚一些实施。See J. Thomas McEwen, Dedicated Computer Crime Units, DIANE Publishing, 1988, p. 64.
④ 尽管我们在这里并没有指明每个州的立法计划,但是其他资料已做了这项工作。参见 Richard A. Leiter & William S. Hein & Co., Inc., *50 State Statutory Surveys: Computer Crimes*, 0030 Surveys 6 (Westlaw 2016); Fernando M. Pinguelo & Bradford W. Muller, *Virtual Crimes, Real Damages A Primer on Cybercrimes in the United States and Efforts to Combat Cybercriminals*, Virginia Journal of Law & Technology, vol. 16: 1, p. 116, 151–188 (2011).
⑤ 参见 Jerome Y. Roache, *Comment, Computer Crime Deterrence*, American Journal of Criminal Law, p. 391, 392 (1986) (解释如何通过化解检察官、律师和法官在技术以及与计算机相关的背景下合理适用传统刑法的疑虑来协助起诉)。

法包括在反跟踪法规中规定的电子监控①或通信②的内容,或将计算机和电子通信设备纳入一般的电话骚扰法规中来。③ 其他州法规专门处理针对未成年犯罪人的问题。④ 然而,其中一些法规面临基于《宪法第一修正案》立场的重大合宪性挑战。⑤

至少有 34 个州和哥伦比亚特区通过了所谓的"复仇色情法",该法通常禁止个人未经他人同意散布其私人裸照。⑥ 大多数州都规定了刑事处罚,还有些州同时规定了刑事处罚和民事救济。⑦ 得克萨斯州和亚利桑那州的"复仇色情法"草案因为范围过宽在提出后立即被中断立法程序,这两部法律草案不必要地禁止了本受《美国宪法第一修正案》保护的活动。⑧

2. 垃圾邮件

各州还开发了阻止垃圾邮件的工具。大多数州已经制定了反垃圾邮件法律,对使用互联网通信发送不请自来的广告以促进不动产、商品或服务的

---

① 参见 Alaska Stat. § 11.41.270 (2018) (将软件作为监视被害人的一种设备)。

② 参见 Mich. Comp. Laws § 750. 411s (2018) (禁止未经被害人同意的特定电子通讯)。

③ 参见 Idaho Code § 18-6710(3) (2018) (将"电话"定义为包括"提供消息、信号、传真、视频图像或其他通信的传输的任何设备")。对于不同状态的在线跟踪方法的讨论,参见 Naomi Harlin Goodno, *Cyberstalking, A New Crime: Evaluating the Effectiveness of Current State and Federal Laws*, Missouri Law Review, vol. 72, p. 125 (2007)。

④ 参见 Mich. Comp. Laws § 750.41 ls(2)(b)(v)。

⑤ 参见 Am. Booksellers Found. v. Strickland, 601 F.3d 622 (6th Cir. 2010)(推翻了地方法院的一项判决,即俄亥俄州一项禁止在互联网上传播对未成年人有害的信息的法规是违宪的); Vives v. City of New York, 405 F.3d 115 (2d Cir. 2004)(挑战了纽约州法规中将具有"威胁意图"发送非威胁性材料的行为定为犯罪的规定); ACLU v. Johnson, 194 F.3d 1149 (10th Cir. 1999)(发现新墨西哥州一项法规将通过计算机传播对未成年人有害的行为定为犯罪,违反了《美国宪法第一修正案》); Se. Booksellers Ass'n v. McMaster, 371 F. Supp. 2d 773 (D.S.C. 2005)(基于《美国宪法第一修正案》宣布一项对通过互联网发送或接收的数字电子文件向未成年人传播有害信息进行刑事制裁的州法规无效)。

⑥ *State Revenge Porn Policy*, Electronic Privacy Information Center, https://epic.org/state-revenge-porn-policy/ (Last visited Sept. 6, 2018).

⑦ *State Revenge Porn Policy*, Electronic Privacy Information Center, https://epic.org/state-revenge-porn-policy/ (Last visited Sept. 6, 2018).

⑧ Ex parte Jones, No. 12-17-00346-CR, 2018 WL 2228888, at * 7 (Tex. App. May 16, 2018), 请求准予自由裁量权审查(July 25, 2018); Antigone Books L.L.C. v. Brnovich, No. 2:14-cv-02100-PHX-SRB (D. Ariz. July 10, 2015), https://www.aclu.org/legal-document/antigone-books-v-horne-final-decree. 根据《美国宪法第一修正案》对复仇色情法律进行申辩,参见 Danielle Keats Citron & Mary Anne Franks, *Criminalizing Revenge Porn*, Wake Forest Law Review, vol. 49, p. 345, 374-386 (2014)。

出售或租赁的行为进行规制。① 少数州也颁布了在民事诉讼中提供损害赔偿的法律规定②，并鼓励计算机犯罪的受害者勇敢站出来。

3. 未经授权的访问、黑客和间谍软件

所有 50 个州均颁布了普遍禁止人们未经授权访问计算机的法律。③ 至少有 25 个州专门将拒绝服务攻击定为犯罪，而 5 个州通过了专门法律禁止使用勒索软件对计算机进行勒索。④ 20 个州、关岛和波多黎各颁布了"反间谍软件"法来治理秘密收集用户的私人信息或向用户显示不请自来的广告的软件，通常配置了刑事处罚。⑤ 有些州并没有专门针对间谍软件的法律，这些州发生的使用间谍软件行为主要由规定计算机犯罪、欺诈行为和身份盗用的条款加以规制。⑥

4. 个人信息保护

在没有联邦立法的情况下，所有 50 个州、哥伦比亚特区、关岛、波多黎各和维尔京群岛⑦均通过了保护个人信息的法规并设定使用和存储此类信

---

① 阿拉斯加州、亚利桑那州、阿肯色州、加利福尼亚州、科罗拉多州、康涅狄格州、特拉华州、佛罗里达州、乔治亚州、爱达荷州、伊利诺伊州、印第安纳州、爱荷华州、堪萨斯州、路易斯安那州、缅因州、马里兰州、密歇根州、明尼苏达州、密苏里州、内华达州、新墨西哥州、北卡罗来纳州、北达科他州、俄亥俄州、俄克拉荷马州、宾夕法尼亚州、罗德岛州、南达科他州、田纳西州、德克萨斯州、犹他州、弗吉尼亚州、华盛顿州、西弗吉尼亚州、威斯康星州和怀俄明州都制定了反垃圾邮件立法。参见 State Laws Relating to Unsolicited Commercial or Bulk E-mail (SPAM), Nat' l Conf. Of State Legs. (Dec. 3, 2015), http://www.ncsl.org/issues-research/telecom/state-spam-laws.aspx。(Nat' l Conf. Of State Legs 的全称是 The National Conference of State Legislatures，即全国州立法机构会议，该机构的网址是 http://www.ncsl.org/。——译者注)

② 参见 Conn. Gen. Stat. § 52-570b (2018)。

③ 参见 Computer Crime Statutes, Nat' l Conf. Of State Legs. (June 14, 2018), http://www.ncsl.org/research/telecommunications-and-information-technology/computer-hacking-and-unauthorized-access-aws.aspx。

④ Computer Crime Statutes, Nat' l Conf. Of State Legs. (June 14, 2018), http://www.ncsl.org/research/telecommunications-and-information-technology/computer-hacking-and-unauthorized-access-aws.aspx.

⑤ 参见 State Spyware Laws, Nat' l Conf. Of State Legs. (Jan. 25, 2017), http://www.ncsl.org/research/telecommunications-and-information-technology/state-spyware-laws.aspx。

⑥ State Spyware Laws, Nat' l Conf. Of State Legs. (Jan. 25, 2017), http://www.ncsl.org/research/telecommunications-and-information-technology/state-spyware-laws.aspx.

⑦ 参见 See Security Breach Notification Laws, Nat' l Cone. Of State Legs. (Mar. 29, 2018), http://www.ncsl.org/research/telecommunications-and-information-technology/security-breach-notification-aws.aspx。

息的要求,包括发生信息泄漏时需进行通知。① 大多数法规都严格遵循加利福尼亚州于 2012 年增加的具有里程碑意义的法律条款。②

5. 网络欺凌

在诸如梅根·迈尔这样备受关注的案件发生之后③,各州一直致力解决网络欺凌④、网络跟踪、网络骚扰和性侵犯问题⑤,通过制定相关法律来填补联邦计算机犯罪法律无法解决的空白,例如,法院拒绝将《计算机欺诈和滥用法》适用于网络欺凌或网络骚扰行为。⑥ 截至 2018 年,所有 50 个州均颁布了与欺凌有关的法律。⑦ 如今,48 个州的法律包含"网络欺凌"的术语⑧,其中 44 个州的法律规定了网络欺凌的刑事责任。⑨ 尽管美国联邦层面已提

---

① 参见 Cal. Civ. Code § § 1798.29(a), 1798.82 (West 2018); Ark. Code Ann. § § 4-110-101-108 (2013) (要求获得、拥有或许可阿肯色州居民个人信息的自然人、商业以及政府机关提供合理的安全措施来保护这些信息)。

② Cal. Civ. Code § § 1798.29(a), 1798.82 (West2007). 2012 年 1 月 1 日,作为里程碑的《加利福尼亚民法典》被修改,增加了信息安全泄露事件通知中的细节,并扩展了信息安全泄露通知中必要接收者的范围。See Anna T. Ferrari, Nathan D. Taylor, & Christine E. Lyon, *California Expands Security Breach Notification Requirements,* Morrison & Foerster (Sept. 1,2011), http://media.mofo.com/files/Uploads/Images/1 10901-CA-Security-Breach-Notification.pdf.

③ 参见 Jennifer Steinhauer, Verdict in MySpace Suicide Case, N.Y. Times (Nov. 26, 2008), http://www.nytimes.com/2008/11/27/us/27myspace.html(讨论了一个十几岁的女孩因在 MySpace 上被其同学的母亲奚落之后自杀的事件)。

④ 如 Nev. Rev. Stat. § 388.123 (2017); Mass. Gen. Laws ch. 71, § 37 o(2018)。

⑤ 参见 Steven D. Hazelwood & Sarah Koon-Magnin, *Cyber Stalking and Cyber Harassment Legislation in the United States, A Qualitative Analysis,* International Journal of Cyber Criminology, vol. 7: 2, p. 155 (2013) (评估国家网络跟踪和网络骚扰立法);同样参见 David Gray, Danielle Keats Citron, & Liz Clark Rinehart, *Fighting Cybercrime After United States v. Jones,* Journal of Criminal Law & Criminology, vol. 103: 3, p. 745 (2013) (讨论网络跟踪、网络骚扰和性侵犯)。

⑥ 例如,在 Meier 案中,被告人只能根据《计算机欺诈和滥用法》[18 U.S.C. § 1030(2018), 18 U.S.C. § 1030(2020)]被起诉,该法旨在防止未经授权访问计算机系统,被告人最终被无罪释放。参见 Kim Zetter, *Judge Acquits Lori Drew in Cyberbullying Case, Overrules Jury,* Wired(July 2, 2009), http://www.wired.com/2009/07/drew-court/。

⑦ See Sameer Hinduha & Justin W. Patchin, *State Bullying Laws,* Cyberbullying Res. Ctr., http://www.cyberbullying.org/Bullying-and-Cyberbullying-Laws.pdf. (last updated Aug. 2018.

⑧ See Sameer Hinduha & Justin W. Patchin, *State Bullying Laws,* Cyberbullying Res. Ctr., http://www.cyberbullying.org/Bullying-and-Cyberbullying-Laws.pdf. (last updated Aug. 2018)(比如阿肯色州、加利福尼亚州、康涅狄格州、佛罗里达州、夏威夷州、伊利诺伊州、堪萨斯州、路易斯安那州、缅因州、马萨诸塞州、密歇根州、明尼苏达州、密苏里州、内华达州、新罕布什尔州、新墨西哥州、纽约州、北卡罗来纳州、俄勒冈州、罗德岛、田纳西州、犹他州、弗吉尼亚州、华盛顿州)。

⑨ Sameer Hinduha & Justin W. Patchin, *State Bullying Laws,* Cyberbullying Res. Ctr., http://www.cyberbullying.org/Bullying-and-Cyberbullying-Laws.pdf. (last updated Aug. 2018).

出网络欺凌法律草案,但近来并无任何出台网络欺凌法律的行动。①

颁布网络欺凌法律的州可能会面临《美国宪法第一修正案》的挑战。② 尽管联邦最高法院尚未直接强调这个问题,但第二、第四、第五、第八和第九巡回法院强调学校规范学生特定的表达活动面临《美国宪法第一修正案》的挑战,这些巡回法院认为联邦最高法院在廷克诉得梅因市独立社区学校案中的分析适用于在校外发起和传播的言论。③ 在廷克案以及在这之后联邦最高法院有关学生言论自由权的案件中,"如果学生的言论构成'实质性的干扰',或者属于不受《美国宪法第一修正案》保护的言论类别,学校可以限制学生的言论。"④然而,巡回法院在确定案情以及廷克案在何种程度上适用于校外言论时采取了不同的进路。⑤

---

① 参见 Megan Meier Cyberbullying Prevention Act, H.R. 6123, 110th Cong. (2009); SAFE Internet Act of 2009, S.1047, 11lth Cong. (2009) 这项法案没有被众议院司法委员会通过。H.R. 1966-Megan Meier Cyberbullying Prevention Act, Congress.Gov, https://www.congress.gov/bill/111th-congress/house-bill/1966/text (last visited Oct. 5, 2018).

② 参见 Alison Virginia King, *Constitutionality of Cyberbullying Laws: Keeping the Online Playground Safe for Both Teens and Free Speech*, Vanderbilt Law Review, vol. 63: 3, p. 845, 865-74 (2010) (联邦最高法院对于学生言论的判决是否适用于"校园外产生的网络言论"尚不明确)。

③ Tinker v. Des Moines Independent Community School District, 393 U.S. 503 (1969); Bell v. Itawamba Cty. Sch. Bd., 799 F.3d 379, 394 (5th Cir. 2015); Wynar v. Douglas Cty. Sch. Dist., 728 F.3d 1062, 1069 (9th Cir. 2013); D.J.M. v. Hannibal Pub. Sch. Dist. No. 60, 647 F.3d 754, 766-767 (8th Cir. 2011); Kowalski v. Berkeley Cty. Schs., 652 F. 3d 565 (4th Cir. 2011), 驳回调卷令 565 U.S. 1173 (2012); Doninger v. Niehoff, 527 F. 3d 41, 48-50 (2d Cir. 2008). 第三巡回法院尚未明确表示在这种情况下是否适用 Tinker 案。参见 Layshock v. Hermitage Sch. Dist., 650 F.3d 205, 219-220 (3d Cir. 2011) (en banc) (Jordan, J., concurring) (指出第三巡回法院尚未解决 Tinker 案是否适用于校外言论的问题);同样参见 J.S. ex rel. Snyder v. Blue Mountain Sch. Dist., 650 F.3d 915, 931 (3d Cir. 2011) (en banc) (假设 Tinker 案适用于骚扰性网络言论,但这并未得以证实)。其余巡回法院未强调此问题。参见如 Bell v. Itawamba Cty. Soh. Bd., 799 F.3d 379, at 394(调查了上诉法院的有关判决)。

④ See Alison Virginia King, *Constitutionality of Cyberbullying Laws: Keeping the Online Playground Safe for Both Teens and Free Speech*, Vanderbilt Law Review, vol. 63: 3, p. 845, 869-870 (2010).

⑤ Bell v. Itawamba Cty. Sch. Bd., 799 F.3d 379, at 396(认为 Tinker 案适用于这样的情形,"当学生故意针对学校社区发表言论,这些言论在学校领导看来是威胁、骚扰和恐吓老师的"); Wynar v. Doaglas Cty. Sch. Dist., 728 F.3d 1062, at 1069 (认为学校在"面临明显的校园暴力威胁时"可能会采取符合 Tinker 案的纪律处分措施); Kowalski v. Berkeley Cty. Schs., 652 F. 3d 565, at 573(认为只要学生的言论与学校的利益之间存在"足够强烈"的联系,Tinker 案便适用,以"证明学校领导在扮演其作为学生身体健康的受托人角色时所采取的行动是合理的"); Doninger v. Niehoff, 527 F.3d 41, at 48(认为如果言论"可以被预见到会在学校环境内造成重大破坏的风险",至少当它相当于可以预见校外言论也可能抵达校园,这时候才应当适用 Tinker 案) [引用 Wisniewski v. Bd. of Educ., 494 F.3d 34, 40 (2d Cir. 2007)]。

6. 管辖

对于起诉计算机犯罪的州检察官而言,管辖权问题是一个重大挑战。刑法的管辖权规则要求检察官证明被告人有意在检察官所在的州内造成损害。因此,当犯罪行为是在本州之外实施的,州检察官将面临管辖权问题。许多州扩大了管辖权规则以解决该问题。例如,根据威斯康星州的刑事法规,即使危害结果没有发生在本州,本州也拥有管辖权。[1] 另外,阿拉巴马州[2]、加利福尼亚州[3]和南达科他州[4]也为开始于本州范围外但完成于本州范围内的犯罪行为赋予管辖权。

7. 执法

尽管各州采取了许多措施来打击计算机犯罪,但是在有效执行和预防方面仍存在巨大挑战。第一,随着互联网使用和访问的增长,对网络攻击的诉讼也急剧增加。[5] 尽管被起诉的案件数量有所增加,但执法人员相信绝大多数计算机犯罪案件都没有被发现。[6] 第二,各州和地方执法部门一直在努力资助和发展专门的计算机犯罪部门。[7] 第三,庞大的案件数量迫使联邦政府只专注于造成严重损害的案件,而留下装备不良的州和地方机构

---

[1] Wis. Stat. § 939.03 (2018).

[2] Ala. Code § 15-2-4 (2017).

[3] Cal. Penal Code § 778 (West 2018).

[4] S.D. Codified Laws § 23A-16-2 (2018).

[5] Compare Nat'l White Collar Crime Ctr. & Fed. Bureau Of Investigation, 2001 Internet Fraud Report 3 (2001), http://www.ic3.gov/media/annualreport/2001 IFCCReport.pdf (指出 2001 年收到 49,711 份申诉), with Fed. Bureau Of Investigation, Internet Crime Complaint Ctr., 2017 Internet Crime Report 22 (2017), https://pdf.ic3.gov/2017 IC3Report.pdf (指出 2017 年收到 301,580 份申诉).

[6] Erika Aguilar, Report: Local Law Enforcement Struggle to Keep up with Cybercrime, KPCC (Apr. 25, 2014), http://www.scpr.org/news/2014/04/25/437 14/report-local-law-enforcement-struggle-to-keep-up-w/ ("联邦调查局认为网络犯罪投诉中心接到的投诉案件量仅占所有网络犯罪的 10%。"); see Fed. Bureau Of Investigation, Internet Crime Complaint Ctr., 2017 Internet Crime Report 22(2017), https://pdf.ic3.gov/2017 IC3 Report.pdf, at 6 ("估计全国只有 15%的欺诈受害者向执法部门举报犯罪,而网络犯罪投诉中心估计只有不到 10%的受害者通过该中心官网直接举报。").

[7] Police Exec. Research Forum, *The Role of Local Law Enforcement Agencies in Preventing and Investigating Cybercrime*, p. 12, 27 (Apr. 2014), https://www.policeforum.org/assets/docs/Critical_Issues_Series_2/the% 20role% 20of% 20local% 20law% 20enforcement% 20agencies% 20in% 20preventing% 20and% 20investigating%20cybercrime%202014. pdf.

来尝试打击更轻的违法行为。① 第四,很多计算机犯罪越来越多地具有跨州乃至跨国的特征,使得各州和地方官员难以对这些犯罪确立管辖权。②

五、执法挑战

技术的飞速发展和计算机犯罪的国际性特征给计算机犯罪的执法带来了持续的挑战,其中包括:(一)加密的使用;(二)域外管辖权;(三)国际犯罪活动;(四)审判中的鉴真和传闻证据规则。

(一)加密

软件可以使人们对数据进行加密,从而使得解密密钥的持有者之外的任何人无法读取或访问该数据。③ 经加密的证据可能会阻止法院调查人员查看存储在经合法程序扣押的计算机硬件上的信息或数据,从而阻碍刑事调查。④ 在这种情况下,检察官可以设法强制个人解密驱动器或文件。但是,强制解密可能会违反《美国宪法第五修正案》,因为"这些传票或命令要求他人提供加密密码或进行解密操作,这无异于迫使他人自

---

① Police Exec. Research Forum, *The Role of Local Law Enforcement Agencies in Preventing and Investigating Cybercrime*, p. 12, 14 (Apr. 2014), https://www.policeforum.org/assets/docs/Critical_Issues_Series_2/the% 20role% 20of% 20local% 20law% 20enforcement% 20agencies% 20in% 20preventing% 20and% 20investigating%20cybercrime%202014. pdf.

② Police Exec. Research Forum, *The Role of Local Law Enforcement Agencies in Preventing and Investigating Cybercrime*, p. 12, 14 (Apr. 2014), https://www.policeforum.org/assets/docs/Critical_ Issues_ Series _ 2/the% 20role% 20of% 20local% 20law% 20enforcement% 20agencies% 20in% 20preventing% 20and% 20investigating% 20cybercrime% 202014. pdf.

③ 参见如 Nicole Perlroth& David E. Sanger, *F.B.I. Director Repeats Call That Ability to Read Encrypted Messages Is Crucial*, N.Y. Times (Nov. 18, 2015), https://www.nytimes.com/2015/11/19/us/politics/ fbi-director-repeats-call-that-ability-to-read-encrypted-messages-is-crucial.html。

④ 参见 *What is Encryption?* U.S. Dep't Of Health & Human Servs., http://www.hhs.gov/ocr/privacy/ hipaa/faq/securityrule/2021.html (last visited Oct. 22, 2018) ("如果信息被加密,那么除了拥有代码密钥或访问另一个机密文件的接收方之外的任何人不太可能解密(翻译)文本并将其转换为简单易懂的文本。");同样参见 In re Grand Jury Subpoena Duces Tecum, 670 F.3d 1335, 1339 (11th Cir. 2012) ("发布大陪审团传票是因为证据收集者无法查看驱动器的加密部分。传票要求 Doe 重现数字媒体中"未加密内容",以及"数字媒体上的所有内容或文件夹")。

我归罪。"①这个问题在儿童色情案件中经常出现,因为此类案件中加密的媒体文件通常存储在计算机、光盘和外部硬盘驱动器上。②

对《美国宪法第五修正案》出现的问题提出的诉讼,将取决于提供给被告人的豁免权的类型、解密信息的行为是否为"交换证言"以及所产生的结论是否已被"过去结论原则"所涵盖。③ 例如,第十一巡回法院裁定计算机文件本身不是证言,然而"创制(密码)的行为具备证言的性质,足以触发《美国宪法第五修正案》保护。"④但是,至少一个地方法院发现,通过指纹解密的数据与通过密码解锁的加密信息并不具备同等的证词效力。⑤ 其他联邦地方法院和州法院也在强调这个问题,但联邦最高法院尚未直接对强制解密行为的合宪性作出判决。⑥

加密通常用于合法目的,如个人信息保护。根据爱德华·斯诺登发布的有关国家安全局的信息,许多科技公司都将其高级加密作为主要卖点进行营销。⑦

---

① See Jason Weinstein, *Forced Decryption in Government Investigations*, Law Journal Newsletters(Feb. 2014), http://www.lawjournalnewsletters. com/sites/awjournalnewsletters/2014/02/26/forced-decryption-in-government-investigations/; see also Dan Terzian, *Forced Decryption as Equilibrium-Why It's Constitutional and How Riley Matters*, Northwestern University Law Review, vol. 109, p. 56 (2014)(讨论在加密数据语境中产生的《美国宪法第五修正案》问题)。

② 参见 In re Grand Jury Subpoena Duces Tecum, 670 F. 3d 1335(推翻了地方法院因被告人拒绝提供已被扣押的硬盘驱动器中未加密内容而被认定为藐视法庭罪的判决)。

③ In re Grand Jury Subpoena DucesTecum, 670 F. 3d 1335, at 1341。

④ In re Grand Jury Subpoena DucesTecum, 670 F. 3d 1335, at 1342.但是参见 United States v. Apple MacPro Computer, 851 F.3d 238, 248 (3d Cir. 2017),驳回调卷令并发回法院 Doe v. United States, 138 S. Ct. 1988 (2018)(由于政府表明先前知道加密文件的存在并且犯罪嫌疑人可以访问它们,因此通过密码来解密的命令并不存在违背《美国宪法第五修正案》的问题)。

⑤ In re Search Warrant Application for [redacted text], 279 F. Supp. 3d 800, 806 (N.D. Ill. 2017)("指纹扣押本身并不像披露密码或披露密钥那样揭示人的思想内容")。

⑥ 参见如 In re Boucher, No. 2:06-mj-91, 2009 WL 424718 (D. Vt. Feb. 19, 2009)(指出要求被告人出示其笔记本电脑驱动器文件的未加密版本不会构成强制性证据交流);United States v. Pearson, 2006 U.S. Dist. Lexis 32982 (N.D.N.Y. 2006)(决定就被告人撤销审判传票的动议进行审前听证会,该传票迫使他为被扣押的硬盘驱动器和闪存驱动器设置密码);Commonwealth v. Gelfgatt, 468 Mass. 512, 524 (Mass. 2014)("联邦的强迫解密动议并不违反《美国宪法第五修正案》规定的被告人的权利,因为被告人只是告诉政府其已经知道的事情")。

⑦ 参见 Will Bourne, *The Revolution Will Not Be Monetized*, Inc. (July Aug. 2014), http://www.inc.com/ magazine/201407/ceo-of-wickr-leads-social-media-resistance-movement.html(描述 Wickr 之类的公司的兴起,该公司开发了安全的消息传递应用程序);Danny Yadron, *Yahoo Joins Google Effort to Encrypt Email*, Wall St. J.: Tech Blog (Aug. 7, 2014), http://blogs.wsj.com/digits/2014/08/07/yahoo-joins- google-effort-to-encrypt-email/(雅虎公司宣布明年之前创建一个加密的电子邮件系统,这将使得用户的消息无法被移交给法院)。

这些公司采用的点对点加密措施可以使得用户的信息不为公众发现。① 虽然大多数公司都采用加密来保证安全性,但它们至少保留了解密信息所必需的"密钥"以满足传票或法院命令。② 但是,诸如苹果公司之类的公司正在构建其加密结构,以至于"他们无法遵守保留解密信息所必需的'密钥'的命令,即使他们愿意这样做"。③ 当苹果公司拒绝遵守一项解锁在加利福尼亚州圣贝纳迪诺市杀死14人的犯罪人的手机的政府命令时,执法人员质疑这种消费者隐私保护的有效性。④

意见相左的国会议员均提出了立法草案,但目前一项都未通过。参议院情报委员会的领导先前发布了立法草案,要求公司向侦查加密数据的执法部门提供"技术援助"。⑤ 然而众议院提出的《安全数据法(草案)》将阻

---

① See Will Bourne, *The Revolution Will Not Be Monetized*, Inc. (July Aug. 2014), http://www.inc.com/magazine/201407/ceo-of-wickr-leads-social-media-resistance-movement.html.

② See Will Bourne, *The Revolution Will Not Be Monetized*, Inc. (July Aug. 2014), http://www.inc.com/ magazine/201407/ceo-of-wickr-leads-social-media-resistance-movement.html.

③ See Danny Yadron, *Apple Tells Judge that US Government is Well-Meaning but Wrong in Privacy Fight*, The Guardian (Mar. 15, 2016), https://www.theguardian.com/technology/2016/mar/15/apple-v-fbi-encryption- privacy-fight-legal-filing(引用苹果的网站)。

④ 参见 James B. Comey, *Going Dark: Are Technology, Privacy, and Public Safety on a Collision Course?*, FBI (October 16, 2014), http://www.fbi.gov/news/speeches/going-dark-are-technology-privacy-and-public-safety-on-a-collision- course ("加密不仅是一项技术功能;它是一种营销手段。但是它将对各级执法部门和国家安全机构造成非常严重的后果。"); Eric Lichtblau & Katie Benner, *Apple Fights Order to Unlock San Bernardino Gunman's iPhone*, N.Y. Times (Feb. 17, 2016), http://www.nytimes.com/2016/02/18/technology/apple-timothy-cook-fbi-san-bernardino.html. 联邦政府确实获得了法院命令,指示苹果在 San Bernardino 案中解锁手机。See James Queally & Brian Bennett, *Apple Opposes Order to Help FBI Unlock Phone Belonging to San Bernardino Shooter*, L.A. Times (Feb. 17, 2016), http://www.latimes.com/aocal/lanow/la-me-ln-fbi-apple-san-bernardino-phone-20160216-story. html. 苹果公司反对该命令,并计划在地方法官面前对该问题进行辩论,但是政府在发现另一种可以打开手机的工具之后在听证会之前提出了撤离(法院批准)的动议。See Russell Brandom, *Apple's San Bernardino Fight is Officially Over as Government Confirms Working Attack*, The Verge (Mar. 28, 2016), https://www.theverge.com/2016/3/28/11317396/apple-fbi-encryption-vacate-iphone-order-san-bernardino. 在布鲁克林的一个类似案件中,治安法官拒绝了政府要求法院下达解锁嫌疑人电话的命令。See Kimberly Hutcherson, *DOJ Withdraws Requestfor Apple's Help to Access iPhone Owned by Drug Dealer*, CNN (Apr. 23, 2016), http://www.cnn.com/2016/04/23/politics/doj-apple-iphone.

⑤ See Cory Bennett, *Senate Encryption Bill Draft Mandates 'Technical Assistance'*, The Hill (April 7, 2016), http://thehill.com/policy/cyber security/275567-senate-intel-encryption-bill-mandates-technical-assistance/.

止政府要求公司更改其产品的"安全功能"以允许搜查和监视。①

(二)域外管辖权

检察官在起诉计算机犯罪时会面临很多管辖权问题。联邦检察官不得不经常与在国外实施犯罪影响美国公民和企业的外国被告人以及刑事网络打交道。② 为确定是否存在域外管辖权以及是否可以在美国起诉,法院首先要"查看相关刑事法律来判断是否存在供域外适用的立法意图"。③ 其次,"法院审查管辖权的国际基础",取决于"域外管辖权在属地原则、属人原则、被动性原则、普遍性原则或保护原则下是否正当"。④

面临《存储通信法》的管辖权难题后⑤,国会通过了《澄清境外数据合法使用法》,该法要求提供者无论位于"美国境内或境外",都应遵守政府的合法要求,只要提供者对于该信息享有"所有权、保管权或控制权"。⑥ 提供者(而非信息收集的对象)可以质疑政府的要求以解决与外国法律冲突的问题。⑦

通过了《澄清境外数据合法使用法》之后,外国政府还可以通过委托书、法律互助条约和行政协议三种方式之一从美国科技公司处获取用户信息,前提是在涉及"不针对美国人的'严重犯罪'的案件中,只要执政者认定外国法律充分保护了隐私和公民自由"。⑧

---

① H.R. 5823, 115th Cong. § 2 (2018).

② 参见 Susan W. Brenner & Bert-Jaap Koops, *Approaches to Cybercrime Jurisdiction*, Journal of High Techndogy Law, vol. 4: 1, p. 1 (2004)(讨论各州、联邦和国际上应对网络犯罪管辖权的方法)。

③ See Ellen S. Podgor, *International Computer Fraud: A Paradigm for Limiting National Jurisdiction*, University of California at Davis Law Review, vol. 35: 2, p. 267, 282 (2002).

④ See Ellen S. Podgor, *International Computer Fraud: A Paradigm for Limiting National Jurisdiction*, University of Colifornia at Davis Law Review, vol. 35: 2, p. 267, 282 (2002).

⑤ In re Warrant to Search a Certain E-Mail Account Controlled & Maintained by Microsoft Corp., 829 F.3d 197 (2d Cir. 2016), 驳回调卷令并发回法院。United States v. Microsoft Corp., 138 S. Ct. 356 (2017), 撤销原判并发回法院重审。United States v. Microsoft Corp., 138 S.Ct. 1186 (2018).

⑥ 18 U.S.C. § 2713 (2018); see also Consolidated Appropriations Act, 2018, Pub. L. No. 115-141, div. V, 132 Stat. 348 (2018).

⑦ 18 U.S.C. § 2703(h).

⑧ See Stephen P. Mulligan, *Cross-Border Data Sharing Under the CLOUD Act*, R45173 (2018), p. 10-21.

(三)国际合作

网络犯罪的全球性特征导致往往需要很大程度的国际合作才能成功地起诉个人或组织。例如,2014年,美国司法部和联邦调查局"宣布各国协作摧毁了'玩完宙斯僵尸网络',该僵尸网络被认为从美国乃至全球的商业和消费者那里窃取了数百万美元。"[1] 美国联邦调查局除了与英国国家犯罪局展开合作协调之外,还向世界各地的计算机应急准备小组提供重要信息。[2] 该案凸显了瓦解大规模、有组织的计算机犯罪集团的复杂性,因为这些犯罪集团活跃在任何能连接上互联网的地方。

多项条约亦致力于促进和协调打击计算机犯罪,包括欧洲委员会的《网络犯罪公约》和通常被称为"里昂集团"的打击高科技犯罪分队。[3]《网络犯罪公约》得到包括美国在内的61个国家的批准,还有4个国家只签署该公约而未批准。[4]《网络犯罪公约》要求缔约方做到以下三点:其一,制定打击网络犯罪的实体法;其二,确保其执法人员享有必要的程序权限,以有效地调查和起诉网络犯罪;其三,在打击计算机相关犯罪方面与其他各方开展国际合作。[5] 该条约于2007年1月1日对美国生效。[6]

美国还参加了由7个国家组成的打击高科技犯罪分队"里昂集团"。[7] 里

---

[1] See Fed. Bureau of Investigation, *Game Over Zeus Botnet Disrupted: Collaborative Effort Among International Partners*, (June 2, 2014), http://www.fbi.gov/news/stories/2014/june/gameover-zeus-botnet-disrupted.

[2] See Fed. Bureau of Investigation, *Game Over Zeus Botnet Disrupted: Collaborative Effort Among International Partners* (June 2, 2014), http://www.fbi.gov/news/stories/2014/june/gameover-zeus-botnet-disrupted.

[3] See Michael A. Sussmann, *The Critical Challenges From International High-Tech and Computer-Related Crime at the Millennium*, Duke Journal of Comparative & International Law, vol. 9, p. 451, 482 (1999).

[4] See Chart of Signatures and Ratifications of Treaty 185, Council Of Eur., https://www.coe.int/en/web/conventions/full-list/-/conventions/treaty/185/signatures (last visited Oct. 4, 2018).

[5] 《网络犯罪公约》,2001年11月23日签署,欧洲条约系列第185号,http://conventions.coe.int/en/web/conventions/full-list? module=treaty-detail&treatynum=185.

[6] See Chart of Signatures and Ratifications of Treaty 185, Council Of Eur., https://www.coe.int/en/web/conventions/full-list/-/conventions/treaty/185/signatures (last visited Oct. 4, 2018).

[7] See Michael A. Sussmann, *The Critical Challenges From International High-Tech and Computer-Related Crime at the Millennium*, Duke Journal of Comparative & International Law, vol. 9, p. 451, 482 (1999).

昂集团的成就之一是开发了一个可以使成员国的执法机构相互联系且在调查计算机犯罪和保留电子证据方面获得快速援助的网络。①

(四) 证据规则

检察官在采纳计算机犯罪证据时面临两个主要障碍：对记录进行鉴真以及克服传闻证据异议。②

首先，《联邦证据规则》规定，在将记录作为证据之前，"支持者必须提供足够的证据来证明该记录就是支持者所声称的"。③

其次，传闻证据是"声明人在当前审判或听证会上作证时并没有做出的声明……并且……由当事人提供证据证明声明中所主张事项的真实性。"④尽管由自然人作出的计算机记录声明可以作为商业记录的例外被承认⑤，但法院最近开始区分不同类型的计算机记录。有的法院不愿将业务记录例外情况应用于某些电子邮件、聊天和社交媒体信息。⑥ 有的法院已

---

① See Michael A. Sussmann, *The Critical Challenges From International High-Tech and Computer-Related Crime at the Millennium*, Duke Journal of Comparative & International Law, vol. 90, p. 451,482 (1999).

② 参见 Computer Crime &Intell. Prop. Sec., Crim. Division, U.S. Dep't of Justice, *Searching and Seizing Computers and Obtaining Electronic Evidence in Criminal Investigations*, p. 191-207, http://www.justice.gov/criminal/cybercrime/docs/ ssmanual2009.pdf .（对计算机记录给证据带来的挑战进行了详尽的描述）。

③ Fed. R. Evid. 901(a); 同样参见 Computer Crime &Intell. Prop. Sec., Crim. Division, U.S. Dep't Of Justice, *Searching and Seizing Computers and Obtaining Electronic Evidence in Criminal Investigations*, p. 191, 197-205, http://www.justice.gov/criminal/cybercrime/docs/ ssmanual2009.pdf。

④ Fed. R. Evid. 801(c); 同样参见 Computer Crime &Intell. Prop. Sec., Crim. Division, U.S. Dep't Of Justice, *Searching and Seizing Computers And Obtaining Electronic Evidence in Criminal Investigations*, p. 191-97, http://www.justice.gov/criminal/cybercrime/docs/ssmanual2009.pdf（讨论传闻证据规则）。

⑤ 参见 Fed. R. Evid. 803(6); Computer Crime &Intell. Prop. Sec., Crim. Division, U.S. Dep't Of Justice, *Searching and Seizing Computers and Obtaining Electronic Evidence in Criminal Investigations*, p. 191-194, http://www.justice.gov/criminal/cybercrime/docs/ssmanual2009.pdf。

⑥ 参见 United States v. Shah, 125 F. Supp. 3d 570, 575 (E.D.N.C. 2015)（认为企业内部人士有责任确保其陈述的准确性，而电子邮件并非企业内部人士通力合作的结果，因而法院没有将这些电子邮件作为企业内的证据）。

经表示愿意通过应用公共记录例外①或者适用允许或接纳的原则避免传闻证据问题,这些问题是由商业记录例外之外的计算机记录带来的。②

如果计算机记录包含文本,则根据传闻证据规则的指引,能够采取的方法是确定该记录是计算机生成的还是计算机存储的。③"计算机存储的记录是指包含某人作品的文档并且正好以电子形式存储",而"计算机生成的记录包含计算机程序的输出,这并非由人工手动完成"。④计算机存储的记录必须属于能够被承认的传闻证据的例外。计算机生成的记录则不适用对于传闻证据的禁止,因为它们不包含人为主张。⑤

---

① Fed. R. Evid. 803(8); 参见 Computer Crime &Intell. Prop. Sec., Crim. Division, U.S. Dep't Of Justice, Searching and Seizing Computers and Obtaining Electronic Evidence in Criminal Investigations, p. 191, 195, http://www.justice.gov/criminal/cybercrime/docs/ssmanual2009.pdf(收集适用于公共记录例外的案例)。

② Fed. R. Evid. 801(d)(2); 参见 Computer Crime &Intell. Prop. Sec., Crim. Division, U.S. Dep't Of Justice, Searching and Seizing Computers and Obtaining Electronic Evidence in Criminal Investigations, p. 191, 195, http://www.justice.gov/criminal/cybercrime/docs/ssmanual2009.pdf(收集了法院承认相关证据有效的案件);同样参见如 United States v. Burt, 495 F. 3d 733, 738 39 (7th Cir. 2007)(发现被告人和证人之间的在线聊天记录可以作为证据,因为被告人发出的对话得以确认,而证人发出的对话也得以确认,这是在线聊天记录作为证据的前提条件); United States v. Safavian, 435 F. Supp. 2d 36, 43-44 (D.D.C. 2006) (发现某些电子邮件可以作为证据被采纳,当"上下文和内容……清楚地表明,被告人在转发他人电子邮件时'表现出了采纳或相信'他人陈述的真实性的意思。")。

③ 参见 Orin S. Kerr, Computer Records and the Federal Rules of Evidence, in Jim Donovan ed., Computer Crimes and Intellectual Property, United States Attorneys' Bulletin, Vol. 49:2, p. 25, 32, 49 (2001), https://www.justice.gov/sites/default/files/ usao/legacy/2006/06/30/usab4902.pdf(描述了这种分析框架)。

④ See Orin S. Kerr, Computer Records and the Federal Rules of Evidence, in Jim Donovan ed., Computer Crimes and Intellectual Property, United States Attorneys' Bulletin, Vol. 49:2, p. 25, 26, 49 (2001), https://www.justice.gov/sites/default/files/ usao/legacy/2006/06/30/usab4902.pdf。

⑤ See Orin S. Kerr, Computer Records and the Federal Rules of Evidence, in Jim Donovan ed., Computer Crimes and Intellectual Property, United States Attorneys' Bulletin, Vol. 49:2, p. 25, 26, 49 (2001), https://www.justice.gov/sites/default/files/ usao/legacy/2006/06/30/usab4902.pdf。

困局：网络诈骗

〔英〕尼尔·麦克尤恩*

郭旨龙　朱军彪　译

臭名昭著的前黑客凯文·米特尼克在他的著作《欺骗的艺术》中声称："人本身才是安全的软肋。安全，通常情况下仅仅是个幻想，尤其是轻信、天真和无知存在的时候。"[①]通过援引一些最近的案例，本文将说明即使在自动化程度更高的第三代网络犯罪中，欺骗人类仍然是犯罪的关键策略。[②] 本文还将研究是否有新的监管趋势出现的迹象，即：未来人们是否将对自己(和他人)在网络空间中的安全以及被认为是不负责任的行为承担更多的责任。

一、"欺骗"的定义

欺骗行为在很大程度上取决于其潜在动机。欺骗可以是善意的也可以是恶意的，可以是对受害者有害的也可以是对受害者无害的。[③] 在网络空间中，并非所有的欺骗行为都是坏的，其中一些行为既不违反规范也非有

---

* 英国索尔福德大学法学院讲师。本文原文被收录于《刑法杂志》2013 年第 5 期，第 417—432 页。

① Kevin D. Mitnick & William L. Simon, *The Art of Deception*, Wiley Press, 2002, p. 3.

② 大卫·S.沃尔将网络犯罪的演变进程分为三代：从单独的计算机系统内的犯罪活动到网络间的犯罪活动再到目前的全球化、分布式、自动化形式。See David. S. Wall, *Cybercrime: The Transformation of Crime in the Information Age*, Polity, 2007, p. 44-47.

③ See E. Goffman, *Frame Analysis: An Essay on the Organization of Experience*, Harper & Row, 1972, p. 83.

害。① 如对隐私的担忧和避免他人不必要的、咄咄逼人的行为的愿望会促使人们隐藏自己的真实身份。② 但本文关注的是以恶意目的进行的欺骗,如网络诈骗和黑客攻击。根据《牛津英语词典》,欺骗指:"诱骗;用阴谋或诡计蒙蔽他人;通过欺骗获得好处、达成目的或突破规则。"③该定义便指明了本文所要探讨的内容。

二、社会工程

毋庸置疑,宽带技术使网络罪犯和受害者之间接触的自动化与不对称性不断增强。④ 然而,在这种新的接触中,社会工程仍然是一种普遍的策略,这是一种通过操纵心理获取信息的"艺术"。社会工程师利用人类头脑中的弱点来破坏数据和系统安全。在网络空间中,这些弱点表现为冷漠、好奇、轻信、殷勤、贪婪、缺乏自信和缺乏考虑。⑤ 本质上,社会工程是通过欺骗来实现的。受害者会因受骗而泄露身份证号码或者账户密码等重要信息。有了这些数据,网络犯罪者就可以在不破坏系统的情况下避开技术防御措施以及对这些防御措施的监控进入计算机系统或者网络。这为他们提供了宝贵的时间来实施犯罪,并能够抹除其访问痕迹。例如,用来诱骗人们泄露关键访问数据的虚假网络银行网站很少会长时间在线。

---

① See M. Whitty & A. Joinson, *Truth, Lies and Trust on the Internet*, Routledge, 2009, p. 71.
② See M. Whitty, *Liar, Liar! An Examination of How Open, Supportive and Honest People Are in Chat Rooms*, Computers in Human Behavior, Vol. 18, p. 343(2002). See also S. Utz, *Types of Deception and Underlying Motivation: What People Think*, Social Science Computer Review, Vol. 23, p. 49(2005).
③ *Oxford English Dictionary*, available at http://www.oed.com.
④ See Wall, *Cybercrime: The Transformation of Crime in the Information Age*, Polity, 2007, p.131.
⑤ See A. Woodward, *Viewpoint: How hackers exploit 'the seven deadly sins'*, BBC News, December 17, 2012, available at http://www.bbc.co.uk/news/technology-20717773, accessed August 13,2013.

三、网络诈骗最新实例

下面举出的例子中有很多都涉及巧妙的技术手段,但是也有很多案子是利用了人们思维上的弱点。问题的症结所在——欺骗,并不是什么新鲜事。现在很多技术资源都能够与使用说明一起在"暗网"上买到,但尽管如此,一些更为平凡无奇的手段继续被成功地使用,甚至是针对那些最不可能的受害者使用。2013年2月,黑客组织Anonymous的一个Twitter订阅账号(拥有16万粉丝)被一个竞争对手盗取,对其网络安全造成了一次尴尬而又颇具讽刺意味的破坏。当时,专家们认为Anonymous成为受害者的原因是人性的弱点。具体而言,即糟糕的设置密码方式,如在多个地方使用相同的密码或选择了一个容易破解的密码。[1] 事实上,在2012年对互联网进行的两次独立调查均显示密码的使用缺乏安全性。[2] 数百万台设备(打印机、网络摄像头、机顶盒、调制解调器和路由器)被发现存在安全问题,因为这些设备均使用容易被发现的默认密码。[3] 网络犯罪者利用这些设备的安全缺陷来构建和运行僵尸网络。"僵尸网络"(botnet)一词是机器人网络(robot network)的缩写,它就像一支通过恶意代码征集起来的计算机大军,然后被用来部署犯罪计划。一般而言,欺骗人们是征集的必要条件,僵尸网络能够为网络罪犯(僵尸网络掌控者)提供大量的计算能力。这些受指挥和控制的网络被用于对个人、公司和政府发动攻击。例如,僵尸网络经常被用来发起网络钓鱼攻击。

网络钓鱼是网络诈骗中一种常用的手段,通过设置数字诱饵来诱骗受

---

[1] See Graham Cluley, reported in *Hacking group Anonymous latest victim of Twitter hack*, BBC News, February 21, 2013, available at http://www.bbc.co.uk/news/technology21532858, accessed August 13, 2013.

[2] See H. D. Moore, *Security Flaws in Universal Plug and Play: Unplug, Don't Play*, Rapid 7, January 29, 2013, available at https://community.rapid7.com/docs/DOC-2150, accessed August 13, 2013. See also, Anonymous (pseudonym: Carna Botnet), *Internet Census 2012: Port scanning using insecure embedded devices*, Bitbucket, 2012, available at http://internetcensus2012.bitbucket.org/paper.html, accessed August 13, 2013.

[3] 这可通过一个能够在设备中触发不同默认登录组合的扫描仪完成,如"root/root"或"admin/admin"。

害者泄露他们的私人数据。它被定义为"一种同时使用社会工程和技术手段的犯罪机制"。① 钓鱼一般通过电子邮件、即时消息、搜索引擎和网站进行。通常,它会通过三个应接不暇的步骤欺骗受害者:第一步,让受害者相信信息来自于其所宣称的来源(例如,来自他们的网上银行服务的技术支持部门或他们的 Facebook 账户);第二步,诱骗受害者点击信息中的链接;第三步,在链接转到的钓鱼网站上骗取受害者的机密数据(如密码)。

一个近期的案例展现了通过僵尸网络进行网络钓鱼的巨大利润:2013年2月,微软收到一个法院命令,要求其关闭一个每年能带来100万美元犯罪收益的僵尸网络。② 它劫持了人们的搜索结果并把他们带到伪造的网站上,一旦进入其伪造的网站,用于窃取人们个人信息的恶意软件就会安装到他们的电脑上。这些计算机还被用来征召其他的机器加入到僵尸网络军队中。另一个例子展现了钓鱼攻击中的欺骗手段和模式是如何发展的:2013年1月,欧洲刑警组织关闭了一个一直在传播恶意软件并曾向数千名互联网用户勒索钱财的犯罪网络。这种特殊形式的勒索软件通过弹窗形式出现,弹窗会显示电脑因"未经授权的网络活动"而被锁定。弹窗中的文字显示在电脑上发现了儿童性虐待的图片,弹窗还显示了这张图片。这条信息看起来似乎来自于德国联邦信息安全局。收到这条信息的人被告知他们的电脑将保持锁定状态直到他们支付100欧元(通过比特币等数字货币转账)。在这个过程中,犯罪分子还能够从受害者的电脑上窃取个人数据。专家们表示,这是此类勒索软件首次将图片作为证据来支撑其指控信息。③

这种数字勒索是恐吓软件诈骗的一种变体,在这种欺诈中,网络用户受到欺骗进而相信他们的电脑上检测到了病毒,需要购买欺骗者提供的软件来杀毒。这些病毒通常通过弹窗传递,并宣称其来自于网络安全软件公司(如 McAfee)。为了进一步增强可信度,骗子还会用截图软件来模拟接受者电脑的特征。这些熟悉的指引导致了受害者的误信,于是受害者泄露了

---

① Anti-Phishing Working Group (APWG), *Phishing Activity Trends Report*, 2nd Quarter 2012, p. 2, available at http://www.apwg.org/resources/apwg-reports/, accessed August 13, 2013.

② 自2010年以来,作为微软主动安全响应(MARS)项目的一部分,微软一直收到关闭僵尸网络的法庭命令。

③ Rik Ferguson, reported in *Police hold 11 over ransomware scam 'affecting thousands'*, BBC News, February 14, 2013, available at http://www.bbc.co.uk/news/technology-21457843, accessed August 13, 2013.

他们信用卡的详细信息以支付杀毒费用。与此同时,恶意软件还会扫描他们的电脑以获取更多的身份数据,用来诈骗这些受害者或者以受害者的名义诈骗他人。最近,美国联邦调查委员会在积极调查恐吓软件诈骗案。这场法律行动的最新胜利是在 2012 年 12 月份,一个诈骗分子因实施大规模恐吓骗局被判处 1.63 亿美元(1.01 亿英镑)的罚金,在其骗局中,每个受害者都被骗、支付了 60 美元来"杀毒"。

这些例子表明,恶意软件本质上就是木马,它真正的威胁藏在内部。被传递的恶意软件会继续保留在电脑上而不被人注意到。这是通过操纵计算机的防御系统(如杀毒软件)来实现的,但通过这种传播方式侵入计算机依赖于对人的诈骗,用户被骗点击电子邮件、弹窗或网站中的链接都会导致恶意软件的下载。这种感染既可能发生在台式机、笔记本电脑上,也可能发生在平板电脑或者智能手机上。木马经常用于嵌入监视软件(间谍软件),来捕捉屏幕图像、监控受害者的按键(键盘记录),甚至通过网络摄像头监视和监听受害者。①

在这种攻击中,被钓到和抓取到的数据被用来实施诈骗。例如,2010年,诈骗的主要形式开始从传统的信用卡诈骗转向网银诈骗,犯罪分子大量发起钓鱼攻击以骗取密码。为了应对这一日益增长的威胁,银行推出了一种新的网银安全认证方式,即"双要素认证"。现在的登录过程就是双重的,在银行网站上输入用户密码后,用户还必须从一个单独的设备中获取并使用一个临时密码才能完成登录。这些独立的设备(类似于计算器)指示用户在每次登录时插入卡和/或输入代码以创建唯一密钥,该密钥仅在 30 秒内有效,且不能再次使用。这种技术策略用综合的方式来消除人们在交易中的欺诈。然而,最近的一项测验表明,网络罪犯可能会通过社会工程的方式来突破这种安全防护措施。这是通过攻击浏览器中间人(MitB)实现的。当浏览器受到感染后,恶意软件会潜伏其中,并在客户和网银网站之间进行信息交互。在登录银行的真实网站后,客户可能会被输入"新升级的安全系统培训"中。然后,钱会从客户的账户中转出,一些版本的 MitB 恶意软件甚至会更改付款详细信息和屏幕余额以隐藏诈骗活动。这项测试是

---

① 现代的台式机、笔记本电脑和平板电脑往往都有内置的摄像头和麦克风。当然,所有的智能手机都有麦克风,而且大多数有摄像头,其中一些正面也有摄像头以方便视频通话(如苹果的 iPhone 5)。可以(安全地)在 http://news.bbc.co.uk/1/hi/technology/8039207.stm 上观看使用木马监控软件的视频演示。

英国广播公司(BBC)对网银安全的网络调查的一部分,它表明"即使那些拥有最新杀毒软件的人也可能面临风险",并且发现"大多数普通标准的网络安全软件"无法检测到此类恶意软件的活动。①

社交媒体也吸引了网络犯罪者的目光。英国国家统计局2013年2月公布的数据显示,英国每天都要使用互联网的人数在过去6年内翻了一番多,已达到3300万人,到2012年几乎一半的成年人都使用社交网站作为交流手段。② 过去十年中,人们愿意在网络空间中透露的个人信息惊人地增长。③ 我们中的许多人成为了"生产消费者",在网上越来越多地分享着我们生活的私密细节。④ 为了获取这些个人信息,网络犯罪分子已经开始利用朋友间进行网络交流的基础——信任。例如,在2012年1月,人们发现45 000个Facebook账户的登录密码被盗,其中许多账户属于英国公民。⑤ 这些信息随后被用来登录受害者的账户,并将恶意软件的链接发送给他们的朋友。在这种情况下,当他们的朋友点击链接时,感染和由此导致的数据盗窃便开始了。不过有时这些链接也被设计成诱使受害者进入其他网站(通常是对浏览淫秽、暴力内容的同意),然后诱骗受害人泄露个人信息。同样,这两种恶意的进程都依赖于欺骗,第一种情况就是第一步;第二种情况就是第二步。

网络犯罪者被社交媒体吸引的另一个原因是,欺骗和感染他人可以由受害者自己进一步传播。通常,恶意软件会悄悄地运行。一开始,人们很少会意识到自己已经成为病毒的牺牲品,而且会通过向朋友发送病毒链接的方式将病毒传染给他们。这是"点赞劫持"(Likejacking)的一种形式,之所以称之为"点赞劫持"是因为受害者使用Facebook上的"Like"按钮以及其

---

① 1S. Kelly, *Hackers outwit online banking identity security systems*, BBC News, February 4, 2012, available at http://www.bbc.co.uk/news/technology-16812064, accessed August 13, 2013.

② Office of National Statistics (ONS), *Internet Access—Households and Individuals*, Part 2, 2012, available at http://www.ons.gov.uk/ons/rel/rdit2/internet-access---households-and-individuals/2012-part-2/stb-ia-2012part2.html, accessed August 13,2013.

③ 在线社交网络的真正兴起始于2004年2月Facebook的推出。

④ See generally, C. Marsden & I. Brown, *Regulating Code: Good Governance and Better Regulation in the Information Age*, MIT Press, 2013.

⑤ 这是通过一个叫作Ramnit的强大恶意软件实现的,这个软件被微软恶意软件防护中心(MMPC)描述为:"一个能感染Windows多组件……以及HTML文件……窃取敏感信息的恶意软件家族。"

他平台上的类似按钮来延续此类犯罪。最近的一个案例揭示了更进一步的危险。2013年1月,黑客从Twitter数据库中盗取了其平台上25万用户的账号密码,用来从事网络钓鱼。Twitter很快识别出被盗的密码并使其失效,然后向受影响的用户发送电子邮件告知相关情况并安抚他们。但专家警告说,这种宣传可能会引发新的网络钓鱼攻击,要么来自窃取账号的黑客本身(通过Twitter本身),要么来自其他网络犯罪分子(通过发送声称来自Twitter的电子邮件)。①

Wi-Fi的安全漏洞一直是网络犯罪的沃土。无线网不是新技术,但是由于使用无线网的设备的增加,其重要性近年来不断增加。② 这些使用无线网的设备包括智能手机和平板电脑。人们可能会因为对无线网的安全漏洞一无所知或漠不关心而成为犯罪的受害者。2011年3月,受信息委员办公室的委托,2000人进行了一项关于Wi-Fi安全主题的在线调查,结果显示40%在家中使用Wi-Fi的人不知道如何更改Wi-Fi网络的安全设置,16%的人要么不确定他们的网络是否安全,要么知道了网络不安全但对此毫不担心。③ 使用加密技术,再加上密码和防火墙的保护,虽然不能完全消除Wi-Fi受黑客攻击的风险,④但是确实能够大大降低风险。⑤ 然而,很多人连这些基本的保护性措施都没有采取。针对Wi-Fi的黑客攻击可能会带来一系列的危害。有时这样做只是为了不支付网费而蹭网,但也有可能是出于犯罪目的的,如犯罪者希望在发送或下载非法内容(如儿童色情)时隐藏自己的身份。此外,黑客攻击Wi-Fi也有可能是为了拦截通信信息。例

---

① See Alan Woodward, reported in *Twitter: Hackers target 250,000 users*, BBC News, February 2, 2013, available at http://www.bbc.co.uk/news/technology-21304049, accessed August 13, 2013. See also Graham Cluley, reported in *Twitter: Hackers target 250,000 users*, BBC News, February 2, 2013, available at http://www.bbc.co.uk/news/ technology-21304049, accessed August 13, 2013.

② See M. Taylor and H. Logan, *Wireless Network Security*, Computer and Telecommunications Law Review, Vol.17:2, p. 45(2011).

③ See Information Commissioner's Office (ICO), *News Release: 40% of home Wi-Fi users don't understand security settings, says ICO*, March 16,2011, available at http://www.ico.org.uk/~/media/documents/pressreleases/2011/wifi_guidance_news_release_20110316.ashx, accessed August 13, 2013.

④ See A. Ramasastry, J. Winn and P. Winn, *Will Wi-Fi Make Your Private Network Public? Wardriving, Criminal and Civil Liability, and the Security Risk of Wireless Networks*, Shidler Journal of Law, Commerce and Technology, Vol. 9, p.10(2005).

⑤ See J. Clough, *Principles of Cybercrime*, Cambridge University Press, 2010, p.31.

如,会话劫持的一种方式是"邪恶的孪生兄弟(虚假并行网络)",通过它可以秘密地收集数据。这是一种看似合法的流氓 Wi-Fi 网络——设置后,网络犯罪者可以通过它截获通信信息。当受害者无意中连接到这个流氓网络时,网络犯罪者可以发动中间人(MitM)*攻击来窃取他们的数据。

最近的研究表明,由于技术上的缺陷和自身安全知识的缺乏,智能手机用户特别容易受到 MitM 攻击。来自莱布尼兹大学(汉诺威)和菲利普斯大学(马尔堡)的研究人员创建了一个假 Wi-Fi 热点,并使用专门创建的攻击工具来监视应用程序通过该路径发送的数据。通过这种方式,他们测试了13,500 个安卓应用程序的安全性,发现其中 8% 的应用程序不能保护关键数据安全,因为它们没有使用符合标准的防护系统。研究人员能够抓取到网银账户、电子邮件、社交媒体和企业网络的详细登录信息,还能够向数据流中写入新的代码,使应用程序执行特定的命令,甚至能在用户觉得交易没有发生变化的情况下转变资金转移的路径。研究人员还对 754 人进行了在线调查,以评估他们对安卓浏览器中的认证警告和可视化安全指示的看法,结果发现一半的受访者无法正确判断他们的浏览器会话是否受到保护。①

越来越多的网络犯罪者盯上了智能手机。这有几个原因:第一,智能手机已经非常普及;2012 年,英国有 32% 的成年人每天通过智能手机上网。② 第二,许多人使用智能手机下载应用程序、从事商业活动、开展银行业务和进行社交,这为网络犯罪者提供了攻击的动力和机会。第三,近场通信技术(NFC)的出现使智能手机成为了对黑客更具吸引力的攻击目标,该技术将手机变成了钱包。第四,研究表明通过短信进行钓鱼比用电子邮件成功率更高。2010 年,人们发现 90% 的短信会在收到后 15 分钟内被用户

---

* MitM 攻击全称为"Mah in the Middle attack",MitB 全称为"Man in the Browser attack",两者一般都翻译为中间人攻击,区别在于 MitB 更强调浏览器中发生的中间人攻击。——译者注

① See S. Fahl, M. Harbach, T. Muders, M. Smith, L. Baumgartner and B. Freisleben, 'Why Eve and Mallory Love Android: An Analysis of Android SSL (In)Security', 19th ACM Conference on Computer and Communications Security, Raleigh, North Carolina, October 16, 2012, p. 50, available at http://www2.dcsec.uni-hannover.de/files/android/p50-fahl.pdf, accessed August 13, 2013.

② See Office of National Statistics (ONS), Internet Access—Households and Individuals, Part 2, 2012, available at http://www.ons.gov.uk/ons/rel/rdit2/internet-access---households-and-individuals/2012-part-2/stb-ia-2012part2.html, accessed August 13,2013.

看到,而只有25%的电子邮件会在收到后24小时内打开。① 最后,僵尸网络掌控者已经开始利用智能手机实施网络诈骗,因为银行将智能手机作为了在线交易的验证工具。例如,2011年有报道称,一种极具威胁性的僵尸网络(Zeus)变种已经被生产出来,而其目标便是智能手机。Zitmo("移动中的宙斯",Zeus in the mobile 的缩写)发布了潜伏在手机中的恶意软件,一旦其智能(计算机化)算法检测到用户在访问网上银行,该软件便会开始工作。②

网络犯罪者也开始欺骗受害者下载伪造或经过篡改的应用程序。例如,2012年10月,法国便有一名男子被判处网络诈骗罪,他在过去的1年中通过伪造的智能手机应用程序传播病毒,将手机秘密地连接到他设置的保险费率上,共骗取资金50万欧元(40.5万英镑)。这是"萨拉米香肠诈骗"的当代体现——他从17,000名受害者中的每一个人那里都偷走少量的钱,就像切掉一片片薄薄的香肠一样。这些APP还搭载了其他恶意软件,这些恶意软件会向他发送受害者在其订阅的游戏和赌博网站上的详细登录信息。这个案例还揭露了网页浏览和手机APP的安全性能的不同。当人们访问网站时,他们有一种简单而熟悉的方法,即通过安全套接字层(SSL)认证来验证自己的身份。但当它们使用APP时,却没有等效的验证方法。目前来看,"验证"似乎是一个社交过程,如果一个应用程序非常流行,人们就会假设它缺乏恶意。③

四、以组织机构为目标欺骗个人

不管规模大小,公司都是网络犯罪者的目标。攻击公司主要有三个原因。首先,劫持和攻击公司的运算能力,以便攻击其他机构。攻击者控制公

---

① See Cloudmark, *Messaging Threat Report: Evolving Threats in the Message Landscape*, 2012, p. 5, available at http://www.cloudmark.com/releases/docs/threat_report/Cloudmark_ 2012_Annual_ Threat_Report.pdf, accessed August 13, 2013.

② See M. Ward, *Botnets: Hi-tech crime in the UK*, BBC News, December 13, 2011, available at http://www.bbc.co.uk/news/technology-15792257, accessed August 13, 2013.

③ See T. Anderson, *Stay safeguarded in cyberspace*, Guardian, February 11, 2013, Cybersecurity Supplement, Media Section, p. 2.

司服务器后发起分布式拒绝服务攻击(DDoS),使其他组织机构(公司和政府)的网站瘫痪。这种服务器式僵尸网络比通常的基于家用 PC 的僵尸网络更强大,因为它们具有更大的带宽容量和持续的可用性(家庭用户倾向于关闭他们的计算机)。例如,服务器式僵尸网络在最近针对美国银行的攻击浪潮中便起到了突出的作用。其次,网络犯罪者可能会将目标锁定在公司持有的客户敏感数据上。这些数据需要实时在线以保证进行有效的交易(例如,客户地址和详细的财物信息)。一旦被盗,犯罪分子使用这些数据的时间取决于数据的类型。有些是暂时性的数据,如可以重置的登录密码。但有些会有隐性的使用寿命,如姓名、出生日期和社保号码。最后,进行攻击也可能是为了获取高价值的知识产权(如想法、设计、方法和商业机密)和/或公司战略信息,如合同投标价格或敏感股价信息。①

易受此类攻击的最主要原因往往源于计算机安全链条中最薄弱的一环——人。针对公司的外部攻击超过 60% 都是通过社会工程针对员工进行的。② 网络犯罪分子会利用多种手段进入公司的计算机系统和网络。例如,员工可能会被骗点击钓鱼邮件中的恶意链接,然后将恶意软件下载到系统中,或者欺骗他们下载包含木马的电子邮件附件。美国一家安全公司最近对其 300 名员工进行了一次网络钓鱼实验,发现 26% 的员工打开了发送给他们的网络钓鱼邮件。③ 针对特定个人的网络钓鱼邮件被称为"鱼叉式钓鱼"。最近的一个案例表明,即使是最注重安全的组织,也可能因这样的社会工程而变得脆弱。2012 年 3 月,澳大利亚央行(Reserve bank of Australia)证实,该行曾遭到数起网络犯罪攻击,其中一起攻击是向其几名员工发送鱼叉式钓鱼邮件。这封被称为"2012 财年战略规划"的电子邮件包含了一个恶意程序,它成功地绕过了现有的安全机制,但是在它跨银行系统和网络进行传播之前被识别和隔离了。如果这样的攻击避开了所有的检测手

---

① See Office of Cyber Security and Information Assurance (in partnership with Detica), *The Cost of Cyber Crime*, February 17, 2011, p. 9, available at https://www.gov.uk/ government/publications/the-cost-of-cyber-crime-joint-government-and-industry-report, accessed August 13, 2013.

② See T. Caldwell, *Risky business: Why security awareness is crucial for employees*, Guardian, February 12, 2013, available at http://www.guardian.co.uk/media-network/ media-network-blog/2013/feb/12/business-cyber-security-risks-employees, accessed August 13, 2013.

③ See L. Tung, *Phishing your employees to improve security,* Sydney Morning Herald, February 14, 2013, available at http://www.smh.com.au/it-pro/security-it/phishing-youremployees-to-improve-security-20130206-2dy8a.html, accessed August 13, 2013.

段,恶意软件就会隐藏在系统内。这种情况下,鱼叉式网络钓鱼成为了一种先进且具有持续威胁性(APT)的钓鱼形式,因为犯罪活动可以在系统/网络中持续一段时间。APT 攻击的目标往往是储存有高价值信息的组织机构,如政府机构和金融服务公司。与这些组织相关的律师事务所也成为其目标,因为律所也知道这些信息。这种攻击背后的逻辑并不复杂。事实上:

获取大型金融律所的合伙人在公司网站上的个人简历,并获悉他们就读的大学易如反掌……然后就可以向其发送附有恶意 PDF 表格或恶意 URL 超链接的校友更新信息。当目标接收者收到了这份酷似真实的电子邮件,他或她一点击嵌入的链接或打开表格,ATP 攻击就潜滋暗长地控制着目标接收者的计算机。之后不久,攻击者就可以长期访问受害者公司的网站……不管是对律所还是对其客户而言,其结果都可能是灾难性的。①

另一种常见的诈骗策略是针对研究活动(如商业研讨会、学术会议等)的与会者,向其发送"鱼叉式钓鱼邮件",内容如下:很高兴欢迎您参加上周的 XXX 会议,这里有一个和我们当天讨论的主题中一些研究内容相关的链接,您可能会感兴趣。②

公司安全更为脆弱的地方在于员工越来越多地在自己的电子设备中处理公司事务,这一政策被称为"自带设备"(BYOD)。2012 年 10 月,对 17 个国家的数千人进行的一项调查显示,(在雇员超过 50 人的组织机构中)57% 的全职员工从事着某种形式的自带设备工作。③ 如果公司的 IT 安全政策中没有对自带设备工作做出明确的指导可能会导致一些问题。2013 年 3 月,英国信息委员办公室委托进行的一项研究显示,47% 的英国成年人在工作中使用智能手机、笔记本电脑或平板电脑,但只有不到 30% 的人能

---

① See A. Lanstein, *Law Firm Security: Protecting Sensitive Data from Cybercriminals*, Society for Computers & Law, 17 November 2011, available at http://www.scl.org/site.aspx?i=ed23581, accessed August 13, 2013.

② See S. Greaux, *A quarter of workers unaware of phishing threat*, Public Service Europe, January 8, 2013, available at http://www.publicserviceeurope.com/article/2918/a-quarterof-workers-unaware-of-phishing-threat, accessed August 13, 2013.

③ See Ovum, *BYOD: An emerging market trend in more ways than one*, Logicalis, 2012, p.2, available at http://www.logicalis.com/pdf/Logicalis%20White%20Paper%20Ovum(2).pdf, accessed August 13, 2013.

获得公司的指导,告诉他们什么时候能够用自己的设备处理工作。① 即使存在指导,也有一些雇员会不遵守规定("叛逆员工")。2012年12月,一项针对英国600家企业员工的调查发现,无论企业政策如何,90%的受访者都从个人设备访问过公司数据。② 不固定办公的员工的其他坏习惯还包括不考虑后果地使用公共Wi-Fi。2012年3月,对美国1000家中小企业进行的研究报告称,20%的员工经常使用不安全的Wi-Fi热点发送需要保密的业务信息。③ 这些人就有可能被诱骗连接到犯罪分子建立的"邪恶双胞胎(虚假并行网络)"上,致使他们的公司处于危险之中(犯罪分子会通过MitM攻击捕获关键数据)。有些雇员不能够真正理解他们的行为对他们雇主造成的危险。事实上,人们已经认识到"社会工程之类的诈骗方式之所以常常能够发挥作用就是因为人们不了解他们透露信息的价值"。④

越来越多的犯罪分子将小企业作为其犯罪目标。2011年11月,一项针对全球1900家小企业的调查得出了一些值得关注的结果。尽管受访者知道网络威胁的存在,如DDoS攻击、鱼叉式网络钓鱼、按键记录,以及使用个人手机处理公司业务的危险,但他们对这些安全问题相当漠视。事实上,一半的受访者并不觉得有风险,因为他们仅仅是一家小企业。然而,自2010年初以来,40%的攻击目标都是中小企业,而大型公司仅占28%。⑤ 网络犯罪分子发现针对政府和大型公司的攻击将面临更大的侦查和追捕风险,而小公司可能缺乏警惕且在安全方面的投入较少。于是犯罪分子便被这些"低垂的果实"所吸引。⑥ 在上述调查中,60%的小企业承认,他们没有

---

① See A. Farmer, *The security challenges of BYOD*, YouGov, February 21, 2013, available at http://yougov.co.uk/news/2013/02/21/security-challenges-byod/, accessed August 13, 2013.

② See W. Ashford, *UK's million missing laptops a data time bomb, says report*, Computer Weekly, March 12, 2013, available at http://www.computerweekly.com/news/ 2240179424/UKs-million-missing-laptops-a-data-time-bomb-says-report, accessed August 13, 2013.

③ See M. Millar, *Small firms 'easy targets' for cyber crime*, BBC News, March 20, 2012, available at http://www.bbc.co.uk/news/business-17432513, accessed August 13, 2013.

④ Steven Furnell, reported in *Risky business: Why security awareness is crucial for employees*, Guardian, February 12, 2013, available at http://www.guardian.co.uk/ media-network/media-network-blog/2013/feb/12/business-cyber-security-risks-employees, accessed August 13, 2013.

⑤ See Symantec, *SMB Threat Awareness Poll*, 2011, available at http://www.symantec.com/about/news/release/article.jsp? prid=20111116_01, accessed August 13, 2013.

⑥ See Ross Walker, reported in *Small firms "easy targets" for cyber crime*, BBC News, March 20, 2012, available at http://www.bbc.co.uk/news/business-17432513, accessed April 10, 2013.

在所有的电脑上安装杀毒软件,66%的小企业没有对用于网银交易的电脑进行安全防护。① 对小企业的攻击使对大企业的攻击成为可能,它们提供了一个更简单的间接侵入途径。因为大型跨国公司可以拥有多达上万家小型供应商……这代表着存在很多潜在的后门。②

五、展望未来:是否会增加个人对网络安全的责任

人仍然是网络安全链条中最薄弱的一环,上述例子都表明,通过社会工程技术对个人进行欺骗仍然是许多网络犯罪活动的首选策略。一些监管机构(不管是公共的还是私人的)可能会对此感到失望,并要求个人对自己(或他人)的网络安全和因自己原因导致的安全漏洞承担更多的责任。监管部门对这些过错的关注似乎正在不断扩大。

第一个实例出现在网上银行部门,英国信用卡协会③发布的报告显示,针对消费者的诈骗犯罪呈普遍上升趋势,具体而言,网银诈骗上升了12%。④ 银行一直在紧缩他们网银服务的合同条款和条件。现在许多条款都增加了一些为追究共同过失提供空间的表述。例如,虽然劳埃德(Lloyds TSB)银行会退还客户因网络诈骗而损失的资金,但它也警告用户,"只有在你始终保持小心谨慎,如采取合理措施来保护信息安全时",才能获得赔偿。⑤ 关键在于什么是"合理措施",因为有一个附加条款便是"你能做什么",银行会督促客户做以下所有事情:保证操作系统和浏览器都是最新版

---

① See Symantec, *SMB Threat Awareness Poll,* 2011, available at http://www.symantec.com/about/news/release/article.jsp? prid=20111116-01,accessed August 13, 2013.

② See A. Woodward, *Viewpoint: Small firms prove to be weak link to hackers,* BBC News, November 19, 2012, available at http://www.bbc.co.uk/news/technology-20320573, accessed August 13, 2013.

③ 英国信用卡协会(UK Cards association)是英国信用卡行业的领头行业协会,其成员包括所有主流的信用卡和借记卡发行以及信用卡收单银行。

④ See UK Cards Association, *News Release: Decline in fraud losses stalled by rise in deception crimes aimed at consumers,* March 12, 2013, available at http://www.theuk cardsassociation.org.uk/wm_documents/2013% 2003% 2006% 20National% 20fraud% 20 release% 20-% 20final.pdf, accessed August 13, 2013.

⑤ See Lloyds TSB, *Internet Banking: Internet Security,* 2013, available at http://www.lloydstsb.com/internet_banking.asp, accessed August 13, 2013.

本;使用杀毒软件、反间谍软件和防火墙并保证它们都是最新版本;保证使用的 Wi-Fi 网络都是安全的;如果使用移动设备上网,要保证移动设备上有有效的杀毒软件;时刻警惕钓鱼诈骗;"在未检查网页是否安全的情况下绝不输入银行账户的详细信息",指导他们先检查网站是否以 https://开头,然后在浏览器的边角看有没有锁定符号,(如果仍然不能确定),则双击锁定符号以检查网站的安全证书。事实上,汇丰银行已经将上述一些行为描述为客户的"安全职责"。①

以下例子则表明,银行正在采取更为严格的方式执行这些条款和条件。2012 年 4 月,一名客户通过网银一天之内向诈骗者汇款 7,450 英镑,并与国民威斯敏斯特银行(NatWest)发生了纠纷。客户和银行对被骗的方式和原因存在不同看法。客户声称,他和往常一样在电脑上登录国民威斯敏斯特网上银行的主页,并检查了该网站是否安全(通过检查网址是否以 https://开头)。然后按照要求,先是输入了十位数的身份证号码,然后输入了身份证号码(PIN)中的三个随机数字,最后输入了密码中的三个随机字母/数字。他成功地通过了"安全门",并相信自己在安全网站上,于是输入自己的密码回应进一步的信息请求。但事实上,他所在的网站(看起来和国民威斯敏斯特银行网站一样)和密码提示都是假的。银行的解释是,要么是客户成为了网络钓鱼邮件的受害者,要么是他的电脑已经被恶意软件感染,恶意软件窃取了这些数据。不过,该客户坚持认为,他没有通过网络钓鱼邮件访问该网站,而且他有定期更新其电脑上的杀毒软件(包括防火墙和实时扫描仪)。银行的服务条款中有这样一条:"如果账户上的交易是通过使用安全认证服务进行的,但您能证明该交易不是您授权的,您就不需要对该交易负责,但前提是您已按照本服务条款谨慎行事。"因此银行拒绝赔偿损失,因为它认为损失是由于"客户的过错"造成的。②

2012 年 10 月,国民威斯敏斯特银行不得不暂停一个手机 APP,通过该

---

① See Hong Kong and Shanghai Banking Corporation (HSBC), *Personal Internet Banking: Terms and Conditions*, effective from August 1, 2012, available at http://www.hsbc.co.uk/1/PA_esf-ca-app-content/content/pws/content/personal/pdfs/pib-final-version. pdf, accessed August 13, 2013.

② See L. Boyce, 'I had £ 7.5k swiped from my account in six transactions but NatWest won't help me': Beware the online banking fraudsters, This is Money, August 30,2012, available at http://www.thisismoney.co.uk/money/saving/article-2195342/I-7-5kswiped-day-NatWest-wont-help-me.html, accessed August 13, 2013.

APP客户可以在没有借记卡(通过他们的GetCash系统)的情况下提取现金。银行表示这样做是为了保护客户免受诈骗。据报道,数十名国民威斯敏斯特银行的客户声称通过该系统被诈骗,金融服务管理局(FSA)也接到了相关的报案。国民威斯敏斯特银行解释说,诈骗分子一直在发动网络钓鱼攻击以获取系统输入数据。一名用户因使用国民威斯敏斯特银行APP上下载的安全代码而被骗了950英镑。一开始银行拒绝赔偿他的损失,并"在一封信中说,是他自己通过网络钓鱼邮件向诈骗者提供了个人信息"。① 但其客户反驳了这种说法。最后在消费者向英国广播公司第四频道消费者钱箱(Money Box)栏目投诉后,银行才同意赔偿950英镑以"表达诚意"。

在其他国家也可以看到加强个人责任的管理情况。例如,作为联邦政府机构的澳大利亚通信和媒体管理局(ACMA)实施了一项自愿的网络服务提供者(ISP)行业守则,旨在"通过减少澳大利亚受害的计算机数量,促进互联网行业的安全……和为澳大利亚网络服务提供者提供一些统一的帮助,告知、教育其客户网络安全风险相关内容并保护其免受侵袭。"总的来说,签署该守则的网络服务提供者覆盖了澳大利亚居民95%以上的互联网用户。② 该守则规定:"网络服务提供者和消费者可以而且必须共同承担责任,将使用互联网的风险降到最低",并进一步声明"用户必须要承担一定的责任,确保其个人电脑和互联网连接的安全,如安装并使杀毒软件更新到最新版本、保护他们的无线连接安全等。"③ 当网络服务提供者发现其网络上存在受感染的电脑(即被恶意软件"僵尸化"并被征集到僵尸网络队伍的电脑)时,该守则建议采取的措施包括"在用户网络服务受到速度限制的情况下实施'应用滥用处置计划'"和"暂时隔离用户"。④ 守则提到,网络服务提供者还可以根据用户的IP地址是第一次还是持续性地出现在问题列表上而没有采取任何措施,来从守则列举的选项中选择不同的处理方

---

① See B. Howard, *NatWest admits fraud had led to suspension of bank app*, BBC News, October 10, 2012, available at http://www.bbc.co.uk/news/business-19897527, accessed August 13, 2013.

② See Australian Communications and Media Authority (ACMA), *Australian Internet Security Initiative*, 2013, http://www.acma.gov.au/WEB/STANDARD/pc=PC_310317, accessed August 13,2013.

③ See Internet Industry Association, *Internet Industry Code of Practice for Industry Self Regulation in the Area of Cyber Security*, June 1, 2010, p. 3, 7, available at http://iia.net.au/userfiles/iiacybersecuritycode_implementation_dec2010.pdf, accessed August 13, 2013.

④ Ibid. at p.9.

式。其中包括"由用户承担费用的"进一步技术支持。

对盗版的打击监管,特别是对盗版音乐和电影的监管还在继续。一些国家已经出台新的法律来应对这一问题。英国于2010年颁布了相关的法律,不过尚未生效。① 但是,其他一些国家(如法国和新西兰)已经制定并实施了相关法律,根据这些法律,可以限制甚至切断持续侵犯版权者的网络连接。2013年2月,一个由美国主要版权所有人组成的私人财团②与美国五家领先的网络服务提供者合作发起了一场反盗版运动。在这个新的版权警报系统(CAS)下,涉嫌持续侵权者在收到6次警告后,他们的网络连接就可能会受到限制(但不会被切断)。但前沿电子基金会(EFF)等组织对该、特别是对其核心机构版权信息中心(CCI)提出的一些声明计划表示了担忧。版权信息中心宣称,人们"有责任确保他们的网络账户不被用于侵犯版权",并将敦促网络服务提供者限制他们的 Wi-Fi 连接。③ Wi-Fi 的安全问题在2010年就引起了德国法的重视。德国最高法院(卡尔斯鲁厄法院)裁定,互联网用户必须设置密码来保护自己的 Wi-Fi 安全,否则如果第三方使用它非法下载音乐、电影或其他受版权保护的资料,未做好保护的用户将被罚款。

随着工作方式的不断变化,公司的网络安全政策变得更加详细和稳健。雇主们认识到,如果缺乏网络安全的警惕性,他们日益流动的员工将给他们带来危险。鉴于此,没有网络安全政策的公司将会越来越少。但是,如果不遵守这些安全政策的问题得不到解决,网络安全问题就会持续存在。雇主们在起草劳动合同时新增了一些保障条款。如新近引入的"合意性提前终止雇佣"概念④将鼓励雇主在对个别员工的表现、出勤率或行为不满的情况

---

① 在过去三年中,该法在法院进行司法审查时总是受到(不成功的)质疑。上议院的一个委员会也质疑2012年《数字经济法》(这些措施都在该法范围内)是否符合财政部的规定,这一质疑也进一步推迟了该法的生效。

② 包括美国电影协会和美国唱片协会。

③ Center for Copyright Information (CCI), *What is a Copyright Alert?*, 2013, available at http://www.copyrightinformation.org/the-copyright-alert-system/what-is-a-copyright-alert/, accessed August 13,2013.

④ 这一概念规定在《2013年企业和监管改革法案》第14条,在《1996年就业权利法案》中该概念便作为新的第111A条而加入。

下与员工进行"公开和受保护的商谈"。① 在商谈中,雇主可以为员工提供按照商量好的条件辞职的机会(如一次性免税地支付工资或介绍一份新工作)。如果员工接受,这个提议就可以作为一个正式的离职协议。与之前的法律相比,这项新法律的主要区别之处在于,"雇主提出的和解协议中的提议和讨论不能在劳动仲裁中作为不公平解雇使用而提起索赔。因此,雇主可以在员工事先未受到任何处分的情况下就和员工商量解雇的问题。"②当然,员工可以拒绝雇主提出的和解协议,但是在没有事先程序的情况下进行这种商议,很可能会对雇佣关系造成不可挽回的损害,而这很可能恰恰是雇主想要的。③

六、结 论

对人的欺骗依然是许多网络犯罪活动的重要组成部分。事实上,骗术随着技术防御能力的复杂程度和强度的增加而增加,对网络安全链条中最薄弱的环节——人的攻击还将继续。监管机构已经开始要求个人对自己以及受其过失影响的他人的网络安全负责。网民们被要求提高警惕,否则就有可能会面临安全威胁。然而,对于许多人来说,这要求他们对其网上的行为做出重大改变。这是"监管变迁"④的一部分,它存在于网络空间中网民和监管机构的持续互动中,带来了网民和监管机构(私人的和公共的)之间的潜在冲突。

但监管者也必须时刻保持警惕。进入互联网时代已20多年⑤,历史已

---

① See P. Landau, *Get ready for an early exit if you are underperforming at work, as 'settlement agreements' are about to take center stage*, City Blog, February 26,2012, available at http://www.city-jobs.com/cityblog/2013/02/26/ready-early-exit-under performing-work-settlement-agreements-centre-stage-employment-lawyer-philip-landaupractical-implications/, accessed August 13, 2013.

② P. Landau, *If you've got to go, negotiate a good settlement agreement*, Guardian, June 13, 2012, available at http://www.guardian.co.uk/money/work-blog/2012/jun/13/ settlement-agreements-vince-cable, accessed August 13, 2013.

③ Ibid.

④ See A. Murray, *The Regulation of Cyberspace: Control in the Online Environment*, Routledge-Cavendish, 2006, p. 25.

⑤ 互联网技术诞生于20世纪60年代,但人们认为"互联网时代"始于1992年左右,因为当时通过互联网采用了一种新技术(万维网)。

经证明不应低估社会规范在规制人们在网络空间中的行为的作用(其他三种方式是法律、市场和代码①)。规则是否有效取决于网民是否尊重它。因此,网络空间中有效规则的制定需要监管机构让网民相信两件事:首先,监管机构有合法的权力来源来规制网民的行为。其次,这些规则规定的网民从事网络活动时的义务是有意义且可被接受的。② 观察这种交流如何在日趋紧张的针对欺骗为基础的计算机犯罪背景下展开将会是有趣的。当然,技术本身也会持续帮助网络犯罪分子更好地通过社会工程来利用人类的弱点。事实上,"如果你把智能软件算作机器人,那么机器人已经被用来欺骗和利用那些误把它们当作人类的人。"③个人的警惕性也需要不断增强,并且在教育、劝说和强制之间需实现监管的平衡。

---

① See generally, L. Lessig, *Code: and Other Laws of Cyberspace*, Basic Books, 1999.
② See C. Reed, *Making Laws for Cyberspace*, Oxford University Press, 2012, p. 26.
③ M. Mowbray, *Bad Bots*, Society for Computers & Law, March 25, 2013, available at http://www.scl.org/site.aspx?i=ed31517, accessed August 13, 2013.

论数字时代隐私侵扰的犯罪化

——不被数字监控的合理期待

王晓晓 〔英〕丹尼斯·贝克[*]

刘继烨[**] 译 陈禹橦 校

一、引 言

鉴于近来有一连串的侵害性隐私的违法行为被犯罪化,一个疑问是为什么性隐私仍然是侵犯隐私行为所关注的核心。针对隐私泄露刑法保护的广泛分析应及时跟进,与政府《网络侵害白皮书》所持政策保持一致。根据数字媒体部(The Department for Digital, Culture, Media and Sport;以下简称"DCMS")发布的报告,故意令人难堪是伤害行为的核心表现形式。[①]该报告举例说明:"发布真实的个人信息以令他们感到不适,例如,发送裸照,公布他们暗恋的对象,或者是公开不为大众所知的同性恋倾向信息等。"

更广义的隐私犯罪(有必要小心地建构和限制)能够包含的有害内容,可能很难归类于性的伤害、虐待或者暴力。近来发生的一起事件中,律师将信息展示在电脑屏幕上,但是被对方律师从邻近的建筑物上拍摄了照片,对方律师随后使用这些记录对该律师不利。现行法下该行为无须承担

---

[*] 王晓晓,中南民族大学法学院讲师,法学博士。〔英〕丹尼斯·J.贝克,英国德蒙福特大学法学院院长、教授,剑桥大学法学博士。本文原文被收录于《刑法学杂志》2021年第3期,第145—169页。

[**] 刘继烨,长安大学人文学院助理教授,北京大学刑法学博士。

[①] Adult Online Hate, Harassment and Abuse: A Rapid Evidence Assessment (2019), UK Council for Internet Safety, https://www.gov.uk/government/publications/adult-online-hate-harassment-and-abuse-a-rapid-evidence-assessment.

刑事责任,盗窃罪并未覆盖获取机密信息的行为,而拍摄电脑屏幕的行为也不等同于滥用计算机行为。然而,在一些法域,如加利福尼亚州、法国、葡萄牙、德国和瑞士,未经同意或者无合法理由获取和使用隐私信息能构成隐私违法行为项下的刑事犯罪。

(《网络侵害白皮书》)也包含政府对平台服务提供者的规制框架,以确保平台服务提供者采取合理的步骤从平台中移除有害内容。有害内容如鼓吹、煽动恐怖主义和虐待儿童的视频和图像,均可以被识别、过滤和移除。但最好的人工智能过滤工具不一定能够识别无害的信息以及针对特定人个人的隐私信息。对个人隐私受到侵犯的被害人来说,最好处于明知的状态,并且最好识别那些应从公共领域删除的隐私内容。尽管如此,此类材料被删除之时,仍然能够被下载和发布。与之类似的,行为人也能不经参与人的同意直播机密会议,损害在平台服务提供者实施措施之前便已经随着行为人的活动而造成。为此可以提出以下刑法问题,在未经同意或者没有合法理由的情况下,加工处理和发布个人信息是否应当承担刑事责任,以此为被侵害人提供必要的保护,在实质上威慑这一错误行为。数据保护法适用于规制公司数据控制者,但不适合威慑个人,使其不收集与滥用隐私信息。

鉴于刑法晚近以来已经提升了针对侵犯性隐私和窥探他人性图像行为(例如,涉及泄露色情图像、数码记录和偷窥裙底行为的犯罪)的保护力度,更广泛的隐私问题随着新兴科技而产生。无论是监视他人,还是永久保留具有他人个人生物特征(如声音)的隐私信息,都变得无比简单。影像检索技术已经能够让人们根据图片搜索他人。法律不仅仅必须与科技的进步保持一致,也要考虑到现在每个人身边几乎无时无刻有录制设备的社会现实。

我们应当尽力说明将侵犯隐私行为入罪的理由。说理主要聚焦于公共场所的个人隐私,因为如果我们能够说明在公共场所侵犯隐私行为的入罪理由,那么就更有理由说明在私人空间侵犯隐私的行为应入罪。私人空间包括办公室、旅馆房间、计算机、个人电子邮件账户、iCloud 账户等。我们可以看到并没有狭义的隐私犯罪,如涉及报复性淫秽图片[①]、偷窥裙底等[②]侵犯隐私行为,因为这些错误行为最好是涵盖在一个一般的隐私犯罪之下。

---

① 依据 2015 年《刑事司法和法庭法案》第 33 条,行为人将无上衣女友的照片发送给自己的母亲,被判处监禁刑。See R v. Bostan [2018] 2 Cr App R (S) 15.

② 参见 2003 年《性犯罪法案》第 67 条 A 款。(此外,)法官曾偶然地通过扩展模糊的普通法罪名"违反公共礼仪"填补了法律空白。See R v. Hamilton [2008] QB 224.

本文将以五部分分别讨论,除去导论的第一部分,第二部分主要反思既存的公法、民法和刑法中的隐私保护,也给出了其他法域对侵犯隐私行为定罪的例证,无论该行为是否涉及侵犯性隐私。第三部分将会阐明,聚焦于隐私本体是过于限缩的,因为讨论是否为隐私灭失的问题本质上(per se)是控诉将个人隐私转化为永久形式的过程和做法。数码技术使得信息容易被存储和扩散,这延长了被侵犯隐私的被害人陷入窘境的时间。我们应当努力说明此类行为的入罪理由,同时也要努力说明设立一个更广义的犯罪类型的理由,而不是仅仅是涉及侵犯性隐私的犯罪。在第四部分,本文将阐明侵害结果是定罪的充分条件,但不意味着侵害行为必须被定罪。如果将此类行为留给加害、被害双方解决并不能给太多加害方带来震慑,因为民事救济对于大部分公民而言是昂贵的,如果加害方身无分文,诉讼就徒劳无功,因此,需要刑法的制裁。本文第五部分草拟了部分犯罪,我们认为是需要提供恰如其分的救济的。本文建议这些犯罪应当设置起诉时限,侵犯隐私的轻微刑事案件(summary offence)必须自发现之日起六个月内被起诉、公诉案件(indictable offence)自被发现之日起一年内被起诉。另外,本文建议过度犯罪化问题可以通过要求只有诉诸警察方可要求警方作为的方式予以反驳。在瑞士和德国,此类犯罪便是自诉犯罪。

二、民法、公法和刑法中已有的隐私保护例证(Sane):本土与域外

(一)公法和私法的保护

窃听(Eavesdropping)是一种隐私侵犯,长期被作为一种犯罪,构成要件是造成了痛苦(distress)和其他的诸如妨害(nuisance)等附属损害。[①] 不难想象,造成这种妨害的行为可以是行为人听取机密对话并泄露内容,即使行为人听错对话可能造成更多的麻烦。20世纪,隐私保护逐步形成,但主

---

① R v. Summers (1663) 1 Keb 788, 789. 本案提及:"窃听者(eves-drooper)在地区刑事法庭是可诉的,因其具有了侵害安宁之意图(tending)。" See also Michael Dalton, *The Country Justice*, Ch. 105 (William Rwalins et al., 1697).霍金斯(Hawkins)写道:"窃听者,于墙下、窗外、壁边偷听对话,并据此编纂诽谤和恶意的故事,构成一般损害,在地区刑事法庭(court-leet)具有可诉性。" William Hawkins, *A Treatise of the Pleas of the Crown* (vol.1), 695 (A Maxwell and R Stevens & Son, 1824).1967年《刑法法案》第13条废除了本罪,并以现代化的罪名替换之。

要集中在对保密条款的违反和对隐私信息的侵犯与滥用。① 1998 年《人权法案》(Human Rights Act)被整合进了英国法《欧洲人权公约》的第 8.1 条,该条款扩大了可实施保护的范围。同时,《欧盟基本权利宪章》(Charter of Fundamental Rights of the European Union)第 8 条和《一般数据保护法规》(General Data Protection Regulation)的改良也被整合进 2018 年的《数据保护法案》(Data Protection Act)②,针对加工处理个人数据提供更健全的保护。③ 其隐私保护有互相关联两个面向:(1)信息的控制(数据保护被直截了当地纳入管理个人信息的范畴,如管理雇佣记录、医疗记录、专业和隐私电子邮件等);(2)匿名性控制,这是一种信息控制的重要方式。这些均是对个人自治权的保护,因为他们允许拥有隐私信息的权利人在自身的生活方式、医疗状况、个人观点等不被无正当理由的骚扰、羞辱和审查的情况下参与范围广泛的社会活动的。

一个有关但清晰的概念是我们每个人能够作出关于个人事务的利益(interest)的选择,如个人选择是否要堕胎,这种利益是不受到国家干涉作出自我决定的权利,与隐私权本身无关。这种利益经常与隐私权混淆,因为旨在保护个人自治免受国家干涉的美国宪法性判例使用了"隐私权"一词。④ 本文的焦点并不是免受国家干涉自主决定的权利,而是对个人信息以及加工处理个人信息的管理问题,是关于保护个人身份信息、内在思想和戒毒治疗等社会性选择等方面的权利。本文并不关注广义的个人自治权,如是否拥有堕胎的权利,而是关注当一个人已经堕胎时,拥有保留这个秘密的权利。因此,堕胎的权利与保守堕胎这一秘密的权利是不同的。⑤

数字时代的一个重要发展是处理数据需要征得同意或者具有合法性基础。限制人们加工处理和保留数据手段的合法理由是保护人们免受潜在的数据滥用的危害。《欧洲人权公约》第 8 条的法理认为,没有合法理由在

---

① Douglas v. Hello! Ltd [2006] QB 125; Campbell v. MGN Ltd [2004] 2 AC 457;保密条款的违反可追溯到 19 世纪 Prince Albert v. Strange (1849) 41 ER 1171;1998 年《数据保护法案》之前还有 1984 年《数据保护法案》和 1987 年的《个人档案获取法案》。
② 受《一般数据保护条例》的影响,英国 2018 年出台了《数据保护法案》。
③ 管理者是指"自然人或法人,公共当局,机构或其他机构,这些机构单独或与他人共同确定加工处理个人数据的目的和方式。"
④ See Griswold v. Connecticut (1965) 381 U.S. 479; cf. Katz v. United States (1967) 389 U.S. 347.
⑤ 即使是名人也有进入堕胎诊所而不被曝光的权利。Mutatis mutandis Campbell v. MGN Ltd [2004] 2 AC 457.

公共场合对他人录音录像,是一种加工处理他人个人数据的行为。① 未经同意或者没有合法理由公开发布他人在公共场合实施私密行为的录音录像,根据《欧洲人权公约》第 8 条之规定是违法行为,②但不是一种犯罪行为。2018 年《数据保护法》第 3 条第(4)项中关于加工处理数据的定义内涵范围极广,包括录制和传播:

"(4)关于信息的'处理',意味对信息或若干信息的一项或若干操作,例如(a)收集、录制、组织、架构或存储,(b)改编或变动,(c)检索,咨询或使用,(d)通过传输、传播或其他可用的方式泄露,(e)排列或组合,或(f)限缩,擦除或毁损。"

在博伊维奇诉瑞士案③中,保险公司隐蔽地拍摄了一名在公众场所的女性,以确保她是否如其所说有残疾。欧洲人权法院判决认为,隐蔽的拍摄行为侵犯了该名女性的隐私,因为"该影片片段具有永久保存的性质,以及该片段在保险纠纷中的进一步使用可以被视为处理或收集个人数据,该关于原告个人的数据披露系对其'隐私生活'的干涉,属于《欧洲人权公约》第 8 条的含义范围。"④法官采用了限缩的概念,认为人们对于自己在公共场所实施的私密举动在未经同意或无合法理由情况下,有免于被永久保存、被公开或使用的权利。推定的医疗保险诈骗无法为保险公司的行为提供合法理由,即使是 MI5 和警察,也不能跟踪和拍摄行为人的每一个举动以期在其实施犯罪当时抓捕。⑤

在里佩格诉西班牙案⑥中,欧洲人权法院认为,即使雇主怀疑雇员有盗窃行为,也不能采用隐蔽监视的方式,恰当的反应应当是警告员工盗窃已成

---

① See Vukota-Bojic v. Switzerland [2017] I.R.L.R. 94 at para. 59. See also Perry v. United Kingdom (2004) 39 E.H.R.R. 3.

② Peck v. United Kingdom (2003) 36 E.H.R.R. 41.

③ Vukota-Bojic v. Switzerland [2017] IRLR 94;在美国,保险人实施同样的行为,也会构成对受害人侵犯隐私的侵权损害。See Souder v. Pendleton Detectives (1956) 88 So 2d 716.

④ Vukota-Bojic v. Switzerland [2017] I.R.L.R. 94 at para. 59.

⑤ MI5 在官网上承认,使用"隐蔽窃听设备,MI5 需要向国务大臣(Secretary of State)申请基于 2000 年《调查权力规制法案》第 2 部分的担保,以授权对目标隐私的侵犯。多数案件中,MI5 也需要获取情报机构的'恰当授权'。1994 年《服务法案》授权了必要情况下隐蔽安装设备造成的对目标财产的任何干涉,对于拦截通讯这一行为,MI5 必须令国务大臣信服 MI5 之计划兼具必要性和适当性。" See also Big Brother Watch v. United Kingdom [2018] 9 WLUK 157, 387-388.

⑥ [2018] I.R.L.R. 358.

问题,为此安装了监控摄像头。① 本案中,超市收纳员从收银机中取走现金,假设这种情境下任何人盗窃现金或货物都很容易(也可能是员工或消费者所实施),安装监控摄像头作为威慑、获取证据是恰当的。这里的问题不是监控,而是未经同意地实施监控这一事实。在这一情况下,雇员没有机会控制自己合法的私密行为,因为他们未被告知自己处在被录音录像的状态之中。摄像头对准收纳员,他们有权利知道自己如查看私密短信或者擤鼻涕等行为已经被监控了。员工的同意也仅能让员工选择谨慎地擤鼻涕,而不赋予雇主查看员工私人短信等权利。②

在阿瑙托维奇和米尔科维奇诉黑山案③中,黑山大学数学学院的院长告诉教职工视频监控摄像头已经安装在上课的课堂中,④宣称这是为了安全目的,但是这也会监控教学。本案中的学生也在被监控之列。教授们反对大学的做法,主张应当保护他们的隐私,这也保护了学生的隐私。⑤ 欧洲人权法院认为,一个人的隐私生活不仅关乎于自己家生活的所作所为,也涵盖了他们在工作场所的专业性互动和私人举动。法院承认在一个人的职业生活中充斥了过多的隐私活动,这与雇主毫无关系。⑥ 本案中,法院论及:

"教室不仅是教授教导学生的地方,还是与学生交流的地方,因而能与学生建立互动关系、建立学生的社会身份认同。布置在雇员工作场所的隐蔽的和公开的视频监视器是对雇员隐私生活相对大的侵犯,并且该行为构成了第 8 条意义上的干涉。即使雇主的规定令雇员在工作场所的私人社会生活受到限制,这些规定也不能毫无隐私。"⑦

欧洲人权法院同时也认为,警察局的警员隐蔽地录像是对基本隐私权的侵犯。⑧ 进一步来说,欧洲人员法院也已经承认,隐蔽地或以其他方式

---

① López Ribalda v. Spain [2018] I.R.L.R. 358.
② López Ribalda v. Spain [2018] I.R.L.R. 358.
③ Antović and Mirković v. Montenegro [2017] 11 WLUK 675.
④ 欧洲人权法院已经指派工作专员保护私人空间,因为这种封闭空间创设了对隐私的合理期待。Halford v. The United Kingdom (1997) 24 EHRR 523.
⑤ Jonathan Haidt and Greg Lukianoff, *The Coddling of the American Mind: How Good Intentions and Bad Ideas Are Setting Up a Generation for Failure*, 83-84(New York: Allen Lane, 2018).
⑥ Antović and Mirković v. Montenegro [2017] 11 WLUK 675 at para. 41-42.
⑦ Antović and Mirković v. Montenegro [2017] 11 WLUK 675 at para. 43-45.
⑧ P.G. and J.H. v. United Kingdom (2008) 46 E.H.R.R. 51; R.E. v. The United Kingdom (2016) 63 E.H.R.R. 2; Allan v. United Kingdom (2003) 36 E.H.R.R. 12; United States v. Paxton (2017) 848 F3d 803.

阅读员工的私人电子邮件违反了他/她关于私人生活和私人通讯的基本权利。① 但是在家庭护理的语境下可能引发复杂的伦理问题,病人可能因为痴呆或者精神疾病而精神不健全(non compos mentis),但是有证据显示护士会虐待病人。隐蔽的监控或许能帮助寻找罪犯和起到对其他人威慑的作用,但是公开的监视也可以产生同样的威慑效果。如果病人在精神上没有能力同意的话,没有同意的病人能够被安置在监控之下吗?对某些行为的监控,如前往厕所或者洗澡等并非根本意义上的隐私行为的监控可能是必要的,因为这是为了病人的最佳利益。② 当病人因为缺乏同意能力而无法同意时,护士的同意能够通过告知员工监视正在部署中而轻松获得。

涉及雇主的犯罪预防很难拥有对员工实施所谓公开或获得同意的监控的权利:通常而言,当一个人被强制要求在工作中接受不间断录像时,强迫其接受和在雇佣合同中缺乏平等协商都意味着缺乏真正的同意。一个雇员理论上永远没有使用公开监控的权利。每个人可能在工作中接到来自丈夫、妻子、父母或者孩子的紧急来电,只是因为该紧急电话在办公室被接听并不赋予管理者听取电话内容的权利。私人对话可能包含密友和私人的信息,这些信息对于被害人而言可能要比裸照更迫切地想保密。因此,对于一些人而言,传播自己裸照的损害可能要小于自己敏感的职业信息或者其他的私人观点被收集、泄露、错误解释、错误使用的损害。恰如前文脚注所言,传统的窃听犯罪的基本原理是制止假新闻和防止私人对话被错误解释与传播。一面是私密照片,另一面是私人对话和个人思想,这两个都值得平等保护。其中任何一个被滥用都会造成同等的痛苦和损害。

毫无疑问,《欧洲人权公约》的第 8 条和《数据保护法案》已经对公共和私人组织产生了巨大的影响。数据泄露的罚款可能相当庞大。③ 由此联

---

① Bărbulescu v. Romania [2017] IRLR 1032 at para 81.本案主张:"雇主的指令不能完全消除工作场所的私人社会生活。即使在必要情况下有所限制,对私人生活和通信隐私的尊重(应当)持续存在。" See also Ehling v. Monmouth-Ocean Hosp Serv Corp (2013) 961 F Supp 2d 659,本案主张在 Facebook 上发布的消息受到保护。See Crispin v. Christian Audigier Inc (2010) 717 F Supp 2d 965; State v. Poling (2010) 938 NE2d 1118.

② In Re F (Mental Patient: Sterilisation) [1990] 2 A.C. 1.

③ 英国信息专员办公室(the Information Commissioner's Office)对英国航空处以 1.83 亿英镑的罚款。"英国航空因数据不合规面临创纪录的罚款"。BBC News, London, 9 July 2019, https://ico.org.uk/about-the-ico/news-and-events/news-and-blogs/2018/10/ico-statement-in-response-to-british-airways-breach-announcement/.在美国,Facebook 因数据不合规被处以 50 亿美元的罚款:"Facebook 因隐私侵犯支付了创纪录的 50 亿美元的罚款。"Beijing: The China Daily, 2019-07-24.该罚款对 Facebook 来说压力平平,Facebook 的股价在罚款日增长,每 49 天即可赚取与罚款总额相当的利润。300 亿美元的罚款可能更为适用于本案基于数据采集获取巨额利润的情形。

想,如英国国民保健服务、驾驶员和车辆协会、亚马逊、脸书、腾讯、阿里巴巴、缤客、航空公司、银行和雇主等各种组织拥有数量庞大的公民敏感数据。相较于组织的数据滥用行为,第 8 条和数据保护法律不足以应对个人违法行为,这些法律不能威慑以下行为:窥视女性胸部、偷窥裙底、拍摄沙滩上衣着暴露的女性、拍摄哺乳的母亲或者偷录敏感的私人对话。数码时代,这类敏感信息能够轻易地被保存,也能够轻易地公开发布,全世界都能在此后永久访问。① 虽然我们能轻而易举地将此类行为举报至信息委员会办公室,但该机构的权力有限。信息委员会办公室能够解决的问题仅限于《数据保护法案》《通用数据保护条例》(以下简称:GDPR)《信息自由法案》(Freedom of Information Act 2000)《调查权法案》(Investigatory Powers Act 2016),也实施特定的规范如《隐私和电子通讯法规》(Privacy and Electronic Communications Regulations),但是该办公室不能决定某一侵犯隐私行为是否构成对《欧洲人权公约》第 8 条的违反或仅是滥用隐私信息的侵权行为。为了获得《欧洲人权公约》第 8 条或滥用隐私信息的侵权行为的相应赔偿,被害人需要寻求民事诉讼的救济。

在英国,民事救济是少数富人阶层的特权,对收入在平均线以下的人来说并不现实。②"在英格兰,基于民事诉讼的正义像里兹酒店(Ritz Hotel)一样向所有人开放。"③英国没有像风险代理那样强劲的法律文化,且通常败诉方要支付对方的法律服务费用。④ 有时候人们可以申请禁制令以防私人信息被媒体报道,⑤但价格高昂。风险代理律师对以巨富公

---

① 因为民事司法颇为昂贵,即使没有经济损失也可以请求补偿。Vidal-Hall v. Google Inc [2015] 3 WLR 409.

② 如 Sabori v. Martinez (2016) WL 9735089。被告人因偷偷录下顾客使用自己经营场所洗手间的画面,并将这些录像发布在公共场所而被起诉。昂贵的民事司法关涉之行为是"(1)侵犯隐私,(2)基于重大过失的雇佣、监管和留用,(3)-(4)过失和故意地造成精神痛苦,(5)违反《乌鲁民权法案》"。

③ Thomas Bingham, *The Price of Justice*, (1994) 60(4) Arbitration 239 at 247 quoting the famous words of Sir James Matthew.

④ 1999 年《司法获得法案》实施了不胜诉不支付律师费用的制度,最早的一起案例是国会议员被报道在选取公寓内有外遇并听到了靡靡之音,该议员最终胜诉,且她提到,如果没有不胜诉不支付制度,即使是身为议员,她也没有能力承担诉讼费用。See Alison Clark, *Law: Justice for the Not-so-Rich* (The Independent, 1999).但是,2012 年《犯罪人法律援助、量刑和刑罚法案》已然降低了律师代理风险案件的积极性,特别是那些费用因被胜诉费限额而受益不高的案件。

⑤ DFT v. TFD [2010] EWHC 2335.

司为对手的有利可图的案件有自由选择权,而警察局和英国皇家检察署则在证据极有说服力时没有这种自由选择权。即使行为人穷困潦倒,警察也会被要求采取适当的措施来指控行为人的罪行。当一个年轻女性的隐私权因被一个男性偷拍裙底而遭受侵犯,该女性是否应当借钱来寻求民事救济,哪怕因为该男性穷困潦倒、一切只是徒劳?这样的行为令强有力的威慑具有了正当性,能够通过报警轻易实现的事情,好过花费高昂又有限制性的民事诉讼。本文将会在第五部分继续探讨。

(二)刑事犯罪

即使无数游荡的智能手机用户提供了无处不在的监控,不少的主要法域仍然普遍地将隐蔽监控和侵犯隐私行为入罪。加利福尼亚州早前就将隐蔽偷录私人对话作为犯罪,《加利福尼亚州刑法典》(California Penal Code)第630条规定,未经同意偷录他人对话或者偷拍他人隐私行为的,处监禁刑。不论偷录偷拍的行为人是否是该会议、对话的一分子,只要该会议、对话对隐私性和机密性有合理期待均构成此罪,除非该行为人已取得所有参与者对录音录像行为和揭露、发布该录音录像内容的同意。"立法者通过第632条以保证个人控制第一手散布机密对话内容的权利,立法者同时传达出保护电子通讯中的个人隐私的强烈意图。"①加利福尼亚州的刑法规定(第630条)的序言陈述道:

"立法者在此宣布,科学和技术的进步已经促成了新兴设备和技术的发展,这些新兴科技被用于窃听私人对话,持续地、渐进地使用此类设备和技术造成了隐私的侵犯,已经造成了对自由行使个人自由的严重威胁,到了一个自由和文明的社会不能容忍的地步。"

《加利福尼亚州刑法典》第630条规定:

"(a)任何人故意且未经所有的机密对话参与人同意,使用电子增强设备或者录音机,窃听或偷录机密对话,不论该对话的全部或部分参与者是以除广播(radio)外的会面、电报、电话或者在通过其他设备的任何方式进行,只要违反本条规定,每次应该被处以不超过2500美元的罚金,或者不超

---

① "加利福尼亚当然可以被视为一个对第632条禁止录音条款的全面且有力适用有着强烈且持续利益(的主体)……(录音内容是)未被所有对话参与者所认识(被录用)或同意的"; Kight v. Cash Call, Inc (2011) 133 Cal Rptr 3d 450, 459.

过1年的监禁刑,或者并处罚金和监禁刑。"

需要着重标注的是,加利福尼亚州的刑法规定并没有聚焦于性隐私。在吉本斯案①中,法院认为:"秘密制作性爱录像带违反了加州的隐私法律,即《刑法典》第630条和632条。"②法条规定涵盖了(隐私的)行为和口头的交流,也涵盖了拍摄带有机密信息的电脑屏幕的行为。加利福尼亚州的犯罪不仅保护性隐私,也包括机密对话。本罪不要求主观上的潜在意图(ulterior),如侵犯隐私行为是带着造成痛苦或者寻求性刺激的潜在意图实施的;本罪在主观上也不要求具有潜在的过失(recklessness),如主观上可能知道自己的行为将造成另外的痛苦或者让行为人感受到性刺激,但是过失地实施了隐私侵犯。

本罪比英国新设立的偷窥裙底罪③和报复性拍摄色情图片罪④的涵盖范围广,因为本罪不要求行为人寻求对自己或他人的性刺激。许多窥探癖(voyeurism)犯罪都存在一个问题,只有在行为人偷拍了被害人以求得自身或他人的性刺激才可以构成该罪。但是,许多侵犯隐私类犯罪的实施者并没有潜在的追求性刺激的故意,甚至没有潜在的造成痛苦的故意。加利福尼亚州的刑法规定似乎是限缩解释的,因其明文规定指向"机密信息",但是该术语已经被解释成隐秘接触,包括性交。本罪也适用于工作场所的私密的、聚集性讨论,此时不仅有对隐私的合理期待,也有对机密性的合理期待。

其他法域也通过立法规定了一般的隐私犯罪。葡萄牙《刑法典》第199条将偷录隐私对话和未经同意在公共场偷拍、偷摄他人的行为规定为犯罪。在澳大利亚,昆士兰《刑法典》第227条A将偷录"隐私行为"规定为犯罪,因为一个理性的成年人合理地期待自己享有隐私权。德国《刑法典》第201条a也将这一行为规定为犯罪。⑤ 法国《刑法典》第226条规定了广义的侵犯隐私犯罪,包括偷拍或偷录的行为,并有一个单独的针对泄露或公开这类材料的刑罚规定。瑞士《刑法典》第179条规定:

"(1)任何人参与私密对话、任何人未经其他参与者的允许,偷录对话;

---

① (1989) 263 Cal. Rptr. 905 at 908.
② People v. Gibbons (1989) 263 Cal. Rptr. 905 at 908.
③ 2003年《性犯罪法案》第67条A。
④ 2015年《刑事司法和法院法案》第33条。
⑤ 德国《刑法典》第201条。

(2)存储或使用录音的任何人,在明知或应当知道该录音是第(1)项规定的犯罪行为的产物时,使他人取得该录音或泄露录音内容给他人,须负刑事责任,处一年以下监禁刑或罚金刑。"

瑞士《刑法典》像德国和法国刑法典一样,将"使用"独立规定于录音行为之外;这些刑法典也通过限制接到被害人举报后的警察行为,限缩了实施主体的范围。假设 Bret(B)未经午饭期间在办公室谈话的同事的同意,偷录了对话并将录音带给了自己的男友 Graham(G)。① G 是被录音的受害人的经理,但是他却没有尽到《欧洲人权公约》第 8 条和第 10 条要求的追究 B 隐蔽录音私密对话的行为从而保护受害人隐私的义务,反而利用非法录音对员工的私人观点进行威胁和骚扰。根据瑞士《刑法典》和法国《刑法典》的规定,B 的偷录行为和 G 的使用录音行为均应当被追诉,G 录音行为也是对被害人隐私权和言论自由权利的侵犯。

昆士兰法律中对符合合理期待的隐私的标准和德国法律中"高度私人的生活领域"的标准都涵盖隐私空间之外的行为,如在自家房子外面的行为,因此也就涵盖了行为人在公共场所实施的、自己合理期待不会被偷录和公开的隐私行为。因此,如果一位母亲在公园长椅上谨慎地哺乳,有人拍摄视频并在网络公开发布,使这位母亲遭受痛苦,她在昆士兰法和德国法下极大可能受到保护。这位母亲可能对自己被他人发现在公园哺乳默示同意,但没有同意自己的行为被加工处理制作成永久影片流传于互联网并被极为广泛的群体持续观看。

在德国法和瑞士法中,阅读严格意义上的私人、机密电子邮件和信件也是犯罪。② 在英国,拦截电子邮件是犯罪,③但透过窗户、使用缩放摄像机阅读电子邮件却不是犯罪,如果电子邮件的一方违背信用而让第三人阅读了电子邮件也不构成犯罪。如果经理阅读了同事或下属工作之外的、被严格标记为机密和私人的信件,无论经理如何获得信件,都侵犯了发件人和原本

---

① Cf Miller v. Talley Dunn Gallery, 2016 WL 836775; Clayton v. Richards (2001) 47 SW 3d 149, 155-156.后一个案件中主张,存在隐私期待时,配偶一方隐秘地记录另一方是不法的。法院考虑到了记录材料被永久固定时公开化的可能,配偶之间的隐私等级低于陌生人,更不用说在没有预防犯罪意图时记录同事和陌生人是对隐私的强烈侵犯。

② 德国《刑法典》第 202 条。

③ 2000 年《调查权法案》第 1 部分。1990 年《计算机滥用法案》也将未获取同意介入计算机视为犯罪行为。

的收件人的隐私,因为该信件受到信用原则和知识产权的保护。"机密关系是未经授权不与外人共享的交流对话。该术语明确地指向规范性的关系。"①其定位于规范性的关系,如联合代表或者联合成员之间的交流,他们的建议必须在严格的信用履行要求下被传达。②

(三)超越隐私权/隐私权的形而上分析

凌驾于隐私权之上权利的两个核心合法理由是:(1)言论自由;(2)国家安全/犯罪预防。③ 更进一步的合法理由是只有同意才能改变监控的规范本质。一个人可以拍摄一段行为人正在实施犯罪行为的影片来帮助警方破获案件与提起指控。恰巧拍摄到了行为人犯罪画面不同于长期地监视某人以期待可能抓到他正在实施犯罪的片段。媒体工作者可以以关乎公共利益报道某一行为或事件,例如,可以是恐怖攻击的报道。随着面部识别、步态识别摄像头作用于发达城市,法律规范将会对其作出规定以确保数据安全,保证摄像头除犯罪预防的目的之外不被使用,闭路电视和公共面部识别摄像头里的片段只能在识别犯罪人时使用或者在刑事审判中作为证据使用。④

欧洲人权法院认为,因为"缺乏对筛选者和过滤对话检索标准的强有力的、独立的监督",大量地拦截"外部对话"违反《欧洲人权公约》第 8 条的规定。⑤ 国家安全部门明确地赋予情报机构监控特定活动和人员的权利,但此种权利必须经检验和平衡,任何监控都必须是恰当的。如果警察有充足的理由指认一个人或者为了寻找嫌疑犯发布图像,那么他们就有正当理由公布图像或者公布闭路电视片段。人们默示地同意在公开场所的监视,当人们明知公共场所的闭路电视摄像头、步态识别摄像头或者面部识别摄像头都在运行,除非是为了预防犯罪或作为指控犯罪的证据,自己被录像

---

① Stanley I. Benn, A Theory of Freedom, (Cambridge: CUP, 1988) at 269. See also Secretary of State for the Home Department v. TLU [2018] 4 W.L.R. 101.

② Ibid.

③ Cf. Fazaga v. Federal Bureau of Investigation (2019) 916 F. 3d 1202.

④ 参见 2012 年《自由保护法案》第 2 部分、2018 年《数据保护法案》和 2013 年《监视摄像头实施法典》。《监视法典》规定了一系列指导性原则,原则 7 主张"图像和信息的泄漏当且仅当发生于基于特定的必要目的或者基于法律实施的目的",原则 11 进一步支撑:"当基于合法目的使用监视摄像系统时,且其使用具有紧迫性,监视摄像系统应当以最有效率的方式得以使用,以支持公共安全和法律实施,伴有处理图像和信息以证据性价值的目的。"

⑤ Big Brother Watch v. United Kingdom [2018] 9 WLUK 157 at 387-388.

的任何隐私行为不会被公布或泄露,基于以上认知,人们对自己在公开场所被监控默示同意。

这同样适用于私人空间的语境中。假设某一户人家安装了安全摄像头,该摄像头捕捉到了妻子正在对丈夫实施家庭暴力的视频。丈夫递交作为证据的录像给警方以证明自己是家庭暴力受害者的行为,不是对妻子隐私权的侵犯。与之类似的,如果一个保姆被拍摄到殴打孩子,或者一名护士被拍摄到殴打护理的老人,只要行为人明知该场所有监控,他的(隐私权)主张就会被击败。"别人错了不等于你对了",所以隐蔽监控不能溯及既往地为偷拍某人具有合理期待的隐私行为的错误行为提供正当理由;他们可能要承担殴打孩子或老人的刑事责任,但是隐蔽监控他们的行为也可能要承担隐私侵犯的刑事责任。

前首相鲍里斯·约翰逊(Boris Johnson)的邻居有权利将首相和女友大吵大闹的情况录音并递交给警察,如果邻居真诚地确信偶然遇到了正在发生的殴打事件。然而,他们没有权利将录音交给媒体,媒体也没有权利使用,因为录音并没有记录犯罪事实而仅是一个纯粹发生在私人空间的私人事务。警察调查后发现这原来是情人间饮酒吵闹,无论如何也不是犯罪行为,那么即便首相是一个公共人物,媒体也没有公共利益的基础公开发布这件事。人们无权侵犯另一个人的隐私,至少不能简单地因为那人是一个公众人物就有权侵犯。

人工智能和科技将比警察解决更多的犯罪,并且我们将看到支持对主要城市公共场所广泛监控的功利主义争论。

近期发生的一起案例中,前苏联双重间谍 Sergei Skripal 身中诺维乔克(Novichok,一种神经性毒剂),警察能通过闭路电视里的片段追踪可疑人员的每一个动作,犯罪嫌疑人在盖特威克机场、伦敦、索尔兹伯里的图像都清晰可见,警察能够针对嫌疑人在盖特威克机场和酒店的移动轨迹实施边界管制。上述行动均不依赖目击证人。目击证人的可靠性无法与闭路电视画面、面部识别科技相提并论。在机场和像索尔兹伯里这样的城市里,人工智能能够处理 11,000 小时的图像①以发现相匹配的面部,比人类组成的团队要迅速和可靠得多。相似地,在中国,面部识别科技能够在 60,000 人的

---

① *A London Hotel Room, Counterfeit Perfume and 11,000 hours of CCTV Footage: How Russian Novichok Suspects Were Found,* (London: Independent Newspaper, 5th of September 2018).

音乐会中识别一个被悬赏通缉的犯罪嫌疑人。① 面部识别算法能够用于处理证据,帮助不堪重负的皇家检察署处理科技手段带来的巨量证据。② 犯罪预防明确地为在拥挤的公共场所对公民录像提供了合法理由,因为在场所里公民不可能实施敏感的行为,但不会为在更衣室、浴室、旅馆的私人房间等场所实施监控提供合法理由。

公共利益无法正当化记录或拍摄个人进行隐私活动的行为,无论是在公共场合还是私人场合。当涉及裸体时,鉴于裸体在我们的社会中受到严格审查,可以发现裸体图像的出版发行无关公共利益,即便裸露人是用色情短信性骚扰女性和未成年的知名政客(也无公共利益可言)。公开任何不法之细节是适当的,但不法行为人之私人图像除外。③

如果报道的内容涉及公共利益,言论自由进入价值衡量之中。④ 名人亦有在公众场合隐私行动的合理隐私期待,这可能不会保护名人不被观瞧之权利,因为每个人在进入公众场合时就产生了被观瞧的默示同意,但该期待会保护名人不被记录以及不被发行其照片的权利,⑤这类行为是侵扰的一种形式,需要极其有力的正当性证据,而发售报纸并非是强有力的正当性理由。数十年来,小报媒体已然用公开他人琐细之错误、离婚和毒品上瘾等个人隐秘的不幸侵扰他人,是时候对这种打着公共利益的幌子由多数小报实施的针对(trolling)行为展开更为批判性的思考了。在公共场所的人将发生的琐细争议事件拍摄下来,发送这些镜头给小报的情况,近年来愈演愈烈。小报接下来发起一场持续数周的(舆论)运动,针对那些公开场所犯了小错的某些不知名人士。个别报道此类事件的行为可能是正当的,但是在没有裁决的情况下就发起针对不知名人士做某件事情的(舆论)运动似乎

---

① London: BBC News online, Chinese Man Caught by Facial Recognition at Pop Concert (13 April 2018).

② *Crown Prosecution Service Head: Justice System Can't Cope*, (London: Guardian Newspaper, 27th October 2018)报道:"英国刑事司法系统'吱吱作响',无法处理技术产生的庞大数据,皇家检察署署长已然在退休前的最后一次采访中加以警示。"人工智能也能用于巨量证据的处理。Cf Elizabeth E Joh, *Artificial Intelligence and Policing: First Questions* (2018) 41(4) Seattle U L Rev. 1139.

③ 可以参见安东尼·韦纳(Anthony Weiner)的丑闻,他勃起的性器官的照片意外地在电视直播中播出,该节目报道了韦纳向15岁女孩发送色情短信的犯罪行为。报道他对未成年人的刑事犯罪具有公共利益,但报道之事实不应当伴有其泄露的裸体照片。具体的事实可以参见 Nancy S Kim, *Website Design and Liability*, 52 Jurimetrics J 383, 409 (2012)。

④ Von Hannover v. Germany (2012) 55 EHRR 15, 101.

⑤ Weller v. Associated Newspapers Ltd [2016] 1 WLR 1541.

并不妥当,也不符合公共利益。

然而,如果某人是特定不法的受害者,就可以通过直接记录的形式泄露有关系信息:(例如,)重婚者不能谴责另一个妻子在社交网络上公开双方的婚姻;①相类似地,大富翁霸凌及性骚扰雇员的保密协议,在受害者想要报案时,也没有强制效力。② 除了向警方报案这种例外情况之外,大富翁似乎可以通过买卖保护自己的隐私。

法院会平衡言论自由与隐私,③发布一张私人假期中女人的无上衣照毫无言论自由价值,④观阅被逐出家门或其他无助状况的人之照片亦无公共利益可言。⑤ 若行为人黑入他人 iCloud 账户获取媒体记录等,⑥或者从他人房间内偷取私密文件,这些信息的使用均无法正当化,⑦即便知晓所获得信息符合一定的公共利益。

三、入罪的规范证成

(一)问题意识

在数字时代,问题不能简单地被概念化为性隐私的一部分,不尊重他人的权利,即不尊重(未经同意或缺乏合法性基础地)不去数字化或其他记录他人的行为这一规范指令,将会引发几个规范上的问题:(1)阻碍有意义的表达和交流;(2)令公共场所的匿名权保全被忽略;(3)这是有害的,不仅是因为该行为是骚扰的一种,还在于该行为能造成严重的附属损害;(4)法律仅保护性隐私而遗漏了其他同样敏感的、未受到保护的信息形式;(5)人类的记忆流失得极其迅速,但是数码存储将永远存在。例如,温布尔登网球比

---

① Higinbotham (formerly BWK) v. Teekhungam [2018] EWHC 1880.
② 1967 年《刑法法案》第 5 条第(1)款规制这种支付他人一定费用,要求其不报案的行为。
③ Von Hannover v. Germany (2012) 55 EHRR 15, 109-113.
④ Von Hannover v. Germany (2012) 55 EHRR 15, 110.
⑤ Ali v. Channel 5 Broadcast Ltd [2018] EMLR 17.
⑥ US v. Garofano (2018) WL 2216181.被告被判处监禁刑因"未取得授权接入名人的 iCloud 账户,搜索账户中的内容并获取了裸照、视频等个人信息"。
⑦ See also the lecture given by Professor Ruth Gavison, *Privacy and Anonymity*, The Israel Academy of Sciences and Humanities, Published on Feb 7, 2018 on YouTube, https://www.youtube.com/watch? v=nSK0qERpZQs.

赛上有一名裸奔者,人们不太可能记住这位不认识的脸太长时间,但是数码记录在数十年后还能完美地复现该场景。

(二)思想和表达自由

我们先不讨论性隐私,而是简单地(simpliciter)从录音和隐私开始。如果我们生活在艾瑞克·布莱尔反乌托邦小说《1984》所描述的世界,我们将会像机器人一样阅读从事实中裁剪和篡改后的文本,我们没有任何私人空间来书写自己的文本;如果知道记录无处不在,我们会避免许多行为和交流;隐蔽地记录隐私对话让被记录人无权筛选信息、无权决定让对话之外的人知晓什么内容。这关乎社会规范的价值,关乎沉默、隐瞒、不予承认、表达、隐私、机密性。这些规范允许基本的筛选机制存在,从而令一个文明社会运行。内格尔(Nagel)详述如下:

"隐瞒不仅包括秘密和欺瞒,也包括沉默和不予承认⋯⋯,从孩童时起,我们必须逐渐学习的不仅是表达我们的感受,还有保留许多想法和感受在自己的心里,目的是维持与他人的关系、达到平衡⋯⋯社会性的、规定性的、关于沉默和隐私的惯例让人们得以平和地在公共场所交往,无需在各个方面曝光自己,因为曝光自己将会导致精神上的痛苦,将会限制控制自我感受、幻想、想象、思考的自由⋯⋯沉默⋯⋯不是不诚实,因为该惯例是人尽皆知的。如果我不告诉你所有的关于你的我的所想所感,这并不是欺骗,因为你不期待我这样做,如果我做了,你将会被震惊⋯⋯礼貌和克制的核心是让广阔的、潜在的、存在争议的材料不被承认,因此就无需就这些材料展开争论。每个人都几乎已经知道了的,如敌意、蔑视、嘲笑、嫉妒、虚荣、厌倦、担心、性冲动或憎恶,以及大量的具有同质性的感受。"[1]

让自己私人交谈被秘密记录的人不是自己隐私生活的适格主体,他们发展自我人格、以不同方式向不同的人自由表达的能力被否定了,他们作为普通的筛选者的身份被否定了,该身份允许隐秘地直白表意的自由、在公开或准公开讨论中采取更微妙的外交手段的自由。隐私具有一种工具性价值,因为隐私使人们能够发展和维系社会关系,而社会关系是文明的基石。有权委婉地对信息进行隐私过滤,这对维持良好的社会关系至关重

---

[1] Thomas Nagel, *Concealment and Exposure,* (New York: OUP, 2002) at 4.

要。① 想象一下,如果首相或总统永远不能私下讨论要在公共场合展示什么,后果将多少可怕。人们在公开表达或向工作场所的同事或朋友(包括非常亲密的朋友)表达思想和想法之前,对思想和想法进行修改,这是一项基本权利。②

间谍活动和监视妨碍了在工作场所或其他地方进行有意义的私下谈话和表达,当这些谈话可能对改变或应对工作场所的欺凌文化是必要的时候,如果每个人都因为怕私人谈话被秘密记录下来而不得不在私人谈话中一直撒谎,就不会存在沟通。没有人会说出他们的意思,任何句子将是毫无意义的话语。③ 如果人们只是因为害怕未经检验的想法被秘密记录而避免与信任的人私下讨论想法,那么在工作场所和商业生活中解决重要问题的行动计划将永远不会经过头脑风暴和测试,其必然结果是,人们需要能够阻止他人将公开或私下的个人行为和对话以数码的形式保存下来,除非保存行为是在征得同意或有合法的理由。

(三)匿名性

维护隐私的一种方法是将身份与信息分开,这是班克西(Banksy)的成果,她并不想被认定为自己艺术作品的作者。个人行为发生的地点是在海滩、商场④等公共场所或者健身房更衣室、保密会议室等准公共场所并不重要。⑤ 在澳大利亚的一个案件中,法院似乎接受了一项检验标准,该标准侧重于行为的性质,以确定在公共场所所做的行为是否需要保护、免受记录。斯多普诉哈里斯案⑥中论述道:

---

① Id. at 3-27.

② 《世界人权宣言》第18条。See also the lecture given by Professor Ruth Gavison, *Privacy and Anonymity*, The Israel Academy of Sciences and Humanities, Published on Feb 7, 2018 on YouTube.

③ J. Habermas, The Theory of Communicative Action (translated by T McCarthy), (Boston MA: Beacon Press, 1984), Vol. 1 at 271.

④ Cf. State v. Glas (2002) 147 Wash. 2d 410.

⑤ 值得讨论的是,更衣室与会议室中应遵循严格有力的隐私规范,它们类似于私人办公室或洗手间,这毫无争议。Commonwealth v. Wassilie (2019) 125 NE 3d 682, 688.本案认为:"任何个人都没有丧失自身对于隐蔽性器官和裸露器官隐私之全部合理期待,将其公之于众,并因此主张修正条文适用于'当一般人确信个人的性或其他裸露器官不会被公众所看见时'。"在英国,这种行为被一系列保护性隐私的刑法条文所规制。

⑥ [2017] ACTSC 294 at para. 20.

"上诉人承认,将拍摄照片的地点定性为私人场所或公共场所,并不能确定是否有合理的隐私预期。他承认,对隐私的期待可能是由所从事活动的性质所产生的。"

允许公众短暂的访问你的信息,并不意味着他们有权通过将信息永久化来无限期地处理这些信息,也不意味着他们永远拥有在线发布这些信息的权利。保护个人免受未经同意而记录个人行为的侵害,可防止他人不公平地滥用私人信息以获取利益或造成精神痛苦。它还可以使人们避免过多的审查。

防止非自愿记录通过促进社会选择来保护自主性和主体性。年轻女性可能不希望家人或同事知道她在度假时裸体或裸露上身的出现在海滩,或者知道她正在参加戒酒互助会以戒除酒瘾。更重要的是,她可能不希望自己在海滩上赤裸上身的照片被用于非自愿的色情作品,但由于我们现行法律不能保护非自愿记录,她将不得不放弃选择如何享用公共海滩的权利以防止自己的照片被他人性剥削的权利。允许人们记录一个人的私人假期时光或医疗措施,并将其永久化,这将对该人在未来的场合如何表达自己或她如何在公共场所开展业务产生严重的寒蝉效应。①

语境很重要,因为一些公共场所有强硬的规范以确保某些行为不被记录。在 R.诉 Lebenfish 案②中,肇事者在多伦多附近的一个裸体海滩拍下许多女性(没有男性)的照片。在这种情况下,格林(Green)法官说道:"偷窥罪的指控,正如这里特别指出的,字面上需要证明被告的行为违反了裸体海滩游客的合理隐私预期。"③受害者并不担心在海滩上被人看到裸体,但她担心自己的裸体形象未经同意就被以永久地形式保存。裸体海滩通常是在与世隔绝的地方,大多数裸体海滩上的人都是志同道合的,并且有不记录其他人的惯例。④大多数政府不允许裸体海滩,在那里有些人并不愿意看到裸

---

① 在智能手机以及其他有能力大规模发布和直播他人行为、对话(的工具)之前,格特曼(Guuterman)就提醒道:"即使在公共场所,也有系统性监控摧毁自由感之担心。"M Gutterman, 'A For mulation of the Value and Means Models of the Fourth Amendment in the Age of Technologically Enhanced Surveillance', (1988) 39 Syracuse L Rev 647, at 706.

② R. v. Lebenfish (2014) ONCJ 130.

③ R. v. Lebenfish (2014) ONCJ 130.

④ Gough v. Director of Public Prosecutions [2013] EWHC 3267 at para. 15. See also B de Vries, *The Right to be Publicly Naked: A Defence of Nudism*,(2018) Res Publica 1.

体的人。① 去裸体海滩的人依赖于记忆的衰退(以消除对隐私的侵害),以及任何记忆都局限于数量有限的海滨游客。这里的语境是准私人的,因为它是一个独立的、专门用来裸泳的海滩,最多有几百个潜在的观众。② 在 R. 诉 Taylor 案③中,法院认为,一名在海滩上穿着比基尼的女性有一个合理的预期,即她的臀部和其他隐私部位的照片"不会作为摄影师和潜在的数百万网友的永久记录而被拍摄。"

即使是在公共街道上拍摄一个穿着衣服的人,并对他们的进行面部特写,也会引起恐慌、惊奇,也许还会带来痛苦。给陌生人拍照是不正常的社交行为,无论陌生人是否穿着衣物。语境对于确定默示同意很重要。即使在拥挤的旅游景点,大多数人也尽量不让别人出现在他们的照片中。即使在拥挤的旅游场所,近距离地观摩另一个人也十分奇怪。如果照片关注的是景点本身,那么照片或记录通常是从更远的距离且不是为了关注个人而进行拍摄。这里重要的是在该语境下存在默示同意。在一个重要的旅游景点前,人们排着长队和成千上万的其他人合影留念,他们完全知道成千上万的摄像机正在运行,此时的隐私是不被期待的。

我们可能愿意给陌生人提供我们不愿意给朋友的信息,原因很简单,因为我们相对于陌生人是匿名的。例如,一个人通常不会找家人或者朋友进行近距离的医疗检查。匿名与部分保密相关,因为匿名的目的不是保守自己的信息,而是将信息与自己的身份分开,他或她想要保密的是他或她的身份。"匿名性允许个人在公共场所行动,且享有不被识别和监视的自由。"④匿名性和保密性允许人们在公共领域有更广泛的选择。人们和同事做的事情与和朋友做的事情不同,和家人做的事情与和陌生人做的事情也不同。在 R.诉 Spencer 案⑤中,加拿大最高法院认为:

---

① Gough v. Director of Public Prosecutions [2013] EWHC 3267 at para. 15.
② Mutatis mutandis Campbell v MGN Ltd [2004] 2 A.C. 457.
③ R. v. Taylor (2015) ONCJ 449 at para 32; R. v. Rudiger [2011] 244 C.R.R. (2d) 69.
④ R. v. Spencer [2014] 2 SCR 212 at para. 43 引用了 Alan F Westin, *Privacy and Freedom* (Atheneum, New York 1970), at para 42.法院认为:"作为匿名性的隐私观念已然不再是虚构的了,其出现于警察保护线人个人身份的匿名调查之广泛背景下……但是信息交流的基础是提供者的身份不被识别……'维持匿名性对于保障隐私来说不可或缺'"。
⑤ [2014] 2 SCR 212 at para. 44.

"在各种各样的公共场合,我们可以期待被随意地观赏,但也有理由被严密的审查所激怒。在这些公共行为中,我们不期待个人身份被识别,也不期待受到广泛的监视,而是寻求融入'情境景观'之中。"

匿名和隐私是指能够在公共场所做事情而不被人注意,或不会在网上向他人永久披露自己的行为(未经同意或缺乏合法理由)。它与数据处理相互联系,因为记录某人就是收集有关他们个人及其活动的数据,而保留这些数据是为了后续处理。① 当一个数据记录被制作并发布到网上时,一个人可能不会在很长时间内保持匿名性。

在公共场所不存在完全匿名或完全隐私的情况,但这并不能击败对隐私和匿名的诉求。如果来自伦敦的安娜(Anna)在多伦多度假,并前往了裸体海滩,她的同事或老板还是有较小的可能性也在同一个海滩度假。然而,上述可能性小到不会对她选择是否去海滩旅游产生寒蝉效应。相似地,如果安娜住在圣詹姆斯,知道没有一个同事住在一区,她会觉得在当地的戒酒互助会上碰到任何人几乎不可能;同事或老板仍然有可能会出现在同一次戒酒互助会上,但风险很低。被一个在保密方面有着同样利益的个人认出,不太可能产生强烈的寒蝉效应。

(四)审查和骚扰

对个人选择不必要的审查就是一种骚扰。它还可能导致附带损害。在最近的一个媒体报道中,伦敦一家顶级律师事务所的一名高级律师因一名竞争律师捕捉到她在电脑上观看色情作品而被停职。② 一家英国报纸报道说:"顶级律师事务所豪华办公室之间的距离过小,显然让律师们可以看到竞争对手在做什么。"③这显然是一种隐私侵犯。④ 这可能不是对工作时间

---

① Vukota-Bojic v. Switzerland [2017] I.R.L.R. 94 at para. 59.
② Tabby Kinder, "Hogan Lovells Lawyer Suspended After Rival Filmed Him Watching Porn", The Times (London: 2018-11-10), https://www.thetimes.co.uk/article/hogan-lovells-lawyer-suspended-after-rival-filmed-him-watching-porn-hl9bzl6n6.
③ Sam Greenhill, "Lawyer Has Rival Suspended After Spying Him Watching Porn", (The Daily Mail, London: 09:20 AEDT, 10 November 2018), https://www.dailymail.co.uk/news/article-6373609/Voyeur-lawyer-rival-attorney-suspended-spying-watching-porn-work-computer.html.
④ 《瑞士刑法典》第179条。

的适当利用,但在自己的办公室里孤立地看(非极端的)①色情作品,与看报纸、看板球或网球并无太大差异,都是在浪费雇主的时间,②查看任何这些材料都是合法的。律师在工作茶歇期间观看私人娱乐节目是否影响了律师的工作效率,这不是我们关心的问题,年度评估才是发现这些问题的时候。因此,雇主或竞争对手没有合法的理由进行秘密监视。③ 雇主不应该"使用"记录,因为需要知道的是,记录是未经受害人同意而拍摄的、没有披露任何犯罪行为,违反了《欧洲人权公约》第 8 条的权利。

(五)聚焦于性隐私的局限性

目前,偷拍裙底是一种犯罪行为,但拍摄在海滩上裸体或穿着比基尼的女性不是犯罪,即使这些照片可能被用来制作非自愿的色情作品,或是供个人使用,或是供他人使用。未经同意拍摄女性享用海滩是性骚扰,上述行为否定了女性平等享受这些类型的公共场所的权利。2003 年的《性犯罪法案》(Sexual Offences Act)第 67 条 A 规定的新型偷窥类犯罪,仅入罪化了"在另一个人的衣服底下操作设备"的行为。④

此外,新规定的犯罪行为并不能保护人们在意外曝光的情况下免受性剥削。以玛丽莲梦露在 1955 年的电影《七年之痒》中著名的白色礼服时刻为例,一阵风从地铁格栅下吹来,把她的礼服吹起,露出内衣。如果有人偶然拍到这样的场景,他们可以在社交媒体上发布,而不会被认定为新的偷拍裙底犯罪而被抓获。⑤ 足球运动员的裤子掉了,或者在比赛中意外地暴露了,同样,偷拍裙底犯罪也不能保护一个在公共场合意外暴露的人。

---

① 某些形式的色情图片,如女权主义色情图片,拥有更高的社会接受度。See Rachael Liberman, 'It's a Really Great Tool': Feminist Pornography and the Promotion of Sexual Subjectivity, (2015) 2(2) Porn Studies 174.

② See Serina Sandhu, One in Three Women Watch Porn at Least Once a Week, The Independent (London: 21 October 2015), https://www.independent.co.uk/life-style/love-sex/one-in-three-women-watch-porn-at-least-once-a-week-survey-finds-a6702476.html.

③ S. A. Randolph, The Importance of Employee Breaks, (2016) 64(7), Workplace Health & Safety 344, at 344. See Ferris Jabr, Why Your Brain Needs More Downtime, Scientific American (15 Oct 2013), https://www.scientificamerican.com/article/mental-downtime/.

④ S 33 of the Criminal Justice and Courts Act 2015.

⑤ Daily Times Democrat v. Graham (1964) 162 So. 2d 474.

2003 年《性犯罪法案》第 67 条规定得略微宽泛,它涵盖了记录他人做私人行为的行为(在公共健身房更衣室更衣和淋浴是私人行为),但这一罪行只适用于行为人的意图是获取记录,以便她或第三人可以获得性满足。如果犯罪者的意图只是羞辱受害者,那么就不构成这一犯罪。该项罪行应适用于在海滩上拍摄无上装女性或在海滩上拍摄裸体男女的人,且这种记录是为了获得性满足。拍摄他人以制作非自愿的色情作品,无论是供个人使用还是供他人使用,都需要刑法的回应,而无论未经同意的受害者是在公共场所还是私人场所。利用他人的图像进行非自愿的色情活动是一种利用他人的图像进行性剥削的方式。然而,目前尚不清楚现行法律是否会处理这种行为,因为这取决于法院是否将 2003 年《性犯罪法案》第 67 条解释为涵盖在公共场合进行的私人行为。

聚焦于性隐私不仅使一系列同样有害的侵犯隐私的行为没有得到控制,而且还引入了法律的复杂性,这种复杂性往往被用来逃避司法制裁。具有隐藏的故意和鲁莽因素的复杂规定往往使人们逃避定罪。2015 年《刑事司法和法院法案》(Criminal Justice and Courts Act)第 33 条规定的报复性色情犯罪的范围很窄,因为它要求图片或电影是"私人性行为",令人质疑的是,在当地健身房更衣室的公共淋浴间里出现的人是否会被认为参与了私人性行为,即使这张照片将被用于非自愿的色情作品中。洗澡对洗澡的人来说不是性行为。同样,有恋足癖的人可能会因为看到赤脚的景象而感到性兴奋,但我们很难说穿着人字拖走路的人参与了性行为仅是因为赤脚的景象能引起性兴奋。报复性色情犯罪也仅适用于行为人故意造成受害人痛苦的行为。如果犯罪者希望受害人永远不会发现他或她的秘密拍摄,那就很难证明他或她有造成痛苦的故意。

在一个提交至新西兰最高法院的案件中,法院对一名男子在海滩上拍摄三个小女孩的行为无能为力,因为该法域的法律仅限于保护故意侮辱的不雅行为。由于孩子们都穿着衣服,而且只是在公共海滩上玩耍,法院无法扩大解释不雅的概念来涵盖他的行为。① 被告可能拍摄了这些孩子,利用他们的照片基于 Deep Fake 技术产生儿童色情或用于任何其他邪

---

① Rowe v. R. [2018] NZSCTrans 3.

恶的目的。① 值得注意的是,被告的律师辩称:"如果他们不想(被别人拍到穿着比基尼的样子),他们就不会在沙滩上穿那些衣服。"②如果一个人不打算穿泳装去海滩,那他们是不是要穿着运动服去尝试、穿着厚重的衣服游泳呢? 如果穿泳衣更舒服,为什么人们非要穿着日常的全套衣物去游泳? 摄影师对拍摄陌生的小女孩有什么兴趣? 当一名 60 岁的男子在海滩上闲逛,给穿着泳装的小女孩拍照时,法律要求受害者放弃在公共场合穿泳装的权利,以避免泳装照片被用于包括基于 Deep Fake 技术制作的色情内容在内的非自愿儿童色情制品,法律显然没有跟上科技的步伐。

新西兰上诉法院的裁决原则上更为公正,但似乎被最高法院驳回,因为技术性的细节使其裁决难以符合法条的用语。《犯罪法案 1961》(新西兰)第 126 条的措辞是:"任何人在任何地方作出任何不雅行为,并故意侮辱或冒犯任何人",行为人只有在摄影行为本身不雅,而且是故意侮辱的情况下才可能承担责任。既然他是在偷拍这些女孩,可能无法认定他这样做是有意侮辱她们。此外,很难将偷拍行为本身归类为不雅行为,因为父母、祖父母或家庭成员的同样行为不会是不雅行为。尽管如此,虽然该行为本质上并非不雅,但可以说,其语境和情境使其不雅。③ 上诉法院认为该行为应当被认定为此犯罪:④

"要求本案陪审团在考虑到三名女孩的年龄和一般情况的前提下,罗先生(本案行为人)在拍摄她们的照片时是否有意侮辱她们的尊严,包括她

---

① 被告人拥有"8000 张图片,约 1/4 是女性和成年少女的"。Rowe v. R.〔2018〕NZSC-Trans 3.也可参见 Commonwealth v. Robertson (2014) 5 NE 3d 522,被告人规避了偷拍裙底的判决,因为偷拍裙底犯罪相当限缩,近乎等同于仅保护裸体。Sandleben v. State (2014) 22 NE 3d 782,本案中被告人使用了水下摄像机拍摄了一群 12 岁女孩约一个小时,这些女孩在公共泳池身着泳装游泳,被告人被判有罪,因为法院认为,被告人力图拍摄任何裸露的乍现春光,他可能抓取到泳衣在游泳过程中移动所造成的暴露画面。法院进行了实践性扩张,使得一个技术性罪名涵摄了这一行为。

② Rowe v. R.〔2018〕NZSCTrans 3.

③ Cf State v. Kargar (1996) 679 A 2d 81.本案中,根据一部特赦(de minimis)法规,被告人被认定为严重性侵害的裁判被撤销,大拿(Dana J)等人坐在缅因州高级法院,说道:"即使被告人亲吻自己婴儿性器官的行为落入严重性侵害罪名的文义范围内,立法者也没有设想到本案这种情有可原的状况出现,被告人的行为在自己的文化中被接受、被认定为一种爱和对孩子关怀的信号,被告人的行为没有性意味,孩子没有被伤害。"并凭此特赦法规要求撤销判决以避免不正义的转光出现。Cf R v. Davies〔2005〕EWCA Crim 3690.

④ Rowe v. R.〔2017〕NZCA 316 at para. 24.

们的庄重和隐私的权利。"

把法律的重点放在判断行为的动机和潜在的性方面太麻烦了,当然,这些问题可以在量刑时加以审查,但它们不必成为将非法侵犯隐私行为入罪的构成因素。我们需要一个广泛的隐私犯罪,以保护在公共场所进行私人行为不被记录。私人行为,如无家可归者企图在公共街道自杀的悲惨事件,①或一个家庭被赶出住所②和类似的不幸,不得被记录或公布。如果公共安全摄像头捕捉到这样的内容,那么,除非需要破案,否则应严格保密,并在合理的时间内销毁。

(六) 入罪化的规范性理论

侵犯隐私权的不法性和危害性似乎得到了广泛的认可,不仅在刑事犯罪中,而且在人权法学和侵权法中也得到了认可。③ 经过范伯格发展的密尔损害原则是最为广泛接受的犯罪化理论。④ 因此,我们应在自由主义危害原则为犯罪行为提供合理依据的前提下,努力构建一个新型的犯罪化理论。根据范伯格的说法,损害只有在也是不法的情况下才可定罪。衡量伤害的标准是考虑它如何使受害者的利益受损。

如果 X 偷了 Y 的车,她就会使 Y 的经济利益受损。如果 X 强奸了 Y,她身体完整性的利益就会受到侵害,包括不受心理损害的权利。任何一个具有选择隐私而非披露的规范能力的人都可以行使其规范的隐私权。"从某种意义上说,如果某人在一个私人国家里或有权控制对隐私的访问,他会存在隐私的利益。"⑤许多哲学家已经解决了是什么使侵犯隐私是错误的问题。⑥ 本尼(Benn)主张侵犯隐私的错误在于它们侵犯了受害者的

---

① Peck v. United Kingdom (2003) 36 E.H.R.R. 41.
② Ali v. Channel 5 Broadcast Ltd [2018] E.M.L.R. 17.
③ S 67 and 67A of the Sexual Offences Act 2003; s 33 of the Criminal Justice and Courts Act 2015.
④ Joel Feinberg, *Harm to Others* (OUP, New York 1984). 范伯格(Feinberg)也认为,犯罪行为会正当化入罪,但是,没有造成有害的精神损伤情况下,支撑某个行为犯罪化的论证是屡弱的。进一步来说,本文所援引之隐私侵犯的各种损害形式,已经足够清楚地适用于损害原则,无需审查进行精神损害作为入罪理由的审查。
⑤ Benn, above note 3 at 320.
⑥ See Adam D. Moore, *Privacy: Its Meaning and Value*, (2003) 40(3) American Philosophical Quarterly 215, at 219-220.

尊严。① 从这个意义上说,尊严的侵犯是剥夺受害者决定如何控制信息,以及在公共场合从事何种私人活动的自由选择权。这实质上是对她自主权的侵犯。本尼令人信服地争辩说,即使一个人从未发现自己在被秘密地记录着,其自主权也受到了侵犯,因为它"故意欺骗一个人关于他的世界的自我认知:导致他不是基于自己的原因而无法进行理性选择。"② 一个人需要能够理性地选择对谁说什么。如果一个人知道她正在被记录,她会理性地选择她想把什么记录变成永久的形式。如果一个人独自在家,她会根据自己的内心确信做出不同的理性选择:如果她认为自己没有受到监视,她可能在洗澡后裸体走向卧室;如果她不知道自己正在被记录,那么她就缺乏所需的信息理性地选择洗完澡后穿什么去卧室。

即使信息(视频、照片等)可能永远不会被公开,这种侵犯也是错误的,这不仅是因为秘密的监视活动会伤害被害人的感情,还因为行为人只是用毫无戒心的女人作为服务自己目的的手段。保守监视活动的秘密性,使受害者无法发现,可能会无意中牺牲被害人的感情,但这也会增加监视活动的错误性,因为它会使被害人产生错误的自我认知。被害人可能基于错误的信念,即他们控制着自己的私人世界而行事,甚至"更饶有兴致地为操纵者的目的而行事"。③ 本尼辩称:"如果一个人在隐瞒事实的同时明知并故意地改变了他的行动条件,就不能尊重该人作为深思熟虑地参与共同体的角色。"④

但是,否认自治权本身是虚假的,因为它是一个标量变量,它可以确定行为是否足够错误以致被定罪。⑤ 毫无疑问,本尼也认为隐私是一种有比没有好的利益。隐私损失会以不寻常的方式造成利益的损失。许多公法、民法和刑法已经认识到"拥有隐私权的人比没有隐私权的人更好"。因此,伤害和罪恶是衡量错误严重性的标准。⑥ 危害从来不是一个离散变量,但是后果可以提供一定程度的固定性。是什么使隐私的损失变得有害并值得入罪化?选择隐私避免造成伤害或令人痛苦的披露与选择避免受到殴打没有什么不同。这是关于避免可能不必要地伤害被害人或以其他方式

---

① Benn, above note 3 at 320.
② Benn, above note 3 at 320.
③ Ibid.
④ Ibid.
⑤ Larry Alexander, *Scalar Properties, Binary Judgments*, (2008) 25 J. Applied Phil. 85, at 85.
⑥ Feinberg, above note 4 at 332.

导致被害人不必要的精神困扰的行为的选择。在每种情况下衡量危害的严重程度将取决于事实,但是殴打行为并不总是比侵犯隐私更为有害。

构成刑事定罪理由的要素是(1)损害和(2)错误。正是罪责提供了在损害原则中发现的错误构成。故意或鲁莽地使他人受到不合理的伤害是错误的,是应该抵制的行为。X 可能故意杀死了 Y,但如果她这样做是出于自卫,那么她就有了一个合法理由,使她的错误行为(Y 实际上受到了伤害)成为正确的行为。如果 X 在海滩上路过,碰到上身赤裸的 Y 并盯着看,他或她的窥探行为并不是错误的,因为如果她在这样一个地方脱掉上衣,Y 默示地同意别人可以在公共场合看到她赤裸上身。然而,拍摄 Y 是错误的,因为 Y 没有默示同意拍摄她。Y 同意被看到,但 Y 不同意数据被处理并将其永久保存在网上,供全世界访问和审查。我们能看电子监视的理由包括为了公共利益的报道、国家安全、预防犯罪和同意。一个人不能抱怨在海滩上被看到赤裸上身,但她可以抱怨被拍摄,因为她会失去对数据的控制,而且数据的处理方式可能会对她进行性剥削,给她造成不必要的精神痛苦。① 类似地,父母也不能抱怨他们的孩子在海滩上被人看到,但他们可以抱怨在没有得到同意或合法理由的情况下拍摄他们的孩子。

虽然 2003 年《性犯罪法案》第 67 条第(1)项也仅涉及观看,但犯罪人可以辩称,如果一个人在裸体海滩或更衣室裸体或赤裸上身,则该被害人同意被人看见。当一个人在海滩上裸体或赤裸上身时,她希望别人只是暂时看到她。她期待着转瞬即逝的目光,甚至更长时间的凝视,但她不希望被拍照或录音。一个人不会默示同意录制和发布其"准私人海滩时刻",即使其可能默示同意被其他海滩用户看到。② 如果一个人加入裸体政治抗议,那么他或她默示同意其形象会被公开发布,因为裸体存在的理由(raison d'être)是寻求该形象的公开发布和传播,以引起对抗议问题的注意。③

---

① 一些加拿大窥淫癖案件在这一点上具有指导意义。参见 R. v. Taylor (2015) ONCJ 449, 32。本案中被告人拍摄了沙滩上穿比基尼的女生,被指控窥淫癖。See also R. v. Rudiger [2011] 244 CRR (2d) 69.本案中,公共场所内有关隐私的犯罪行为被指控窥淫癖。

② R. v. Lebenfish (2014) ONCJ 130. 乐本菲什的行为明确构成侵权,并且在论证上强有力支持了侵扰之民事行为将会带来精神损害。Cf Muratore v. M/S Scotia Prince (1988) 845 F 2d 347; Ashby v. Hustler Mag, Inc (1086) 802, F. 2d, 856.

③ 浮现在脑海里的是裸体骑行抗议活动(The Naked Bike Ride Protest)和动物保护组织(PETA)乳头抗议活动。Cf. R. (on the application of Butt) v. Secretary of State for the Home Department [2019] EWCA Civ 256.

(七)损害

文化相对主义意味着一个人对隐私界限的信仰会因文化的不同而不同。人们想保持隐私的内容通常是有条件的且视条件而定的,因为人们可能会被社会化从而相信自己的鼻子是身体最隐私的部分,而且鼻子应该一直被遮住。社会规范和背景很重要。侵犯隐私权的危害性还取决于受害人的心理构成及其心理偏好。帕丽斯·希尔顿(Paris Hilton)泄露的性爱录像使她出名,她似乎对任何精神困扰都处得相当好,但也有人因为类似的侵犯隐私行为而自杀。①

伤害可以是直接的,因为这是一种精神伤害;②也可能是间接的,被害人因为她的裸体照片被在网上公布而失去了工作。她可能会失去工作,因为公司认为她继续为之工作会损害公司的信誉。③ 或者,如果她在精神层面过于关注自己的私人信息被在网上发布的事情,以至于效率明显降低,最终因为能力原因而失去工作。侵权案件中随处可见的专家证据,证明隐私权的丧失会造成心理创伤、精神专注、个人友谊的损害和破坏、社会孤立、抑郁、失眠和情绪困扰。受到性骚扰的女性会遭受精神伤害。未经同意在海滩上拍摄女性、儿童或男子是性骚扰。④ 即使被害人可能在公共场所,选择了自由开放的泳装,但她所遭受的伤害不亚于偷拍裙底的被害人在未经同意的情况下使用她的图像制作非自愿色情作品或羞辱她。偷拍裙底造成的

---

① R. Warren, *A Mother Wants the Internet to Forget Italy's Most Viral Sex Tape*,(The Atlantic, May 16, 2018).

② 有大量的科学证据表明精神损害和压力是真实存在的,并有可能比某些形式的身体损害更为严重。See for example, M. Prince/V. Patel/S. Saxena, et al., *No Health Without Mental Health*, (2007) 370(9590) Lancet 859-877.

③ 已经有众多不公平的被撤销的案件,原因是未经同意的情况下,黑客进行攻击并泄露了被害人的裸体或性挑逗的照片。See for example, Wallace v. DeSoto County School, 2019 WL 1752597; See Suzanne E Eckes, TA DeMitchell and R Fossey, '*Teachers' Careers Up in Smoke and Viral: Off-Duty Conduct in Modern Times*, (2018) 355 Ed Law Rcp 633 at (n. 13); See also Maleski v. New York City Dept of Educ (2016) 138 AD 3d 430; Snejana Farberov, *High School Band Instructor is Fired after Students found her lost phone and shared her nude photos*, (London: The Daily Mail, 30 September 2016).

④ Mons Bendixen, *The Effects of Nonphysical Peer Sexual Harassment on High School Students' Psychological Well-being in Norway: Consistent and Stable Findings Across Studies*, (2018) 63(1), International Journal of Public Health 3, at 3-11; Mudasir Kamal & William Newman, *Revenge Pornography: Mental Health Implications and Related Legislation*, (2016) 44 J. Am. Acad. Psychiatry & L. 359, at 359-367.

损害和在海滩上拍摄穿比基尼、赤裸上身或裸体的女人的造成的损害没有什么不同。能够在不受骚扰的情况下使用公共场所是一种极大的自由利益,但在一个人在海滩上随机的拍摄女性、男子或儿童时却没有自由价值。

可造成的严重损害已在侵权法的巨额赔偿中得到承认。在威尔士诉马丁内斯案中,被害人因非经济损失而被判处获得 200 万美元的赔偿,因为她的前男友在她家周围安装偷拍摄像机,使她遭受"创伤后应激障碍、羞辱、背叛和毁灭"。① 行为人还在她的电脑上安装了监视软件,并在她的车上安装了全球定位系统(GPS)。被害人因自己被监视而持续地生活在恐惧中。② 这起案件不仅涉及性隐私的损害赔偿,而且涉及更广泛意义上的隐私损失。这些不法分子中的许多人将没有经济资源来实际履行这些民事赔偿裁决。

在帕特诉胡珊案③中,行为人偷偷记录了他的女友(V)的性行为并将其发布在网上。法院确定的损害包括:(1) V 将来会遭受精神上的痛苦,因为该记录可能随时随地浮出水面。④ (2) 隐私损失导致 V 遭受极大的屈辱和情绪困扰。(3) V "由于在互联网上发布的视频,对她未来的社会关系和就业表现出特别的担忧"。⑤ V 因她的性爱记录被发布在网络上而失去了朋友,并"表现出(在其他证人的佐证下)高度的精神痛苦和困扰,包括但不限于尴尬、恐惧、绝望、紧张和羞辱。"⑥

在伊兰德斯案⑦中,法院认为,由于涉及数字(在线)发布私人信息的隐私侵权行为的潜在持续性,允许对该行为的刑罚比《量刑指南》规定的刑罚更高。该行为所造成的伤害不仅是对私人世界被揭露者的精神伤害,而且这种做法会对社会交往和公共场所的共享使用产生寒蝉效应。刑法应该对此类精神损害采取更加严肃的态度。目前,该犯罪要求伤害导致一种被确

---

① (2015) 114 A. 3d 1231. See Elizabeth O'Connor Tomlinson, *Determining the Medical and E-motional Bases for Damages*, 109 AMJUR Trials 161 at 37.

② Welsh v. Martinez (2015) 114 A.3d 1231; See also El Paso Healthcare System, Ltd. v. Murphy(2015) 511 S.W. 3d 602..

③ (2016) 485 S.W. 3d 153.

④ 行为人承认,不能在互联网上找到所发布的消息,也不能阻止任何人使用社交媒体。

⑤ (2016) 485 S.W. 3d 153.

⑥ (2016) 485 S.W. 3d 153 at 182.

⑦ (2014) 752 F. 3d 1317,1341.达菲(Duffy, J)提到:"佛兰德斯拍摄留存了卡勒姆(Callum)与某些女性发生性关系的视频画面,这些女性因受到佛兰德斯提供的药物影响而毫无认知……上诉人随后在互联网上传播这些视频,供人们无限观看,从而'延长了(被害人)的痛苦和羞耻'"。

诊的精神疾病,这使得不会导致精神疾病的心理折磨得不到保护。① 精神折磨是有程度的。显然,如果一个人被判处了死刑,他或她在等待被处决的时候会遭受巨大的精神痛苦。如果一个人被恐怖组织或武装银行劫匪挟持为人质,那么认为因为他或她获释时没有受到任何身体伤害(或他或她的痛苦没有导致他或她被确诊心理疾病),她或他就没有受到任何精神伤害,显然是无稽之谈。

承认造成精神损害是损害的一部分的最严重的犯罪可能是强奸。可以说,非暴力强奸中的精神伤害(即,在受害人因醉酒而几乎失去知觉,因而在身体上没有抵抗力,唯一的身体伤害是插入行为本身)大于物理性的伤害。如果唯一的身体伤害是插入行为本身,身体伤害可能会结束,最多在一两周内就会消失;但强奸造成的精神伤害可能会持续数年,有时甚至终身。同样,敲诈的危害可能包括精神折磨和财产损失,一个被勒索的人可能几个星期或几个月都无法入睡,并可能生活在令人瘫软的恐惧中。一个恃强凌弱的经理可能会不断以不公平的解雇相威胁,从而给她控制下的同事带来巨大的精神痛苦,因为她知道根据就业法,复职几乎是不可执行的,而且只会得到微薄的补偿。② 被欺凌的员工可能会失眠并遭受巨大的精神困扰,而不会罹患精神疾病。

精神损害和诸如失业等附属损害,加上隐私对于促进思考和交流的价值,为不必要的侵犯隐私行为定罪提供了一个强有力的不法损害的证成。

四、针对公益不法的法理

不法损害是入罪化的必要条件,但它并不必然要求刑法作出回应。其

---

① R. v. Ireland [1998] AC 147, 159.泰恩勋爵(Lord Steyn)提到:"我主张第18、20和47条的'身体损害'一定要被解释为包括可识别的精神性疾病。"布伯里茨(Bublitz)和默克尔(Merkel)写道:"某些微不足道的琐细行为,如剪掉他人的头发,造成几秒钟的轻微痛或结实地触碰对方(没有性目的)均可能构成刑事犯罪,而故意地造成精神痛苦却常常落入刑法的范畴之外,这是否有些奇怪?" Jan Christoph Bublitz and Reinhard Merkel, *Crimes Against Minds: On Mental Manipulations, Harms and a Human Right to Mental Self-Determination*, (2012) 8 Crim L & Phil 51.

② Nick Kostov, *French Telecom Giant Found Guilty of 'Moral Harassment' Linked to Suicides*, (New York: Wall Street Journal, 20 December 2019), https://www.wsj.com/articles/french-telecom-giant-found-guilty-of-moral-harassment-linked-to-suicides-11576858146.

他因素也可以平衡犯罪圈的大小。如果一个人想采取行动阻止不适当的数据处理,那么她必须私下进行,除非这是我们现有的偷窥犯罪或报复色情犯罪之一。即使我们狭隘地认为侵犯隐私权总是侵犯其他财产权,①如果要求偷拍一个身无分文的被害人的裙底,就侵犯她的隐私权,并且根据《版权法》就她在非自愿色情作品中使用裙底图像的行为寻求侵权损害赔偿,那肯定是对国家资源的不公平分配。② 由于英国纳税人资助所谓的王室成员,他们有资源和关系来保护自己的隐私。③ 克里夫·理查德和其他富有的人才能够反击这类隐私侵犯行为。④ 近来《大西洋月报》报道称:⑤

"波莱亚诉捆客网案⑥不仅仅是现代美国媒体历史上最重要的诉讼之一,这也可能是最奇怪的。2016年,职业摔跤手霍根(Hulk Hogan)赢得了赔偿数额为九位数的官司,该官司最终使高客传媒破产……该诉讼涉及一段霍根与他最好的朋友的妻子进行自愿性行为的视频,根据霍根的说法及其后的报道,他的这位最好的朋友秘密地进行了录制。在这场闹剧事件的幕后,一个更令人震惊的故事正在浮出水面,亿万富翁投资人彼得·泰尔(Peter Thiel)似乎通过资助霍根的诉讼摧毁了公开性爱录像带的媒体公司高客传媒,该投资人对高客怀有深深的仇恨。"

社会上富有而有权势的成员已经能够获得禁制令保护自己的隐私,而普通民众不得不容忍这种侵犯隐私的行为。侵犯隐私需要刑事回应,因为如果个人每次偷拍裙底或上传报复色情片时都要起诉,代价太大。如前所述,英国没有一个强大的不胜诉、不收费的律师文化,即使有,律师也不一定会为提供数千而不是几十万或数百万赔偿的案件而烦恼。这同样适用于其他侵犯隐私的行为,比如通过窗户拍摄在电脑前工作的人、或拍摄海滩上的

---

① Judith Jarvis Thomson, *The Right to Privacy*, (1975) 4(4) Phil. & Pub. Affairs 295.

② Cf. Mosley v. United Kingdom [2011] 53 E.H.R.R. 30.

③ 其它人可能不受到法律保护,但是他们却可以获得昂贵的禁制(保护),并推动起诉程序的进行。Duke asks for criminal prosecution of French photographer over topless Kate pictures', (London: The Telegraph, 17 September 2012), https://www.telegraph.co.uk/news/uknews/prince-william/9546528/Duke-asks-for-criminal-prosecution-of-French-photographer-over-topless-Kate-pictures.html.

④ Richard v. British Broadcasting Corporation [2018] 3 WLR 1715.

⑤ Derek Thompson, *The Most Expensive Comment in Internet History?* (The Atlantic Feb. 23rd 2018), https://www.theatlantic.com/business/archive/2018/02/hogan-thiel-gawker-trial/554132/.

⑥ [2014] 129 So. 3d 1196.

人、或秘密录制私人对话,并用来恐吓和骚扰。许多欧洲国家已经将这种行为定为犯罪,并判处监禁。现在的科技发展水平意味着立法者对隐私采取行动比以往任何时候都重要。对于这些侵犯隐私的行为,民事救济并不容易适用,只能保护那些能承担昂贵的民事诉讼风险的人。在弗格森诉英国石油贸易公司案中,塞德利(Sedley)法官说道:

"议会通过1997年《防止骚扰法》的目的是将这里所称的那种严重和持续的无理威胁定为刑事犯罪,并给予民事诉讼权作为退路。在这种情况下,不应该让那些意志坚强的人因起诉而把他们的毕生所得和家庭置于危险之中。首要责任应落在地方公共当局身上,地方公共当局有能力和法定权力将所谓的骚扰者,不论其是否客观和有权,带到地方司法机关面前。"

请记住,如果是主观上存在故意或鲁莽,我们的大多数侵权行为也是犯罪。例外情况是诽谤,但造成经济损失的诽谤通常属于2006年《诈骗法》(Fraud Act)第2条的范围。侵犯隐私的危害可能是直接的,因为它可能导致一个人的精神痛苦,也可能是间接的,因为它可能导致自杀①或失业。②

五、防止过度犯罪化

我们提议的罪行应该有期间的限制。1981年《裁判法》(Magistrate's Act)第127条要求在6个月内提起诉讼。限制过度犯罪化的一种方法是,还要求犯罪从发现犯罪时起受到1年的起诉期限限制。我们还建议,只有受害者向警方投诉,才能提出指控。因此,如果罪行在实施5年后才被发现,则必须在发现后1年内提出指控。对于简单罪状,我们认为1980年《治安法院法》第127条的适用方式应与现在相同,而且行动应取决于受害者向

---

① See *Tiziana Cantone: Suicide following years of humiliation online stuns Italy*, BBC News (London: 16 September 2016);西特龙(Citron)报道称:"未成年人尤其容易罹患抑郁症并且自杀。马蒂能科(Martynenko)性骚扰案中,两个男孩最终自杀。克莱门蒂(Clementi)自杀。15岁的波特(Audrie Pott)在自己没有穿上衣的照片病毒式传播后上吊自杀。15周岁的托德(Amanda Todd)在陌生人劝说她在网络摄像头面前暴露自己的胸部并用该照片创建了一个Facebook网站后自杀,就在自杀前,她在Youtube上传了一段视频阐述了自己对于照片'近乎永远'和无法挽回的绝望。" DL Citron, *Sexual Privacy*, (2019) 128 Yale L J 1870 at 1927.

② Wallace v. DeSoto County School, 2019 WL 1752597; Maleski v. New York City Dept. of Educ. (2016) 138 A.D. 3d 430.

警方提出申诉。瑞士和德国的模式要求警察只对投诉采取行动,这似乎是一个合理的限制因素。警察不一定要追查这种罪行,但如果提出申诉,那么法律应该提供一个解决办法。

该行为应当以犯罪人知道或者认为被害人有可能从事私人或者个人行为为依据,未经其同意,将其记录并在网上公布。我们没有论证,在公共场所观察私人行为应被定为犯罪,但认为,未经同意记录此类行为应为犯罪。此外,我们断言,未经同意公开此类记录应是侵犯隐私罪的一种加重情形。记录行为本身应为适用简易程序的犯罪,但如果被告公布了记录内容,则应为普通犯罪,最高可判处两年徒刑。我们提出以下一般罪行的规定。

犯罪规定的提议

(1)"如在缺乏合法理由或未经同意的情况下,不论该人是在私人地方或公共地方,拍照、录像、记录另一人的裸体或其私密部分,即属适用简易程序的犯罪。"①

(2)"如果缺乏合法理由或未经同意而以任何方式发布或以其他方式复制他人裸体或暴露在外的人的图像,无论是否在私人场所或公共场所,均构成可起诉的犯罪。"

(3)"如果缺少合法理由或未经同意而使用任何记录设备记录某个行为或谈话,而她相信该行为或交流有可能是私人及个人的作为,不论该行为或交流是在公众地方或私人地方做出的,且不论该交流是在对方在场的情况下,或通过智能手机、Facetime、Skype 或其他设备或电子手段进行的,构成适用简易程序的犯罪。"

(4)"如果缺少合法理由或未经同意的情况下,故意或鲁莽地在网上或其他地方公布机密、私密或私人资料,不论该等资料是以影片形式、书面形式或其他记录形式,亦不论该等资料是否在公共场所,构成可起诉的犯罪。"

(5)"如果故意地且缺乏合法理由而使用由另一人收集的记录、照片或其他机密或私人数据,且理性的人本会知道该记录或数据是私人的并未经记录的各方同意被复制、下载或记录,构成适用简易程序的犯罪。"

上述罪行也适用于警察和私人经营者,如果他们滥用闭路电视或者如 Facewatch 摄像头收集的面部识别数据。Facewatch 在英国广泛地使用,被

---

① Cf Kelley v. State (1998) 233 Ga. App. 244.本案主张,即使胶片未被冲洗,摄影本身也是对隐私的侵犯。

用于防控零散的盗窃行为。如果国家允许其警察部队和超市等私人经营者收集 3D 人脸图像等生物特征,那么就必须制定强有力的法规,包括对滥用行为的刑事处罚。

合法理由不应该是一些缺乏现实依据的说辞,诸如"我认为他们可能在私下谈话中诽谤我,所以我窃听了他们的办公室",因为一个人不能回溯性地进行辩护,一个人不能被一个事后才产生的理由所激励。公开符合公众利益的事项是一个合法理由。媒体在公共场所合法地跟踪报道并为此目的拍摄是合法的。媒体一般对私人在公共场所的普通行为不感兴趣。预防犯罪将是另一个可以轻易得到证明的合法理由。如果有人看到一个裸体人在学校附近的街道上手淫,①他或她可以将上述行为拍下来并交给警察作为证据,将该记录递交给警察将有一个可辩护事由,但在网上发表该记录则没有。

这些罪行可以由前期行为的犯罪化进程加以支持,将拥有和销售用于秘密监视的装置的行为规定为犯罪。我们将谨慎地对待将这类前期行为犯罪化,因为这些行为面临过度犯罪化的问题,并阻止了此类装置被用于合法目的。大部分损害都可以用智能手机造成。尽管人们应该被告知他们正在被拍摄(如老年人的护工或保姆),但是使这些记录设备难以被发现,以防止记录被篡改并没有错。② 不过,将销售和制造网络跟踪应用程序定为犯罪行为的理由很充分。

六、结 论

我们认为,政府白皮书《网络侵害》中确定的大量网络骚扰和其他网络骚扰行为,可以通过广泛的隐私犯罪予以根除。揭露真实但私人的信息是大多数网络欺凌者和网络骚扰者用来威胁和骚扰的手段。滥用个人信息是网络恶霸的核心武器。再加上对性隐私的过度聚焦,使得大量公共场所的骚扰行为变得肆无忌惮。它还允许人们在进行保密对话时被秘密记录。在数字时代,仅仅将某些形式的侵犯隐私行为,如侵

---

① R. v. Smith [2018] EWCA Crim 1510.
② Jennifer A. Brobst, *The Mental Eye: The Ethical Regulation of the State's Use of Surveillance Tech and AI to Observe Humans in Confinement*, 55 Cal. W. L. Rev. 1. (2018), at 50.

犯性隐私或通过拦截电子通信进行的任何侵犯隐私行为，列为刑事犯罪是没有意义的，尤其是让一系列类似的行为不受限制，包括在可质疑的默示同意的基础上制作未经同意的成人色情制品的行为，因为受害者是在公共场所。

鉴于技术使得在缺乏合法理由或未经同意的情况下滥用私人信息变得如此容易，许多法域已经引入了刑法保护就不足为奇了。我们认为这样做是有充分理由的。尽管人们的行为是在公共场所进行的，但他们有权在未经同意的情况下不被记录和不予公开他们的信息。他们尽管丧失在公共场所不被看见或听到的权利，但同时也不丧失不被记录的权利或被记录的信息不被处理或不被公布的权利。

普通公民没有资源支付诉讼费用来保护这些权利。如果纳税人可以取悦警察和法院系统，以保护市值数十亿美元的公司免受扒手的侵害，那么这种保险也应该提供给普通百姓。在布莱恩·莱维森爵士(Sir Brian Leveson)的告别演讲中说道:"刑事司法系统必须被公权力机关所反思，并因其对我们共同体的巨大价值而得到认可。……非常非常令人担忧的是，公民遭受了冤屈，没有通过刑事法庭获得补救……。刑事法庭是我们社会的一个重要组成部分，是社会反映其对所有公民所要求的最低行为标准的方式……"①刑事司法与国家卫生服务一样类似于一个保险制度。当私人救济超出个人的能力范围时，当损害严重到不应被忽视时，我们纳税就是为了接受法律和公共执法机构的保护。

当然，有一种观点认为，拥有50人以上雇员的公司应该在民事法庭处理价值1,000英镑以下的行窃行为，而不是依赖公共资源，毕竟它们有资源实施相当健全的安保系统。即使我们不接受私营公司应采取民事行动来处理低价值(非暴力)财产犯罪的观点，②我们也肯定会看到一些优点，即如果这些组织受到刑法和公共执法机构的保护，那么当个人受到隐私骚扰的不自愿伤害时，也应该受到保护。

---

① Sir Brian Leveson hits out at presumption against short sentences as Scotland aims for 12 months, The Scottish Legal News, (Edinburgh: 24 June 2019), https://www.scottishlegal.com/articles/sir-brian-leveson-hits-out-at-presumption-against-short-sentences-as-scotland-aims-for-12-months.

② Cf. A Ashworth, *What if imprisonment were abolished for property offences?* (2013) The Howard League for Penal Reform 1, at 5.

人口贩卖与科技互动关系

——分析数字通信技术在比利时人口贩卖活动中的角色

〔比〕西格丽德·雷茨 〔比〕耶伦·扬森[*]

杨 雪译 刘继烨 校

一、概 述

科技无处不在。在过去的几十年里,信息和通信技术的创新已经成为日常生活中不可或缺的一部分。[①] 在这种背景下,互联网和相关技术的进步已经在各类犯罪,特别是严重犯罪和有组织犯罪上有所体现。[②] 在有组织犯罪中,国际贩卖活动(包括人口贩活动)广泛存在着技术使用的现象。[③] 在某种程度上,互联网和人口贩卖有着共生的历史。互联网自其产

---

[*] 作者为比利时根特大学法律和犯罪学学院国际刑事政策研究中心 Sigrid Raets 和 Jelle Janssens。本文原文被收录于 European Journal on Criminal Policy and Research, vol. 27: 2, p.215-318。

[①] See Loretta J Stalans & Mary A. Finn, Understanding How the Internet Facilitates Crime and Deviance, Victims & Offenders, Vol. 11:4, p. 501-508.

[②] See Europol, *European Union Serious and Organised Crime Threat Assessment: Crime in the Age of Technology*, 2017; Ernesto U. Savona & Michele Riccardi eds., *From Illegal Markets to Legitimate Businesses: The Portfolio of Organised Crime in Europe. Final Report of Project OCP - Organised Crime Portfolio*, Transcrime - Università degli Studi di Trento, 2015; K. Mitchell & D. Boyd, *Understanding the Role of Technology in the Commercial Sexual Exploitation of Children: the Perspective of Law Enforcement*, Crimes against Children Research Center, University of New Hampshire, 2014.

[③] See Anita Lavorgna, *Organised Crime Goes Online: Realities and Challenges*, Journal of Money Laundering Control, Vol. 18:2, p.153-168 (2015).

生就被用于性贩卖(sex trafficking)。① 更进一步说,性交易产业的发展和互联网的应用紧密相关。② 一方面,性交易产业是搜索引擎、数据库管理和信用卡快捷交易等技术创新的动力。③ 而另一方面,科技也改变了卖淫的工作空间和条件。④ 或许正如 Verham 所述:"如果没有两者间的紧密关系,互联网和性交易产业都不会像今天这样发达。"⑤

在这一理论背景下,技术在人口贩卖活动中发挥了核心作用的预设得到了越来越多的验证且被日益广泛接受。⑥ 然而,迄今为止,很少有实证研究支持这一论断。⑦ 虽然我们对技术在性交易和劳动力交易中作用的认识

---

① See Donna M. Hughes, *Trafficking in Human Beings in the European Union: Gender, Sexual Exploitation, and Digital Communication Technologies*, SAGE Open, Vol. 4:4, p. 1–8 (2014), https://doi.org/10.1177/2158244014553585; Jonathan Mendel & Kiril Sharapov, *Human Trafficking and Online Networks: Policy, Analysis, and Ignorance*, Antipode, Vol. 48:3, p. 665–684 (2016); Mary Graw Leary, *Fighting Fire With Fire: Technology in Child Sex Trafficking*, Duke Journal of Gender Law & Policy, Vol. 21:2, p. 289–324 (2014).

② See Andrea Di Nicola et al., *Surf and Sound: The Role of the Internet in People Smuggling and Human Trafficking*, eCrime Research Report, No. 3, 2017, https://csd.bg/fileadmin/user_upload/publications_library/files/2017_01-05/eCrime_Research_Reports_2017.pdf; Nicholas Ryder & Alan S. Reid, *E-Crime*, Information & Communications Technology Law, Vol. 21:3, p.203–206 (2012), https://doi.org/10.1080/13600834.2012.744219.

③ See Zack Verham, *The Invisibility of Digital Sex Trafficking in Public Media*, Intersect, Vol. 8:3, p. 1–12 (2015); Erin I. Kunze, *Sex Trafficking Via the Internet: How International Agreements Address the Problem and Fail to Go Far Enough*, Journal of High Technology Law, Vol. 10:2, p. 241–289 (2009–2010).

④ See Mary A. Finn & Loretta J. Stalans, *How Targeted Enforcement Shapes Marketing Decisions of Pimps: Evidence of Displacement and Innovation*, Victims & Offenders, Vol. 11:4, p. 578–599 (2016), https://doi.org/10.1080/15564886.2016.1187694.

⑤ Zack Verham, *The Invisibility of Digital Sex Trafficking in Public Media*, Intersect, Vol. 8:3, p. 4 (2015).

⑥ See Jonathan Mendel & Kiril Sharapov, *Human Trafficking and Online Networks: Policy, Analysis, and Ignorance*, Antipode, Vol. 48:3, p. 665–684 (2016); Jennifer Musto & D. Boyd, *The Trafficking-Technology Nexus*, Social Politics, Vol. 21:3, p. 461–483 (2014), https://doi.org/10.1093/sp/jxu018.

⑦ See Danah Boyd et al., *Human Trafficking and Technology: A framework for understanding the role of technology in the commercial sexual exploitation of children in the U.S.*, MA: Microsoft Research, 2011; Katianne Williams, *Untangling the Dark Web: Taking on the Human Sex Trafficking Industry*, IEEE Women in Engineering Magazine, Vol. 7:2, p. 23–26 (2013), https://doi.org/10.1109/MWIE.2013.2280387.

逐渐深化,但仍处于起步阶段。① 与此同时,人们对于科技加剧人口贩卖的恐惧和焦虑与日俱增。② 但另一方面,科技的发展也为打击人口贩卖带来了新的机遇。③

比利时是本研究区域内人口贩卖活动的主要受害国之一,更具体来说,比利时是人口贩卖活动的主要中转地和目的地。一直以来,比利时在打击人口贩卖活动方面发挥了先锋作用。④ 尽管如此,对于比利时人口贩卖的实证研究却十分匮乏,新技术在比利时人口贩卖市场中的作用仍远未得到充分解读。

简而言之,本研究旨在探讨非法贩卖和科技的交叉点。为此,本文将首先描述科技在人口贩卖活动中的角色,并阐释本文的研究方法。之后,本文将讨论技术在打击人口贩卖中的机遇和挑战。最后,本文将从网络犯罪学的视角总结前两部分的发现,分析已知的人口贩卖活动与科技使用之间的联系。

---

① See Mark Latonero, *The Rise of Mobile and the Diffusion of Technology-Facilitated Trafficking*, USC Annenberg Center on Communication Leadership & Policy, 2012; Jonathan Mendel & Kiril Sharapov, *Human Trafficking and Online Networks: Policy, Analysis, and Ignorance*, Antipode, Vol. 48: 3, p. 665-684 (2016); Virginia Greiman & Christina Bain, *The Emergence of Cyber Activity as a Gateway to Human Trafficking*, in Doug Hart ed., 8th International Conference on Information Warfare and Security 2013 (ICIW 2013), Curran Associates, 2013, p. 90-96.

② See Henry Hillman, Christopher Hooper & Kim-Kwang Raymond Choo, *Online Child Exploitation: Challenges and Future Research Directions*, Computer Law & Security Review, Vol. 30:6, p. 687-698 (2014), https://doi.org/10.1016/j.clsr.2014.09.007; Juliane A. Kloess, *Anthony R. Beech & Leigh Harkins, Online Child Sexual Exploitation: Prevalence, Process, and Offender Characteristics*, Trauma, Violence, & Abuse, Vol. 15:2, p. 126-139 (2014), https://doi.org/10.1177/1524838013511543; Mitali Thakor & danah boyd, Networked Trafficking: Reflections on Technology and the Anti-Trafficking Movement, Dialectical Anthropology, Vol. 37, p. 277-290 (2013); Wingyan Chung, Elizabeth Mustaine & Daniel Zeng, *Criminal Intelligence Surveillance and Monitoring on Social Media: Cases of Cyber-Trafficking*, 2017 IEEE International Conference on Intelligence and Security Informatics (ISI), IEEE, 2017, p. 191-193, https://doi.org/10.1109/ISI.2017.8004908.

③ See Danah Boyd et al., *Human Trafficking and Technology: A framework for understanding the role of technology in the commercial sexual exploitation of children in the U.S.*, MA: Microsoft Research, 2011; Herbert B. Dixon, *Human Trafficking and the Internet (and Other Technologies, too)*, The Judges' Journal, Vol. 52:1, p. 36-39 (2013).

④ See Ognian Shentov, Atanas Rusev & Georgios A. Antonopoulos eds., *Financing of Organised Crime: Human Trafficking in Focus*, Center for the Study of Democracy, 2019.

二、研究方法

本文采用了文献综述和定性访谈两种研究方法。对于前者,本文意图通过条理清晰的系统方法梳理有关非法交易和技术关系的现有文献。在文献综述中,我们结合了数据库检索和参考文献筛选两种方法对符合条件的文献进行了更广泛的检索。为了反映所检索主题的交叉性,数据库检索涵盖了不同学科的数据库(例如,心理学、社会学和计算机科学)。具体来说,本文在文献综述部分检索了以下 11 个在线数据库:Web of Science、Scopus、Sociological Abstracts、PsycARTICLES、ProQuest Computer Science Database、IEEE Xplore、Elsevier ScienceDirect、Hein Online、Sage Journals、EBSCO以及 JSTOR,搜索了以下关键字用于检索本研究主题:["人口贩卖(human trafficking)" OR "贩人(trafficking in persons)" OR "贩卖人类(trafficking in human beings)" OR "性剥削(sexual exploit)*" OR "劳动力(labor)* 剥削(exploit)*" OR "经济剥削(economic exploit)*" OR "性贩卖(sex trafficking)"] AND [科技(technology)* OR 网上(online) OR 虚拟的(virtual) OR 计算机(computer)* OR 网络(cyber) OR 数字的(digital)],并根据一些检索的合并和排除标准对这些数据库检索结果进行了进一步分析。鉴于社交媒体的广泛使用等互联网"落地"的重要发展只有大概十年的历程,[1]本研究所检索的文献只包括了 2009 年以后发表的研究。此外,由于研究人员所掌握外语的限制,以英语和荷兰语以外的语言发表的研究被排除在本研究文献检索之外。本研究文献检索的标准主要是与本研究的相关性,在研究方法和出版物类型方面的设定上没有进行任何限制。本研究所检索的文献只列入了涉及人口贩卖活动中的技术应用和涉及打击人口贩卖活动中的技术应用的相关研究,并且只有研究水平达到一定的质量标准的文献才被列入综述的范围。文献综述中所采用的基本质量标准是在狄克逊—伍兹

---

[1] See Simon Andrews, Ben Brewster & Tony Day, *Organised Crime and Social Media: A System for Detecting, Corroborating and Visualising Weak Signals of Organised Crime Online*, Secur Inform, Vol. 7:3, p. 1-21 (2018); Daniel D. Broughton, Child Exploitation in the 21st Century, Paediatrics and Child Health, Vol.19:2, p. 197-201 (2009).

(Dixon-Woods)等人提出的评价方案的基础上优化而成。① 在文献检索的过程中,本文对相关文献进行了以下方面的分析评价:该文献是否清晰阐释了研究目的和正当化依据;该研究设计是否可以恰当地实现研究目的;该研究是否严谨地按照所设计的研究方法进行;该研究结论是否与收集到的数据相符。

本研究最初的数据检索共发现了1682条符合要求的结果。在删除了重复的结果后,本研究对剩下的1381个文献经过了三个阶段的筛选。在第一阶段,本研究审查了研究报告的标题,排除了1189个文献。随后,本研究根据文献摘要的内容,审查了其余192条结果的相关性。在第二阶段,本研究又排除了108个文献。在最后的第三阶段,本研究对剩余的文献进行了全文评估,删除了31个无法获得或不符合本研究所设定的检索标准的文献。对于最后的53个文献,本研究对其参考引证图谱通过"滚雪球抽样"(snowballing process)的研究方法进行了回溯,这也是本文的第二种检索策略。具体来说,本研究筛选了所选文献的参考文献,并且检索了与此前识别的与本工作相关的参考文献。该参考文献筛选策略检索出另外29个文献。综上所述,本研究的文献综述共包括了82个文献。图1对筛选过程作了说明。为了清晰起见,文献综述中所包含的文献在本文的参考文献中都以星号标注。下文将对文献检索的结果进行综述。

除了文献综述外,本文还采用了定性访谈的研究方法。本研究共开展了16次面对面访谈。访谈样本包括因人口贩卖而被定罪的罪犯(N=3)和比利时反(人口)贩卖领域的专业人员(N=13)。本研究采访了包括隶属于比利时检察机关、比利时联邦警察机关(主要涉及反人口贩卖部门和色情交易管控部门)和比利时社会监察部门(主要涉及人口贩卖和劳动争议部门)等具有处理人口贩卖案件专业经验的人员。本研究通过媒体和学术文献检索并结合"滚雪球抽样"的研究方法选定了受访专家。在本研究所采访的罪犯中,有两名罪犯因性交易人口贩卖而获罪,而另一名罪犯则因劳动力交易人口贩卖而获罪,采访时三名罪犯仍在监狱服刑。受访者的综合情况列表请参见附件Ⅰ。本文中的受访者都将通过数字代码指代,其中"E"代

---

① See Mary Dixon-Woods et al., *Conducting a Critical Interpretive Synthesis of the Literature on Access to Healthcare by Vulnerable Groups*, BMC Medical Research Methodology, Vol. 6:35, p. 1-13 (2006), https://doi.org/10.1186/1471-2288-6-35.

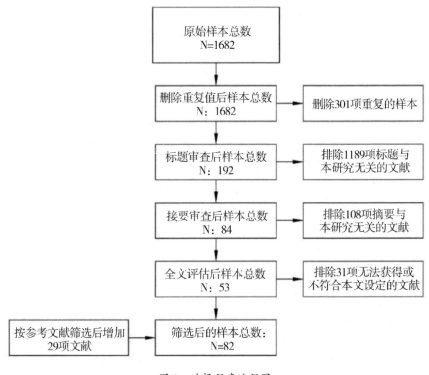

图 1 选择程序流程图

表专家,"C"代表罪犯。

所有采访均在 2017 年 8 月至 2018 年 2 月之间进行。本研究所用的采访内容摘要详见附件 II。所有采访都经过了受访者的书面同意。所有受访者都会收到一封信函,该信函解释了研究项目的概况,澄清了受访者的书面同意程序,并说明了本研究为保密而采取的措施,如修改受访者的身份信息以保护其隐私权。在开始采访之前,研究人员与受访者一起审阅了同意书和信息函,以确保恰当地告知了受访者本研究的目的以及受访者的权利。本研究保证受访者是出于自愿而参与本项研究,并可以在任何时候决定退出本项研究。我们还强调了本研究的匿名和保密承诺,受访者有权检查和修改他们的受访记录。在对三名罪犯的采访中,本研究已告知他们本采访将涉及个人隐私问题,同时也清楚地告知他们并没有义务回答全部问题。事实上,三位受访罪犯都回答了我们精心设计的所有提问,坦率地讲述了他们的个人经历。

除受访者 E3(以法语进行)和受访者 C2(以英语进行)外,大多数采访均以荷兰语进行。本文将所有采访摘录均翻译成了英文,并对专业人员的采访进行了录音和逐字转录。但是,由于对罪犯的采访是在监狱环境下进行的,因而研究不能录音。此外,对罪犯的采访是在关押他们的监狱内的一个安全会见室进行的,在采访过程中没有第三方在场。研究人员在比利时联邦警察局和比利时监狱的协助下选择了潜在的受访者,向他们阐明了研究目的,并得到了受访者的同意。随后,研究人员使用 NVivo 软件对定性访谈数据进行了专题分析。

与大多数研究一样,本研究的设计存在一些难以避免的局限性。第一个局限性是,采访样本数量相对较少。人口贩卖罪犯是一个很难接触到的群体。[1] 语言障碍又进一步限制了潜在受访者的数量,因为本研究潜在受访者必须能够通过荷兰语、英语或法语交流。除此之外,本研究中分析的所有案件都只是执法机构"看得见"的人口贩卖活动。然而,人口贩卖活动被广泛地认为是一种隐藏的、未被充分报道的、难以被发现的犯罪。[2] 因此,这些受访者并不能代表所有人贩子。本研究中所包括的专业人员样本也不能完整地代表整个比利时反人口贩卖领域的专业人员。这意味着该研究结果的普遍性明显受限,尤其是考虑到定性访谈的区域局限。不过,由于人口贩卖和技术之间的关系问题并不是比利时所特有,该项研究的结果在特定条件下仍可具有一定的参考价值。在任何情况下,研究结果的有效性都应得到检验,而不是只存在于假设层面。最后,本研究所采用的方法是定性研究而非定量研究,因而无法对本项研究的普遍性进行说明。

三、人口贩卖活动在网络中所使用的犯罪方法

人口贩卖活动往往表现为一系列的连续行为,而非单一犯罪行为。正

---

[1] See E.R. Kleemans & Monika Smit, *Human Smuggling, Human Trafficking, and Exploitation in the Sex Industry,* in L. Paoli ed., The Oxford Handbook of Organized Crime, Oxford University Press, 2014, p. 381-401.

[2] See Amy Farrell & Ieke de Vries, *Measuring the Nature and Prevalence of Human Trafficking,* in John A. Winterdyk & Jackie Jones eds., The Palgrave International Handbook of Human Trafficking, Palgrave Macmillan, 2020, p. 1-16, https://doi.org/10.1007/978-3-319-63192-9_6-1.

如 Aronowitz 所述,这个过程总共包括四个阶段,即招募、运输、侵害受害者以及管理非法利益。① 罪犯会在人口贩卖的整个过程中运用数字技术。② 本文将在下一部分详细说明互联网和其他技术在人口贩卖活动的不同阶段所起的作用。

(一) 招募

在招募阶段,互联网"可以作为针对弱势群体的狩猎场"③,技术为接触和诱捕潜在受害者提供了全新的维度。④ 特别值得注意的是,互联网扩大了人口贩卖罪犯的活动范围⑤,将不同社会经济背景和地理区域的目标纳入到了他们的潜在受害者范围之中。⑥ 数字通信技术为接触更多的潜在受害者提供了前所未有的机会。⑦ 除社交媒体外⑧,许多在线平台也成为了寻

---

① See Alexis A. Aronowitz, *Human Trafficking, Human Misery: The Global Trade in Human Beings*, Westport, CT: Praeger, 2009.

② See Europol, *European Union Serious and Organised Crime Threat Assessment: Crime in the Age of Technology*, 2017; Jessica Elliott & Kieran McCartan, *The Reality of Trafficked People's Access to Technology*, The Journal of Criminal Law, Vol. 77:3, p. 255–273 (2013), https://doi.org/10.1350/jcla.2013.77.3.843.

③ Szde Yu, *Human Trafficking and the Internet*, in Michael J. Palmiotto ed., Combating Human Trafficking: A Multidisciplinary Approach, CRC Press, 2014, p. 71.

④ See Danah Boyd et al., *Human Trafficking and Technology: A framework for understanding the role of technology in the commercial sexual exploitation of children in the U.S.*, MA: Microsoft Research, 2011; Andrea Di Nicola et al., *Surf and Sound: The Role of the Internet in People Smuggling and Human Trafficking*, eCrime Research Report, No. 3, 2017.

⑤ See Szde Yu, *Human Trafficking and the Internet*, in Michael J. Palmiotto ed., Combating Human Trafficking: A Multidisciplinary Approach, CRC Press, 2014, p. 61–73.

⑥ See Zack Verham, *The Invisibility of Digital Sex Trafficking in Public Media*, Intersect, Vol. 8:3, p. 1–12 (2015).

⑦ See Virginia Greiman & Christina Bain, *The Emergence of Cyber Activity as a Gateway to Human Trafficking*, in Doug Hart ed., 8th International Conference on Information Warfare and Security 2013 (ICIW 2013), Curran Associates, 2013, p. 90–96; Mark Latonero, *The Rise of Mobile and the Diffusion of Technology-Facilitated Trafficking*, USC Annenberg Center on Communication Leadership & Policy, 2012; Steven Malby et al., *Study on the Effects of New Information Technologies on the Abuse and Exploitation of Children*, United Nations Office On Drugs And Crime, 2015.

⑧ 受访者 E1;参见 Mark Latonero, *Human Trafficking Online: The Role of Social Networking Sites and Online Classifieds*, USC Annenberg Center on Communication Leadership & Policy, 2011; Myria, J *aarrapport 2017: Mensenhandel en mensensmokkel Online*, Federaal Migratiecentrum, 2017。

找潜在受害者的工具,尤其是约会网站①、聊天室②和在线分类网站③。科技还为识别和选择潜在受害者提供了手段。④ 选择人口贩卖潜在受害者的标准主要包括其可接触度、易受害度和对潜在买家一般意义上的吸引力。⑤ 受访者 E4 指出:"例如,我们发现被挑选出来的女孩在网络上有非常暴露的照片,然后他们(人贩子)会认为,啊,是的,她们可能是最容易从事卖淫工作的。"这一阶段的网上招募过程被称为"鹰猎"(hawking)⑥,这一术语生动地表现了人贩子寻找潜在受害者的景象。

就突袭和接近合适的目标而言,招募者通常有两种策略可供选择。一种是在直接招募的过程中把精力投入到一个人身上,这将为他们留下更多的个人接触空间。另一种是广撒网,尽可能多地联系潜在受害者并希望有人上钩,从而间接招募受害者。⑦ 一旦一个目标落入圈套,罪犯就可以像滚雪球一样轻而易举地找到其他受害者。⑧ 换句话说,发现潜在目标相对

---

① See Myria, J*aarrapport 2017: Mensenhandel en mensensmokkel Online*, Federaal Migratiecentrum, 2017;Andrea Di Nicola et al., Surf and Sound: The Role of the Internet in People Smuggling and Human Trafficking, eCrime Research Report, No. 3, 2017.

② See Mark Latonero, Human Trafficking Online: The Role of Social Networking Sites and Online Classifieds, USC Annenberg Center on Communication Leadership & Policy, 2011.

③ See Europol, *Situation Report: Trafficking in Human Beings in the EU*, 2016.

④ See Danah Boyd et al., *Human Trafficking and Technology: A framework for understanding the role of technology in the commercial sexual exploitation of children in the U.S.*, MA: Microsoft Research, 2011; Virginia Greiman & Christina Bain, *The Emergence of Cyber Activity as a Gateway to Human Trafficking*, in Doug Hart ed., 8th International Conference on Information Warfare and Security 2013 (ICIW 2013), Curran Associates, 2013, p. 90–96; Anita Lavorgna, *Organised Crime Goes Online: Realities and Challenges*, Journal of Money Laundering Control, Vol. 18:2, p.153–168 (2015).

⑤ See Juliane A. Kloess, *Anthony R. Beech & Leigh Harkins, Online Child Sexual Exploitation: Prevalence, Process, and Offender Characteristics*, Trauma, Violence, & Abuse, Vol. 15:2, p. 126–139 (2014); Andrea Di Nicola et al., Surf and Sound: The Role of the Internet in People Smuggling and Human Trafficking, eCrime Research Report, No. 3, 2017; Szde Yu, Human Trafficking and the Internet, in Michael J. Palmiotto ed., Combating Human Trafficking: A Multidisciplinary Approach, CRC Press, 2014, p. 61–73.

⑥ See Myria,*Jaarrapport 2017: Mensenhandel en mensensmokkel Online*, Federaal Migratiecentrum, 2017.

⑦ See Myria, *Jaarrapport 2017: Mensenhandel en mensensmokkel Online*, Federaal Migratiecentrum, 2017; Szde Yu, *Human Trafficking and the Internet*, in Michael J. Palmiotto ed., Combating Human Trafficking: A Multidisciplinary Approach, CRC Press, 2014, p. 61–73.

⑧ See Szde Yu, *Human Trafficking and the Internet*, in Michael J. Palmiotto ed., Combating Human Trafficking: A Multidisciplinary Approach, CRC Press, 2014, p. 61–73.

简单,但说服潜在受害者则需要更多的努力。① 有鉴于此,性交易的招募往往伴随着诱骗受害人以获得其信任的过程。② 一般而言,诱骗受害者是为凌虐受害者而做准备。③ 总的来说,针对儿童的性骚扰诱骗和针对女性的婚恋诱骗过程非常相似。这两类罪犯都有一个共同的目标:接触受害者,确保受害者的服从并保证受害者不泄露与人贩子交往的秘密。④ 在此背景下,诱骗的最终目标是使受害者落入陷阱。更具体地说,罪犯试图与受害者建立感情联系,以实现对受害者更严密的控制。⑤ 针对女性的婚恋诱骗尤其需要建立受害者对诱骗者的情感依赖,而这种情感依赖往往通过满足女性对浪漫情感的需求而产生。⑥ 人贩子建立起来的对受害女性的虚假恋爱关系是一种明显扭曲的双方关系⑦,但虚拟世界的交流降低了受害者的心

---

① See Szde Yu, *Human Trafficking and the Internet*, in Michael J. Palmiotto ed., Combating Human Trafficking: A Multidisciplinary Approach, CRC Press, 2014, p. 61-73.

② See Danah Boyd et al., *Human Trafficking and Technology: A framework for understanding the role of technology in the commercial sexual exploitation of children in the U.S.*, MA: Microsoft Research, 2011; Mark Latonero, *Human Trafficking Online: The Role of Social Networking Sites and Online Classifieds*, USC Annenberg Center on Communication Leadership & Policy, 2011; Donna M. Hughes, *Trafficking in Human Beings in the European Union: Gender, Sexual Exploitation, and Digital Communication Technologies*, SAGE Open, Vol. 4:4, p. 1-8 (2014).

③ See Juliane A. Kloess, *Anthony R. Beech & Leigh Harkins, Online Child Sexual Exploitation: Prevalence, Process, and Offender Characteristics*, Trauma, Violence, & Abuse, Vol. 15:2, p. 126-139 (2014); Myria, *Jaarrapport 2017: Mensenhandel en mensensmokkel Online*, Federaal Migratiecentrum, 2017; teven Malby et al., *Study on the Effects of New Information Technologies on the Abuse and Exploitation of Children*, United Nations Office On Drugs And Crime, 2015.

④ See Steven Malby et al., *Study on the Effects of New Information Technologies on the Abuse and Exploitation of Children*, United Nations Office On Drugs And Crime, 2015; Daniel D. Broughton, *Child Exploitation in the 21st Century*, Paediatrics and Child Health, Vol.19:2, p. 197-201 (2009).

⑤ See Juliane A. Kloess, *Anthony R. Beech & Leigh Harkins, Online Child Sexual Exploitation: Prevalence, Process, and Offender Characteristics*, Trauma, Violence, & Abuse, Vol. 15:2, p. 126-139 (2014); Steven Malby et al., *Study on the Effects of New Information Technologies on the Abuse and Exploitation of Children*, United Nations Office On Drugs And Crime, 2015.

⑥ See Myria, *Jaarrapport 2017: Mensenhandel en mensensmokkel Online*, Federaal Migratiecentrum, 2017; Andrea Di Nicola et al., *Surf and Sound: The Role of the Internet in People Smuggling and Human Trafficking*, eCrime Research Report, No. 3, 2017.

⑦ See Juliane A. Kloess, *Anthony R. Beech & Leigh Harkins, Online Child Sexual Exploitation: Prevalence, Process, and Offender Characteristics*, Trauma, Violence, & Abuse, Vol. 15:2, p. 126-139 (2014); Andrea Di Nicola et al., *Surf and Sound: The Role of the Internet in People Smuggling and Human Trafficking*, eCrime Research Report, No. 3, 2017.

理戒备。① 人们在网上的交流中更容易敞开心扉②,而这种毫无戒备的交流为加速虚假的恋爱关系和情色互动铺平了道路③。在这一过程中,受害者逐渐认可与性相关的活动,进而逐步发展为认可性交易。④ 例如,受访者C3将自己通过网络认识的一名受害者介绍给人口贩卖组织中的其他女孩们,并通过这些女孩让受害者相信,卖淫是一种正常的谋生方式。

在诱骗过程中,罪犯试图使受害者绝对服从以实施进一步的凌虐。⑤ 为此,人贩子会采取胁迫、勒索、威胁、施暴、劝说和情绪操纵以及贿买等多种方式以实现其目的。⑥ 就此而言,技术在使受害者屈从的过程中扮演了重要的角色。⑦ 此外,利用互联网作为招募活动平台可以方便地获取各种个人数据。⑧ 个人信息经常在不经意间被分享到社交网站上,这使得识别合适的受害目标变得更加容易。⑨ 被调查者C3所采取的招募方式就

---

① See Steven Malby et al., *Study on the Effects of New Information Technologies on the Abuse and Exploitation of Children*, United Nations Office On Drugs And Crime, 2015.

② See Myria, *Jaarrapport 2017: Mensenhandel en mensensmokkel Online*, Federaal Migratiecentrum, 2017.

③ See Juliane A. Kloess, *Anthony R. Beech & Leigh Harkins, Online Child Sexual Exploitation: Prevalence, Process, and Offender Characteristics*, Trauma, Violence, & Abuse, Vol. 15:2, p. 126-139 (2014).

④ See See Steven Malby et al., *Study on the Effects of New Information Technologies on the Abuse and Exploitation of Children*, United Nations Office On Drugs And Crime, 2015; See Juliane A. Kloess, *Anthony R. Beech & Leigh Harkins, Online Child Sexual Exploitation: Prevalence, Process, and Offender Characteristics*, Trauma, Violence, & Abuse, Vol. 15:2, p. 126-139 (2014).

⑤ 同上。

⑥ See Juliane A. Kloess, *Anthony R. Beech & Leigh Harkins, Online Child Sexual Exploitation: Prevalence, Process, and Offender Characteristics*, Trauma, Violence, & Abuse, Vol. 15:2, p. 126-139 (2014); Myria, *Jaarrapport 2017: Mensenhandel en mensensmokkel Online*, Federaal Migratiecentrum, 2017; Andrea Di Nicola et al., *Surf and Sound: The Role of the Internet in People Smuggling and Human Trafficking*, eCrime Research Report, No. 3, 2017.

⑦ See Anita Lavorgna, *Organised Crime Goes Online: Realities and Challenges*, Journal of Money Laundering Control, Vol. 18:2, p.153-168 (2015).

⑧ See Europol, *Situation Report: Trafficking in Human Beings in the EU*, 2016; Mark Latonero, Bronwyn Wex & Meredith Dank, *Technology and Labor Trafficking in a Network Society: General Overview, Emerging Innovations,and Philippines Case Study*, USC Annenberg Center on Communication Leadership & Policy, 2015.

⑨ See Erin I. Kunze, *Sex Trafficking Via the Internet: How International Agreements Address the Problem and Fail to Go Far Enough*, Journal of High Technology Law, Vol. 10:2, p. 241-289 (2009-2010); Andrea Di Nicola et al., *Surf and Sound: The Role of the Internet in People Smuggling and Human Trafficking*, eCrime Research Report, No. 3, 2017.

是一个很好的案例。他们通过脸书找到逃学青少年作为目标。网络中的个人信息还可以使人贩子更快地了解受害者的性格，进而精心设计一个符合目标受害者需求的角色出现在目标受害者面前。① 在了解了目标受害者的兴趣爱好和个人特征的情况下，人贩子为目标受害者量身定做一个虚构的形象，必然会有助于迅速与目标受害者建立联系。② 简而言之，人贩子通过获取在线平台提供的个人信息，可以增加找到潜在的人口贩卖受害者的机会。③

尽管人们大多认为技术的使用在与剥削劳动力有关的人口贩卖活动中并不普遍，但互联网招募事实上日益成为与剥削劳动力有关的人口贩卖活动惯用的手段之一。④ 传统的招募方法（如口口相传的广告）已经与虚假网络招聘相结合。⑤ 在网络空间招募可剥削利用的劳动力的渠道包括招聘网站、在线招聘机构、社交网站和在线广告⑥，这些虚假的网络招聘往往对受聘者的资质要求较低，却可以提供诱人的薪酬。⑦ 如受访者 E1 所述："通过互联网寻找招聘公告，你会发现很多典型的欺诈招聘广告。这些招聘广

---

① 受访者 E4；参见 Myria, *Jaarrapport 2017: Mensenhandel en mensensmokkel Online*, Federaal Migratiecentrum, 2017; Juliane A. Kloess, Anthony R. Beech & Leigh Harkins, *Online Child Sexual Exploitation: Prevalence, Process, and Offender Characteristics*, Trauma, Violence, & Abuse, Vol. 15:2, p. 126–139 (2014)。

② See Andrea Di Nicola et al., *Surf and Sound: The Role of the Internet in People Smuggling and Human Trafficking*, eCrime Research Report, No. 3, 2017.

③ See Andrea Di Nicola et al., *Surf and Sound: The Role of the Internet in People Smuggling and Human Trafficking*, eCrime Research Report, No. 3, 2017; Szde Yu, *Human Trafficking and the Internet*, in Michael J. Palmiotto ed., Combating Human Trafficking: A Multidisciplinary Approach, CRC Press, 2014, p. 61–73.

④ 受访者 E7、E8 和 E13；参见 Mark Latonero, Bronwyn Wex & Meredith Dank, *Technology and Labor Trafficking in a Network Society: General Overview, Emerging Innovations, and Philippines Case Study*, USC Annenberg Center on Communication Leadership & Policy, 2015。

⑤ 受访者 C2，参见 Mark Latonero, Bronwyn Wex & Meredith Dank, *Technology and Labor Trafficking in a Network Society: General Overview, Emerging Innovations, and Philippines Case Study*, USC Annenberg Center on Communication Leadership & Policy, 2015; Donna M. Hughes, *Trafficking in Human Beings in the European Union: Gender, Sexual Exploitation, and Digital Communication Technologies*, SAGE Open, Vol. 4:4, p. 1–8 (2014); Andrea Di Nicola et al., *Surf and Sound: The Role of the Internet in People Smuggling and Human Trafficking*, eCrime Research Report, No. 3, 2017。

⑥ 受访者 E7 和 E13；参见 Donna M. Hughes, *Trafficking in Human Beings in the European Union: Gender, Sexual Exploitation, and Digital Communication Technologies*, SAGE Open, Vol. 4:4, p. 1–8 (2014); Herbert B. Dixon, *Human Trafficking and the Internet (and Other Technologies, too)*, The Judges' Journal, Vol. 52:1, p. 36–39 (2013)。

⑦ See Europol, *Situation Report: Trafficking in Human Beings in the EU*, 2016.

告非常模糊,工作地点非常模糊、工作要求等也非常模糊。"尽管存在这些欺诈招聘广告,但和与性交易相关的人口贩卖相比,与剥削利用劳动力有关的人口贩卖的在线招募似乎并不普遍。① 一种可能的解释是目标群体的经济水平。劳动力往往是从贫困和相对贫困地区招募的,在这些地区的潜在受害者可能并没有机会接触到现代技术。② 因此,一定程度上,与剥夺利用劳动力有关的人口贩卖的在线招募往往受到受害者和犯罪分子之间的技术差距的限制。

一般而言,多数专家受访者发现与性交易有关的人口贩卖和与剥削利用劳动力有关的人口贩卖的网上招募数量都处于增长趋势,但这一趋势似乎并不是普遍性的。受访者C1的招募方法即是一个反例。他通过一个比利时电视网上的短信聊天应用程序来招募受害者,以今天的标准来看,这是一个相当低级的方法。此外,一些受访者对网上招募在人口贩卖活动中的共性提出了更微妙的看法,尤其是在与剥削利用劳动力有关的人口贩卖的情况下。受访者E3就这个问题作了如下说明:

"纯粹的有关剥削劳动力的招募不是这样的。招募是在酒吧里通过口口相传的方式进行的。是的,Whatsapp上也有一些对话,但仅此而已。可以这么说,他们并非要通过互联网出售工作或者出售劳动力。而另一方面,与性交易有关的人口贩卖正在迅速增长。"

(二)运送

为了实际剥削利用这些筛选出的目标受害者,人贩子需要将他们从来源国转运到目的地国。因此,运输阶段的重点是幕后和行程安排。③ 衔接

---

① See Andrea Di Nicola et al., *Surf and Sound: The Role of the Internet in People Smuggling and Human Trafficking*, eCrime Research Report, No. 3, 2017.

② See Donna M. Hughes, *Trafficking in Human Beings in the European Union: Gender, Sexual Exploitation, and Digital Communication Technologies*, SAGE Open, Vol. 4:4, p. 1-8 (2014); Mark Latonero, Bronwyn Wex & Meredith Dank, *Technology and Labor Trafficking in a Network Society: General Overview, Emerging Innovations, and Philippines Case Study*, USC Annenberg Center on Communication Leadership & Policy, 2015; Andrea Di Nicola et al., *Surf and Sound: The Role of the Internet in People Smuggling and Human Trafficking*, eCrime Research Report, No. 3, 2017.

③ See Andrea Di Nicola et al., *Surf and Sound: The Role of the Internet in People Smuggling and Human Trafficking*, eCrime Research Report, No. 3, 2017; Watson, H., Donovan, A., & Muraszkiewicz, J. (2015). Role of technology in human trafficking. TRACE Briefing Paper. TRACE: TRafficking as A Criminal Enterprise. http://trace-project.eu.

招募、运输和剥削利用受害者需要人口贩卖组织不同节点的人员之间的紧密合作。① 在这些情形中,新技术极大地提高了人贩子的交流和合作力度。② 事实上,在整个访谈过程中,互联网和各种相关技术经常被称为"一种沟通模式,就像其他沟通模式一样"。③

人口贩卖活动往往跨越国界,网络活动亦然。并不是所有参与人口贩卖的成员都必须在剥削利用受害者的活动中出现④,这意味着远程控制犯罪活动并非难事。⑤ 不仅如此,网上招募并不需要在受害者的来源国派驻成员,从而有效地减少了设立节点的成本。⑥ 同样地,由于在线招募降低了人口贩卖行业的门槛⑦,这使得犯罪个体可以建立自己的小规模人口贩卖组织。⑧ 简单地说,数字通信技术为人贩子提供了重要的管理和组织机会⑨,并创造了

---

① See Danah Boyd et al., *Human Trafficking and Technology: A framework for understanding the role of technology in the commercial sexual exploitation of children in the U.S.*, MA: Microsoft Research, 2011.

② 受访者 E1 和 E10,参见 R. Konrad et al., *Overcoming Human Trafficking via Operations Research and Analytics: Opportunities for Methods, Models, and Applications*, European Journal of Operational Research, Vol. 259:2, p. 733-745 (2017); Steven Malby et al., *Study on the Effects of New Information Technologies on the Abuse and Exploitation of Children*, United Nations Office On Drugs And Crime, 2015; Szde Yu, Human Trafficking and the Internet, in Michael J. Palmiotto ed., Combating Human Trafficking: A Multidisciplinary Approach, CRC Press, 2014, p. 61-73。

③ 受访者 E10。

④ See Anita Lavorgna, *Organised Crime Goes Online: Realities and Challenges*, Journal of Money Laundering Control, Vol. 18:2, p. 153-168 (2015).

⑤ 受访者 E7;参见 Myria, *Jaarrapport 2017: Mensenhandel en mensensmokkel Online*, Federaal Migratiecentrum, 2017。

⑥ See Anita Lavorgna, *Organised Crime Goes Online: Realities and Challenges*, Journal of Money Laundering Control, Vol. 18:2, p. 153-168 (2015); Steven Malby et al., *Study on the Effects of New Information Technologies on the Abuse and Exploitation of Children*, United Nations Office On Drugs And Crime, 2015.

⑦ See Campbell Fraser, *An Analysis of the Emerging Role of Social Media in Human Trafficking: Examples From Labour and Human Organ Trading*, International Journal of Development Issues, Vol. 15:2, p. 98-112 (2016), https://doi.org/10.1108/IJDI-12-2015-0076.

⑧ See Anita Lavorgna, *Organised Crime Goes Online: Realities and Challenges*, Journal of Money Laundering Control, Vol. 18:2, p. 153-168 (2015).

⑨ 受访者 E4;参见 See Anita Lavorgna, *Organised Crime Goes Online: Realities and Challenges*, Journal of Money Laundering Control, Vol. 18:2, p.153-168 (2015); Myria, *Jaarrapport 2017: Mensenhandel en mensensmokkel Online*, Federaal Migratiecentrum, 2017。

重要的商业资源。① 正如一位受访者所述：

"你会发现，通过互联网、社交媒体和手机，与世界各地的每一个人、每一件事保持联系变得十分容易。……当然，这也使我们以这种方式对他人施加压力或施以威胁变得更加容易。"②

(三) 剥削、利用

在转移受害者之后，人口贩卖组织通常会开始对受害者的剥削和利用。在与性交易有关的人口贩卖案例中，人口贩卖组织会通过广告来出售受害者的服务并从受害者的服务中获利。在这一方面，技术已经改变了营销人口贩卖受害者的方式。③ 最重要的是，互联网和相关技术的进步使得人口贩卖组织可以用最小的成本向更多的人宣传他们的"商品"。④ 与此同时，由于网上招嫖为买卖双方谈论交易条件提供了一种更为分散的方式⑤，网络平台

---

① See Jessica Elliott & Kieran McCartan, *The Reality of Trafficked People's Access to Technology*, The Journal of Criminal Law, Vol. 77:3, p. 255-273 (2013).

② 受访者 E6。

③ See Europol, *Situation Report: Trafficking in Human Beings in the EU*, 2016; Virginia Greiman & Christina Bain, *The Emergence of Cyber Activity as a Gateway to Human Trafficking*, in Doug Hart ed., 8th International Conference on Information Warfare and Security 2013 (ICIW 2013), Curran Associates, 2013, p. 90-96; Kimberly J Mitchell et al., *Internet-Facilitated Commercial Sexual Exploitation of Children: Findings From a Nationally Representative Sample of Law Enforcement Agencies in the United States*, Sex Abuse, Vol. 23:1, p. 43-71 (2011); M. Farley, Kenneth Franzblau & M. A. Kennedy, *Online Prostitution and Trafficking*, Albany Law Review, Vol. 77:3, p. 1039-1094 (2013).

④ 受访者 E9；参见 Mark Latonero, *The Rise of Mobile and the Diffusion of Technology-Facilitated Trafficking*, USC Annenberg Center on Communication Leadership & Policy, 2012; K. Mitchell & D. Boyd, *Understanding the Role of Technology in the Commercial Sexual Exploitation of Children: the Perspective of Law Enforcement*, Crimes against Children Research Center, University of New Hampshire, 2014; Andrea Di Nicola et al., *Surf and Sound: The Role of the Internet in People Smuggling and Human Trafficking*, eCrime Research Report, No. 3, 2017。

⑤ 受访者 C1；参见 Hamidreza Alvari, Paulo Shakarian & J.E. Kelly Snyder, *A Non-Parametric Learning Approach to Identify Online Human Trafficking*, 2016 IEEE Conference on Intelligence and Security Informatics (ISI), IEEE, 2016, p. 133-138, https://ieeexplore.ieee.org/stamp/stamp.jsp? tp=&arnumber=7745456; Zack Verham, *The Invisibility of Digital Sex Trafficking in Public Media*, Intersect, Vol. 8:3, p. 1-12 (2015); Szde Yu, *Human Trafficking and the Internet*, in Michael J. Palmiotto ed., Combating Human Trafficking: A Multidisciplinary Approach, CRC Press, 2014, p. 61-73。

成为了接触隐蔽客户的有效方式。① 因此,网上招嫖增加了卖淫的机会②,以至于性工作者不再需要站街卖淫③,并且可以灵活地参与性产业:

"……你会发现许多妓女在同时从事网上招嫖和站街卖淫。我们发现很多橱窗妓女也在红灯区从事援交工作。一次援交服务可以得到350欧元,而橱窗妓女的一次性服务只能得到50欧元。当她们突然接到一个客户电话时,她们会选择离开橱窗去从事援交工作。"④

然而,对于人口贩卖组织来说,谨慎行事尚不足以掩盖犯罪活动。人贩子主要通过使用隐晦的术语或编码语言以及通过按摩等合法服务进行掩饰以将自己隐藏在公众视线之外。⑤ 在大多数情况下,人贩子们会采用灵活的方式推销他们的受害者。⑥ 他们的广告可能出现在各种主流公共网络平台,也会延伸到暗网平台。⑦ 具体而言,这些平台包括社

---

① See K. Mitchell & D. Boyd, *Understanding the Role of Technology in the Commercial Sexual Exploitation of Children: the Perspective of Law Enforcement*, Crimes against Children Research Center, University of New Hampshire, 2014.

② See Mary A. Finn & Loretta J. Stalans, *How Targeted Enforcement Shapes Marketing Decisions of Pimps: Evidence of Displacement and Innovation*, Victims & Offenders, Vol. 11:4, p. 578-599 (2016); Stewart Cunningham et al., *Behind the Screen: Commercial Sex, Digital Spaces and Working Online*, Technology in Society, Vol. 53, p. 47-54 (2017), https://doi.org/10.1016/j.techsoc.2017.11.004.

③ See Hamidreza Alvari, Paulo Shakarian & J.E. Kelly Snyder, *A Non-Parametric Learning Approach to Identify Online Human Trafficking*, 2016 IEEE Conference on Intelligence and Security Informatics (ISI) p. 133-138 (2016); Danah Boyd et al., *Human Trafficking and Technology: A framework for understanding the role of technology in the commercial sexual exploitation of children in the U.S.*, MA: Microsoft Research, 2011; Virginia Greiman & Christina Bain, *The Emergence of Cyber Activity as a Gateway to Human Trafficking*, in Doug Hart ed., 8th International Conference on Information Warfare and Security 2013 (ICIW 2013), Curran Associates, 2013, p. 90-96.

④ 受访者E5。

⑤ See Mary A. Finn & Loretta J. Stalans, *How Targeted Enforcement Shapes Marketing Decisions of Pimps: Evidence of Displacement and Innovation*, Victims & Offenders, Vol. 11:4, p. 578-599 (2016); Mark Latonero, *Human Trafficking Online: The Role of Social Networking Sites and Online Classifieds*, USC Annenberg Center on Communication Leadership & Policy, 2011; Andrea Di Nicola et al., *Surf and Sound: The Role of the Internet in People Smuggling and Human Trafficking*, eCrime Research Report, No. 3, 2017.

⑥ See Donna M. Hughes, *Trafficking in Human Beings in the European Union: Gender, Sexual Exploitation, and Digital Communication Technologies*, SAGE Open, Vol. 4:4, p. 1-8 (2014).

⑦ See Danah Boyd et al., *Human Trafficking and Technology: A framework for understanding the role of technology in the commercial sexual exploitation of children in the U.S.*, MA: Microsoft Research, 2011.

交媒体①、线上分类网站②、援交网站③、交友网站④、可回访的性工作者网站⑤、迎合性变态⑥和暗网市场需求的网站⑦。迎合性变态和暗网市场需求的网站主要为恋童癖者服务。⑧ 值得注意的是,使用暗网的用户相对较少,这严重限制了其作为营销平台的潜力⑨。在各式各样的网络平台中,需要特别注意几

---

① See Europol, *Situation Report: Trafficking in Human Beings in the EU*, 2016; Andrea Di Nicola et al., *Surf and Sound: The Role of the Internet in People Smuggling and Human Trafficking*, eCrime Research Report, No. 3, 2017; Mary A. Finn & Loretta J. Stalans, *How Targeted Enforcement Shapes Marketing Decisions of Pimps: Evidence of Displacement and Innovation*, Victims & Offenders, Vol. 11:4, p. 578-599 (2016).

② See Rebecca S. Portnoff et al., *Backpage and Bitcoin: Uncovering Human Traffickers*, Proceedings of the 23rd ACM SIGKDD International Conference on Knowledge Discovery and Data Mining, ACM, 2017, p. 1595-1604, https://doi.org/10.1145/3097983.3098082; Mark Latonero, *Human Trafficking Online: The Role of Social Networking Sites and Online Classifieds*, USC Annenberg Center on Communication Leadership & Policy, 2011; Myria, *Jaarrapport 2017: Mensenhandel en mensensmokkel Online*, Federaal Migratiecentrum, 2017.

③ See Europol, *Situation Report: Trafficking in Human Beings in the EU*, 2016; Myria, *Jaarrapport 2017: Mensenhandel en mensensmokkel Online*, Federaal Migratiecentrum, 2017; Andrea Di Nicola et al., *Surf and Sound: The Role of the Internet in People Smuggling and Human Trafficking*, eCrime Research Report, No. 3, 2017.

④ See Europol, *Situation Report: Trafficking in Human Beings in the EU*, 2016; Mary A. Finn & Loretta J. Stalans, *How Targeted Enforcement Shapes Marketing Decisions of Pimps: Evidence of Displacement and Innovation*, Victims & Offenders, Vol. 11:4, p. 578-599 (2016).

⑤ See Myria, *Jaarrapport 2017: Mensenhandel en mensensmokkel Online*, Federaal Migratiecentrum, 2017; Andrea Di Nicola et al., *Surf and Sound: The Role of the Internet in People Smuggling and Human Trafficking*, eCrime Research Report, No. 3, 2017; Mary A. Finn & Loretta J. Stalans, *How Targeted Enforcement Shapes Marketing Decisions of Pimps: Evidence of Displacement and Innovation*, Victims & Offenders, Vol. 11:4, p. 578-599 (2016).

⑥ See Mary A. Finn & Loretta J. Stalans, *How Targeted Enforcement Shapes Marketing Decisions of Pimps: Evidence of Displacement and Innovation*, Victims & Offenders, Vol. 11:4, p. 578-599 (2016).

⑦ See Europol, *European Union Serious and Organised Crime Threat Assessment: Crime in the Age of Technology*, 2017; Simon Andrews, Ben Brewster & Tony Day, *Organised Crime and Social Media: A System for Detecting, Corroborating and Visualising Weak Signals of Organised Crime Online*, Secur Inform, Vol. 7:3, p. 1-21 (2018).

⑧ See Andrea Di Nicola et al., *Surf and Sound: The Role of the Internet in People Smuggling and Human Trafficking*, eCrime Research Report, No. 3, 2017.

⑨ See Simon Howell, *Systemic Vulnerabilities on the Internet and the Exploitation of Women and Girls: Challenges and Prospects for Global Regulation*, in Helmut Kury, Sławomir Redo & Evelyn Shea eds., Women and Children as Victims and Offenders: Background, Prevention, Reintegration, Springer, 2016, p. 575-601.

个市场占有量较大的网站。① 在比利时的这类网站中,受访者特别提到了红灯网(Redlights)(E5、E6、E8 和 E9)以及性约会网(Seksafspraakjes)(E4)。

除了吸引潜在买家之外,通信技术也为与买家之间的讨价还价和预约安排提供了便利。② 更重要的是,尽管没有被本研究中的受访者所提及,技术本身可以成为一种剥削和利用受害者的方式③,非接触性的犯罪主要通过网络摄像头等技术手段实现。④ 一个典型的案例即强制的网络性行为。⑤ 视频托管服务使罪犯通过网络传播性行为视频成为可能,同时将内容锁定在付费墙之后。⑥ 事实上,某些在线平台的交互属性⑦使得定制色情

---

① See Stewart Cunningham et al., *Behind the Screen: Commercial Sex, Digital Spaces and Working Online*, Technology in Society, Vol. 53, p. 47-54 (2017); Teela Sanders et al., *Internet Sex Work: Beyond the Gaze*, Palgrave Macmillan, 2018.

② See Europol, *Situation Report: Trafficking in Human Beings in the EU*, 2016; K. Mitchell & D. Boyd, *Understanding the Role of Technology in the Commercial Sexual Exploitation of Children: the Perspective of Law Enforcement*, Crimes against Children Research Center, University of New Hampshire, 2014; Donna M. Hughes, *Trafficking in Human Beings in the European Union: Gender, Sexual Exploitation, and Digital Communication Technologies*, SAGE Open, Vol. 4:4, p. 1-8 (2014).

③ See Steven Malby et al., *Study on the Effects of New Information Technologies on the Abuse and Exploitation of Children*, United Nations Office On Drugs And Crime, 2015; Europol, *Internet Organised Crime Threat Assessment*, 2017.

④ See Jesse Bach & Jennifer Dohy, Ethical and Legal Considerations for Crafting Rigorous Online Sex Trafficking Research Methodology, Sexuality Research and Social Policy, Vol. 12:4, p.317-322 (2015); Steven Malby et al., *Study on the Effects of New Information Technologies on the Abuse and Exploitation of Children*, United Nations Office On Drugs And Crime, 2015; Szde Yu, *Human Trafficking and the Internet*, in Michael J. Palmiotto ed., Combating Human Trafficking: A Multidisciplinary Approach, CRC Press, 2014, p. 61-73.

⑤ See Virginia Greiman & Christina Bain, *The Emergence of Cyber Activity as a Gateway to Human Trafficking*, in Doug Hart ed., 8th International Conference on Information Warfare and Security 2013 (ICIW 2013), Curran Associates, 2013, p. 90-96; Juliane A. Kloess, *Anthony R. Beech & Leigh Harkins, Online Child Sexual Exploitation: Prevalence, Process, and Offender Characteristics*, Trauma, Violence, & Abuse, Vol. 15:2, p. 126-139 (2014).

⑥ See Danah Boyd et al., *Human Trafficking and Technology: A framework for understanding the role of technology in the commercial sexual exploitation of children in the U.S.*, MA: Microsoft Research, 2011; Mary A. Finn & Loretta J. Stalans, *How Targeted Enforcement Shapes Marketing Decisions of Pimps: Evidence of Displacement and Innovation*, Victims & Offenders, Vol. 11:4, p. 578-599 (2016); Teela Sanders et al., *Internet Sex Work: Beyond the Gaze*, Palgrave Macmillan, 2018.

⑦ See Mary A. Finn & Loretta J. Stalans, *How Targeted Enforcement Shapes Marketing Decisions of Pimps: Evidence of Displacement and Innovation*, Victims & Offenders, Vol. 11:4, p. 578-599 (2016); Szde Yu, *Human Trafficking and the Internet*, in Michael J. Palmiotto ed., Combating Human Trafficking: A Multidisciplinary Approach, CRC Press, 2014, p. 61-73.

内容的交易变得非常简单快捷。①

值得注意的是,新技术还可以被用作控制受害者的手段。② 在某些案例中,人贩子通过获得受害者的裸照(无论是否征得受害者同意)并威胁受害者要将这些图片发送给她们的朋友或家人来保障受害者的服从③:"哦,你父母不知道你在这里做什么吧。让我们寄给他们一张图片!"④。这种勒索也被称为性勒索⑤或基于裸照的性凌虐⑥。除了情绪操纵外,数字监控系统⑦和位置跟踪服务⑧都可以帮助人贩子密切监视受害者。为此,大量的技术渠道,包括摄像机⑨、电话记录、间谍软件、跟踪设备⑩和社交网站提供的定位服务等⑪也被人贩子所使用。对于人贩子来说,数字监控还有一个附加功能,那就是监控自己视线之外的交易活动。⑫ 受访者 E1 和 E4

---

① See Steven Malby et al., *Study on the Effects of New Information Technologies on the Abuse and Exploitation of Children*, United Nations Office On Drugs And Crime, 2015.

② See Virginia Greiman & Christina Bain, *The Emergence of Cyber Activity as a Gateway to Human Trafficking*, in Doug Hart ed., 8th International Conference on Information Warfare and Security 2013 (ICIW 2013), Curran Associates, 2013, p. 90–96; K. Mitchell & D. Boyd, *Understanding the Role of Technology in the Commercial Sexual Exploitation of Children: the Perspective of Law Enforcement*, Crimes against Children Research Center, University of New Hampshire, 2014; Myria, *Jaarrapport 2017: Mensenhandel en mensensmokkel Online*, Federaal Migratiecentrum, 2017.

③ See Anastasia Powell & Nicola Henry, *Sexual Violence in a Digital Age*, Palgrave Macmillan, 2017; Donna M. Hughes, *Trafficking in Human Beings in the European Union: Gender, Sexual Exploitation, and Digital Communication Technologies*, SAGE Open, Vol. 4:4, p. 1–8 (2014).

④ 受访者 E1。

⑤ See Andrea Di Nicola et al., *Surf and Sound: The Role of the Internet in People Smuggling and Human Trafficking*, eCrime Research Report, No. 3, 2017.

⑥ See Anastasia Powell & Nicola Henry, *Sexual Violence in a Digital Age*, Palgrave Macmillan, 2017.

⑦ See Europol, *Situation Report: Trafficking in Human Beings in the EU*, 2016.

⑧ See Felicity Gerry QC, Julia Muraszkiewicz & Niovi Vavoula, *The Role of Technology in the Fight Against Human Trafficking: Reflections on Privacy and Data Protection Concerns*, Computer Law & Security Review, Vol. 32:2, p. 205–217 (2016), https://doi.org/10.1016/j.clsr.2015.12.015; Europol, *Situation Report: Trafficking in Human Beings in the EU*, 2016.

⑨ 受访者 E1;Donna M. Hughes, *Trafficking in Human Beings in the European Union: Gender, Sexual Exploitation, and Digital Communication Technologies*, SAGE Open, Vol. 4:4, p. 1–8 (2014)。

⑩ See Felicity Gerry QC, Julia Muraszkiewicz & Niovi Vavoula, *The Role of Technology in the Fight Against Human Trafficking: Reflections on Privacy and Data Protection Concerns*, Computer Law & Security Review, Vol. 32:2, p. 205–217 (2016).

⑪ See Europol, *Situation Report: Trafficking in Human Beings in the EU*, 2016.

⑫ See Europol, *Situation Report: Trafficking in Human Beings in the EU*, 2016.

指出,另一种通过技术控制受害者的方法是,人贩子要求受害者在每次服务结束后通过短信或图片向其报告,人贩子通过受害者的报告来追踪受害者。一般而言,技术可以用来联系受害者、控制受害者,并向他们发出威胁。① 值得一提的是,电子工具和社交网络的定位功能,如图片定位功能,可以帮助人贩子定位逃跑的受害者。② 一份相关说明中提到,人贩子有时会限制受害者使用电子设备,以使受害者陷入孤立无援的境地。③

(四)人口贩卖活动中的财务管理

大多数人口贩卖活动都为利润而生。鉴于人口贩卖具有逐利性,技术也被应用于财务管理的过程中④,例如,在线交易涉及电子支付系统。⑤ 新技术也可以应用在犯罪资产转移和洗钱方面。⑥ 关于洗钱问题,加密数字货币往往与犯罪资金管理问题紧密相连。与其他数字货币服务类似,加密

---

① See Donna M. Hughes, *Trafficking in Human Beings in the European Union: Gender, Sexual Exploitation, and Digital Communication Technologies*, SAGE Open, Vol. 4:4, p. 1-8 (2014).

② See Myria, *Jaarrapport 2017: Mensenhandel en mensensmokkel Online*, Federaal Migratiecentrum, 2017; Watson, H., Donovan, A., & Muraszkiewicz, J. (2015). Role of technology in human trafficking. TRACE Briefing Paper. TRACE: TRafficking as A Criminal Enterprise. http://trace-project.eu; Steven Malby et al., *Study on the Effects of New Information Technologies on the Abuse and Exploitation of Children*, United Nations Office On Drugs And Crime, 2015.

③ 受访者 E1;参见 Danah Boyd et al., *Human Trafficking and Technology: A framework for understanding the role of technology in the commercial sexual exploitation of children in the U.S.*, MA: Microsoft Research, 2011; Mark Latonero, Bronwyn Wex & Meredith Dank, *Technology and Labor Trafficking in a Network Society: General Overview, Emerging Innovations,and Philippines Case Study*, USC Annenberg Center on Communication Leadership & Policy, 2015; Vanessa Bouché & Stephanie Shady, *A Pimp's Game: A Rational Choice Approach to Understanding the Decisions of Sex Traffickers*, Women & Criminal Justice, Vol. 27:2, p. 91-108 (2017), https://doi.org/10.1080/08974454.2016.1250701。

④ See Donna M. Hughes, *Trafficking in Human Beings in the European Union: Gender, Sexual Exploitation, and Digital Communication Technologies*, SAGE Open, Vol. 4:4, p. 1-8 (2014); K. Mitchell & D. Boyd, *Understanding the Role of Technology in the Commercial Sexual Exploitation of Children: the Perspective of Law Enforcement*, Crimes against Children Research Center, University of New Hampshire, 2014.

⑤ Danah Boyd et al., *Human Trafficking and Technology: A framework for understanding the role of technology in the commercial sexual exploitation of children in the U.S.*, MA: Microsoft Research, 2011.

⑥ See Donna M. Hughes, *Trafficking in Human Beings in the European Union: Gender, Sexual Exploitation, and Digital Communication Technologies*, SAGE Open, Vol. 4:4, p. 1-8 (2014).

数字货币可以用于支付,但加密数字货币往往用于支付暗网上的犯罪交易。① 比特币是许多在线分类网站上弹出的成人娱乐广告上唯一的支付方式。② 总而言之,这些替代的支付工具由于其去中心化的形态(E11)而吸引了各种犯罪组织的注意,这本质上意味着虚拟货币独立于传统的银行系统而运行,因此超出了政府和管理机构的监管范围。③ 然而,尽管加密数字货币在洗钱方面具有明显优势,许多人贩子仍然坚持使用传统支付方法。④ 较高的价格波动和较窄的适用范围可能是阻碍虚拟货币在人口贩卖活动中广泛应用的原因,也因此虚拟货币变现变得极其不便。⑤ 换句话说,通过加密数字货币进行洗钱的主要风险在于"你必须至少对整个区块链技术有一些信心"。⑥ 比特币等技术虽然可以为人口贩卖活动所用,但并未被广泛、迅速地纳入到其运作方式之中。⑦

---

① See Danah Boyd et al., *Human Trafficking and Technology: A framework for understanding the role of technology in the commercial sexual exploitation of children in the U.S.*, MA: Microsoft Research, 2011; Watson, H., Donovan, A., & Muraszkiewicz, J. (2015). Role of technology in human trafficking. TRACE Briefing Paper. TRACE: TRafficking as A Criminal Enterprise. http://trace-project.eu.

② See Rebecca S. Portnoff et al., *Backpage and Bitcoin: Uncovering Human Traffickers*, Proceedings of the 23rd ACM SIGKDD International Conference on Knowledge Discovery and Data Mining, ACM, 2017, p. 1595-1604.

③ See Christian Brenig, Rafael Accorsi & Günter Müller, *Economic Analysis of Cryptocurrency Backed Money Laundering*, Twenty-Third European Conference on Information Systems (ECIS), 2015; Watson, H., Donovan, A., & Muraszkiewicz, J. (2015). Role of technology in human trafficking. TRACE Briefing Paper. TRACE: TRafficking as A Criminal Enterprise. http://trace-project.eu; Jessica Hoyer, *Sex Trafficking in the Digital Age: The Role of Virtual Currency-Specific Legislation in Keeping Pace With Technology*, Wayne Law Review, Vol. 63:1, p. 83-104 (2017).

④ 受访者 E2 和 E12;参见 Christian Brenig, Rafael Accorsi & Günter Müller, *Economic Analysis of Cryptocurrency Backed Money Laundering*, Twenty-Third European Conference on Information Systems (ECIS), 2015; Europol, *Internet Organised Crime Threat Assessment*, 2017。

⑤ Christian Brenig, Rafael Accorsi & Günter Müller, *Economic Analysis of Cryptocurrency Backed Money Laundering*, Twenty-Third European Conference on Information Systems (ECIS), 2015; Europol, *Internet Organised Crime Threat Assessment*, 2017.

⑥ 受访者 E12.

⑦ Watson, H., Donovan, A., & Muraszkiewicz, J. (2015). Role of technology in human trafficking. TRACE Briefing Paper. TRACE: TRafficking as A Criminal Enterprise. http://trace-project.eu.

四、反人口贩卖领域的技术使用

不同于服务犯罪的另外一个角度,技术为执法和反人口贩卖工作提供了机遇。实际上,数字通信技术正在为反人口贩卖调查机构识别、监控和研究人口贩卖活动提供支持。① 首先,线上内容和连接设备是非常丰富的信息来源,包含了大量的潜在犯罪数据。② 数字刑侦技术可以带来诸多证据线索。③ 线上信息为调查各个阶段的人口贩卖活动提供了极其宝贵的资源。④ 网络空间使得臭名昭著的人口贩卖活动真正浮出水面成为可能,⑤也使得人口贩卖过程在某一具体阶段更容易被人发现。⑥ 在线交易和其他网

---

① See Herbert B. Dixon, *Human Trafficking and the Internet (and Other Technologies, too)*, The Judges' Journal, Vol. 52:1, p. 36–39 (2013); Jennifer Musto & D. Boyd, *The Trafficking-Technology Nexus*, Social Politics, Vol. 21:3, p. 461–483 (2014); Mary A. Finn & Loretta J. Stalans, *How Targeted Enforcement Shapes Marketing Decisions of Pimps: Evidence of Displacement and Innovation*, Victims & Offenders, Vol. 11:4, p. 578–599 (2016); Simon Andrews, Ben Brewster & Tony Day, *Organised Crime and Social Media: Detecting and Corroborating Weak Signals of Human Trafficking Online*, in Ollivier Haemmerlé, Gem Stapleton & Catherine Faron Zucker eds., Graph-Based Representation and Reasoning, Springer, 2016, p. 137–150; M. Farley, Kenneth Franzblau & M. A. Kennedy, *Online Prostitution and Trafficking*, Albany Law Review, Vol. 77:3, p. 1039–1094 (2013).

② See Hamidreza Alvari, Paulo Shakarian & J.E. Kelly Snyder, *A Non-Parametric Learning Approach to Identify Online Human Trafficking*, 2016 IEEE Conference on Intelligence and Security Informatics (ISI), IEEE, 2016, p. 133–138; Rebecca S. Portnoff et al., *Backpage and Bitcoin: Uncovering Human Traffickers*, Proceedings of the 23rd ACM SIGKDD International Conference on Knowledge Discovery and Data Mining, ACM, 2017, p. 1595–1604.

③ 受访者 E4、E5 和 E9;参见 Steven Malby et al., *Study on the Effects of New Information Technologies on the Abuse and Exploitation of Children*, United Nations Office On Drugs And Crime, 2015。

④ See Julia Deeb-Swihart, Alex Endert & Amy Bruckman, *Understanding Law Enforcement Strategies and Needs for Combating Human Trafficking*, Proceedings of the 2019 CHI Conference on Human Factors in Computing Systems, ACM, 2019, p. 1–14, https://doi.org/10.1145/3290605.3300561.

⑤ See Ronald Weitzer, *Human Trafficking and Contemporary Slavery*, Annual Review of Sociology, Vol. 41, p. 223–242 (2015).

⑥ See Danah Boyd et al., *Human Trafficking and Technology: A framework for understanding the role of technology in the commercial sexual exploitation of children in the U.S.*, MA: Microsoft Research, 2011.

络行为通常会留下用户活动痕迹。① 这些数字痕迹可能用于识别人口贩卖行为。② 人口贩卖活动的数字痕迹构成了一种新的证据类型，它可以用以支持受害者的证词，从而有助于案件的侦破。③ 其次，技术也可以作为警察审讯的辅助手段。受访者 E4 表示："在审讯过程中也会用到受害者和犯罪嫌疑人的脸书。他们可能同意向警方提供脸书的密码，然后根据脸书上的个人资料和照片介绍相关人员。通过他们的介绍，你可以能看到整个人口贩卖组织的全貌。"社交网站也可以通过查看用户名和联系人列表来绘制犯罪集团的人际关系图。④ 再次，新技术也与财务调查密切相关。⑤ 当人口贩卖组织依靠某种在线工具包来管理他们的犯罪资产时，金融监控成为追踪犯罪组织并扰乱其现金流的有效的途径。⑥ 最后，在

---

① See Mark Latonero, *Human Trafficking Online: The Role of Social Networking Sites and Online Classifieds*, USC Annenberg Center on Communication Leadership & Policy, 2011; R. Konrad et al., *Overcoming Human Trafficking via Operations Research and Analytics: Opportunities for Methods, Models, and Applications*, European Journal of Operational Research, Vol. 259:2, p. 733-745 (2017); Donna M. Hughes, *Trafficking in Human Beings in the European Union: Gender, Sexual Exploitation, and Digital Communication Technologies*, SAGE Open, Vol. 4:4, p. 1-8 (2014).

② See Felicity Gerry QC, Julia Muraszkiewicz & Niovi Vavoula, *The Role of Technology in the Fight Against Human Trafficking: Reflections on Privacy and Data Protection Concerns*, Computer Law & Security Review, Vol. 32:2, p. 205-217 (2016); Myria, *Jaarrapport 2017: Mensenhandel en mensensmokkel Online*, Federaal Migratiecentrum, 2017; Mitali Thakor & danah boyd, *Networked Trafficking: Reflections on Technology and the Anti-Trafficking Movement*, Dialectical Anthropology, Vol. 37, p. 277-290 (2013).

③ See Danah Boyd et al., *Human Trafficking and Technology: A framework for understanding the role of technology in the commercial sexual exploitation of children in the U.S.*, MA: Microsoft Research, 2011; K. Mitchell & D. Boyd, *Understanding the Role of Technology in the Commercial Sexual Exploitation of Children: the Perspective of Law Enforcement*, Crimes against Children Research Center, University of New Hampshire, 2014; Steven Malby et al., *Study on the Effects of New Information Technologies on the Abuse and Exploitation of Children*, United Nations Office On Drugs And Crime, 2015.

④ See Myria, *Jaarrapport 2017: Mensenhandel en mensensmokkel Online*, Federaal Migratiecentrum, 2017.

⑤ See Myria, *Jaarrapport 2017: Mensenhandel en mensensmokkel Online*, Federaal Migratiecentrum, 2017; Watson, H., Donovan, A., & Muraszkiewicz, J. (2015). Role of technology in human trafficking. TRACE Briefing Paper. TRACE: TRafficking as A Criminal Enterprise. http://trace-project.eu.

⑥ See Watson, H., Donovan, A., & Muraszkiewicz, J. (2015). Role of technology in human trafficking. TRACE Briefing Paper. TRACE: TRafficking as A Criminal Enterprise. http://trace-project.eu; Szde Yu, *Human Trafficking and the Internet*, in Michael J. Palmiotto ed., Combating Human Trafficking: A Multidisciplinary Approach, CRC Press, 2014, p. 61-73.

侦查人口贩卖活动的过程中,数字通信技术也可以帮助执法机关开展卧底工作和诱捕行动。① 尽管并非所有人口贩卖活动都可以反映在网络上,但人口贩卖案件在网络上的表现为了解人口贩卖犯罪交易的内在方法和机制提供了独特视角。② 网络人口贩卖行为具备许多其他犯罪行为所罕有的特性③,正是如此,在打击人口贩卖方面,技术也可以为帮助潜在目标受害者提供支持。④ 社交网站和聊天室可以成为人口贩卖组织招募潜在受害者的工具,却也可以为潜在受害者分享其所遭遇的恶意招聘经历并相互提醒提供平台。⑤ 例如,受访者 E7 提到了专业网站"电子运输"(etransport. pl),该网站开辟了卡车司机与运输公司讨论工作经历的版块。⑥ 此外,许

---

① 受访者 E5;参见 K. Mitchell & D. Boyd, *Understanding the Role of Technology in the Commercial Sexual Exploitation of Children: the Perspective of Law Enforcement*, Crimes against Children Research Center, University of New Hampshire, 2014; Jennifer Musto & D. Boyd, *The Trafficking‐Technology Nexus*, Social Politics, Vol. 21:3, p. 461-483 (2014); Mary A. Finn & Loretta J. Stalans, *How Targeted Enforcement Shapes Marketing Decisions of Pimps: Evidence of Displacement and Innovation*, Victims & Offenders, Vol. 11:4, p. 578-599 (2016)。

② See Hamidreza Alvari, Paulo Shakarian & J.E. Kelly Snyder, *A Non‐Parametric Learning Approach to Identify Online Human Trafficking*, 2016 IEEE Conference on Intelligence and Security Informatics (ISI), IEEE, 2016, p. 133-138; Mark Latonero, *Human Trafficking Online: The Role of Social Networking Sites and Online Classifieds*, USC Annenberg Center on Communication Leadership & Policy, 2011.

③ See R. Konrad et al., *Overcoming Human Trafficking via Operations Research and Analytics: Opportunities for Methods, Models, and Applications*, European Journal of Operational Research, Vol. 259:2, p. 733-745 (2017); Amy Farrell & Ieke de Vries, *Measuring the Nature and Prevalence of Human Trafficking*, in John A. Winterdyk & Jackie Jones eds., The Palgrave International Handbook of Human Trafficking, Palgrave Macmillan, 2020, p. 1-16; Artur Dubrawski et al., *Leveraging Publicly Available Data to Discern Patterns of Human‐Trafficking Activity*, Journal of Human Trafficking, Vol. 1:1, p. 65-85 (2015), https://doi.org/10.1080/23322705.2015.1015342.

④ See Watson, H., Donovan, A., & Muraszkiewicz, J. (2015). Role of technology in human trafficking. TRACE Briefing Paper. TRACE: TRafficking as A Criminal Enterprise. http://trace-project.eu; Simon Howell, *Systemic Vulnerabilities on the Internet and the Exploitation of Women and Girls: Challenges and Prospects for Global Regulation*, in Helmut Kury, Sławomir Redo & Evelyn Shea eds., Women and Children as Victims and Offenders: Background, Prevention, Reintegration, Springer, 2016, p. 575-601.

⑤ See Mark Latonero, Bronwyn Wex & Meredith Dank, *Technology and Labor Trafficking in a Network Society: General Overview, Emerging Innovations, and Philippines Case Study*, USC Annenberg Center on Communication Leadership & Policy, 2015; Szde Yu, *Human Trafficking and the Internet*, in Michael J. Palmiotto ed., Combating Human Trafficking: A Multidisciplinary Approach, CRC Press, 2014, p. 61-73.

⑥ See Myria, *Jaarrapport 2017: Mensenhandel en mensensmokkel Online*, Federaal Migratiecentrum, 2017.

多在线平台在世界各地有着极高的使用率,促进了相关防范信息和防范意识的广泛传播。[1]

但是,将技术运用于打击人口贩卖活动也面临着许多挑战。首先,通信技术产生了大量的数据[2],使得侦查人员查找相关信息的过程如同在大海里捞针。[3] 由于可以查询的信息库不胜枚举,这一领域的警务工作逐渐发展为大数据研究的问题。[4] 为了解决这一难题,学者们提出了构建使用机器学习算法和数据挖掘技术的智能系统的建议,以收集和分析数据,最小化调查的工作量。[5] 智能系统能够以比人类更快的速度处理更大的数据集。[6] 在过去的几年中,工作人员已经设计出多个针对人口贩卖问题的技

---

[1] See Szde Yu, *Human Trafficking and the Internet*, in Michael J. Palmiotto ed., Combating Human Trafficking: A Multidisciplinary Approach, CRC Press, 2014, p. 61-73.

[2] See Mary Aiken & Steven Chan, *Cyber Criminology: Algorithmic vs. Heuristical Approaches for Analysis Within the Human Trafficking Domain*, International Journal of Advancements in Technology, Vol. 6:2 (2015), https://doi.org/10.4172/0976-4860.1000146; Danah Boyd et al., *Human Trafficking and Technology: A framework for understanding the role of technology in the commercial sexual exploitation of children in the U.S.*, MA: Microsoft Research, 2011; Watson, H., Donovan, A., & Muraszkiewicz, J. (2015). Role of technology in human trafficking. TRACE Briefing Paper. TRACE: TRafficking as A Criminal Enterprise. http://trace-project.eu.

[3] See Mark Latonero, *Human Trafficking Online: The Role of Social Networking Sites and Online Classifieds*, USC Annenberg Center on Communication Leadership & Policy, 2011, p. 23.

[4] See Julia Deeb-Swihart, Alex Endert & Amy Bruckman, *Understanding Law Enforcement Strategies and Needs for Combating Human Trafficking*, Proceedings of the 2019 CHI Conference on Human Factors in Computing Systems, ACM, 2019, p. 1-14; Ben Brewster, Timothy Ingle & Glynn Rankin, *Crawling Open-Source Data for Indicators of Human Trafficking*, 2014 IEEE/ACM 7th International Conference on Utility and Cloud Computing, IEEE, 2014, p. 714-719, available at https://doi.org/10.1109/UCC.2014.116; Mary Aiken & Steven Chan, *Cyber Criminology: Algorithmic vs. Heuristical Approaches for Analysis Within the Human Trafficking Domain*, International Journal of Advancements in Technology, Vol. 6:2 (2015).

[5] See Amy Farrell & Ieke de Vries, *Measuring the Nature and Prevalence of Human Trafficking*, in John A. Winterdyk & Jackie Jones eds., The Palgrave International Handbook of Human Trafficking, Palgrave Macmillan, 2020, p. 1-16; Mayank Kejriwal & Pedro Szekely, *An Investigative Search Engine for the Human Trafficking Domain*, International Semantic Web Conference, Springer, 2017, p. 247-262; Kyle Hundman, *Always Lurking: Understanding and Mitigating Bias in Online Human Trafficking Detection*, CA: Association for the Advancement of Artificial Intelligence, 2018.

[6] See Artur Dubrawski et al., *Leveraging Publicly Available Data to Discern Patterns of Human-Trafficking Activity*, Journal of Human Trafficking, Vol. 1:1, p. 65-85 (2015).

术解决方案。[1]

在此框架内,首要关注的问题是信息提取。[2] 基本上,为了检索可能存在的有用数据,必须对感兴趣的网站内容进行信息抓取,这一任务通常由网络爬虫执行(McAlister 2015)。[3] 针对人口贩卖活动不同方面的问题,工作人员已经设计了不同的抓取工具。[4] 在实践中,抓取工具一般用来抓取来自广告平台的数据,但也可以用来抓取在线招聘网站上的数据。[5] 与此相关的技术系统已经被应用于一些涉及人口贩卖的网络交易平台,特别是许多分类广告网站[6]、服务点评网站[7]和社交网站[8]。

---

[1] See Amy Farrell & Ieke de Vries, *Measuring the Nature and Prevalence of Human Trafficking*, in John A. Winterdyk & Jackie Jones eds., The Palgrave International Handbook of Human Trafficking, Palgrave Macmillan, 2020, p. 1-16; Pedro Szekely et al., *Building and Using a Knowledge Graph to Combat Human Trafficking*, in Marcelo Arenas et al. eds., The Semantic Web - ISWC 2015: 14th International Semantic Web Conference, Bethlehem, PA, USA, October 11-15, 2015, Proceedings, Part II, Springer, 2015, p. 205-221, https://doi.org/10.1007/978-3-319-25010-6_12.

[2] See Mayank Kejriwal & Pedro Szekely, *An Investigative Search Engine for the Human Trafficking Domain*, International Semantic Web Conference, Springer, 2017, p. 247-262; Artur Dubrawski et al., *Leveraging Publicly Available Data to Discern Patterns of Human-Trafficking Activity*, Journal of Human Trafficking, Vol. 1:1, p. 65-85 (2015).

[3] See R. McAlister, *Webscraping as an Investigation Tool to Identify Potential Human Trafficking Operations in Romania*, Proceedings of the ACM Web Science Conference, ACM, 2015, p. 47-48.

[4] See Pedro Szekely et al., *Building and Using a Knowledge Graph to Combat Human Trafficking*, in Marcelo Arenas et al. eds., The Semantic Web - ISWC 2015: 14th International Semantic Web Conference, Bethlehem, PA, USA, October 11-15, 2015, Proceedings, Part II, Springer, 2015, p. 205-221.

[5] See R. McAlister, *Webscraping as an Investigation Tool to Identify Potential Human Trafficking Operations in Romania*, Proceedings of the ACM Web Science Conference, ACM, 2015, p. 47-48.

[6] See Michelle Ibanez & Rich Gazan, *Detecting Sex Trafficking Circuits in the U.S. Through Analysis of Online Escort Advertisements*, 2016 IEEE/ACM International Conference on Advances in Social Networks Analysis and Mining (ASONAM), IEEE, 2016, p. 892-895; Hao Wang et al., *Data Integration From Open Internet Sources to Combat Sex Trafficking of Minors*, Proceedings of the 13th Annual International Conference on Digital Government Research, ACM, 2012, p. 246-252.

[7] See Dawn Bounds et al., *Uncovering Indicators of Commercial Sexual Exploitation*, Journal of Interpersonal Violence, Vol. 35:23-24, p. 1-17 (2017), https://doi.org/10.1177/0886260517723141; Hao Wang et al., *Data Integration From Open Internet Sources to Combat Sex Trafficking of Minors*, Proceedings of the 13th Annual International Conference on Digital Government Research, ACM, 2012, p. 246-252.

[8] See Danilo Burbano & Myriam Hernandez-Alvarez, *Illicit, Hidden Advertisements on Twitter*, 2018 International Conference on eDemocracy & eGovernment (ICEDEG), IEEE, 2018, p. 317-321.

除了提取信息之外,其次需要关注的问题是数据挖掘技术。① 数据挖掘本质上是指搜索大数据集之间的联系及(分析)其机制。在侦查人口贩卖案件的过程中,可以利用这些数据分析工具来构建分类器,以区分可疑和安全的广告。② 相较于侦查人员繁琐的手工标记方法,这种自动分类的方法具有明显的效率优势③,当然,这种依靠人工智能的分类方法仍然需要特定领域专家的验证。④

为了识别与人口贩卖活动有关的可疑广告,研究人员和执法人员会努力查找各种可能涉及人口贩卖犯罪的线索或信号。⑤ 首先可能找到线索的方法是检索援交广告文本。为了挖掘数据,对援交广告文本的分析被用来检索识别那些需要进一步调查的广告。⑥ 为此,可以用特定的语言模式分析广告,比如用第三人称(如"她")或第一人称复数(如"我们")。⑦ 另一种方法是寻找特定的关键词或短语。⑧ 这些网络上与人口贩卖有关的黑话往

---

① See R. Konrad et al., *Overcoming Human Trafficking via Operations Research and Analytics: Opportunities for Methods, Models, and Applications*, European Journal of Operational Research, Vol. 259:2, p. 733-745 (2017).

② See Artur Dubrawski et al., *Leveraging Publicly Available Data to Discern Patterns of Human-Trafficking Activity*, Journal of Human Trafficking, Vol. 1:1, p. 65-85 (2015).

③ See Hamidreza Alvari, Paulo Shakarian & J.E. Kelly Snyder, *Semi-Supervised Learning for Detecting Human Trafficking*, Secur Inform, Vol. 6:1, p. 1-14 (2017).

④ See Danilo Burbano & Myriam Hernandez-Alvarez, *Illicit, Hidden Advertisements on Twitter*, 2018 International Conference on eDemocracy & eGovernment (ICEDEG), IEEE, 2018, p. 317-321.

⑤ See Artur Dubrawski et al., *Leveraging Publicly Available Data to Discern Patterns of Human-Trafficking Activity*, Journal of Human Trafficking, Vol. 1:1, p. 65-85 (2015).

⑥ See Denise A. D. Bedford et al., *Global Human Trafficking Seen Through the Lens of Semantics and Text Analytics*, Proceedings of the Association for Information Science and Technology, Vol. 54:1, p. 535-538 (2017); Michelle Ibanez & Daniel D. Suthers, *Detection of Domestic Human Trafficking Indicators and Movement Trends Using Content Available on Open Internet Sources*, 2014 47th Hawaii International Conference on System Sciences, IEEE, 2014, p. 1556-1565, https://doi.org/10.1109/HICSS.2014.200; Abby Stylianou et al., *TraffickCam: Crowdsourced and Computer Vision Based Approaches to Fighting Sex Trafficking*, 2017 IEEE Applied Imagery Pattern Recognition Workshop (AIPR), IEEE, 2017, p. 1-8, https://doi.org/10.1109/AIPR.2017.8457947.

⑦ See Hamidreza Alvari, Paulo Shakarian & J.E. Kelly Snyder, *Semi-Supervised Learning for Detecting Human Trafficking*, Secur Inform, Vol. 6:1, p. 1-14 (2017).

⑧ See Marisa Hultgren et al., *Using Knowledge Management to Assist in Identifying Human Sex Trafficking*, 2016 49th Hawaii International Conference on System Sciences (HICSS), IEEE, 2016, p. 4344-4353, https://doi.org/10.1109/HICSS.2016.539.

往来源于现实世界中与人口贩卖相关的特定用语①,比如出卖未成年人受害者的广告中通常会用有特定隐射的"黑话"(如"新人""初来乍到")来暗示未成年受害者。②

总而言之,依靠文本挖掘技术来评估某些广告与人口贩卖活动的关联性是一项发展迅速却颇具挑战的工作。其中的一个重要挑战是,对人口贩卖案件的侦查往往缺乏事实依据。③ 更令人无奈的是,这些广告中的信息往往混乱不清,甚至充满谎言。④ 在某些情况下,在线广告的格式是不规则的,因此相关信息无法被机器读取,只能通过人工读取。⑤ 过度使用特殊字符⑥或

---

① See Dawn Bounds et al., *Uncovering Indicators of Commercial Sexual Exploitation*, Journal of Interpersonal Violence, Vol. 35:23-24, p. 1-17 (2017); Ben Brewster, Timothy Ingle & Glynn Rankin, *Crawling Open-Source Data for Indicators of Human Trafficking*, 2014 IEEE/ACM 7th International Conference on Utility and Cloud Computing, IEEE, 2014, p. 714-719; Sriyani Tidball, Mingying Zheng & John W. Creswell, *Buying Sex On-Line from Girls: NGO Representatives, Law Enforcement Officials, and Public Officials Speak out About Human Trafficking - A Qualitative Analysis*, Gender Issues, Vol. 33:1, p. 53-68 (2016), https://doi.org/10.1007/s12147-015-9146-1.

② See Marisa Hultgren et al., *A Knowledge Management Approach to Identify Victims of Human Sex Trafficking*, Communications of the Association for Information Systems, Vol. 42, p. 602-620 (2018), https://doi.org/10.17705/1CAIS.04223.

③ See Danilo Burbano & Myriam Hernandez-Alvarez, *Illicit, Hidden Advertisements on Twitter*, 2018 International Conference on eDemocracy & eGovernment (ICEDEG), IEEE, 2018, p. 317-321; Hamidreza Alvari, Paulo Shakarian & J.E. Kelly Snyder, *A Non-Parametric Learning Approach to Identify Online Human Trafficking*, 2016 IEEE Conference on Intelligence and Security Informatics (ISI), IEEE, 2016, p. 133-138;如下文所述。

④ See Hao Wang et al., *Data Integration From Open Internet Sources to Combat Sex Trafficking of Minors*, Proceedings of the 13th Annual International Conference on Digital Government Research, ACM, 2012, p. 246-252; Dawn Bounds et al., *Uncovering Indicators of Commercial Sexual Exploitation*, Journal of Interpersonal Violence, Vol. 35:23-24, p. 1-17 (2017); Danilo Burbano & Myriam Hernandez-Alvarez, *Identifying Human Trafficking Patterns Online*, 2017 IEEE Second Ecuador Technical Chapters Meeting (ETCM), IEEE, 2017, p. 1-6, https://doi.org/10.1109/ETCM.2017.8247461.

⑤ See Mayank Kejriwal & Pedro Szekely, *Knowledge Graphs for Social Good: An Entity-Centric Search Engine for the Human Trafficking Domain*, IEEE Transactions on Big Data, 2017, https://doi.org/10.1109/TBDATA.2017.2763164.

⑥ See Mayank Kejriwal & Pedro Szekely, *Technology-Assisted Investigative Search: A Case Study From an Illicit Domain*, Extended Abstracts of the 2018 CHI Conference on Human Factors in Computing Systems, 2018, ACM, p. 1-9, https://doi.org/10.1145/3170427.3174364.

标点符号①或者使用编码语言②也可以使广告变得模糊。此外,这些广告的内容、措辞和写作方式都可能发生变化③,如最近出现的通过表情符号进行网上招嫖的事件。④

另一种挖掘数据的技术是实体消解。实体消解主要是指寻找数据集内部和数据集之间的可能匹配的过程。⑤ 对于数据技术加持的网上人口贩卖活动,这种数据链接技术可以将特定广告聚类,这些广告中还可能包括共用同一作者⑥或由同一个人发布⑦的情况。通常情况下,广告根据强匹配特征进行分组,比如电话号码或电子邮件地址,或者特定实体消解结果中的比特币交易情况。⑧ 然而,这些强匹配特征通常只能持续很短的时间,因为人口贩卖组织会频繁变更他们的联系信息。⑨ 为了解决这一问题,数据链接算

---

① See Mayank Kejriwal, Pedro Szekely & Craig Knoblock, *Investigative Knowledge Discovery for Combating Illicit Activities*, IEEE Intelligent Systems, Vol. 33:1, p. 53–63 (2018), https://doi.org/10.1109/MIS.2018.111144708.

② See Pedro Szekely et al., *Building and Using a Knowledge Graph to Combat Human Trafficking*, in Marcelo Arenas et al. eds., The Semantic Web – ISWC 2015: 14th International Semantic Web Conference, Bethlehem, PA, USA, October 11–15, 2015, Proceedings, Part II, Springer, 2015, p. 205–221; Michelle Ibanez & Rich Gazan, *Virtual Indicators of Sex Trafficking to Identify Potential Victims in Online Advertisements*, 2016 IEEE/ACM International Conference on Advances in Social Networks Analysis and Mining (ASONAM), IEEE, 2016, p. 818–824.

③ See Artur Dubrawski et al., *Leveraging Publicly Available Data to Discern Patterns of Human-Trafficking Activity*, Journal of Human Trafficking, Vol. 1:1, p. 65–85 (2015).

④ See Danilo Burbano & Myriam Hernandez-Alvarez, *Illicit, Hidden Advertisements on Twitter*, 2018 International Conference on eDemocracy & eGovernment (ICEDEG), IEEE, 2018, p. 317–321.

⑤ See Pedro Szekely et al., Building and Using a Knowledge Graph to Combat Human Trafficking, in Marcelo Arenas et al. eds., The Semantic Web – ISWC 2015: 14th International Semantic Web Conference, Bethlehem, PA, USA, October 11–15, 2015, Proceedings, Part II, Springer, 2015, p. 205–221.

⑥ See Rebecca S. Portnoff et al., *Backpage and Bitcoin: Uncovering Human Traffickers*, Proceedings of the 23rd ACM SIGKDD International Conference on Knowledge Discovery and Data Mining, ACM, 2017, p. 1595–1604.

⑦ See Artur Dubrawski et al., *Leveraging Publicly Available Data to Discern Patterns of Human-Trafficking Activity*, Journal of Human Trafficking, Vol. 1:1, p. 65–85 (2015).

⑧ See Rebecca S. Portnoff et al., *Backpage and Bitcoin: Uncovering Human Traffickers*, Proceedings of the 23rd ACM SIGKDD International Conference on Knowledge Discovery and Data Mining, ACM, 2017, p. 1595–1604.

⑨ See Artur Dubrawski et al., *Leveraging Publicly Available Data to Discern Patterns of Human-Trafficking Activity*, Journal of Human Trafficking, Vol. 1:1, p. 65–85 (2015).

法会进一步使用更弱的识别特征,如相似的语言、照片或地点。①

在确定哪些实体最可能具有相关性的基础上,上述的数据匹配技术还可以助力发现这些实体是以何种方式相关联的。将广告和援交组合在一起可能会发现"共享管理"系统②,从而发现宣传这些个人信息的提供者的网络站点。③此外,重构和可视化这些线上网络站点的关系模型也是社会关系分析所必需的技术。这些技术有助于绘制特定组织潜在的社会关系结构并且推断出该组织中的某些角色。④ 同样,识别和跟踪实体的方法也可以用来识别其组织变动模式。⑤

上述解决方案主要是对援交广告的文本分析,而其他方法则采用了图像处理的方法。一种有效的图像处理方法是面部识别技术。该技术可以用来检测贩卖未成年人的广告和贩卖已知受害者的广告。⑥ 考虑到有关凌虐

---

① See Artur Dubrawski et al., *Leveraging Publicly Available Data to Discern Patterns of Human-Trafficking Activity,* Journal of Human Trafficking, Vol. 1:1, p. 65-85 (2015); See Pedro Szekely et al., Building and Using a Knowledge Graph to Combat Human Trafficking, in Marcelo Arenas et al. eds., The Semantic Web - ISWC 2015: 14th International Semantic Web Conference, Bethlehem, PA, USA, October 11-15, 2015, Proceedings, Part II, Springer, 2015, p. 205-221.

② Michelle Ibanez & Rich Gazan, *Detecting Sex Trafficking Circuits in the U.S. Through Analysis of Online Escort Advertisements,* 2016 IEEE/ACM International Conference on Advances in Social Networks Analysis and Mining (ASONAM), IEEE, 2016, p. 892-895.

③ See Mayank Kejriwal & Pedro Szekely, *An Investigative Search Engine for the Human Trafficking Domain,* International Semantic Web Conference, Springer, 2017, p. 247-262; Michelle Ibanez & Rich Gazan, *Detecting Sex Trafficking Circuits in the U.S. Through Analysis of Online Escort Advertisements,* 2016 IEEE/ACM International Conference on Advances in Social Networks Analysis and Mining (ASONAM), IEEE, 2016, p. 892-895; Amy Farrell & Ieke de Vries, *Measuring the Nature and Prevalence of Human Trafficking,* in John A. Winterdyk & Jackie Jones eds., The Palgrave International Handbook of Human Trafficking, Palgrave Macmillan, 2020, p. 1-16.

④ See Michelle Ibanez & Rich Gazan, *Detecting Sex Trafficking Circuits in the U.S. Through Analysis of Online Escort Advertisements,* 2016 IEEE/ACM International Conference on Advances in Social Networks Analysis and Mining (ASONAM), IEEE, 2016, p. 892-895; Amy Farrell & Ieke de Vries, *Measuring the Nature and Prevalence of Human Trafficking,* in John A. Winterdyk & Jackie Jones eds., The Palgrave International Handbook of Human Trafficking, Palgrave Macmillan, 2020, p. 1-16; Abby Stylianou et al., *TraffickCam: Crowdsourced and Computer Vision Based Approaches to Fighting Sex Trafficking,* 2017 IEEE Applied Imagery Pattern Recognition Workshop (AIPR), IEEE, 2017, p. 1-8.

⑤ See Artur Dubrawski et al., *Leveraging Publicly Available Data to Discern Patterns of Human-Trafficking Activity,* Journal of Human Trafficking, Vol. 1:1, p. 65-85 (2015).

⑥ See Ryan Dalton, *Abolishing Child Sex Trafficking on the Internet: Imposing Criminal Culpability on Digital Facilitators,* University of Memphis Law Review, Vol. 43:4, p. 1097-1144 (2013).

儿童的广告的特殊情况,一种名为 PhotoDNA 的工具已经被应用于寻找和删除已发现的有关儿童性凌虐的图片。① 数字图像处理技术是基于高度专业化的名为 TraffickCam 的众包平台而进行的,该平台帮助调查人员比对公众所提供的酒店房间图片数据库,以找到与人口贩卖活动有关的酒店照片。② 众包方式(crowdsourcing)被广泛应用于针对人口贩卖的技术解决方案③,特别是被应用在举报可疑广告④和通过移动应用程序向相关政府部门报告可疑的人口贩卖案件方面。⑤

上述解决方案已经催生了高性能的搜索引擎,并且已被列入执法计划之中。其中一些接口已经被应用于人口贩卖活动的调查。⑥ 不过,尽管已经取得了巨大的进展,但大多数方案仅适用于在线性服务广告。迄今为止,这些技术突破仍然未能解决贩卖劳动力的问题。⑦ 谈及比利时的现状,许多受访者(如 E1、E4、E5、E8、E9 和 E10)表示,虽然执法人员正在监控

---

① See Marisa Hultgren et al., *Using Knowledge Management to Assist in Identifying Human Sex Trafficking*, 2016 49th Hawaii International Conference on System Sciences (HICSS), IEEE, 2016, p. 4344-4353.

② See Abby Stylianou et al., *TraffickCam: Crowdsourced and Computer Vision Based Approaches to Fighting Sex Trafficking*, 2017 IEEE Applied Imagery Pattern Recognition Workshop (AIPR), IEEE, 2017, p. 1-8.

③ See Marguerite A. O'Brien, *Free Speech or Slavery Profiteering?: Solutions for Policing Online Sex-Trafficking Advertisement*, Vanderbilt Journal of Entertainment & Technology Law, Vol. 20:1, p. 289-318 (2017).

④ See Abby Stylianou et al., *TraffickCam: Crowdsourced and Computer Vision Based Approaches to Fighting Sex Trafficking*, 2017 IEEE Applied Imagery Pattern Recognition Workshop (AIPR), IEEE, 2017, p. 1-8.

⑤ See Shashi Roshan, S. Vinay Kumar & Manish Kumar, *Project Spear: Reporting Human Trafficking Using Crowdsourcing*, 2017 4th IEEE Uttar Pradesh Section International Conference on Electrical, Computer and Electronics (UPCON), IEEE, 2017, p. 295-299.

⑥ See Mayank Kejriwal & Pedro Szekely, *An Investigative Search Engine for the Human Trafficking Domain*, International Semantic Web Conference, Springer, 2017, p. 247-262; Pedro Szekely et al., *Building and Using a Knowledge Graph to Combat Human Trafficking*, in Marcelo Arenas et al. eds., The Semantic Web - ISWC 2015: 14th International Semantic Web Conference, Bethlehem, PA, USA, October 11-15, 2015, Proceedings, Part II, Springer, 2015, p. 205-221; Jessica Hoyer, *Sex Trafficking in the Digital Age: The Role of Virtual Currency-Specific Legislation in Keeping Pace With Technology*, Wayne Law Review, Vol. 63:1, p. 83-104 (2017).

⑦ See Julia Deeb-Swihart, Alex Endert & Amy Bruckman, *Understanding Law Enforcement Strategies and Needs for Combating Human Trafficking*, Proceedings of the 2019 CHI Conference on Human Factors in Computing Systems, ACM, 2019, p. 1-14.

现有的人口贩卖活动场所,但从现有迹象来看,以技术为基础的监控系统尚未建成。一个复杂的原因是,与这些网站管理员的合作在某种程度上仍然是法律的灰色地带,而这也是一个明显的具有比利时特色的问题。正如受访者 E4 所解释的:

"……问题是,你无法将它正式化。检察机关无法将它正式化,因为比利时与荷兰不同,荷兰允许为卖淫活动做广告,但比利时却不允许,在比利时为卖淫活动做广告是被禁止的。"

抛开技术问题不谈,确认人口贩卖案件远非易事。① 相关机构人员很难区分对这些技术的使用是合规还是滥用职权。② 如上文所述,互联网上存在大量合法的援交、按摩和约会服务广告,而它们也伴随着许多和这些广告貌似的旨在剥削利用被贩卖人口的第三方广告。③ 受访者 E1 提到:"问题是……你永远无法预知一个广告是否与卖淫或剥削利用卖淫女有关。"上述情况也同样适用于辨认哪些招聘广告将用来非法贩卖劳动力。④ 因此,通过精确定位技术来侦查人口贩卖活动需要大量的专业知识。⑤ 招聘广告中的糟糕的文字表达和笼统的工作描述等值得警戒的信息,性交易中未成年女孩、特定国籍以及低廉价格等广告信息,都可能暗示人口贩卖活动。⑥ 然而,对于何为这类信息却并没有定论。

此外,由于没有快速简便的方法来识别人口贩卖活动,从识别到干预的

---

① See Mark Latonero, *Human Trafficking Online: The Role of Social Networking Sites and Online Classifieds*, USC Annenberg Center on Communication Leadership & Policy, 2011.

② See Jonathan Mendel & Kiril Sharapov, Human Trafficking and Online Networks: Policy, Analysis, and Ignorance, Antipode, Vol. 48:3, p. 665-684 (2016).

③ See Mary A. Finn & Loretta J. Stalans, *How Targeted Enforcement Shapes Marketing Decisions of Pimps: Evidence of Displacement and Innovation*, Victims & Offenders, Vol. 11:4, p. 578-599 (2016); Abby R. Perer, *Policing the Virtual Red Light District: A Legislative Solution to the Problems of Internet Prostitution and Sex Trafficking*, Brooklyn law review, Vol. 77:2, p. 823-859 (2012).

④ See Mark Latonero, *Human Trafficking Online: The Role of Social Networking Sites and Online Classifieds*, USC Annenberg Center on Communication Leadership & Policy, 2011.

⑤ See Rebecca S. Portnoff et al., *Backpage and Bitcoin: Uncovering Human Traffickers*, Proceedings of the 23rd ACM SIGKDD International Conference on Knowledge Discovery and Data Mining, ACM, 2017, p. 1595-1604; Jennifer Musto & D. Boyd, *The Trafficking-Technology Nexus*, Social Politics, Vol. 21:3, p. 461-483 (2014).

⑥ See Andrea Di Nicola et al., *Surf and Sound: The Role of the Internet in People Smuggling and Human Trafficking*, eCrime Research Report, No. 3, 2017.

过程可能相当复杂。① 在侦查技术诱发的犯罪过程中,追查隐藏在技术背后的犯罪活动,是对执法人员侦查水平的巨大考验。② 侦查与网络空间相关的人口贩卖案件,需要执法人员具备极高的综合素质,长期参加相关知识的培训,并且得到相关专业人员的辅助。③ 由于技术世界的不断变化,人贩子和执法机关正在进行一项没有止境的比赛。罪犯希望不断寻找新技术以确保自己可以逍遥法外,而警察机关则试图紧跟最新科技发展的步伐④以提高自己的侦查水平。因此,干预人口贩卖活动的措施仅限于执法机关已知的在线工具和平台⑤,这意味着反人口贩卖的努力可能集中于特定的活动,仅仅因为这些活动场所是最可能见到和接触到的。⑥

---

① See Danah Boyd et al., *Human Trafficking and Technology: A framework for understanding the role of technology in the commercial sexual exploitation of children in the U.S.*, MA: Microsoft Research, 2011.

② See Szde Yu, *Human Trafficking and the Internet*, in Michael J. Palmiotto ed., Combating Human Trafficking: A Multidisciplinary Approach, CRC Press, 2014, p. 61–73.

③ See Mary Aiken & Steven Chan, *Cyber Criminology: Algorithmic vs. Heuristical Approaches for Analysis Within the Human Trafficking Domain*, International Journal of Advancements in Technology, Vol. 6:2 (2015); K. Mitchell & D. Boyd, *Understanding the Role of Technology in the Commercial Sexual Exploitation of Children: the Perspective of Law Enforcement*, Crimes against Children Research Center, University of New Hampshire, 2014; Desara Dushi, *Challenges of Protecting Children From Sexual Abuse and Exploitation on the Internet: The Case of Kosovo*, International Review of Law, Computers & Technology, Vol. 32:1, p. 80–98 (2018), https://doi.org/10.1080/13600869.2018.1431871; Anastasia Powell & Nicola Henry, *Policing Technology-Facilitated Sexual Violence Against Adult Victims: Police and Service Sector Perspectives*, Policing and Society, Vol. 28:3, p. 291–307 (2018), https://doi.org/10.1080/10439463.2016.1154964.

④ See Donna M. Hughes, *Trafficking in Human Beings in the European Union: Gender, Sexual Exploitation, and Digital Communication Technologies*, SAGE Open, Vol. 4:4, p. 1–8 (2014); Henry Hillman, Christopher Hooper & Kim-Kwang Raymond Choo, *Online Child Exploitation: Challenges and Future Research Directions*, Computer Law & Security Review, Vol. 30:6, p. 687–698 (2014); Watson, H., Donovan, A., & Muraszkiewicz, J. (2015). Role of technology in human trafficking. TRACE Briefing Paper. TRACE: TRafficking as A Criminal Enterprise. http://trace-project.eu.

⑤ See Jonathan Mendel & Kiril Sharapov, *Human Trafficking and Online Networks: Policy, Analysis, and Ignorance*, Antipode, Vol. 48:3, p. 665–684 (2016).

⑥ See Jennifer Musto & D. Boyd, *The Trafficking-Technology Nexus*, Social Politics, Vol. 21:3, p. 461–483 (2014); Mary A. Finn & Loretta J. Stalans, *How Targeted Enforcement Shapes Marketing Decisions of Pimps: Evidence of Displacement and Innovation*, Victims & Offenders, Vol. 11:4, p. 578–599 (2016).

五、讨论

为了加深人们对上述的人口贩卖在网络空间中活动的认识,本文在总结部分将从网络犯罪学的角度来进一步分析技术和人口贩卖之间的关系。鉴于犯罪似乎越来越依赖于互联网①,我们因而需要思考,在传统犯罪迁移到互联网的过程中,传统犯罪在多大程度上得以重塑,以及技术的发展在多大程度上改变了我们对这些犯罪的传统认知。② 网络犯罪学作为一门新兴学科,主要关注的问题是:网络空间作为一种新型的犯罪活动焦点,是否需要新的理论来解释网络介入的犯罪行为,③ 或者恰恰相反,这些网络犯罪是否应该仅仅被视作输出到另一个场景的常见犯罪,这意味着网络犯罪可以用传统的犯罪学理论来解释。④ 在很大程度上,技术在上述人口贩卖活动中的作用正在与后一种解释相呼应,因为技术促进的人口贩卖活动显然是一种"旧罪行,新把戏"。因此,技术促进的人口贩卖活动是对传统贩卖形式的一种继承和发展,而不是一种翻天覆地的变革。技术并没有从根本上改变人口贩卖行为的本质。人口贩卖行为的出现明显早于数字技术的突破发展⑤,但问题的关键是,在与科技相结合后,任何(人口)贩卖活动的底线在实质上全然相同。从这个意义上说,技术不是人口贩卖活动的一个起因,也不是人口贩卖活动的必要组成部分,但与许多其他因素一样,它可以

---

① See Simon Andrews, Ben Brewster & Tony Day, *Organised Crime and Social Media: A System for Detecting, Corroborating and Visualising Weak Signals of Organised Crime Online*, Secur Inform, Vol. 7:3, p. 1–21 (2018).

② See Nicholas Ryder & Alan S. Reid, *E-Crime*, Information & Communications Technology Law, Vol. 21:3, p.203–206 (2012).

③ See K. Jaishankar ed., *Cyber Criminology: Exploring Internet Crimes and Criminal Behavior*, CRC Press, 2011.

④ See Loretta J Stalans & Mary A. Finn, *Understanding How the Internet Facilitates Crime and Deviance*, Victims & Offenders, Vol. 11:4, p. 501–508; Anastasia Powell & Nicola Henry, *Sexual Violence in a Digital Age*, Palgrave Macmillan, 2017.

⑤ See Mark Latonero, *Human Trafficking Online: The Role of Social Networking Sites and Online Classifieds*, USC Annenberg Center on Communication Leadership & Policy, 2011; Szde Yu, *Human Trafficking and the Internet*, in Michael J. Palmiotto ed., Combating Human Trafficking: A Multidisciplinary Approach, CRC Press, 2014, p. 61–73.

促进人口贩卖活动的发展。[1] 从本质上看,技术的进步为人口贩卖活动的运作模式增加了[2],但与此同时,它们的基本前提仍然不变。换句话说,将犯罪活动扩大到网络平台的主要目的是增强该犯罪活动在现实世界的发展。[3]

一般而言,在人口贩卖活动中使用的技术通常旨在招募和推销受害者。[4] 事实上,许多专家受访者似乎有着相同的想法。本研究报告概述了人口贩卖活动中广泛应用技术的现状。总的来说,人口贩卖活动包括多个阶段的许多方面,这种多样性使得技术在不同阶段不同方面的作用可能大相径庭。[5] 在对受害者不同的剥削、利用方式下,技术的使用存在非常大的差异,[6]在劳动剥削领域,使用技术似乎是例外而非常规的。[7] 相反,在性交易领域,利用技术承接业务则几乎成为了标准做法。[8] 然而,应当注意的

---

[1] 受访者 E3;参见 Watson, H., Donovan, A., & Muraszkiewicz, J. (2015). Role of technology in human trafficking. TRACE Briefing Paper. TRACE: TRafficking as A Criminal Enterprise. http://trace-project.eu; Szde Yu, *Human Trafficking and the Internet*, in Michael J. Palmiotto ed., Combating Human Trafficking: A Multidisciplinary Approach, CRC Press, 2014, p. 61–73; Anita Lavorgna, *Organised Crime Goes Online: Realities and Challenges*, Journal of Money Laundering Control, Vol. 18:2, p.153–168 (2015)。

[2] See Mary Aiken & Steven Chan, *Cyber Criminology: Algorithmic vs. Heuristical Approaches for Analysis Within the Human Trafficking Domain*, International Journal of Advancements in Technology, Vol. 6:2 (2015).

[3] See Jonathan Mendel & Kiril Sharapov, *Human Trafficking and Online Networks: Policy, Analysis, and Ignorance*, Antipode, Vol. 48:3, p. 665–684 (2016).

[4] See Mark Latonero, *The Rise of Mobile and the Diffusion of Technology-Facilitated Trafficking*, USC Annenberg Center on Communication Leadership & Policy, 2012.

[5] See Danah Boyd et al., *Human Trafficking and Technology: A framework for understanding the role of technology in the commercial sexual exploitation of children in the U.S.*, MA: Microsoft Research, 2011; Andrea Di Nicola et al., *Surf and Sound: The Role of the Internet in People Smuggling and Human Trafficking*, eCrime Research Report, No. 3, 2017; Mark Latonero, *The Rise of Mobile and the Diffusion of Technology-Facilitated Trafficking*, USC Annenberg Center on Communication Leadership & Policy, 2012.

[6] Watson, H., Donovan, A., & Muraszkiewicz, J. (2015). Role of technology in human trafficking. TRACE Briefing Paper. TRACE: TRafficking as A Criminal Enterprise. http://trace-project.eu.

[7] See Mark Latonero, *Human Trafficking Online: The Role of Social Networking Sites and Online Classifieds*, USC Annenberg Center on Communication Leadership & Policy, 2011; Andrea Di Nicola et al., *Surf and Sound: The Role of the Internet in People Smuggling and Human Trafficking*, eCrime Research Report, No. 3, 2017.

[8] See Jennifer Musto & D. Boyd, *The Trafficking-Technology Nexus*, Social Politics, Vol. 21:3, p. 461–483 (2014); Donna M. Hughes, *Trafficking in Human Beings in the European Union: Gender, Sexual Exploitation, and Digital Communication Technologies*, SAGE Open, Vol. 4:4, p. 1–8 (2014).

是,在研究人口贩卖活动和制定反人口贩卖策略的过程中,可能对涉及性剥削、利用的人口贩卖活动倾注了更多的关注。不同类型的人口贩卖活动在技术使用上的表面的差异可能反映了社会对不同类型的人口贩卖活动不同的关注程度。① 例如,一位专家提到:

"……众所周知,人口贩卖活动中存在着对受害者的经济剥削。反人口贩卖的行动应当更加专注于这一问题。你会发现警察机关在两三年前就接受了有关这一问题的强化培训,但对于社会监察机构来说,到目前为止,他们还没有采取什么实际行动,当然,相信他们将来会就这一问题有所作为"。②

因此,尽快越来越多的证据表明网络技术的应用也存在于涉及剥削利用劳动力的人口贩卖和涉及器官交易的人口贩卖中,然而,在很大程度上,对这些问题的侦查工作存在很大不足。③ 无论如何,当变化多端的犯罪与多种多样的技术手段相结合时,犯罪通过利用技术可以制造无限的可能。④ 总而言之,技术推动的人口贩卖活动比它们的原始形态更加具有多样性和分散性。⑤

尽管技术无法改变人口贩卖犯罪的本质,但通信技术的发展确实会影响到哪些范围的人口贩卖行为可以被观察到,而哪些范围的行为则不能。⑥ 人口贩

---

① Watson, H., Donovan, A., & Muraszkiewicz, J. (2015). Role of technology in human trafficking. TRACE Briefing Paper. TRACE: TRafficking as A Criminal Enterprise. http://trace-project.eu.

② 受访者 E4。

③ See Campbell Fraser, *An Analysis of the Emerging Role of Social Media in Human Trafficking: Examples From Labour and Human Organ Trading,* International Journal of Development Issues, Vol. 15:2, p. 98-112 (2016); Mark Latonero, Bronwyn Wex & Meredith Dank, *Technology and Labor Trafficking in a Network Society: General Overview, Emerging Innovations,and Philippines Case Study,* USC Annenberg Center on Communication Leadership & Policy, 2015.

④ See Felicity Gerry QC, Julia Muraszkiewicz & Niovi Vavoula, *The Role of Technology in the Fight Against Human Trafficking: Reflections on Privacy and Data Protection Concerns,* Computer Law & Security Review, Vol. 32:2, p. 205-217 (2016); K. Mitchell & D. Boyd, *Understanding the Role of Technology in the Commercial Sexual Exploitation of Children: the Perspective of Law Enforcement,* Crimes against Children Research Center, University of New Hampshire, 2014.

⑤ See Mark Latonero, *The Rise of Mobile and the Diffusion of Technology-Facilitated Trafficking,* USC Annenberg Center on Communication Leadership & Policy, 2012.

⑥ See Danah Boyd et al., *Human Trafficking and Technology: A framework for understanding the role of technology in the commercial sexual exploitation of children in the U.S.,* MA: Microsoft Research, 2011; Mitali Thakor & danah boyd, *Networked Trafficking: Reflections on Technology and the Anti-Trafficking Movement,* Dialectical Anthropology, Vol. 37, p. 277-290 (2013); Mark Latonero, *Human Trafficking Online: The Role of Social Networking Sites and Online Classifieds,* USC Annenberg Center on Communication Leadership & Policy, 2011.

卖活动的可见度与人口贩卖组织的广告策略中所制定的两个相互冲突的目标密切相关。这两个目标分别是向执法机关隐瞒自己的非法活动和向客户披露自己的服务。因此，犯罪组织不得不在吸引更多客户和逃避侦查之间做出权衡。① 在这方面，互联网为人贩子伪装自己并匿名行动创造了条件。严格地说，想做到完全隐匿一个人的网络痕迹几乎是不可能的。然而，虽然犯罪活动留下的痕迹可以提高利用技术进行的人口贩卖活动的可见度，但这些痕迹往往非常难以被识别和判断，甚至完全被频繁的网络活动所掩盖。② 两种似乎矛盾的现象同时出现，即互联网让人口贩卖活动变得更加可见和更加不可察觉。尽管如此，大多数人口贩卖罪犯不可能永远躲在屏幕之后，因为参与这一领域犯罪交易的主要是现实社会中的个体，交易的一些内容只能发生在虚拟世界之外的现实世界。③

关于人口贩卖活动中使用技术的普遍看法，Verham 指出："当互联网为公共媒体所用时，它将被看作是一种与人口贩卖活动本身无关的外部催化剂。"④在全球范围内，技术很容易被认为是人口贩卖活动爆发的原因，"将媒体（网络媒介）技术视作性交易的'驱动者'"。⑤ 这种对人口贩卖活动和技术之间联系的解读未能认识到这两种现象之间错综复杂的关系。⑥ 此外，新技术本身并没有社会危害性⑦，不应当将日益严重的剥削利

---

① See Anita Lavorgna, *Organised Crime Goes Online: Realities and Challenges*, Journal of Money Laundering Control, Vol. 18:2, p.153-168 (2015).

② See K. Mitchell & D. Boyd, *Understanding the Role of Technology in the Commercial Sexual Exploitation of Children: the Perspective of Law Enforcement*, Crimes against Children Research Center, University of New Hampshire, 2014; Szde Yu, Human Trafficking and the Internet, in Michael J. Palmiotto ed., Combating Human Trafficking: A Multidisciplinary Approach, CRC Press, 2014, p. 61-73.

③ 受访者 E3；参见 Szde Yu, *Human Trafficking and the Internet*, in Michael J. Palmiotto ed., Combating Human Trafficking: A Multidisciplinary Approach, CRC Press, 2014, p. 61-73。

④ Zack Verham, *The Invisibility of Digital Sex Trafficking in Public Media*, Intersect, Vol. 8:3, p. 5 (2015).

⑤ Mitali Thakor & danah boyd, *Networked Trafficking: Reflections on Technology and the Anti-Trafficking Movement*, Dialectical Anthropology, Vol. 37, p. 277-290 (2013).

⑥ See Zack Verham, *The Invisibility of Digital Sex Trafficking in Public Media*, Intersect, Vol. 8:3, p. 1-12 (2015).

⑦ See Mark Latonero, *Human Trafficking Online: The Role of Social Networking Sites and Online Classifieds*, USC Annenberg Center on Communication Leadership & Policy, 2011.

用人口贩卖受害者的现象归咎于新技术。① 人口贩卖活动的相对发生概率仍然是未知的②,因而任何关于技术推动了人口贩卖活动增长的说法都是缺乏根据的。③ 相反地,将技术纳入犯罪方法应该被视作犯罪行为的正常演化。④ 更具体地说,数字通信技术的特性符合了人口贩卖活动的一些特定需求:第一,人口贩卖组织以其灵活性和资源丰富性而著称。⑤ 反过来说,移动设备、科技方案和增强互联性的技术只是放大了人口贩卖组织的特性。⑥ 有组织的犯罪集团和现代技术一样,正在不断发展。⑦ 第二,技术显然有助于人口贩卖活动的商业运作。技术帮助人口贩卖组织更快、更有效地开展它们的工作。⑧ 信息技术通过扩大招募广告的范围,提高了人口贩

---

① See Henry Hillman, Christopher Hooper & Kim-Kwang Raymond Choo, *Online Child Exploitation: Challenges and Future Research Directions*, Computer Law & Security Review, Vol. 30:6, p. 687-698 (2014).

② See Ronald Weitzer, *Human Trafficking and Contemporary Slavery*, Annual Review of Sociology, Vol. 41, p. 223-242 (2015); Amy Farrell & Ieke de Vries, *Measuring the Nature and Prevalence of Human Trafficking*, in John A. Winterdyk & Jackie Jones eds., The Palgrave International Handbook of Human Trafficking, Palgrave Macmillan, 2020, p. 1-16.

③ See Jennifer Musto & D. Boyd, *The Trafficking-Technology Nexus*, Social Politics, Vol. 21:3, p. 461-483 (2014).

④ See Henry Hillman, Christopher Hooper & Kim-Kwang Raymond Choo, *Online Child Exploitation: Challenges and Future Research Directions*, Computer Law & Security Review, Vol. 30:6, p. 687-698 (2014).

⑤ See R. Konrad et al., *Overcoming Human Trafficking via Operations Research and Analytics: Opportunities for Methods, Models, and Applications*, European Journal of Operational Research, Vol. 259:2, p. 733-745 (2017); Donna M. Hughes, *Trafficking in Human Beings in the European Union: Gender, Sexual Exploitation, and Digital Communication Technologies*, SAGE Open, Vol. 4:4, p. 1-8 (2014); Felicity Gerry QC, Julia Muraszkiewicz & Niovi Vavoula, *The Role of Technology in the Fight Against Human Trafficking: Reflections on Privacy and Data Protection Concerns*, Computer Law & Security Review, Vol. 32:2, p. 205-217 (2016).

⑥ See Donna M. Hughes, *Trafficking in Human Beings in the European Union: Gender, Sexual Exploitation, and Digital Communication Technologies*, SAGE Open, Vol. 4:4, p. 1-8 (2014).

⑦ See Anita Lavorgna, *Organised Crime Goes Online: Realities and Challenges*, Journal of Money Laundering Control, Vol. 18:2, p.153-168 (2015).

⑧ See Mark Latonero, *The Rise of Mobile and the Diffusion of Technology-Facilitated Trafficking*, USC Annenberg Center on Communication Leadership & Policy, 2012.

卖组织的效率，同时降低了他们的活动运营成本。① 从这个意义上说，对于人口贩卖组织来说，通过网络进行运作是非常经济的举措。②

综上所述，人们普遍认为互联网打开了人口贩卖活动的"潘多拉之盒"。前述关于人口贩卖—技术之间的联系的解释以及我们收集的实证数据或许有助于我们正确看待数字通信技术的作用。③ 技术发展不应被视为剥削利用人口贩卖受害者的推动力。互联网及相关技术的发展只是在一定程度上改进了原有的工作方式。本研究发现，科技和传统技术在人口贩卖过程中协同发挥了作用。④ 因此，侦查人员需要有一定的技术意识，同时将案件中的网络技术问题与已有的证据来源相结合。⑤ 毫无疑问，完全忽视技术的作用是错误的。⑥ 相反，夸大它的重要性也会阻碍我们对这一问题的深入认识。

---

① See Myria, *Jaarrapport 2017: Mensenhandel en mensensmokkel Online*, Federaal Migratiecentrum, 2017; Steven Malby et al., *Study on the Effects of New Information Technologies on the Abuse and Exploitation of Children*, United Nations Office On Drugs And Crime, 2015; Anita Lavorgna, *Organised Crime Goes Online: Realities and Challenges*, Journal of Money Laundering Control, Vol. 18:2, p.153–168 (2015).

② See Szde Yu, *Human Trafficking and the Internet*, in Michael J. Palmiotto ed., Combating Human Trafficking: A Multidisciplinary Approach, CRC Press, 2014, p. 61–73.

③ See Kimberly J Mitchell et al., *Internet-Facilitated Commercial Sexual Exploitation of Children: Findings From a Nationally Representative Sample of Law Enforcement Agencies in the United States*, Sex Abuse, Vol. 23:1, p. 43–71 (2011); Loretta J Stalans & Mary A. Finn, *Understanding How the Internet Facilitates Crime and Deviance*, Victims & Offenders, Vol. 11:4, p. 501–508.

④ See Donna M. Hughes, *Trafficking in Human Beings in the European Union: Gender, Sexual Exploitation, and Digital Communication Technologies*, SAGE Open, Vol. 4:4, p. 1–8 (2014); Campbell Fraser, *An Analysis of the Emerging Role of Social Media in Human Trafficking: Examples From Labour and Human Organ Trading*, International Journal of Development Issues, Vol. 15:2, p. 98–112 (2016).

⑤ See Kimberly J Mitchell et al., *Internet-Facilitated Commercial Sexual Exploitation of Children: Findings From a Nationally Representative Sample of Law Enforcement Agencies in the United States*, Sex Abuse, Vol. 23:1, p. 43–71 (2011); Watson, H., Donovan, A., & Muraszkiewicz, J. (2015). Role of technology in human trafficking. TRACE Briefing Paper. TRACE: TRafficking as A Criminal Enterprise. http://trace-project.eu; Zack Verham, *The Invisibility of Digital Sex Trafficking in Public Media*, Intersect, Vol. 8:3, p. 1–12 (2015).

⑥ See Felicity Gerry QC, Julia Muraszkiewicz & Niovi Vavoula, *The Role of Technology in the Fight Against Human Trafficking: Reflections on Privacy and Data Protection Concerns*, Computer Law & Security Review, Vol. 32:2, p. 205–217 (2016).

六、结　论

对于人口贩卖活动和科技进步之间的关系，人们普遍认为："……涉及性交易的人口贩卖活动本身已经把自己的阵地发展到了网络上，互联网技术的使用只是加剧了人口贩卖的问题，因为它使得潜在人口贩卖受害者的范围超越了地理的限制。"① 本文旨在通过实证研究证明这些基于传闻和推测的假设。上文提到，很多人认为数字通信技术可以被应用于人口贩卖活动的每一个阶段，这些技术也同样可以在刑事侦查的各个阶段发挥重要作用。然而，通过对参与人口贩卖活动的罪犯和反人口贩卖组织中的专业人士的采访，本文发现技术在上述两种情况下既没有被普遍使用，也没有在人口贩卖每个阶段都被使用。在实践中，犯罪组织和执法机构都无法清晰地说明技术在多大程度上被使用，而从上文的描述中我们也会发现，这一问题的实践情况似乎存在非常大的差异。值得注意的是，就利用技术进行犯罪而言，"网络环境不再是犯罪组织曾经以为的安全港"。② 从这个意义上讲，将人口贩卖问题定义为技术问题似乎有点牵强。③

尽管人口贩卖活动对互联网的依赖还远未达到普遍化的程度，但网络技术无疑已在人口贩卖活动中留下了自己的印记。最重要的是，技术的发展帮助人口贩卖组织以一种前所未有的方式扩大了自己的势力范围。与此同时，现代科技并没有取代依然在人口贩卖组织中运作的传统犯罪方法。相反，新老系统被灵活地应用，两种策略经常并行工作。通常，新技术的主要应用领域是犯罪活动的后台保障活动，而非人口贩卖活动的核心行为。换句话说，犯罪方法可能已经发生了变化，但犯罪的基本模式仍未改变。此外，通信技术减少了人口贩卖活动的一些进入门壁垒，从而为个体罪犯和小

---

① Jessica Elliott & Kieran McCartan, *The Reality of Trafficked People's Access to Technology*, The Journal of Criminal Law, Vol. 77:3, p. 259 (2013).

② Campbell Fraser, *An Analysis of the Emerging Role of Social Media in Human Trafficking: Examples From Labour and Human Organ Trading*, International Journal of Development Issues, Vol. 15:2, p. 111 (2016).

③ See Sanja Milivojević & Marie Segrave, *Gendered Exploitation in the Digital Border Crossing?: An Analysis of the Human Trafficking and Information-Technology Nexus*, in Marie Segrave & Laura Vitis eds., Gender, Technology and Violence, Routledge, 2017, p. 28-44.

型犯罪组织创造了开展人口贩卖活动的条件。因此,技术推动了综合化和多元化的犯罪机制,而非强化了犯罪机制。这也反相要求反人口贩卖机构同样需要建立综合化的机制。技术的进步被描述为"……问题的一部分和问题解决方案的一部分"①,然而,绝对不能忽视的问题是,罪犯和侦查人员的数字工具箱里明显需要截然不同的工具。在本研究中所采访的比利时反人口贩卖相关机构的工作人员间接反映了反人口贩卖的应对方案,这个应对方案是由不同的工具和方法拼接而成的,并没有任何的宏观计划和应对重点。在应对人口贩卖问题上,相关机构尚未建立起一种精细化的、具有建设性的解决方案,以应对云诡波谲的人口贩卖活动所带来的社会风险。

附录 I 受访者名单

受访者代码	职务/工作单位	机构/角色
E1	反人口贩卖中心负责人	比利时联邦警察局
E2	数据战略分析员	比利时数据侦查机构(CTIF-CFI)
E3	反人口贩卖部门负责人	比利时国家社会安全监察办公室
E4	政策分析员	比利时联邦移民中心(Myria)
E5	色情交易管控部门负责人	比利时地方警察局
E6	法律专家	比利时人口贩卖活动受害者收容所
E7	劳动争议诉讼案件检察官	比利时检察院
E8	公诉案件检察官	比利时检察院
C1	犯罪组织成员	皮条客
C2	犯罪组织成员	受害者招募人
C3	犯罪组织成员	皮条客

附录 II 采访指南

专家访谈指南

1.概述性问题

-0-受访专家的机构和专业背景-该专家所在机构处理相关案件

---

① See Sanja Milivojević & Marie Segrave, *Gendered Exploitation in the Digital Border Crossing?: An Analysis of the Human Trafficking and Information-Technology Nexus*, in Marie Segrave & Laura Vitis eds., Gender, Technology and Violence, Routledge, 2017, pp. 29-30。

的概况

2.比利时人口贩卖活动的一般特点

-1-市场结构

-2-罪犯概况

-3-主要犯罪方法

-4-犯罪活动中使用信息通信技术的情况:

人口贩卖组织在其活动中使用信息通信的程度如何?

信息通信技术如何影响了这些人口贩卖组织的运行模式?

3.比利时人口贩卖活动的财务状况

-5-贩卖活动的初始资本

-6-付款结算方式:

信息通信技术如何影响了人口贩卖组织的支付方式?

信息通信技术如何改变了人口贩卖组织收取非法利润的方式?

-7-业务成本:

信息通信技术如何改变了人口贩卖组织的成本?

-8-利润及利润分成:

信息通信技术如何影响了人贩子的非法利润?

信息通信技术如何改变了洗钱行为?

信息通信技术如何改变了人口贩卖组织规避执法机关侦查行动的策略?

罪犯采访指南

1.概述性问题

-9-受访者的概况和犯罪背景

2.如何进行人口贩卖活动

-10-初次参与

-11-在人口贩卖活动中的作用/职能

-12-信息通信技术在人口贩卖活动中的使用:

人口贩卖活动使用的是何种应用程序?

使用这些应用程序的频率和目的是什么?

信息通信技术如何改变了你们的运行模式?

3.人口贩卖活动的财务情况：

-13-资金来源

-14-付款结算方式：

信息通信技术如何改变了人口贩卖组织收取非法利润的方式？

-15-运行成本：

信息通信技术如何改变了运行成本？

-16-客户和收入管理：

信息通信技术是如何影响了你所参与的人口贩卖组织的非法利润？

信息通信技术如何改变了你所在的人口贩卖组织规避执法机关侦查行动的策略？

针对网联车辆的网络攻击与犯罪

〔日〕西贝吉晃[*]

马天成 译 姚培培 校

一、前 言

为了网联车(connected car)乃至于自动驾驶汽车的普及,网络安全的确保十分重要。当驾驶员存在异常时,能够自动应对这种状况的刹车系统,能够协助老年人移动的驾驶员保护系统[①],以及在受灾地·危险地的远程驾驶[②],这些技术的社会有用性很大,很有普及下去的可能性。不过,在远程发出某种指令控制汽车行驶,这表明汽车的行驶被暴露在黑客攻击,[③]以及基于此而夺取驾驶操纵的危险之中。[④] 此类黑客攻击的影响已经不仅仅局

---

[*] 日本大学副教授。本文原文「コネクティッドカーシステムに対するサイバー攻撃と犯罪」被收录于法律时报 91 卷 4 号(2019 年)48—53 页。文章发表时作者为日本大学专任讲师,现已升任副教授。

Connected Car 社会の実現に向けた研究会「Connected Car 社会の実現に向けて」(2017 年)3 页。由于一般地将 IT 与控制系统融合起来的社会已经到来(谷脇康彦『サイバーセキュリティ』〔岩波書店,2018 年〕71 页、89 页),在法律上保护控制系统的妥当动作的要求得到进一步的提高。

[①] 自動車技術会『2050 年 自動車はこうなる』(自動車技術会,2018 年)238 页。
[②] 岩科滋「5G 移動通信とネットワークスライシング」自動車技術 71 号(2017 年)24 页、28 页。
[③] See Jeffrey Gurney, *Driving into the Unknown: Examining the Crossroads of Criminal Law and Autonomous Vehicles*, Wake Forest Journal of Law & Policy, vol. 5: 2, p. 393, 433(2015).
[④] 竹森敬祐「コネクティッドカーのセキュリティ」国際交通安全学会誌 42 卷 2 号(2017 年)39 页。

限在互联网内部,还能够对互联网以外的物理世界施加深刻且广泛的影响。① 由于达成完全的在技术上的防御是困难的,因此应从技术和法律两方面来谋求确保信息物理安全(cyber physical security)。②

本文从刑法的观点,就无权限地侵入网联车系统,夺取车辆的控制的行为进行考察。在远程能够操作的劫持汽车行为(carjack)本身就可能会对不特定或者多数人的生命身体造成危险。此外,在与网络犯罪对策立法的关系上,作为讨论对象的行为的定位也成为问题。

由于网联车的网络构建方法可以想象好几个版本③,因此本文的考察以可能的技术实装为基础,抽象地进行。以下,本文想着眼于作为黑客攻击对象的互联网的性质、数据的内容,尽可能对网络的建构方法进行扎实的讨论。

二、保护交通安全的罪与黑客攻击

本文的讨论对象是给交通带来危险的行为,如果实际发生了重大结果,处罚就是可能的。比如,如果通过黑客攻击夺取汽车的控制,使车辆行驶异常而致人死亡的话,能够被追究杀人罪等责任,而在最终作为自己的东西而使汽车行驶的情形中,则有可能成立盗窃罪等犯罪。

与之相对,对停止中的汽车进行黑客攻击,夺取为使车辆移动的控制(启动引擎、前进、停止、操纵方向盘等)的情况又如何处理呢?一旦输入异常数据,就存在汽车的控制出现问题的可能性,而且如果认为黑客攻击后信息的输入非常容易,那么,或许在侵入网络的时点,就能够认定事故发生的危险的发生。

---

① See Christopher Wing, *Better Keep Your Hands on the Wheel in That Autonomous Car: Examining Society's Need to Navigate the Cybersecurity Roadblocks for Intelligent Vehicles*, Hofstra Law Review, vol. 45: 2, p. 707,726 (2016); *Promises and Perils of Emerging Technologies for Cybersecurity: Hearing before the Committee on Commerce, Science, and Transportation*, United States Senate, One Hundred Fifteenth Congress, First Session, p. 92 (2017).

② 西贝吉晃「コンピュータ・データへの無権限アクセスと刑事罰(1)」法学協会雑誌 135 卷 2 号(2018 年)125—116 頁参照。

③ 关于各种各样的实装方法,详细可参见自動車技術会『2050 年 自動車はこうなる』(自動車技術会、2018 年)238 頁。

作为与上述行为相关的现行法规定,存在(1)交通危险罪,以及(2)《道交法》等规制个别的驾驶行为的规定。(2)是从交通安全的观点直接规制车辆控制的规定,而(1)也是在现实的死伤事故发生以前,通过黑客攻击对网联车不妥当的举动,可能发生针对不特定多数人的生命的危险,因此,都值得探讨。①

(一)交通危险罪的适用

基于交通方式等的不同,刑法和特别法中都规定了交通危险罪。在机动车道上的车辆的交通危险罪被规定在《道路运输法》第 100 条以下。第 100 条第 1 款规定:"损坏机动车道或其标识,或者以其他方法造成机动车道上的机动车的危险的,处 5 年以下有期徒刑。"在此,从讨论将来的规定的理想方式的观点出发,通过对机动车道的概念来限制法律适用的这一法技术上的事项暂且不论,本文将以这样一件事为前提展开论述,即存在能够适用于网联车的"交通危险罪"。

首先,作为(交通危险罪共同具有的)规定上的行为样态"其他方法",不问手段方法,若参照将提供虚假信息、妨害通信等无形的攻击也包含在内的航空危险罪的解释②,那么,在类型上,黑客攻击行为也并未被排除在"其他方法"之外。而且,交通危险的发生,事故等实害发生的必然性、紧迫性是不需要的,只要有其可能性就已经足够,一般认为该要件的评价是相对缓和的。③ 不过,在适用作为具体危险犯的刑法中的交通危险罪时,在①不及时发出信号,使电车停止的案件④;②解除列车的全自动车钩,使列车分离,之后,分离部分的轨道上放置告示牌,在分离的状态下货物列车发

---

① 比如美国计算机犯罪的规定中,作为加重犯罪的结果规定了 18 U.S.C. § 1030(c)(4)(A)(i)(Ⅳ)(威胁公众健康和安全),这成为我国讨论公共危险犯的动机。

② 参见吉永祐介「いわゆるモントリオール条約と航空危険行為等処罰に関する法律について」警察学論集 27 巻 8 号(1974 年)192 頁、211 頁;第 72 回衆議院交通安全対策特別委員会議録 13 号(1974 年)17 頁、18 頁[安原美穂発言]虽然对于将多数人能够搭乘相互碰撞的危险相对较小的飞机与具有其相反性质的机动车进行同等看待的做法应当采取慎重的态度,但是因为对生命的危险同样很大,实现了自动航行技术的航空犯罪在自动驾驶时代的讨论中可以成为参考。See Julie Goodrich, *Driving Miss Daisy: An Autonomous Chauffeur System*, Houston Law Review, Vol. 51:1, p.265, 285-287.

③ 平野龍一『刑法:総論』(有斐閣,1972 年)121 頁;山口厚『危険犯の研究』(有斐閣,1982 年)11 頁、143 頁以下。

④ 最高裁判所 1960 年 2 月 18 日判決,最高裁判所刑事判例集 14 巻 2 号 138 頁。

车,但在开启制动的情况下前进了约 5 米就停车的案件中①,交通危险的发生被否定;此外,③就反向切换列车转辙器的行为,虽然一般而言属于造成交通危险的行为,但是在确信列车绝对不会前进的案件中,故意被否定②。就交通危险罪而言,法定刑存在不同,能否将刑法上就电车等的交通危险罪的危险判断构造直接援用到其他交通工具的危险判断上,对于这一点需要做出保留,但是,参照即便在行进后不久,也认为危险没有发生的②的案例,以及可以评价为将列车不会运行作为否定交通危险的基础的③的案例③,仅凭通过对系统的侵入,使得静止的汽车移动或停止(原文如此——译者注)"变得可能"这一点,或许无法肯定交通危险的发生。

(二)《道路交通法》的各种驾驶犯罪

接下来对《道路交通法》(以下简称"《道交法》")上的各种驾驶犯罪展开讨论。《道交法》第 2 条第 1 款第 17 项将"驾驶"定义为"在道路上"④"遵从其本来的用法使用"车辆等。⑤

首先,车辆之外的黑客也可以构成驾驶员。由于在驾驶概念的说明中记载了乘坐汽车这一要件的文献也并没有将此看做绝对要件⑥,因此乘车不是要件⑦。其次,就控制的内容而言,所谓汽车"本来的用法",是指使用发动机⑧"就起步、一定方向及速度的维持或变更、停车及汽车的行进采取

---

① 仙台高等裁判所 1956 年 5 月 9 日判决,仙台高等检察厅速报 1956 年 47 号。
② 广岛高等裁判所松江支部 1954 年 12 月 13 日判决,高等裁判所刑集 7 卷 12 号 1747 页。
③ 山口厚『危険犯の研究』(有斐閣,1982 年)145-146 页中指出,在犯罪客观方面的判断中施加限定的可能性。
④ 《道路交通法》第 2 条第 1 款第 1 项中所定义的"道路上的行为"是《道路交通法》上的驾驶的要件,这里就不再进一步探讨。
⑤ 在自动驾驶时代驾驶的定义能够得到反思,但是关于外部黑客实施的攻击,本文的讨论还是具有参考意义。
⑥ 比如道路交通執務研究会『17 訂版 道路交通法解説:執務資料』(東京法令出版,2017 年)52 頁。
⑦ 道路交通執務研究会『17 訂版 道路交通法解説:執務資料』(東京法令出版,2017 年)52 頁;平野龍一=佐々木史朗=藤永幸治編『注解特別刑法 交通編(1)〔第 2 版〕』(青林書院,1992 年)68 頁〔東川一〕;关于与国际基准之间的关系,今井猛嘉「自動車の自動運転と運転及び運転者の概念(2)」研修 840 号(2018 年)3 頁,9-10 頁。也可参见山下裕树「スヴェン・ヘテイッチュ=エリザ・マイ『道路交通における自動化されたシステムの投入における法的な問題領域』」千葉大学法学論集 32 巻 1・2 号(2017 年)112 頁、129 頁以下。
⑧ 宮崎清文『注解道路交通法〔新版〕』(立花書房,1992 年)41 頁。

必要措施"①,要成立驾驶,必须取得对汽车的移动做出贡献的部分的控制②。根据上述分析,外部的黑客同样可以驾驶汽车。如果认为远程操作也需要获得特别执照的话③,那么对于黑客,就有可能据成立诸如无证驾驶罪(《道交法》第117条之二之二第1项*)。

不过,在重新使车辆起步的情形中,最判昭和48年4月10日刑集27卷3号334页认为仅仅使得引擎发动还不够,起步操作完成是其要件。因为出于车辆移动之外的目的的引擎发动也是有可能存在的④,所以该结论是合理的。不过与此同时,这也表明即便制造了不听从控制被夺取了的乘车人的命令的状态,仅凭引擎的发动,道交法上的各种驾驶犯罪的适用也是困难的。

综上所述,仅仅通过黑客攻击汽车使移动变得可能的,仅仅是驾驶可能性的引起,很难说一律构成驾驶。

(三) 交通安全保护规定的适用困难性

根据以上的论述,黑客攻击只是具有了利用可能性,而没有变更与机动车的行驶和控制相关的数据和程序的,似乎难以适用(1)和(2)中探讨的各种规定。

但是,作为预备犯罪,在侵入网络时或许应当肯定当罚性。⑤ 对为了取

---

① 这里的讨论在网联车的语境中也是适用的(今井猛嘉「自動車の自動運転と運転及び運転者の概念(2)」研修840号(2018年)4頁。福冈高等裁判所1958年12月10日判决,福冈高等检察厅速报1958年705号;村上尚文『刑事裁判実務大系体系4-i 道路交通(1)』(青林書院,1993年)21頁,道路交通執務研究会『17訂版 道路交通法解説:執務資料』(東京法令出版,2017年)52頁也有类似的观点。

② 一般认为通过解除手刹使停车状态中的机动车因惯性而移动的行为不属于驾驶(道路交通執務研究会『17訂版 道路交通法解説:執務資料』(東京法令出版,2017年)56頁)。仅仅解除电子键锁的行为也很难说是驾驶。

③ 今井猛嘉「自動化運転を巡る法の諸問題」国際交通安全学会誌40巻2号(2015年)56頁、60頁,其中指出即便是在走向自动驾驶的过渡期的状况中,与是否特殊化为自动化驾驶车辆无关,"驾驶员"存在需要特别执照的可能性。

* 《道交法》第117条之二下一条原本为2001年追加的第117条之三,其后又于2007年在第117条之二和117条之三中间增加了本条,条文编号即为第117条之二之二。——校者注

④ 長井圓『交通刑法と過失正犯論』(法学書院,1995年)366-367頁。

⑤ 在美国,在联邦的计算机犯罪的立法中,在将损害作为结果要件的规定[18 U.S.C. §1030(a)(5)(A)]的解释中,通常认为如果使其作出违反处分权人意图的举动,就构成损害的要件[See Sara Sun Beale & Peter Berris, *Hacking the Internet of Things: Vulnerabilities, Dangers, and Legal Responses*, Duke Law & Technology Review, vol. 16: 1, p. 161, 171-172(2018)],但是,进一步,也有观点认为在机动车被黑客攻击的时点,就应当理解为已经发生了了损害[See Jeff Kosseff, *Congress Looks at Car Hacking*, The Hill(Oct. 26, 2015),http://thehill.com/blogs/congress-blog/technology/257936-congress-looks-at-car-hacking]。

得机动车的无权限控制而侵入机动车电子系统等的行为进行处罚的密歇根州的法案,在讨论的方向性上具有启发意义。① 原因或许在于,就被指出有必要对并非针对各个的车辆,而是服务系统整体的网络攻击也做好防备的②网联车的网络而言,能够破坏在特定控制之下的有组织的运行秩序的行为③,能够评价为与交通安全直接相关的要素。于是,本文想要先检讨能够处罚针对网络的侵入行为以及在此的数据输入等行为的罚则。

三、非法侵入网络罪的适用可能性

使得无权限地利用网络上的计算机成为可能的行为,在某种程度上,通过《有关非法侵入网络行为的禁止等的法律》(以下称为《非法侵入网络禁止法》)第11、3条的非法侵入网络罪来把握。

为了防止网络中冒充他人身份和滥用匿名性的行为,保护物理世界中的人与网络上的用户之间的对应关系(即用户识别可能性)的必要性得以产生。可以认为,非法侵入网络罪就是保护在这个意义上的用户(法律条文中所表述的是利用权人)的识别可能性的犯罪④。通过这样的考虑,该罪不问网络种类只关注于不正登录等行为本身,对登录后的行为则不予关心,该罪的法定刑也不考虑针对物理世界的大的弊害,这些都变得可以说明。

但是,被这样理解的非法侵入网络罪的罪质,并不适合本文的讨论对象。首先,在夺取机动车控制的案件中,不适当的操作行为整体被视为问

---

① MCL § 752.794 以及 § 752.797 的修正案(Senate Bill 927)。不过,该法案并没有获得通过,在诸如将本文的行为理解为计算机犯罪的延续、规定了终身刑等点上,存在很多需要讨论的课题。

② 伊藤侨「自動車がサイバー攻撃者のターゲットになる?」(2018年),https://finders.me/articles.php?id=83。

③ 在交通危险的判断中,(虽然说存在电车运行的事实)也存在能够读出考虑了有组织的运行秩序的侵害的案件[人民電車事件・最高裁判所1961年12月1日判决,最高裁判所刑集15卷11号1807頁(不过,在这个事件的时代,也有批判的观点,藤木英雄「人民電車と電車往来危險罪について」法律のひろば12号(1958年)9頁、12頁)]。

④ 西貝吉晃「コンピュータ・データへの無權限アクセスと刑事罰」法学協會雜誌135卷8号(2018年)196頁以下参照。

题,非法侵入网络罪所保护的用户识别可能性的要素后退,像本罪这样只评价针对(由使得各个用户的识别成为可能的识别符号所构成的)网络访问控制机能(该法第 2 条第 3 款)的攻击行为,可能就是不充分的。其次,该罪虽然比方说不处罚访问权限管理者的行为(该法第 2 条第 4 款第 1 项、第 2 项括号内的规定),但由于作为讨论对象的行为是给网络以外的交通带来危险的行为,所以似乎也可以说不应该以网络内的访问权的存在为理由定型性地认为不可罚。

诸如《不正当竞争防止法》中的营业秘密等不当取得罪(该法第 21 条第 1 款第 1 项)等,非法侵入网络罪也有可能作为其他犯罪的手段行为而被规定,存在为了防止以非法侵入网络行为为起点而发生的更重大的法益侵害而不得不并用其他规定的例子。例如,有可能存在与使用计算机诈骗、损坏电子计算机等业务妨害相连结的情形,也有可能存在招致对生命和身体造成重大法益侵害的情形。

因此,通过非法侵入网络罪,有可能无法充分地评价在此所涉及的行为,不仅如此,对该罪附加应对攻击特定的重要公共基础设施行为并施加较重的处罚的机能也许也是困难的。

四、损坏电子计算机等业务妨害罪的适用可能性

如果试着进一步思考,本文所探讨的侵害网络安全的行为,不是数据的无权限取得,而是对控制机动车移动的数据的变更行为,或者作为其前阶段的网络侵入行为。若从网络安全(信息安全、CIA)的观点出发,该行为并不涉及秘密性(C)[①],而是关系到系统及数据的完整性(I)、可用性(A)。就通过黑客行为夺取机动车控制的行为而言,比如说,通过对控制用的数据的无权限变更,存在对数据完整性的侵害,在享有控制该车利益的人变得无法控制这一点上,存在对系统的可用性的侵害。

与 I(完整性——译者注)、A(可用性——译者注)相关联的犯罪有对以损坏电磁记录(变更数据)等为手段的妨害业务的行为进行处罚的损坏

[①] 关于对 C 的保护,西贝吉晃「コンピュータ・データへの無権限アクセスと刑事罰」法学協会雑誌 135 巻 2-8 号(2018 年)参照。

电子计算机系统等业务妨害罪(《日本刑法典》第234条之二)。该罪的最高刑是5年,比非法侵入网络罪的3年要重。虽然存在诸如业务的界定、行为样态的整理等应当进一步讨论的论点,但是在现实地改变机动车的行驶轨迹、驾驶车辆的情形中,能够以通过无权限地损坏或者输入数据而妨害了机动车的运行业务为理由,判断其该当于损坏电子计算机等业务妨害罪。不过,仅仅无权限地使电子计算机处于可能利用的状态的行为,不构成损坏电子计算机等业务妨害罪①。虽然该罪处罚未遂犯,但是,作为未遂行为,立法负责人也仅仅例示了诸如发送计算机病毒等直接引起运行障碍的行为②。由于侵入网络的行为并未直接引起计算机运行障碍,所以,虽然这取决于从侵入到运行障碍这一过程的实现容易性、行为人的主观,但是很难说直接依据侵入事实而认定未遂的成立。结果就是,也难以适用损坏电子计算机等业务妨害罪。

五、立法论的展开

利用既有的规定来进行应对具有局限性,据此,能够存在展开立法论的余地。首先,(1)检讨我国(日本——译者注,下文同)立法的特征;(2)探讨保护法益以及构成要件。

(一)我国的法律规定

成为问题的行为是:(a)利用电子计算机,(b)能够对物理世界造成广

---

① 就无权限使用电子计算机的行为而言,原则上,既不构成"违反使用目的的动作",也不构成"业务妨害",(米澤慶治編『刑法等一部改正法の解説』〔立花書房,1988年〕105頁〔横畠裕介〕)只涉及非法侵入网络罪(大塚仁=河上和雄=佐藤文哉=古田佑紀『大コンメンタール〔第2版〕第12巻』〔青林書院,2003年)156-157頁〔鶴田六郎〕;不正アクセス対策法制研究会『逐条不正アクセス行為の禁止等に関する法律第2版』〔立花書房,2012年〕142-144頁)。

② 杉山德明=吉田雅之「「情報処理の高度化等に対処するための刑法等の一部を改正する法律」について(上)」法曹時報64巻4号(2012年)1頁、99頁。第177回国会参議院法務委員会議録16号(2011年)2頁(前田雅英発言),其认为,《日本刑法典》第234条之二的当罚性的核心在于,在诡计的意义上,为了使得电子计算机实施违反意图的动作而发送不当指令的行为。仅仅是侵入系统(比如登录)行为,恐怕难以做出这样的评价。

泛影响的行为。下文将使用(a)、(b)这两个轴尝试进行讨论。

1. 从网络犯罪对策立法的特征出发的讨论

首先,与"利用电子计算机"这一点相关联,考察网络犯罪对策立法的特征,探寻其对此处成为问题的行为的应用可能性。

与网络犯罪对策相关,以行为为起点的立法论也是有可能存在的。比如,基于作为基本犯的变更数据行为,在对公共安全等造成重大损害的情形中,规定加重刑罚的国家(美国、德国等)也是存在的。在强调利用电子计算机的犯罪的特殊性的场合中,这种手法或许是适当的,但是我国并没有采用这种手法。毋宁说,在我国,一直采取的是以结果(法益侵害)为基础的立法。作为我国这种立法的分析轴,以下这一点是有用的,即电子计算机①并不仅仅替代进行人类过去一直实施的数据处理,②而是变得也进行人类过去无法做到的大量迅速的数据处理。

首先,仅仅强调①(替代性)是可能的。此时,在能够构成通过网络攻击造成与在过去以人为客体的犯罪中发生的被害结果相同的被害内容,只存在将人作为行为客体的规定的情形中,可以采取对罪质(财产犯等)以及法定刑不予变动,扩张行为客体、样态的立法。比如,使用电子计算机诈骗罪(《日本刑法典》第246条之二)对诈骗罪无法评价的,但是实现与诈骗罪同样结果的行为评价为诈骗罪的补充类型,法定刑也与诈骗罪相同。

其次,不仅仅是①,也可以考虑②的要素。也就是说,如果认为针对大量快速的事务处理的侵害行为,在类型上,与过去的行为样态相比,能够容易造成大的损害的话,那么,对于以人为行为客体的规定,扩张其行为客体、样态(①),加重刑罚的上限、使处罚提前(②)就成为可能。比如,就损坏电子计算机等业务妨害罪看来,从①的观点出发,可以进行这样的整理,诡计·威力业务妨害罪评价对人的行为,而损坏电子计算机等业务妨害罪则评价针对电子计算机的行为①。从②的观点来看,就其刑罚的上限比诡计·

---

① 大谷實「コンピュータ関連犯罪と刑法の一部改正(下)」判例タイムズ651号(1988年)28頁;堀内捷三「コンピュータ犯罪」芝原邦爾ほか編『刑法理論の現代的展開 各論』(日本評論社,1996年)131頁、141頁;神山敏雄「コンピュータ関連犯罪」法学教室132号(1991年)26頁、27頁;平野龍一=佐々木史朗=藤永幸治『注解特別刑法 補巻(1)』(青林書院,1990年)34頁〔河村博〕;甲斐行夫「判批」警察学論集54巻5号(2004年)208頁、210頁;新倉修「業務妨害罪」阿部純二ほか編『刑法基本講座(第6巻)——各論の諸問題』(法学書院,1993年)124頁、134頁。

威力业务妨害罪重这一点,以基于电子计算机实施的大量快速的信息处理而产生的损害结果的重大性为根据进行说明是有可能的①,以网络攻击的容易性为理由,未遂的处罚也能够得到正当化②。

为了控制网联车而处理数据的行为,也具有②的特征,在与网络攻击相关的限度内,可以考虑(加重)处罚、处罚的早期化。不过,至此的讨论是以电子计算机的数据处理为根据,而没有根据处理内容的不同进行类型化。

2. 从承担公共安全的数据处理的观点出发的具体化

在此尝试进行基于数据处理的种类的讨论。从数据处理的种类的观点看来,在此成为问题的也可以说是承担公共安全的业务。可能与之相关联的是,以确保乘客等人员的生命、身体的安全为目的的《有关处罚劫持航空器等行为的法律》第4条的航行阻碍罪。对正常航行的阻碍伴随着重大且危险的结果,这一点为(最高10年这一)重的法定刑奠定了基础③,在针对交通基础设施的加害行为的立法中,这能成为参考。

航行"阻碍"罪与业务"妨害"罪不同,不仅要求现实的"阻碍",而且并不处罚未遂犯,尽管如此,但是通过适用前述的处罚范围早期化的议论,将此处所讨论的网络侵入行为定位为与交通相关的公共危险犯的预备罪是可能的[参见前述1中②的特征,以及前述二(三)]。不过,对于一般性的预备行为的处罚,或许应当采取谦抑的态度。这是因为,预备罪的一般性的处罚动辄会成为实质性判断,在仅仅能够在订立计划、踩点、准备工具等行为中得以处罚这一点上,造成了过当处罚的担忧。若认为如(a)中所述,通

---

① 前田雅英『条解刑法〔第3版〕』(弘文堂,2013年)702-703頁;河村博=上冨敏伸=島田健一『概説サイバー犯罪』(青林書院,2018年)47頁〔白井智之〕;甲斐行夫「判批」警察学論集54巻5号(2004年)208頁、211頁。

② 橳清隆「『情報処理の高度化等に対処するための刑法等の一部を改正する法律』の概要」刑事法ジャーナル30号(2011年)3頁、7頁;吉田雅之「特集・情報処理の高度化等に対処するための刑法等の改正 法改正の経緯及び概要」ジュリスト1431号(2011年)58頁、62頁。

③ 参见奥村誠「航空機の強取等の処罰に関する法律について」警察学論集23巻5号(1970年)33頁、47頁;鈴木義男「航空機の強取等の処罰に関する法律について」法曹時報22巻8号(1970年)1頁、29頁,以及大村行雄「航空機の強取等の処罰に関する法律について」警察研究41巻7号(1970年)23頁、48頁(指出了乘客、机组人员受到的自由的拘束、不安、困惑的严重性)。

过对网络的侵入行为,容易造成重大的结果①,那么,处罚范围应首先限定在针对负责控制网联车的数据(含程序)的行为中,在这种情形下,也可以说要求设置独立的规定。

(二)保护法益及构成要件

通过上文的论述,对与威胁交通安全的数据变更行为相关联的网络侵入行为本身承认当罚性、展开具体的要件论的契机得以存在。从谋求网联车的安全的要求(①)和应当进行对网络安全的保护的要求(②)出发,这种犯罪类型所保护的法益,可以被具体化为"①用于控制网联车驾驶的②数据或程序不遭到无权限地变更或者利用的利益"。以该数据能够被变更或利用的状态的引起,也就是说以侵入系统这一行为样态为根据(同时也应该考虑到恶意软件的投入类型),法益侵害得以肯定。对于数据的变更、利用能够直接影响机动车的举动,从这一观点出发,能够对这种数据的完整性的保护进行正当化。①虽然充其量只是一个例子,但是同时参考了驾驶的讨论[二(二)],选择了能够应对多样的技术实装的表达。如若能够将包含有如前所述被具体化了的数据或程序的网络构建为专用网络,那么,似乎可以说其与一般的网络不同,无权限地侵入该专用网络的人存在很高的盖然性是恶性很强的黑客。如此一来,即便不把变更、利用特意的明示为目的犯的目的,也可以达成限定性的处罚的目的。

此外,为了使得成为问题的行为具有可罚性,必须具有"无权限"这一要素。在此成为问题的"权限",不是取得数据的权限,而是变更、利用数据的权限。从防止交通危险这一最终目的看来,即便是网络的管理者,也不应当认为具有全部权限②(参见第三部分)。不仅是外部的黑客,违反以网络接入管理者为对象的有关网络维护等的内部基准的情形也可以认为是无权限。不过,在考虑具体规定之际,诸如能否对内部人员的滥用权限行为与外部人员实施的无权限侵入系统的行为进行统一评价等,还留有应当慎重探讨的课题。

---

① 若实行了机动车规格的标准化,网络攻击者一方规模效益(scale merit)的增加也是巨大的吧(板仓阳一郎「AIネットワーク社会におけるセキュリティの諸相」福田雅樹=林秀弥=成原慧『AIがつなげる社会』〔弘文堂,2017年〕239頁、252頁参照)。

② 因具有权限而不成立犯罪,在这个意义上使用权限这一词语。

六、总结与今后的课题

以上部分,基于仅凭既有的法令无法进行有实效的处罚这一问题意识,对于即将到来的网联车社会中的、针对机动车网络系统的侵入行为的当罚性进行了探讨。而且,就保护用于控制机动车辆驾驶的数据或者程序不遭到无权限的变更或者利用这一利益的犯罪,本文展开了立法论上的尝试。在关注技术发展、国际动向的同时,就有关维持网络物理安全的立法方式,今后将进一步进行研究。

另外,本文所检讨的行为类型,也有可能被作为恐怖主义犯罪的手段而使用。就使用了放射线或者沙林的攻击行为,已经采取了包括较重的预备罪处罚在内的应对措施[1],但是本文所探讨的公共危险罪、网络犯罪的对策立法,其意图并不在于防止恐怖主义本身。关于也可以从恐怖主义对策的观点为另外的加重处罚奠定基础的个别的恐怖活动主义对策立法,将在其他的机会中予以探讨。

---

[1] 参见《有关处罚发散放射线对人的生命等造成危险的行为等的法律》《有关防止因沙林等造成人身伤害的法律》。

论有关人工智能设备的新的刑事法规制

[日]稻谷龙彦*

马天成 译 姚培培 校

一、现行刑事法规制的问题①

现行刑事法规制的问题在于,就人工智能设备(Artificial Intelligence Device,下文简称 AID)造成的事故,难以得出妥当的结论。

众所周知,在人工智能(Artificial Intelligence,下文简称 AI)技术之中,存在像所谓的"深度学习"那样的,对统计上最优化技术的应用②。一旦应用这种技术,在开发阶段等过程中各个数据学习行为、编程行为等对现场中 AID 的个别具体的信息处理以及举动会造成怎样的影响,对此进行查明就变得不可能["黑箱"(black box)性]。也就是说,即使 AID 实施了与死伤事故有关联的举动,也无法界定造成这种举动的个别具体的开发等行为。另一方面,随机地实施举止这一在 AI 的性质上使某种 AID 流通的行为或使其持续流通的行为(下文合称为"流通行为")具有造成死伤事故的危险,这一点能够容易地认识到。因此,如果重视这一点的话,对于 AID 的开发者等,就由此发生死伤事故,就总是要追究业务上过失致人死伤罪(《日本刑法典》第 211 条)的刑事责任。换言之,造成开发等过度萎缩的过当处罚的问题由此产生。

---

* 京都大学副教授。本文原文「人工知能搭載機器に関する新たな刑事法規制について」被收录于法律时报 91 卷 4 号(2019 年)54—59 页,是 JST-RISTEX HITE 研究领域浅田 PJ 的研究成果的一部分,本文翻译已获得授权。

① 也可参见坂下陽輔「人工知能の開発・利用における過失——自動運転車と過失責任を素材に」法律時報 91 卷 4 号(2019 年)13—18 页、遠藤聡太「人工知能(AI)搭載機器の安全性確保義務と社会の便益の考慮」法律時報 91 卷 4 号(2019 年)19—26 页。

② 参见松尾豊「人工知能開発の最前線」法律時報 91 卷 4 号(2019 年)7—12 页。

另一方面，AI 的"黑箱"性质，也会引起处罚不足的问题。这也是因为，在多个 AID 参与而发生死伤事故的场合中，会造成无法肯定其与全部的流通行为之间的因果关系这一事态。在 AI 造成的死伤事故中，即使每个 AI 的举动没有什么问题，但是它们以无法预测的形式相互作用，或者聚集，由此作为整体引出意料之外的举止，最终与事故发生关联，这样的情况也被设想①。但是，在通过 AID 的相互作用而发生了死伤事故的情形下，具体而言究竟是哪一个流通行为导致了事故的发生是无法确定的。也就是说，产生了处罚不足的问题，即因果关系被否定，完全无法追究开发者等的刑事责任。

当然，至少就过当处罚的问题而言，或许可以通过以下两种方法应对，即衡量在某种统计上的危险等级上的因 AID 流通所产生的社会效益和社会费用，以前者超出后者为理由，就该流通行为，将其作为被允许的危险而阻却违法性②，或者在设定过失犯的注意义务之时，通过进行同样的计算，否定构成要件该当性③。但是，单纯采用这些法律构成，就成了承认将"生命的价格"的设定也包含在内的费用效益计算，法院实质性地进行社会影响极大的政策性判断，但是按照法院的制度性能力、基础，这恐怕很难说是妥当的解决方式。④ 而且，正面考虑社会效益的做法，与一向以个别具体的法益保护为主要任务的传统的刑法学基本想法之间是否能够整合，关于这一点也会出现疑问。⑤

---

① 即便认为个别 AI 的举动是单纯无害的，通过聚集带来巨大损害的现象在运用了 AI 的贸易世界中，也被广泛知晓为"闪电崩盘"（flash crash）。

② 平尾覚「AIと刑事法」福岡真之介編著『AIの法律と論点』（商事法務，2018 年）150 頁、161—162 頁参照。

③ 虽然论者的意图未必明确，但是樋口亮介「注意義務の内容確定基準——比例原則に基づく義務内容の確定」高山佳奈子・島田聡一郎編『山口厚先生献呈論文集』（成文堂，2014 年）197 頁、221 頁以下，在与该问题的关系上颇具启发意义。

④ 稲谷龍彦『刑事手続におけるプライバシー保護——熟議による適正手続の実現を目指して』（弘文堂，2017 年）49—62 頁参照。另外，在平尾覚「AIと刑事法」福岡真之介編著『AIの法律と論点』（商事法務，2018 年）150 頁、161—162 頁中，论者也认为实质的基准不应由法院，而应由法律及下位法令予以具体化。

⑤ 稲谷龍彦「技術の道徳化と刑事法規制」松尾陽編『アーキテクチャと法』（弘文堂，2017 年）46 頁、110—111 頁参照。

二、问题的渊源①

在现行法中,一直采取的是这样一种模式,即作为主体的人类,基于能够独立于外部环境而决定自己行为的自由意志,以应当统制作为客体的事物或者技术(=非·人类)的危险为前提,为了制止造成不希望产生的结果的行为(或者说为了对不被期望的意志施加反作用),使用具有作为针对不希望产生的自由意志的谴责的性质的刑罚,通过这种方式,保护个人或者社会的法益(或者说实现自由的人类得以共生的社会)。

从这样的模式出发,对于因没有自由意志而不能作为因果作用的独立的起点,作为客体的非·人类的举止,就无法将其与人类的意志相分离,作为规范性评价的对象。换言之,作为客体的非·人类的举止如果与人类的自由意志没有关联,就被与自然现象同样对待。因此,连像 AID 这样的,脱离开发者、利用者自由意志的支配而实施举止的特性比较明确的非·人类,对于其举止及其引起的结果,也无法以与人类的自由意志无关的形式将其作为规范性评价的对象。②

而 1 中所述问题的渊源就在于此。这也是因为,正是由于与 AID 的危险具有因果关系,基于能够特定化的自由意志的行为只有流通行为,所以才产生了针对开发者等的过当处罚的危险;而且,正是由于无法界定构成危险源的,应当推动的自由意志,才会出现处罚不足的问题。

有关被允许的危险与注意义务的设定的法院的制度性能力的问题,也可以理解为具备自由意志的作为主体的人类这一本质化的附随现象。这是因为,在现行刑法中,存在足以通用于被本质化了的人类共同体的作为普遍

---

① 也可参见稻谷龍彦「技術の道徳化と刑事法規制」松尾陽編『アーキテクチャと法』(弘文堂,2017 年)46 頁、102—111 頁。

② 或者说是将非·人类具备怎样程度人类性这一与人类的近似性作为问题。川口浩一「ロボットの刑事責任 2.0」刑事法ジャーナル57 巻(2018 年)4 頁参照。但是,"人类"本身就是带有历史性的相对概念(ミシェル・フーコー著・渡辺一民=佐々木明訳『言葉と物』(新潮社,1974 年)409 頁参照),特别是根据科学技术的发展容易发生改变,从这一点看来,正如维贝克(Verbeek)所言,"人类是道德的行为人,在与此相同的意义上将技术视为正当的道德的行为人的做法是荒谬的。"ピーター゠ポール・フェルベーク著・鈴木俊洋訳『技術の道徳化——事物の道徳性を理解し設計する』(法政大学出版局,2015 年)186 頁。

的法的侧面,但是一旦法作为普遍的价值判断被展现出来,法院在法律解释的名义之下,对每一个案件都重新进行费用效益计算的做法,就本来既无必要也不令人满意①。而且,从上述现行刑法所立足的近代人类形象出发,"应当就自己的行为、物品统制危险这样的……视角非常有魅力"②,这一理解就是理所当然的,为了能够说即使创出不能控制的巨大危险,并且特意放置不管也没关系,作为其前提的人类形象本身,就不可避免地蒙受一定的改变。

三、解决的线索③

如果认为现行刑事法问题的渊源在于通过自由意志统制作为客体的非人类这样的近代人类形象的话,对这一点进行反思就能够成为解决问题的线索。

关于这一点,从对近代的人类形象持批判态度的立场出发,着眼于人类和非·人类之间的相互渗透关系,提倡"技术的道德化",通过将与非·人类具有合成关系的人类的存在样态作为伦理评价的对象,强调通过设计以介入非·人类的存在样态的行为的伦理价值,维贝克(Verbeek)的这一见解④具有重要意义。根据维贝克的观点,技术、事物之类的非·人类存在由于通过其固有的举止"自发地"、不可避免地介入到我们的存在样态中,为了实现我们的"好的生存"⑤,为了使非·人类的举止受到欢迎,从伦理的视

---

① 提倡罪刑法定主义的贝卡利亚,对于法官通过解释变更由法律具体化了的利益衡量的结果的做法持否定态度。チェーザレ・ベッカリーア著・小谷眞男訳『犯罪と刑罰』(東京大学出版会,2011 年)16—21 頁参照。

② 樋口亮介「注意義務の内容確定基準——比例原則に基づく義務内容の確定」髙山佳奈子・島田聡一郎編『山口厚先生献呈論文集』(成文堂,2014 年)215 頁。

③ 也可参见稲谷龍彦「技術の道徳化と刑事法規制」松尾陽編『アーキテクチャと法』(弘文堂,2017 年)112—119 頁。

④ ピーター=ポール・フェルベーク著・鈴木俊洋訳『技術の道徳化——事物の道徳性を理解し設計する』(法政大学出版局,2015 年)。

⑤ 这一概念是从后期福柯作为"生存美学"的道德伦理学中推导出来的。ピーター=ポール・フェルベーク著・鈴木俊洋訳『技術の道徳化——事物の道徳性を理解し設計する』(法政大学出版局,2015 年)115—154 頁参照。

角出发对这些的设计过程进行建构就是必要的。①

如果正面承认非人类"自发地"实施举止的余地,那么,即便因无法完全控制的 AID 的举止而发生了死伤事故,也不应直接对开发者等追究刑事责任。这也是因为,即便发生这样的事故,在比如说与该机器就这样共生的做法和我们的"好的生存"相关联的情况下,就不应该对开发者等追究刑事责任。而且,在相比就其流通行为追究开发者等的刑事责任,由开发者等对 AID 进行重新设计并使其"重生"的做法与我们的"好的生存"相关联的情况下,也不应该追究对开发者等的刑事责任。要言之,从这样的立场出发够追究刑事责任的,只有通过这么做我们"好的生存"得以实现的情形。

由此可以得出基本指针,即为了实现我们的"好的生存",应当运用有关 AI 的刑事法。从何为"好的生存"这一价值判断是决定作为人类的状态的基本价值选择这一点看来,对其判断应当要求民主的正统性。但是,另一方面,为了使这个价值判断变得更加完善,充分收集关于 AID 信息,以及具备关于这些的充分知识的专家的作用也是必要的吧。也就是说,当能够说基于民主主义的充分讨论和专家知识之间的富有成效的协作②,刑事法致力于"好的生存"的实现之时,就可以说我们以道德上受欢迎的样态与 AID 共生着。在很多情形下,这具体地意味着,通过具有民主基础的治理体系(governance system)③运用刑事制裁,AID 统计上的危险被保持在一个理想的水平。

---

① ピーター=ポール・フェルベーク著・鈴木俊洋訳『技術の道徳化——事物の道徳性を理解し設計する』(法政大学出版局,2015年)155—205頁参照。

② 就这一点而言,构想了政治和科学之间协作的拉图尔的解决方法具有启发意义。ブルーノ・ラトゥール著・川崎勝=平川秀幸訳『科学論の実在——パンドラの希望』(産業図書,2007年)383—393頁参照。另外,就科学与政治之间的关系的更详细讨论,see generally Bruno Latour, *Politics of Nature: How to Bring the Sciences into Democracy*, Harvard University Press, 2004。

③ 也可参见松尾陽「AIガバナンスの法哲学——専門知を活用するガバナンス」法律時報91巻4号(2019年)34—39頁。

四、新的法制度

(一) 作为"雏形"的 DPA①

在将以上的讨论在法制度内落实之时,暂缓起诉协议(Deferred Prosecution Agreements,以下简称"DPA")能够成为其雏形。这也是因为,根据解释的方法,这个制度面向"好的生存"的实现,灵活运用与非·人类相关的刑事法。在 DPA 中,犯了罪的企业,基于与检察官之间的交涉,获得刑事追诉的延期,相应地,约定协助调查、进行机构改革等,并以刑事制裁作为背景确保该约定的履行。因此,如果将这一制度解释为改革企业这样的非·人类,致力于实现更好的人类存在的刑事法的话,这就正是面向"好的生存"的实现,对非·人类的存在样态进行重新设计的法制度。

而且在 DPA 中,企业协助调查,具体来说是提供有关违法行为的信息,被作为延期追诉的事实上的要件。所以,这个制度也可以解释为,在判断有关"好的生存"的价值判断、刑事法介入的必要性上所必要的,为了获取关于 AID、其开发、管理的方法,以及体制等的充分信息而存在的法制度。

当然,就 DPA 而言,存在检察官的制度性能力的局限、交涉过程的不透明性等问题。从被认为"好的生存"这一价值判断所必要的民主主义的正统性、专家知识的观点看来,这些确实是很大的问题。但是,如果能够根据这些问题,通过专家等参与来补充检察官的制度性能力,并且,通过更加民主的方式,提高问题解决过程透明性的话,不就可以获得实现与 AID 和谐共生的刑事法的姿态了吗?

(二) 实体法的改革

如果仿照 DPA,为了督促以提供信息为目的的协助搜查、重新设计的计划的如实筹划和履行,作为杠杆(leverage)的实体法是必要的。也就是说,有必要使创设评价对象广泛、容易举证的犯罪类型与有关该犯罪的起

---

① 关于 DPA,参见稲谷龍彦「企業犯罪に対する刑事手続法の対応——米国における DPA/NPAを中心に」刑事法ジャーナル 58 号(2018 年)69 頁。

诉、有罪判决以及行政规制比如 AID 的登录制度等之间形成联动。

在具体的犯罪类型的设定中,在与 AID 统计上的危险的关系上,我们的"好的生存"就成为问题,这一点需要留意。即犯罪类型必须这样设定,使得我们能够获得为了判断引起了死伤事故的 AID 的统计上的风险等级在我们的"好的生存"的实现上是的而所需要的信息。

因此,对于以开发、管理、运用、支援①的形式参与 AID 引起的死伤事故的人(以下合称为"参与者"),全体首先成立犯罪,引出必要信息的必要性得以证立。这是因为,在多个 AID 相互作用而发生事故的情形中,由于有必要在取得有关全部机器的信息的基础上进行适当应对,因而即便是对于难以认定个别具体的因果关系的参与者,也必须赋予其信息提供的激励(incentive)。

另外,从统计上的危险的控制这一观点看来,就以高度的盖然性对 AID 的举动施加恶劣影响的特定类型的开发、管理、运用、支援行为而言,对其个别地科处刑事制裁的做法是理想的。这是因为,即使 AI 的"黑箱"性距离完全消解还很遥远,但是由于正被逐步克服,即便是不应当使用的数理模型、数据学习处理的方法等等,也逐渐得到认同。不过,对照 AI 技术急速发展的现状,将这些行为预先全部规定在法律条文中是困难的。对此,通过委任立法,具体来说就是通过由后述 4(4)中所述的专家团体和监督官厅协作制定指南(guideline)来进行规制,这样做是比较理想的。

如上所述的犯罪类型的创出,允许在不考察与现实危险的发生之间具有因果关系的故意、过失的基础上追究刑事责任,也会被认为是违反了责任主义的不被允许的处罚。但是,此处的刑事责任,其目的不是从回顾的观点出发,对作为因果关系起点的自由意志进行谴责。与此相反,此处的犯罪类型创设的,是为了实现与 AI 的和谐共生的纯粹的杠杆。

如果说法律存在的意义在于实现与他人的和谐共生的话,那么在实现该目的所必要的限度内,该法律就存在被容许的余地。如果认为责任主义也是为了基于特定的人类形象之间的共生的原理的话,那么在适用与之不同的人类形象的领域中,偏离了严格意义上的责任主义的法也是有可能存

---

① 这里的管理者是指在 AID 流通后就其性能・品质的维持负有责任的人,所谓的运用者是指作为业务提供运用了 AID 的服务的人,所谓支援者是指提供有关在 AID 的运用上不可或缺的信息通信等基础设施的服务的人。另外,开发・管理行为中也分别包含了对开发・管理体制的构建。

在的吧。①

另外,AID 的开发、管理、运用、支援行为,法人也可以实施,从这一点看来,应当通过双罚制规定,对法人也适用这些犯罪。

基于以上几点,以①作为"参与者"对 AID 实施的事故的参与行为、②以高度的盖然性对 AID 的举动造成恶劣影响的开发、管理、运用、支援行为(下文简称为"不妥行为")为构成要件,③其起诉及有罪判决可能成为以 AID 登录制度[后述 4(4)]中的取消事由,以及,④高兴通过双罚制规定对法人也能适用这些犯罪,导入这些新的实体法的做法是比较理想的。

(三)程序法的改革

作为杠杆的实体法,与过往的刑事责任不同,对其进行适用实施处罚本身没有意义。因此,为了对此进行利用而实现"好的生存"的特别的程序就成为必要②。

首先从该当于上述①的构成要件的情形开始考察。在以下情形中,刑事法上的介入成为必要的:引起了死伤事故的 AID 的统计上的危险,我们的"好的生存"的实现属于不受欢迎的等级之时。由于伴随着与我们的生存方式本身密切相关的价值选择,所以有必要基于关于涉案设备具体能够带来的利益和危险的内容、性质、其潜在的受益者以及被害人等充分信息和专家知识,以能够获得民主主义正统性的方法设定该级别。因此,如后所述,基于委任立法,基于具备民主答责性(accountability)的行政机构与专家团体的协作来进行设定就是比较理想的。因此只要提供了充分的信息,涉

---

① 就这一点而言,拉图尔的论述具有重要意义,其认为,由于法作为其本身什么真理都具有,所有具有能够把握世界整体的能力。ブルーノ・ラトゥール著・堀口真司訳『法が作られているとき——近代行政裁判の人類学の考察』(水声社,2017 年)369—370 頁参照。另外,关于构成人类样态的刑罚实践的历史性,参见ミシェル・フーコー著・慎改康之訳『監獄の誕生——監視と処罰』(新潮社,1977 年)。

② 政策性地运用缺乏这种程序的法定的刑罚的做法,鉴于其过高的代理成本(agency cost),可能产生违反法治(此处是指英美法中的"the rule of law",日语一般翻译成"法の支配",以区别于德国法中的"Rechtsstaat"(法治国)。关于两者的区别,可参见碧海純一『法と社会』〔53 版,中央公論新社 2007 年〕105—106 頁。——校者注),违反了正当程序因而违反《宪法》第 13、31 条的问题。关于正当程序,稲谷龍彦『刑事手続におけるプライバシー保護——熟議による適正手続の実現を目指して』(弘文堂,2017 年)319 頁参照。

案设备统计上的危险保持在理想的级别之内,即便比方说发生了死伤事故,检察官应当总是对参与者做出不起诉处理。①

其次,即便在统计上的危险未保持在理想的级别之时,只要参与者真诚地协助调查、提供信息,并且,就涉案设备约定重新设计,检察官就应当延期追诉。这是因为,鉴于 AI 的"黑箱"性,这种情况是能够判明的,比如说,在开发阶段没有问题的 AI 在实装后出现预想不到的危险。如果在这样的情形下也直接追究参与者的刑事责任,很有可能造成萎缩效果发生,结果就是在统计上理想的危险等级的 AID 也不再流通。为了避免这种事态,以实现"好的生存"为目的适用刑事法,即便是在统计上的危险等级与预想不同的情形中,以 AID 的重新设计为条件,不追究刑事责任的做法也是比较理想的。而且这也是来自作为杠杆的实体法的当然的结论。在筹划重新设计的计划时,应当由参与者从各自的立场出发,就为了该设备的改善能够采取何种措施提出方案,由检察官和监督机构的代表、进而消费者代表、以及在希望参加的情况下被害人及其遗属也共同评估该提案。其理由在于,这是因为现实的改进方法只有参与者能够提出方案,另一方面,如果遭受设备影响的人的代表不参加讨论的话,就无法保障充分的民主正统性。

最后,就该 DPA 而言,其承认与义务履行的监督者的选任,应当由法院进行。这是因为,通过由作为第三方的裁判所实施的承认程序,可以避免一方的压迫、串通②,而且,就义务履行的监督者的选任而言,具有与财产管理人等的选任相近的性质。

接下来,关于上述②,对于实施不妥行为的人本身的起诉不应当犹豫。不过,另一方面,由于通过将有关不妥行为的双罚制规定的法人处罚和该处罚可能引起的取消注册作为杠杆,存在能够引起企业协助调查、机构改革的可能性,所以,对于就内部人员的不妥行为真挚地协助调查提供信息,并且约定进行机构改革的企业,延期追诉的做法是比较理想的。另外,就在这种情形下的机构改革的内容而言,应当由检察官和监督机构的代表人员对企业提出的机构改革方案进行评估来决定。而且,就这里的 DPA 而言,承认

---

① 当然,民事法上的救济应当另外进行。关于这一点,参见栗田昌裕「自動運転車の事故と民事責任」法律時報 91 卷 4 号(2019 年)27—33 頁。
② 但是,鉴于法院的制度能力,审查范围仅限于交涉过程的妥当性。

及义务履行的监督者的选任也应当由法院进行。

(四)与行政规制的联系(liaison)①

诸如参与了网联的自动驾驶汽车、运用了 AI 的医疗器械等这些运用备受期待的 AID 的存在样态,各种各样的行政机关制定的各种行业法规也与其密切相关。对这种行政规制的灵活运用,不管是在相比较使用刑事法对个别事件进行应对,其能同时处理大批对象这一点上,还是在能够通过利用征询意见制度*等能够更广泛地收集国民意见这一点上,都能够找出与根据个别事件而适用的刑事法规制所不同的优越性。

像扩张或者灵活运用既有的有关机动车、医疗器械等认证制度使在开发阶段能够对 AID 进行审查、注册,或者对以一定器械的运用者以及通信行业从业者为首的支援行业从业者也设立注册制度,这些措施通过控制作为对象的机器、行为的社会效益和统计上的危险,能够对我们的"好的生存"的实现做出贡献。鉴于现在 AI 技术快速发展的状况,基于委任立法,由行政机关对专家组成的委员会的提案进行审查、征集咨询意见,在此基础上,制定关于审查、注册以及不妥行为的具体指南,这种做法兼顾了专门知识和民主主义的答责性,提高了关于"好的生存"的判断的正当性和正统性。而且,对新的刑事法中 DPA 的灵活运用,通过提高行政规制中收集必要信息的效率,从而提高行政规制的效果,在这一点上具有重要的意义。

(五)小结

通过将企业犯罪中的 DPA 作为雏形,使得与 AID 的共生成为可能,这一新的刑事法的姿态浮现了出来。

不过,在实施像这样对既有的刑事法的根本思想也进行改变的大规模的改革之时,作为一开始的决断,横跨刑法、刑事诉讼法、行政法的领域,基

---

① 也可参见笹仓宏纪「人工知能の法规制における行政手続と刑事手続——『餅は餅屋』は実现するか」法律时报 91 卷 4 号(2019 年)40—47 頁。另外,关于 DPA 中与行政机关的协作,稻谷龍彦「企业犯罪に対する刑事手続法の対応——米国におけるDPA/NPAを中心に」刑事法ジャーナル58 号(2018 年)69 頁参照。

* public comment,指日本行政机关在设立或废止规定时,公布草案,在征求并考虑国民意见后进行决策的制度。1999 年在所有的省厅级行政机关开始施行。——校者注

于充分讨论的立法是必不可少的,而且,伴随着其时间上的展开,不断要求反省性的修正。

在新的刑事法中,如果其真的被制定了的话,根据每个具体事故通过 DPA 实施的微观层面的讨论、行政机关和专家作为主体实施的中观层面的讨论、为了设计制度整体的立法而进行的宏观层面的讨论,这些多层次的民主主义的反复讨论,在相互之间动态影响的同时,面向我们的"好的生存"的实现持续推动着刑事法。

五、结语——过渡期(transition)

不过,这样的新刑事立法,恐怕很有可能赶不上不久以后即将到来的 AID 的社会实装。作为补救之策,以下对当前的对应方案及其局限进行展示,从而结束本文。

基本方针在于,对 AID 统计上的危险的管理进行制度化,致力于在现行法的范围内实现"好的生存"。具体而言,首先,①通过监督机关和专家委员会之间的协作,在募集咨询意见的基础上,制定并运用器械的注册、开发、管理、运用、支援标准。其次,②即便实际发生了事故,以参与者 i)真诚地协助搜查,提供信息;ii)在遵循了监督机关的基准的情形中,器械造成的;iii)危险被制度化作为理由(作为超法规的违法性阻却事由的"制度化了的危险"),利用检察厅的内部规范等创设并开示检察官对这些人不起诉的追诉裁量的运用基准。另一方面,为了使杠杆发挥作用,③在检察厅做出起诉的场合中,行政机关设计实施取消该器械注册的指南。[①]

通过这样的方式,就能够在暂且防止基于裸的利益衡量运用刑事法的事态,并且,向行政机关汇总信息,领会运用专家知识,进而通过征询意见制度确保民主的答责性,与此同时使 AID 进入流通。

但是,能够指出如下的局限,即①无法应对多个器械同时存在时的事故;②无法确保结合案情施加重新设计、机构造改革的义务及其履行;③依

[①] 通过对刑事法的政策性运用,相比较过去意义上的刑事责任的追究,检察官的代理成本有所提高,有鉴于此,通过反映了国民意见的明确规范抑制恣意的权力行使的做法,从正当程序的观点来看,就成为必要。稻谷龍彦『刑事手続におけるプライバシー保護——熟議による適正手続の実現を目指して』(弘文堂,2017 年)319 頁参照。

据检察审查会的强制起诉,仍然存在最终一介技术人员承担事故责任的风险。

鉴于以上局限,在 AID 真正开始大量流通之前,将更根本意义上的改革包括在内,预先对于新的刑事法的姿态反复进行讨论的做法是比较理想的。